방 언

정 태 홍

RPTMINISTRIES
http://www.esesang91.com

목 차

머리말

머 리 말

이 책은 매주 수요일 고린도전서를 설교하면서 은사와 방언에 대한 본문을 앞두고 사전(事前) 정리를 위한 준비작업이었다. 설교를 바르게 하기 위해 그 무엇보다 방언에 대한 올바른 해석을 내려야 했다. 방언에 대해 말한다는 것은 수많은 사람의 비난을 감수해야 하는 일이다. 그러나, 내가 목회하는 교회를 위해서는 방언에 대해 바르게 가르쳐야 한다.

방언에 대해 피력하는 말 중 하나가, '나는 오순절도 모르고, 은사주의도 모른다. 내가 방언을 하려고 한 것이 아니라 성령께서 방언을 하게 하셨다. 내가 기도하고 있었는데 방언이 나왔다.'는 것이며, 그것을 '성령체험'이라 주장한다.

그것이 방언이며, 성령체험이라고 누가 가르쳐 주었을까? 대개 이때의 방언은 알아들을 수 없는 방언이다. 알아들을 수 없는 이 방언을 'tongue'라고 말한다.[1] 이렇게 말하는 사람들은 'language'가 있고 'tongue'이 있다고 믿는다. 그러나 이런 구분은 방언이 'language'가 안 된 결과로 방언을 'tongue'라고 합리화한 사람들이 만들어낸 것이다.

우리의 방언에 대한 지식은 어디에 근거하고 있을까? 목회자가 방언에 대해 모호한 입장을 취하고 있으면 성도들은 은사주의나 신비주의 영성으로 흘러가게 된다. 은사주의(Charismatic)라는 말은 1950년대까지 '오순절주의'(Pentecostalism)에 대한 반대가 많았기 때문에 의도적으로 선택된 단어다. 목회자가 성령론에 대해 바르게 가르치고 은사와 방언에 대해 올바르게 가르쳐야 성도들이 말씀으로 잘 양육 받을 수 있다.

2020년 1월
정태홍

---

[1] 분류상으로, 외국어 방언은 'Tongues'이라 하고 알 수 없는 방언은 'Unknown Tongue'이라 한다. 이 알 수 없는 방언은 '이교도 방언'(Unknown Tongue)과 아무런 차이가 없다.

Ⅰ. 성경이냐? 경험이냐?

1. 방언과 로마 가톨릭

방언을 말한다는 것은 이 시대의 엄청난 영적 변화에 대한 도전이다. 그 영적 변화란 개신교와 로마 가톨릭의 통합이다. 그 통합의 핵심에 '방언'이 있다. 순전한 성도들은 방언이 영적인 은사요 성령의 세례라고 여기지만 방언의 실체를 알고 나면 경악할 것이다.

미국 내 약 1천만의 로마 가톨릭 교인들과 전 세계 163개 나라에서 약 7천 2백만의 로마 가톨릭인이 방언을 말하고 있다.[2] 방언을 말했다는 이유로 로마 가톨릭 교인은 중생했다고 간주한다. 많은 로마 가톨릭인이 마리아에게 기도할 때 방언의 은사를 받았다. 데이브 헌트(Dave Hunt)는 "귀신의 역사"라고 말했다. 1990년 3월 2-4일, 로버트 슐러는 수정교회에서 카리스마틱-가톨릭이 주관하는 "제6회 서해안 성령대회"를 개최했는데, 그 참석자의 대부분이 로마 가톨릭 교인이었고 강사들도 절반 이상이 로마 가톨릭인이었다. 이제 은사주의 운동은 로마 가톨릭과 연결하는 "주요 교량"이 되었다.[3]

ECT 문서

1994년 3월 29일, 지난 500년간의 교회 역사상 가장 중대한 사건이 발생했다. 미국의 저명한 복음주의자들과 가톨릭교도들이 「복음주의자들과 가톨릭교도들의 연합: 셋째 천년에서의 크리스천 선교」(Evangelicals and Catholics Together: The Christian Mission in the 3rd Millenium., 이하 'ECT 문서')라는 제목의 공동 선언문에 서명했다. 'ECT 문서'는 종교개혁을 뒤엎고, 기독교계를 로마 가톨릭과 연합하도록 만들어 가고 있다.[4] 이 문서에 제네바 칼리지의 학장이며 미국 복음

---

2) New Covenant, January 1993, pp. 8-9; Dave Hunt, **짐승 위에 탄 여자**, 정태윤 역 (서울: 누가, 2009), 331에서 재인용.
3) Dave Hunt, **짐승 위에 탄 여자**, 정태윤 역 (서울: 누가, 2009), 331.
4) Ibid., 15; 로버트 슐러는 다음과 같이 말했다. 〈나는 이 수정교회에 대한 꿈을 가지고 있을 때 "거룩한 아버지"(Holy Father, 교황)의 축복 없이 건축할 생각이 없었다. 그래서 나는 로마를 향하여 가서 교황을 뵈었다. …

주의자 연합회의 회장을 지냈던 존 화이트(John White), 미국 복음주의 연합회의 남캘리포니아 의장인 로버트 시몬스(Robert Simonds), 팻 로버트슨(Pat Robertson)과 찰스 콜슨(Charles Colson), CCC의 창설자 빌 브라이트(Bill Bright), 위튼 대학의 마크 놀(Mark Knoll), 오스 기네스(Os Guinness), 하나님의 성회의 제씨 미란다(Jesse Miranda), 플러 신학교 학장인 리차드 모우(Richard Mouw), 「하나님을 아는 지식」의 저자인 패커(J.I. Packer), 허버트 쉬로스버그(Herbert Schlossberg) 등이 포함되어 있다.[5]

존 화이트(John White)는 'ECT 문서'가 수 세기에 걸친 미국 내 종교계에서의 불신 끝에 이루어진 "승리의 순간"을 보여주는 것이라고 말했다. 로버트 시몬즈(Robert Simonds)는 "이 선언에 대해 갈채를 보냈으며" 이번 사건이 "가톨릭교도들과 복음주의자들 간의 협력 증진"을 가져오기를 희망한다고 말했다.[6] 어떤 침례교 지도자는 복음주의자들이 이제 드디어 가톨릭교회로부터 합법적인 종교 집단으로 인정받게 되었다고 기뻐했다.[7]

현대의 로마 가톨릭과 교황은 하나의 세계 종교를 원하며, 성경을 부정하고 예수 그리스도의 부활을 부정한다.[8] 매년 수많은 사람이 참석하는 하와이 코나 열방 대학에서 YWAM 대표 로렌 커닝햄은 YWAM 아르헨티나 담당자인 알레한드로(Alejandro Rodrijuez)를 세워 로마 가톨릭 프란치스코 교황에 대해 칭송했으며, 열방의 화해라는 이름으로 로마

나는 수정교회의 사진을 가지고 가서 교회께 보이고, 그분의 축복기도를 받기 원했다. 물론 우리는 함께 자신을 찍었고, 나는 그것을 12층 나의 사무실에 게시해 두었다. … 그리고 나의 사역 30년 기념일에 그의 친수로 쓴 놀라운 메시지와 나의 거룩한 사역에 내리는 그의 사도적 축복의 모습을 담은 "거룩한 아버지"(Holy Father, 교황)의 절묘한 천연색 사진을 받았다.〉

5) EVANGELICALS & CATHOLICS TOGETHER: THE CHRISTIAN MISSION IN THE THIRD MILLENNIUM, May.1994. https://www.firstthings.com/article/1994/05/evangelicals-catholics-together-the-christian-mission-in-the-third-millennium/

6) 천주교와 기독교의 연합, http://www.kbbchurch.com/?document_srl=12142

7) Dave Hunt, **짐승 위에 탄 여자**, 정태윤 역 (서울: 누가, 2009), 332.

8) Pope said Jesus did not Resurrect, https://youtu.be/ZucT3tvXqwc; 〈Pope Francis' favored Italian interviewer Eugenio Scalfari is now claiming that the Pope told him that Jesus did not have a bodily resurrection after His passion and death on the cross, but that the man "disappeared" and he came forth from the tomb "in the semblance of a spirit."-Rome, Nov.7.2019(LifeSiteNews)〉

가톨릭과 연합이 일어나도록 YWAM의 공식적 입장으로 기도했다.[9]

2016년 4월 9일 아주사 나우(Azusa Now)

2006년에 일어난 아주사 사건을 기념하기 위해 10만 명이 모인 아주사 110주년 기도회에서 충격적인 사건이 일어났다. 아주사 부흥 운동의 핵심은 성령세례와 방언이다. 파햄은 성령세례의 증거가 방언이라고 말했으며, 성령세례와 방언을 받은 사람들만이 예수 그리스도의 신부가 되어 휴거 된다고 주장했다. 피터 와그너는 아주사 부흥 운동이 신사도의 기원이라고 말했다.

'아주사 나우' 기도회를 주최한 'The Call'의 루 잉글(Lou Engle) 목사와 로마 가톨릭 대표로 참석한 'United in Christ'의 대표 마테오 칼리시(Matteo calisi)가 서로의 발등에 키스하면서 기독교와 로마 가톨릭이 화해하고 연합한다고 선포했다. 'United in Christ'는 로마 교황 베네딕트에 의해 임명된 기독교와 로마 가톨릭의 연합을 주도하는 곳이다.[10]

루 잉글은 500여 명의 L.A 교회 지도자들을 초청한 기도회 전 설명회에서 바티칸의 카리스마틱(은사주의) 로마 가톨릭 친구에게 전화해서 아주사 나우 기도회에 오라고 초청했다. 루 잉글은 칼리시를 '가톨릭 형제'라고 소개하며, "우리는 아주사 거리의 부흥에 속한 한가족입니다"라고 외치자 '아멘' 소리와 함께 박수가 터져 나왔다. 이 무대에 체안, 마이클 비클, 신디 제이콥스, 스테이스 캠블, 멜 테리, 더치 쉬츠, 빌 해먼, 빌 존슨, 하이데 베이커, 샨 볼츠, 타드 하이트 등이 무대에서 주름을 잡았다.[11]

마테오 칼리시는 다음과 같이 소리쳤다.

> 주께서는 우리에게 같은 영을 주셨습니다. 가톨릭, 개신교, 정교회, 메시아닉, 바울이 말한 것처럼 "우리는 같은 영을 마셨느니라." 한 몸을 이루기 위해, 그리스도의 몸, 한 교회, 한 주님, 예수께서는 "세상이 믿을 때까지 우리를 하나 되게 하소서"라고 말했습니다. 2000년이

---

9) YWAM 로렌 커닝햄이 조장하는 교황 및 카톨릭 연합, https://youtu.be/oRHOJ3mD9YI
10) 전두승, '미국 은사주의자들의 거대한 배도의 물결 – 카톨릭과의 연합,' Nov.10.2017. Accessed Nov.30.2019. https://m.blog.naver.com/up0124/221137132720/
11) Ibid.

지났는데도 아직 세상이 예수가 주님이신 것을 믿지 않고 있음에 대해 우리는 회개해야 합니다. 무엇이 세상으로 하여금 예수를 아는 데 방해합니까? 그것은 바로 우리의 분열됨입니다. 분열하는 것은 마귀적인 죄악입니다. 우리는 회개해야 합니다. 기도해야 합니다. 그래서 세상이 예수를 못 믿게 만드는 방해물을 치워야 합니다. 오늘 예수께서 분열의 영을 무너뜨리길 원하십니다. 예수께서는 우리의 차이점들을 신경 안 쓰십니다. 우리의 차이나는 전통과 차이나는 교리들, 우리는 세상에 우리의 차이점으로 알려지지 않을 것입니다. 서로를 사랑하는 것으로 알려지게 될 것입니다. 예수께서는 "이것으로 너희가 내 제자인 줄 알리라"고 말했습니다. "너희가 서로를 사랑한다면 우리 가톨릭은 아주사 부흥으로부터 많은 것을 받았습니다. 우리는 여러분께 빚을 갚아 드리고 싶습니다. 우리는 개신교 여러분들께 용서를 구합니다. 여러분이 보인 예수의 사랑의 법을 존중하지 않은 것을 용서해 주세요. 너그러운 마음으로 여러분들을 사랑하지 못했습니다. 저희가 겸손히 구하오니 여러분들이 예수의 이름으로 용서해 주시길 바랍니다. 형제 자매들이여 우리를 용서해 주시고 자비로서 우리를 위해 기도해 주세요. 오늘 상징적으로 제스처를 하고 싶습니다. 루 잉글의 발을 씻어 드리려 했는데 여기서는 상황이 여의치 않네요. 대신 가톨릭으로서 루 잉글의 발에 입맞추는 제스처로 경의를 표하고 싶어요."12)

통역자는 큰소리로 외쳤다.

전 세계에 있는 가톨릭들이여 일어나라 10억의 가톨릭 영혼들은 하나님 나라에 들어올찌어다. 때가 이르리니 멍에가 끊어질 것이라. 모든 가톨릭들에게 주의 성령 부음이 있어 성령세례 받을지어다. 역사상 없었던 대부흥이 가톨릭교회에 임할지어다.

루 잉글 : 이것은 거룩한 순간입니다. 저도 똑같은 것을 하려 합니다. 사역자분들 리더분들 올라오세요. 저는 이 일에 참여하렵니다. 이것은 거룩한 거에요.

루 잉글은 바닥에 엎드리고 입을 맞추었다. 마테오 칼리시는 잉글의 등에 대고 기도했다.

마테오 칼리시 : 예수님 감사합니다. 주께서 분열의 영을 박살내고 계십니다. 주께서 대부흥을 준비하고 계십니다. 주께서 백 년 전 행하신 일(아주사 부흥) 다시 하소서. 다시 하소서. 다시 하소서. 당신의 영을 보내소서. 10억의 가톨릭에게 당신의 영을 다시 부으소서.

마테로 칼리시가 일어나서 소리쳤다.

12) 카톨릭과 개신교가 하나됨을 언약한 집회(Azusa Now)
https://www.youtube.com/watch?v=n6sN87tAo_Q&feature=emb_logo

우리는 LA의 강력한 복음화를 위해 기도할 겁니다. 손을 드세요.

곧바로 로마 가톨릭 사제가 기도했다.

하늘에 계신 아버지, 바울을 통해 우리를 가르쳐 주셨습니다. 고린도전서에, 손이 손에게 "나는 네가 필요 없다" 머리도 발에게 "나는 네가 필요 없다"라고 할 수 없습니다. 하지만 진실은 우리 모두가 서로를 필요로 합니다. 주여 우리는 당신이 세상과 우리나라에 부흥을 주시길 원한다는 것을 압니다. 하지만 우리의 화해가 있을 때까지 부흥도 없다는 것을 압니다. 엘리야가 이스라엘의 부흥을 위해 엘리사를 준비시킬 때 우선은 그들이 화해를 해야 했습니다. 아버지의 마음을 아들에게로 아들들의 마음을 아버지에게로, 하늘 아버지 역사적인 이 순간부터 시작해서 서로 용서함이 퍼지게 하소서. 우리는 반드시 서로를 용서해야만 합니다. 만약 우리가 연합한다면 복음화는 전세계에 강력해질 것입니다. 우리는 연합해야 합니다. 그리하여 거룩한 아버지인 프란치스코 교황이 기독교의 하나 됨을 위해 언약함에 따라 저는 이 자리에 교황님의 대리인으로서 루 잉글과 여기 있는 여러분 모두와 언약을 맺습니다. 오늘부터 시작하여 우리는 반드시 연합되어 날아야(fly) 합니다. 그리하여 주님, 저는 여기 있는 모두에게 진실 된 마음으로 말합니다. "당신이 필요합니다", "당신이 필요합니다.", "당신이 필요합니다" 주 예수께서는 우리의 하나 됨을 원하십니다. "아버지, 우리가 하나인 것처럼 저들도 하나되게 하소서" 우리의 기도와 사역이 하나 됨 속에서 이루어지게 하소서. 그래서 이 어지러운 세상 속에 우리의 전도가 더 강력하게 하소서. 당신의 치유와 사랑의 영과 변화됨을 여기 있는 모든 좋은 영혼들에게 허락하소서. 축복하시고 강건케 하시고 이 화해 운동의 루 잉글과 언약을 맺고 일하게 하소서. 우리가 그리스도 안에서 하나 된 몸으로서 가족으로서 언약을 맺고 일하게 하소서. 그리하여 우리가 기독교 가족들 내에서 사랑과 화해를 이룰 수 있도록. 아멘.

이것이, 방언을 목숨같이 여기는 은사주의자들의 실체다![13] 은사주의자들은 방언으로 기독교와 로마 가톨릭을 통합해 가고 있다. 통합은 로마 가톨릭과의 통합으로 끝날까? 방언만 한다면 통합하지 못할 종교가 없다. 은사주의자들은 방언은 중생의 증거라고 믿으며, 방언을 한다는 것은 같은 성령의 역사라고 믿기 때문이다. 방언을 하는 세상 모든 종교와 통합하는 것은 그리 멀지 않았다. 나의 이 말을 가볍게 생각하지 말기 바란다.

아주사 기도회를 마친 10일 주일 오후, 파사데나 Motto Auditorium

---

13) 오순절주의와 은사주의의 차이점은, 오순절주의는 역사적이며 전통적인 교회와는 다른 차원의 새로운 교회를 세우려고 했으며, 은사주의는 로마 가톨릭과 정교회를 포함하는 모든 기독교회 내에 새로운 교회를 세우려고 했다는 것이다. 은사주의는 1960년대 캐서린 쿨만을 통해 성장했으며, 1980년대 이후로 베니 힌의 등장으로 최고의 전성기를 누렸다.

에서 가진 후속 집회에 참석한 로마 가톨릭 대표를 소개하면서 루 잉글 측의 젊은 지도자가 "개신교와 가톨릭이 연합하는 일이 얼마나 아름다운 가?"라고 말하자, 그 집회에 참석한 1,000여 명이 넘는 젊은이들이 다 같이 일어나 박수를 보냈다. 마이클 비클은 이미 2015년 12월 'One Thing' 기도회에 로마 가톨릭교도들과 함께 연합기도회를 개최했으며, 자신과 함께 체 안, 루 앵글, 더취 쉬츠 등은 이미 교황을 만났다. 특히, 체 안 목사는 자신의 SNS에 교황을 만난 사진을 게시하고 "오늘 교황을 만난 일이 얼마나 영광스러운 일인지"라고 적었다.[14]

2. 민감한 방언 문제

방언 문제는 성도에게나 목회자에게 매우 민감한 사안이다. 리차드 개 핀(Richard B. Gaffin Jr.)의 말대로, "이 책은 치열한 성령의 은사 논쟁 속에 뛰어든 또 한 권의 책이다."[15] 성령의 은사와 방언 문제는 매우 치 열한 논쟁거리이다. 이 책을 통해 성령께서 주시는 은사와 방언에 대한 이해를 깊이 생각해 보는 나눔의 장이 되기를 기대한다.

방언을 경험한 사람들은 남다른 기쁨과 감격이 있다. 그러나 과연 그 방언에 대해 제대로 배워본 적이 있던가? 가르치는 사람도 배우는 사람 도 방언에 대해 성경적 지식도 역사적인 지식도 배운 일은 거의 없다. 지 식이 없으면 열심이 앞서게 된다. 열심만으로는 결과를 보장할 수 없다.

방언 문제는 단순히 방언 자체만으로 접근할 일이 아니다. '왜 방언을 구하는가?'라는 질문으로 시작할 것이 아니다. 방언 문제는 '삶의 의미와 통일성'에 관한 문제로 보아야 한다. 삶의 의미와 통일성은 필자의 책 『성경적 상담 시리즈』(12권)의 제1권 『의미와 통일성』을 읽고 이해 하기를 권한다. 삶의 의미와 통일성에 대한 이해가 없이 방언 문제로만 접근하면 방언을 올바르게 이해할 수 없다.

---

14) 전두승, '미국 은사주의자들의 거대한 배도의 물결 – 카톨릭과의 연합,' Nov.10.2017. Accessed Nov.30.2019. https://m.blog.naver.com/up0124/221137132720/
15) Richard B. Gaffin Jr, 구속사와 오순절 성령강림, 김귀탁 역 (서울: 부흥과개혁사, 2013), 12.

조작된 방언은 만트라(mantra)이며,16) 구상화(visualization)다.17) 이
것을 가장 잘 알아차린 사람이 칼 융(Carl Jung)이며 존 윔버(John
Wimber)이고 몰톤 켈시(Molton Kelsy)다. 아무리 부인하고 싶어도 부
인할 수 없는 현실이다. 성경의 방언은 인간의 조작으로 만들어진 방언
이 아니다!

멘탈리티(mentality)의 핵심 키워드를 알아야 기독교 신앙을 올곧게
지켜갈 수 있다. 멘탈리티의 핵심 키워드는 5가지다. '신성한 내면아이',
'구상화', '의미', '통일성', '도약'이다.

- 멘탈리티의 핵심 키워드 5가지 -
신성한 내면아이, 구상화, 의미, 통일성, 도약
의미: 존재(존재적 관점) 사명(상황적 관점)
통일성: 관계(규범적 관점)

이 5가지를 이해하기 위해 필자의 책 중 『내적치유와 내면아이』,
『내적치유와 구상화』, 『의미와 통일성』, 『시내산 언약과 도약』,
『프란시스 쉐퍼의 도약반대론』을 읽고 분별하며, '예수 그리스도의 구
원과 언약 안에서 의미와 통일성을 공급받는 것이 무엇인가?'를 알아가
기를 권한다.

인간의 열심으로 조작된 방언은 현대 기독교인이 의미와 통일성을 확
보하기 위한 종교적 도약이다. 현대 기독교는 '도약'을 감행하고 있는 줄
도 모른다. 신학교에서 키르케고르(Søren Aabye Kierkegaard,
1813-1855)를 가르치는 것이나 목회에서 방언을 가르치는 것은 도약의

---

16) 김관영, "만트라 요가와 심신수련," **종교연구** 34 (2004): 169(165-202); "만트라는 신성한 힘을 내재하고
있는 산스크리트어의 단어 또는 문장으로서 종교적인 제의와 예배, 일상적인 의례 또는 명상 수행의 도구로 쓰
여지는 것이다. 만트라에 내재 된 성스러운 힘은 반복적으로 암송함으로써 발휘된다. 왜냐하면 만트라는 소리의
진동이며, 그 진동의 실체는 에너지이기 때문이다. '만트라'(mantra)의 어근인 'man'은 '생각하다'라는 뜻을,
'tra'는 '도구'라는 뜻을 지니고 있다. 이 두 의미를 합하다면, 만트라는 '생각의 도구'라는 어원적인 의미를 내포
하고 있다. 다른 한편, 'tra'는 'trai'의 파생어로서 '현상계의 속박으로부터 인간을 구원한다'는 뜻을 지니고 있
다. 따라서 만트라는 '인간을 구원하는 생각의 도구'로 정의되기도 한다."
17) '신성한 내면아이'를 계발시키는 방식이며, 대개 접신이 이루어진다.

형태만 다를 뿐이다.

성도는 구원의 확신과 상처의 치유와 고난의 승리를 바라는 마음으로 애타고, 목회자는 교회 성장에 목마르다. 방언은 그런 것을 다 충족시켜 주는 만능키인가? 방언이 무엇인지 바르게 알고 배워서 믿음의 길을 바르게 가는 주의 백성들이 되기를 바라면서 이 글을 시작한다.

3. 위대한 내면화

방언 운동은 1800년대 초반에 시작되었다. 미국의 역사를 보면, 1865-1918년까지는 남북전쟁 이후 미국 재건(Reconstruction)이 시작되어, 미국의 산업화가 진전된 시대였다. 사상적으로는 낭만주의와 실용주의 시대였으며, 낭만주의는 초월주의로 이어졌다. 심리학적으로는 윌리엄 제임스(William James, 1842-1910)가 두각을 나타냈다. 그 외에도 여러 변화와 인물들을 말할 수 있지만 주된 핵심은 '주체성의 권위'가 변화되었다는 것이다. 프랭크 터너는 다음과 같이 말했다.

> 지난 18, 19세기 동안 서양 지성사와 문화사를 보면 아주 근본적인 변화가 많이 일어났다. 가장 두드러진 변화는 주체성의 권위가 수많은 경험과 관점, 윤리관을 평가하는 기준이자 시금석이 되었다는 점이다. 나는 이런 발전을 **위대한 내면화**(great internalisation)라고 부르겠다. 이는 주체의 내면적인 감정, 경험, 직관이 진실성과 진지함, 관점이나 주장의 올바름, 도덕 가치를 평가하는 가장 믿을 만하고 확실한 징표라는 믿음이 발전했고, 실제로 그렇게 실행되었다는 뜻이다.[18]

터너가 말하는 "위대한 내면화"는 기독교 안에서 일어났다. 미국의 1, 2차 대각성 운동으로 내면의 감정과 경험이 주체성의 권위가 되었다. 그 주요한 흐름을 좌우하는 것이 방언이다. 이전의 기독교는 단회적인 성령세례로 거듭나고 성령의 충만함으로 성령의 열매를 맺어가는 기독교였다. 이제는 최초의 성령세례 외에 성령세례를 받아야 하는 기독교가 되었으며 그 증거는 방언에 있다는 것이다.

---

18) Frank M. Turner, **예일대 지성사 강의**, 서상복 역 (서울: 책세상, 2016), 107.

현대 기독교는 성령세례를 받으면 방언을 말한다고 가르치는 경향이 짙어지고 있다. 남침례교는 선교지의 경쟁력 약화로 인해 선교사에게 방언을 허용했는데(2015년), 그 배경에는 칼빈주의를 따르면서도 기적을 인정하는 신칼빈주의자들의 영향 때문이다. 주요 인물로는 존 파이퍼(John Piper), 웨인 그루뎀(Wayne Grudem), 마크 드리스콜(Mark Driscoll), 팀 켈러(Tim Keller) 등이 있으며, 보수적인 남침례교에 큰 영향력을 끼치고 있다.

웨인 그루뎀은 오순절 운동의 전통적인 입장이 성경의 지지를 받는다면서 다음과 같이 말했다.

> (4) 사도들처럼 오늘날 그리스도인들도 예수님께 "성령세례"를 구해야 하며, 그래서 제자들의 삶을 본받아야 한다. 만일 우리도 성령세례를 받는다면 제자들의 경우와 마찬가지로 우리의 사역에도 엄청난 능력을 받게 될 것이며 경우에 따라서는(혹자의 경우는 언제나) 그들처럼 방언도 말하게 될 것이다.[19]

그루뎀은 거듭난 사람이 성령의 세례를 받으면 방언을 받는다고 말했다. 그루뎀은 고린도전서 12:30의 해석에서 모든 사람이 방언한다고 말하지는 않으나,[20] "혹자의 경우에는 언제나"라고 말함으로써 성령세례의 증거로 방언을 받는다는 여지를 남겼다. 그로 인해 그루뎀은 자신의 주장에 일관성을 유지하지 못했다.

방언은 단순히 '방언을 하느냐? 안 하느냐?'의 문제가 아니다. 이제는 **'새로운 기독교'**로 바뀌었다는 것을 의미한다. 왜 새로운 기독교인가? 터너의 말대로 '주체성의 권위'가 인간의 경험이 되었기 때문이다. 거기에 칼 융의 심리학까지 더해져서 이제는 무의식의 하나님이 되어버렸다. 방언은 의식에서 무의식으로 진입했다.

칼 융은 『Psychology and the Occult』에서 영매인 S.W.(헬레네의 익명)의 황홀한 트랜스 상태에서 말하는 '글로솔라리아'를 언급했다.[21]

---

19) Wayne Grudem 조직신학(중), 노진준 역 (서울: 은성, 2009), 423.
20) Wayne Grudem 조직신학(하), 노진준 역 (서울: 은성, 2009), 360.
21) "Glossolalia in Paganism & Occultism," Dec.11.2017. Accessed Oct.25.2019.
https://www.patheos.com/blogs/matauryn/2017/12/11/glossolalia-paganism; 〈In Psychology and the

헬레네를 통해 융은 유령의 존재를 믿는 정신주의에 점점 **빠져들어 갔**다. 융과 헬레네는 강령회(降靈會)를 열었다.[22] 융은 방언(glossolalia)이 신약성경에서 발견되는 것이라고 말했다.[23] 융은 방언 이야기에 앞서 니체가 짜라투스트라를 썼을 때 시적 황홀경에 있었으며, 완전히 무의식에 **빠져들었을** 것으로 보았다.[24] 융이 말하는 이런 황홀경이란 접신 상태를 말한다. 헬레네가 접신을 통해 만난 귀신 중 하나가 '이페네스'(Ivenes)였다. 그런 까닭에, '영성'이라는 명목으로 혹은 '기독교 상담학'이라는 이름으로 칼 융의 심리학을 가르친다는 것은 기독교를 이교도(異敎徒)화하는 것이다. 여기에 대해서는 필자의 책 『칼 융의 심리학과 영성』을 참고하기 바란다.

Occult Carl Jung also observed a trance medium and mentions glossolalia as part of her ecstatic trance state,"In reconstructing her somnambulistic ego we are entirely dependent on her subsequent statements, for in the first place the spontaneous utterances of the ego associated with the waking state are few and mostly disjointed, and in the second place many of the ecstasies pass off without pantomime and without speech, so that no conclusions about inner process can be drawn from external appearances. S.W. is almost totally amnesic in regard to the automatic phenomena during ecstasy, in so far as these fall within the sphere of personalities foreign to her ego. But she usually has a clear memory of all the other phenomena directly connected with her ego, such as talking in a loud voice, glossolalia, etc. In every instance, there is complete amnesia only in the first few moments after the ecstasy.">

22) 장덕환, *C. G. 융과 기독교* (서울: 새물결플러스, 2019), 96-97; 〈이러한 정신적 배경 속에서 융은 그의 외사촌 헬레네를 통해 강령회 체험을 시도했다. … "칼(융)은 영혼과 내세를 탐험하고 싶어한다. 나는 그의 탐험을 돕도록 선택받았다. 그것이 나의 운명이며, 이는 나를 행복하게 만든다."라고 하면서 그에게 크나큰 관심을 가졌다. 1895년, 융이 김나지움을 졸업하고 대학에 입학하던 여름에 첫 번째 강령회가 열렸다.〉

23) C. G. Jung, *Psychology and the Occult*(pdf), (London and New York: Princeton University Press, 1977), 26; "Out of the rich choice of these phenomena we are chiefly concerned here with speaking in foreign tongues, the symptom of glossolalia. This phenomenon is mentioned in practically all cases of ecstasy; it is found in the New Testament."

24) Ibid., 56; "Nietzsche's sister, Elisabeth Forster-Nietzsche, told me, in reply to my enquiry, that Nietzsche had taken a lively interest in Kerner when staying with his grandfather, Pastor Oehler, in Pobler, between the ages of 12 and 15, but certainly not later. It could scarcely have been Nietzsche's intention to commit a plagiarism from a ship's log; had this been the case he would surely have omitted that extremely prosaic and totally irrelevant passage about shooting rabbits. Obviously, when painting the picture of Zarathustra's descent into hell, that forgotten impression from his youth must have slipped half or wholly unconsciously into his mind at the time when he wrote Zarathustra, and the poetic ecstasy that at more than one point verges on the pathological, this abnormal reminiscence will appear more understandable."

4. 방언 문제의 핵심

방언 논쟁의 가장 핵심은 '현대 방언이 외국어인가? 아닌가?'이다. 배운 적도 없는 외국어를 알아듣고 말하는 능력을 '제노글로시아'(Xenoglossia) 혹은 '제노라리아'(Xenolalia)라고 한다.[25] '글로솔라리아'(Glossolalia)는 들어본 적도 없는 미지의 언어를 말하는 능력을 말한다. '제노글로시아'인가? '글로솔라리아'인가? 이것이 방언의 핵심이다.[26]

'방언으로 말한다'라는 정확한 문구는 적어도 14세기 위클리프 성경에서 신약성경을 영어로 번역한 이후로 사용되었다(Mark 16:17 in Wycliffe's Bible). 프레드릭 파르(Frederic Farrar)는 1879년에 처음 '글로솔라리아'(glossolalia)라는 단어를 사용했다.[27]

김동수 교수는 다음과 같이 말했다.

> "그들이 다 성령의 충만함을 받고 성령의 말하게 하심을 따라"(행 2:4) 방언을 한 것이다. 여기서 가장 중요한 것은 방언이 외국어였다는 것이 아니라 성령의 역사로 방언을 했다는 것이다. 또 바울이 고린도전서 12-14장에서 말하는 방언이 실제 언어가 아니었다는 것은 자명해 보인다. 극소수의 학자들을 제외하고는 모두 이것을 실제 언어였다고 보지 않는다. 바울이 정의한 대로 이 방언은 영으로 말하는 것이고 알아듣는 사람이 없는 것이다(고전 14:2). 다만 통역의 은사가 임하면 그때 일시적으로 하나님이 그 뜻을 공동체에 깨닫게 해주시는 것이다. 지금 현대교회에서 일어나는 방언 현상이 바로 이런 방언이다. 여기서도 중요한 것은 성령의 역사로 자신의 혀의 길이 아니라 다른 길로 혀가 움직인다는 것이다. … 누가의 방언에 서 있어서도 사도행전 2장 이후에 나오는 방언 현상에 대해서 그것이 실제 언어라는 뉘앙스는 별로 없다. 여기서 중요한 것은 실제 언어였는가 아닌가 하는 것보다 성령의 역사로 언어 기관이 성령의 인도를 받아 활동하게 되었다는 것이다.[28]

---

25) 제노글로시아, Jun.23.2012. Accessed Aug.16.2019.
https://m.blog.naver.com/wyh1014/100160882631; 제노글로시(Xenoglossy)라고도 한다. 그리스어 έενογ λωσσία에서 기원하였다. 외국이라는 뜻의 형용사 xenos와 언어라는 뜻의 glossa의 합성어이다. 사용자가 자연적으로 습득할 수 없는 언어를 사용하는, 과학적으로 설명할 수 없는 현상이라 이종언어발화능력(異種言語發話能力)이라고 한다. 또한 '헤테로글로쏠라리아'는 방언을 말하는 자가 아는 자국어로 의사 전달을 할 때 듣는 자가 그 언어를 이해할 수 있는 현상을 말한다.
26) 물론 학자에 따라, 두 가지가 다 현대에도 지속된다고 말하나, 실제적으로는 '제노글로시아'인가? '글로솔라시아'인가? 둘 중 하나이다.
27) *Oxford English Dictionary*, 2nd ed, 1989.
28) 김동수, **방언은 고귀한 하늘의 언어** (서울: 이레서원, 2015), 50.

김동수 교수는 방언이 외국어가 아니라고 주장했다. 김동수 교수는 극소수의 학자만 외국어라고 주장하고 모든 학자는 실제 언어가 아니라고 말하며 그것은 자명하다고 말했다. 영국의 오순절주의 저자인 도날드 지(Donald Gee)는 현대 방언이 외국어라고 말했다.[29] 네일 퍼거슨(Neil Ferguson)은 초기 오순절주의자들은 오순절의 방언이 외국어로 믿었다고 말했다.[30]

방언 논쟁의 핵심은 김동수 교수가 주장하듯이, 방언이 외국어가 아니라 상징언어라고 주장하는 것이다. 사도행전을 비롯한 성경의 방언은 '랄라라 방언'이라는 것이다.

사도행전 2:4의 방언이 '외국어인가? 아닌가?'에 대한 판단은 심오한 해석이 필요한 작업이 아니다. 난해한 관점은 난잡한 결과만 도출한나. 사도행전 2장은 분명하게 말한다.

> 9 우리는 바대인과 메대인과 엘람인과 또 메소보다미아, 유대와 가바도기아, 본도와 아시아, 10 브루기아와 밤빌리아, 애굽과 및 구레네에 가까운 리비야 여러 지방에 사는 사람들과 로마로부터 온 나그네 곧 유대인과 유대교에 들어온 사람들과 11 그레데인과 아라비아인들이라 우리가 다 우리의 각 방언으로 하나님의 큰일을 말함을 듣는도다 하고(행 2:9-11)

방언을 들은 사람들이 "우리가 다 우리의 각 방언으로" 들었다고 말했다. 어떤 학자들이 말한 것도 아니고 그 현장에 있었던 사람들이 자신들의 언어로 들었다고 증언했다. 성령의 감동으로 기록된 성경의 증거를 교수의 권위로 부정할 수 없다. 성경보다 더 높은 인간의 권위는 없다!

김동수 교수가 사도행전의 방언이 외국어라고 주장하는 사람이 "극소수의 학자"라고 말한 것은 근거가 없다. 외국어가 아니라고 주장하는 사

---

29) Carl Brumback, *What Meaneth This?*, 57, 61, 62, 96.
30) Neil Ferguson, "Separating speaking in tongues from glossolalia using a sacramental view," *Colloquium* 43(1) (2011): 40(39-58); 〈The first distinction to be made is that between glossolalia and xenolalia. Xenolalia describes the rare situation where the Holy Spirit enables an individual to speak in a recognised human language, one that is not known to the speaker. Early Pentecostals believed tongues they spoke were known languages and it was for the evangelisation of foreign lands they were given the gift. However, missionaries reported disappointment "when they found that they could not preach in the native languages they had believed they had received via the Spirit."〉

람은 오순절주의자31)와 은사주의자이다.32) 사도행전의 방언이 외국어라고 말하는 학자는 극소수가 아니라 그 반대로 대부분의 학자이다. 칼빈은 사도들이 오순절에 모여든 사람들의 방언(외국어)으로 말했다고 주석했다.33) 매튜 헨리도 외국어로 말했다.34) 박윤선 교수도 외국어로 말했다.35) 심지어 김동수 교수가 추천서를 써 준 김동찬 교수의 『방언 바로 알기』에서도 외국어로 말했다.36)

에버츠(Jenny Everts)는 오순절 방언이 외국어로 말하는 기적과 듣는 기적이 동시에 일어났다고 말했다.37) 김동수 교수는 에버츠의 견해에 대

---

31) 오순절 교회 혹은 오순절 운동은 1901년 미국에서 찰스 파햄으로 시작된 오순절주의적인 부흥 운동에 역사적 기원을 둔다. 오순절주의자들의 기본적 교리는 세 가지다. (1) 신약에 언급된 성령의 모든 은사는 오늘날을 위해 계획된 것이다. (2) 성령세례는 회심 이후에 능력을 덧입는 체험이며 오늘날 그리스도인들도 추구해야 한다. (3) 성령세례를 체험한 '표시'는 방언이다. 은사주의는 1960대와 70년대의 은사주의적 부흥 운동에 기원을 둔다. 은사주의 안에도 방언이 회개 이후의 사건이냐? 성령세례의 표지이냐?에 대해 분파가 있다. 미국 은사주의의 대변자는 '700 클럽'으로 유명한 팻 로버트슨(Pat Robertson)과 리젠트 대학교다.

32) 김동수, "누가 신학에서 오순절 신학 정체성 찾기: 멘지스(Robert P. Menzies)의 제안을 따라," **영산신학저널** 26 (2012): 92(91-114); "역사 신학적으로 접근하면, 19세기 부흥 운동의 기조에서 출발하여 중생과 구별되면서 방언에 의해서 증거되는 성령세례를 주장하는 사람들을 오순절파라고 할 수 있을 것이다."

33) John Calvin, **신약성서주석 5 사도행전** (서울: 성서교재간행사, 1982), 72-74; "나는 사도들이 헬라인에게는 헬라말로, 이태리인에게는 라틴말로 말할 수 있도록 여러 가지 방언에 대한 이해력을 받았으며 그래서 그로 인하여 청중과의 진정한 교통이 이루어졌다는 것이 분명하다고 생각한다. … 사도들은 그 만난 상대를 따라 또는 생겨난 기회를 따라 다른 방언을 말했는데 한 사람은 한 방언으로 다른 사람은 다른 방언으로 말할 수 있도록 되었을 가능성이 있기 때문이다. … 그러나 더구나 베드로도 역시 다른 나라 방언으로 말했다고 우리가 말한다 해도 조금도 불합리할 것은 없을 것이다. … 거기에는 주목해야 할 또 한 가지 사실이 있는데 그것은 사도들의 모국이 어디인지를 모두가 알고 있으며, 그리고 더구나 그들은 외국어를 습득할 수 있도록 모국을 떠난 일이 결코 없었다는 것도 다 알고 있다는 사실이다. 그러므로 그들이 거침없이 이야기함으로써 또는 기회가 닿는 대로 한 사람은 라틴말을, 다른 사람은 헬라 말을, 또 한 사람은 아라비아 말을, 그리고 각 사람이 자기 말을 바꿀 때에 그것으로써 사람들은 이것이야말로 하나님의 비범한 역사였음을 한층 더 잘 깨닫는 것이다."

34) 매튜 헨리, **사도행전(상)**, 이기문 역 (서울: 기독교문사, 1985), 72-73; 〈제자들이 각국에서 온 나그네들의 말로 말하는 것을 들었을 때의 그들의 놀라움, 제자들은 다른 언어를 사용하는 여러 지방의 사람들이 모여들기 전에 이미 여러 언어를 말하였던 같다. … 그들은 제자들이 조리 있게 그들의 언어로 말하고(이들 나그네들이야말로 이 일에 가장 적절한 판단자들이었다.) 본국 사람들이라도 그들보다 더 이상 정확하고 유창하게 말할 수는 없으리라는 것을 인정하였다. 즉, "우리가 그들 중 몇 명이 우리의 방언으로 말하는 것을 듣게 되었도다"라는 말이다〉

35) 박윤선, **성경주석 사도행전** (서울: 영음사, 1988), 60.

36) 김동찬, **방언 바로 알기** (서울: 베다니출판사, 2015), 21, 33; "다음 순간 그들의 입에서는 한 번도 배운 적이 없는 외국어가 터져 나오며", "누가는 사도행전을 기록하면서 오순절 날 제자들이 말한 방언은 당시에 실제로 사용되던 외국어라고 말했다. 제자들이 성령을 받자 한 번도 배운 적이 없는 외국어를 유창하게 말하게 되었다고 말한다."

37) Jenny Everts, "Tongues or Languages?: Contextual Consistency in the Translation of Acts 2," *JPS*

하여, "그런데 이 견해의 문제점 중 하나는 사도행전에서 방언이나 예언적 영감을 받은 말은 성령의 체험을 한 사람편에서의 표식으로 나오지 그것을 목도한 사람들의 표식으로는 나오지 않는다는 것이다."라고 말했다.38) 그러나 김동수 교수의 이런 주장은 지극히 성경을 벗어난 사견이다. 왜냐하면, 사도행전 2장에서 디아스포라 유대인들이 방언을 알아듣고 놀랐다는 것은 목도한 사람들에게도 표식이 되었다는 것을 증거 하기 때문이다.

터너(Max Turner)는 당시의 외국어라고 말했으며,39) 건드리(Robert H. Gundry) 역시 사도행전 2:4의 "다른 방언"은 외국어라고 말했으며 고린도전서 12-14장의 방언도 외국어라고 말했다.40) 김동수 교수는 각주에서, "흥미롭게도 건드리는 바울이 고린도전서 12-14장에서 언급하는 방언도 외국어라고 주장한다."라고 말했다.41) 김동수 교수는 "누가에

4(1994), 74-75.

38) 김동수, "누가의 방언론," **신약논단** 14(3) (2007): 584(563-596).

39) Max Turner, **성령과 은사**, 김재영, 전남식 역 (서울: 새물결플러스, 2018), 384-385; 〈바울이 (방언을) 실제 언어로 파악했다는 결론에 반대하는 보다 심도 있는 주장들이 있었지만, 논리가 아주 빈약한 것뿐이었다. 다음과 같은 질문들이 제기된다. (i) 왜 우리는 인지 가능한 방언에 대한 보다 오래된 고대의 기록을 가지고 있지 않은가? 그러나 이 질문은 누가가 방언(xenolalia; 외국어 방언)을 이해되는 것으로도, 그래서 복음 전도를 준비하기 위한 것으로 기대했다는 오해에 근거한 것처럼 보인다. (ii) 만일 방언을 말하는 것(glōssais lalein)이 "외국어를 말하는 것"(Xenolalia)이라는 믿음이 초기 교회에 널리 퍼져 있었다면, 왜 이레나이우스와 켈수스는 방언을 중얼거림이나 "옹알거림"(lalling)으로 간주했는가? 이에 대한 대답으로, 커리(Currie)와 티슬턴(Best, "Interpretation", 29)이 이런 질문을 성립시키려고 사용한 본문(Adv. Haer 3 x iii; Adv. Celsus 7. i x)이 사실은 글로사이스 랄레인(glōssais lalein)에 대한 것이 전혀 아니라는 지적으로 족할 것 같다. 그것들은 모순적인 예언적 담화의 결과에 대한 것일 뿐이다(개별 단어들이 이해되지 않기 때문이 아니라, 그것들이 수수께끼 같고, 암호문 같고, 단지 모호하기 때문에 모순적인 것이다. 이는 쓸데없는 신탁에 대한 고대 세계의 일반적인 비판이다). (iii) 바울이 방언을 참된 언어의 기적이라고 생각했다면, 왜 고린도전서 12-14장에서처럼 방언을 그렇게 얕잡아보고 있는가? 이와 관련하여 티슬턴은 바울이 방언을 경시하고 있다고 생각하는 일련의 학자들을 인용하고, 베스트의 다음 글을 인용하는 것으로 마무리한다. "바울은 … 방언이 복음 전도에 아주 유용했기 때문에, 그리고 오로지 하나님께만 드려지는 말이라고 설명할 수 있는 것이 아니었기 때문에, 방언을 좀처럼 비판하지 못했을 것이다."(Best, "Interpretation", 47) 그러나 우리는 다시 한번 방언과 복음 전도의 관계에 관한 오해를 만나게 된다. 하지만 보다 광범위하게 보면, 바울이 방언 그 자체(per se)를 비판하지 않았다는 것이 대답이 될 것이다(hemphill, "concept", 123; Fee, Presence, 889-90). 바울 자신이 방언을 더 많이 사용했고, 그 때문에 감사했으며(고전 14:18), 심지어 방언을 권장했다(14:5). 그가 반대하고 심하게 비판한 것은 통역되지 않는 방언이 회중을 지배하는 것이었다. 우리는 바울이 방언 말하는 것을 외국어 방언과 (아마도) 하늘의 언어로 생각했을 것이라고 결론 내릴 수 있다. 만일 그가 사도행전 2장에 삽입되어 있는 전승과 접촉이 있었더라면-그것은 불가능한 것도 아니다-이것이 그의 견해를 확증시켜 주었을 것이다.〉

40) Robert H. Gundry, "'Ecstatic Utterance'(N. E. B.)?" *JTS* 17(1966), 301.

게 있어서 방언은 그것이 실제로 말하는 시대에 통용되는 외국어일 수도 상징언어일 수도 있다"라고 말하면서 자신의 지론인 '방언은 상징언어다'라는 논지를 명백히 진술하지 않았다.[42)

일반적으로 방언에 대한 주장은 네 가지로 말한다. 1) 방언은 외국어다 2) 방언은 신비한 영적 언어다 3) 방언은 의미 없는 음절로 읊조리는 것이다. 4) 사탄의 작용이다. 김동찬 교수를 비롯한 방언 옹호론자들은 사도행전의 방언은 외국어이나 고린도전서의 방언은 '영의 언어'라고 말한다.[43) 김동찬 교수가 방언 옹호를 위해 인용하는 글의 저자는 케네스 헤긴, 오럴 로버츠, 몰턴 켈시, 조용기, 빌 헤몬 등과 같은 은사주의자들이나 오순절주의자들이다.

참고로, 김동찬 교수는 미국 오럴 로버츠 대학 신학부에서 '방언'에 대해 논문을 쓰고 박사학위를 받았다. 김동찬 교수와 같이 공부한 이진희 목사는 "당시 오럴 로버츠 대학 학생들의 대다수가 방언으로 기도하고 있었다"고 말했다.[44) 그로마키는 "오랄 로버츠 대학교와 신학 대학원은 가장 훌륭한 기독교 교육과 은사 회복 촉진이라는 명백한 목적을 가지고 설립되었다"[45)고 말했다.

김동수 교수는 파햄이 오순절의 방언을 외국어였다는 주장에 대해 "성서적 근거를 거의 발견할 수 없다"고 말했다.[46) 김동수 교수가 파햄을 무시한다는 것은 오순절 운동의 시초를 무시하는 결과를 초래한다. 김동찬 교수는 사도행전의 방언이 실제 외국어라고 말하며,[47) 데이브 로버슨

---

41) 김동수, "누가의 방언론," **신약논단** 14(3) (2007): 583(563-596).
42) Ibid., 588(563-596); "요약하면, 누가에게 있어서 방언은 그것이 실제로 말하는 시대에 통용되는 외국어일 수도 상징 언어일 수도 있다. 중요한 것은 그것이 성령 충만으로 발생하는 예언의 일종이라는 것이다. 습득 과정이나 노력으로 된 것이 아니라 말세에 성령의 역사로 이루어지는 언어 기적이 바로 방언이다. 누가는 그것을 외국어나 상징 언어냐로 양분하여 배타적으로 규정하지 않았다."
43) 김동찬, **방언 바로 알기** (서울: 베다니출판사, 2015), 33; "한편 사도 바울이 고린도전서에서 말하는 방언은 외국어가 아니고, 누구도 그 뜻을 알 수 없는 영의 언어로서(고전 14:13-14) 하나님께서 들으시는 '영의 기도이며 찬송'(고전 14:15)이다."
44) 김동찬, **방언 바로 알기** (서울: 베다니출판사, 2015), 11; 추천서에서.
45) Robert G. Gromacki, **현대방언 연구**, 김효성 역 (서울: 기독교문서선교회, 1983), 48.
46) 김동수, "누가의 방언론," **신약논단** 14(3) (2007): 570(563-596); "또한 다른 뜻에서기는 하지만 파햄 (Charles Parham) 같은 오순절주의자들도 오순절에 임한 방언이 선교를 위한 목적으로 외국어로 소통하는 언어라는 주장을 하기도 했다."(Janet Event Powers, "Missionary Tongues?" *JPT* 17 (2000): 39-55.)
47) 김동찬, **방언 바로 알기** (서울: 베다니출판사, 2015), 142.

(Dave Roberson)은 제노글로시아 방언을 경험했다고 말했다.[48] 같은 방언 옹호론자들이면서도 이렇게 견해 차이가 많은 것을 김동수 교수는 무엇이라고 답변할 것인가?

김동수 교수는 방언 통역을 말하면서 "순간적으로 방언의 뜻을 마음으로 알아듣고 모국어로 말하는 것이다"라고 말했다.[49] 노우호 목사는 다음과 같이 말했다.

> 2011년 4월 8일 중국에서 어떤 분이 자신의 입에서 나오는 소리를 스스로 들어 보았지만 알 수 없다고 그 소리를 적어 보내왔었다. 방언 녹취록을 보내오신 분은 중국의 어느 지역에 살고 있는 분인데 이 녹취록을 홈페이지에 올려놓고 1년 이상을 기다렸지만 아무도 이를 번역하거나 통역할 수 있는 사람은 없었다. "바라바라카다라라 카라바라마라스트 바라바라카다라 바바스크 …50)

김동찬 교수의 주장대로라면 노우호 목사가 말하는 이 방언을 통역 못할 사람이 없어야 한다. 그러나 아무도 통역하지 못했다. 노우호 목사는 이런 이상한 소리를 "악령들의 방언"이라고 말했다.[51]

5. 우리의 기준은 경험이 아니다.

하나님의 백성은 성경이 모든 것의 기준이다. 우리는 '얼마나 많은 사람이 방언을 하느냐?'가 아니라 '성경이 방언에 대하여 무엇이라고 말하느냐?'로 판단해야 한다. 어떤 사람들은 성령의 사역을 이해하려면 성경만으로는 부족하고 직접 성령을 체험해야 한다고 말한다. 홍성건 목사는 "우리가 방언으로 기도하면 외적인 환경을 다스리는 힘을 얻게 되고, 또한 내적인 여러 억압들-영적, 정서적, 정신적, 육신적인 병-을 이길 수 있는 힘을 얻게 됩니다"라고 말했다.[52] 멘지스(Robert P, Menzies)는 "방언은 '그들의 경험'이 '우리의 경험'이며 성령의 모든 은사라는 표시

---

48) Ibid., 271.
49) 김동수, **방언은 고귀한 하늘의 언어** (서울: 이레서원, 2015), 72.
50) 노우호, **방언을 검증하자** (산청: 에스라하우스출판부, 2014), 99.
51) Ibid.
52) 홍성건, **성령으로 행하는 사람** (서울: 예수전도단, 2001), 247.

(sign)로 사용된다"고 말했다.[53]

우리의 생각과 경험은 성경에 복종해야 하며, 성경이 우리 경험을 판단하는 기준이 되어야 한다. 기독교인이라 하면서도 경험을 우선으로 하는 것은 지금의 신학 흐름이 이전과 판이하게 변했기 때문이다. 현재의 신학은 구 프린스톤 신학에서 거의 대부분 벗어나 있다. 오늘날의 신학은 '칼빈 - 프란시스 튜레틴 - 찰스 핫지 - 벤자민 워필드 - 리차드 개핀'으로 이어지는 구 프린스톤 신학에서 이탈해 있다. 자유주의 신학에 잠식된 프린스톤 신학은 '오번 선언서'(Auburn Affirmation)로 나타났다. 오번 선언서에 서명한 목사들은 모두 성경의 무오성을 부인했다.[54] 오번 선언서의 주요 핵심은 1923년에 재확인된 미합중국 장로교회 선언의 핵심 내용인 1) 성경의 영감과 무오성, 2) 그리스도의 동정녀 탄생, 3) 하나님의 공의를 만족시키는 그리스도의 대속, 4) 그리스도의 육체 부활, 5) 그리스도의 기적의 초자연적 성격과 육체 재림을 반대하는 것이다. 이것은 성경과 교리의 핵심 내용이다. 이 핵심을 부정하면서도 기독교라 하는 것이 과연 기독교인가?

---

53) Robert P, Menzies, "The role of glossolalia in Luke-Acts," *Asian Journal of Pentecostal Studies*, 15(1) (2012): 49(47-72); Glossolalia has been crucially important for Pentecostals the world over for many reasons, but I would suggest that two are of particular importance. First, as I have noted, speaking in tongues highlights, embodies, and validates the unique way that Pentecostals read the book of Acts: Acts is not simply a historical document; rather. Acts presents a model for the life of the contemporary-church. Thus, tongues serve as a sign that "their experience" is "our experience" and that all of the gifts of the Spirit (including the "sign gifts") are valid for the church today. Secondly, tongues calls the church to recognize and remember its true identity: the church is nothing less than a community of end-time prophets called and empowered to bear bold witness for Jesus. In short, the Pentecostal approach to tongues symbolizes significant aspects of the movement: its hermeneutic (Acts and the apostolic church represent a model for the church today) and its theological center (the prophetic and missionary nature of the Pentecostal gift). For Pentecostals, then, tongues serve as a sign that the calling and power of the apostolic church are valid for contemporary believers.〉

54) Gordon H. Clark, "The Auburn Heresy," Accessed Nov.2,2019. https://www.opc.org/cce/clark.html; "The real purpose of the document is partially obscured because it states that some of the signers believe some of these doctrines. That is true. Some of the signers believe some; but they all deny the inerrancy of the Holy Scriptures. They all hold that the basis of the Westminster Confession is harmful and that the Bible contains error. This attack on the Bible is of fundamental importance because obviously if the Bible be rejected, why should the religion of the Bible be retained? You cannot well impugn the veracity of the Scriptures and then accept the content of the Scriptures."

오늘날 개혁신학도 말만 개혁신학이지 실제로는 예언과 방언에 대해 허용적이다. 문제는, 그렇게 방언과 예언을 허용하는 목회자들이 얼마나 많은가! 교회 안에서 신사도 운동을 하는 사람들을 강사로 초빙하고 목회자 자신도 그런 일에 명확히 규정하지 않고 수용하고 있는 현실이다. 교회마다 '수요예배', '금요기도회'라는 이름은 사라지고 '화요 성령 집회', '수요 성령 집회', '금요 특별 성령 집회'라는 이름으로 바뀐 지 오래되었다. 이로 인해, 경험이 판단하는 기준이 되었다. 첸트리(Walter J. Chantry)는 다음과 같이 말했다.

> 예수님의 말씀은 우리의 생각과 행동을 인도하시기에 알맞은 유일한 권위다. 모세가 하나님의 구속을 받은 백성에게 그 시대의 점쟁이나 신접한 사람이나 무당과 관계하지 말라고 말했을 때(신 18:9-12), 그런 영적인 사기꾼들이 어떻게 사람들을 기만하는지 다 이해할 필요는 없었다. 그런 일들은 하나님이 가증하게 여기시는 일이며 이스라엘 백성은 하나님의 선지자의 말에 귀 기울여야 한다는 사실만 알면 충분했다(신 18:12-15).[55]

구원받은 성도에게 예수 그리스도의 말씀은 유일한 권위다. 비성경적인 체험이 어떤 것인지 이해하려고 할 필요가 없다. 하나님의 백성들은 하나님께서 영적인 사기꾼이 하는 일을 가증히 여기신다는 것을 알고 성경을 우리 삶의 절대 기준으로 삼고 살아가는 것으로 충분하다.

우리 시대에 은사나 영성에 물들어지는 것은 순식간에 일어난다. 시대를 장악하는 흐름이 은사와 영성으로 물들어 있기 때문이다. 현대 기독교인은 '성경이 무엇을 말하느냐?'를 생각하기보다는 '누가 말했느냐?'를 더 중요하게 생각한다. '성경에 기록된 하나님의 뜻이 무엇인가?'를 생각하기보다, '내가 무엇을 경험했느냐?'에 더 비중을 둔다. 그러나 경험에 기초한 교리는 오류를 내포한다.[56]

---

55) Walter J. Chantry, **오늘날의 은사주의 운동, 과연 성경적인가**, 이용중 역 (서울: 부흥과개혁사, 2010), 149.
56) Robert G. Gromacki, **현대방언 연구**, 김효성 역 (서울: 기독교문서선교회, 1983), 186; 〈왈보어드는 경험에 기초한 교리의 오류들을 다음과 같이 지적했다: "경험은 오류를 낳을 두 가지의 치명적 근거들을 항상 갖고 있다. 그것은, (1) 그 경험 자체의 내용과 신적 기원에 대한 오해, (2) 그 경험의 교리적 의미에 대한 잘못된 결론이다. 그러므로, 한편으로, 소위 신적 기원을 가지고 있다고 생각한 경험이 순전히 심리적일지도 모르고 혹은 더 심하면 사단 자신의 기만적인 고안물일지도 모른다. 다른 한편으로, 성령 충만의 사역이 성령세례로 흔히 명명되듯이, 참된 경험이 잘못 이해되고 잘못 명명될지도 모른다."〉

김동수 교수는 "방언 이해가 체험과 관계되어 있음은 우리의 체험적인 주장이 아니라 바울 자신이 천명한 것이다"라고 말하면서,[57] 고린도전서 14:38을 다음과 같이 말했다.[58]

이 말은 지금까지 바울의 논증을 이해하지 못하면 결국 그 사람은 영적인 일을 모르는 사람이라는 뜻이 된다. 영적인 일을 영적으로 분별할 수밖에 없다는 바울의 천명과 일치하는 것이다(고전 2:13). 이 번역을 취하면 본 구절의 의미는 영적인 은사는 체험하지 않으면 어떠한 설명으로도 이해할 수 없다는 것이 된다.[59]

김동수 교수에 의하면, 영적인 은사를 체험하지 않은 사람은 어떤 설명을 해주어도 방언을 이해하지 못한다. 그런 생각의 배경에는 많은 사람이 방언을 영적 능력으로 들어가게 하는 통로라고 생각하기 때문이다.[60] 영적 경험이 없이는 영적인 것을 알지 못한다는 논리는 성경적 방식이 아니다. 앤더슨(Gordon L. Anderson)은 오순절주의자들은 "말이나 이론적인 이해보다는 느끼고 행하는 종교적 경험을 원한다."라고 말했다.[61]

중요한 것은 '38절의 뜻이 무엇인가?'이다. 찰스 핫지(Charles Hodge, 1797-1878)는 다음과 같이 말했다.

즉 만일 어떤 사람이 나의(바울) 교훈들의 신적인 권위를 모르거나 인정하기를 거부한다면 그로 하여금 모르게 두라는 말이다. 바울은 그러한 사람을 납득시키기 위하여 노력하지도 않았고, 또한 그 점을 논쟁하는데 결코 시간을 허비하지도 않았다. 어떤 진리의 증거가 풍부하고 분명하게 제시되고 있음에도 불구하고 그것을 거부하는 사람들은 그들 자신의 책임에 따라 마음대로 행동하도록 내버려 두어야 한다. 더욱이 왈가왈부하는 논쟁은 더더욱 아무런 유익이 없다.[62]

---

57) 김동수, **방언은 고귀한 하늘의 언어** (서울: 이레서원, 2015), 50; "나아가 바울은 … 일종의 체험적 논증과 선언을 하고 있다."
58) 만일 누구든지 알지 못하면 그는 알지 못한 자니라(고전 14:38)
59) 김동수, **방언은 고귀한 하늘의 언어** (서울: 이레서원, 2015), 51.
60) 김우현, **하늘의 언어** (서울: 규장, 2016), 216; "오직 성령이 임하여 주시는 그 권능이 있어야 합니다. 방언은 그 능력으로 가게 하는 귀중한 통로입니다."
61) Gordon Anderson, "오순절주의 방언 이상의 것을 믿는다," 해롤드 스미스 편, **안과 밖에서 본 오순절 운동의 기원과 전망**, 박정렬 역 (군포: 순신대출판부, 1994), 58; 배현성, "방언에 내재 된 오순절주의의 신학적 함의성," **한세-성결신학논단** (1) (2004): 10(7-30)에서 재인용.
62) Charles Hodge, **헨드릭슨패턴주석 고린도전서**, 김역배, 손통국 역 (서울: 아가페출판사, 1988), 423.

핫지에 의하면, 사도 바울의 편지를 통해 주어지는 교훈들은 신적인 권위를 가지고 있으며, 만일 그것을 거부하는 자와 굳이 논쟁할 필요가 없다는 뜻이다. 왜냐하면, 그 사람은 하나님의 진리를 알지 못하고 그 진리의 사랑을 받지 못하는 자이기 때문이다. 사도가 "알지 못하면"이라고 말한 것은 '방언을 체험하지 못하면'이 아니라 '바울의 편지를 주님의 명령인 줄 모른다면'이라는 뜻이다. 이로 보건대, 김동수 교수의 해석은 본문의 의도와 무관하며 방언을 옹호하기 위한 잘못된 해석이다.

놀랍게도 김동수 교수는 이어지는 문단에서 "바울의 가르침을 인정하지 않고 따르지 않는 사람은 하나님으로부터도) 인정받지 못하게 된다는 것이다"라고 말하면서, "심판적 메시지"라고 말했다.[63] 그렇다면, 두 사람 중 한 사람은 심판의 대상이다. 성경 말씀을 의도적으로 곡해한 김동수 교수가 심판의 대상인가? 찰스 핫지가 심판의 대상인가? 김동수 교수는 존 맥아더(John F. MacArthur Jr.)의 체험에 관한 부분을 비판하면서 다음과 같이 말했다.

> 기독교 진리는 성경 진리의 모든 것을 체험하기 전에 먼저 연구해서 확증해야 하는 것은 아니다. 때로는 체험하고 성경을 배울 수도 있고, 체험으로 인해 말씀이 말씀의 본래 자리대로 보일 수도 있다. 방언을 체험하고 성경에 나오는 방언을 연구하는 것은 말씀을 무시하고 체험적으로만 방언을 보는 것은 아니다.[64]

김동수 교수의 말대로 기독교 진리는 체험하고 성경을 배울 수도 있는 것인가? 인간의 체험으로 성경에 접근하면 성경을 왜곡한다. '누가 얼마나 체험을 했는가?'는 중요한 것이 아니다. 참으로 중요한 것은 '성경이 무엇이라고 말하는가?'이다.

김동찬 교수는 다음과 같이 말했다.

> 필자가 이 책을 쓰는 이유는 건강한 신학을 가지고 성령의 은사로 무장된 한국교회와 성도를 보기 원해서이다. 더 이상 건강치 않은 왜곡된 신학들이 성령의 은사를 가로막고 조국 교회와

63) 김동수, 방언은 고귀한 하늘의 언어 (서울: 이레서원, 2015), 52.
64) Ibid., 153.

성도의 영적 풍성함을 방해하는 것을 방치할 수가 없었다. 만일 성령의 능력을 잃는다면 한국 교회는 미국과 유럽교회가 몰락해 가는 전철을 밟을 수밖에 없다. … 필자는 이 책에서 방언이 성령께서 주시는 은사인 것과 그 유익에 대해 논증했다.65)

김동찬 교수는 『방언 바로 알기』라는 책을 쓴 이유가 "건강한 신학을 가지고 성령의 은사로 무장된 한국교회와 성도를 보기 원해서이다." 라고 했다. 김동찬 교수는 자신의 책에서 자신이 말하는 그 "건강한 신학"이 오순절 신학에 편중되어 있다는 것을 보여주고 있다. 무엇보다 김동찬 교수는 방언의 경험에 근거하여 논증했다. 김동찬 교수를 비롯해서 방언 옹호론자들은 방언으로 영적성장을 말하나, 소시(Robert L. Saucy)는 성화의 수단은 모든 성도가 다 가지는 것이라고 말했다.66)

김동수 교수는 "오순절 운동을 폄하하는 사람들은 오순절 운동이 그 체험에서 특징 있는 것이지, 어떤 새로운 신학을 말하는 것은 아니라고 생각한다."라고 말하면서, 오순절 운동의 시작이 "캔자스 주 토페카의 베델 신학교에서 사도행전을 연구한 것에 있"다고 말했다.67) 그러나 그들의 연구방식은 용어색인 방식이었고, 그들의 방언은 가짜로 탄로 났다. 김동수 교수가 베델 신학교를 세운 파햄의 주장을 거부하면서 오순절 운동의 체험을 말한다는 것은 논리적 일관성이 없다. 김동수 교수가 말하는 그런 초기 방언 운동에 대해 퍼거슨은 실패했다고 말했다.68) 맥아더

---

65) 김동찬, **방언 바로 알기** (서울: 베다니출판사, 2015), 286.
66) Richard B. Gaffin Jr., Robert L. Saucy, Sam Storms, Douglas A. Oss, **기적의 은사는 오늘날에도 있는가**, 이용중 역 (서울: 부흥과개혁사, 2009), 171-176; 〈방언 은사의 본질과 기능은 성경을 바탕으로 쉽게 결정되지 않는다. 그러나 교회 내에서의 이 은사의 사용에 대한 약간의 지침을 제공하는 특정한 성경적 원리는 있다. … 방언은 통역될 경우에만, 그것도 아주 제한된 범위에서만 이루어져야 한다. 방언으로 하는 단체 기도나 찬양은 성경적 근거에서 벗어난 것이다. … 바울은 각 사람이 통역되지 않은 방언을 말하는 것을 허용하며 이것이 방언을 말하는 사람에게 덕을 세운다고 지적하기까지 하지만 바울이 이것을 방언의 주된 목적으로 여기는지는 분명하지 않다. … 어떤 사람이 개인적인 성장을 위해 은사를 받는다는 것이 과연 성경적인가? 성화의 수단은 구원에 있어서와 마찬가지로 모두가 가질 수 있는 것이 아닌가? … 바울은 결코 이것을 "영적인 은사"의 일차적인 기능이라고 가르치지 않는다. … 줄잡아 말해도 방언은 성경에서 결코 영적인 생활의 핵심적인 요소로 보이지 않는다.〉
67) 김동수, "누가 신학에서 오순절 신학 정체성 찾기: 멘지스(Robert P. Menzies)의 제안을 따라," **영산신학저널** 26 (2012): 94(91-114).
68) Neil Ferguson, "Separating speaking in tongues from glossolalia using a sacramental view," *Colloquium* 43(1) (2011): 40(39-58).

는 다음과 같이 말했다.

> 성경적 진리에 대한 기본적인 관점은 두 가지뿐이다. 하나는 역사적, 객관적 관점으로 성경에서 가르치는 대로 인간을 향한 하나님의 행동을 강조한다. 또 하나는 개인적, 주관적 관점으로 하나님에 대한 인간의 경험을 강조한다. 우리는 어떻게 신학을 정립해야 하는가? 성경으로 가야 하는가, 아니면 수많은 사람의 체험으로 가야 하는가? 사람들에게로 간다면 우리는 사람들 수만큼 많은 관점을 가지게 될 것이다. 바로 그것이 오늘날 은사주의 운동 곳곳에서 벌어지고 있는 현상이다. 객관적, 역사적 신학은 종교개혁 신학이다. 그것은 역사적 복음주의며 역사적 정통 신앙이다. 우리는 성경에서 출발한다. 우리의 생각이나 관념이나 체험은, 그것이 성경과 어떻게 비교되는지를 바탕으로 유효하거나 무효하게 된다. 반면 주관적 관점은 역사상 로마 가톨릭의 방법론이다. 직관, 경험 및 신비주의는 가톨릭 신학에서 언제나 핵심인 역할을 했다. 그리고 주관적 관점은 자유주의와 신정통주의의 핵심이기도 했다. 이러한 여러 신념체계에서 진리는 직관과 느낌으로 결정된다. 당신에게 일어나는 일이 곧 진리인 것이다.69)

맥아더에 의하면, 신학의 관점은 역사적, 객관적 관점과 개인적, 주관적 관점 중 하나를 소유하고 있다. 신학적 관점은 성경에서 주어지며 인간의 생각과 체험이 주름잡는 신학적 관점은 역사적 정통 신앙을 벗어난다. 김동수 교수는 다음과 같이 말했다.

> 오순절 운동의 시작은 베델 신학교에서 성경을 연구하다가 일어난 것이다. 체험을 하고 그것을 성경적으로 설명해 보려는 것이 아니었고, 성경을 연구하면서 전체 학생들이 깨달은 것을 체험하게 된 것이다.70)

김동수 교수가 말하는 "베델 신학교"는 파햄의 신학교를 말한다. 파햄은 성경을 공부했지만 올바른 맥락을 살피지 않았고 학생들은 시작부터 은사체험에 관심이 있던 사람들이었고, 그들이 받았다는 외국어 방언은 가짜로 탄로 났다. 성경을 연구할지라도 잘못된 신학적 관점으로 접근하면 잘못된 결과를 낳는다.

배현성 교수는 "본래 기독교의 교리는 사변적 추론에 의해서 이루어진 것이 아니라 신앙의 구체적 경험에 의한 것이다"라고 말했다.71) 예수 그

---

69) John F. MacArthur Jr., 무질서한 은사주의, 이용중 역 (서울: 부흥과개혁사, 2008), 41.
70) 김동수, 방언은 고귀한 하늘의 언어 (서울: 이레서원, 2015), 154.
71) 배현성, "방언에 내재 된 오순절주의의 신학적 함의성," 한세-성결신학논단 (1) (2004): 10(7-30); 이종성,

리스도를 구주로 믿는 성도는 성경의 권위를 믿고 복종해야 한다. 성경은 하나님의 말씀이며, 성경이 우리의 최종판단 기준이기 때문이다. 우리의 경험이 성경을 판단할 수 없다. 우리의 경험은 반드시 성경의 판단을 받아야만 한다.

개핀 교수는 다음과 같이 말했다.

> 경험 자체는 그리스도인의 지식과 교리의 원천이 아니라는 사실이다. 그리스도인들이 체험하는 경험을 기독교적인 경험의 규범으로 삼아서는 안 된다. 단순히 모든 생각이 아니라 우리의 경험 전체를 그리스도에게 복종시켜야 한다(고후 10:5). 성경이 모든 참된 기독교적 경험을 재는 기준이다.[72]

개핀은 인간의 경험이 기독교인의 지식과 교리의 원천이 아니라고 말했다. 경험이 기독교인의 규범이 아니라 성경이 기독교인의 규범이다. 반면에, 김동수 교수는 다음과 같이 말했다.

> 교리란 시대와 사람에 의해 형성된 그 시대의 성경해석이다. 개인적인 것이라기보다 어느 정도 집단적이고 또 시간의 검증을 거쳤기 때문에 특정한 체험에 근거한 것보다는 건전하다. 하지만 교리는 여전히 말씀 자체와는 구별된 것이다. 교리는 어떠한 경우에도 말씀의 검정을 새롭게 받아야 하며, 말씀에 따라 새로워져야 한다. 교리를 신봉하는 것은 사실 오랫동안 지속된 집단 경험인 전통을 신봉하는 것이다. 아이러니하게도 교리를 신봉하는 사람은 은사주의자들이 아니라 바로 존 맥아더류의 은사중지론자들이다. 내가 보기에는 은사중지론자들은 말씀 자체보다도 전통과 교리를 더 중시하는 체험에 의한 주장을 하는 사람들이다.[73]

김동수 교수는 교리가 말씀 자체와 구별된 것이라고 말했다. 김동수 교수는 맥아더를 마치 교리 신봉자로 매도했다. 맥아더는 『무질서한 은사주의』에서 "교리와 전통"으로 은사주의를 분석하고 비판한 것이 아니라 성경으로 말했다. 맥아더 본인이 하지 않은 것을 교리 신봉자로 몰아세우는 일은 잘못된 것이다. 그렇게 비판하는 김동수 교수는 체험을 신

성령론 (서울: 대한기독교출판사, 1990), 96.
72) Richard B. Gaffin Jr, 구속사와 오순절 성령강림, 김귀탁 역 (서울: 부흥과개혁사, 2013), 13; "혼란스러울 정도로 서로 대립적인 오늘날 성령의 경험에 대한 다양한 주장들 속에 성경적 가르침의 탐조등을 골고루 비출 때, 그 탐조등에 따라 이 주장들을 평가해 볼 뿐만 아니라 무엇보다 독자 자신의 경험을 성경의 권위에 복종시키라는 것이다."
73) 김동수, 방언은 고귀한 하늘의 언어 (서울: 이레서원, 2015), 155.

봉하는 체험신봉자인가?

오순절 신학은 오순절 교리를 가지고 있다. 김동수 교수는 오순절 신학자이다. 김동수 교수는 고든 피(Gordon D. Fee)와 로버트 멘지스(Robert O. Menzies)와 같은 오순절 신학자를 "인정받는 중요한 신학자"로 말했다. 그러나 멘지스는 "오순절 신학이란 것이 있느냐?"라고 질문을 던지면서 "아니오!"라고 대답했다.[74] 그 정도로 오순절 신학이 빈약하다는 뜻이다. 그런 멘지스가 조용기 목사를 극찬했으니 무슨 일이 있었는지 의아스럽다.

그렇다면 김동수 교수는 오순절 교리와 전통을 신봉하는 자가 아닌가? 놀랍게도 고든 피는 은사주의자이면서도 오순절주의자들이 체험을 성경해석보다 더 우선한다고 비판했다.[75] 그런데도 김동수 교수는 "성경을 이해하는 데 있어 주석적 정교함 이외에 중요한 문제는 성경의 내용을 체험하는 것이다"라고 말함으로써 고든 피의 지적을 애써 외면했다.[76] 김동수 교수는 "고든 피는 전통적인 오순절 교리를 더 이상 받아들이지 않는다."라고 말했다.[77]

---

74) William W. Menzies, "Synoptic Theology: An Essay on Pentecostal Hermenuetics" *Paraclete 13:1* (Winter 1979): 14; 이동성, "오순절 신학에 대한 이해와 신학적 쟁점," **오순절신학논단** (1) (1998): 186(185-202)에서 재인용; 〈클라크(M. S. Clark)는 보다 노골적이고 심한 말을 하고 있는데, "20세기에 들어서 80년이나 지났지만 종교개혁 후 발전된 서구식 신학적 틀 안에서는 표준적인 오순절 신학이 없다"라고 말한다. 그에 의하면 오순절주의자들은 점차 학술적 훈련에 관심을 보이고 신오순절주의가 싹튼 후 학술적 문헌을 양산하고 있으나 가용한 문헌과 출처, 신학적 및 문학적인 배경이 빈약하여 표준적인 신학이 나타나리라는 기대를 증가시키는 것이 아니라 오히려 감소시키고 있다고 한다.〉
75) John F. MacArthur Jr., **무질서한 은사주의**, 이용중 역 (서울: 부흥과개혁사, 2008), 128; 〈고든 피는 이렇게 썼다. "오순절주의자들은 몇몇 지나친 형태에도 불구하고 교회에 기쁨의 광채와 선교에 대한 열정과 성령의 생명력을 회복시켜 주었다는 이유로 자주 칭송받는다. 그러나 그들은 그와 동시에 형편없는 해석학으로 유명하다. … 첫째로, 그들이 성경을 대하는 태도에는 학문적 석의(exegesis)와 주도면밀한 해석학에 대한 일반적인 무시가 내포되어 있다. 사실 해석학은 한 마디로 오순절주의와는 거리가 멀었다. 성경은 하나님의 말씀이며 순종하기만 하면 그만이다. 오순절주의에서는 학문적 해석학 대신 일종의 실용주의적 해석학이 발달했다. 문자적으로 받아들여야 할 것은 순종하면 되고 나머지는 영적으로 해석하거나 풍유적으로 해석하거나 신비롭게 해석하면 된다. … 둘째로, 일반적으로 오순절주의자들은 체험을 해석학보다 우선한다는 점에 주목하는 것이 중요하다. 어떤 의미에서 오순절주의자는 자신의 체험을 해석하는 경향이 있다."〉
76) 김동수, **방언은 고귀한 하늘의 언어** (서울: 이레서원, 2015), 159; "성경 말씀에 대한 이해는 실천에 의해서 확인된다. 아무리 성경 구절의 내용을 믿는다고 하더라도 실천하지 않으면 말씀을 믿는 것도 이해한 것도 아니다. 성경에 대한 이해는 실천에 의해서 증명된다."(p. 160). 김동수 교수가 간과하는 것은 정확한 성경해석이다. 만일 성경 구절을 올바르게 해석하지 않으면 실천에 의해 확인된다고 말할 수 없다.

김동수 교수는 성경을 얼마나 잘 해석하는가? 김동수 교수는 맥아더를 비판하기 위해 요한복음 2장의 성전청결 사건을 예로 들었다. 김동수 교수는 후에 제자들이 그 사건의 의미를 알게 된 것을 말하면서, "칼빈주의자들이 덜 강조한 부분이 '장래 일을 너희에게 알리시리라'(16:13)이다"라고 말했다.[78] 김동수 교수는 요한일서의 "기름부음"(2:20, 27)과 요한복음 16:13 말씀을 "성령의 역할과 일맥상통한다"고 말했다. 김동수 교수가 말하는 성령의 역할이란 "말씀을 단순히 교리적으로 정리해 주는 것이 아니라 새로운 상황 속에 가장 부합하게 말씀을 깨닫게 해준다"라고 말했다.[79]

'기름부음'이란 원래 '기름 부어진 것', '그 부어진 기름'이다. 성경은 성령께서 우리 마음에 부어진 것을 '기름부음을 받았다'고 말한다. '기름 부어졌다'는 것은 '성령이 우리에게 주어졌다'는 말과 같은 뜻이다. 어떤 특별한 사람에게만 성령이 주어진 것이 아니라 예수 그리스도를 믿는 모든 성도는 성령의 기름부음을 받았다.

사도 요한은 다음과 같이 말했다.

> 너희는 주께 받은 바 기름 부음이 너희 안에 거하나니 아무도 너희를 가르칠 필요가 없고 오직 그의 기름 부음이 모든 것을 너희에게 가르치며 또 참되고 거짓이 없으니 너희를 가르치신 그대로 주 안에 거하라(요일 2:27)

"아무도 너희를 가르칠 필요가 없고"를 헬라어 원문으로 보면 '어느 누가 너희를 가르칠 필요가 없다'이다. 이것은 영지주의를 겨냥한 말이다. '가르친다'(디다스코)는 스승이 가르치고 지도한다는 뜻이다. 영지주의는 관상기도를 통해 영적인 안내자를 만나 지도를 받으면서 신인합일

---

77) 김동수, "영산의 방언론," **영산신학저널** 1(1) (2004): 175(172-191); "고든 피는 오순절 신학적 입장을 두 가지로 요약한다. 하나는 성서의 유비에 의한 주장이고 다른 하나는 성서적 선례에 의한 주장이다. 성서의 유비에 의한 주장이란 예수와 제자들이 성령세례를 경험했기 때문에 모든 신자가 이를 경험해야 한다는 것이고, 성서적 선례에 의한 주장이란 사도행전에 나오는 바울 기사, 사마리아인의 성령체험 기사에서 신자의 규범적인 체험을 발견하려는 것이다. 고든 피는 이 두 주장 모두 누가가 사도행전 본문에서 의도했는지가 의심스럽다고 한다. 즉 고든 피는 전통적인 오순절 교리를 더 이상 받아들이지 않는다."

78) 김동수, **방언은 고귀한 하늘의 언어** (서울: 이레서원, 2015), 157.

79) Ibid; "기름부음은 확립된 교리를 지칭하지 않는다. 기름부음은 역동적으로 새로운 상황 속에서 가장 적합하게 말씀을 적용해 주는 것이다. 은사 중지론자들은 이러한 성령의 역할이 현재에도 있다는 것을 잊어버린다."

의 상태를 지향하나, 주를 믿는 성도는 성령께서 내주하시기에 그런 가르침이 필요 없다.

데이브드 잭맨은 다음과 같이 말했다.

> '크리스토스'(그리스도)는 기름부음을 받은 분(the anointed One)을 가리키며, 그분은 자기 안에 있는 모든 믿는 자들에게 '크리스마'를 제공해 주신다. 이것은 우리 모두를 '크리스토이'(christoi), 즉 '기름부음을 받은 사람들' 또는 그리스도인들로 만든다.[80]

잭맨에 의하면 기름부음이란 그리스도인이 되는 것이다. 모든 그리스도인은 진리를 안다는 뜻이다. 참된 지식이 소수의 엘리트만이 아는 것이 아니라 예수 그리스도를 구주로 믿은 모든 성도는 예수 그리스도의 진리를 안다는 의미디.[81]

이로 보건대, 김동수 교수가 기름부음을 성령께서 새로운 상황에 가장 부합한 말씀을 적용해 주는 것이라고 말한 것은 잘못된 성경해석이다. 김동수 교수는 성령운동의 대표자들을 말하면서 예수원의 대천덕 신부를 말하고, 두나미스 프로젝트를 말했다.[82] 김동수 교수는 대천덕 신부나 두나미스가 인간의 신성화를 말하는 칼 융의 심리학에 지대한 영향을 받고 있다는 것을 알고 있을까?

5. 체험과 성령세례?

은사주의자들은 체험에 목숨을 건다. 체험은 단순히 어떤 영적인 경험을 했다는 수준을 넘어서 성령세례를 의미하기 때문이다. 은사주의자들에게 체험은 구원받았을 때의 경험과 다른 '제2의 축복'이다. 은사주의자들은 성령세례를 받아야 한다고 강조한다.

루터파 신학자인 래리 크리스텐슨(Larry Christenson)은 새롭게 믿는 자들은 성령을 받지 못했기 때문에 불완전하다고 말했다. 젠슨(Robert

---

80) David Jacman, 요한서신강해, 김일우 역 (서울: 한국기독학생회출판부, 2009), 102.
81) Frederick Fyvie Bruce, 핸드릭슨 패턴주석 요한 1,2,3서, 이상원 역 (서울: 아가페출판사, 1988), 89-91.
82) 김동수, 방언은 고귀한 하늘의 언어 (서울: 이레서원, 2015), 186-187.

Jenson)에게 방언은 증인으로 부르시는 핵심에 보조적이었다면, 크리스텐슨에게 방언은 성령세례의 인침의 경험이었다. 크리스텐슨의 이런 견해는 오순절 성령강림을 그리스도의 속죄 사역에 무엇인가를 더하는 것으로 여기(it seemed to add something' to Christ's work of atonement.)는 윌리엄 나자렛(William Lazareth)의 견해에 영향을 입은 것이다.[83]

성령세례를 받아야 한다는 시대적 흐름은 예배의 이름도 바꾸었다. 이제는 수요기도회가 '수요성령집회'로 바뀌고 금요 심야(철야)기도회가 '금요성령집회'로 변했다. 왜 그렇게 바뀌었는지 규명되지 않은 채 '뜨거운 집회'(?)로 만들어 버렸다. 리차드 개핀 교수는 사도행전의 경험을 이상화하고 그 경험을 맛보려고 시도하는 경향을 우려했다.[84]

성령세례에 대한 혼란은 학자 가운데도 있다. 박영돈 교수는 다음과 같이 말했다.

> 믿은 후 2차적으로 성령세례를 받는다는 주장의 성경적인 근거를 사도행전에서 찾아내려는 것은 헛된 시도다.[85]

박영돈 교수는 은사주의자들의 2차적 성령세례를 비판했으나, 자신의 책에서 제2의 성령세례를 말하는 대천덕 신부와 손기철 장로를 칭찬했다. 이것은 논리적으로 모순된다. 그런 모순으로 인해 『일그러진 성령의 얼굴』은 읽을수록 일그러진다.

은사주의자들이 체험을 추구하는 근본적인 이유는 자신의 의미와 통

---

83) Richard H. Bliese, "Speaking in Tongues and the Mission of God Ad Gentes," *Journal of Pentecostal Theology* 20 (2011): 44-45(38-47); "When new believers came to faith and were baptized, but did not receive the Holy spirit, their initiation into the Christian faith was considered incomplete; prayer was invoked for them to receive the Holy spirit. Finally, Christenson relates an important exchange with the Lutheran theologian William Lazareth in 1974 that helped him define his charismatic experience as one of sanctification or living the Christian life. Within this encounter, Lazareth defined the Pentecostal experience first in negative terms because it seemed to 'add something' to Christ's work of atonement. The group was not sure that Lazareth actually understood the pentecostal experience. Here's how he relates the ensuing conversation."
84) Richard B. Gaffin Jr, **구속사와 오순절 성령강림**, 김귀탁 역 (서울: 부흥과개혁사, 2013), 34.
85) 박영돈, 일그러진 성령의 얼굴 (서울: IVP, 2011), 2017.

34 Ⅰ. 성경이냐? 경험이냐? 6. 체험과 성령세례

일성을 초월로 공급받으려고 하기 때문이다. 인간은 그 죄성으로 인해 삶의 불안과 허함을 가지고 있다. 기독교인은 '나는 남다른 체험을 가지고 있다'는 것으로 불안을 극복하고 안정감을 누리려고 한다. 그 어떤 체험보다 방언으로 자기 삶의 정당성을 체험으로 확보하려고 한다. 아만츠(James N. Amanze)는 "방언을 말한다는 것은 불안이 영적인 삶에 있다는 것이며, 성령이 진정으로 자신의 영적인 삶에 존재한다는 것을 증명하려는 인간의 시도의 결과일 수 있다"고 말했다.86) 윌리엄 케이(William K. Kay)는 초월에 대한 추구의 표시로 보았다.87) 휘틀리(Oliver Read Whitley)는 바울의 방언을 언급하면서(고전 14:11) 현대인들이 존재의 의미를 추구하기 때문에 엑스타시를 시도한다고 말했다.88)

현대인들은 자기 존재와 삶에 대한 신적인 정당성을 확보하기 위해 신

---

86) James N. Amanze, "Glossolalia: Divine Speech or man-made language? A psychological analysis of the gift of speaking in tongues in the Pentecostal Churches in Botswana," *Studia Hist. Ecc.* 41(1) Pretoria (2015); "The present work shows that while theologians are justified to consider glossolalia as divine language, there are indications that in some instances speaking in tongues can be a result of anxiety and human attempts to prove that the Holy Spirit is truly present in one's spiritual life."

87) William K. Kay, "Speaking with tongues: contexts, finding and questions," *Journal of Empirical Theology* 12(1) (1999): 57(52-58); "A symbol of transcendence is part of the rationale for speaking with tongues. This is Cartiedge's interpretation of what the sample says, and it is an interpretation that deserves serious attention. Transcending what? we may ask. Transcending the boring, troubled, working life of the city dweller perhaps, we may suppose. transcendence must, by definition, elude définition. All we know of it is that it breaks out, crosses over categories, goes beyond horizons. Yes, certainly tongues is a sign of the search for transcendence, the desire to reach beyond the palliatives of the consumerist society into the heart of an indefinable God. But also tongues is a symbol of self-assertion, a kick against the rationality of the world, against the forces of impersonality and emotionlessness. As a living symbol, a symbol in which the believer is a participant, tongues is a suitable and varied pointer towards the divine. It speaks of what human beings can do when they feel themselves aided by God."

88) Oliver Read Whitley, "When you speak in tongues: some reflections on the contemporary search for ecstasy," *Encounter* 35(2) (1974): 29(81-94); "Having acknowledged the wisdom of St. Paul's words, however, I must add one observation. The inadequacies, from the human standpoint, of the technological society, with its highly rationalized and intellectualized culture, are patently obvious. In the final analysis then, the search for ecstasy, in all its forms, is an attempt to balance our human accounts, so that all of the meaning of being human is credited. I can have, therefore, nothing but the deepest kind of empathy with the search for ecstasy, since the meaning of my own humanness is at stake in it. And, I suspect, the same is true for all of you."

적인 체험을 얻으려고 한다. 존 맥아더는 현대 기독교인이 방언을 추구하는 기본적인 원인을 '영적인 굶주림'이라고 말했다.[89] 그 영적인 굶주림을 방언으로 이루려고 하는 것은 결국 일종의 자아실현이 되고 만다.

은사주의자들이 신적인 체험을 얻으려고 하니 신비주의와 쉽게 연결된다. 누가 자신을 신비주의자라 하겠는가? 그 대신에 영성이라고 말한다.[90] 존 맥아더는 신비주의에 대해 다음과 같이 말했다.

> 신비주의란 객관적이고 검증 가능한 사실과 별도로 영적 실제를 지각하려는 신념체계다. 신비주의는 느낌, 직관 및 그 밖의 내적 감각을 통해 진리를 추구한다. 객관적 자료는 보통 평가 절하되고 그 결과 신비주의는 마음 안에서 근거를 도출한다. 자연 발생적인 느낌이 객관적인 사실보다 더 중요한 것이 된다. 직관이 이성보다 중요시된다. 내적 자각이 외적 실체를 대신한다. … 신비주의는 현대의 실존주의, 인본주의, 심지어 여러 형태의 이교주의, 그중에서도 특히 힌두교와 그 가까운 친척인 뉴에이지 철학의 핵심을 이룬다.[91]

존 맥아더에 의하면, 신비주의는 인간 안에서 느끼는 것을 객관적인 사실보다 더 중요하게 생각한다. 기독교는 인간 밖에서 주어진 하나님의 계시를 믿는다. 세상은 언제나 인간 안에 깊은 잠재력이 있다고 말하면서 그것을 무의식이라고 말한다. 그 무의식 안에 신성이 있고 그 신성이 계시하는 대로 살아가라고 말한다.

반면에, 기독교는 인간 밖에서 살아계시고 인격적이고 무한하신 하나님께서 계시하신 말씀을 믿으라고 말한다. 그 믿음도 인간의 주체적 결

---

89) John F. MacArthur Jr., 무질서한 은사주의, 이용중 역 (서울: 부흥과개혁사, 2008), 375.
90) "7일 '예언의 영성' 세미나," 뉴스엔넷, Nov.5.2010. Accesed Sep.14.2019.
http://www.newsnnet.com/news/articleView.html?idxno=1252; "국제성령신학연구원(원장 김동수 교수)은 오는 7일 오후 3-6시 서울 종로5가 기독교백주년기념관에서 창립기념 세미나를 개최한다. '예언의 영성'을 주제로 진행되는 세미나에는 연구원 원장인 김동수 교수(평택대)가 '신약성경에 나타난 예언이 영성: 바울을 중심으로'를, 이연승 박사(보스톤대)가 '예언과 세계 기독교: 청년 24시 기도운동을 중심으로'를 주제로 발제한다."
91) John F. MacArthur Jr., 무질서한 은사주의, 이용중 역 (서울: 부흥과개혁사, 2008), 390; "또한 많은 사람은 영적으로 자신을 표현하는 데 굶주려 있다. 그들은 오랫동안 교회에 다녔지만 진정으로 교회에 소속감을 느끼지는 못했다. 그들은 특별히 영적이거나 거룩한 사람으로 인정받지 못했다. 그리고 그들은 방언을 말하는 이들이 거룩하고 영적인 사람이라고 여겨진다는 말을 듣기 때문에 방언을 시도했다. … 또 다른 설명은, 은사주의 운동이 우리가 살고 있는 세속화되고 기계화되고 학문적이고 차갑고 무관심한 사회에 대한 반작용이라는 것이다. 방언을 하는 사람들은 자신이 초자연적인 세계와 직접적으로 접촉하는 것 같은 느낌을 받는다. 여기에는 그들이 체험할 수 있는 구체적인 무언가가 있다. 그것은 무미건조하거나 학문적이지 않으며 실제적으로 느껴진다!"

단과 선택으로 되는 것이 아니라 성령 하나님의 역사로 된다고 말한다. 인간의 체험이 성령세례로 이해되면 신비주의 범주를 넘어 종교 일치로 가는 현실을 보게 된다. 오순절주의자들이 로마 가톨릭과 협력하는 것이 결코 우연이 아니다.

외적으로 볼 때, 동일한 기독교인처럼 보이지만 신비주의는 성경의 진리에 대한 접근 자체가 다르다. 오순절주의자들이 개인적이고 주관적인 관점으로 성경에 접근하면 인간의 경험이 성경보다 앞서는 오류를 범한다. 종교개혁과 정통신학은 역사적이고 객관적 관점을 견지해 왔다. 성경이 우리의 구원과 삶에 절대적 기준이다. 우리의 체험이나 지식은 성경을 통해 검증받아야 한다. 성경과 비교해서 잘못되었다고 판단되면 인간의 체험을 버리고 성경의 가르침대로 살아가기야 한다.

로마 가톨릭이나 자유주의 신학과 신정통주의는 개인적이고 주관적인 관점을 지향한다. 오순절 운동도 같은 방식을 따른다. 성령세례를 받으라고 촉구하는 듀 플레시스(David Du Plessis)는 다음과 같이 말했다.

> 가장 놀라운 점은 이 (은사주의적) 부흥이 이른바 자유주의 진영 안에서도 발견되는데 복음주의적 진영에서는 훨씬 적게 발견되고 개신교 근본주의 진영에서는 전혀 발견되지 않는다는 사실이다. 마지막에 언급한 근본주의는 부흥이 가장 강력한 성령의 표적이 발견되는 오순절 운동과 현대주의자들의 세계교회협의회 운동 안에서 일어난다는 이유로 이 영광스런 부흥을 가장 열렬히 반대한다. 이 사실은 내가 아는 한 세계의 대부분의 지역에서 거의 예외 없이 들어맞는 것으로 보인다.92)

듀 플레시스는 은사주의적 부흥이 자유주의 진영 안에서 일어난다고 말하면서 근본주의가 마치 성령의 역사를 열렬히 반대하는 것처럼 말했다. 은사주의자들은 교리보다 체험이 우선이다. 첸트리는 "종교계에서 진리를 회피하거나 진리를 마주하되 진리의 객관적 전달은 불가능하다고 보는 철학적 실존주의를 대중화한 것은 현대의 오순절주의다. 신정통주의 신학자들이 은사주의적 체험을 공유하고 환영하는 것은 당연한 현상이다."라고 말했다.93) 오순절주의나 신정통주의나 자유주의나 철학적

---

92) Walter J. Chantry, 오늘날의 은사주의 운동, 과연 성경적인가, 이용중 역 (서울: 부흥과개혁사, 2010), 134-135.

실존주의나 '진리의 객관적 전달은 불가능하다'는 전제에 있어서는 동일하다. 열렬한 오순절주의자가 되든지 조용한 관상기도를 추구하든지 자기의 스타일이 다를 뿐이다.

성령세례라는 이름으로 시작하나 그 방식에 있어서 직관, 경험이 좌우되고 결국 신비주의 영성으로 도약한다. 개인의 실존을 부르짖으나 실제로는 존재의 허탈을 견디지 못해 종교적 도약을 감행한다.

7. 예수님과 사도들의 방식
1) 예수 그리스도의 방식

성경 말씀과 우리의 체험을 생각할 때, 우리는 가장 먼저 '예수님께서 어떻게 사역하셨는가?'를 살펴보아야 한다. 예수님께서는 부활하신 후에 누가복음 24:13-32에서 엠마오로 내려가는 제자들과 만나셨다. 예수님께서는 그 두 제자에게 "성경을 풀어 주"셨다(32절). 25-27절에는 보다 상세하게 기록되어 있다.

> 25 가라사대 미련하고 선지자들의 말한 모든 것을 마음에 더디 믿는 자들이여 26 그리스도가 이런 고난을 받고 자기의 영광에 들어가야 할 것이 아니냐 하시고 27 이에 모세와 및 모든 선지자의 글로 시작하여 모든 성경에 쓴 바 자기에 관한 것을 자세히 설명하시니라(눅 24:25-27)

예수님께서는 제자들이 미련하여 선지자의 말을 더디 믿는 것을 아시고, 모세와 모든 선지자의 글로부터 시작해서 예수님께서 고난을 받고 부활하여 영광에 들어가실 것을 설명해 주셨다. 제자들은 "우리 속에서 마음이 뜨겁지 아니하더냐?"(32절)라고 예수님의 말씀을 들었을 때의 반응을 말했다.

제자들의 반응, 곧 체험은 예수님께서 말씀을 풀어 설명해 주신 결과였다. 예수님께서 무슨 특별한 기적을 베풀어 주시거나 신비적인 경험을 주지 않으셨다. 예수님께서는 성경에 기록된 대로 오신 메시아이신 것을 성경으로 증거 하셨다. 제자들은 성경을 믿는 사람들이므로 예수님께서

93) Ibid., 135.

성경에 기록된 대로 오신 그 메시아이심을 믿었다. 제자들이 마음이 뜨거웠던 것은 예수님께서 성경대로 오시고 성취하신 메시아신 것을 알게 되었기 때문이었다.

우리의 체험은 '예수 그리스도가 누구신가?'를 아는 것에서 오는 것이다. 예수 그리스도와 무관한 체험은 우리의 믿음과 성화에 기여할 수가 없다. 사도행전 1장에는 '예수 그리스도께서 부활하신 이후 어떻게 사역하셨는가?'를 말해준다.

> 3 해 받으신 후에 또한 저희에게 확실한 많은 증거로 친히 사심을 나타내사 사십 일 동안 저희에게 보이시며 하나님 나라의 일을 말씀하시니라 4 사도와 같이 모이사 저희에게 분부하여 가라사대 예루살렘을 떠나지 말고 내게 들은 바 아버지의 약속하신 것을 기다리라 5 요한은 물로 세례를 베풀었으나 너희는 몇 날이 못 되어 성령으로 세례를 받으리라 하셨느니라(행 1:3-5)

부활하신 예수 그리스도께서는 "하나님 나라의 일을 말씀하"셨다. 그리고 사도들에게 "예루살렘을 떠나지 말고 아버지의 약속하신 것을 기다리라"고 말씀하셨다.

매튜 풀(Matthew Poole, 1624-1679)은 이렇게 말했다.

> 그는 천국에 대해, 승리한 교회 혹은 그의 지상 나라에 대해, 전투하는 교회에 대해, 그가 준비하실 미래의 행복에 대해, 그리고 그것을 얻기 위해 그들이 사용해야만 하는 수단들에 대해 말씀하셨다.[94]

매튜 풀에 의하면, 예수 그리스도께서는 천국과 교회와 복음 전파를 위한 수단들을 말씀하셨다. 이것은 사도들이 '예수 그리스도께서 하나님의 나라를 도래케 하셨으며 왕으로 통치하신다'는 사실을 증거 하도록 하기 위함이었다. 이스라엘에게 하나님은 왕이신 하나님이다. 하나님의 왕권은 이스라엘을 구원하고 언약을 맺은 이스라엘 민족을 통해 열방에 나타내셨다. 이스라엘은 왕이신 하나님의 주권을 땅 위에 나타내는 왕의 대리자였다. 안타깝게도 이스라엘은 범죄하고 실패했다. 그럼에도 불구하고 하나님께서는 메시아가 오셔서 하나님의 나라를 도래케 할 것

---

94) Matthew Poole, 청교도 성경주석 17, 정충하 역 (파주: 크리스챤다이제스트, 2015), 10.

이라는 약속을 주셨다.

F. F. 부르스는 예수 그리스도의 왕 되심에 비추어 하나님의 나라를 이해해야 한다면서 다음과 같이 말했다.

> 우리는 하나님 나라에 관한 신약의 가르침들을 이러한 개념에 비추어 이해해야 한다. 예수께서 하나님 나라를 도래케 하며, 그 나라는 예수의 생애의 시작과 함께 "가까이 와 있는" 것으로서(막 1:14-15), 예수의 죽으심과 높아지심으로 인하여 이 땅 위에 능력으로 임하게 되었다. 사도행전의 초두에 쓰인 "하나님 나라에 관한 알"은 그 마지막에 쓰여있는 "주 예수 그리스도에 관한 것"과 동일한 것이다(28:31; 또한 8:12; 20:24-25; 28:23을 참고하라). 사도들이 예수에 관한 이야기를 전할 때 그들은 일찍이 예수께서 전하셨던 복음과 똑같은 복음인 하나님 나라에 관한 복음을 예수의 죽으심과 승리로 인하여 성취된 사실로 새롭게 선포하였다. 이러한 점에서 우리는 예수께서 40여 일 동안 사도들에게 베푼 하나님 나라에 관한 가르침은 왕국의 메시지와 예수께서 성취하신 구속 사건들과의 관계를 연결짓기 위한 가르침이었다고 결론지을 수 있다.[95]

브루스에 의하면, 예수 그리스도께서는 하나님의 나라를 도래케 하셨으며 십자가에 죽으시고 부활하심으로 능력의 왕으로 임하셨다. 예수님께서 말씀하신 하나님 나라에 관한 가르침은 예수 그리스도께서 세우신 왕국의 메시지와 구속의 사건에 관한 것이다. 이 책의 맥락에서 우리에게 중요한 것은 예수님께서는 그 모든 것을 "말씀으로" 가르쳐 주셨다는 사실이다.

2) 사도 베드로의 방식

사도 베드로는 어떤 사도들보다 체험이 많은 사람이었다. 사복음서에는 베드로가 경험한 것이 특이하다는 것을 알 수 있을 정도다. 사도행전에 와서 베드로는 방언을 말하고 병자를 고치고 예언도 했다. 복음서에서 베드로의 가장 큰 체험은 변화산 체험일 것이다(마 17:1-8). 베드로는 예수님께서 영광스럽게 변화되는 모습을 직접 목격했다. 그 체험을 나중에 베드로전서 1:16-18에서 말했다. 그 광경이 너무나 놀라워서 베

---

95) Frederick Fyvie Bruce, 헨드릭슨 패턴 주석 사도행전(상), 이용복, 장동민 역 (서울: 아가페출판사, 1988), 47-48.

드로는 "주여 우리가 여기 있는 것이 좋사오니 주께서 만일 원하시면 내가 여기서 초막 셋을 짓되 하나는 주를 위하여, 하나는 모세를 위하여, 하나는 엘리야를 위하여 하리이다"(4절)라고 말했다. 그렇게 놀라운 체험을 했음에도 불구하고, 사도 베드로는 이렇게 말했다.

> 19 또 우리에게 더 확실한 예언이 있어 어두운 데 비취는 등불과 같으니 날이 새어 샛별이 너희 마음에 떠오르기까지 너희가 이것을 주의하는 것이 가하니라 20 먼저 알 것은 경의 모든 예언은 사사로이 풀 것이 아니니 21 예언은 언제든지 사람의 뜻으로 낸 것이 아니요 오직 성령의 감동하심을 입은 사람들이 하나님께 받아 말한 것이니라(벧후 1:19-21)

사도는 "우리에게는 더 확실한 예언이 있"다고 말했다. 베드로는 앞서 말한 자신의 그 놀라운 경험보다도 성경 말씀을 더 신뢰한다고 말했다. 사도는 '나는 이런 경험이 있다. 너희들도 이런 경험을 구해야 한다'고 말하지 않았다. 오히려 '내가 목도한 그 영광스런 경험보다 더 확실한 것은 성령 하나님의 감동으로 기록된 하나님의 말씀이다'라고 말했다. 칼빈은 이렇게 말했다.

> 요약해서 말하자면, 베드로는 우리에게 이 세상에서 순례의 길을 행하고 있는 한 선지자들의 가르침이 하나의 길을 인도하는 빛으로써 우리에게 필요하며 만약 그 빛이 없다면 우리는 어쩔 수 없이 어둠 가운데서 방황할 수밖에 없다는 것을 상기시키고 있다. 그는 선지자들이 우리의 길을 밝혀주는 빛이 된다고 말함으로써 예언과 복음을 분리시키지 않는다. 그의 유일한 목적은 우리 인생의 전 행로가 마땅히 하나님의 말씀으로 인도되어야 한다는 것을 보여주고자 하는 것이다. 왜냐하면, 우리는 사방에 가득찬 무지의 어둠으로 둘러싸여 있고, 또 우리가 주의 말씀을 우리의 등불로 삼을 때만 우리에게 빛을 비추어 주시기 때문이다.[96]

칼빈에 의하면, 베드로는 우리 인생은 하나님의 말씀으로 인도되어야 한다고 말했다. 왜냐하면, 우리 안에는 빛이 없고, 우리는 "사방에 가득찬 무지의 어둠으로 둘러싸여 있"기 때문이다. 우리의 경험과 지식에

---

96) John Calvin, 신약성서주석 10 (서울: 성서교재간행사, 1982), 495; "사도는 빛이 희미하고 가냘프다는 것을 뜻하기 위해서 등불의 비유를 사용하고 있는 것이 아니라 그 두 구절을 서로 균형을 이루게 하기 위해서 사용하고 있다. 우리 자신에게는 빛이 없다. 그래서 우리는 바른길로 행할 수 없어 아주 깜깜한 밤중에 길을 잃은 사람이 내내 제자리를 맴도는 것과도 같다. 그러나 주님께서는 어둠 가운데서 우리를 인도할 불을 비추어 주심으로써 방황에서 구하여 주신다."

의존하면 우리는 어둠 속에서 방황할 수밖에 없다.

예수 그리스도를 믿었을지라도 우리는 여전히 한계 속에 있는 존재다. 우리가 연약하고 죄를 짓는다는 것을 부인할 수 없다. 우리의 체험이 기준이 되면 우리 자신을 파괴하는 결과를 낳는다. 무엇이든지 기준이 된다는 것은 시대와 상황의 변화에도 변화되지 않는 것이다. 인간의 체험은 시대와 상황에 따라 변화된다. 변하지 않는 것은 하나님의 말씀뿐이다.

3) 사도 바울의 방식

사도 바울은 남다른 은사를 받고 체험을 한 주의 사도다. 사도행전 9:1-30은 사도 바울의 특별한 체험을 말한다. 바울은 예수 그리스도를 믿는 성도들을 잡아 예루살렘으로 데려오려고 했다. 바울은 다메섹 도상에서 예수 그리스도를 만났으며 예수 그리스도를 영접했다. 그 일은 누구도 예상치 못한 놀라운 일이었다.

사도 바울이 예수 그리스도를 믿고 난 이후에 한 일이 무엇인가? 바울은 '예수는 그리스도다'라고 증거 했다. 바울은 '내가 이런 체험을 했다'고 말한 것이 아니라 예수님께서 그리스도시라고 증거 했다(22절). 그 결과로 유대인들이 바울을 죽이려고 공모했다(23절). '예수는 그리스도다'라고 증거 하자 핍박이 시작되었다.

사도행전 17:2-3은, '사도 바울이 무엇을 가르치고 증거 했는가?'를 말해 준다.

> 2 바울이 자기의 규례대로 저희에게로 들어가서 세 안식일에 성경을 가지고 강론하며 3 뜻을 풀어 그리스도가 해를 받고 죽은 자 가운데서 다시 살아야 할 것을 증명하고 이르되 내가 너희에게 전하는 이 예수가 곧 그리스도라 하니(행 17:2-3)

사도 바울에게는 남다른 체험이 있었다. 고린도후서 12:1-4는 사도가 셋째 하늘의 경험을 한 것을 말해준다. 사도는 그 말을 "무익하나마 내가 부득불 자랑하노니"(1절)라고 말했다.

매튜 풀은 그 말씀의 의미를 이렇게 말했다.

내 자신을 자랑하는 것은 아름답지도 않고 내 자신에게 그 어떤 유익도 없는 것이기 때문에, 나는 어쩔 수 없는 경우, 즉 하나님의 영광과 너희의 유익을 위하여, 나에 대한 어떤 사람들의 비방과 중상모략이 터무니없는 것임을 밝히는 데 꼭 필요한 경우 외에는 내 자신을 결코 자랑하고 싶지 않다.[97]

매튜 풀에 의하면, 사도 바울은 어쩔 수 없이 자기의 체험을 말했다. 사도성을 공격당하고 있는 상황에서 하나님의 영광과 고린도 교회 성도들의 유익을 위해 사도는 어쩔 수 없이 자신의 체험을 말해야만 했다. '나는 이런 체험이 있다'라고 자랑하기 위해 의도적으로 말한 것이 아니다. 사도의 마음은 오직 그리스도의 복음이 증거되는 것뿐이었다. 놀랍게도 사도 바울은 로마에서 죄수로 있는 동안에도 '말씀'을 가르쳤다(행 28:23). 이 말씀에 대해, 칼빈은 다음과 같이 말했다.

우리는 이 연설의 본질적인 특색을 주목하지 않으면 안 되는데 누가는 이것을 두 가지로 대변하고 있다. 먼저 바울은 선지자들이 모두 그처럼 찬양하는 그들 사회에서의 하나님 나라와 그들에게 약속된 최상의 지복과 영광의 성격을 가르치고 있다. 그들 대부분은 하나님 나라를 이 세상에서의 일시적인 상태로 꿈꾸며 그것이 안락과 현재의 재물의 풍요에 있는 것으로 잘못 생각하고 있었으므로 올바른 정의를 확립함으로써 하나님의 나라는 영적이고 그것의 처음은 생명의 새로움이요, 그것의 마지막은 복된 불멸과 하늘의 영광이라는 점을 그들에게 알게 할 필요가 있었다.
둘째, 바울은 그들이 약속된 행복의 근원인 그리스도를 받아들일 것을 강력하게 촉구하고 있다. 그리고 이 둘째 항목은 다시 두 부분으로 나누어진다. 왜냐하면 먼저 약속된 구속자의 임무에 대한 설명과 둘째 그가 이미 계시되었으며 마리아의 아들이 바로 조상들이 대망하던 그분이라는 사실에 대한 제시가 여기에 따르지 않을 경우 모든 것을 유익하고 철저하게 취급한 것으로 볼 수 없기 때문이다.[98]

사도 바울은 유대인들이 가졌던 이상국가 개념을 깨뜨리고 참된 하나님의 나라가 무엇인지 말해주었다. 그 무엇보다 예수님께서 약속하신 그리스도이신 것을 증거 했다. 사도 바울은 자신의 체험이 아니라 끝까지 예수 그리스도의 복음을 증거 했다.

사도 바울은 디모데에게 이렇게 말했다.

---

97) Matthew Poole, 청교도 성경주석 18, 박문재 역 (파주: 크리스챤다이제스트, 2015), 436.
98) John Calvin, 신약성서주석 6 (서울: 성서교재간행사, 1982), 401-402.

15 또 네가 어려서부터 성경을 알았나니 성경은 능히 너로 하여금 그리스도 예수 안에 있는 믿음으로 말미암아 구원에 이르는 지혜가 있게 하느니라 16 모든 성경은 하나님의 감동으로 된 것으로 교훈과 책망과 바르게 함과 의로 교육하기에 유익하니(딤후 3:15-16)

사도 바울은 성경의 충분성을 말했다. 사도는 성경이 "구원에 이른 지혜가 있"다고 말했다. 또한, 사도는 성경은 인간의 사사로운 체험이나 감동으로 된 것이 아니라 오직 하나님의 감동으로 기록되었다고 말했다.

예수 그리스도를 믿은 성도에게 어떤 체험이 일어났다면 그 체험이 기준이 되거나 그 체험이 성경보다 앞서서는 안 된다. 성도의 참된 체험은 성경과 교리에 근거해야 한다. 체험이 기준이 된다는 것은 인간이 기준이 된다는 것을 의미한다. 인간이 만들어내는 의미와 통일성은 유한하기 때문에 기준이 될 수 없다. 인간의 기준은 상대적 기준으로서만 유효하다.

영원하고 절대적인 기준은 영원히 변치 않아야 한다. 영원하고 절대적인 기준은 오직 하나님이시다. 오직 하나님만이 우리에게 참되고 영원한 의미와 통일성을 제공한다. 하나님께서 살아 계시고 영원하시고 인격적이신 분이기 때문이다. 우리 밖에서 주시되 성령 하나님의 역사로 주시는 의미와 통일성이라야 성경적이다. 성령 하나님으로 거듭난 성도에게 하나님께서 하나님의 영감으로 기록된 말씀으로 영원한 의미와 통일성을 주신다.

인간의 유한한 체험이 영원성을 소유하기 위해서는 도약을 감행해야 한다. 인간의 체험에 신성한 것이 추가되어야 한다. 그 신성이 인간 안에서 나오든지 인간 밖에서 오든지 간에 인간의 주체적 정열로 만들어내기 때문에 성경이 말하는 참되고 영원한 의미와 통일성과는 완전히 다르다.

존 맥아더는 하나님의 감동으로 기록된 말씀 위에 신학을 구축해야 한다면서 다음과 같이 말했다.

이는 모두 권위의 문제다. 당신의 삶 속에서는 무엇이 권위인가? 당신의 삶인가 아니면 하나님의 말씀인가? 예수님은 말씀하셨다. "그들을 진리로 거룩하게 하옵소서 아버지의 말씀은 진리니이다"(요 17:17). 성숙과 성화와 모든 진정한 체험은 성경의 진리에 의존한다. 은혜

안에서의 참된 성장은 체험을 통해 얻어질 수 있다. … 그러나 은사주의자들은 이에 동의하지 않는 경향이 있다. 그들은 신학이나 성경적 정통 신앙 같은 합리적 주제들을 교회의 복음 증거의 걸림돌로 본다. 마이클 하퍼(Michael Harper)는 이렇게 말했다. "세상은 그리스도의 몸인 교회 안에서 그리스도의 새로운 표현을 기다린다. 세상은 … 신학자들의 비현실적인 교리에 식상해 있다." 로드먼 윌리엄스(J. Rodman Williams)는 체험을 신학으로 평가해야 한다고 주장하는 대신 신학을 체험에 맞추어야 한다고 주장한다. "내가 강조하려고 해온 요점은 이 역동적인 성령 운동의 신학적 의미가 결코 작지 않다는 것이다. 그 핵심에는 무언가 중요한 일이 일어났다는 지식이 있다." 그에 따르면 무언가 중요한 일이 일어났다는 것, 그것이 핵심이다. 그 일이 "비현실적인" 교리 내지 신학에 들어맞는가는 신경 쓰지 말라는 것이다. 무언가 일어났고 우리는 성령이 그 일을 하셨다고 생각해야 한다는 것이다. 윌리엄스는 심지어 이런 사실도 인정한다. "이 현상을 기독교 신앙의 다양한 교리와 관련지을 만한 적절한 신학적 언어나 방법을 찾기란 어렵다."[99]

맥아더에 의하면, '성경이냐?', '체험이냐?'는 권위의 문제다. '우리가 어디에 권위를 두고 어느 권위에 복종하느냐?'가 우리의 삶을 좌우한다. 은사주의자들은 체험에 권위를 부여하기 때문에 정통신학을 거부하며 심지어 성경마저도 걸림돌로 여긴다. 은사주의자들은 '성경이 무엇을 말하는가?'를 1차 권위로 여기지 않는다. 대신에 '나에게 무슨 체험이 일어났는가?'를 최고의 권위로 여긴다.

---

99) John F. MacArthur Jr., 무질서한 은사주의, 이용중 역 (서울: 부흥과개혁사, 2008), 61-62; ⟨오늘날의 교회는 성경을 지키기 위한 싸움에서 지고 있는 것 같아 우려된다. 오늘날 "간절한 마음으로 말씀을 받고 이것이 그러한가 하여 날마다 성경을 상고"하던 베뢰아 사람들(행 17:11) 같은 그리스도인들은 극소수다. 우리는 성경을 살펴보는 일에 전념하며 내적인 감정, 초자연적 현상, 또는 그 밖의 거짓되거나 믿을 수 없을 만한 증거들이 아닌 성경에서 살아 있는 말씀을 체험해야 한다. 그러면 우리의 체험은 가장 크고 순수한 기쁨과 상상할 수 있는 가장 큰 축복을 가져다 줄 것이다. 그런 체험은 신적인 진리에 뿌리와 바탕을 두고 있기 때문이다.⟩

II. 성령은 어떤 분이신가?

1. 성령은 하나님이시다

성령(Holy Spirit)은 히브리어로 '루아흐 헬로힘'이며, 헬라어로는 '프뉴마 하기온'이다. 이 단어는 '호흡'(breath), '영'(spirit), '바람'(wind)이라는 뜻이다. 성령께서 호흡같이 바람같이 역사하시는 현상적 측면에서 표현한 단어다. 성령께서는 바람같이 사람을 거듭나게 하고 생명의 호흡을 가진 존재로 창조하고 보전하신다.

성도 된 우리는 삼위 하나님을 믿고 고백한다. 성부 하나님, 성자 하나님, 성령 하나님께서 한 분 하나님이심을 믿는다. 성부 하나님과 성자 하나님에 대해 많이 배우나 '성령 하나님께서 어떤 분이신가?'를 배우는 것은 흔하지 않다. 성령 하나님에 대해 올바르게 배우지 않으면 기독교 신앙이 실존적으로 도약하거나 신비적 영성으로 도약한다.

우리는 성령 하나님을 인격으로 만나야 한다. 일반적으로, 인격(person)이란 '그 사람은 인격이 좋더라'는 말처럼 그 사람의 됨됨이를 말한다. 그러나, 성령 하나님을 인격으로 만난다는 것은 '성령 하나님은 누구신가?'를 의미한다. 성령은 어느 부흥사의 말처럼 불이나 기(氣)가 아니다. 성령은 하나님이시다.

성령께서 하나님이신 증거는 성경에서 증거 한다. 예수님께서는 부활 승천하시기 전에 이렇게 말씀하셨다.

> 그러므로 너희는 가서 모든 족속으로 제자를 삼아 아버지와 아들과 성령의 이름으로 세례를 주고 (마 28:19)

예수님께서는 "아버지와 아들과 성령"이라고 동등한 자격으로 말씀하셨다. 성령께서는 그 능력과 영광에 있어서 성부와 성자와 동등한 하나님이시다.[100] 그런 까닭에, 성령께서는 하나님의 깊은 것을 통달하신다 (고전 2:10).

---

100) 웨스트민스터 소교리문답 제6문 하나님의 신격(神格)에 몇 위(位)가 계십니까? 답: 하나님의 신격에 성부 성자성신(聖神) 삼위가 계시며, 이 삼위는 한 하나님이시요, 본체가 하나이시며, 권능과 영광이 동등이십니다.

성령께서 우리의 하나님이 되신다는 것은 우리에게 실제적으로 어떤 의미가 있는가? 첫 번째로, 성령 하나님께서는 우리 예배의 대상이시다. 성령께서는 우리 예배와 찬송과 기도를 받으시는 분이시다. 우리가 성령 안에서 기도한다는 것은 "성령의 도우심과 인도하심을 받아서 기도한다"는 것이다. 우리는 성령 안에서 예수님의 이름으로 하나님 아버지께 기도를 드린다.101) 이것은 관계적 관점이다.

두 번째로, 성령 하나님께서는 우리를 거듭나게 하시고 예수 그리스도의 구속을 우리에게 적용시킨다. 이것은 존재적 관점이다. 우리는 허물과 죄로 죽었던 죄인이었다(엡 2:1-2). 오직 성령 하나님의 역사만이 우리 존재의 근본적인 변화를 일으킨다(요 3:5).

세 번째로, 성령 하나님께서는 우리의 또 다른 보혜사시다. 보혜사는 예수 그리스도시다. 예수님께서는 "또 다른 보혜사"를 성부 하나님께 요청하여 보내주시겠다고 말씀하셨다(요 14:16-20). 이 말씀에서 "또 다른"이란 헬라어로 '알로스'이며, '같은 종류이면서 서로 다른'이란 뜻이다. 그 말은 예수님께서 성령을 자신과 동등한 분으로 말씀하셨다는 의미다. 성부 하나님께서 성령을 보내시는 것은 예수 그리스도께서 친히 오시는 것을 뜻한다(요 14:18). 그리스도께서 세상에 계실 때 그리스도께서는 제자들과 동행하며 지키시고 인도하신 보혜사로 사역하셨다. 십자가의 구속을 이루시고 하늘 아버지께로 가시면서 그리스도의 보혜사 직임을 성령께 넘기시므로 성령을 '다른 보혜사'라고 하셨다.

"보혜사"란 중국어로 음역(音譯)하면서 비슷한 소리를 한자로 차용한 것이다. 원래는 헬라어로 '파라클레토스'이며, '파라'(para)는 '곁에서', '옆에서'라는 뜻이며, '칼레오'(kaleo)는 '부르다'라는 뜻이다. '파라클레토스'는 헬라의 법정적 용어이며, '피고측 변호인'이라는 뜻이다.

그리스도의 구속 사역으로 성령께서 오시고 보혜사로 오셨다. 성령의 오심은 전적으로 그리스도의 구속으로만 가능했다. 서철원 교수는 보혜

---

101) 변종길, **우리 안에 계신 성령** (서울: 생명의말씀사, 2003), 17; 〈원래 전통적인 송영은 "성자를 통해 성령 안에서 성부께 영광을 돌립니다"라는 것이었다. … 바실은 성령의 신성을 옹호하는 데 그 책의 대부분을 할애한다. … 바실의 이러한 노력으로 성령의 '동질 본성'이 확정된 것은 바실의 사후에 개최된 381년의 콘스탄티노플 회의에서였다.〉

사의 직임에 대해 다음과 같이 말했다.

> 그리스도는 보혜사의 직임도 규정하셨다. "보혜사를 너희에게 주사 영원토록 너희와 함께 있게 하시리니"(요 14:6). 성령은 복음선포에 역사하셔서 믿음을 일으키시고 믿음고백을 하게 하신 다음에 그 사람과 영원히 함께 거하신다. 곧 보혜사는 영원히 백성과 함께 하시는 하나님이시다. 이것이 보혜사의 직임이다.102)

성령께서는 우리를 변호하고 도와주는 분이시다(롬 8:26; 빌 4:13; 골 1:29; 요일 2:1). 성령께서는 우리를 위로해 주시는 분이다. 그 변호와 위로는 성령 하나님께서 예수 그리스도의 진리로 우리를 인도하시기 때문에 주어진다(요 15:26, 16:13). 성령 하나님께서는 진리의 영이시므로 진리 되신 예수님을 증거 하신다.

2. 성령은 거룩한 영이시다

성령은 거룩한 영이시다. 거룩은 성령 하나님의 본질적인 속성이다. 성령은 "단순한 능력이 아니며 그분은 신적 능력의 인격적인 소유자이다."103) 로이드 존스는 다음과 같이 말했다.

> 그렇다면 왜 그분을 거룩하다고 부릅니까? 이런 표현은 그분의 특별한 사역이 거룩함을 산출하며 또한 그리스도의 구속 사역을 적용하는 데 있어서 질서를 산출하는 일이기 때문입니다. 그분의 목적은 거룩함을 산출하는 것이며 또한 그분은 이것을 인류 존재들 안에서뿐만 아니라 본성과 창조에 있어서도 그리하십니다. 그러나 그분의 궁극적인 사역은 우리를 거룩한 백성, 하나님의 자녀들다운 거룩한 백성으로 만드시는 것입니다. 그분을 다른 영들, 즉 악한 영들과 구분하기 위하여 거룩한 영으로 기술하는 것 역시 가능합니다. 이 이유 때문에 바로 우리가 오직 영들이 하나님께 속하였나 시험해야 할 것을 명령받습니다(요일 4:1).104)

성령 하나님께서는 본성적으로 거룩하시며, 악한 영들과 구분되는 거

---

102) 서철원, **서철원 박사의 교의신학2 하나님론** (서울: 쿰란출판사, 2018), 121; "보혜사는 그리스도의 구속 사역을 증거 하고 전파하며 가르치신다. 보혜사로서 성령은 자기를 말하는 것이 아니라 그리스도와 그의 구원 사역을 가르치고 증거 하신다(요 15:26; 16:14-15). 성령은 결코 자신을 말하지 않고 오직 그리스도의 인격과 구원사역만을 말한다."(p. 123).

103) John M. Frame, **신론**, 김재성 역 (서울: R&R, 2014), 991.

104) David Martyn Lloyd-Jones, **성령 하나님**, 이순태 역 (서울: 기독교문서선교회, 2000), 21.

룩한 영이시다. 성령 하나님의 거룩이 우리에게 적용되는 것은 관계적 관점으로 그리스도의 구속이 적용되어 그리스도와 연합되는 것이고, 존재적 관점으로는 하나님의 자녀가 되는 것이고 사명적 관점으로는 삶으로 거룩을 나타내는 것이다.[105]

성령 하나님께서는 거룩한 영이시므로 주의 백성들을 거룩하게 하신다. 거룩이 우리에게 나타날 때 성화라 한다. 변종길 교수는 "거룩함은 윤리성을 의미한다"고 말했다.[106] 거룩함은 사랑으로 나타나야 한다. 거룩이 어떻게 사랑으로 나타날 수 있는가? 삼위 하나님으로부터 의미와 통일성을 공급받아 자유와 평안을 누림으로 우리의 인격이 따뜻해짐으로써 나타난다.

3. 성령은 진리의 영이시다

---

105) Donald Macleod, **성령세례와 개혁주의 성령론**, 지상우 역 (서울: 여수룬, 2004), 89-92; 우리는 로이드 존스의 성령론에 대해 주의가 필요한데, 메크레오드는 다음과 같이 말했다. "성령의 인침에 대한 이 모든 논증들은 오순절주의와 어떻게 다른가? 비록 로이드 존스 박사가 성령세례는 항상 방언으로 증명되어진다고 가르치고 있지 않더라도 우리는 성령 세례의 교리에 있어서나 사도행전에 나타난 구절들에 대해서도 오순절주의자들 역시 같은 의견을 보이고 있음을 발견한다. … 또 다른 차원에서 로이드 존스 박사가 주장하는 견해들은, 성령 세례와 성령의 인침을 결여하고 있다고 묘사되는 평범한 그리스도인에 대한 심각한 비난을 함축하고 있다. 그가 주장하는 바에 의하면 사실상 대부분의 그리스도인들은 이 범주에 들게 된다. … 그리스도와 연합하고 아버지와 영적 교제를 나누며 성령이 거하시게 되는 그리스도인의 상태는 영광스러운 것이며, 그것으로부터 벗어나려고 시도하는 것은 잘못된 것이다. 로이드 존스는 우리가 부족감과 죄책감, 그리고 부적당함을 느끼도록 하기 위해 애를 쓰고 있는 것처럼 보인다. 그는 그리스도인들이 잘못된 방향으로 야망을 품도록 하고 있으며, 이런 특별한 경험을 하지 않은 그리스도인은 결함이 많다고 생각하도록 만들어, 신자의 삶의 주요한 관심사는 마땅히 그것을 얻는 데 쏟아야 한다고 확신케 하고 있다. … 그러나 다른 무엇보다도 가장 혼란스러운 것은 우리가 다양한 형태로 기독교 교회를 미혹하는 어떤 것을 신학에 더해야 한다는 것을 강조하는 로이드 존스 박사의 견해이다. … 그러나 우리는 어떤 것을 더하는 개념을 전면 거부한다. 우리가 부적당하다고 할 만한 것은 아무것도 없으며 또한 우리의 부흥이 자동적으로 이루어질 수 있는 경험에 관한 약속도 없다. 그러기에 평범한 그리스도인들과 설교자들은 교회를 개혁하는 데 힘을 쓰고, 실추되어진 하나님의 제단을 다시 쌓아 올리도록 해야 한다. 우리는 다시 충만해질 필요가 없기 때문에 결코 어떤 것으로 충만해지지 않을 것이라는 사실을 인식해야 한다. 우리는 어떠한 경험도 우리를 주장하지 못하며 우리의 마음을 힘으로 조정할 수 없다는 것을 인식해야 한다. 성령세례를 받은 설교자나 가장 영광스러운 부흥에 있어서, 언제든 영적인 능력을 공급하시는 분은 오로지 하나님 한 분뿐이시다."

106) 변종길, **우리 안에 계신 성령** (서울: 생명의말씀사, 2003), 26; "단순히 인간적인 윤리가 아니라 하나님께서 보실 때 거룩하고 깨끗한 윤리를 말한다."

예수님께서는 성령 하나님을 "진리의 영"(요 14:17)이라고 말씀하셨다. 사도 요한은 "증거 하는 이는 성령이시니 성령은 진리니라"(요일 5:7)라고 말했다. 진리의 영과 대조되는 것은 미혹의 영이다. 미혹의 영은 영지주의자들을 겨냥한 것이다. 미혹의 영은 인간 안에 신성이 있다고 말하는 영이다. 그러나 성령 하나님께서는 인간은 죄인이라는 것을 밝히 드러내시어 우리를 회개케 하시고 예수 그리스도를 믿어 영생에 이르게 하신다.

성령께서는 우리를 진리 가운데로 인도하신다(요 15:26, 16:13). 진리는 오직 예수 그리스도뿐이다. 예수님께서는 "내가 곧 길이요 진리요 생명이니 나로 말미암지 않고는 아버지께로 올 자가 없느니라"(요 14:6)고 말씀하셨다. 천국에 가는 길은 오직 예수 그리스도뿐이다.[107]

성령께서 우리를 진리 가운데로 인도하신다는 것은 우리의 구원자는 오직 우리 밖에서 우리 죄를 위하여 십자가에 피 흘려 죽으신 예수 그리스도뿐이라는 것을 믿고 고백하게 하신다는 것이다. 세상은 인간 안에 어떤 잠재적 가능성이 있다고 말하면서 종교적 도약으로 영적인 안내자와 접신을 하나, 성경은 성령의 역사로 죄인들이 회개하고 예수 그리스도를 믿어 영생을 얻는다고 말한다.

---

107) Matthew Poole, 청교도 성경주석 16, 박문재 역 (파주: 크리스챤다이제스트, 2015), 347; 〈주님께서는 자기가 가는 곳으로 그들이 올 때 어떤 길로 와야 하느냐 하는 그들의 질문에, "내가 길이다"라고 말씀하신다. 즉, 천국에 오고자 하는 자는 반드시 그리스도를 길로 삼아서 그 길로 와야 한다는 것이다. 우리는 주님을 길로 삼아서 주님께서 가르치신 교훈을 따라 갈 때에만 천국에 갈 수 있다.〉

Ⅲ. 성령과 구속사

하나님께서는 영광을 받으시려고 자기 백성을 창조하셨다. 자연인으로 서는 하나님을 대적하는 까닭에 반드시 성령의 역사로 거듭나야만 한다. 성령께서는 예수 그리스도의 구속을 우리에게 효과적으로 적용하시어 하나님께 영광을 돌리는 삶을 살게 하신다.

오늘날 현대교회의 문제점 중 많은 부분은 성령 하나님에 대한 그릇된 생각 때문에 일어났다고 해도 과언이 아니다. 어떤 목사님은 "신학은 고 신으로, 성령론은 오순절 식으로 해야 교회가 부흥한다"라고 말하기도 한다. 신학과 성령론이 분리되어 있는가? 성령론이 바르게 정립되어야 교회가 바르게 된다.

1. 언약의 성취와 진전

삼위 하나님의 구원 역사는 언약의 성취와 진전으로 이루어진다. 언약 의 하나님이 우리 하나님이시다. 하나님께서는 창조경륜을 이루심으로 영광과 찬양을 받으신다.[108] 하나님께서는 자기 백성을 택하여 구원하 고 언약을 맺으셨다.[109] 하나님께서는 그 언약을 따라 역사를 진행해 가 셨다. 언약을 성취할 때마다 성령께서 역사하셨다.[110]

성경은 언약의 대전환점이 이루어질 것을 예언했다. 요엘 선지자는 하 나님의 영을 부어주시는 날을 예언했다. 사도 베드로는 오순절에 일어난 사건이 바로 요엘 선지자가 예언한 것이 성취된 것이라고 말했다. 사도

---

108) 서철원, **서철원 박사의 교의신학2 하나님론** (서울: 쿰란출판사, 2018), 218-219; "7.4.1. 창조경륜 정의: 하나님의 창조경륜은 하나님이 자기 백성을 가지고 그 백성 가운데 거하시며 찬양과 경배를 받으시는 것이다. 그리하여 창조주는 백성의 하나님 되시며 백성은 창조주의 언약 백성이 된다. 하나님은 창조경륜을 이루시기 위 해 창조를 작정하시고 다스림과 보존 또 구원 작정도 세우셨다. 성경 역사에 관통하는 일관된 하나님의 기쁘신 뜻은 자기의 백성을 가지시는 것이다. 그리고 그들로부터 영광과 찬양을 받으시는 것이다. 세상 백성들이 하나 님의 백성이 되고 하나님은 그들의 하나님 되시는 것이다(계 11:15)."
109) Ibid., 225; "하나님은 사탄의 꾀와 죄를 그리스도의 십자가로 폐하셨다. 그리고 범죄한 모든 백성을 불러 모아 다시 하나님의 백성으로 삼으시고 그들의 하나님이 되심으로 창조경륜을 온전히 성취하셨다(계 21:3)."
110) 너희가 애굽에서 나올 때에 내가 너희와 언약한 말과 나의 신이 오히려 너희 중에 머물러 있나니 너희는 두려워하지 말지어다(학 2:5)

베드로의 이 선포는 타락 이후의 모든 역사의 목적과 지향점이 구속에 있다는 것을 말해준다. 예수 그리스도의 구속이 성경의 통일된 주제다. 옛 언약과 새 언약은 예수 그리스도의 구속 안에서 통일성이 있다.

구원 역사의 시점은 창세기 3:15의 원복음이다. 하나님께서는 죄로 타락한 인간을 구원하기 위해 그리스도께서 여자의 후손으로 오실 것을 말씀하셨다. 인류의 역사는 여자의 씨와 사탄의 씨가 대결하는 적대관계 속에 이루어져 왔으며, 그 싸움의 종지부를 찍기 위하여 예수 그리스도께서 성육신하여 오셨다.

예수 그리스도께서 구속을 이루시는 일에는 성령 하나님의 사역이 있다.[111] 성령 하나님께서는 그리스도의 구속 사역을 진전시키고 확대하기 위하여 일하신다. 성령께서는 구속 사역을 이루심으로 하나님의 나라를 확장해 가신다. 그리스도께서 성령을 보내주시기 전에는 하나님께서 불러 세운 종들에게 부분적으로 역사하셨으나,[112] 오순절 이후로는 옛 언약 시대와는 비교할 수 없을 정도로 광범위하게 역사하셨다. 사역의 본질에는 오순절 전후로 차이가 없다. 그러나 오순절 이후로는 사역의 정도와 범위가 엄청난 범위로 확대되었다. 그 이유는 무엇인가? 땅끝까지 복음을 전하기 위해서다. 이제는 이스라엘이라는 지역에 국한된 것이 아니라 온 세상에 하나님의 택한 백성을 불러모아 교회를 세우고 하나님 나라를 확장해 가야 하기 때문이다.

스가랴 4장은 하나님 나라의 확장을 위해 성령의 능력이 필수적이고 핵심적임을 보여준다. 스가랴 4장은 스룹바벨을 비유한 촛대와 두 올리브 나무 환상에 대한 기록이다. 스룹바벨은 바벨론 포로에서 돌아온 이스라엘 백성의 지도자였으며 성전 재건 공사의 감독이었다. 성전 재건 공사가 안팎의 여러 난제로 중단되었다. 스가랴는 촛대와 올리브 나무

---

111) 서방에서 여호와의 이름을 두려워하겠고 해돋는 편에서 그의 영광을 두려워할 것은 여호와께서 그 가운데 몰려 급히 흐르는 하수같이 오실 것이로다(사 59:19)

112) 김재성, **개혁주의 성령론** (서울: CLC, 2014), 108: "오순절 이전 성령의 능력은 일반적으로 기름부음 받은 사람들, 즉 장차 오실 메시아적인 직분을 감당하던 예언자, 제사장, 그리고 왕에게 주어졌다. 주께서 한 사람을 이 직분 중에 하나를 위해 기름부으실 때에, 그 사람의 재주나 능력의 없음으로 인해 포기하지 않으셨다. 주님의 능력을 주시는 궁극적인 요원이신 성령을 통해 봉사에 필요한 능력을 공급하셨다."

환상을 통해 스룹바벨을 격려하면서 동기를 부여했으며 성전공사를 지속할 수 있었다. 이 환상의 의미는 무엇인가? 촛대에 기름이 공급되어야 불을 밝히듯이, 성령께서 스룹바벨에게 계속해서 능력을 공급해 주신다는 뜻이다.

> 그가 내게 일러 가로되 여호와께서 스룹바벨에게 하신 말씀이 이러하니라 만군의 여호와께서 말씀하시되 이는 힘으로 되지 아니하며 능으로 되지 아니하고 오직 나의 신으로 되느니라(슥 4:6)

이 말씀은 하나님의 사역을 수행할 때 성령의 역사로 이루어진다는 것을 말해준다. 성령의 역사는 오순절이 일어남으로써 옛 언약 시대와 비교할 수 없는 엄청난 대전환이 일어났다.

변종길 교수는 다음과 같이 말했다.

> 예수의 영광 받으심 이후에 신자들 곧 교회는 이제, 그 안에 성령이 거하시는 "하나님의 성전"이라고 불리운다. 그리하여 우리는 여기서 "성막→성전→예수→신약교회"라는 구속사적 진전을 보게 된다. 이러한 구속사적 배경을 고려할 때, 우리는 "하나님의 성전"인 교회 안에 거하시는 성령의 "내주"는 신약교회의 가장 특징적 현상 중의 하나라고 말할 수 있다. 그러므로, 우리는 오순절을 "교회의 생일"로 부르는 것은 정당하다고 생각한다.[113]

성령께서 오심으로 신약의 교회가 형성된 것은 전적으로 예수 그리스도의 구속사적 사건에 의존하며 결정된다. 그리스도의 부활 승천 이전에도 제자들이 성령의 역사를 경험했을지라도 오순절 성령강림과는 분명한 차이가 있다.[114] 성령의 사역이 차이가 발생하는 것은 구속사의 진전

---

113) 변종길, 성령과 구속사 (서울: 개혁주의신행협회, 2006), 220; 〈물론 "교회"는 이미 구약 시대에도 분명히 존재하였지만, 성령이 영원한 거처로 삼으시는 "신약교회"는 약속된 성령이 강림한 오순절 날에야 비로소 존재하게 되었던 것이다.〉

114) Richard B. Gaffin Jr, 구속사와 오순절 성령강림, 김귀탁 역 (서울: 부흥과개혁사, 2013), 59-63; 〈요한복음 20장 22절에 대한 설명: … 문제는 사도행전에서는 주님이 부활하고 50일이 지난 후인 오순절에 성령이 임하신 것으로 되어 있는 데 반해 여기서는 성령이 부활하신 바로 그날에 주어지는 것으로 되어 있다. … 1. 어떤 식으로 접근하든, 요한복음과 사도행전 두 본문 간의 차이는 나타나는 그대로 유지되어야 한다. …시간상의 차이(부활 당일과 부활 후 50일)가 존재하고 있을 뿐만 아니라 각각의 경우 전체적인 상황도 비슷하지 않다. 요한복음의 사건은 저녁에 은밀한, 아니 적어도, 제한된 모임에서 일어났고(참조, 19절), 사도행전 사건은 오전에 직접 목격할 수 있는 공개된 집에서 일어났다. 요한복음에서 성령을 받은 자는 도마를 제외한 직계 제자들이지만, 사도행전에서는 전체 예루살렘 회중이다("다 같이", 2:1, 참조, 1:15). 요한복음에서는 예수님은 육체로 함께 계시지만, 사도행전에서는 계시지 아니한다. … 2. 요한복음은 공관복음서보다 훨씬 더 상세하게 성령의 오

이 일어났기 때문이다. '새 시대'라고 부를 만큼 새로운 시대가 도래했다.

구속사가 진전되면서 옛 시대에서 새 시대로 넘어가는 '점진적인 전이'(gradual transition)가 있었다. 예수 그리스도께서 오심으로 새 시대가 시작되었으나 새 시대의 충만한 성격은 오순절에 성령께서 강림하심으로 이루어졌다. 그런 측면에서 오순절 이후의 교회 시대는 '성령의 시대'가 아니라 '삼위 하나님의 시대'다. 구속의 진전이 일어났다는 것은 그리스도의 구속을 성령께서 유대를 넘어 이방 세계로 충만하게 역사하심을 뜻한다.

충만이란 "사건의 발생을 시간의 충만 즉 작정이라는 용기 안에 시간이 가득 채워져 그것이 이루어지는 것"이다. 그런 까닭에, "예수 그리스도의 사건이 시간 안에서 충만하게 되어 작정이 성취된 하나님의 사역으로서의 개념을 통해 구체화 된다."[115] 누가는 이 충만을 "우리 중에 이루어진($\tau\tilde{\omega}\nu\ \pi\epsilon\pi\lambda\eta\rho o\phi o\rho\eta\mu\acute{\epsilon}\nu\omega\nu$) 사실에 대하여"(눅 1:1)라고 말했다. 누가는 이 충만을 시간의 충만으로 발생한 사건으로 말했다. 누가는 스데반의 설교에서도 하나님의 언약이 '시간이 점점 충만해지는 가운데 성취되어가는 충만'으로 말했다.

2. 성령 하나님의 사역

성령 하나님께서는 무슨 사역을 하시는가? 웨스트민스터 소교리문답은 다음과 같이 말한다.

심에 대한 예수님 자신의 약속을 기록하고 있다(특히 14-16장). … 3. 우리는 여기서 누가복음 24장 53절에 대한 논의를 상기할 필요가 있다. 누가는 부활 이후와 오순절 성령강림 사건 이전 기간에 일부 제자들을 변화시킨 경험(참조, 32, 45절) 곧 공개적인 찬송(적극적인 증언)을 일으킨 경험에 대해 묘사한다. 결론: … 그 관계는 gsksla 나라으 도래를 특징짓는 '중첩' 원리에 따라 가장 잘 이해될 것이다. … 제자들은 이미 거듭난 자였고(요 6:68-69), 요한복음 20장 22절은 사도행전 2장의 사건과 별개의 사건에 대해 묘사하고 있다는 전제에 따르면, 분명히 이 본문은 '2차 복' 교리를 지지하는 데 있어서도 어려움이 따른다. 다시 말하지만, 이 사건의 요점은 모든 시대의 모든 신자가 반복적으로 경험해야 할 본보기의 한 부분이 아니라 예수님의 십자가와 부활 사건이 있었던 시대에 살았기 때문에 교회의 최초 창건 세대를 이룬 사람들의 독특한 경험의 한 국면이었다는 데 있다.〉
115) 문영주, "누가복음과 사도행전이 보여주는 구속사," 광신논단 3 (1991): 154(149-171).

제30문 성령은 그리스도께서 사신 구속을 어떻게 우리에게 적용하십니까? (대59)
답: 성령이 그리스도께서 사신 구속을 우리에게 적용하시는 것은 우리 안에 믿음을 일으키고, 또 효력 있는 부르심으로 우리를 그리스도와 연합시키심으로 말미암습니다.

성령 사역의 본질은 '예수님께서 그리스도시다'라는 것을 증거 하며 예수 그리스도의 구속 사역을 그 택한 자들에게 효력 있게 적용하는 것 (의의 전가)이다. 성령께서는 죄인을 중생케 하여 주의 성도로 만들며, 그 성도 안에 내주하시면서 거룩하게 하며 하나님의 성품을 닮아가게 하신다.

그 이유는 무엇인가? 인간의 본성이 죄악 되기 때문이다. 인간 스스로는 예수 그리스도를 믿을 수가 없다. 인간은 영적으로 죽어 있다! 마음의 생각부터 하는 일까지 다 죄악 된 것뿐이다. 중생은 오식 하나님의 은혜로 일어난다.

세례 요한이 예수님께 세례를 베풀었을 때 성령께서 임하신 것은 예수님의 겸손을 가르쳐 주는 것이 아니다. 성경은 도덕 교과서가 아니다. 성경이 도덕에 유익하나 도덕적인 인간을 만드는 것이 아니다. 성부 하나님께서 말씀하시고 성령 하나님께서 임하심으로 예수님께서 그리스도가 되심을 공적으로 선포하고 그리스도의 사역을 공적으로 시작하시는 취임식이었다. 성령 하나님의 임재는 예수님께서 그리스도시라는 증거였다.

오순절에 임하신 성령 하나님께서는 예수님께서 그리스도시라는 것을 증거 하는 엄청난 사건이었다. 유대의 지도자들과 그 지도자들에 동조한 유대의 백성들이 십자가에 못 박아 죽인 그 예수님이 바로 자신들이 고대했던 그 그리스도라는 사실을 알게 하신 분은 성령 하나님이셨다. 제자들이 스스로 회개한 것이 아니라 성령의 임하심으로 굳은 마음이 부드러워져서 회개의 역사가 일어났다.

서철원 교수는 다음과 같이 말했다.

교회 설립의 목적은 교회가 거룩해져서 하나님의 충만한 거주를 준비하는 것이다. 모든 목회 사역은 교회가 거룩해지는 것에 집중해야 한다. … 교회가 담당해야 할 종말론적 사명은 하나님의 충만한 거주를 준비하는 것이다. 복음전파로 교회가 거룩해져서 하나님의 충만한 거주를 준비하는 일에 최선을 다해야 한다.[116]

서철원 교수에 의하면, 교회 설립의 목적은 교회의 거룩으로 하나님의 충만한 거주가 되는 것이며, 교회가 복음을 전파함으로 교회 설립의 목적을 이루어간다. 헤르만 바빙크는 "성경에 의하면 교회의 본질이란 교회가 하나님의 백성이라는 사실에 놓여 있다는 것이다. 결국, 교회는 선택이 실현된 것으로, 선택은 그리스도 안에서 부르고 의롭다고 하고 영화롭게 하며 하나님의 아들의 형상을 본받게 하고 거룩과 구원을 위한 것이다."라고 말했다.[117] 이를 위해서 교회가 하는 일이 무엇인가? 그것은 복음전도다. 바빙크는 "사도들과 복음 전도자들의 설교를 통해" 교회가 생겨났다고 말했다.[118]

그리스도께서는 주의 사도들을 "새 언약의 일꾼"으로 삼으셨다(고후 3:6). 사도들은 그리스도의 복음을 전하는 새 언약의 일꾼이었다. 이스라엘이라는 민족과 지역의 한계를 넘어 온 세상에 그리스도의 복음을 전하는 자들이었다. 매튜 풀은 다음과 같이 말했다.

> 복음은 하나님의 뜻을 계시하는 것이었고, 그리스도의 죽음으로 확증된 것이기 때문에 "새 언약"이라 불린다. … 사도가 복음을 "영"이라고 부르는 이유는, 율법에 의한 육신적인 규례들과는 반대로, 복음의 내용과 주제와 근거는 모두 그리스도이기 때문이고, 특히 복음이 선포될 때에 은혜의 성령이 거기에 함께해서, 사람들이 귀를 막고 복음을 듣지 않거나, 눈을 감고 그 빛을 보지 않거나, 마음을 완악하게 하여 그 교훈을 따르려 하지 않는 한, 하나님의 값없이 거저 주시는 은혜로 말미암아 그들의 마음을 변화시켜서, "사탄의 권세에서 하나님께로 돌아오게 하여"(행 26:18), 그들을 진정으로 신령하고 거룩하게 만들기 때문이다.[119]

매튜 풀에 의하면, 복음의 내용과 주제와 근거가 예수 그리스도이기 때문에 복음을 영이라 하며, 성령 하나님께서 복음 전도에 함께 하셔서

---

116) 서철원, 서철원 박사의 교의신학6 교회론 (서울: 쿰란출판사, 2018), 59.
117) Herman Bavinck, 개혁교의학4, 박태현 역 (서울: 부흥과개혁사, 2011), 352.
118) Ibid., 356; "예루살렘 교회가 단독 교회로 존재하는 동안 보편적 교회, 지상에 있는 그리스도의 교회였고, 나중에 예루살렘 옆에 등장한 교회들은 자생적으로 생겨난 것이 아니라 사도들과 복음 전도자들의 설교를 통해 예루살렘으로부터 생겨난 것이었다."
119) Matthew Poole, 청교도성경주석18 고린도전후서, 박문재 역 (파주: 크리스챤다이제스트, 2015), 326.

죄인을 하나님께 돌아오게 하신다. 결국, 복음 전도는 그리스도를 전하는 것이며, 성령 하나님의 역사로 죄인이 그리스도를 영접하고 하나님의 자녀가 되는 역사가 일어난다. 그 역사가 이방인에게도 허락되었다.[120]

그런 까닭에, 성령 하나님의 사역은 예수님께서 그리스도이심을 증거하는 복음 전도사역이며, 하나님의 백성을 거룩하고 경건하게 변화시켜가는 사역이다. 우리는 오순절을 구속사의 진전이라는 틀 안에서 이해해야 한다. 그런 구속사의 진전에 대한 이해 없이는 오순절 성령강림을 제대로 알 수 없다.

성령세례 문제는 '오순절 성령강림 사건을 어떻게 해석하느냐?'에 따라 달라진다. 그 해석에 따라 방언과 은사에 대한 이해가 달라진다. '현상적인 접근으로 갈 것인가?' 아니면, '계시의 발전으로 접근할 것인가?' 이 두 가지 중 하나의 입장을 견지하게 된다.

변종길 교수는 다음과 같이 말했다.

> 물론 구약 시대에도 교회는 있었다. 사도행전 7:38에 보면 '광야교회'라는 말이 나온다. 이것은 광야에 있던 하나님의 백성들의 '모임'이라는 뜻인데, 여기에 '에클레시아'란 단어가 사용되었다. 복음서에도 '교회'란 말이 나타난다(마 16:18, 18:17). 그러나 완성된 구속 사역에 기초해서 성령의 능력으로 복음을 증거 하는 신약적 의미에서의 교회는 오순절 날에야 비로소 탄생하였다. 이날은 완성된 구속 사역에 기초하여 복음전파를 시작한 날이요, 신약적 의미에서의 교회 시대를 연 날이며, 세상 만민이 믿음으로 말미암아 차별 없이 베풀어 주시는 구원을 얻게 되는 우주적, 보편적 구원 시대를 가져온 날이었다. 이런 의미에서 사도 요한은 오순절 이전에는 아직 성령이 계시지 않았다고 말한 것이다.[121]

구약 시대나 신약 시대나 성령은 똑같은 성령이시나 오순절 이전과 이후의 사역은 상대적 차이가 있다. 오순절 성령강림으로 예수 그리스도의 구속 사역을 풍성하고 효력 있게 역사하신다. 성령께서는 교회 시대를 열고 그리스도의 구원을 온 세상에 증거 하는 일을 오순절에 획기적으로 개시하셨다.

오순절을 기점으로 성령의 사역에는 어떤 차이가 있는가? 오순절 사건은 구속역사에 있어서 매우 중요한 분수령이며 기독교회의 탄생과 확

---

120) 서철원, **성령의 사역** (서울: 그리심, 2001), 129.
121) 변종길, **우리 안에 계신 성령** (서울: 생명의말씀사, 2003), 269.

장과 발전에 있어서 획기적인 전기라는 점에서 이전과 차이가 있다. 변종길 교수는 신약 시대의 성령의 사역을 1) 풍성하고 다양한 은혜 2) 교회 안의 성령의 내주 3) 영광 받으신 예수의 영, 세 가지로 말했다.[122]

오순절 날에 강림한 성령은 신약 시대의 성도들에게 풍성한 은혜와 선물을 주셨다. 그리스도께서는 그 풍성함을 '생수의 강'이라고 표현하셨다.[123] 성령께서는 오순절 이후 모든 성도에게 차별 없이 성령을 부어주시고 내주하신다. 구약 시대에도 성령의 내주하심이 있었으나 신약 시대에는 자명하고 충만하게 역사하신다. 오순절 날에 오셔서 역사하시는 성령은 영광을 받으신 예수의 영이시다. 영광을 받으신 예수 그리스도께서 하나님께 받아 보내주신 영이시다(요 14:26, 15:26).

이것은 성전이라는 주제와 관련되어 있다. 구약에서는 광야의 성막에 여호와의 영광이 충만했다(출 40:34-38). 성전 시대에도 여호와의 영광이 가득했다(왕상 8:10 이하, 대하 5:13 이하). 신약에서는 예수님의 몸이 성전으로 불렸으며, 주께서 영광을 받으신 후에는 교회가 하나님의 성전, 성령의 전으로 불린다(고전 3:16, 6:19; 고후 6:16). 구속사적으로 볼 때 '성막 → 성전 → 예수 → 교회'라는 구속사적 진전이 있다.[124]

오순절 성령강림은 구속사의 진전의 관점으로 보아야 한다. 오순절 이전에도 성령의 역사가 있었으나 오순절이 중요한 분기점이다. 오순절 성령강림은 옛 언약의 성취였다(욜 2:28-32; 겔 36:25-27). 그런 까닭에, 헤르만 바빙크는 오순절 성령강림을 천지 창조와 성육신에 이은 '하나님의 제3의 큰 사역'이라고 말했다.[125] 오순절에 성령께서 임하신 것은 옛 언약의 성취이며 구속사의 진전에 획기적인 사건이었다.

122) Ibid., 252-265.
123) 나를 믿는 자는 성경에 이름과 같이 그 배에서 생수의 강이 흘러나리라 하시니(요 7:38)
124) 변종길, 우리 안에 계신 성령 (서울: 생명의말씀사, 2003), 263.
125) H. Bavinck, Gereformeerde Dogmatiek, III, 4e dr. (Kampen: J.H.Kok, 1930), 494.

Ⅳ. 성령의 강림과 오순절

오순절 성령의 강림 사건은 구속역사(Historia Salutis)로 보는 견해와 구원순서 혹은 구원서정(Ordo Salutis)으로 보는 견해가 있다.126) 전자는 개혁신학의 주장이며 오순절 성령의 강림을 예수 그리스도의 십자가-부활-승천에 연결되는 구속사적 사건으로 보며, 후대의 모델이 아닌 단회적(once-for-all) 사건으로 본다. 후자는 오순절과 은사주의 운동의 주장으로 오순절 성령의 강림을 이미 중생한 성도에게 봉사를 위해 개인적으로 주어지는 반복적인 사건이라고 본다.127) 성령이 개인에게 체험되는 증거는 방언이라고 주장한다. 이것을 '제2의 축복'(the second blessing)이라 한다.

이 두 가지 입장을 다 받아들이면서 균형을 시도해 보려고 했던 사람은 대표적으로 로이드 존스다. 로이드 존스는 오순절 성령강림을 믿는 성도들이 체험해야 할 것으로 말했다. 물론 로이드 존스는 '제2의 축복'이 아니라고 분명하게 말했다.128) 안영복 교수(고려신학대학원)도 비슷한 입장이었다.129) 차영배 교수도 두 관점의 균형을 찾으려고 시도했다.

---

126) 변종길, **오순절 운동과 성령세례** (서울: 말씀사, 2012), 142; "그리스도의 탄생과 죽음과 부활 그리고 승천이 구속 사역의 객관적 성취를 이룬 것이라면 오순절 성령강림은 이미 이루 객관적 구속 사역을 주관적으로 적용하기 위하여 성령께서 오신 사건이다. 이런 점에서 오순절 날에 오신 성령의 역사는 구원 적용의 역사이며, 모든 '구원 서정'은 '성령의 적용하시는 은혜'이다."

127) Robert P. Menzies, *Why I am a Pentecostal* (Springfield, MO: Gospel Publishing House, 2012 forthcoming), 10; 김동수, "누가 신학에서 오순절 신학 정체성 찾기: 멘지스(Robert P. Menzies)의 제안을 따라," **영산신학저널** 26 (2012): 95(91-114)에서 재인용; 〈멘지스는 오순절주의의 사도행전 읽기의 특징을 잘 간파하고 있다. 오순절주의는 사도행전의 이야기를 반복되지 않는 독특한 역사로서가 아니라 교회 생활에서 반복되는 모델 이야기로 읽는다는 것이다. 쉬운 말로 하면 "그들의 이야기는 우리의 이야기다."라고 사도행전을 읽는다는 것이다. 오순절주의자들은 사도행전 본문의 세계와 우리의 세계 사이의 간격이 있다고 보지 않았다는 것이다.〉

128) David Martyn Lloyd-Jones, **성령 하나님**, 이순태 역 (서울: 기독교문서선교회, 2000), 350-351; "이러한 특별 경험이 없이는 여러분이 그리스도인이 아니라고 지금 말하고 있는 것이 아닙니다. 여러분은 그리스도인이 될 수 있으며, 이러한 제자들도 그리스도인들이었고 다른 사람들도 그리스도인들이었지만, 그것이 그런 경험을 의미하지 않습니다. … 그것들은 함께 발생할 수 있고 또한 자주 그렇게 함께 발생했습니다. 그러나 때때로 그것들은 그렇지 않았습니다. 따라서 그것들을 우리는 구분해야 합니다."

129) 안영복, **성령론** (서울: 성광문화사, 1993), 35; 김명용, "개혁교회의 성령론과 오순절 교회의 성령론," **장신논단** 25 (1999): 150(223-248)에서 재인용; "안 교수에 따르면 오순절 성령강림은 단회적 의미를 가지고 있으면서도, 본질적으로 동일한 성령강림의 신령한 역사가 계속된다고 주장하고, 또한 오순절 성령강림은 중생 이

우리는 구속역사의 구조와 전개라는 큰 틀로 오순절 사건을 살펴보아야 한다. 그 이유는 첫 번째로, 베드로의 설교(행 2:14-36)가 약속의 성취를 중심으로 이루어졌기 때문이다.130) 두 번째로, 우리의 경험으로 성경을 파악하는 것이 아니라 성경에 기록된 대로 예수 그리스도를 믿고 성경에 기록된 대로 성령의 역사를 이해하기 위함이다. 성경은 하나님의 구원 역사의 진행 과정을 나타내는 내적인 통일성과 연속성을 가지고 있다.

오순절 성령강림 사건은 다음과 같은 두 가지 독특성이 있다. 첫째, 오순절 사건은 그리스도의 구속을 적용하는 사건이다. 신구약 성경은 예수 그리스도의 구원 사역에 초점이 맞추어져 있다. 모든 성경은 하나님의 감동으로 된 것이며 하나님께서는 예수 그리스도의 대속을 성령의 역사로 적용해 가신다.131)

둘째, 오순절 사건은 종말의 서막이다. 구원 역사의 전개과정에서 오순절 성령강림 사건은 장래에 주어질 종말을 바라보며 하나님 나라의 영광을 맛보도록 한 사건이다. 성령의 강림하심은 마치 '계약금'과 같아서 장래의 약속에 대한 보증금과 같다.

사도 베드로가 오순절에 요엘서를 인용하면서 "말세에"라고 말했다. 헬라어로는 "이 시대의 마지막 날에"다.132) 요엘 선지자의 예언이 이 오순절에 성취되었다.133) 성령께서 오심으로 그리스도의 구속을 적용해

후에 주어진 하나의 사건으로 그 시초가 성령세례요, 성령 충만은 성령세례의 결과라고 했다."
130) 박형용, "성령세례에 대한 오순절파의 견해와 비판(2)", **신학정론** 14(2) (1996): 110(458-486); "본문의 강조는 베드로의 복음전파에 강조를 두고 있지, 영적 상태의 황홀경에 강조를 두고 있지 않다. 베드로의 설교는 약속성취를 중심으로 하고 있다. 성령의 사역은 사람들을 그리스도에게로 인도하는 사역이었다. … 베드로는 예수님의 죽음과 부활을 통해 구속 역사가 성취되었다고 선포한다. 베드로의 설교에는 종말론과 기독론의 요소가 함께 내포되어 있다."
131) 박형용, **사도행전 주해** (서울: 성광문화사, 1981), 23-27.
132) 하나님이 가라사대 말세에 내가 내 영으로 모든 육체에게 부어 주리니 너희의 자녀들은 예언할 것이요 너희의 젊은이들은 환상을 보고 너희의 늙은이들은 꿈을 꾸리라(행 2:17)
133) John Calvin, **신약성서주석5** (서울: 성서교재간행사, 1982), 77-78; "이 증거로써 그는 메시아가 이미 나타나셨다고 증명한다. 요엘이 마지막 날에 관한 것으로 분명하게 언급한 것이 아닌 것은 사실이다. 그러나 그는 교회의 완전한 회복에 대해서 이야기하고 있으므로 이 예언은 전혀 마지막 시대에 관련된 것이라는 사실이 의심할 여지가 없다(욜 2:29). 그러므로 베드로의 말은 요엘이 말하려고 하는 의도와 일치한다. 다만 그는 설명의 형식으로 이 말을 첨가한 것이다. 그것은 당시에 실추되었던 교회의 명성이 하나님의 성령에 의하여 새로워지는 일을 통해서만 회복될 수 있다는 사실을 유대인들이 알도록 하기 위함이었다. 한 걸음 더 나아가서 교회의 갱신

가시고 그 역사는 그리스도께서 다시 오실 날까지 계속된다.

예수 그리스도의 오심으로 마지막 시대가 시작되었고 그리스도께서는 하나님의 나라를 향해 소망을 가지고 살아가도록 성령을 보내셨다. 성령의 역사로 거듭난 성도는 그리스도와 연합되고 영화의 자리에 가기까지 성령의 인도로 살아간다. 새 언약 시대를 사는 성도에게 오순절 사건은 구원 역사의 진행 과정을 결정적으로 이룬 사건이다.

김재성 교수는 오순절 사건의 의미를 다음과 같이 말했다.

> 첫째, 인류 역사에 등장하는 처음 오순절은 모세가 시내산에 올라가서 40주야를 기도한 끝에 최초의 성문법 십계명을 받은 날이었다. 둘째, 오순절은 오랜 세월동안 유대인들의 감사절기 였다. 하나님의 은혜로 밀과 보리를 추수하게 된 백성들이 하나님 앞에 나가서 감사하는 절기로 모였다. 셋째, 마침내 이 중요한 날에 예수님이 하늘 보좌에 오르셔서 약속대로 모든 민족에게 성령을 보내어서 메시아 되심을 선포하셨다.[134]

김재성 교수에 의하면, 오순절에 성령께서 임하신 사건은 예수님이 메시아 되심을 선포한 사건이다. 오순절의 특별함은 옛 언약 시대에는 선택적으로 유대인에게 한정되었으나, 새 언약 시대에는 모든 방언과 나라에, 곧 모든 이방인에게 예수님께서 메시아이심을 증거 하는 획기적인 전환점이 되는 특별한 사건이었다.

그런 까닭에, 우리는 오순절에 대한 이 세 가지 관점을 잘 이해하는 것이 올바른 성령론을 정립하는 데 유익하다.

1. 율법을 주신 오순절

오순절을 바르게 이해하려면 사도행전의 오순절이 신구약 성경에서 어떤 연속성을 가지고 있는지를 살펴야 한다. 첫 오순절에 하나님께서는 모세에게 언약의 계명을 주셨다. 사도행전의 오순절은 그 언약의 말씀을 마음에 주신 날이다. 언약의 성취가 된 날이 사도행전의 오순절이다. 사

이란 이를테면 새 시대의 시발점을 의미하는 것이기 때문에 베드로는 그것을 마지막 날에 속하는 것으로 생각한 것이다. … 이제 '말세', 혹은 '때가 찼다'는 말은 그리스도의 현현을 통해서 이루어지는 교회의 견고한 상태를 의미하는 것이다."
134) 김재성, **개혁주의 성령론** (서울: CLC, 2014), 139.

도행전의 오순절은 두 사건과의 연속성과 통일성이 있다(렘 31:30-34). 두 사건에 연속성과 통일성이 있다는 것은 구원과 언약의 흐름과 진전 속에서 드러나는 것이다. 사도행전의 오순절 사건은 구약적 배경 속에 있는 사건이다. 구약과 별개로 이해하면 언약의 성취와 다른 해석이 된다. 신약의 오순절은 구약의 오순절의 계시 발전역사에서 연관성을 가지고 있다.

처음 오순절은 출애굽 하여 광야를 지나 시내산 앞에 머물렀을 때이다. 그때가 유월절로부터 오십일이 되는 오순절이다. 하나님께서는 모세를 부르셨다. 모세는 산꼭대기에서 사십 주야를 하나님과 함께 지냈다. 하나님께서는 십계명의 돌판을 주셨다. 하나님께서는 이스라엘 백성들과 언약을 맺음으로 여호와께서는 이스라엘의 하나님이 되시고 이스라엘은 여호와의 백성이 되었다.

신약의 오순절은 어떤 사건이며 어떤 의미가 있는가? 예수님께서는 부활하신 후에 40일 동안 하나님 나라의 일을 말씀하시고 승천하셨다(행 1:3). 예수님께서는 제자들에게 돌판을 주신 것이 아니라 성령 하나님을 보내주셔서 그들 마음속에 율법을 기록하셨다. 새로운 존재로 변화시키고 하나님의 율법을 순종하도록 능력을 주셨다. 성령님의 역사로 존재적 변화를 일으키고 관계적(규범적) 변화를 주셨다. 이것이 기독교 신앙의 탁월성이다. 인간의 존재적 변화는 인간의 주체적 정열로 가능한 것이 아니라 오직 성령 하나님의 역사로 주어진다.

그렇게 관계와 존재의 변화가 일어난 것은 요엘 선지자의 예언이 성취된 것이다(욜 2:28-32). 사도 베드로는 요엘 선지자의 예언이 성취된 것이라고 말했다(행 2:17-21). 베드로는 "하나님이 오른손으로 예수를 높이시매 그가 약속하신 성령을 아버지께 받아서 너희 보고 듣는 이것을 부어 주셨느니라"(행 2:33)고 말했다. 이것은 오순절 성령강림이 구약과 복음서의 예언의 성취로 구속사에 '획기적인 사건'이라고 말한 것이다.[135]

모세에게 그림자로 주신 것을 예수님께서는 완성하고 성취하셨다. 새

---

135) 변종길, 우리 안에 계신 성령 (서울: 생명의말씀사, 2003), 203.

언약이 성취되었다. 새 언약의 시대라고 율법이 무의미해지는 것이 아니라 성령의 역사로 '언약의 현재화'가 이루어지게 하신다. 성령 하나님께서는 죄인을 불러 회개케 하시고(존재적 관점), 그 마음에 새로운 규범을 주셔서(관계적 관점) 언약에 순종케 하신다(사명적 관점).

2. 첫 수확을 감사하는 오순절

오순절에 성령 하나님께서 임하심으로 이방인들이 예수 그리스도를 믿고 하나님께 돌아오는 영적인 첫 수확을 거두었다. 오순절은 복음이 이스라엘의 한계를 넘어 이방인에게로 퍼져가는 우주적인 복음선포와 첫 추수의 시작이었나. 탈유내가 시작되고 구원의 복음이 확장되어 나갔다. 그 확장의 시작은 오순절에 일어났다.

유대의 삼대 절기는 유월절, 오순절(칠칠절, 맥추절), 장막절(초막절)이다. 신약적 관점에서 절기는 그림자다. 유월절은 이스라엘 민족이 출애굽한 것을 기념하는 날이며, 오실 예수 그리스도의 구원 사역을 보여주는 그림자다. 오순절은 유월절 주간의 둘째 날로부터 시작하여 오십일이 되는 날이다. 유월절은 3월 초에서 4월 초이고 오순절은 5월이나 6월 중반이다. 오순절에는 거두어들인 농작물의 첫 수확을 하나님 앞에 가져와 감사제를 지냈다(출 23:16; 레 23:15-21). 초막절은 토지의 소산을 거두고 추수한 것을 저장하는 것을 마치는 때에 지키는 절기다(레 23:33-44; 신 16:13-15; 민 29:12-39).

오순절에 성령께서 임하셨다는 것은 교회의 영적 추수가 시작되었다는 뜻이다. 사도행전의 오순절은 예수 그리스도의 구원의 복음을 듣고 믿은 영적 추수의 날이었다. 누가는 "천하 각국"(every nation under heaven)이라는 표현을 사용함으로써 영적 추수가 유대에 한정된 것이 아니라 온 세상에 이루어지는 것을 말했다.

오순절이 영적 추수의 시작이라는 것은 '구약의 명절이 예수 그리스도 안에서 성취가 된다'는 언약성취의 관점에서 설명된다. 구약의 3대 절기는 유월절, 칠칠절, 초막절이다. 7일간의 무교절 첫날은 유월절이다. 무교절에는 유월절과 초실절이 포함되어 있다. 유월절은 이스라엘이 출애굽을 위해 어린 양이 피를 흘리고 대신 죽음으로 살아난 것을 기념한다(출 12:1-2). 죄 없으신 예수 그리스도께서는 유월절 희생양이 되셨다. 무교절 중에 안식일이 지난 다음 날 유대인들은 '초실절'을 지켰다. 먼저 익은 보리를 추수하여 하나님께 드렸다. 이것은 유월절 어린양으로 십자가에 피 흘려 죽으신 예수 그리스도께서 우리를 대표하여 먼저 부활하신 것을 의미한다(고전 5:7, 15:20; 약 1:18). 그리스도께서는 안식 후 첫날에 부활하셨다.

오순절은 초실절로부터 오십일이 지난 후에 지킨다. 안식일이 일곱 번 지나가기 때문에 '칠칠절'이라고 한다(신 16:9-10). 오순절은 보리가 완전히 익어 본격적으로 추수하며 감사하는 절기다. 그 오순절에 성령께서 강림하셨다는 것은 성령의 역사로 천국백성들의 추수가 본격적으로 시작되었다는 뜻이다. 추수의 피날레(Finale)는 초막절이다.

예수 그리스도의 죽음으로 유월절이 성취되었으며, 예수 그리스도의 부활로 초실절이 성취되었다. 이제 때가 충만하여 예수 그리스도께서 성령을 보내심으로 오순절이 성취되었다. 예수 그리스도의 구속의 역사는 그림자로 주어진 명절을 완성했다. 그런 까닭에, 새 언약 시대에 옛 언약의 명절을 반복해서 지키지 않는다. 명절은 구속역사의 관점에서 성취되었다.

반면에 오순절 운동가들은 오순절이 지금도 계속해서 개인적으로 성취되는 성령세례라고 주장한다. 오순절 운동가들은 오순절을 구원의 서정으로 해석하기 때문이다. 오순절이 반복해서 이루어진다면 다른 명절은 왜 반복적으로 이루어지지 않는가? 오순절의 성취가 왜 오순절에 일어나지 않고 매일 매 순간에 일어나는가? 오순절이 반복해서 성취된다면 외국어 방언 현상과 땅이 진동하는 일은 왜 반복되지 않는가?

오순절에 성령께서 임하신 것은 예수 그리스도의 구속을 택자에게 적용하여 추수하는 구속사적 사건이었다. 교부시대 이후로 부활절부터 오순절까지의 기간에 세례를 시행한 것은 곡식 추수와 같이 영혼 추수의 절기로 성령 강림절을 지킨다.

3. 복음을 선포하는 오순절

오순절은 옛 언약에서 전조로 보여준 예표적인 사건들과 연관되어 있다. 그 첫 번째 사건은 바벨탑 사건이다. 창세기 11장의 바벨탑 사건은 인간의 교만으로 하나님을 거역한 사건이다(창 11:1-9). 하나님의 심판으로 언어가 혼란케 되고 사람들은 온 땅에 흩어졌다.

오순절에 성령께서 임하심으로 바벨탑의 저주가 끝나고 혼돈과 분열을 주었던 언어가 이제는 예수 그리스도의 복음을 전하는 도구가 되었다. 복음이 전 세계로 확산되어 가는 우주적 복이 시작되었다. 이것은 하나님께서 아브라함에게 약속하신 말씀의 성취다(창 12:3).

두 번째 사건은 민수기 11장에 나오는 성령께서 성막에 강림하신 사건이다(민 11:24-30). 백성들은 모세에게 원망과 불평을 쏟아냈다. 하나님께서는 모세와 칠십 인의 장로에게 성령을 보내주셔서 사역을 감당하게 하셨다. 성령의 임재를 경험한 장로들은 백성들을 위로하고 지도했다. 오순절에 성령의 임재를 경험한 주의 제자들도 세상으로 나가서 그리스도의 복음을 이방인들에게 전했다.

세 번째 사건은 엘리야와 엘리사의 사역 인수과정이다. 능력의 종으로 쓰임을 받았던 엘리야가 승천하자 성령의 역사가 엘리사에게 나타났다. 엘리야는 바알 신을 섬기는 거짓 선지자들과 대결을 하고 여호와 신앙을 지켜낸 하나님의 참된 선지자였다(왕상 18:20-40).

엘리야가 승천하려고 하자 엘리사는 엘리야에게 "당신의 성령이 하시는 역사가 갑절이나 내게 있게 하소서"(왕하 2:9)라고 구했다. 엘리사는 엘리야가 물려준 겉옷을 받고 요단강을 치자 물이 갈라지고 엘리사가 건넜다. 고대 근동에서 겉옷을 물려받는 것은 유산의 승계를 의미했다. 엘리야가 자신의 겉옷을 엘리사에게 물려줌으로써 엘리야의 사역이 엘리사의 사역으로 위임된다는 증거가 되었다.

오순절의 성령강림은 새 언약 시대를 시작하는 분수령이다.[136] 오순절에 성령께서 강림하심으로 교회 시대가 시작되고 예수님의 복음 사역이 그 제자들에게 위임되었다. 예수님의 제자들은 예수님의 명령을 따라 모든 민족과 족속에게 예수 그리스도의 복음을 증거 하는 사도의 사명을 감당했다.

4. 독특하고 유일무이한 오순절

이스라엘 백성들이 출애굽하여 시내산에서 오순절을 지낼 때, 하나님께서 십계명 돌판을 주신 것은 유일무이한 사건이다. 계시 역사에 있어서 전무후무하고 독특한 사건이다. 다시 시내산에서 십계명 돌판을 받는 일은 없다. 단번의 사건으로 종료되었다. 하나님께 언약을 받고 그 계명을 받음으로써 언약의 백성이 되고 언약의 계명을 충성스럽게 지켜야 했다.

예수 그리스도의 구원 사역은 유일무이하고 특별한 사건이다. 예수님의 사역은 다시 반복되지 않는다. 예수님의 사역은 단번에 이루어진 구원의 완성이며 성취다. 동정녀 탄생으로부터 광야의 시험, 고난을 받으시고 십자가에 피 흘려 죽으심, 장사 되고 부활하심은 다시 반복되지 않는 단 한 번의 사역이다.

그리스도의 고난과 속죄와 부활은 단번에 이루어진 사건이다. 성령 하나님께서는 그리스도의 대속을 성부 하나님께서 택하신 자들에게 효력 있게 적용하신다. 오순절 사건은 단번에 이룬 그리스도의 구속역사의 절정을 보여준 사건이다. 성령께서 오심으로 새 언약을 이루시고 언약공동체인 교회가 세워졌다.

예수 그리스도의 구속 사역이 다시 반복되지 않는 단번에 완성된 사역이듯이, 오순절에 성령께서 강림하신 사건도 역사상 단번에 이루어진 유일무이한 사건이다. 이제 예수 그리스도께서는 그 보내신 성령을 통해 함께 역사하시고 구원의 역사를 이루어 가신다. 부활 승천하신 그리스도께서는 "살려주는 영"이 되셨다(고전 15:45).

---

136) 변종길, **우리 안에 계신 성령** (서울: 생명의말씀사, 2003), 205; "우리는 객관적 구속 사역의 최종적 완성이며 본격적 복음 전파의 시작이며 교회 시대의 개막인 '오순절'을 하나의 중요한 분수령으로 볼 수 있다."

오순절 사건은 모든 시대 사람들이 동일하게 체험해야 하는 사건이 아니다. 시내산의 사건이 반복되지 않듯이, 오순절의 사건이 반복되지 않는다. 구속역사를 성취해 가는 한 과정에서 일어난 사건은 다시 반복되지 않는다. 오순절의 반복을 주장하는 사람들은 오순절 사건이 개인적으로 계속 경험되어야 한다고 말하나 계시역사와 구속역사의 차이를 이해하지 못한 결과다.

오순절의 성령강림 사건은 하나님의 구원역사에 일대 전환점이 일어난 단 한 번의 독특한 사건이었다. 그 사건으로 인해 그리스도의 복음이 지역과 민족을 넘어 우주적으로 선포되고 증거되기 시작했다. 오순절 사건은 구원의 역사로 이해해야 하며 구원의 서정으로 여겨서는 안 된다.137) 이 구원역사는 예수 그리스도께서 이 지상에서 이루신 대속의 사역으로 이루어진 역사적 사건이다. 그 구원역사가 개개인에게 적용되는 것이 구원의 서정이다. 우리의 구원을 위해 예수 그리스도께서 이루신 역사와 우리 개인에게 적용되는 구원의 적용은 구별되어야 한다.138)

개혁신학은 '오순절은 단회적인 사건이며, 구속사적 사건이다'라고 해석한다.139) 전통적으로 오순절을 '기독교회의 생일',140) '기독교회의 시작', '성령 시대의 시작'이라고 말해왔다. 박형용 교수는 "예수님의 죽음

137) Herman Ridderbos, Paul: An Outline of His Theology (Grand Rapids: Eerdmans, 1997), 48; 김재성, **개혁주의 성령론** (서울: CLC, 2014), 186에서 재인용; 헤르만 리델보스는 "오순절은 단변에 이루어지고 성취되는 구속역사라는 관점에서 보아지, 지속적이며 연속성을 가진 개인의 구원체험으로 보아서는 안 된다"고 하였다.

138) Richard B. Gaffin Jr., **성령 은사론**, 권성수 역 (서울: 기독교문서선교회, 2012), 25; 〈여기서 본인의 입장은 오순절 사건은 "구원의 서정"(Ordo salutis)로 이해할 것이 아니라 "구속역사"(historia salutis)로 이해해야 한다는 것이다. 즉 오순절 성령세례는 오늘날도 계속 적용되는 사건의 일부가 아니라, 단회적으로 성취된 구속역사의 한 사건이라는 점이다. 구원의 서정과 구속역사가 긴밀하게 연결되어 있는 것은 사실이다. 그러나 이 둘을 혼동해서는 안 된다. 이 둘을 혼동하면 그리스도의 사역의 절대 충분성과 완전성을 위태롭게 한다. 본인이 누차 강조한 대로 오순절 성령세례는 구속역사에 있어서 획기적이고 독특한 사건이다. 그러므로 그것은 다시 반복될 수 없다. 따라서 그것은 개개 신자의 경험의 표본이 될 수 없다. 그것은 그리스도의 죽음·부활·승천과 본질적으로 연결되어 제사건(諸事件)의 단일 복합체를 형성하고 있다. 그런데 그리스도의 죽음·부활·승천이 반복될 수도 없고 경험의 표본이 될 수도 없다.〉

139) Anthony A. Hoekema, *Holy Spirit Baptism* (Exeter: The Paternoster Press, 1975; Grand Rapids: Eerdmans, 1972). 29.

140) Ibid., 19; "Pentecost was the bithday of the Christian church, the beginning of the age of Spirit.", "Pentecost makrs the first historical occurrence of the baptism of the Spirit and the consequent formation of the church of Jesus Christ."(p. 71).

과 부활이 유일한 사건이듯이 예수님이 약속한 성령이 오순절에 강림한 사건은 유일한 사건이라"라고 말했다.[141] 단회적이란 완벽하게 성취되어서 다시는 반복할 필요가 없다는 뜻이다. 사역은 단회적이나 효력은 영원히 지속된다. 그리스도의 속죄는 단회적이나 그 효력은 영원하다. 성령의 강림은 단회적이나 그 효력은 지속적이다. 이런 전통적인 관점을 말하는 신학자들은 존 스토트(John Robert Walmsley Stott), 찰스 핫지(Charles Hodge), 위필드(B.B. Warfield), 아브라함 카이퍼(Abraham Kyiper), 개핀(Richard B. Gaffin) 등이 있다.

이런 전통적 이해와 다르게 말하는 사람은 D. L. 무디(Moody)와 함께 복음주의 운동에 참여한 토레이(Reuben Archer Torrey)다. 케직(Keswick) 계통의 머레이(Andrew Murray)도 같은 견해를 가지고 있다. 토레이는 성령의 중생과 성령의 세례를 구분하며, 전자는 생명과 구원을 후자는 능력과 봉사와 관련시켰다.[142] 토레이의 핵심적인 말은 "성령의 세례는 항상 증거와 봉사에 관련되어 있다.", "성령의 세례는 죄의 청결이 아니라 봉사를 위한 능력 부여를 목적으로 한다."이다.[143]

오순절 신학자 커밍(Robert W. Cummings)은 오순절 전에 제자들이 이미 중생을 했으며, 오순절 이후로 큰 변화가 일어났다고 보는 두 번째 체험(회심 후 체험)을 말했다.[144] 조용기 목사 역시 같은 견해를 따랐다.[145] 웨인 그루뎀은 "사도행전 2장은 구속사의 중요한 전환점에서 일어난 특이한 사건을 묘사한 것을 잊지 말아야 한다(고전 14장은 교리적인 교훈이고, 행 2장은 역사적 이야기이다)"라고 말했으며,[146] 오늘날의 기독교인들이 따라야 할 모형은 아니라고 말했다.[147]

141) 박형용, **사도행전** (서울: 성광문화사, 1983), 51.
142) R. A. Torrey, *What the Bible teaches* (New York etc.: Fleming H. Revell company, 1898), 271.
143) R. A. Torrey, *The Baptism with the Holy Spirit* (Minieapolis: Dimension Books, Bethany Fellowship, 1972), 17, 18.
144) J. E. Cumming, *Through the Eternal Spirit* (London: S. W. Partridge & Co.), 128; "They are new man. Not in the sense of having for the first time passed into the Christian life, being 'born again': for assuredly they had all known that change already, But a change, as immediate as it was complete, from a comparatively low type of Christian character to the highest, had taken place."
145) 조용기, **성령론** (서울: 영산출판사, 1978), 139.
146) Wayne Grudem 조직신학(하), 노진준 역 (서울: 은성, 2009), 354-355.
147) Wayne Grudem 조직신학(중), 노진준 역 (서울: 은성, 2009), 433; 〈결론적으로 말하자면, 제자들이 회심

오순절주의자인 도널드 지(Donald Gee)는 "토레이는 아마도 성령세례에 관하여 새로운 가르침과 성서적으로나 교리적으로 분명히 올바른 강조점을 처음으로 제공하였다. 그의 진리에 대한 공헌은 큰 것이었다"고 말했다. 이에 대해 엉거(Merrill F. Unger)는 "토레이가 말하는 위의 주장은 잘못된 것이다. 세례(baptism)와 충만(filling)은 오순절 날에 동시에 일어났지만, 세례와 충만은 항상 동의어로 일치하는 뜻을 가지는 것이 결코 아니다. 더욱이나 성령의 세례는 성령의 은사가 아니다."라고 말했다.[148]

김영재 교수는 '오순절 성령 사건은 단회적'이라는 것을 '도그마'라고 말했다. 김영재 교수는 오순절 성령세례를 구속사적으로 보아야 한다고 말하면서도 '단회적'이라고 말해서는 안 된다고 주장했으며, 다음과 같이 말했다.

> 예수 그리스도께서는 단 한 번 죽으심으로 우리 인류의 모든 죄를 대속하셨으므로 그리스도의 구속사역을 '단회적'이라고 말하는 것은 맞는 표현이다. 그것은 성경에도 있는 말씀이다 (히 10:10). 그러나 하나님의 아들로서 인간이 되시어 역사 세계에 강림하신 성육신의 사건과 성령께서 오순절에 강림하신 사건이 구속사건을 중심으로 서로 연결되어 있다고 하여 오순절 성령강림 사건 역시 '단회적'이란 말로 표현하는 것은 옳지 않다.[149]

김영재 교수는 성령강림 사건을 단회적이라 말해서는 안 되는 이유로 그리스도의 구속 사역은 객관적 사역이지만 성령의 사역은 그리스도의 객관적 구속사건을 "성도로 하여금 늘 믿도록 역사 하시는 주관적 사역"이라고 말했다. 그렇다면 성령의 사역은 주관적이기만 한 사역인가? 오순절 성령강림은 오순절에 모인 사람들에게 명백하게 일어난 객관적인 사건이었다.

한 후에 성령의 세례를 체험한 것은 사실이지만 이는 그들의 역사의 독특한 시점에 서 있었기 때문이고 따라서 이 사건은 우리가 따라가야 할 모형이라고 말할 수 없다. "성령세례"라는 어구를 어떻게 이해해야 하는가? 그것은 신약의 기자들이 새 언약으로 성령의 능력이 임하심을 묘사한 어구로서 제자들을 위해서는 오순절 날 일어났고 고린도 교인들과 우리들을 위해서는 회심의 순간에 발생한 사건을 가리킨다.〉

148) Merrill F. Unger, *The Baptism & Gifts of the Holy Spirit* (Chicago, IL: Moody Publishers, 1970), 70.
149) 김영재, "오순절 단회적이냐 반복적이냐?" Accessed Aug.29.2019.
http://aldolnet.blogspot.com/2014/06/blog-post_17.html; 김영재 교수가 단회적이라는 말을 반복적이라는 개념과 같은 범주라고 말한 것은 논리적이지 않다.

김영재 교수는 "성령께서 오순절에 비로소 처음으로 시간과 공간의 세계로 오신 것으로 혹은 처음으로 인류에게 오신 것으로 생각하면 그것은 큰 오해이다.", "성령께서는 오순절 이전에도 임하셨다."라고 말했다. 그렇다면, 성자 하나님께서는 이전에는 역사하지 않으셨다는 말인가?

또한, 김영재 교수는 다음과 같이 말했다.

> 하나님의 아들 예수 그리스도께서는 성육하셔서, 나서 죽기까지, 한 인생의 여정을 사는, 시간과 공간의 제약을 받는 인간으로서 사신 반면에, 성령께서는 역사 세계를 초월하시면서 동시에 내재하는 영으로 계시고 일하시면서 강림하신다. 그리스도의 강림은 역사적인 존재로의 성육인 반면에, 성령의 강림은 역사적인 존재로 오심이 아니고 역사 세계를 초월하시는 가운데 내재하시며 일하시는 영으로서의 오심이다.[150]

김영재 교수는 성령의 초월을 말함으로써 그리스도를 역사 속에 가두고 있다. 이것은 그리스도의 지상 사역의 특수성을 이해하지 못한 결과다. 그리스도의 구속 사역이 있고 성령의 사역이 있다. 김영재 교수는 "성령세례는 성령께서 독립적으로 일하시는 것이 아니고, 그리스도의 구속 사역을 근거로 일하시며"라고 말하고,[151] 이어서 '단회적'이라는 표현은 "옳지 않다"고 말했다.[152] 김영재 교수는 '단회적'이라는 말의 의미가 가지는 기본적 이해에서 벗어났다.[153] 오순절 성령강림의 단회성은 '오순절 이후로 다시는 성령의 역사가 없다'는 말이 아니다. 개핀 교수가 말했듯이, "오순절 성령세례는 구속역사에 있어서 획기적이고 독특한 사건"이기 때문에 단회적이다.[154]

우리가 여기서 분명하게 알아야 할 것은 성령의 오심은 그리스도의 보내심으로 이루어졌다는 사실이다. 성령께서만 역사를 초월하여 계시는 것이 아니라 성부와 성자께서도 동일하게 초월하신다. 그런 까닭에, 오순절 성령강림 사건의 단회성은 삼위 하나님의 초월하심으로 말할 것이

---

150) 김영재, "오순절 성령강림과 성령세례에 대한 역사신학적 논구," **신학정론** 11(2) (1993): 471(463-497).
151) Ibid., 469(463-497).
152) Ibid., 470-471(463-497).
153) Ibid., 470(463-497); 〈오순절 성령강림 사건을 "단회적"이라고 할 경우, 비록 그 말이 성령의 오심 자체보다는 성령께서 오순절에 임하심으로 사도들에게 있게 된 사건을 두고 하는 말이며, 구속사적인 의미에서 하는 말이라고 하더라도 그 말은 오해를 불러일으키게 마련이기 때문에 그러한 표현은 지양되어야 한다.〉
154) Richard B. Gaffin Jr., **성령 은사론**, 권성수 역 (서울: 기독교문서선교회, 2012), 25.

아니라 구속역사의 특수성을 두고 말해야 한다.

차영배 교수는 "유월절의 결론이 오순절이다. 오늘날 만약 누구든지 그리스도의 십자가를 잊어버리고 성령 운동을 전개한다면 이것은 크게 잘못이다."라고 말했다.155) 그러나 차영배 교수는 개핀 교수의 견해에 반대하며, 오순절 성령강림 사건을 단회성으로 주장하는 것은 무리한 논리라고 말했다.156) 차영배 교수는 "높아지신 그리스도의 사역은 그의 재림 때까지 전부 구원 서정(ordo salutis)에 속한다고 함이 옳을 것이다."라고 말했다.157) 차영배 교수는 그리스도의 구속사건은 단회적이나 구속의 적용은 계속 적용하는 일이기 때문에 오순절 성령강림을 단회적이라 할 수 없다고 말했다. 이것은 오순절 성령강림의 구속 사적 의의를 간과한 것이다.

김영재 교수와 차영배 교수의 견해는 지금 이 시대의 관점으로 오순절 사건을 바라본 것이다. 오순절 사건의 수혜자들은 구약에서 신약으로 전이되는 시대를 살아갔던 사람들임을 간과했다. 그들은 구원 역사와 구원 서정, 두 가지를 다 받았다.

오순절에 제자들이 성령을 받은 것은 '두 번째 성령세례' 혹은 '두 번째 체험'이 아니라 '시대 전이적 사건'으로 보아야 한다.158) 오순절의 제

---

155) 차영배, "오순절 성령강림의 구원사적 의의," **신학지남** 49(2) (1982): 5(4-7); "그리스도의 십자가의 죽음과 부활이 없었다면 오순절의 성령강림은 일어나지 아니했을 것이다."
156) 차영배, "오순절 성령강림의 단회성에 관한 R.B. Gaffin 교수의 견해 비평," **신학지남** 53(2) (1986): 20(16-52).
157) 차영배, "오순절 성령강림의 단회적 사역과 그 본질적 사역의 계속성," **신학지남** 52(3) (1985): 14(8-21).
158) 고려신학대학원 교수회, "고려신학대학원 교수회 성령론 연구보고서," (1993); 고려신학대학원 교수회는 오순절 성령강림 사건을, 1) 시대전이적(時代轉移的) 사건, 2) 새 출발의 전기, 3) 능력 있는 복음전파의 시작으로 말했다. 〈오순절 전의 제자들은 아직 "온전한" 신약 시대에 속해 있지 못했다. 왜냐하면 그들은 아직 예수님의 구속 사역이 완성되기 이전에 살았기 때문이다. 비록 그들이 예수님을 보고 믿고 따르기는 하였지만 오순절 전에는 아직 예수님의 구속 사역이 최종적으로 완성되기 이전에 살았던 것이다. 그러므로 그들은 아직 예수님의 "죽음-부활-승천"을 토대로 해서 주어질 "보혜사 성령"은 받을 수 없었다. 따라서 그들에게 있어서 중생과 성령세례의 시점이 일치하지 않는 것은 지극히 "당연한" 것이다. … 예수님의 제자들은 구약시대에서 신약시대로 넘어가는 "과도기적"(過渡期的) 상황에 있었다고 할 수 있다. … 따라서 우리는 구약시대에서 신약시대에로의 "점진적 전이"(漸進的 轉移, gradual transition)를 보게 되며, 그 과정에서 서로 겹치는 "오버랩"(overlap) 현상을 보게 된다. … 그러므로 예수님의 제자들이 오순절 날에 성령을 받은 사건은 그들의 생에 있어서 소위 "두 번째"의 체험으로 볼 것이 아니라, "신구약 과도기"에서 "온전한 신약 시대," 곧 "교회 시대"로 넘어가는 "시대 전이적(時代轉移的) 현상"으로 이해하는 것이 더 옳을 것이다. 이러한 시대 전이적 현상은 아무 때나 일어나는 것이 아니고 특별한 시기에만 일어난다. 곧 두 시대를 겹쳐 산 사람에게만 일어나는 특수한 현상이며, 새 시대

자들은 구약에서 신약 시대로 완전히 이행된 시대 속에 살았던 사람들이 아니라 신·구약의 과도기에 살았던 사람들이기 때문이다. 제자들은 새 언약 시대로 넘어가는 과도기에 살아가면서 새로운 시대로 전이되는 과정에 있었다.[159] 오순절의 제자들은 '새 출발의 전기'로서 '교회 창설 준비위원들'이었다.

우리가 오순절 성령강림을 다시 체험하는 것이 아니라 이미 일어난 성령의 강림 사건의 역사에 참여한다. 예수 그리스도의 대속이 우리에게 적용된다고 해서 우리가 십자가에 달리지 않는다. 성령의 강림 사건에 참여한다고 해서 우리가 다시 마가의 다락방에 가서 성령의 강림 사건을 체험하는 것이 아니다.

사마리아 성도들이 중생 후에 성령세례를 받은 것은 사마리아의 역사적 특수성 때문이다. 유대인은 사마리아인을 이방인 취급했다. 그들은 오순절에 예루살렘에 올 수 없는 사람들이었다. 사도들이 사마리아에 와서 성령께서 임하신 것을 알려주고 그들도 성령세례를 받음으로써 초대 교회에 정식으로 가입하게 되었다.

고넬료 가정에 성령께서 임하신 사건은 이제 유대인과 이방인의 구별이 없이 누구든지 예수 그리스도를 믿으면 동일한 성령의 세례를 받는다는 것을 보여주는 사건이다. 에베소의 제자들에게 "너희가 믿을 때에 성령을 받았느냐?"라고 물은 것은 그들이 오순절에 임한 성령을 몰랐기 때문이다. 에베소의 제자들에게 성령께서 임하심으로 요한의 제자들이 그리스도의 제자로 이적(移籍)되었다.

5. 그리스도를 선포하는 오순절

성령의 강림 사건은 예수 그리스도께서 승천하시고 높아지신 신분과 직접 연관되어 있다. 우리는 그리스도의 낮아지심과 높아지심으로 그리

가 도래한 지 오랜 세월이 지난 오늘날에는 일어나지 않는다.〉

159) 변종길, **우리 안에 계신 성령** (서울: 생명의말씀사, 2003), 208-210; "우리는 제자들이 오순절 날에 성령 받은 사건을 두 번째 체험이나 중생 후의 체험으로 볼 것이 아니라 '신구약 과도기'에서 '온전한 신약 시대'로 넘어가는 하나의 '시대전이적 사건'으로 보아야 할 것이다."

스도의 신분을 말한다. 오순절 성령의 강림 사건은 그리스도께서 영광의 보좌에 오르시고 성령을 보내어 주신 것이다. 이제 그리스도의 통치가 성령을 통해 실현된다.

부활하신 그리스도께서는 높아지신 왕이시다. 만왕의 왕이신 그리스도께서 구원 사역을 전 세계로 확장해 가신다. 지상에서 이루신 구속 사역을 성령의 강림하심으로 새로운 구속 사역의 시대를 펼쳐가신다. 성경은 오순절 사건을 그리스도의 구속 사역이 성취되고 전개되어 가는 관점으로 말한다. 그리스도께서는 구속의 역사를 단번에 완성하셨으며, 이제 하늘 보좌에서 만왕의 왕으로서 택자들에게 구속 사역을 적용해 가신다.

사도행전 2:33에서 베드로는 그리스도께서 성령을 보내주셨다고 말하면서, 시편 2:6-8의 말씀을 인용했다. 사도는 그리스도께시 이제 거룩한 왕으로 취임하셔서 열방을 통치하신다고 말했다. 그리스도의 통치는 성령을 보내심으로 시작이 되고 지속된다. 오순절에 성령께서 임하신 것은 그리스도의 구원 사역이 만방에 알려지고 선포되는 시작이며 서막이다. 새 언약의 시대를 알리는 징표다. 만왕의 왕이신 예수 그리스도께서 성령을 보내시고 택자들을 부르시고 교회를 세우시는 출발점이다.

오순절 성령강림은 열방이 예수님께서 그리스도이심을 믿고 회개하고 돌아오는 역사의 시작이다. 성령께서는 예수 그리스도께서 만왕의 왕이시라는 것을 죄인들의 회개와 영접으로 드러낸다. 사도행전 1:8의 약속대로 예루살렘과 사마리아와 땅끝까지 예수 그리스도를 전하는 복음이 선포된다.

복음을 선포할 때 예수 그리스도를 구주로 믿고 교회가 세워진다. 복음의 선포는 예수 그리스도의 구속과 언약의 현재화를 전하는 것이다. 사도들이 성령의 역사로 '오직 예수님께서 그리스도시다'라는 복음만을 선포했기 때문에 사람들이 예수님을 그리스도로 믿고 새 언약 시대 교회가 시작되었다. 오순절은 '예수님께서 그리스도시다'는 것을 선포하는 획기적인 사건이었다.

V. 성령의 세례와 구원 역사

1. 성령의 세례와 충만

먼저, 개론적으로 성령세례를 살펴보자. 성령세례에 대한 논의는 대개 다섯 가지의 관점, 곧 웨슬리주의적 관점, 오순절주의적 관점, 은사주의적 관점, 가톨릭주의적 관점, 개혁주의적 관점으로 전개되고 있다.160) 이 다섯 가지 관점에서 다루어지는 주요한 주제들은, "1) 성령세례는 교회의 성례전을 통해 받게 되는가? 2) 성령세례는 기독교인이 되는 것과 구분되는 별개의 경험인가? 3) 성령세례의 첫 증거는 방언인가? 4) 성령세례에 대한 바울의 신학과 누가의 신학은 동일한가? 5) 성령세례와 성령충만은 동일한가?"이다.161) 배본철 교수는 6가지 유형으로 보았다.162)

이런 관점은 크게 두 가지 흐름 속에 있다. 첫 번째는 경험 중심적 복음주의 성령 세례론이며, 두 번째는 교리 중심적 개혁주의 전통의 성령세례론이다. 전자의 최초 인물은 웨슬리의 후계자로 지목되었던 18세기 영국의 존 플레처(John Fletcher)다. 플레처는 "자신의 세대(dispensation) 개념을 역사 구분에 사용하여 그와 같은 성령론적인 성결신학을 후대에 발전되는 기초로 제시했다."163) 최인식 교수는 전자의 특징을 다음과 같이 말했다.

> 첫째, 성령세례는 중생 이후에 오는 두 번째 은총으로서 중생 시 임하는 성령의 역사와는 다르다. 대상은 오직 중생한 자이다. 둘째, 성령세례의 목적은 이미 구원받은 자에게 더해지는 '성화' 또는 '능력'에 있기 때문에, 구원과 직접 연관이 없다. 셋째, 성령세례는 성령을 처음 받는 것을 의미하는 것이 아니기 때문에, 필요한 경우 성령세례는 반복적으로 일어날 수 있다. 이는 성령세례로 인하여 나타나게 되는 그리스도와의 연합, 정결, 봉사의 능력, 그리스도

---

160) Walter C. Kaiser Jr. 외 4인, **성령세례란 무엇인가: 성령 세례에 대한 다섯 가지 관점**, Chad Owen Brand 편, 이선숙 역 (서울: 부흥과개혁사, 2010).
161) 최인식, "성령세례의 신학적 의의에 대한 고찰 : 마틴 냅(M. Knapp)과 윌리엄 갓비(W. Godbey)를 중심으로," **한국조직신학논총** 33 (2012): 39-40(37-73).
162) 배본철, "존 웨슬리의 신학과 개혁신학 : 특집 ; 성령론 딜레마: 한국교회 성령세례론 유형 분석", **한국개혁신학** (2006): 103-121. (1) 봉사의 능력을 위한 성령세례, (2) 정결과 능력의 성령세례, (3) 그리스도의 전인적 통치로서의 성령세례, (4) 중생=성령세례, 이후 성령충만, (5) 방언의 표적을 중시하는 성령세례, (6) 중생=성령세례, 이후 은사적 성령충만.
163) 이후정, "존 웨슬리와 오순절 성령신학," **신학과세계** 88 (2016): 151(149-184).

의 전인적 통치, 성령의 나타남 등과 같은 결과들이 단 한 번에 완성될 수 있는 변화의 경험들이 아니기 때문에 성령세례의 반복성을 말할 수 있게 된다. 넷째, 성령세례는 중생 시의 성령의 역사와는 그 성격이 질적으로 다르지만, 시간적으로는 중생 시에 일어날 가능성도 있다. 그러므로 성령세례를 중생과 동일시하는 경우가 발생한다. 다섯째, 중생 시 영적으로 하나님의 자녀로 태어나는 때와는 달리 성령세례는 가시적으로 말할 수 있는 경험적 사건이다. 여섯째, 성령충만은 성령세례를 경험한 이후에 따라온다.[164]

최인식 교수에 의하면, 경험 중심적 복음주의 성령 세례론은 성령세례의 단회성을 부정하고 계속성을 주장한다. 교리 중심적 개혁주의 성령세례론에는 크게 두 흐름이 있다. 첫째는 중생과 성령세례를 하나로 보는 것이며, 둘째는 그 두 가지를 구분해서 보는 것이다. 중생과 성령세례를 동일한 사건으로 보는 관점에서는 성령은 중생 시에 믿는 자에게 내주하는 것이며, 단회적이다.[165] 오순절주의자의 주장은 성도가 그리스도 안에 있으면서도 아직 그리스도와 함께 성령을 공유하지 않을 수도 있다는 것이다. 그러나 이런 일은 불가하다. 도날드 매크레오드(Donald Macleod)는 다음과 같이 말했다.

만일 하나님께서 그리스도에게 성령을 허락하지 않으셨다거나 혹은 그리스도께만 성령을 주셨다면(요 3:34) 어떻게 하나님께서 '한량없이' 나누어 주셨다고 말씀하실 수 있겠는가? 그분의 몸의 지체가 된다는 것은 우리가 그의 생명력을 공유한다는 것을 의미한다. 그래서 그의 영적인 생명은 우리로 하여금 "오직 내 안에 그리스도께서 사신 것이라"(갈 2:20) 하고 말할 수 있도록 한다. 우리는 그 안에 뿌리를 박았으며(골 2:7), 우리의 뿌리는 그리스도를 의지하게 됨으로써 그 안에 있는 성령의 충만함을 효과적으로 전달받게 되는 것이다.[166]

매크레오드에 의하면, 우리가 그리스도를 믿는다는 것은 그리스도의 생명력을 공유한다는 것이며, 그것은 그리스도께서 성령을 우리에게 한량없이 나누어주셨기 때문에 이루어진 결과다. 그런 까닭에, 그리스도께

---

164) 최인식, "성령세례의 신학적 의의에 대한 고찰 : 마틴 냅(M. Knapp)과 윌리엄 갓비(W. Godbey)를 중심으로," **한국조직신학논총** 33 (2012): 41-42(37-73).
165) 박형룡, "성령세례와 성도의 구원," **신학정론** 12 (1994): 24-55, 39. "개인 성도가 교회의 일원이 되는 순간은 언제인가. 그 순간은 개인 성도가 칭의를 받는 순간이요, 중생하는 순간이요, 구원을 받는 순간이요, 성령세례를 받는 순간이다. 여기서 우리는 중생과 성령세례가 개인 성도의 구원 경험 중 같은 경험을 가리키고 있음을 알 수 있다. 중생과 성령세례는 같은 경험을 다른 관점에서 설명하고 있는 것이다."
166) Donald Macleod, **성령세례와 개혁주의 성령론**, 지상우 역 (서울: 여수룬, 2004), 25.

서 우리 안에 계신다는 것은 성령께서 우리 안에 계신다는 것이다(엡 3:16-19). 성부와 성자와 성령께서 개별적으로 우리에게 역사하시는 것이 아니라 언제나 함께 역사하신다.

중생과 성령세례를 구분하는 대표자는 로이드 존스다.167) 로이드 존스는 오순절 성령강림을 단회적이면서도 동시에 계속되는 사건으로 해석한다.168) 그렇다고 해서 로이드 존스가 오순절주의자라는 뜻은 결코 아니다. 조종남 교수는 고든(Gordon)의 견해를 따라, 오순절 사건을 구속사인 동시에 성령을 체험하는 일도 있다면서 "오순절 사건은 신자의 경험상의 표본도 됨을 인정합니다"라고 말했다.169) 최인식 교수는 성령

167) 최인식, "성령세례의 신학적 의의에 대한 고찰 : 마틴 냅(M. Knapp)과 윌리엄 갓비(W. Godbey)를 중심으로," **한국조직신학논총** 33 (2012): 43-44(37-73); 〈그는 개혁주의 입장을 견지하면서도 성령세례를 중생으로 희석되는 것을 막기 위해 성령세례를 고린도전서 12장 13절에 근거하여 성령에 의하여 베풀어지는"성령의 기본 세례"와 요한복음 1장 33절을 근거하여 예수에 의하여 베풀어지는 것으로서 신자들이 성령 충만한 가운데 사는 자들을 통해 특별한 사명을 감당토록 하기 위해 능력을 부어주는 "성령의 능력세례"로 나눈 후, 중생은 성령의 기본 세례에 해당한다고 주장한다. 중생 시에 성령은 신자들에게 들어가 그 안에 내주한다. 이를 로이드-존스는 성령의 기본 세례라 하지만, 오순절 초대교회가 경험한 세례, 그의 정의로는 능력세례와는 무관하기 때문에 능력의 세례를 받아야 한다. 그러나 중요한 것은 중생과 성령의 내주를 동일하게 본다는 점이다.〉

168) 정기철, "성령 은사의 지속성," **기독교학술원** 25 (2016): 53-54(52-60); "로이드-존스의 오순절 성령강림에 대한 이해가 초기에는 오순절에 교회가 시작되었다고 보다가 후기에는 요한복음 20:22에 주목하여 부활절 날 성령을 받고 교회가 시작되었다고 바뀐다. 그는 성령세례와 중생이 초기에는 같은 사건이라고 주장하다가 후기에는 다른 것이라고 구분하여 설명하기도 한다. 그는 초기에는 오순절 성령강림의 단회성을 강조하다가 후기에는 반복성을 주로 설명한다. … 오순절 성령강림의 '반복'을 말하는 근거는 요 20:22과 오순절 사건 그리고 사도행전 사마리아 교회, 고넬료 가정, 에베소 교회 등의 성령강림 등의 사례 때문이다. 그러나 동일한 내용과 방식 그리고 목적이 아니라는 점에 주의를 요한다. 단지 오순절 성령강림의 일회성과 여러 번의 '사건의 일어남'에 대해 '반복'을 말하고 있다. 또한 로이드-존스가 오순절 성령강림의 '반복'을 말하는 것은 성령이 부어질 때의 목적이나 참여자의 수 그리고 상황이 분명 다르지만, 성령이 주어지는 목적이나 필요성에 따라 성령강림이 일어났기 때문이라는 것이다. 요약하자면, 성령세례와 성령충만을 구분하지만, 나누지는 않는다. 성령세례를 받았음에도 불구하고 성령으로 충만하라는 명령을 받은 이유는 성령세례를 받았다 하더라도 성령으로 충만하게 되는 것이 중단될 수도 있고 소멸될 수도 있기 때문이다. 고린도 교회의 신자들처럼 거듭난 후에 바르지 못한 삶을 사는 것은 성령의 세례를 받지 못했기 때문이 아니라 성령의 충만을 받지 못했기 때문이다는 것이 로이드-존스의 생각이다. 오순절에 성령강림을 통하여 120명이 성령세례를 받은 직후에 성령 충만함이 제자들에게 임하였다. 성령의 충만함은 그 시초부터 교회를 위한 직무의 수행을 위하여 주어졌다. 성령 충만이라 할 때에, 성령 세례 자체가 이미 충만한 성령 사역이기 때문에, 성령의 충만은 성령의 세례를 받은 이후에 삶 속에서 지속적으로 역사하여 겉 사람을 변화시켜 가는 성령의 사역을 뜻해야 한다."

169) 조종남, "특집 : 성결 Q&A ; 성령세례인가 성령충만인가," **활천** 628(3) (2006): 33(32-34); "그에 따라 오순절에 교회에 임하신 성령은 또한 개인들에 의하여 경험되어야 한다고 주장합니다. 그래서 우리는 구속사건인 성령세례와 체험의 측면을 말하는 성령충만을 구분해서 설명하게 되는 것입니다. 이와 같이 이해할 때 성결의 과정을 성령론적으로 설명한다면, 사람이 거듭난다는 것은 그때 성령이 내주하는 것으로서 성결의 과정이 시

세례를 말하면서 칼 바르트를 개혁주의 입장에서 다루었으나 칼 바르트
는 신정통주의 입장에서 다루어야지 개혁주의 입장에서 다룰 신학자가
아니다.170) 한국 칼 바르트 총무인 황덕형 교수가 성령세례와 충만을 종
말론적 은총으로 말한다는 것은 놀라운 일이다.171)

성령의 일반사역은 피조물 전반에 역사하는 사역을 말하며, 성령의 특
별사역은 성부 하나님의 택자들에게 구원을 주는 사역이다. 특별사역은
성령의 내주와 인도, 세례와 인침, 간구와 보증 등이 있다. 성령의 내주
는 요한복음 14:17에서 약속되었다. 그 약속의 성취는 고린도전서 3:16
에서 확인할 수 있다.

작되는 것이며, 그 성장과정에서 성령충만을 받으면 곧 온전한 성화(성결)을 받는 것입니다. 그러기에 성결(온전
한 성화)을 성령충만이라고 표현할 수 있다고 생각합니다. 웨슬리가 주장하는 성결의 과정이 그렇듯이, 성령의
충만은(오순절 사건에서 그랬듯이) 순간적으로 이루어지되 계속 충만하여야 하며, 거듭 거듭 반복되어야 합니다
(행 2:4, 4:8, 31, 6:3, 7:55, 9:17, 13:9, 52). 던컨(Doncan)이 지적하듯이 '충만해진다'(filled)는 말은 그 자체
가 성장의 정도(degree)를 전제하는 말입니다. 그런가 하면 일반적으로 세례는 일회적인 것으로 이해하지 반복
되는 것으로 이해를 하지 않습니다."(pp. 33-34)

170) 최인식, "성령세례의 신학적 의의에 대한 고찰 : 마틴 냅(M. Knapp)과 윌리엄 갓비(W. Godbey)를 중심
으로," **한국조직신학논총** 33 (2012): 44(37-73); 〈개혁주의 입장에서 중요하게 보아야 할 사람들 가운데 또 다
른 사람은 칼 바르트이다. 그는 세례론을 다룰 때 크게 성령 세례론과 물 세례론으로 나누어 순서대로 설명한다
(Karl Barth, *Kirchliche Dogmatik*. Bd. I V/4, Fragment: Die Taufe als Begrundung **des christlichen Lebens**
(Zürich: Theologischer Verlag Zürich, 1986), 3-44 (이하 KD). 그에게 세례는 그리스도인의 삶의 기초다. 여
기에서 특히 성령세례는 그리스도인이 하나님에게로 나가게 하는 힘이다(KD IV /4, 33: "die Macht der
gottlichen Wendung, in der es zum Ereignis der Begrundung chrisitlichen Lebens von bestimmten Menschen
kommt, ist die Macht der ihnen widerfahrenden Taufe mit dem Heiligen Geist."). 무엇보다도 그리스도인으
로서의 삶은 살아 계신 예수 그리스도에 의한 직접적인 부름으로 가능한데, 이는 성령세례로 시작된다(*KD*, IV
/4, 35). 바르트에게 성령세례는 곧 예수 그리스도의 자기 증언이자 자기 계시이며, 능력과 실재를 창조하는 하
나님의 은총이다(*KD*, IV/4, 37). 성령세례는 절반의 은총이 아니라 온전하게 충분한 은총이며, 이는 하나의 자
극(Anregung)으로 머물지 않고 생명활동(Belebung)을 일으킨다. 또한 이는 "밖으로부터 주어지는 조명
(Beleuchtung von auβen)"만이 아니라 "안으로부터 불일듯 살아나는 깨달음(Erleuchtung)"이다(*KD*, IV/4,
38). 그러나 성령세례는 물세례를 받을 때 경험되는 것이 아니다. 양자는 서로 배제하지 않으며, 오히려 서로를
강화한다(*KD*, IV/4, 45).

171) 황덕형, "특집: 성령세례에 대한 조직신학적 답변," **활천** 714(5) (2013): 29(24-29). "이러한 역사의 발전
을 살펴보면서 이제 우리는 다음과 같은 결론에 이르게 된다: 성령세례나 성령의 충만 그리고 불세례는 모두
하나님이 종말론적으로 자신의 나라를 우리 가운데 성취시키는 은총의 현실을 지적하는 상징적 개념들이며, 여
기에는 인간의 내적 정화가 포함되어 있다는 것이다. 죄성의 극복과 새로운 존재로의 탄생, 곧 회심이 내포된
개념들이다. 우리는 보편 교회의 일원으로서 오순절 교회가 주장한 것과 똑같이 하나님께서 우리를 새롭게 해주
시기를 기대하면서 우리만이 아니라 주변의 세계가 이제 하나님의 놀라운 축복을 함께 경험하도록 만드는 종말
론적 은총이 이루어지길 성령의 능력 가운데 희망하고 있다."

구약시대에는 성령께서 이스라엘의 소수에게만 임하고 역사하셨으나 새 언약시대에는 성령께서 우리 안에 거하시며 우리를 위해 기도하신다 (롬 8:26).[172] 갈라디아서 3:14은 성령과 아브라함에게 약속된 복을 같은 것으로 말한다. 믿음은 약속된 성령을 선물로 받게 한다. 매크레오드는 "성령을 받지 못하는 믿음이란 있을 수 없다. 믿음이 없다면 성령도 받지 못할 것이고, 믿음이 있다면 성령을 받을 것이다."라고 말했다.[173] 우리가 예수 그리스도를 믿을 때 성령을 받았으며, 오직 믿음으로만 성령을 선물로 받는다.

개핀 교수는 성령의 세례는 그리스도의 모든 지체가 한 성령을 공유하며, "여기 성령은 그리스도의 몸의 창조자로 나타나는 것이 아니라 그리스도의 몸 안에 있기 때문에 모든 지체에게 주어지는 선물로 나타난다"고 말했다.[174] 성령의 세례는 특별한 사람에게 주어지는 특혜가 아니라 모든 성도에게 주어진 은혜의 선물이다.

서철원 교수는 다음과 같이 말했다.

> 성령은 믿는 자들을 그리스도에 연합시키면서 동시에 믿는 자 안에 거주하신다. 믿는 자들 안에 그가 거주하시는 것은 물리적이고 신체적인 것이 아니라 영적이고 인격적으로 계시는 것이다. 따라서 성령의 내주는 성령이 믿는 자와 지속적이고 항속적인 인격적 관계를 맺으심을 말한다. 그 관계는 해소되지 않는다. 다시 말하면 믿는 자들 안에 성령의 거주는 해소되지 않는다. 성령이 그의 주권적인 역사로 믿는 자들을 그리스도에게 연합시키고 이 연합에 근거하여 믿는 사람들 안에 거주하시기 때문이다.[175]

성령의 내주는 성령 하나님의 인격적 연합과 임재와 교제다.[176] 성령께서 우리 안에 어떤 위치에 존재한다는 뜻이 아니라 성령의 감화, 감동, 인도를 의미한다. 존 플라벨은 다음과 같이 말했다.

> 우리 속에 계신 그리스도의 성령님은 예수님과 우리 영혼의 연합에 대한 증거입니다. 하지만

172) 변종길, 우리 안에 계신 성령 (서울: 생명의말씀사, 2003), 39.
173) Donald Macleod, 성령세례와 개혁주의 성령론, 지상우 역 (서울: 여수룬, 2004), 26.
174) Richard B. Gaffin Jr, 구속사와 오순절 성령강림, 김귀탁 역 (서울: 부흥과개혁사, 2013), 43.
175) 서철원, 서철원 박사의 교의신학5 구원론 (서울: 쿰란출판사, 2018), 162.
176) 서철원, 서철원 박사의 교의신학2 하나님론 (서울: 쿰란출판사, 2018), 122; "성령의 내주는 신적 실체의 내주가 아니고 인격적 연합관계를 뜻한다. 성령은 항속적인 인격적인 교제 관계로 믿는 사람 안에 거주하신다."

앞에서도 다루었듯이 우리 안에 인격으로 내주하시는 성령께서 그분의 본질적인 신성의 고유성을 우리에게 나눠주신다는 의미로 해석하지는 마시기 바랍니다. 그렇게 생각하는 것은 신성모독입니다. 태양 빛이 집에 들어온다고 해서 태양이 집 안으로 들어왔다고 말할 수는 없는 것과도 같습니다.[177]

성령의 내주는 우리 안에 존재론적으로 합일이 되는 것이 아니라 성령께서 성도들의 마음을 감화, 감동, 인도하신다는 뜻이다. 성령의 역사로 거듭난 모든 성도에게 성령께서는 내주하신다.[178] 성령의 내주 방식을 인간으로서는 온전히 이해할 수 없다. '내주'라고 해서 공간적으로 제한되는 것으로 여겨서는 안 된다.

변종길 교수는 성령의 내주를 "초월적 내주"라고 말했다.[179] 성령께서는 우리 안에 내주하시면서 동시에 우리를 초월하시기 때문이다. 성령께서 내주하시는 증거는 하나님을 '아빠 아버지'라 부르는 것이다.[180] 그것은 은혜의 효력이 나타내는 친밀성이다. 왜 현대 기독교인들은 '아빠 아버지'라 부르는 것을 어색해하는가?

그러면, 성령의 세례란 무엇인가? 많은 사람이 '당신은 성령을 받았습니까?'라는 질문에 당황한다. 김영재 교수는 "회개하고 믿는 사람의 죄를 사하시고 새로운 사람이 되게 하는 성령의 일하심이 곧 성령세례이다."라고 말했다.[181] 예수 그리스도를 믿은 사람은 성령의 세례를 받은 자이다.[182] 성령은 모든 믿는 자에게 주어지기 때문이다.[183] 개핀 교수는 '언제 성령으로 세례를 받았는가?'라는 질문에 대해 그 해답은 '에이

---

177) John Flavel, 은혜의 방식, 서문 강 역 (서울: 청교도신앙사, 2011), 433.
178) 변종길, 우리 안에 계신 성령 (서울: 생명의말씀사, 2003), 38: "'내주'란 '안에 들어와 사는 것'을 뜻한다. 이 말의 헬라어 '오이케오' 동사는 원래 '집'이란 뜻의 '오이코스'에서 왔다. 따라서 성령의 '내주'란 어원적으로 볼 때 '집 삼아 사신다'는 뜻이다. 곧 성령께서 우리 안에 들어오셔서 우리 몸을 집 삼아 거주하신다는 뜻이다."
179) 변종길, 우리 안에 계신 성령 (서울: 생명의말씀사, 2003), 264.
180) 서철원, 서철원 박사의 교의신학5 구원론 (서울: 쿰란출판사, 2018), 162: "아들의 영인 성령의 내주로 우리가 하나님을 아빠 아버지라고 부르게 되었다. 하나님을 아빠 아버지로 부르신 이는 성경 역사와 모든 종교 역사에서 예수 그리스도 한 분뿐이시다(막 14:36). 그런데 하나님을 아빠 아버지라고 부르신 이의 영이 우리 안에 오심으로 우리도 하나님을 아빠 아버지라고 부르게 되었다(갈 4:6; 롬 8:15-16)."
181) 김영재, "오순절 성령 강림과 성령세례에 대한 역사신학적 논구," 신학정론 11(2) (1993): 468(463-497).
182) John F. Walvoord, 성령, 이동원 역 (서울: 생명의말씀사, 1982), 187-88.
183) Donald Macleod, 성령세례와 개혁주의 성령론, 지상우 역 (서울: 여수룬, 2004), 86; "그는 '약속의' 성령이다. 성령은 다른 이들에 비해 어떤 그리스인들이 월등하기 때문에 주어지는 것이 아니다. 성령은 믿는 자들에 대한 무조건적인 약속으로 말미암아 주어지게 되며 그 이유는 그들이 단지 믿는 자들이기 때문이다."

스'라는 전치사에 있다고 말하면서, "성령세례에 대한 경험은 한 몸으로 연합될 때 곧 구원을 받아 언약공동체 안에 포함될 때 각 지체에게 일어나는 일로, 구원을 받아 연합된 이후 어느 시점에 일어나는 일이 아니다."라고 말했다.[184]

사도 바울은 "누구든지 그리스도의 영이 없으면 그리스도의 사람이 아니라"(롬 8:9)고 말함으로써 그리스도를 믿는 모든 성도 안에 성령께서 내주하신다고 말했다. 신약성경 어디에도 성도들이 그리스도를 믿은 이후에 성령세례를 경험했다고 기록한 곳은 없다.[185]

개핀 교수는 "성령의 선물(성령세례, 성령의 부어주심)은 그리스도의 사역의 최고 업적이다"라고 말했다.[186] 성령의 세례로 성도는 예수 그리스도와 연합된다.[187] 예수 그리스도 안에서 새 생명을 얻은 자는 성령의 역사로 계속해서 생명이 유지된다. 성령으로 세례를 받는 것은 어떤 고급한 사람들만의 전유물이 아니라 예수 그리스도를 구주로 믿는 모든 사람은 필수적으로 받는다.

---

184) Richard B. Gaffin Jr, **구속사와 오순절 성령강림**, 김귀탁 역 (서울: 부흥과개혁사, 2013), 44-45; "그리스도와의 연합(참여)은 우리가 그리스도의 사역을 통해 단번에 일어난 일에 참여하고, 그 일로부터 유익을 얻는다는 것을 의미한다. 이 구조에 따라 진술된 13절 전반부의 요점은 그리스도에게 연합되는(그리스도의 몸에 참여하는) 경험은 그분이 오순절에 교회에 베푸셨던 성령의 선물에 참여하는 경험을 포함한다는 것이다. 이것은 이 연합으로 그리스도의 죽음과 부활과 승천에 경험적으로 참여하는 것과 똑같고(특히 롬 6:3-4; 갈 2:20; 엡 2:5-6; 골 2:120-13, 3:1-3을 보라). 앞에서 살펴본 것처럼(행 2:32-33), 그리스도의 죽음과 부활과 승천은 오순절 성령강림 사건과 뗄 수 없을 정도로 밀접하게 연계되어 있다. 단번이 이루신 그리스도의 다른 모든 사역과 마찬가지로, 성령세례도 개개의 신자가 교회 곧 성령으로 세례를 받은 그리스도의 몸에 참여하는 순간에 경험하는 것이다."

185) 박형용, "성령세례에 대한 오순절파의 견해와 비판(2)," **신학정론** 14(2) (1996): 126(458-486).

186) Richard B. Gaffin Jr, **구속사와 오순절 성령강림**, 김귀탁 역 (서울: 부흥과개혁사, 2013), 30; "그것은 그리스도가 높아지신 상태에서 성령의 권능으로 교회에 오신 것이다. 이 사건은 유일무이한 구원 사역을 완결시킨다. 이 사건은 구속역사의 범위를 가장 멀리 미치게 만드는 최고의 사건이다. 이 사건이 없으면, 그리스도의 죽음과 부활에서 정점을 이루는 사역은 미완성과 미완료 상태에 있게 될 것이다."

187) 변종길, **오순절 운동과 성령세례** (서울: 말씀사, 2012), 137; "'중생'이란 어떤 사람이 성령을 받음으로 육적신 사람이 변하여 새사람, 영적인 사람이 되었다는 것을 가리키는데, 그것이 마치 사람이 새로 태어나는 것과 같다 하여 '중생'이란 이름이 붙은 것이다. 그리고 '성령세례'는 사람이 중생할 때 자기 자신의 힘으로 된 것이 아니요 하나님의 영을 받음으로 가능케 되었음을 나타내기 위해 '성령 받음' 또는 '성령세례'라고 말하는 것이다. 다시 말하자면, 성령세례는 '하나님의 은혜'라는 사실에 초점을 두고 있으며, 중생은 '인간의 변화'에 초점을 두고 있다." "'중생'이라는 단어는 신약 시대뿐만 아니라 구약시대에도 해당되는 개념인데 비해, '성령세례'라는 단어는 오순절 이후에만 사용되고 있다."(p. 138)

칼빈은 "주께서 오직 자기 백성에게만 성령을 베풀어 주신다"고 말했다.[188] 칼빈은 구속사의 진전을 의식하나 진전의 측면은 사실상 무시했다.[189] '성령으로 세례를 준다'는 것은 오순절에 임한 성령의 역할에 대해 말한다. 성령세례는 요한의 세례와 대비하여 쓰였다. 성령세례는 성령의 사역 가운데 하나를 말하며, 세례의 성격을 규정하는 말이다.[190] 칼빈은 "세례는 우리가 정결하게 씻겨졌다는 것을 증거 해주며, 성찬은 우리가 구속받았음을 증거 해 준다"고 말했다.[191]

국내에서는 1920년대 후반부터 「신학지남」(神學指南)에 솔타우(T. Stanley Soltau; 蘇逸道), 엥겔(G. Engel; 王吉志) 등의 성령론이 연재되기 시작했다. 「신학지남」의 주된 흐름은 '중생한 자는 이미 성령세례를 받은 자'였으며, '능력 체험'에 '성령세례'를 적용하지 않았다. 솔타우(Stanley T. Soltau)는 성령세례를 새롭게 받으려고 할 것이 아니라, 그리스도와 성도가 합하여 세례를 받았다는 말씀의 뜻을 깨닫는 것이 성령세례의 참된 의미를 적용하는 것이라고 보았다.[192] 평양 장로회신학교 2대 교장이었으며 프린스턴신학교 출신의 로버츠(Stacy L. Roberts; 羅富悅)는 신학지남(1935년 9월호-1936년 9월호, 총 12회)에 '성신의 인격과 사업'이라는 제목으로 연재하면서 엥겔과 솔타우와 유사한 정통 개혁주의 성령론을 말했다.[193] 이런 경향은 한국교회의 성령체험을 외국에

188) John Calvin, **기독교강요(하)**, 원광연 역 (고양: 크리스챤다이제스트, 2003), 353; 기독교강요 4.14.17.
189) 변종길, **성령과 구속사** (서울: 개혁주의신행협회, 2006), 81; 〈칼빈은 구속사에 있어서 어떤 진전을 인식한 듯이 보인다. 그러나 그는 두 세례의 하나 됨, 동일성을 너무 지나치게 강조한 나머지 진전의 측면은 사실상 거의 무시하였다. 그는 두 세례만을 받았던 사람들이 다시 세례받았다는 사실에 대해 아무 문제도 느끼지 않는 사람들을 강하게 비판했다. 이들에 대항하여 칼빈은 확고하게 세례의 동일성을 주장하면서 다음과 같이 말했다. "두 세례 사이에는 완전한 유사성이 있으며, 모든 부분에서 완벽한 대칭과 조화를 이루고 있는데, 이것은 우리로 하여금 그것이 동일한 세례임을 고백하게 한다." … 아마도 재세례주의자들과의 논쟁이 칼빈으로 하여금 요한의 세례와 기독교 세례의 동일성을 지나치게 강조하도록 만들지 않았나 생각된다.〉
190) 김영재, "오순절 성령강림과 성령세례에 대한 역사 신학적 논구," **신학정론** 11(2) (1993): 465(463-497); "성령세례는 물세례가 상징하는 것이 실제로 일어나게 하는 성령의 일하심이다. 우리가 예수 그리스도의 십자가의 공로를 의지하고 죄를 고백할 때 성령께서 우리를 씻기시므로 우리 사람은 진정으로 정함을 받고 거듭난 새 사람이 된다."(p. 468).
191) John Calvin, **기독교강요(하)**, 원광연 역 (고양: 크리스챤다이제스트, 2003), 359; 기독교강요 4.14.22.
192) T. Stanley Soltau, "성신이 하시는 일", **신학지남** (1926.4.)
193) 배본철, "해방 이전 〈신학지남〉의 성령론." Oct.23.2003. Accessed Nov.2.2019.
http://www.christiantoday.co.kr/news/150217; 〈독일인 엥겔(王吉志)은 스위스 바젤과 영국 에딘버러에서 신

소개한 블레어(William Newton Blair)나 프레스톤(J. F. Preston) 선교사의 노선과는 달랐다.

윤필성과 남궁혁 박사는 엥겔과 솔타우처럼 중생과 세례의 동시성을 말했다.[194] 박형룡 박사는 「신학지남」에서 중생과 성령세례를 동일시하는 성령론을 말하기 시작했으며, 중생한 자는 이미 성령으로 세례를 받은 자라고 말했다. 또한, 성령의 충만은 중생과 관계된 성령의 최초적 은사인 성령세례와 구별되어야 한다고 말했다(박형룡, 교의신학: 구원론, 5:51-4). 박형룡의 주장과 같은 노선을 신성종, 김해연, 박형용 등이 말했다. 이들은 성령세례는 회심 시에 일어나는 단회적 사건이며, 성령 충만은 성도의 삶에서 계속되는 과정으로 보는 존 스토트(John R. Stott),

---

학을 공부한 후 호주장로교에서 파송된 선교사로 1900년에 내한하여, 1907년에 평양 장로회신학교에서 교회사를 강의하였다. 1918년 최초로 그의 글이 〈신학지남〉에 실렸으며, 특히 그는 1929년부터 1931년까지 총 14회에 걸쳐 성령론에 대한 기고를 하였다. 그의 글에서 중생과 구별된 체험으로서의 성령세례라는 용어는 발견되지 않는다. 단지 그의 글에서는 개혁파 성령 운동의 특징인 '그리스도와의 연합' 모티브가 잘 드러난다. 또한 미국 북장로교 선교사인 솔타우는 1914년에 내한하여 평양 장로회신학교 교수를 지낸 인물인데, 그는 성령께서 주시는 봉사의 능력은 특히 복음 증거의 능력이라고 보았다. 그는 "성신의 하시는 일"(1926.4)의 제8장 '성신의 세례'에서 성신의 세례를 받으려고 많이 공부도 하고 기도하며 기다렸으나 받지 못하였다 하는 사람은 성신의 세례를 받아야 하는 것이 아니라 단지 성신으로 세례받았다고 하는 의미와 세례를 받아 그리스도의 죽으심과 함께 세례받았다는 말의 의미를 깨달아야 한다고 하였다. 이처럼 그는 성신의 세례가 제2차적 축복이 아니라, 이미 중생한 자에게 주어진 은혜임을 전제하였다. 그래서 신자가 새롭게 성신세례를 받으려 할 것이 아니요, 거듭난 자가 그리스도와 합하여 연합되었다는 의미를 잘 깨우침이 곧 성신세례 은총을 적용하는 일이라고 본 것이다. 그는 내주하시는 성령과의 인격적인 교제에 크게 강조점을 두고 있다. 또한 솔타우는 성령을 근심케 함으로 성령의 사역을 소멸할 수 있다고 설명하였다. 즉, 성령을 근심시켜 드리면 성령이 떠나가는 것은 아니라 마치 '떠나가신 것처럼 잠잠하게 될 수 있다'고 설명하였다. 이처럼 그는 성령론에서 오해하기 쉬운 두 가지 점을 개혁주의신학적인 관점에서 잘 설명하였으니, 즉 성령의 내주와 성령 충만의 관계, 그리고 범죄함으로 성령이 떠나갈 수 있는가 하는 문제를 다루었다. 그리고 신자와 성령과의 관계를 무엇보다도 인격적인 교제와 복종의 관계로 정리하였다.〉

194) 같은 사이트; 〈'신학지남'에 한국인이 게재한 성령론에 관계된 글은 우선 1925년 윤필성의 "성신 충만한 자의 정신"을 들 수 있다. 윤필성은 김치선과 함께 1948년에 설립한 장로회신학교(1950년에 대한신학교로 개명)의 초대 교장이었다. 그러나 그의 글에 성령세례에 대한 구체적인 언급은 발견되지 않는다. 그리고 프린스톤 신학교와 리치몬드의 유니온 신학교에서 신약신학을 공부하고 한국인 최초로 1927년에 신학박사가 된 남궁혁(南宮爀)은 1931년에 "聖靈과 敎會"라는 글에서 눅 24:46-49, 행 1:8의 두 성경 본문을 인용하고, 성령의 충만함을 입는 것은 이미 예수 그리스도를 믿는 이들에게 주어지는 능력이라는 점을 강조하였다. 남궁혁의 글에도 중생과 구별된 성령세례에 대한 강조는 보이지 않는데, 이는 그가 공부한 프린스턴과 유니온 신학교의 경향성을 따른 것으로 보인다. 이처럼 윤필성이나 남궁혁 등의 성령론은 엥겔이나 솔타우 등의 노선처럼 중생과 성령세례의 동시성을 주장하는 입장에 서 있었다. 그러나 이 시기에는 국내 신학자들 사이에 아직 성령론에 대한 깊이 있는 논의가 이루어지지 않았다.〉

리차드 개핀(Richard B. Gaffin), 아브라함 카이퍼(Abraham Kuiper)를 지지 기반으로 삼았으며, 부흥사 빌리 그래함(Billy Graham)이나 CCC 의 브라이트(Bill Bright)도 큰 역할을 했다. 특히, 그래함은 물세례와 성령의 세례는 반복적인 것이 아니라고 했다(Billy Graham, 성령론, 전민식 역 (서울: 엠마오, 1979), 80).[195]

참고로, 기독교와 무슬림을 양대 축으로 세계 종교를 통합하자는 크리슬램(Chrislam) 운동에 가담한 주요한 사람으로 영국의 대표적인 복음주의자인 존 스토트(John Stott), 『목적이 이끄는 삶』으로 유명한 윌로우크릭 교회의 빌 하이벨스(Bill Hybels), 반이스라엘주의자 콜린 채프만, 떠오르는 교회 브라이언 맥라렌(Brian McLaren), 수정교회 로버트 슐러(Robert Harold Schuller), 순복음중앙교회 조용기 목사, 새들백 교회의 릭 워렌(Rick Warren), 풀러 신학교 총장 리차드 마우(Richard Mouw), 『하나님의 정의』라는 책으로 유명한 미국의 기독교 철학자 니콜라스 월터스토프(Nicholas Wolterstorff) 등이 있다.[196] 패커(J.I. Packer)는

---

195) 배본철, "중생과 성령세례의 동시성을 강조한 인물들," May.20.2011. Accessed Sept.28.2019. http://www.christiantoday.co.kr/news/246572; 〈당시 총신대 신학학 교수였던 신성종은 차영배 교수의 성령세례관과 많은 차이점을 보였는데, 신성종은 성령세례가 중생과 동일한 사건이며 성령의 인치심과도 동일한 것이라고 보았습니다. 다만 오순절의 성령강림은 구속사적 면에서 일회적 사건으로써 제자들의 경우에는 성령강림 이전이었기 때문에 중생과 성령세례가 구별된 것뿐이라는 점이었습니다(신성종, "신약에 나타난 성령론 -특별히 방언 문제를 중심으로-", 신학지남 48-2(1981), 38).〉

196) https://faith.yale.edu/common-word/common-word-christian-response; Accessed Oct.30.2019.〈Preamble: As members of the worldwide Christian community, we were deeply encouraged and challenged by the recent historic open letter signed by 138 leading Muslim scholars, clerics, and intellectuals from around the world. "A Common Word Between Us and You" identifies some core common ground between Christianity and Islam which lies at the heart of our respective faiths as well as at the heart of the most ancient Abrahamic faith, Judaism. Jesus Christ's call to love God and neighbor was rooted in the divine revelation to the people of Israel embodied in the Torah (Deuteronomy 6:5; Leviticus 19:18). We receive the open letter as a Muslim hand of conviviality and cooperation extended to Christians worldwide. In this response we extend our own Christian hand in return, so that together with all other human beings we may live in peace and justice as we seek to love God and our neighbors. Muslims and Christians have not always shaken hands in friendship; their relations have sometimes been tense, even characterized by outright hostility. Since Jesus Christ says, "First take the log out your own eye, and then you will see clearly to take the speck out of your neighbor's eye" (Matthew 7:5), we want to begin by acknowledging that in the past (e.g. in the Crusades) and in the present (e.g. in excesses of the "war on terror") many Christians have been guilty of sinning against our Muslim neighbors. Before we "shake your hand" in responding to your letter, we ask forgiveness of the All-Merciful One and of the

복음주의와 가톨릭 일치 문서에 서명했다. 성경에 신실하려는 보수적인 복음주의자들이라면 예일대학의 기독교 응답(Christian Response)에 서명한 사람들이나 로마 가톨릭 일치 문서에 서명한 사람들을 더 이상 추천해서는 안 된다.[197]

1970년대 전에는 한국교회들이 근대복음주의 성령 운동의 노선에 서 있었다. 예를 들어, 1960년대 방언 문제에 대해 성결교신학교(현 성결대학교) 교수단의 "방언에 대한 해명서"에서, "우리 예수교성결교회는 성경을 하나님의 계시하신 말씀으로 믿으며, 또 중생, 성결, 신유, 재림을 체험적 신앙으로 고조하는 성결 교파요, 방언파나 진동파나 입신파가 아니라는 것을 인식하여야 한다."라고 발표했다. 그 당시 한국 성결교회의 성결 운동은 오순절 운동과 다르게 성령의 역사의 결정적인 요소를 방

Muslim community around the world. ⋯

Common Ground: What is so extraordinary about "A Common Word Between Us and You" is not that its signatories recognize the critical character of the present moment in relations between Muslims and Christians. It is rather a deep insight and courage with which they have identified the common ground between the Muslim and Christian religious communities. What is common between us lies not in something marginal, nor in something merely important to each. It lies, rather, in something absolutely central to both: love of God and love of neighbor. Surprisingly for many Christians, your letter considers the dual command of love to be the foundational principle not just of the Christian faith, but of Islam as well. That so much common ground exists − common ground in some of the fundamentals of faith − gives hope that undeniable differences and even the very real external pressures that bear down upon us cannot overshadow the common ground upon which we stand together. That this common ground consists in love of God and of neighbor gives hope that deep cooperation between us can be a hallmark of the relations between our two communities. ⋯

The Task Before Us: "Let this common ground" − the dual common ground of love of God and of neighbor − "be the basis of all future interfaith dialogue between us," your courageous letter urges. Indeed, in the generosity with which the letter is written you embody what you call for. We most heartily agree. Abandoning all "hatred and strife," we must engage in interfaith dialogue as those who seek each other's good, for the one God unceasingly seeks our good. Indeed, together with you we believe that we need to move beyond "a polite ecumenical dialogue between selected religious leaders" and work diligently together to reshape relations between our communities and our nations so that they genuinely reflect our common love for God and for one another.⟩

197) "Miroslav Volf from Yale Pushes for Fusion of Christianity and Islam" exposing heresy, Accessed Oct.10.29. https://exposingheresy.files.wordpress.com/2011/11/miroslav-volf-from-yale-pushes-for-fusion-of-christianity-and-islam3.pdf; "Long before John Stott signed the Yale Christian Response, he argued for annihilationism . J.I. Packer signed the Evangelical and Catholics Together document. Conservative Evangelicals should refer to neither Stott nor Packer anymore."

언, 신유, 입신 등과 같은 은사체험이 아니라 '인간의 삶의 변화에 있다'라고 말했다.198)

　국내의 성령론 논쟁은 조용기 목사의 오순절 성령론 등장으로 일어났다. 1970-80년에 성령론 논쟁이 일어난 것은 순복음 교회의 급성장으로 인해 기존 교계를 크게 자극했기 때문이다. 조용기 목사는 1967년 2월부터 『신앙계』를 발간하여 순복음의 오순절 성령론을 변증하고 순복음 교회의 성도들을 보호하려 했다.199) 조용기 목사는 중생과 성령세례는 다른 체험이며, 방언이 그 증거라고 말했다. 반격의 선봉에 나선 사람은 박형룡 교수였다. 박형룡 교수는 장로교 정기간행물인 『신학지남』에 성령론을 게재하면서 성령론 논쟁의 포문을 열었다.

　존 스토트(John Stott)는 "성령의 세례를 받는다는 깃은 보편직으로 누구든지 구원 계약의 은혜에 참예하는 것을 가리킨다."고 말했다.200) 스토트는 성령세례는 반복될 수 없고 성령의 계속적이고 영속적인 역사인 성령의 충만은 반복적이라고 말했다(John R. Stott, The Baptism and Fullness of the Holy Spirit, 30-31).201) 메릴 엉거(Marrill Unger)는

---

198) 배본철, "오순절주의와 장로교의 방언 비판," Oct.5.2010. Accessed Sep.28.2019. http://www.christiantoday.co.kr/news/241258;〈김해연은 당시 교회에 성령세례에 대한 잘못된 오해들이 있다고 지적하면서, 이에 대한 제언을 다음과 같이 하였습니다; "성령세례를 받으면 방언하고 또 방언해야만 성령세례를 받았다고 하는 이론에는 도저히 동감할 수가 없다. 사도행전 및 제자만 방언을 했고 모든 신자와 제자가 했다는 성서적 근거는 없다. 사도 바울이 말하는 방언과 사도행전에서 말하는 방언은 다르기 때문에, 성령세례를 받으면 방언한다는 것이 옳지 않다"(김해연, "성령론(4): 성령세례와 충만에 관한 고찰,", **현대종교** (1984): 163).〉

199) 배본철, "영산 조용기 목사의 성령세례 교리: 1970-80년대 한국교회 성령론 논쟁의 표적," **영산신학저널** (36) (2016): 11-12(7-50); "그러면 1970-80년대에 들어서기 전까지 성령론 주제가 아닌 다른 신학적 논제들은 어떤 것들이 있었을까? 이 점에 대한 몇 가지 대표적인 논제들을 소개한다면, 1930년대 이후 외국에서 신학을 공부하고 돌아온 학자들에 의해 제시되기 시작한 이래, 우선 성서해석에 있어서의 보수주의와 진보주의적 해석의 논쟁이 있었다. 또 해방과 전쟁을 겪고 1960년대 이후에는 한국교회에 유동식, 채필근, 전경연, 윤성범 등이 주를 이룬 토착화 신학논쟁, 또 WCC 영향으로부터 야기되어 한국교회 전체가 갈등을 겪은 'NCC냐 NAE냐'의 논쟁 등을 들 수 있다."

200) John W. Stott, *The Baptism and Fullness of the Holy Spirit: The Work of the Holy Spirit Today* (Downers Grove: IVP, 2006), 19.

201) 배본철, "중생과 성령세례의 동시성을 강조한 인물들," May 20.2011. Accessed Sept.28.2019. http://www.christiantoday.co.kr/news/246572;〈그는 신약성경에 '성령 세례를 받으라'는 언급이나 명령이 전혀 없다고 보면서 다음과 같이 말했습니다; 그 이유는 이미 말한 대로 성령의 세례가 성격상 최초적인 것이기 때문이다. 어떤 사도의 설교나 편지에도 성령으로 세례를 받으라는 호소가 나오지 않는다. 사실, 성령세례에 대

"성령으로 세례받는다는 것은 중생을 의미하므로, 받으려고 기도하거나 기다릴 필요도 없고, 믿음을 통하여 은혜로 주시는 하나님의 구원의 선물의 한 부분이다."라고 말했다.202) 후크마(Anthony A. Hoekema) 박사는 회개하고 그리스도를 믿을 때 성령을 받는다고 말했다.203) 도널드 브리지(Donald Bridge)는 "성령의 세례는 두 번째 경험이 아니며, 오히려 참 그리스도인이 되는 데에 선행되는 경험이다."라고 말했다.204) 박형용 교수는 중생과 성령세례의 동시성을 강조하며,205) 고재수(N. H. Gootjes) 교수도 성령세례가 제2단계를 시작하는 표시적 체험이 아니라고 말했다(고재수, 성령으로의 세례와 신자의 체험, 35). 고재수 교수는 성령세례는 성령이 세례를 베푸는 것이 아니라 성령은 '요소'이며, "성령으로의 세례"라고 말했다.206)

중생과 성령세례를 구분하는 사람들은 성령세례가 봉사의 능력을 주는 것에 집중한다. 1930년대 평양 장로회신학교의 성령론 교재였던 가옥명(賈玉銘)의 『성령론』(聖靈論)은 성령세례 받은 증거가 영덕(靈德), 영능(靈能), 영력(靈力), 영과(靈果)에 있다고 말하면서, 그 핵심은 성령

한 일곱 구절 모두가 부정과거든, 현재든, 미래든 간에 다 직설법으로 되어 있다. 명령법으로 권고한 것은 그 가운데 하나도 없다(John Stott, 「오늘날의 성령의 사역: 세례, 충만, 열매, 은사」, 조병수 역, 55). 그의 성령세례론은 고린도전서 12장 13절과 연관하여 보편적으로 교회에 최초로 임하신 성령세례를 강조하며, 이제는 교회가 성령세례 받은 보증으로 물세례를 베푸는 것이며, 따라서 이제 교회는 계속적으로 성령으로 충만케 되는 일이 지속된다고 보는 입장입니다. … 이처럼 스토트의 성령세례론은 신자의 중생의 체험보다는 최초의 교회에 임한 성령의 축복과 연관시켜 해석한다는 점에서 독특함이 있습니다. 하지만, 중생을 통해 이 축복과 연관된다는 점에서, 그리고 중생과 성령세례의 체험을 구분하는 입장이 아니라는 점에서 스토트의 성령세례론은 중생과 성령세례의 동시성을 강조하는 노선을 지지하게 됩니다.)

202) Merrill Unger, *The Blessing Work of the Holy Spirit* (Chicago: Scripture Press, 1953), 59.
203) Anthony A. Hoekema, **방언연구**, 정성숙 역 (서울: 신망애출판사, 1972), 91.
204) Donald Bridge, *Spiritual Gift and Church* (Downers Grove: IVP, 1973), 115.
205) "성도가 그리스도의 몸과 연합할 때가 바로 그가 예수 믿고 중생하는 때이다. 따라서 성령세례는 성도의 구원 경험에 있어서 단회적인 경험이요, 예수 처음 믿을 때 발생하는 경험이다. 사람이 예수를 믿게 되면 그 순간부터 인격체이신 성령이 성도 안에 내주하신다는 것이다"(박형용, 교회와 성령, 92). "따라서 성령세례는 성도의 구원 경험에 있어서 단회적인 경험이요 예수 처음 믿을 때 발생하는 경험인 것이다."(박형용, "성령 충만이란 무엇인가", **월간목회** (1990.5), 165).
206) N. H. Gootjes, **성령으로의 세례와 신자의 체험** (서울: 개혁주의 신행협회, 1991), 9; "'성령으로의 세례'란 말은 잘 알려진 것처럼 바로 이 표현대로 신약에 나타나지는 않는다. 오히려 항상 동사 구문으로 나타나는데, '성령으로 세례 주다' 또는 '성령으로 세례 받다' 등으로 나타난다. 그런데 보통의 표현은 '성령세례'가 되고 있다. 이렇게 표현할 때 받게 되는 인상은 세례를 베푸는 것이 성령이라는 생각이다. 하지만 세례받는 자에 있어서 성령은 '요소'이다. 이 때문에 여기서 우리가 사용하는 표현은 '성령으로의 세례'이다."

의 열매와 함께 '봉사의 능력'이라고 말했다. 가옥명은 성령세례는 중생 이후에 성령에 몰입되고 잠기며, 성령에 충만케 되고, 성령의 권능을 받는 체험이라고 주장했다.[207]

1960년대 이후 한국 신학계에서는 성령론에서 중생과 성령세례를 구분하는 흐름을 조성하는데 기여한 사람은 로이드 존스(D.M. Lloyd-Jones)다. 로이드 존스는 성령세례의 주된 목적은 '성도로 하여금 권능과 담대함을 가지고 복음을 증거 하도록 하는데 있다'고 말했다. 로이드 존스는 성령의 세례를 받은 자는 하나님께서 나를 사랑하시며 또 내가 하나님의 자녀라는 데 대한 절대적인 확신을 갖게 되며, 성령세례의 체험은 오순절 날처럼 은사를 동반할 수도 있으나 없을 수도 있는 가변적인 것이라고 보았다.

로이드 존스는 "성령세례의 가장 핵심적이고 본질적인 진수가 되는 것은 우리가 하나님의 아들이라는 점에 대한 이 특별한 확신 형태를 가지는 것이다. 이것은 성령의 '인침'(sealing)과 같은 것이다"라고 말했다.[208] 매크레오드는 로이드 존스의 성령의 인침을 비판하며 "성령의 인침은 성령이 주시는 인침이 아니라 그 인침은 바로 성령이다"라고 말했다.[209]

루터파 신학자인 스테판 베판스(Stephen Bevans)와 로저 스크루더(Roger Schroeder)는 방언이 세상에 복음을 전하는 성령의 활동이라고 말했다.[210] 이인한 목사는 중생의 경험과 성령의 세례 받는 경험을 구분

---

207) 가옥명, **성령론** (평양: 장로회신학교, 1931), 98-104.

208) D. M. Lloyd-Jones, **성령론**, 홍정식 역 (서울: 새순출판사, 1986), 121-122; "나는 인침이 '성령세례'의 일부라고 주장한다. 인침은 '성령세례'이다."

209) Donald Macleod, **성령세례와 개혁주의 성령론**, 지상우 역 (서울: 여수룬, 2004), 87; "성령세례는 성령이 주신 세례가 아니라 그리스도께서 약속하신 성령을 아버지께로부터 받아서 이것을 우리에게 주시는 것이다(행 2:33). 마찬가지로 성령의 인침은 성령이 주시는 인침이 아니라 그 인침은 바로 성령이다.", "그(조나단 에드워즈)는 우리가 고려 중인 주제에 대해서 정반대의 입장을 취하였다. 그는 인침이 어떤 종류의 즉각적인 계시나 암시라는 생각에 반대하여 강력히 논증하였으며, 그 대신 인침은 은혜의 결과이며 우리의 자녀 됨으로 인해 우리에게 베풀어지는 거룩한 인상이라고 논증하였다. 하나님께서는 영혼들에게 그분 자신의 형상을 새기셨으며 그 형상은 그분의 인침이었다. 그러나 로이드 존즈 박사는 이것을 믿지 않았다."(p. 88)

210) Richard H. Bliese, "Speaking in Tongues and the Mission of God Ad Gentes," *Journal of Pentecostal Theology* 20 (2011): 46-47(38-47); "The church emerges from the apostolic proclamation through the spirit and becomes alive through the spirit in the same proclamation ad gentes over and over again. It is

하였다. 이인한 목사는 성령의 세례를 받기 위해서는 먼저 중생 이후에 알고 행한 죄를 청산해야 하며, 자기의 전 존재를 성령께 의탁해야 한다고 주장했다.211) 홍성건 목사는 "거듭난 그리스도인이라고 해서 전부 다

---

my contention therefore that the Spirit gave the ability to speak in tongues at pentecost as a sign of the church's call to mission ‧to the ends of the earth'. The day of Pentecost itself included the world, yes, but only in the sense of the Jewish Diaspora. Gentile mission was not yet deeply ingrained into the imagination of the early converts. The gentile mission, as Acts tells the story, unfolds later, as the spirit moves from Stephen to the Ethiopian Eunuch to Cornelius to Antioch. It is fascinating to note that Acts 2 does not distinguish glossolalia from xenolalia. Tongues appears in the Pentecost story to point to what the spirit was going to do with the disciples; namely, the Jewish identity of the Christian community will be transformed into the church as this community recognizes the Spirit speaking among the Samaritans, in the Ethiopian eunuch, in Cornelius and his household, and in the community at Antioch. Consequently, speaking in tongues at Pentecost is central to the story of Acts— and the Tower of Babel. Tongues are a marker of mission to the whole world. The spirit is missionary in character— moving the church outward from Jerusalem to Judea and Samaria and then to the ends of the earth'. As the mission takes shape in following the spirit, so does the church's witness and its life of sanctification. The whole world understands the proclamation about Jesus. ··· Consequently, the church itself emerges as it engages in missionary activity of witness and sanctification. It is the story of Acts. It is the story of the spirit. It is still our story today; our calling. The church is called to speak in tongues."

211) 이인한, **성령의 불세례** (서울: 백합출판사, 1980), 60; 배본철, "중생과 성령세례는 다른 것인가," Apr.12.2011. Accessed Sep.28.2019. http://www.christiantoday.co.kr/news/245863에서 재인용; 〈성령의 세례는 오직 예수께서만이 주신다고 하는 점에서 성부 성자 성령의 이름으로 베푸는 교회의 물세례와는 구별된다고 하였습니다. 그는 사도행전 8장에서 주 예수의 이름으로 세례를 받은 사마리아 교인들도 나중에 다시 성령으로 세례를 받았다(행 8:16)고 강조하면서, 여기서 '성령이 내리신다'고 함은 성령이 충만하게 임하는 것을 가리키며 오순절과 같은 역사임을 보인다고 했습니다. 그러므로 성령 충만과 성령세례는 본질상 같은 사역에 속하나, 다만 차이가 있다면 성령세례는 일회적이요 성령 충만은 연속적이라는 것이겠죠. 그는 1983년 자신의 성령세례론의 합당성을 다음과 같이 교회사적으로 변론하였습니다; "문제의 초점은 성령의 세례 자체를 부인하는 것은 아니고, 성령의 세례를 물세례와 동시에 받느냐라는 것이다. ··· 이것을 바로 한국의 장로교회사가 역사적으로 증거 하고 있다. 평양 장대현교회에서 일어난 큰 부흥을 가리켜 '한국의 오순절'(The Korean Pentecost)이라고 명명한 책(한부선 선교사)은 물론, H. G. Underwood 초대 선교사도 "한국교회가 성령의 세례를 받았다"(Korea received her baptism of the Holy Spirit)고 했다(*The Call of Korea*, 1908, 6). 장로회 총회 발행으로 나온 장로회 史記에 보면, 1907년의 부흥을 '重生의 聖神 洗禮'라고 부르고 있다.(179-181) ··· 성령의 세례라는 표현은 그 당시에 거의 보편적으로 받아들여진 것으로 보인다. ···오순절 운동이 대개 방언의 은사를 받아야 성령의 세례를 받았다고 주장하는 것과는 대조적으로, 우리는 방언의 은사가 없어도 강력한 성령의 역사로 성령의 세례를 받으며, 이로써 참 생명에 이르는 회개에 이르게 된다고 확신한다."(차영배, **중생의 성신세례**) 차영배의 성령세례론은 1990년대에 이르러 약간의 조정적 시도를 보이는데, 즉 중생과 관련하여 다소간 광의적인 표현을 채택하게 된 것입니다. 그는 성령세례를 '넓은 의미의 중생'으로 표현하게 되는데, 즉 성령세례는 은밀한 성령의 역사로 주 예수 그리스도를 구주로 영접하게 되는 중생의 첫 단계와는 분명하게 구별되며, 이 다음에 약간의 시차를 두면서 성령의 강력한 능력으로 신자의 존재 전체에 이르기까지 거듭나는 생명에 이르게 되는 회개를 하게 된다는 것이라는 겁니다(차영배, "중생과 성령세례 충만"). 이처럼 차영배는 1970년대 말부터 1990년대 초까지 중생과 성령세례를 구분하는 성령 세례론의 대표적인 인물로서 많은 신학적 논점을 제시하였으니

성령의 세례를 받는 것은 아닙니다. 성령의 세례는 거듭난 후에 원하기만 하면 언제든지 받을 수가 있습니다"라고 말했다.212) 차영배 교수는, "성령의 세례란 성령 속에 잠기며 성령 자신으로 말미암아 기름 붓듯, 혹은 물 붓듯 성령의 세례를 받는 것을 의미한다"고 말했다.213)

로이드 존스의 영향을 크게 입고 따르는 박영선 목사는 두 가지 성령세례, 곧 성령께서 베푸시는 세례와 예수께서 베푸시는 세례를 나누었다. 박영선 목사는 성령의 부으심으로서의 성령세례는 단순한 성령의 내주와는 달리 내가 그것을 받았다는 것을 확실히 인식하고 감각하여 '이것이다!'라고 분명히 외칠 수 있는 결코 잊을 수 없는 사건이라고 강조했다(박영선, 「성령론」, 80, 108).

안영복 교수는 성령세례의 가장 큰 목적이 예수 그리스도와 그가 하신 구속 사역을 힘 있게 증거 하는 것이라고 말했다(안영복, 성령론의 바른 이해, 98). 안영복 교수는 중생과 성령세례의 동시성을 부인하지 않으나, 일반적으로 시간의 간격을 두고 나타난다고 말했다. 안영복 교수는 성령세례는 중생 이후 성도가 자기의 직무를 능력 있게 감당하기 위해 위로부터 능력을 힘입는 최초의 경험이며, 성령세례는 계속 반복되는 동일 현상을 성령 충만이라고 말했다.214)

하용조 목사는 '오순절 날 나타난 성령의 세례는 물로 주는 세례가 아니고 성령께서 인치시는 세례였다'고 말함으로써 중생과 성령세례를 구분했다. 하용조 목사는 성령세례는 구원받은 자가 하나님의 능력을 받는 세례이며 물세례와 구별하여 '불세례'라는 표현을 쓰기도 한다고 말했다. 하용조 목사는 성령세례를 받아야만 사랑과 용서를 할 수 있으며 죄를 안 짓고 전도하며, 포기할 수 있다고 말했다.215) 하용조 목사는 "성령 충만하면 일반적인 언어가 특별한 언어로 바뀝니다. 그것이 방언입니다. 이 특별언어가 다시 선교언어로 바뀝니다"라고 말했다.216)

다.〉

212) 홍성건, **성령으로 行하는 사람** (서울: 예수전도단, 2001), 109.

213) 차영배, "요한의 세례와 성령의 세례," **신학지남** 47(1) 1980: 100(87-108).

214) 안영복, **성령론: 무엇이 잘못인가** (서울: 성광문화사, 1993), 45.

215) 하용조, **성령 받은 사람들** (서울: 두란노, 1999), 160-161.

216) 하용조, **바람처럼 불처럼** (서울: 두란노, 2005), 39; "성령님이 우리로 하여금 예수님의 십자가와 부활을

'성령으로 세례 주다'가 능동태로 네 번(마 3:11, 막 1:8; 눅 3:16; 요 1:33)이고 수동태로 세 번(행 1:5, 11:16; 고전 12:13) 나타난다. 능동태는 세례의 주체를 말하며, 수동태는 세례의 대상자를 말한다. 성령세례가 수동태로 되었다는 것은 인간의 행위의 결과가 아니라는 뜻이다. 성령세례는 하나님의 주권과 은혜로 주어지는 사건이다.217) 성령께서 세례를 이루는 수단이 아니라 주격이시다.218)

고린도전서 12:13에서, "성령 안에서"($\grave{\epsilon}\nu$ $\pi\nu\tilde{\upsilon}\mu\alpha$)는 한 몸을 이루는 것을 말한다. "다 한 성령으로 세례를 받아"와 "다 한 성령으로 마시게 하였느니라"에서 두 동사가 부정과거(aorist)를 사용하고 있다. 이것은 성령세례와 중생이 별개의 사건이 아니라는 것을 말한다.219)

이렇게 성령세례와 중생을 동시적이라는 관점에서 벗어난 성령세례 관점은 잘못된 방언관을 낳는다. 김동수 교수는 조용기의 방언에 대해 말하면서, "만일 성령세례가 중생과 구별된 역사라는 것을 인정하지 않는다면 성령세례의 외적 증거로서의 방언이라는 주장은 그 토대가 없어진다."고 말했다.220) 성령세례에 대한 이해가 잘못되어 있다는 것이 드러나면 방언만 무너지는 것이 아니다.

성령세례의 주도권이 우리에게 있지 않은데 우리가 구하면 성령세례를 받을 수 있다는 것은 종교적 도약이다. 예수님께서는 성령이 임할 때까지 "기다리라" 명령하셨다. 어떤 조건이 갖추어져서 성령세례를 받은

생각하며 뜨거운 마음으로 이야기하게 하시고, 다른 언어를 사용하는 상대방이 그 말을 알아듣는 것입니다."
217) Martyn Lloyd Jones, 성령세례, 정원태 역 (서울: 기독교문서선교회, 2007), 22-23; "성령의 세례란 성령에 의해서가 아니라 주 예수 그리스도에 의하여 행해지는 어떤 것입니다. … 성령의 세례는 원초적으로 성령의 어떤 사역은 아닙니다. 그것은 주 예수 그리스도의 사역이십니다. 그것은 주 예수 그리스도의 사역, 곧 그가 성령을 통해서 우리에게 하시는 어떤 것 혹은 '특수하게 성령을 우리에게 부어주심'입니다."
218) 김영재, "오순절 성령강림과 성령세례에 대한 역사 신학적 논구," 신학정론 11(2) (1993): 466-467(463-497); 〈예수 그리스도께서는 성령으로 세례를 베푸시는 주격이시지만, 성령은 단순히 수단이 아니시고 그리스도와 함께 우리가 받는 세례를 유효하게 하시는, 즉 우리의 죄를 씻기시는 주격이시다. 다시 말하면, "예수 그리스도께서 우리에게 성령으로 세례를 베푸신다"는 말씀은 "예수 그리스도께서 성령으로 하여금 우리에게 세례 주시도록, 즉 우리를 씻기시도록 하신다"는 말씀임을 유의해야 한다. … 요한은 천국이 가까이 왔음을 선포하였다. 메시아의 오심과 더불어 임하는 천국에 들어가려면, 다시 말하여, 하나님의 다스리심을 받는 천국 백성이 되려면, 회개하고 죄 씻음을 받아야 하기 때문에 죄 사함을 받게 하는 회개의 세례를 베푼다고 하는 것이다.〉
219) 신성종, "신약에 나타난 성령론: 특별히 방언 문제를 중심으로," 신학지남 48(2) (1981): 36(22-38).
220) 김동수, "영산의 방언론," 한세대학교 영산신학 연구소 간행물 (2008): 191(189-206).

것이 아니다. 또한 "오순절 날이 이르매"(행 2:1)라고 말한 것은 하나님의 정한 때에 성령이 임했다는 뜻이다. 그 무엇보다 오순절 성령세례는 그리스도의 약속의 성취였다. 약속은 그 대상자들에게 모두 실현되었다. 성령세례의 약속과 성취에는 인간 편에서의 기여가 없다.

무엇보다 예수 그리스도께서는 성령이 오시면 방언도 한다고 말씀한 적이 없다는 사실이다. 오순절 운동에서 중요하게 생각하는 사도행전의 주요 본문(행 2:1-4, 8:14-17, 10:44-48, 19:1-7) 중 어디에도 방언 받기 위해 구하라고 하지 않는다. 그런 까닭에, 박형용 교수는 "오순절날 제자들이 방언을 말한 것은 성령세례를 받았다는 증거가 아니요, 예수님의 약속이 성취되었다는 증거이다"라고 말했다.[221] 신성종 교수는 "그때는 오순절 이전이기 때문에 성령세례를 기다리지만, 오순절 이후에는 기다릴 필요가 없다는 점이다."라고 말했다.[222]

고린도전서 12:13을 제외하면 성령의 세례는 요한의 물세례와 대비된다. 성령의 세례는 개인에게 주어지는 특별한 체험이 아니다. 성령의 세례 주심은 오순절 성령의 강림으로 예수님께서 주시는 은사다. 성령은 기독론적 관점에서 이해해야 한다. 기독론적 관점으로 성령을 이해한다는 것은 우리의 구원에서 우리 편에서의 기여가 아무것도 없다는 뜻이다. 우리에게 성령의 세례 주심은 우리의 거듭남을 주시는 것이다.[223]

박형용 교수는 사도행전에서 사용된 '성령으로 세례를 받는다'는 표현은 "개인 성도의 중생 이후의 특별한 성령체험을 가리키지 않고 불신자들이 신자로 되는 회심 경험을 가리키고 있다"고 말했다.[224] 김길성 교수는 사람의 응답인 신앙과 회개가 일어나기 전에 하나님의 역사인 소명과 중생이 있으며, 그것을 성령세례라고 보았다.[225]

221) 박형용, "성령세례에 대한 오순절파의 견해와 비판(2)," **신학정론** 14(2) (1996): 109(458-486).
222) 신성종, "신약에 나타난 성령론: 특별히 방언 문제를 중심으로," **신학지남** 48(2) (1981): 30(22-38).
223) 변종길, **우리 안에 계신 성령** (서울: 생명의말씀사, 2003), 198; "우리가 거듭난 것은 인간의 노력으로 된 것이 아니라 하나님께서 성령을 (풍성히) 주심으로 된 것이라는 것을 말할 때에는 '성령세례'라는 표현을 사용하고, 우리가 성령을 받음으로써 근본적으로 '새롭게 되었다'는 것을 말할 때에는 '중생'이라는 표현을 사용한다. 다시 말하면 성령세례는 '하나님의 은혜'라는 사실에 초점을 두고 있고, 중생은 '인간의 변화'라는 사실에 초점을 두고 있다."
224) 박형용, "성령세례에 대한 오순절파의 견해와 비판(2)," **신학정론** 14(2) (1996): 121(458-486).
225) 김성봉, 김길성, 조병수, 김영규, **성령과 교회** (서울: 하나, 1996), 100; 김길성, "우리 시대를 위한 개혁주

고전 12:13에서는 "한 성령으로 세례를 받아 한 몸이 되었고 또 한 성령을 마시게 하셨느니라"고 말했다. 이 말씀에서 사도는 그리스도를 믿은 모든 사람은 한 몸이 된다고 말했다. 한 몸을 이루는 것은 성령의 주도적인 사역의 결과다. 매크레오드는 "마시게 하셨느니라"는 헬라어 '에포티스테멘'(ἐβαπτίσθημεν)은 식물에 물을 주는 의미로 사용되었다고 말했으며, 에드워즈(T.C. Edwards)는 "식물들과 같이 우리가 성령으로 흠뻑 젖는다. 그것은 물줄기가 들판을 적시어 풀잎들의 뿌리로 스며드는 것과 같다"고 말했으며, 마이클 그린(Michael Green)은 "모두 같이 성령의 바다에 빠져들어 모두가 다 그의 생명수로 그들의 시들어가는 생명들을 축였다"고 말했다.226) 그렇게 성령으로 세례를 받는 목적은 "한 몸"이 되는 것이다. 이상목은 '성령에 의한 세례'나 '한 성령을 마심'은 "여러 지체들이 한 몸을 이루는 것을 설명하는 바울의 제의적 언어"라고 말했다.227)

'세례를 받았다'는 것은 '성령을 받았다'는 말과 같은 의미다. '성령을 받는다', '성령으로 부음 받는다', '성령으로 세례를 받는다', '성령을 마신다'는 말은 다 같은 뜻이다.228) 성령의 세례를 통해서 예수 그리스도와 연합이 되며 예수님께서 머리가 되시고 우리는 지체가 된다. 성령의 세례는 우리가 어떤 획기적이고 특별한 체험을 하는 것이 아니다. 그런 까닭에, 중생 하였으나 성령세례를 받지 않았다는 말은 성립될 수 없다.

고린도전서 12:13의 해석은 '사도행전 1:5을 구원 역사로 보느냐?' 아니면 '개인의 구원 서정으로 보느냐?'에 따라 해석이 달라진다. 고린도전

의 구원론"

226) Donald Macleod, **성령세례와 개혁주의 성령론**, 지상우 역 (서울: 여수룬, 2004), 22-23.

227) 이상목, "바울의 성령 이해와 그리스도의 몸이 지닌 공동체적 의미: 대안 사회로서의 고린도 교회," **신약논단** 23(2) (2016): 457(441-476); "스토아 철학의 우주론과 다르게, 성령은 '그리스도의 몸'을 이루는 모든 지체들에게 균등하게 내주한다. 신자들 사이에 발견되는 은사의 차이는 성령이 신자들에게 각각 다른 밀도로 임한 결과가 아니다. 은사의 차이는 성령이 주권적 결정에 의한 것이다(12:4). 하지만 모든 지체는 동일하게 성령의 은사에 접근할 수 있다."(p. 458)

228) 변종길, **우리 안에 계신 성령** (서울: 생명의말씀사, 2003), 42; 변종길 교수는 개핀 교수의 오류를 잘 지적했다. 개핀 교수는 리덜보스의 견해를 그대로 수용하여 "13절 상반절의 '한 성령으로'에서 전치사 '엔'을 수단적인 의미('의하여' 또는 '통하여')로 이해하는 것을 반대한다."고 말했다. 또한 13절 상반절을 '성령세례'가 아니라 '물 세례'를 시사하는 것이라고 주장했다(pp. 346-347).

서 12:13은 개인의 구원 서정에 해당한다. 12장 전체는 그리스도의 몸에 대해 말한다. 12:13은 그리스도의 몸이 되기 위해서는 성령으로 세례를 받아야 한다고 말한다.[229]

성령의 세례로 죄인이 거듭난다. 성령의 세례는 중생을 가리킨다. 사람 편에서 신앙과 회개로 응답하기 이전에 성령의 역사로 소명과 중생이 주어지는 것을 성령세례라 한다. 세례는 그리스도와 함께 죽고 함께 살아나서 그리스도와 연합된 자이다. 성령세례는 "죄인의 마음속에 들어오셔서 그로 중생케 하시고 예수를 주로 믿게 하시며 하나님을 아빠 아버지라 부르게 하는 신앙생활의 시초에 놓인 사건이다."[230]

그런 까닭에 전통적인 교회는 성령세례를 '첫 번째 체험', '진입적 체험'이라 하며, '그리스도의 몸 즉 교회에 참여하는 진입(initiation)으로 말한다.[231] 존 스토트는 "세례의 핵심 개념은 진입이다"라고 말했다.[232] 박형룡 박사는 성령세례를 정화성, 최초성, 보편성으로 말하면서, 고린도전서 12장의 성령세례는 "분리된 요소가 아니라 하나의 요소이며 그리스도의 지체로 되는 수단이어서 모든 그리스도인에게 보편한 것이다"라고 말했다.[233] 개핀 교수는 "성령세례는 회심할 때 단 한 번 일어나는 것인데 반해, 성령 충만은 그리스도인의 삶 속에서 지속적으로 진행되는

---

229) 박형룡, "성령세례와 성도의 구원," 신학정론 9(1), (1991): 27-28(24-56); "행 1:5은 예수님의 죽음, 부활, 승천과 연관시켜 고찰해야 할 행 2장의 오순절 사건을 가리킨다고 생각된다. 그러므로 행 1:5은 구속 역사적인 전망으로 다루어야 할 구절이다. 반면 고전 12:13은 개인 성도의 구원 경험을 설명하는 구절로 받아들여야 한다."

230) 고려신학대학원 교수회, "고려신학대학원 교수회 성령론 연구 보고서(1993)"; 〈그러므로 성령세례, 성령 받음, 성령 부어주심 등은 칭의, 회심과 같은 시점에 일어나는, 신앙생활을 가능케 하고 시작케 하는 시초적, 진입적 사건으로서 중생과 같은 시점에 일어나는 사건이다. 사실 성령세례와 중생은 동전의 앞과 뒤와 같은 것으로서 사람이 성령을 받음으로 중생하게 되고 중생하기 위해서는 성령 받음이 필요하다. 이 둘은 같은 시점의 동일 사건을 가리키는데 어떤 관점에서 보느냐에 따라 다르게 표현한 것이다. 중생이란 어떤 사람이 성령을 받음으로 육적인 사람이 변하여 새 사람, 영적인 사람이 되었는데 그것이 마치 사람이 새로 태어나는 것과 같다 하여 붙은 말이요, 성령세례란 사람이 중생할 때 그것이 사람의 힘으로 된 것이 아니요 하나님의 영을 받음으로 가능케 되었음을 나타내는 말이다. 곧, 중생이란 "변화"에 초점을 둔 말이요, 성령세례란 "은혜"에 초점을 둔 말이다.〉

231) 변종길, 오순절 운동과 성령세례 (서울: 말씀사, 2012), 71; "전통적인 견해는 … 성령세례의 문제를 논할 때에 항상 바울 서신으로부터 출발한다는 뜻은 아니지만, 바울 서신을 성령세례 교리의 결정적 교리로 삼는다는 뜻이다."

232) John R. Stott, *Baptism & Fullness*, 3rd ed., (downers Grove: Intervarsity, 1978), 37.

233) 박형룡, "성령의 세례와 충만," 신학지남 38(4) (1971): 9.

과정 또는 활동이다"라고 말했다.234)

성령세례 1 - 성령세례 2, 3, 4 ···· 방언

성령세례 - 성령충만 - 성령의 열매

제임스 던(James D. G. Dunn)은 오순절 전의 제자들은 구약시대에 속한다고 보며, "오순절과 제자들과의 관계는 요단과 예수와의 관계와 같다.", "예수께서 요단강에서 성령으로 세례받으심으로 새 시대와 새 언약에 들어간 것처럼, 제자들도 오순절에 그와 같은 방법으로 그를 따랐다."라고 말했다.235) 던은 제자들은 오순절 전에 중생하지 않았으며 아직 신약 시대의 구원에는 이르지 못했다고 보았다.236)

20세기 후반과 21세기 초반에 누가복음-사도행전에 나타난 성령에 대한 연구는 주로 던(James D. G. Dunn), 멘지스(Robert P. Menzies), 터너(Max Turner)가 주도했다. 던은 누가가 성령을 예언적인 능력 부여라고 강조했으나 예언적 능력 부여라는 '두 번째 축복'은 아니라고 했다.237) 던의 입장에 대응하는 오순절 학자들은 "누가는 바울과 요한과는

---

234) Richard B. Gaffin Jr, **구속사와 오순절 성령강림**, 김귀탁 역 (서울: 부흥과개혁사, 2013), 49; 〈신약 성경에서 신자에게 성령으로 충만하라고 명령하는 유일한 본문이 에베소서 5장 18절인데, ··· 명령형(현재 시제)은 명령 되는 일을 단지 한 번이 아니라 지속적으로 또는 반복적으로 행해야 할 것을 강조한다. 그런데 이것은 성령 충만은 성령세례와 동일한 것이 아니라는 것을 암시한다. ··· 에베소서 5장 18절의 명령을 다음과 같이 다양하게 의역될 수 있다. "지속적으로 성령으로 충만하라. 거듭해서 성령을 가득 채우라. 너의 삶 속에 성령의 활동의 결과가 더 충분히 나타나도록 계속 힘쓰라."〉

235) James D. G. Dunn, *Baptism in the Holy Spirit*, 4th ed., (London: SCM Press, 1977), 40.

236) 변종길, **오순절 운동과 성령세례** (서울: 말씀사, 2012), 79-81; "던 교수는 제자들의 믿음이 오순절에 이르러서야 비로소 그리스도인의 헌신의 수준에 도달하였다고 보고 있다. 이렇게 함으로써 던 교수는 성령세례의 '최초성'(initiation)을 오순절 날의 제자들에게도 적용시키려고 하고 있는 것이다. 그러나 이러한 견해는 오순절 전의 제자들의 믿음을 약화시킬 위험성이 있으며, 그리스도인의 믿음을 '결정적 헌신'(decisive commitment)으로 보는 문제점을 가지고 있다."

237) Max Turner, "성령세례 문제에 대해 우리는 어디에 있나?: 누가-행전에서의 성령과 구원," **영산신학저널** (2012): 8-9(7-30); 〈던은 (바울과 요한의 경우처럼) 누가-행전에 있는 성령의 은사는 근본적으로 구원론적인데 그 개념은 하나님 나라의 현존을 가져다주며, 죄를 깨끗하게 하며, 생기 있는 새 언약의 삶을 가능케 하고, 나아가 종말론적인 아들 됨을 가져다준다고 주장한다. 따라서 그 성령의 은사는 완전한 그리스도인의 존재가 뜻하는 바를 가능케 하는데 필수적이며 그러기에 "회심-입문"은 필수적으로 당연한 것이다. 그렇다고 던은 (특히 그의 최근의 글에서) 누가가 성령을 예언적인 능력 부여로 강조했다는 점을 부인하기를 원치 않는다. 하지만 던은 누가에게 있어 성령의 은사가 오직 구원의 은혜에 '부가적으로' 주어지는, 예언적인 능력 부여라는 "두 번째

구별되는 아주 '뚜렷한' 은사적/예언적인 성령론"을 취한다고 말한다. 막스 터너는 다음과 같이 말했다.

> 그 성령론에는 그리스도인의 신앙과 삶을 지탱하고 세워주는 근본적으로 구원론적인 특징이 작용하지 않는다. 던의 대응자들이 사도행전의 성령에 관한 해석에 대하여 이 같은 입장을 취할 수 있는 것은 궁켈(Hermann Gunkel, 1888)로부터 시작하여 슈바이처(Eduard Schweizer, 1950년대) 그리고 하야-프라츠(Gonzalo Haya-Prats, 1975)에게 이르기까지 그들에 의해 해석되어 온 내용에 그 바탕이 있다. 이 같은 오순절적 입장을 가장 잘 보여주는 학자가 로버트 멘지스(Robert P. Menzies)일 것이다.[238]

터너에 의하면, 오순절 학자들의 성령론은 궁켈, 슈바이처, 하야-프라츠의 해석이 바탕이 되어 있다. 터너의 이런 진술은 오순절 학자들의 성령론에 대하여 논의의 여지를 제공한다. 멘지스는 "누가-행전에서의 성령은 결코 구원론적인 대리자로 나타나지 않는다."고 말했으며, 은사를 "하나님의 선교에 참여하게 하는 자에게 능력을 부여하는 예언적인 능력 부여"로 정의했다.[239]

변종길 교수는 달라스 신학교의 엉거(Merrill F. Unger) 교수의 견해가 던(James D. G. Dunn)의 견해 보다 진전된 견해로 여겼다. 엉거 교수는 "구약시대의 성도들은, 아브라함과 다윗과 같이 믿음으로 중생하였고(롬 4:1-25), 오순절 전의 예수의 제자들도 그러하였다(눅 10:20).", "사도행전 2장에 기록된 사건들을 통과한 구약의 성도들은 한 시대에서 다른 시대로 넘어가고 있다는 사실을 결코 잊어서는 안 된다."고 말함으로써,[240] 제자들은 두 번째 축복을 받은 것이 아니라 '시대 전환적 현상'

축복"(second blessing), 즉 "부가적 은혜"(donum-superadditum)라고 주장하는 중대한 오순절적인 해석에는 단호하게 도전하고 있다.〉

238) Ibid., 9. "그의 박사 학위 논문은 1991년 출판되었고, 이 책은 2년 후에 또다시 던이 오순절 학자들에 대한 그의 입장을 상당하게 피력하게 하는 촉진제가 된다." Robert P. Menzies, The Development of Early Christian Pneumatology with Special Reference to Luke-Acts (Sheffield, UK: Sheffield Academic Press, 1991); James D. G. Dunn, "Baptism in the Spirit: A Response to Pentecostal Scholarship on Luke-Acts," JPT 3 (1993), 3-27.

239) Ibid., 11. 〈그 은사는 특정적이며 배타적으로 "비구원론적"(혹은 은사적)이고 "예언적"이며 "선교적"이다 (Menzies, Spirit and power, 89-90.)〉

240) Merrill F. Unger, The Baptism and Gifts of the Holy Spirit, 7th ed., (Chicago: Moody Press, 1981), 64.

을 경험한 자들이라고 설명했다.241) 변종길 교수는 오순절 사건을 구속사적 사건으로 보며, '새로운 시대에로의 진입', '교회 시대의 시작', '성령 시대의 취임'으로 말했다.242) 특히 변종길 교수가 오순절을 구속사적인 입장과 제자들의 입장을 동시에 고려하는 것은 오순절에 대한 보다 실제적인 관점을 제공한다.243) 매크레오드 역시 사도들의 이중적 경험은 "그들의 제자 됨이 두 세대를 걸친 것이었으며 완전히 독특한 것이었기 때문이다"라고 말했다.244)

성령의 세례로 우리가 그리스도와 한 몸이 되었기 때문에 다시 성령의 세례가 필요하지 않다. 성령의 세례는 우리가 그리스도와 한 몸을 이루는 연합을 말하며, 그로 인해 성령께서 우리 안에 내주하신다.245) 예수님을 구주로 믿는 거듭남의 역사가 성령의 세례로 설명되는 이유는 성령의 역사로 우리가 그리스도와 함께 죽고 함께 살아나기 때문이다.

문제는 무엇인가? 그 성령세례가 다시 일어나야 한다는 것이고, 성령세례의 증거가 방언이라고 주장하는 것이다. 윌리엄스(J. Rodman Williams)는 성령의 세례로 방언을 말했으며, 방언은 성령의 선물의 풍

---

241) 변종길, **오순절 운동과 성령세례** (서울: 말씀사, 2012), 81-84.
242) Ibid., 96-97; "구속사적 관점에서 볼 때, 오순절 사건이 교회 시대의 '취임'(시작, 개시, 진입)이라는 표현이 중요하지 '첫 번째'라는 표현이 큰 의미를 가지는 것은 아니다. 그럼에도 불구하고 '첫 번째'라는 표현을 쓰는 이유는 오순절 사건을 '두 번째'의 것으로 보려는 오순절주의자들의 견해와 대비시키기 위함이다."
243) Ibid., 90, 105-106; "예수님의 제자들이 오순절 전에는 교회 창설을 위한 하나의 준비위원회를 구성하고 있었다면, 오순절 날에 그들은 교회의 구성원으로 정식 가입하여 새로운 출발을 하였다고 볼 수 있다. 이러한 '새출발'은 오순절 날에 갓 탄생한 '그리스도의 몸'의 지체로서의 새출발인 것이다."
244) Donald Macleod, **성령세례와 개혁주의 성령론**, 지상우 역 (서울: 여수룬, 2004), 34; "모든 그리스도인의 삶이 '오순절' 사건처럼 되어야 한다는 견해를 열렬히 지지하는 자들까지도 최초의 오순절에 일어나는 많은 특징들이 결코 반복될 수 없다는 것을 받아들여야 할 것이다. 이를테면 강력한 바람, 불과 같은 혀, 그리고 많은 군중들이 자기네들 말로 메시지를 이해할 수 있게 되는 영적 교제의 이적, 이와 같은 것들은 결코 되풀이 되지 않았다."
245) Robert L. Thomas, **성령의 은사들**, 김지찬 역 (서울: 생명의말씀사, 1983), 74-75; 〈그리스도의 몸의 내적 생명 "또 다 한 성령을 마시게 하셨느니라"(12:13). 성령세례라고 불리는 중요한 사건은 어떤 관계가 새로이 시작함을 뜻하는데, 이 새 관계 속에서도 성령의 역할은 뛰어난 것이다. 성령께서 내적인 세례를 베푸는 그 순간에, 또한 각 그리스도인들 안에 그가 거주하시게 된다. 이런 거주를 달리 성령의 내주(來住)라고 부른다. "한 성령을 마시게 하셨느니라"는 비유는, 성령을 물이라는 상징을 써서 지칭하는 성경의 관습과 일치되는 것이다. 더욱이 성령의 내주는 물이 인간의 내적 신체 구조의 일부가 되는 방법에 의해 잘 표현되고 있다. 주 예수께서 주를 믿는 자들에게 주실 성령세례와 성령의 내주에 관련해서 성령의 오심을 언급할 때는 이런 용어들을 사용하셨다(요 7:37-39, 14:16-17).〉

성함에서 비롯되며, 방언으로 말하는 것이 성령의 임재의 증거라고 말했다.246) 그러나, 도날드 매크레오드(Donald Macleod)는 성령세례가 반드시 경험적인 것은 아니라고 말했다.247)

도널드 데이튼(Donald Dayton)은 이렇게 방언을 오순절 신학의 배타적 특징으로 주장하면, "이미 방언을 강조하며 실천하고 있던 퀘이커교 및 메노나이트와 변별력을 가질 수 없다고 전제하고, 사중복음의 신학적 테마들을 중심으로 오순절 신학을 재구성해야 한다고 역설했다."248) 데이튼의 주장처럼, 방언을 성령세례의 증거라고 말하면 퀘이커뿐만 아니라 타 종교도 성령세례를 받았다고 말해야 하는 극단의 사태가 발생한다. 그런 까닭에, 방언 옹호론자들은 '기독교의 방언은 타 종교의 방언과 다르다'고 주장한다.249) 또한, 방인의 한계를 극복하기 위해 종말론직

---

246) J. Rodman Williams, "Should We All Speak in Tongues," *Christianity Today* 44(3) (2000): 84; "Speaking in tongues seemed to proceed from the abundance of the gift of the Holy Spirit. …For many believers, speaking in tongues continues to be an evidence of the Holy Spirit's presence. There are, however, many other evidences of the Spirit's activity."

247) Donald Macleod, **성령세례와 개혁주의 성령론**, 지상우 역 (서울: 여수룬, 2004), 9; "그러나 우리는 세례를 받는 것과 충만하게 되는 것, 또는 이 두 가지 경우와 성령을 받거나 성령이 우리에게 오시도록 하는 것 사이에는 엄격한 구별이 없다는 것을 상기해야만 한다. 이 점을 인정한다면 성령을 받는 것이 언제나 의식할 수 있는 것이며 기억될 만한 경험이라고 말할 수 있을까?"

"출애굽 시대의 교회는 그와 비슷한 충격을 받았다. 그러나 그들의 자손들의 경험은 점진적이며 전혀 극적이지 안았다. 신약 시대의 초기에도 같은 상황이 일어났다. 즉 사도들과 그들 세대의 다른 그리스도인들은 아브라함의 경험과 비교할 만한 극적인 일을 겪었지만, 그들의 후손들은 점진적으로 하나님의 나라에 이르렀다. 그들의 경험은 아브라함보다는 사무엘의 경험과 더 가깝다. 지고한 영적 의미에서 대부분의 사람들은 모태로부터 나사렛 사람들인 것이다."(p. 13)

248) 배덕만, "오순절 신학의 성령이해," **오순절신학논단** 8 (2010): 53-54(43-65); " 하지만 이후에도 대부분의 오순절 조직신학자들은 성령세례에 독점적 우선권을 부여하며, 중생 이후의 2차적 경험으로서 성령세례, 성령세례의 가시적 증거로서 방언의 의미를 탐구하는 일에 몰두해 왔다. 하나님의 성회 신학자인 윌리엄 멘지즈(William W. Menzies)가 대표적 인물이다. 일부 신학자들 중에는 성령세례보다 재림을 오순절 신학의 핵심으로 제시하는 사람들이 있다. 윌리엄 포펠(D. William Faupel)과 스티븐 랜드(Steven J. Land) 등이 이런 입장을 선도하고 있다. 이들에게 오순절 운동은 철저히 종말적 사건이며, 성령세례는 종말의 선교활동을 위한 초자연적 은사이고, 방언 또한 이런 종말적 선교활동을 위한 도구로서 주어진 것이다. 결국 종말론에 대한 이해 없이 오순절 신학은 근본적으로 불가능하다."

249) 김동수, "방언의 기원: 신약 시대 이전에 방언이 있었는가?" **신약논단** 18(4) (2011): 1279(1259-1285); "방언은 오순절 날 초기 교인들이 처음으로 경험한 것이었고, 이후 바울 등에 의해서 초기 교회에서 경험되었던 것으로, 방언은 순수하게 신약성서 시대에 시작된 것이지 그 이전에는 없었던 것이다. 이것은 예언과는 다르다. 비록 예언의 형태가 약간 달라지긴 했지만 예언은 구약에서 시작하여 바울에게 있어서 성령의 은사의 하나로 소개된 것이다."

이해로 오순절 신학을 재설정하고 있다.[250]

성령세례는 그리스도와 함께 죽고 함께 살아나서 그리스도와 연합된 것이다. 다시 그리스도와 죽고 살아나서 다시 연합할 필요가 없다. 중생은 반복되지 않는다.[251] 성령세례는 다시 반복될 수 없는 단회적 사건이다. 성령세례를 받은 자에게는 성령충만이 있다. 성령세례로 새로운 관계, 새로운 존재가 되었다. 이제는 그 관계와 존재를 계속 유지하면서 사명을 감당하는 일이 남아 있다.

성령세례의 증거가 방언이라는 그 시작은 어디에서 비롯되었는가? 박형용 교수는 다음과 같이 말했다.

> 18세기의 감리교는 19세기의 미국의 성결 운동의 어머니이며, 19세기 미국의 성결 운동은 20세기의 오순절파 운동을 태어나게 했다. 웨슬리는 죄 용서함 받는 것과 새로운 마음을 소유하는 것을 두 개의 구별된 구원 경험으로 생각하고 이것들이 기독교인의 삶의 두 순간에서 발생하는 것으로 믿었다. 즉, 웨슬리는 기독교인이 먼저 회심한 후 그 후에 영적인 경험을 해야 하는 것으로 믿었다. 웨슬리 이전에는 두 번째 은혜의 사역 교리가 충분히 발전되지 못했지만 웨슬리 이후에 이 교리가 많은 사람들에게 영향을 미쳤고 특히 오늘날 오순절파 운동에서 이 교리가 두드러지게 나타난다.[252]

박형용 교수에 의하면, 신학적으로는 웨슬리의 두 번째 영적인 경험이 오순절 운동에 영향을 미쳤으며,[253] 그 경험의 증거가 방언이다. 서철원 교수는 사도행전 2:42에서 베드로의 설교를 들은 유대인 3천 명이 세례를 받고 성령을 받았으나 방언했다는 기록이 전혀 없다고 말했으며, 이것은 성령 받음의 표가 방언이었다면 반드시 방언을 했을 것이라고 말했

---

250) Steven J. Land, *Pentecostal Spirituality: A Passion for the Kingdom.* JPTSup. 1. (Sheffield: Sheffield Academic Press, 1993), 63.

251) J. R. W. Stott, *Baptism and Fullness* (Downers Grove, Ill.: IVP, 1975), 48. 황승룡, **성령론** (서울: 한국장로교 출판사 2003), 126에서 재인용; "세례가 충만의 결과를 낳는다. 전자는 반복될 수 없는 유일한 입교적인 체험이지만, 후자는 계속적인 반복을 필요로 한다."

252) 박형용, "성령세례에 대한 오순절파의 견해와 비판(1)," **신학정론** 14(2) (1996): 461(458-486).

253) Frederick Dale Bruner, *A Theology of the Holy Spirit* (Grand Rapids: Eerdmans, 1980), 39; 변종길, **오순절 운동과 성령세례** (서울: 말씀사, 2012), 57에서 재인용; 〈F. D. 브루너는 다음과 같이 평가하고 있다. "존 웨슬리 이전에는 명확한 은혜의 두 번째 역사에 대하여 그렇게 충분히 발달된 교리는 아마 없었을 것이다. 그러나 웨슬리 이후로 이 교리를 받아들인 거의 모든 사람들은 의도적이었든 아니었든 간에 웨슬리의 자녀들이 되어 왔다. 그리고 이들 중에서 가장 크고 오늘날 가장 두드러진 것이 오순절주의이다.">

다.254)

　방언이 오순절 운동의 핵심이론이라면, 오순절 운동의 방법론은 19세기 미국의 부흥 운동에서 영향을 받았다. 부흥 운동은 신앙의 개인화를 유도했으며, 기독교인의 감정을 강조했다.255) 그 핵심에 찰스 피니와 무디가 있었다. 중생 이후 제2의 축복으로 성화를 강조한 웨슬리 이후의 성결 운동은 제3의 축복인 '능력'을 강조하는 영국의 케직 사경회(Keswick Convention), 중생 이후에 오는 제2의 축복을 성령세례라고 말하는 존 플레처의 영향을 받은 미국과 영국의 성결 운동이 일어났다.

　이후로 찰스 피니(C. Finney)의 영향으로 성령세례는 '성경'보다는 사역을 위한 '능력'을 강조했다. 무디(D. L. Moody), 토레이(R. A. Torrey)는 중생 이후 성령세례의 능력을 강조했다. 또한, 앤드류 머레이(Andrew Murray), 워치만 니(Watchman Nee)를 비롯한 사람들도 그리스도인이 되기 위해서 두 단계를 거쳐야 한다고 주장했다. 이런 사람들이 "완전한 성화," "은사," "축복," "두 번째 축복," "성령세례" 등을 다양하게 말했으나, 두 번째 단계의 경험에 대한 일부의 차이를 제외하면 사실상 동일한 것을 말했다.256) 그들은 공통적으로 두 번째 경험은 회개와 전혀 다른 성도의 새로운 경험이라는 것이다.

　피니(Charles Finney, 1792-1876)는 회심 이후에 오는 경험을 성령세례라고 가르치면서,257) 성령세례를 능력 여부로 이해했으며,258) 오순절

---

254) 서철원, **성령의 사역** (서울: 그리심, 2001), 76.
255) Frederick Dale Bruner, *A Theology of the Holy Spirit* (Grand Rapids: Eerdmans, 1976), 39; 박형용, "성령세례에 대한 오순절파의 견해와 비판(1)," **신학정론** 14(2) (1996): 461(458-486)에서 재인용; 〈부루너(F.D. Bruner)는 "오순절파 운동은 부흥 운동이 실내로 들어간 것이다. 오순절파 운동에서 부흥 운동이 천막과 빌린 홀에서 조직된 기독교회와 수많은 개교회로 움직여 들어갔다. 웨슬리(John Wesley)의 경험 중심 신학과 부흥 운동의 경험 중심 방법론을 유산으로 받아 오순절파 운동은 경험에 굶주린 세상으로 나아갔고 그리고 반응을 발견했다."라고 말한다.〉
256) 전성용, "성령세례 논쟁," **신학과 선교** 33 (2007): 6(1-12); "웨슬리안들이 말하는 성화는 거룩한 삶에 강조점이 있는 반면에 오순절 운동에서는 성령체험의 증거로서 방언을 비롯한 은사와 능력을 강조한다고 하는 것이 차이점이라고 할 수 있지만 근본적으로는 별 차이가 없다."(p. 7)
257) Charles G. Finney, *Power From on High: A Selection of Articles on the Spirit-field Life* (Fort Washington, Pennsylvania: Christian Literature Crusade, 1944), 9.
258) Charles G. Finney, *The Promise of the Spirit*, ed., Timothy L. Smith (Minneapolis, MN: Bethany Fellowship, 1980), 263. cf. John L. Gresham, Jr., *Charles G. Finney's Doctrine of the Baptism of the Holy Spirit* (Peabody, MA: Hendrickson, 1987).

운동에 지대한 영향을 미쳤다. 피니는 성령의 기름 부음을 성령세례와 동일시했으며, 회심 이후에 오는 것이며, 목회의 성공을 위해 필요한 것으로 보았다.[259] 피니는 법정적 칭의를 거부했으며 하나님 앞에 인간이 설 수 있는 궁극적 근거로 '실질적 칭의'를 강조했다.[260] 피니에게는 신학적으로는 메소디즘(완전성화, 은혜의 두 번째 역사)이, 방법론으로는 부흥 운동이 결합되어 있었다.

초기 오순절주의자들은 성결 운동 출신이었으며, 피니를 비롯하여 부스(William Booth), 팔머(Phoebe Palmer) 등은 완전성화를 권장했으며, 헌신한 신자라면 완전한 성화 상태를 경험할 수 있다고 말했다. 칸(Charles Conn)은 "오순절 운동은 19세기 후반에 일어난 성결 운동의 연장이다"라고 말했다.[261]

19세기 성결 운동의 강조점은 중생 이후에 주어지는 '두 번째 경험'에 있었다. 이 '두 번째 경험'이 오순절 운동에서 '두 번째 축복'으로 발전되었다. 19세기 말과 20세기 초에 성결 운동을 주도한 사람은 고든(A.J. Gordon), 심슨(A.B. Simpson), 마이어(F.B. Meyer), 머레이(Andrew Murray), 토레이(R.A. Torrey)이며,[262] 이들 중에서도 토레이가 20세기

---

259) John L. Gresham, "Charles G. Finney의 생애와 저작에 나타난 성령세례," **오순절신학논단** 2 (1999): 156-157(136-160); 〈말년에 발표된 몇 편의 소고를 통해 피니는 성령세례 관한 자신의 입장을 표명하고 있다. 그 가운데 두 편의 글은 설교가들을 위한 것인데, 특히 디모데전서 4장 16절에 기초한 "설교가는 스스로를 지킨다"(Preacher Save Thyself)는 제하의 글은 목회자를 위한 간략한 훈계 목록이었다. 그 목록 가운데 두 번째 권면 사항은 "당신이 성령세례로써 위로부터 임하는 특별한 능력을 수여받았는지 살펴보라"는 내용이었다(Finny, *Power from on High*, p. 42). 그리고 또 다른 소고에서는 설교가들에게 "영혼을 구하는 방법"에 관해 조언하고 있는데 내용은 다음과 같다: "진정 성공적인 설교가는 뭇 영혼을 그리스도께로 인도할 뿐만 아니라 그 믿음을 견고케 한다. 또한 그는 그들의 회심뿐만 아니라 그들의 영속적인 성화까지도 책임지려 한다." 데살로니가전서 5장 23-24절에 약속되어 있는 이 영속적인 성화는 신자가 중생 후에 "약속의 성령으로 인치심을 받음으로써"(엡 1:14) 가능해진다. "성령세례, 또는 성령의 인치심은 육체의 소욕을 제압하고, 그러한 소욕을 물리치려는 의지에 순응할 수 있게 해줄 뿐만 아니라 강화시켜 주며, 나아가 자신을 온전히 하나님께 산제물로 드리려는 마음가짐을 영속시켜 준다." 결국 우리의 구원을 보증해 주는 것은 이러한 성령이 "인치심"인 것이다. 따라서 목회자 자신부터 성령의 인치심을 체험하고 회심자들 역시 체험하도록 인도하는 일이 "무엇보다 중요하다". 만약 이 일에 실패하면 "복음의 진수와 풍성함을 제거해 버린 것"이나 다름없다(Finny, *Power from on High*, pp. 39-40).〉

260) 변종길, **오순절 운동과 성령세례** (서울: 말씀사, 2012), 42-45.

261) Charles Conn, *Pilliars of Pentecost* (Cleveland. Tenn: Pathway, 1956), 27.

262) John R. Rice, **현대 오순절 성령운동의 바른 해답**, 이을숙 역 (서울: 헤브론, 1994), 85-87; 라이스 박사가 방언을 외국어라 한 것은 잘한 것이지만, 성령세례의 역사성을 말하면서 무디와 토레이를 말한 것은 적절치

오순절파 운동에 가장 큰 영향을 미친 사람이다.263) 지(Donald Gee)는 "아마도 성령세례의 가르침을 처음으로 새롭고 성경적으로, 또 교리에 맞게 은사와 증거를 위한 '위로부터 능력'으로 부여한 사람이 토레이일 것이다. 그의 논리적인 진리 계시는 이 교리를 확정하는 데 큰 공헌을 한다."라고 말했다.264) 토레이의 이런 주장은 성경의 교리와 배치된다.265) 토레이는 성령세례를 다음과 같이 말했다.

> 진정한 신자는 누구에게나 성령이 내주하시지만(롬 8:9), 모든 신자가 성령세례를 받는 것은 아니다. 성령이 내주하시는 것과-아마도 의식의 이면인 우리 존재의 은밀한 성소보다 훨씬 깊은 곳에 거하실 수도 있는데-매우 다른 것인 동시에, 그보다 더욱 중요한 체험으로서 내주하시는 존재 전체를 완전히 성령께서 지배하시는 상태다. 모든 신자는 실제적인 체험으로서 성령세례를 받았다고 분명히 가르칠 수 있을 정도로 성령세례를 잠재적으로 받았다고 강조하는 사람들도 있다.266)

토레이는 성령의 내주를 의식의 이면에 거하실 수도 있다고 말했다. 의식의 이면이란 무의식이다. 성령이 무의식에 내주한다는 것은 매우 심각한 문제를 야기한다. 토레이는 성령세례를 잠재적으로 받았다고 강조하는 사람들도 있다고 말함으로써 성령의 세례와 내주가 무의식에서 일어나는 것으로 만들었다. 토레이의 논지를 따르면, 거듭난 자들은 잠재적으로 성령세례를 받은 자이고 실제로 성령세례를 받으려면 인간 편에서 일곱 단계를 갖추어야 한다고 말했다.

그런 차원에서, 토레이가 "성령에 의하여 사람이 거듭난다는 것과 성

못하다.
263) 박형용, "성령세례에 대한 오순절파의 견해와 비판(1)," **신학정론** 14(2) (1996): 464(458-486).
264) Donald Gee, *The Pentecostal Movement* (London: Victory, 1948), 4-5.
265) Donald Macleod, **성령세례와 개혁주의 성령론**, 지상우 역 (서울: 여수룬, 2004), 26-27; 〈일부의 그리스도인만이 성령 충만을 받게 된다는 주장은 그리스도인의 섬김에 대한 신약의 교리와 배치된다고 볼 수 있다. 토레이는 구원을 받는 것과 섬길 준비가 되어 있는 것 사이에 구별을 두려고 하였으며 다음과 같은 놀라운 말을 하였다. "만일 어떤 사람이 중생한다면 그는 구원을 받을 것이다. 만일 그가 죽는다면 그는 천국에 오르게 될 것이다. 그러나 비록 그가 구원받았다고 해도 그는 아직 하나님을 섬기는 데 적합하지가 않다." 이러한 구별은 신약신학에 대한 곡해다. … 하나님의 덕을 선전하는 일은 모든 그리스도인에게 분명하게 주어진 의무이다.〉
266) R. A. Torrey, **성령론 설교: 성령의 인격과 사역**, 장광수 역 (고양: 크리스챤다이제스트, 2010), 145; "그러나 오늘날의 성령세례가 초대교회의 성령체험과 완전히 다른 것이 아니라면, 우리가 흔히 신자라고 생각하는 사람 중의 대다수가 신자가 아니거나, 신자는 성령세례 없이 거듭난 사람을 가리키게 될 것이다."

령으로 세례를 받는다는 것과는 전혀 다른 것이다."라고 말한 것은 새롭게 해석할 필요가 있다.[267] 토레이에게 성령의 세례는 무의식에 내주하는 성령의 발현을 경험하는 것이다. 토레이는 성령세례는 중생과 구별되는 명확한 체험이라고 강조했으며, 신자들은 성령세례의 여부를 분명히 알 수 있다고 주장했다.[268] 무엇보다 성령세례는 봉사를 위한 능력 부여라고 말했다.[269]

토레이의 손자인 대천덕(Reuben Archer Torrey III)은 그의 할아버지의 성령론과 약간의 차이가 있으나,[270] 토레이의 성령론을 한국에 퍼뜨림으로 지금의 한국교회가 토레이의 성령론에 지대하게 영향을 입었다. 한국 기독교에 성령세례에 대한 개념에 지대한 영향력을 준 사람은 예수원의 대천덕 신부였다. 대천덕 신부는 자신의 할아버지인 토레이(R. A. Torrey)의 성령론을 그대로 전수 받았다.[271] 토레이는 이렇게 말했다.

> 사람이 성령님에 의해 거듭났지만 성령으로 세례받지 못한 경우도 있다. 거듭남에 있어서는 성령님의 능력에 의해 생명 주심이 있으며 그것을 받는 사람은 구원받는 것이다. 성령으로 세례받는 것에 있어서는 능력 주심이 있으며 그것을 받는 사람은 하나님의 일을 행하는 데 적합한 사람이 되는 것이다.[272]

토레이는 성령세례를 능력 주심으로 말했다. 토레이는 D.L. 무디와 찰

---

267) Reuben Archer Torrey, **성령론** (서울: 대한기독교서회, 2012), 115.
268) R. A. Torrey, *The Baptism With the Holy Spirit* (Fleming H. Revell, 1895 and 1897), 14.
269) R. A. Torrey, *The Baptism With the Holy Spirit* (Minieapolis: Dimension Books, Bethany Fellowship, 1972), 13-26.
270) 대천덕, **산골짜기에서 외치는 소리** (서울: 기독양서, 2002), 14-17: "성령세례를 받는다는 말로 성령 충만함을 받는다는 말을 같은 의미로 혼용해서 사용할 수 있느냐 하는 것입니다. … 일시적으로 성령세례를 받고 이적과 기사를 행할 수 있는 능력을 갖는 것과, 성령 충만한 생활을 계속함으로 생활이 변화되어 성령의 열매를 맺게 되는 능력과는 다르다는 것입니다. 성령이 열매를 맺는 가운데 생활에 변화를 가져오려면 성령을 마시고 성령의 입김을 마음 속에 불어넣어 성령 충만한 생활을 계속하여야 합니다. 하나님께서 선물로 주시는 성령세례나 성령의 은사에만 의존하면 안 됩니다. 결론적으로 '성령세례', '성령의 충만함'과 같을 수도 있고 또 그렇지 않을 수도 있습니다. 중요한 것은 성령세례라고 하는 것은 어디까지나 일시적 성령 충만의 체험이지 결코 계속적이고 영속적인 성령 충만은 아니라고 하는 것입니다."
271) 대천덕, **대천덕 자서전**, 양혜원 역 (서울: 홍성사, 2001), 80: "얼마 후 할아버지가 쓰신 〈성령세례〉(Baptism in the Holy Spirit)를 읽었다. 나는 이것이 성경의 주제라는 것을 깨달았고, 하나님의 일을 하려면 성령세례를 받아야 한다는 것을 깨달았다. 나는 이 선물을 간구했고, 이 선물을 받았다는 것을 믿음으로 받아들였다."
272) R. A. Torrey, **너희가 믿을 때에 성령을 받았느냐**, 대천덕 역 (서울: 기독양서, 2002), 207.

스 피니가 성령세례를 받은 사람이라고 말하면서, "성령으로 세례를 받으면 그는 복음 전도자의 은사를 받을 수 있을 것"이라고 말했다.[273] 대천덕의 아내 현재인 사모는 칼 융의 심리학과 영성을 그대로 수용한 아그네스 샌포드의 치유을 받아들였고[274] 대천덕 역시 샌포드로부터 영향을 받았다.[275] 아그네스 샌포드는 존 & 파울라 샌드포드, 프랜시스 맥너트, 루스 카터 스태플턴, 데니스 & 리타 베네트, 몰톤 켈시, 데이빗 씨맨즈, 존 윔버에게 직접적인 영향을 주었다. 샌포드로 인하여 칼 융의 심리학과 영성이 치유사역자들과 은사 운동가들에게 지대한 영향을 주었다. 칼 융과 섞인 기독교는 더 이상 기독교가 아니다.

18세기 메소디즘(존 웨슬리)

↓

19세기 부흥운동(찰스 피니)

성결운동 → ↓ ← 토레이의 성령세례

20세기 오순절 운동

성령론 논쟁에 있어서 또 하나의 쟁점은 '누가의 성령론'이다. 누가의 성령론에서, 비오순절 입장에 있는 학자들은 람프(G.W.H. Lampe), 던

---

273) Ibid., 217; "우리가 한때 성령으로 충만하게 되는 것만으로는 충분치 못하다. 우리는 그리스도 사업의 새로운 전진을 위해 새롭게 충만 될 필요가 있다. 성령으로 다시 충만해져야 할 필요성을 깨닫지 못하면 한때 하나님께 크게 사용되어졌으나 후에는 한쪽에 밀려나는 사람으로 전락 될 수밖에 없을 것이다."(p. 246)

274) 현재인, **예수원 이야기**, 양혜원 역 (서울: 홍성사, 2009), 110-111; "훌륭한 성경 선생이자 성령 은사 운동 지도자인 샌포드 여사는 12년 전에 주님과 함께 내 영적인 생활을 완전히 바꾸어 놓은 사람이었기 때문이다. … 샌포드 여사에게 개인적으로 기도를 요청하는 이들이 그 어느 때보다 많았다. … 그녀는 예수님이 내 잠재의식 속에서 일하셔서 나의 숨겨진 갈등들을 드러내 달라고 간구했으며, 내가 하나님을 실제적으로 느낄 수 있게 하심으로써 하나님 안에서 쉼을 얻고 안정을 누리게 해 달라고 기도했다."

275) 대천덕, **대천덕 자서전**, 양혜원 역 (서울: 홍성사, 2001), 182. "하나님은 제인을 아그네스 샌포드 여사가 인도하는 목회상담 모임에 참석하게 하셔서 기적적으로 후두염을 고쳐 주셨고(제인은 순식간에 말을 분명하게 할 수 있게 되었다), 마음속의 아픈 기억을 치유해 주셨으며, 성령세례를 받게 하심으로써 그 기도에 응답하셨다. 이것은 제인에게 진정한 인생의 시작이었다. 제인은 해외로 가서 살아 계신 주 예수님을 전하고 싶어 어쩔 줄을 몰랐다. 나는 수년 전에 성령세례를 위해 기도했고 성령님의 은사가 역사하는 것을 보았지만, 제인의 새롭고도 놀라운 경험을 통해 성령 안에서 함께 기도하는 것(방언의 은사)이 얼마나 좋은 것인지 알게 되었으며, 그것이 고난을 이기는 능력을 준다는 사실을 발견했다. 그런 능력이 없었다면 우리는 살아남지 못했을 것이다."

(J.D.G. Dunn), 터너(M. Turner) 등이 있으며, 오순절 입장에 있는 학자들은 슈바이처(E. Schweizer), 스트론스태드(R. Stronstad), 멘지스(R. P. Menzies) 도널드 바샴(Donald Basham), 데니스 베넷(Dennis Bennet), 로드먼 윌리엄스(J. Rodman Willams), 하워드 어빙(Howard Ervin) 등이 있다. 람프는 누가에게 성령은 '누가의 두 작품을 관통하고 있는 연결줄'이라고 말했다.276) 또한, 람프는 사도행전의 오순절 이후에 나타나는 사마리아(행 8), 사울(행 9), 에베소의 제자들(행 19)의 경우에 세례가 성령 받은 것과 같지 않다고 주장했다. 누가의 성령개념에 대해 최문홍 교수는 "구약과 같이 여전히 '비인격적'이고, 인간을 대하는 데 있어 '하나님의 활동의 양태'요 하나님께서 그의 백성들 가운데 활동하시는 '능력'"이라고 말했다.277)

성령세례를 신약학에서 심각하게 다룬 것은 제임스 던(James D. G. Dunn)이다. 던과 프레드릭 브루너(Fraderick Brunner)는 오순절 운동의 중심 교리인 '선 중생 후 성령세례'를 반대했다.278) 김동수 교수는 던이 중생과 성령세례를 구별되지 않는 것이라고 말한 것을 "문법적으로 무리한 주장을 하기도 한다"고 말했다.279) 던은 바울과 누가가 말하는 성령세례는 회심과 입문의 정점이며 성령세례와 중생은 구별되지 않는다고 말했다. 던은 누가에게 성령세례는 기독교인이 된 사람에게 봉사의 능력을 부여하는 것이 우선적이지 않으며 어떤 사람을 새 시대에 들어가게 하고 기름을 붓는 것이며, 그렇게 함으로써 새 시대에서 봉사(증거)하도록 준비시키는 것이라고 말했다.280) 사이몬 찬(Simon Chan)은 오순절

---

276) G.W.H. Lampe, "The Holy Spirit in the Writings of St. Luke," in D.E. Nineham ed. *Studies in the Gospels: Essays in Memory of R.H. Lightfoot.* (Oxford: Basil Blackwell, 1955), 159(159-200).
277) 최문홍, "현대의 누가 성령론 연구 개관," **성령과신학** (18) (2002): 74-75(72-89).
278) James D. G. Dunn, *Baptism in the Holy Spirit: A Reexamination of the New Testament Teaching on the Gift of the Spirit in Relation to Pentecostalism Today* (London: SCM Press, 1990); Fraderick Brunner, 성령 신학, 김명용 역 (서울: 나눔사, 1993)
279) 김동수, "누가 신학에서 오순절 신학 정체성 찾기: 멘지스(Robert P. Menzies)의 제안을 따라," **영산신학 저널** 26 (2012): 100(91-114); Rober P. Menzies, *Empowered for Witness: The Spirit in Luke-Acts* (Sheffield: Sheffield Academic Press, 1994).
280) J.D.G. Dunn, *Baptism in the Holy Spirit: A Re-examination of the New Testament Teaching on the Gift of the Spirit in Relation to Pentecostalism today* (London: SCM, 1970), 43; 최문홍, "현대의 누가 성령론 연구 개관," **성령과신학** (18) (2002): 80(72-89)에서 재인용.

주의의 핵심을 성령세례로 보았으며,281) 데일 브루너(Frederick Dale Bruner) 역시 오순절주의의 특징을 '성령침례 중심적'이라고 말했다.282) 터너(Max Turner) 역시 구원론적으로 이해했다.283) 터너는 누가가 성령의 선물을 '회심-입문'과 연결한다고 말했다.284) 터너는 누가가 약

---

281) Simon Chan, *Pentecostal Theology and the Christian Spiritual Tradition* (JPTSup, 21; Sheffield: Sheffield Academic Press, 2000), 7.

282) Frederick Dale Bruner, *A Theology of the Holy Spirit* (Grand Rapids, MI: W. B. Ederdmans, 1980), 59.

283) M. Turner, **성령과 은사**, 김재영, 전남식 역 (서울: 새물결플러스, 2011), 55; 김동수, "누가 신학에서 오순절 신학 정체성 찾기: 멘지스(Robert P. Menzies)의 제안을 따라," **영산신학저널** 26 (2012): 100(91-114)에서 재인용; Max Turner, "성령세례 문제에 대해 우리는 어디에 있나?: 누가-행전에서의 성령과 구원," **영산신학저닐** (2012): 14-17(7-30); 〈던과 필자가 보았을 때 이러한 분석은 핵심 요점을 놓치는 것 같다. "구원"에 대한 누가의 보다 풍부하고 보다 가득한 관점의 중요성은 하나님의 침투적인 여동적 현존(하나님 나라)이며, 철저한 순종의 공동체로 이스라엘을 능력으로 변화시키는 것이며(아들 됨), 기쁨에 찬 예배이며 증거에 있다. 보다 특별하게, 누가가 말하고 있는"구원"은 대체로 (하지만 독점적이지는 않는) 이사야 40-55장에 근거를 둔 이스라엘의 회복을 위한 이사야적 새 출애굽 소망을 기독론 중심의 형태로 나타낸 것으로 널리 인정되고 있다. 이러한 이해 안에서, 구원은 이스라엘의 죄의 용서로 시작하는데 이는 이스라엘에 대한 하나님의 역사적인 응징을 제거하는 것이며(cf. 사 40:1-11), 평화를 가져다주고, 회복의 왕으로, 국가적이고 영적인 침체로부터 절망적인 이스라엘을 해방시키며, 만국의 빛으로 이스라엘을 해방시키는 시온을 향한 야훼의 '복귀'를 인정하는 것이다. … 만약 위의 논의가 옳다면, 누가를 해석하는 오순절 학자들은 너무 좁은 구원의 개념을 가지고 있으며 바로 이것이 논쟁을 왜곡하고 있는 부분이다. 그러나 만일 누가에게 있어 구원이 하나님과 그리스도의 역동적인 자기 현현(selfmanifesting)과 현존(presence)의 경험에 있다면, 누가가 어떻게 그 구원이 사도행전의 공동체에 임하고 그리고 그들 중에 지속된다고 생각할까? 던은 많은 사람들이 분명한 해답이라고 여기는 것을 제공하는데 그것은 다름 아닌 오순절 성령이다. 때론 대안이 될 만한 설명이 제공되는데 이를테면 구원은 하나님으로부터 직접 임하는 것이고 혹은 그리스도로부터 즉각적으로 임하는 것으로 설명하며, 또한 그것은 '그 이름'이나 그'말씀'을 통하여 중재된다고 설명한다. 이 모든 설명은 엉성한 주석학적 증거에 기초하고 있으며 또한 기이한 신학으로 이끄는 것 같다. 그러나 던이 제공하는 답변을 누가도 할 수 있었을까? 멘지스는 반대로 사도행전에 있는 성령은 단순히 선교와 증거를 위한 예언적인 능력 부여라고 답변한다. 이 같은 주장은 일부는 예언의 영의 본질에 대한 그의 이해에 근거하며 또한 일부분은 누가-행전의 과도적인 본문들에 대한 이해에 근거하고 있다.〉

284) Max Turner, **성령과 은사**, 김재영, 전남식 역 (서울: 새물결플러스, 2018), 280-281; 〈가장 첨예한 구분은 가장 초창기의 오순절주의자들이 제공한(그리고 멘지즈가 강력하게 재진술한) 구분이다. 그것은 뚜렷한 오순절 성령이 증거를 위해 권능을 부여하는 직임을 감당한다는 것이다. 그러나 (오순절 후에) 누가는 이러한 성령의 선물을 회심-입문과 연결하고 있지, 신자들의 영적 여정의 좀 더 성숙한 어떤 단계와 연결시키지 않고 있다. 어쨌든 누가의 진술은 모든 그리스도인이 선교사로서 권능을 부여받는다는 인상을 주지 않고 있다. 이미 살펴보았듯이, 더욱 중요하게는 그렇게 해서 그려지고 있는 "권능 부여"(empowering)가 대체로 구원의 생명(삶)에 있어 개인과 공동체에 그리스도의 임재와 지시를 가능하게 해주는 동일한 지혜, 계시, 감동을 받은 언설의 은사들에 의존하고 있다는 것이다. 따라서 성령이 최초로 주어지는 것과 후속적으로 성령세례가 주어지는 것 사이의 이런 유형의 구분은 해소된다. 우리가 관찰한 같은 점에서 신자가 (두 번째 단계의) "성령세례"를 받음으로써 처음으로 성령의 카리스마타(은사들)를 체험하게 된다는 견해도 타당하지 않다. 믿는 자가 그리스도를 인식하게 되는 것 자체가 오로지 다양한 카리스마타(은사들)의 체험 가운데, 그 체험을 통해서 이루어지는 것이기 때문이다. 그러므로 다른 학자들이 "성령세례"를 더욱 모호하게 회심의 선물에 대한 어떤 종류의 강화(intensification)

속된 성령을 '증거'를 위한 능력 부여이며,285) 이스라엘의 회복을 가져 오는 선물로 보면서 구원론적 선물로 성령을 이해했다.286) 터너는 성령 과 회심의 쟁점에 있어서 어떤 일치된 기준이 없다고 말하는 퀘스넬 (Quesnel)에 반대하며 회심-입문 패턴에서 경험되는 기준이 존재한다고

로(이를테면, 주님과의 관계를 더욱 깊이 체험하는 일과 교회에 대한 섬김 및 세계를 향한 증거 가운데서 권능 을 부여해주는 것으로) 해석했다는 점이 그리 놀랍지 않다. 그러나 이러한 종류의 접근방식은 성령에 대한 엄격 한 두 단계 신학을, 우리가 나중에 검토하게 될 몇몇 다른 패러다임들에 대해 그렇게 하듯이 쉽게 지지하지 않 는다. 우선 그 접근방식은 거의 다루기 힘든 추상화에 근거해 있다(어떤 수준의 성령체험이 회심의 선물에 속하 며, 어떤 것이 성령세례에 속하는가?). 둘째, 이러한 난점 때문에 신학적으로 구별된 성령의 선물과 받음이라는 두 번째 체험에 대해 말하는 것은 일관성이 없으며, 그러한 입장을 합리화하려는 불가능한 시도들을 하게 만든 다. 그래서 이 패러다임은 분명 우리가 두 종류로 구별된 그리스도인을 찾아야 한다고 제시하고 있지만, 거기에 는 (a) 단 한 명의 신약 기자라도 부활절 이후의 신자들에게 주어지는 두 단계로 된 성령의 선물에 대해 언급하 고 있다는 증거가 결여되어 있다는 문제점과, (b) 성령세례라는 것에 참여했던 사람들의 상당 부분이 그 "성령 세례" 전과 후에 그리스도인의 제자 됨의 품격과 질에 있어 경험적으로 분명한 어떠한 차이점도 보여주지 못하 고 있다는 문제점, 그리고 (c) 전통적인 교회들에 속하는 그리스도인들이 오순절 및 은사주의 교회들에 속해 있 는 그리스도인들보다 덜 영적이며(광범위한 은사들의 범위에 대해서) 은사를 덜 받을 수밖에 없다는 증거가 결 여되어 있다는 문제점이 있다. 물론 어느 방향으로든지 그 주장을 지지하기 위해 최선과 최악을 비교하기란 언제 나 용이한 일이다!). 마지막으로. 회심의 선물에 대한 "강화"라는 말로 "성령세례"를 설명하는 방식들은 소위 이 러한 "두 번째 축복"의 선물이 [단일 단계론에서 말하는] 성령 안에서 이루어지는 갱신의 후속적인 강화의 경우 들과 어떻게 다른지를 설명하지 못한다.〉

285) Max Turner, **성령과 은사**, 김재영, 전남식 역 (서울: 새물결플러스, 2018), 108-109; 〈결론: 누가의 성 령론과 사도행전의 신학; 누가의 성령론은 누가의 신학적 시도에 대해 어떤 점을 전해주고 있는가? 이스라엘의 다윗 계열의 메시아이자 모세와 같은 예언자 아래서 이스라엘의 회복을 가져오는 카리스마적 권능으로서의 "예 언의 영"에 대한 누가의 그림은 이데올로기적인 동기를 갖고 있는 것으로 보인다. 즉 누가는 교회가 세워지는 순간에 비추어서 교회를 설명하며, 그렇게 함으로써 교회를 정당화하려고 시도하고 있다(그리고 이 점은 그의 성령론의 소위 구약적 특성의 많은 부분을 설명해 준다). 교회가 교회로서의 진정한 정체성을 발견하게 되는 것 은 교회가 (오닐(J.C. O'Neill)이 주장하듯이) 이스라엘과 유대교를 떠날 때라고 독자를 설득하는 일과는 거리가 멀게, 누가는 교회가 이스라엘에 대한 약속들의 성취라고 주장하고자 한다. 누가가 모세와 같은 예언자에게 청 종하지 않는 자들을 이스라엘 민족에서 배제시키고 있고, 누가복음1-2장의 약속들이 대부분 오순절 이후의 공 동체인 사도행전 15장에서 성취되고 있다는 그의 믿음이 이 점을 지지한다. 그리고 이에 덧붙여 그 사실은 그가 (제4복음서[요한복음]의 저자와 마찬가지로) 기독교가 여전히 하나님의 "이스라엘"이라는 주장을 놓고서 (헬레 니즘적인) 유대교와 활발하게 경쟁하고 있을 때에 글을 쓰고 있음을 시사해준다. 과연 누가가 교회의 카리스마 적인 출발에 대한 이상화된 묘사를 통해서 (이를테면) 당시의 제도화되고 있는 교회에 도전을 주려고 시도하고 있는지 여부는 아주 불분명하다. 그가 "예언의 영"이 여전히 모든 신자들에게 가능하다고 믿었다는 점은 거의 의심할 바 없다(참조. 행 2:39를 보라!). 그리고 그는 자기의 기록이 성령에 대해 더욱 크게 의존하도록 격려할 것이라고 예상했을 것이다. 유일한 문제는 과연 누가가 (김희성[Kim] 말하듯) 자신이 시정하고 "강화하고자" 했 던, 교회의 비-카리스마적인 영역에 대해 알고 있었음을 보여주는 충분한 증거가 있는가 하는 것이다. 누가 시 대의 교회에 대한 가장 명료한 자취를 제공해 주는 유일한 대목(행 20:25-35)은 여러 가지 문제점들을 그려주 고 있지만, 그들 가운데서 성령의 쇠퇴는 나타나지 않는 것으로 보인다.〉

286) Max Turner, *Power from on High: The Spirit in Israel's Restoration and Witness in Luke-Acts* (Sheffield: Sheffield Academic Press, 1996), 341-345.

주장했다.287) 터너는 멘지스의 주장은 사실상 '두 단계의 성령론'이라고 말했다.288) 터너는 누가도 바울도 성령세례를 두 번째 체험으로 사용하지 않았으며, 오직 "회심-입문 복합체"와 연결하여 사용했다고 말했다.289) 터너는 성령을 받는 첫 번째 수납과 두 번째 수납 사이의 차이점을 이해하려는 것을 "악명높은 난점"이라고 말했다(성령과 은사, p. 281). 터너는 누가에게 있어서 교회 시대의 구원은 "하나님이 약속하신 변화와 능력 부여의 통치에 대한 역동적인 경험으로 이루어져 있다"고 주장했다.290)

---

287) M. Turner, "The 'Spirit of Prophecy' as the Power of Israel's Restoration and Witness," in I. Mashall and D. Peterson, eds., *Witness to the Gospel: The Theology of Acts* (Grand Rapids: Eerdmans, 1998), 339-340; 조영모, "누가-행전에 나타난 구원/회심 경험과 성령," 오순절신학논단 (7) (2009): 28(27-51)에서 재인용; "그(터너)는 스트론스태드(Stronstad), 메인빌(Mainville), 그리고 멘지스(Menzies)에 반대하여 그 기준은 성령의 은사가 회심과 구원 이후에 주어지는 것이 아니라, 회심적 회개나 믿음이 세례를 통해서 만들어지는 하나의 회심-입문 패턴(conversion-initiation pattern)을 성령은 그런 전체 과정과 연결되어 경험되는 것이라고 주장한다."

288) Max Turner, 성령과 은사, 김재영, 전남식 역 (서울: 새물결플러스, 2018), 265-266; 〈나는 멘지즈 박사가 정확히 어떤 식으로 성령의 선물에 대한 누가의 견해와 바울 및 요한의 견해 사이에 일관성을 표출할 것으로 기대하고 있는지를 이해할 수 없다. 하지만 멘지즈의 논의가 지니고 있는 몇 가지 측면은 멘지즈가 주로 단순한 덧붙임의 맥락에서 생각하고 있음을 강력하게 시사하고 있다. 즉 믿는 자들은 (바울과 요한이 동의하고 있듯이) 먼저 회심 때에(at conversion) 아들 됨의 중생을 시키는 구원론적 성령으로서 성령을 받으며, 그다음 어떤 순간에 뒤이어 선교를 위한 독특한 권능의 부여로서 누가 식의 "예언의 영" 받는다는 것이다. 멘지즈에 따르면, 이 후자의 선물의 취득은 규범적으로(그리고 그 선물의 성격에 비추어볼 때 매우 적절하게) 어떤 방언의 분출로 표출된다. 이것은 분명히 두 단계 성령론이다. 그리고 멘지즈는 고전적인 오순절주의 "후속"론(the classical Pentecostal doctrine of "subsequence")을 폐기하려는 고든 피의 시도에 명백하게 저항하고 있다. 멘지즈는 그렇게 할 경우 누가의 독특한 "예언의 영"의 선물이 회심 시에 구원론적 성령의 주어짐을 말하는 바울과 요한의 성령론 속으로 함몰될 것을 두려워한다. 이것은 성령이 따로 선교를 위해 권능을 부여하실 것에 대한 기대를 축소시키며, 교회에 대한 오순절주의의 기여를 결과적으로 제거하고 말 것이라고 그는 주장한다. 멘지즈는 후속론이 "오순절적 의미에서 성령세례는 (비록 시간 순서적으로는 아니지만, 최소한 논리적으로는) 회심과 구별된다는 오순절주의 신학과 실천에 중요한 확신을 표명한다"고 주장한다. 물론 이 마지막 주장은 신약성경 연구라는 학문에 대한 고려이기보다는 오늘날의 목회신학적인 고려이다. 그 점에 대해서는 나중에 검토해야 할 것이다.〉

289) Ibid., 275.

290) Max Turner, "성령세례 문제에 대해 우리는 어디에 있나?: 누가-행전에서의 성령과 구원," 영산신학저널 (2012): 25-26(7-30); 제자들이 예수의 사역을 통하여 경험 하기 시작한 구원/하나님 나라를 계속 드러내고 강화시키는 데 있어 핵심이 되는 것이 그리스도의 승천과 더불어 성령의 은사가 된다고 누가는 이해한다. 바울만큼이나 누가에게 있어서도 그리스도인의 삶의 전체는 단순히 교회의 선교가 아니라, 본질적으로는 우리가 포괄적으로 "은사적"이라고 부를 수 있는 것이다. 던의 주장에 따르면 바로 이것이 예언의 영이 "회심-입문"의 다소 탄력적인 과정 내에서 주어진다고 누가가 예견했던 이유이다. 또한 신자들이 선교를 위한 능력이 필요하기 때문에 가능한 한 빨리 성령을 받아야만 한다고 누가가 생각했다는 설명보다 던이 우리에게 주장하는 것이 보다 여전히 만족스러운 설명으로 남는다. 성령세례를 "증거를 위한 능력 부여"에 한정시키지 않고, 오히려 예언의

스트론스태드(Stronstad)는 성령이 선물로 주어지는 목적은 선교를 위함이며,291) 성령의 선물도 언제나 선교로 나타난다고 말했다.292) 멘지스는 '누가가 일관성 있게 성령을 예언적 능력 부여로 이해했다'고 말했다.293) 김동수 교수는 고든 피가 전통적인 오순절 교리를 받아들이지 않는다면서 멘지스(R. P. Menzies)의 누가 성령론을 따르며 다음과 같이 말했다.

> 멘지즈에 의하면 누가는 전통적 유대교적인 성령 이해를 갖고 있었는데 그것은 성령의 역사를 중생과 성화와 연결시키기 보다는 봉사를 위한 능력 체험과 관련시킨다는 것이다. 이러한 누가의 이해는 신약에서 독특한 것이며 오순절 성령세례론은 바로 누가의 이러한 독특한 성령론에 토대하고 있다는 것이다.294)

멘지스는 조직신학적 입장에서 방언을 성령세례의 "우선적 육체적 증거"(initial physical evidence)라고 주장했다. 이 증거에 대해 멘지스는 바울은 침묵하나 누가는 할 말이 많다고 말했다. 누가는 오순절 선물(성령세례)을 '영감 받을 말'과 관련시키는데, '은사적 계시', '알아들을 수

영의 은사들이 그리스도를 닮아가는 변화의 밝은 길로 신자와 회중을 또한 이끈다고 오순절주의자들이 동의할 수 있다면, "구원"에 대한 의미론적 범주와 시간에 대한 질문을 제외하고는, 오순절주의자들과 보다 넓은 의미의 은사주의자들이 상호 분리되지는 않을 것이다. 만약 그들이 위에서 필자가 제시한 여섯 번째 (거의) 합의하는 내용─누가는 성령을 '규범적으로' 혹은 '이상적으로' 회심-입문 때 주어지거나 그 근접한 때에 주어지는 것으로 기대한다─에 동의한다면, 그들은 (실제로) 그들의 경험과 주해 사이에 어떤 중요한 차이를 발견할 수 없을 것이다. 바로 이것이 필자가 이번 논문에서 제기하고자 하는 내용이다.〉
291) Ibid., 13-14; 〈멘지스, 그리고 스트론스태드(R. Stronstad)와 조영모에 의하면, "누가는 성령의 수용을 누군가를 구원의 공동체 안으로 들어가게 하거나 남게 하는데 필수적인 것으로 나타내지 않는다." 이는 멘지스가 구원을 본질적으로 칭의(혹은 '죄 용서')나 정화, 그리고 새로운 하나님의 계약 백성(교회) 안으로 들어오는 것으로 이해하며 또한 그 구원의 영광스러운 소망을 의미하기 때문이다. 그의 말로 표현하면, 제자들은 오순절 이전에 이미 분명히 "구원받은" 공동체이다. 사람들은 회개하고 복음을 믿고, (그것이 요한의 세례이건 그리스도교 성례이건) 세례를 받음으로 구원에 이르게 된다. 그들은 그들의 믿음으로 깨끗하게 되는데(여기서 멘지스는 특히 사도행전 15:9를 강조한다.) 그러한 믿음에는 (바울과 요한의 경우처럼) 성령의 은사가 요구되지 않고 그 은사 이전에 선행하는 것이다(전형적으로 행 2:38- 39; cf. 행 8:14-17). 회개와 "죄 용서"는 부활하신 주님이나 하나님 자신(행 5:31-32, 11:18)에 의해서 '직접' 주어지는 것이며, 그리스도인의 순종의 삶을 위해 요구되는 영적인 지혜나 이해는 평범한 인간 능력의 범주 안에 있다(성령은 보다 비범한 지혜를 위해 요구된다). 따라서 성령은 '비구원론적'이다. (그리스도 이전의 경건한 유대인들과 같이) 성령 없는 경건한 그리스도인들이 가능하다는 것을 누가는 믿었고 누가에게 있어 은사적인 성령은 효과적으로 그저 선교를 위한 것이다.
292) R. Stronstad, *The Charismatic Theology of St. Luke* (Peabody: Hendrickson, 1984), 80.
293) R.P. Menzies, *Empowered for Witness: The Spirit in Luke-Acts* (Sheffied: JSOT Press, 1994). 164.
294) 김동수, "영산의 방언론," 영산신학저널 1(1) (2004): 176(172-191).

있는 말', '방언'이 포함될 수 있다고 말한다는 것이다. 멘지스는 이 중에서 '은사적 계시', '알아들을 수 있는 말'은 영감 받은 것인지 즉시 판별이 어려우나 방언은 외적으로 나타나는 육체적 증거라고 말했다.[295]

멘지스의 이런 주장은 사도행전 2장에서 성립될 수 있는가? 오순절의 역사는 세 가지가 다 즉시로 이해되어 졌다. 방언만 판별된 것이 아니라 자기들의 언어로 들렸고 그 내용도 이해되어 졌기 때문에 "하나님의 큰 일 말함을 듣는도다(ἀκούομεν)"라고 그 자리에서(현재시제) 반응했다.

조영모는 터너의 주장에 이의를 제기하며, "누가가 일관되게 성령의 받음을 세례 의식과 관련시키지 않기 때문에(행 8:12-17, 10:44-48 등)" 사도행전 2:38을 근거로 '회심-입문 패턴'으로 간수하는 것은 타당성이 결여된다고 보았다.[296] 그러나 조영모의 이런 주장은 사도행전 8:12-17(사마리아 사건)과 10:44-48(고넬료 사건)이 가지는 특수성을 고려하지 않은 것이다. 사마리아 사건은 이미 중생한 자들이 성령세례를 받은 것이고 고넬료 사건은 이방인이 복음을 듣고 먼저 성령세례를 받고 물세례를 받은 사건이다. 그러나 조영모는 사도행전 10장 전체에서 회심과 회개에 대한 아무런 언급이 없다면서 고넬료 가정의 회심을 문제 삼았다.[297]

반면에, 터너는 고전적 오순절주의 (두 단계) 모델이나 성례전주의적 모델에 호소하지 않고 역사적 기독교 신앙과 자신의 카리스마적 체험을 통합시키려는 '통합적 진술'을 옹호했다. 통합적 진술을 시도하는 사람은 아놀드 비틀링거(Arnold Bittlinger), 헤리버트 뮐렌(Heribert Mühlen), 프란시스 설리반(Francis Sullivan), 그리고 헨리 리덜리(Henry I. Leaderle) 등이 있다. 이 통합적 관점은 "카리스마적 체험을 다시 새롭게 해주며 지속적으로 확장되어 나가는 경험으로 혹은 회심-입문 때에 모든 그리스도인에게 주어진 성령의 한 차례의 선물에 대한 전유

---

295) R.P. Menzies, *Empowered for Witness*, ch 13: Evidential Tongues; 김동수, "영산의 방언론," **영산신학 저널** 1(1) (2004): 179(172-191)에서 재인용.
296) 조영모, "누가-행전에 나타난 구원/회심 경험과 성령," **오순절신학논단** (7) (2009): 29(27-51).
297) Ibid., 42(27-51).

(appropriation)"로 해석한다.298) 터너는 다음과 같이 결론을 내렸다.

그래서 리들러는 "그리스도인들의 삶과 믿음이 지니고 있는 체험적 혹은 은사주의적 차원은 모든 형태의 생동하는 기독교의 특징이다"라고 주장한다(*Tresures*, 277). 그 차원은 단지 고린도전서 12:8-10에 시사되어있는 그런 종류의 은사들에서만이 아니라 즐거운 축하와 교제, 신뢰의 기도, 예언적 증거, 영적인 가르침, 순종적이며 희생적인 봉사 행위 등을 통해서도 표현된다. 방언을 받는 경험이나 고양된 하나님의 임재에 대한 느낌에 수반되는 어떤 다른 은사를 받는 경험이란, 성령의 어떤 다른 영역에 들어감을 표시하거나 신학적으로 구별되는 어떤 새로운 성령 수납을 표시하는 것이 아니라, 단지 그리스도인 생활의 시작부터 다양한 성령의 열매와 은사들 가운데서 신자가 경험하는 갱신과 재창조의 종합적인 역사의 일부분일 뿐이다. 따라서 오순절주의자들이 일종의 두 번째 단계로서 "성령세례"라고 경험했던 것은 결

---

298) Max Turner, **성령과 은사**, 김재영, 전남식 역 (서울: 새물결플러스, 2018), 283-285; (a) 오순절주의가 두 번째 단계의 성령세례에 뿌리를 내리고 있는 역동적인 영적 생활은 두 단계 패러다임들을 채택하고 있는 은사주의 운동의 분파들 바깥에서도 널리 발견된다. (b) 치유와 예언적 발언과 같은 카리스마타(은사들)는 그러한 은사들에 들어가는 문으로서, 어떤 식의 "성령세례" 체험의 유형을 꼭 주장하지는 않는(그리고 스스로를 은사주의적 갱신 운동이라고 묘사하지 않는)기독교 운동들 가운데서도 발견된다. 반면에 다른 신자들도 어떠한 위기체험(결정적 체험) 없이도 오순절주의적 영성이나 다양한 카리스마타(은사들)의 활용으로 서서히 성장해 들어갈 수 있다. 다시 말해서, 오순절주의자들이 후속적으로 발생하는 "성령세례"라고 이해하고 있는 것이 실제적으로는 "카리스마적인" 생활에 어떤 식으로도 "필수적"인 것으로 보이지 않는다는 것이다. (c) 어떤 신자들의 경우에는, 회심에 뒤이어 후속적으로 체험된 성령에 대한 어떤 중요한 "순간"이 존재한다. 회심을 넘어서서 그들은 고린도전서 12:8-10에 묘사되어 있는 종류들의 은사 중 한 가지나 여러 개를 체험하게 되었다. 그러나 그러한 경험들에 대한-이를테면, 그 순간이 방언과 더불어 일어나는 것인지 또는 어떤 다른 감동을 받은 언사와 더불어 일어나는 것인지, 아니면 아무것도 부수적으로 일어나지 않는지에 대한-규범적인 패턴이라 부를 수 있는 것을 발견하기는 어렵다. 우리가 말할 수 있는 것은 한 사람이 하나님에 대해 기대하는 바와 그 사람이 하나님에 대해 경험하는 것 사이에 어떤 상관관계가 있다는 것이 전부이다. (d) 고린도전서 12:8-10에 묘사되어 있는 카리스마타(은사들)와, 두 단계 성령론을 고백하는 교회들 내부와 외부에서 널리 발견되는 새로운 영적 이해와 가르친 등의 좀 덜 극적인 다른 체험들을 예리하게 구별하기란 매우 어렵다. 또한 많은 (이를테면) 전통적인 복음주의자들은 그들의 은사에 대하여 오순절주의적이거나 은사주의적인 갱신 식의 해석에 근접하는 것을 피하면서도 "증거에 대한" 성령의 "권능"을 분명하게 소유하고 있다. (e) 회심을 넘어서서, 어떤 종류의 위기적인 "성령세례"를 경험한 사람들이 또다시 때때로 권능을 부여받는 더 극적인 체험을 가질 수 있다. 그러나 이런 경험이 성령을 세 번째, 네 번째, 다섯 번째 단계로 "받음"에 대한 오순절주의 신학들의 기반을 제공해 주지 않는다. 이와 마찬가지로, 어떤 "두 번째 축복" 체험은 확정된 두 단계 성령론을 신학적으로 낳거나 보장해주지 않는다. (c)-(e)에 이르는 요점들을 결합시켜 보았을 때, 만일 실제적으로 단독적인 정상적 "두 번째 축복" 체험이라는 것이 전혀 존재하지 않는다면, 그리고 만일 그러한 체험들이 (아마도 방언을 제외하고는) (예를 들어) 좀 더 전통적인 복음주의자들 사이에서는 발견되지 않는, 어떤 예리하게 구별되는 영적인 은사들이나 권능 부여로 들어가는 출입문을 제공해 주지 않는다면, 우리에게는 성령 받음에 대한 엄격한 두 단계 패러다임에 대한 아무런 경험적 근거들이 없는 것이다. 그럴 경우 "오순절적" 경험들은 회심-입문 시에 허락된 단 한 차례의 성령 주심에 속하는 잠재적으로 여러 차례 발생하는 일련의 갱신이나 권능 부여의 경험들의 단일 사건들이라 설명하는 것이 더 좋다. (f) 성령세례에 대한 성경의 언어는 오순절에 제공된 교회의 집단적인 입회를 언급하는 것으로 가장 잘 설명된다. 그리고 그 언어는 성령에 대한 후속적인 회심-입문 경험들을 (이 경험들에 뒤따르는 것을 포함해서) 표현하기 위한 것이다.〉

정적으로 새로운 어떤 성령의 영역으로 들어가는 규범적인 방식이라기보다는 그저 회심-입문 때에 주어진 카리스마적 성령 가운데 속하는 많은 "성장 경험들"의 하나일 뿐인 것으로 이해되어야 한다.[299]

터너에 의하면, 오순절주의자들이 말하는 성령세례란 "성장 경험들" 중 하나이다. 그러나, 성령의 은사와 열매를 경험한다고 해서, 그것이 '새로운 단계'로 들어가는 표시가 아니다. 만일 오순절주의자들처럼 두 번째 단계를 말하면 세 번째, 네 번째 단계만이 아니라 수많은 단계가 만들어진다. 3차원 영성이 4차원 영성이 되고 7차원 영성으로 만들어지는 현상은 결코 우연이 아니다.

양병우는 '성령세례'와 '성령을 마시는 것'을 "전자의 경우는 신자가 성령의 나타남을 체험하는 성령세례이며, 후자는 '성령세례'를 체험한 신자가 방언 기도를 통하여 성령으로 숨을 쉬면서 성령충만과 같이 성령 속에 잠기는 것을 은유적으로 표현한 것이라고 본다."고 말했다.[300]

김명용 교수는 오순절 교회의 성령론의 첫째 문제점은 성령의 세례에 대한 오해라고 말했다.[301] 그만큼 오순절 운동의 핵심이 성령의 세례라는 것을 말해준다. 오순절 운동가들은 성령의 세례를 중생 이후에 다시 주어지는 것이라고 이해한다.[302]

돈 바샴(Don Wilson Basham)은 다음과 같이 말했다.

성령세례는 그리스도인이 성령의 초자연적인 능력을 그의 삶에 받아들이기 시작하는 두 번째 하나님과의 만남이다(첫 번째는 회심이다). 예수님께서 그의 제자들에게 이 능력을 약속하셨

---

299) Max Turner, **성령과 은사**, 김재영, 전남식 역 (서울: 새물결플러스, 2018), 285-286.

300) 양병우, "바울 은사의 성격과 그 형성 정황에 관한 연구" (평택대학교 피어선 신학전문대학원, 박사학위논문, 2015), 104; "이렇게 신자가 성령으로 세례를 받는 것(고전 12:13)은 성령을 선물로 받는 것을 뜻하고, 지속해서 성령이 임하게 되면 성령의 충만을 받게 된다. 성령 충만하게 되면 나타나는 최초의 육체적인 표적으로 방언을 말하게 되고 하나님을 높이게 된다(행 10:46). 방언 기도를 통하여 성령 충만으로 이어질 수 있으며, 진리의 성령 인도함을 받아 말씀을 깨닫게 된다."(p. 107).

301) 김명용, "개혁교회의 성령론과 오순절 교회의 성령론," **장신논단** 25 (1999): 234(223-248).

302) 조용기는 "사람은 예수를 믿어 단순히 중생한 신자가 되는 것만으로는 신자의 역할을 다 할 수 없기 때문에, 능력 있는 그리스도인이 되기 위해 두 번째 축복 즉 강력한 성령체험을 해야 한다."(이한수, "한국교회의 성령이해의 문제점", **신학지남** 229 (1991), 119)고 말했다; 조용기, **성령론**, (서울: 서울말씀사, 2009), 121; "중생은 새 생명을 얻기 위하여 필히 체험해야 하고, 성령세례는 하나님의 사역을 행하는 데 있어서 놀라운 봉사적 권능을 얻기 위하여 성도들이 반드시 체험해야만 하는 것이다"

는데, … 하나님의 능력의 이 두 번째 체험을 우리가 "성령세례"라고 부르는데, 그것을 주신 목적은 그리스도인을 하나님의 능력으로 무장시켜 봉사의 일을 하게 하기 위한 것이다. 그것은 예수님 자신으로부터 나온 영적 세례인 바, 그 세례를 받으면 그가 성령을 통해 초자연적인 방식으로 우리를 주권적으로 소유하시고, 통제하시며, 사용하기 시작하신다.[303]

오순절 운동가들은 두 번의 세례를 말한다. 첫 번째는 거듭남의 세례이고, 두 번째는 봉사를 위한 세례다. 봉사를 위한 세례를 강조하다 보니 성만찬에 대한 관심은 지극히 적다. 헤셀링크(I. J. Hesselingk)는 오히려 오순절 교회들이 성령론을 "너무나 적게 얘기했다!"고 말했다.[304]

랄프 릭스(Ralph M. Riggs)는 "성령으로 구원받는 것과 성령으로 세례받는 것은 다르다."라고 말했다.[305] 토마스 스메일(Thomas Smail)은 성령세례를 중생과 구별했다.[306] 존 스토트 역시 성령의 세례와 충만을 구별했다.[307] 윌리엄 콜드웰(William Calwell)은 "성령체험은 구원을 위해서 필요한 것이 아니라 영적인 힘을 위하여 필요한 것이다."라고 말했다.[308] 윌리엄 멘지스(William Menzies)는 성결교에서는 성령세례가 성화를 위한 것으로, 오순절에서는 봉사를 위한 것이라고 말했다.[309]

김의환 교수는 다음과 같이 말했다.

오늘날에도 성령은 역사합니다. … 그러나 그것이 오순절 사건의 재현이 아니라는 말입니다. 본질적으로 다르다는 말입니다. 왜 다르냐? 오순절 사건이 그대로 일어난다고 주장하는 사람들에게 내가 묻고 싶은 말은 오늘 오순절 사건을 말할 때 사도행전 2장에 있는 대로 바람과 불의 혀 같은 것이 나타난 것을 보았느냐? 또 고린도전서 12장에 나온 방언이 아닌 다른 사람이 다 알아들을 수 있는 그런 방언이 나왔느냐? 저들은 대답을 하지 못합니다.[310]

303) Don Wilson Basham, 성령세례 방언 핸드북, 오태용 역 (서울: 베다니출판사, 2017), 23-24.
304) I. J. Hesselingk, "The charismatic Movement and the Reformed Tradition," 378; 김명용, "개혁교회의 성령론과 오순절 교회의 성령론," 장신논단 25 (1999): 228(223-248)에서 재인용.
305) Ralph M. Riggs, The Holy Spirit Himself (Springfield: Gospel Publishing Co., 1968), 61.
306) Thomas Smail, Reflected Glory: The Holy Spirit in Christ and Christians (Grand Rapids: Eerdmans, 1976), 143.
307) John R.W. Stott, Baptism and Fullness (1978), 49; 차영배, "성령의 세례와 충만에 관한 John Stott의 견해 비판," 신학지남 49(4) (1982): 59(50-67)에서 재인용; "성령의 세례는 누구나 받았기 때문에 보편적이지만, 성령의 충만은 누구나 받는 것이 아니고 사도와 스데반과 같은 특수한 사람들이 받는 은사이다(행 4:8, 31, 7:55, 13:19)."
308) Rodman Williams, 오순절 신학의 전망, 이재범 역 (서울: 나단출판사, 1989), 116.
309) William Menzies, Anointed to Serve: The Story of the Assemblies of God (Springfield: Gospel Publishing Co., 1971), 9-10.

김의환 교수에 의하면, 오순절 사건의 재현을 주장하는 사람들은 오늘날 오순절 사건이 그대로 일어난다고 말을 못 한다. 성령세례는 중생을 위한 역사이고 성령 충만은 성화를 위한 성령의 지배다. 성령세례가 단회적, 시초적 사건이라면 성령 충만은 반복적 사건이다.

그런 까닭에, 이제 우리에게 필요한 것은 성령의 충만이다. 박형룡은 "신자가 성령의 세례로 구원을 받고 영적 생활을 계속하는 도중에 반복하여 받는 성령의 비상한 은혜를 성령의 충만이라 칭한다"라고 말했다.311) 에베소서 5:18에서 "오직 성령의 충만을 받으라"고 말한다. 헬라어 원문에는 '받으라'는 말은 없다. 원문대로 보자면, '성령으로 충만해져라'이다.312)

변종길 교수는 다음과 같이 말했다.

이처럼 성령의 충만을 받는다는 것은 성령의 강력한 지배를 받는다는 뜻이다. 지배를 받기는 받는데 충만하게, 강력하게 받는 것을 가리켜 성령의 충만이라고 부른다. 따라서 성령의 충만을 받는다는 것은 내가 무엇을 받아 누리는 것을 뜻하는 것이 아니라, 오히려 나 자신이 성령의 지배를 당하는 것을 뜻한다. 그러니 성령의 충만이라는 것을 어떤 황홀한 상태, 곧 기쁨이 넘치고 저절로 찬송이 나오는 특별한 체험의 상태로만 생각하면 곤란하다. 물론 그런 상태가 없는 것은 아니지만, 성령의 충만이란 오히려 내가 성령의 지배를 충분히 받아서 성령의 지배 안으로 들어가는 상태, 그래서 성령의 뜻에 온전히 순종하는 상태라고 보아야 한다.313)

---

310) 김의환, "개혁주의 성령론," **신학정론** 11(1) (1993): 30(24-34); "그리고 성령강림의 반복을 말하는 사람에게 대답할 수 있는 것은 첫째로 사도행전 8:5-17에 있는 사마리아 신자들을 두고 성령 받기 전에 믿을 수가 있는가 하는 문제입니다. 과연 이 본문에서 회심과 중생, 성령 받는 것은 별개의 문제인가? 대답은 그 당시 사마리아 사람들의 반유대주의적 사상 때문에 사마리아인들이 오순절에 절기를 지킬 수 없었으므로 따로 오순절 사건을 하나의 연장사건으로 허락하신 것이었습니다. 유대인들의 반사마리아 사상 때문에 이 경험을 특별히 주셨고 이를 확인하기 위해 사도들이 그곳에 갔다. 그래서 사마리아 사람도 오순절 사건을 경험한 것을 교회 앞에 알린 것이었다. 그러므로 이 사건은 오늘날 꼭 같이 반복할 수 있는 성령 사건으로 볼 것이 아니라 오순절 사건의 하나의 연장으로 보는 것이 합당합니다."
311) 박형룡, "성령의 세례와 충만," **신학지남** 38(4) (1971): 9(6-13).
312) 변종길, **우리 안에 계신 성령** (서울: 생명의말씀사, 2003), 54; 〈영어로 번역하면 "Be filled with the Spirit"이다. 이처럼 원문에 수동태로 되어 있는 것이 우리말로 옮겨질 때 "성령의 충만을 받으라"로 번역되었다. 우리말은 원래 수동태를 잘 쓰지 않기 때문에 서양 언어의 수동태를 옮길 때 어려움이 많다. 그래서 부득불 '…을 받는다' 또는 '…을 입는다'는 식으로 번역할 때가 많다. 그래서 '성령 충만을 받으라'고 된 것이지, 우리가 실제로 무엇을 '받는 것'은 아니다.〉

성령의 충만은 성령의 강력한 지배를 받는 것이다.[314] 일반적인 지배가 아니라 강력한 지배를 말한다. 그 지배는 그리스도의 말씀의 지배다. 지배는 권세의 유효성이기 때문에 한계 속에 있는 인간에게 계속적이고 반복적인 충만이 요구된다. 에베소서 5:18의 "성령의 충만을 받으라"는 계속적 반복을 뜻하는 현재 수동태 명령형이다. 세례는 존재의 변화이기 때문에 단회적이다. 예수님께서 누가복음 11:13에서 성령을 주신다는 것은 우리의 주체적 정열로 구하면 성령을 주신다는 것이 아니라 이미

---

313) 변종길, **우리 안에 계신 성령** (서울: 생명의말씀사, 2003), 55-56: "그런데 성령이 나를 지배한다고 해서 내가 없어지는 것이 아니다. 많은 사람들은 '내 마음대로 살고 싶은데 성령이 나를 지배하면 나는 어떻게 되는 가?' 하고 두려워한다. 또 어떤 사람은 성령 충만을 받으면 정신이 몽롱해지고 자신은 없어지는, 소위 무아지경에 들어간다고 생각한다. 그러나 이것은 올바른 성령 충만이 아니다. 성령이 나를 지배하면 내가 없어지는 것이 아니라 오히려 정신이 맑아지고 또렷해진다. 이것이 바로 술취한 것과 다른 점이다. … 그러므로 성령의 지배를 받는 가운데 생각하고 거기에 따라 행동하면 우리의 판단이 바르게 되고 말고 행동이 바로 된다."

314) Robert L. Thomas, **성령의 은사들**, 김지찬 역 (서울: 생명의말씀사, 1983), 73-74; "성령은 직접적인 의미에서 세례의 행위자이시이다. 가까운 전후 문맥을 살펴보면 성령이 세례를 행하시는 행위자라는 사실이 더욱 명백히 드러난다(8, 9, 11절). 성령이 행하시는 세례에 대해서 또 다른 설명을 덧붙일 수가 있다. 예를 들어보자. 이런 행동이 단지 오순절에만 한정된 단 한 번만의 사건이 아니었음을 기억할 필요가 있다. 그것은 역시 사마리아 사람에게도 일어났고(행 8:16), 고넬료의 가정(행 10:44-45; 11:15-16)과 에베소의 요한의 제자들(행 19:6)에게도 일어났다. 성령에 의한 세례가 단 한 번만의 오순절 사건에 불과하다고 보는 것은 그 일이 계속적으로 반복되었다는 것을 보여주는 용어에 대한 만족스런 설명이 될 수 없다. 이 성령세례는 한 개인이 그리스도 께로 돌아올 때마다 반복된다. 새로운 그리스도인이 그리스도의 몸의 한 지체가 되고, 또한 그 지체에 맞는 은사들을 받게 되는 것은 바로 그 순간이다. 우리가 주목해야 할 또 다른 면은, 성령세례는 개종 얼마 후에 일어나는 것도 아니며 성령의 충만과 같은 뜻의 내용을 나타내는 것도 아니라는 점이다(참조, 엡 5:18). 성령의 충만은 성령께서 그리스도인의 삶을 지배하시는 것을 뜻하는 말이며 하나님의 뜻에 자신의 뜻을 복종시킨 그리스도인들의 삶 속에만 나타나는 것이다. 한편 성령의 세례는 모든 그리스도인들에게 공통적인 것이며, 이 점에서 한 그리스도인이 특정한 순간에 성령의 지배를 받느냐 받지 못하느냐의 문제와는 별개의 것이다. 사실상 성령의 충만이 성령의 세례와 관련되어 나타나는 곳은 오직 한 곳뿐이다. 그런데 그것도 초기 그리스도 교회의 탄생으로서 오순절의 독특한 성격 때문에 우연히 함께 나타난 것이다(행 2:4). 사도행전의 나머지 부분은 성령의 충만은 처음 성령세례나 성령의 내주의 순간과는 따로 구별되어 언급되고 있다. 또한 방언을 말하는 것이 성령세례의 본질적 부분이라거나 필수적인 부가물이 아니라는 점을 기억하는 것이 좋다. 방언을 말하는 것이 오순절 직후에는 때로 성령의 세례와 함께 나타났다(행 2:17, 18, 33, 10:44-45, 11:15-16, 19:6). 그러나 이것이 1세기 기독교, 심지어는 사도행전 시대에서도 표준은 아니었다. 방언과 같은 그러한 변증적(확증적) 은사의 필요성이 오랫동안 중단된 20세기 기독교에서 그것이 표준이 될 수 없음은 너무나 명백한 사실이다. 성령세례는 사도행전에서 방언의 은사에 의해 입증된 여러 성령의 사역들 중의 하나에 불과하다. 방언에 의해 그것이 역시 사실임이 입증되는 개종의 순간에 성령이 이루시는 여러 사역들 가운데는 중생(요 3:6), 인치심(엡 4:30)도 포함되어 있다. 그러므로 방언은 이것들과 뗄 수 없는 그 무엇으로 해석될 수 없는 것이다. 이것으로 보면, 방언의 은사는 성령의 세례의 본질적인 일부분이 아니었음을 알 수 있다."

예수 그리스도를 믿어 구원을 받은 하나님의 자녀들이 거듭해서 받을 성령의 충만함이다.[315)

사도는 에베소서 5:18에서 성령의 충만을 술취함과 비교했다. 성령의 충만은 19절에서 시와 찬미와 신령한 노래로 주를 찬송하는 것으로, 22절부터는 이웃과의 사랑, 부부, 가족, 사회생활 속에서 성령의 지배를 받는 것으로 말했다. 성령의 충만은 성도의 삶에서 성령의 전인격적 지배를 받는 것이다. 에릭슨(Millard J. Erickson)은 "성령 충만은 우리가 성령을 더 많이 소유하는 것이 아니라 성령이 우리를 더 많이 소유하는 것이다."라고 말했다.[316)

충만은 에너지를 충전하는 개념이 아니다. 충만은 자아의 상실을 의미하지 않는다. 충만은 황홀경이 아니다. 충만은 지배다. 성령의 충만은 성령의 지배 속에 사는 것이다. 성령께서 그리스도의 말씀으로 살아가도록 우리의 존재와 삶의 전반에 역사하시는 것이다.

우리에게 성령의 충만이 필요한 이유는 무엇인가? 우리가 예수 그리스도를 믿어 하나님의 백성이 되었으나 여전히 죄악 된 본성이 있기 때문이다. 죄와 대항하여 싸우고 거룩한 삶을 살아가기 위해 성령의 지배가 필요하다. 오늘 내일의 문제가 아니라 매 순간 성령의 지배를 구해야 한다. 성령의 충만은 하나님의 존재와 속성에 일치된 삶을 살아가도록 하는 성령의 강력한 지배다.

매크레오드의 결론은 다음과 같다.

> 그렇다면 우리는 어떤 결론을 내려야 하는가? 성령세례는 구원에 관한 기독교 교리에 있어 절대적인 요소이다. 성령세례의 경험은 어떤 사람으로 하여금 그리스도인의 삶을 살게 시작하게 만들며, 그것 없이는 전혀 그리스도인이 될 수 없다. 우리는 그분의 충만함 가운데 성령을 받게 됨으로써 "내게 능력 주시는 자 안에서 내가 모든 것을 할 수 있느니라"(빌 4:13) 하고 말할 수 있는 것이다.[317)

---

315) Donald Macleod, **성령세례와 개혁주의 성령론**, 지상우 역 (서울: 여수룬, 2004), 131.
316) Millard J. Erickson, *Christian Theology vol.3* (Grand Rapids, Michigan: Baker Book House Company, 1998), 881.
317) Donald Macleod, **성령세례와 개혁주의 성령론**, 지상우 역 (서울: 여수룬, 2004), 29.

매크레오드의 결론처럼, 성령세례로 예수님을 믿고 성도로 살아간다. 모든 성도는 성령세례를 받은 자이며 모든 성도는 계속해서 성령충만을 받아야 하는 자들이다.

2. 성령의 두 번째 세례?

성도가 가지는 체험이란 예수 그리스도를 믿고 새롭게 거듭난 것이다. 성경이 우리 체험의 분별기준이다. 성경은 무엇이라고 말하는가?

> 그러므로 내가 너희에게 알게 하노니 하나님의 영으로 말하는 자는 누구든지 예수를 저주할 자라 하지 않고 또 성령으로 아니하고는 누구든지 예수를 주시라 할 수 없느니라(고전 12:3)
> 만일 너희 속에 하나님의 영이 거하시면 너희가 육신에 있지 아니하고 영에 있나니 누구든지 그리스도의 영이 없으면 그리스도의 사람이 아니라(롬 8:9)

우리가 예수 그리스도를 믿고 고백하게 된 것은 오직 성령 하나님의 역사로 된 것이다. 예수 그리스도를 믿는 것이 성도의 체험이다. 그리스도를 믿은 것이 성령을 받은 증거다. 방언을 해야 성령을 받은 증거라고 말하는 성경 구절은 성경 어디에도 없다. 오순절주의자들은 방언이 성령을 받은 증거라고 말한다. 그렇다면, 방언을 하지 않은 수많은 성도는 성령(세례)을 받지 않은 사람인가?

오순절주의자들은 "초자연적이고 특별하고 가시적인 성령의 역사가 사도 시대에서와 같이 오늘날에도 신자의 회심 후 체험 속에 일어난다는 것을 믿는 것"을 자신들의 독특한 존재 이유로 여긴다.[318] 오순절주의자들은 이것을 한 마디로 '성령세례'라 한다. 중생과 성령세례를 다르게 보는 것이다.[319] 그런 까닭에, 오순절 운동의 핵심은 성령세례의 체험에

---

318) Frederick Dale Bruner, *A Theology of the Holy Spirit* (Grand Rapids: Eerdmans, 1980), 20; 변종길, **오순절 운동과 성령세례** (서울: 말씀사, 2012), 21에서 재인용.
319) 전성용, "성령세례 논쟁," **신학과 선교** 33 (2007): 7-8(1-12); "성령세례와 중생이 서로 다른 사건이라고 생각하는 입장에서는 다음과 같이 주장한다. 첫째로, 오순절 성령세례 이전에 살았던 사람도 중생하였으며 그들도 구원 받았다고 한다. 즉 성령세례와 중생은 직접 상관이 없다는 것이다. 예컨대 구약시대에 살았던 아브라함은 믿음의 조상으로서 하나님의 권속에 속해 있다. 그러므로 아브라함도 그리스도를 믿었다. 비록 아브라함은

있으며 체험적 기독교를 원한다.[320]

김동수 교수는 "비은사주의자는 위의 성령세례 진리를 받아들이지 않고 고린도전서 12:8-10에 나타난 은사 중 하나 이상을 현재는 중지되었다고 믿는 신자다."라고 말했다.[321] 김동수 교수는 두 번째 성령세례를 "진리"라고 말함으로써, 마치 두 번째 성령세례를 믿지 않는 사람들이 진리를 믿지 않는 사람인 것처럼 만들었다!

개핀 교수는 다음과 같이 말했다.

> 오순절 성령강림 사건은 회심 이후에 모든 시대 교회의 모든 신자가 2차 복으로 추구해야 할 성령체험의 본보기 사건은 더더욱 아니다. … 오순절 성령강림 사건은 무엇보다 먼저 점진적이고 지속적인 구속의 적용(오로도 살루티스-구원의 서정)의 한 부분으로서가 아니라 단번에 이루어진 구속의 성취(히스토리아 살루티스-구속 역사)의 한 부분으로 이해되어야 한다는 것이다. … 오순절에 성령으로 세례를 받은 것은 구속역사 속에서 절대적인 중요성을 갖고 있는 유일한 사건이다.[322]

개핀 교수에 의하면, 오순절 성령강림 사건은 구속의 작용이 아니라 구속의 성취로 일어난 유일한 사건이다. 개핀 교수의 이런 설명은 김동수 교수처럼 두 번째 성령세례를 진리로 말하는 것은 구속의 성취와 구속의 적용을 구분하지 못하여 일어난 오류라는 것을 말한다.

은사주의자들은 방언을 성령세례의 증거로 말한다. 은사주의로 이름난

구원의 도를 완전히 이해하지는 못했지만 그리스도의 날을 바라보고 즐거워하였다는 것이다. … 둘째로, 오순절 이후 사도행전에서 보고된 여러 사건들에서 성령세례는 중생과 구별된다고 본다. 먼저 사도행전 2장의 오순절 사건의 경우를 예로 들어보면 오순절에 성령세례 받은 사람들은 이미 예수 그리스도를 믿는 사람들이요 따라서 그들은 이미 중생하고 구원받은 성도들이라는 것이다."

320) Donald Gee, *The Pentecostal Movement: Including the Story of the War Years* (1940-47), rev.ed. (London: Elim Publishing Co., 1949), 30.

321) 김동수, "누가 신학에서 오순절 신학 정체성 찾기: 멘지스(Robert P. Menzies)의 제안을 따라," **영산신학저널** 26 (2012): 110(91-114).

322) Richard B. Gaffin Jr, **구속사와 오순절 성령강림**, 김귀탁 역 (서울: 부흥과개혁사, 2013), 33-34; "그러므로 오순절 성령강림 사건은 그리스도의 죽음과 부활과 승천 사건처럼 반복될 수 없고, 또 개개의 신자의 경험의 본보기로 삼을 수 없는 사건으로서, 그리스도의 죽음과 부활과 승천 사건과 함께 하나의 단일 사건을 구성하는 복합적인 사건들의 한 부분으로 긴밀하게 통합되어 있다." 개핀 교수는 사도행전 2장 1-13절과 2장 38절의 관점이 다르다는 것을 다음과 같이 말했다. "후자의 본문(행 2:1-13)은 단번에 성취되는 구속의 부분(히스토리아 살루티스)으로서 성령을 주시는 것과 관련되어 있고, 전자의 본문(행 2:38)은 개인에 대한 점진적인 구속의 적용(오로도 살루티스) 부분분과 관련되어 있다. 종종 그러는 것처럼, 이 차이를 제대로 파악하지 못하면, 성령의 사역에 대해 심각한 혼란이 초래될 수 있다."

리젠트 대학교의 조직신학 교수인 윌리엄스(Rodman Williams)는 '방언이 성령을 받은 일차적인 증거가 확실하다'고 말했다.[323]

윌리엄스는 오순절 방언으로부터 모든 방언은 영적인 발성이며, 오순절 방언과 그 이후의 모든 방언이 질적인 차이가 없다고 말했다. 굿맨(Felicatas Goodman)은 영어, 스페인어 그리고 마야어를 사용하는 미국, 카리브해, 멕시코의 많은 오순절 커뮤니티를 연구했다. 그녀는 자신이 발견한 것을 아프리카, 보르네오, 인도네시아, 일본의 비기독교 의식의 기록과 비교했다. 그녀는 부분적 구조(음절, 구절 등)와 반분위적 요소(리듬, 억양) 모두를 고려했고, 오순절 개신교인들과 다른 종교의 추종자들에 의해 실행된 것 사이에는 어떠한 구별도 없다고 결론지었다.[324] 굿맨의 말은 방언의 언어적 측면을 강화할 수 있는 주장이기는 하나, 타종교에도 방언이 존재한다는 말이 될 수 있기 때문에 방언이 성령의 은사라는 주장에서 벗어나게 된다.

1972년 토론토 대학의 언어학자인 새머린(William J. Samarin)은 오순절 방언을 평가하면서, 방언은 일정한 수의 자음과 모음으로 구성되어 있는 언어적 행동이라고 말했다.[325] 또한, 새머린은 방언이 '방언하는 사람이 아는 모든 것들로부터 만들어지는 소리'이며, '현실적이고 언어적인 운율과 멜로디이기 때문에 같은 단어와 같은 문장이 된다'고 말했다.[326] 이 말은 방언이 '이미 말하는 사람에게 알려진 일련의 소리에서

323) Rodman Williams, *Renewal Theology: Salvation, the Holy Spirit, and Christian Living* (Grand Rapids: Zondervan Publishing House, 1990), 287.

324) Felicitas D. Goodman, *Speaking in Tongues: A Cross-Cultural Study in Glossolalia* Chicago: University of Chicago Press, 1972).

325) William J. Samarin, *Tongues of Men and Angels: The Religious Language of Pentecostalism* (New York: Macmillan. OCLC 308527, 1972), 120; "It is verbal behaviour that consists of using a certain number of consonants and vowels...in a limited number of syllables that in turn are organized into larger units that are taken apart and rearranged pseudogrammatically...with variations in pitch, volume, speed and intensity."

326) Samarin, William J. (1972). "Sociolinguistic vs. Neurophysiological Explanations for Glossolalia: Comment on Goodman's Paper," *Journal for the Scientific Study of Religion* 11 (3): 293-96; "[Glossolalia] consists of strings of syllables, made up of sounds taken from all those that the speaker knows, put together more or less haphazardly but emerging nevertheless as word-like and sentence-like units because of realistic, language-like rhythm and melody."

소리가 나온다'는 뜻이다. 그렇다고 새머린은 방언(glossolalia)이 실제 언어로 말한 것이 아니며, 언어와 닮은 점은 "언어의 겉모습뿐"(only a facade of language)이라고 말했다.327) 새머린의 결론은 방언하는 사람들이 실제 언어라고 믿지만, "어떤 자연언어와도 체계적으로 유사하지 않다"고 정의를 내렸다.328) 심리 인류학자이자 언어학자였던 펠리키타스 굿맨(Felicitas Goodman)은 "방언의 말투가 화자의 모국어의 언어 패턴을 반영한다"고 말했다.329) 카반(Kavan, 2004)도 같은 주장을 했다.330)

퍼거슨(Neil Ferguson)은 새머린의 주장에 근거하여 방언을 '이국적인 버전'(exotic versions)이거나, 히보른의 주장에 근거하여 '자유발성'(free vocalisation)이라고 밀했다.331) 그런 주장이란 결국 '아무 말이나 방언

327) William J. Samarin, *Tongues of Men and Angels: The Religious Language of Pentecostalism* (New York: Macmillan. 1972), 128.

328) Ibid.. 2; "meaningless but phonologically structured human utterance, believed by the speaker to be a real language but bearing no systematic resemblance to any natural language, living or dead."

329) Goodman, Felicitas D. (1969). "Phonetic Analysis of Glossolalia in Four Cultural Settings," *Journal for the Scientific Study of Religion* 8 (2): 227–35.

330) Heather Kavan, "'We don't know what we're saying, but it's profound': The language and contexts of glossolalia," Massey University.

331) Neil Ferguson, "Separating speaking in tongues from glossolalia using a sacramental view," *Colloquium* 43(1) (2011): 41(39–58); "[Glossolalia is] strings of syllables, made up of sounds taken from among all those that the speaker knows, put together more or less haphazardly but which nevertheless emerge as word-like and sentence-like units because of realistic, language-like rhythm and melody."(William J. Samarin, *Tongues of Men and Angels: The Religious Language of Pentecostalism* (New York: The Macmillan Company, 1972), 227.). The sounds of glossolalia generally come from the native language of the person but may also contain those learned in other languages(Samarin, 86). Utterances may be words that are corrupted versions from the persons own language, or more "exotic" versions of known words especially those of the Bible; for example, "Yezu" or "Yeshua" instead of "Jesus" sometimes occur(Samarin, 89). The range of sounds tends to be small, common sounds are maximised, and there is a high incidence of repetition, alliteration and assonance(H. Kavan, We Dont Know What We're Saying, but It's Profound. Researching Language Use and Language Users (ed. Janet Holmes, et al, Auckland: Linguistic Society of New Zealand, 2004), 66.). Samarin concludes that glossolalia is "at best 'pseudo-linguistic' – displaying traces or echoes of real language" or that it might be considered to be "remotely language-like" rather than a genuine language.(D. Hilborn, "Glossolalia as Communication: A Linguistic-Pragmatic Perspective," in Speaking in Tongues: Multidisciplinary Perspectives (ed. M Cartledge; Milton Keynes: Paternoster, 2006), 112-13.) Another view suggests glossolalia to be a type of "free vocalisation" which "exhibits a degree of phonological structuring greater than that found in comparable phenomena like baby talk and schizophrenese, while falling short of the complex suprasegmental

이 된다'는 것을 의미하므로, 퍼거슨이 말한 학자들의 주장은 학술 가치로 언급하기 낯부끄러울 만큼 현저히 낮은 것이다.

도널드 지(Donald Gee)는 타 교파와 오순절 교파와의 차이점은 성령세례와 방언 현상이라고 말했다.332) 멘지스(R. Menzies) 역시 성령세례의 표지로 방언을 말했으며 누가가 말하는 성령세례는 '이차적 축복'을 가리킨다고 말했다.333) 멘지스가 말하는 방언은 현대의 오순절 교회가 경험하는 방언(glossolalia)인 알아들을 수 없는 발언이다.334)

김동수 교수는 "누가가 방언을 말할 때 가장 중요하게 생각한 것은 성령 충만의 표지로서의 방언의 역할이었다. 바로 이 점이 필자가 본 논문을 통해 밝혀낸 것이다."라고 말했다. 김동수 교수는 「누가의 방언론」에서 방언은 성령세례의 증거라고 주장하다가,335) 결론에서 방언은 성령 충만의 표지라고 말했다.336)

성경은 무엇이라고 말하는가? 사도행전 10:47과 11:16은 믿을 때 성령이 내주한다고 말한다. 우리는 믿을 때 성령을 받았다(롬 8:9; 갈 5:25). 고린도전서 12:13은 "성령으로 아니하고는 누구든지 예수를 주시라 할 수 없느니라"고 말한다. 예수를 주라 고백하는 것은 성령께서 임하셨기 때문이다. 이것은 중생과 동시에 성령께서 성도 안에 거하신다는 증거다.

---

sound-patterning associated with natural language."(Hilborn, "Glossolalia as Communication: A Linguistic-Pragmatic Perspective," 111.)

332) Donald Gee, *Pentecost*, 34(Dec.) (1955): 10.

333) R. Menzies, *Empowered for Witness: The Spirit in Luke-Acts* (Sheffield: JSOT Press, 1994), 256-57; 허주, "서평: R. Menzies, *The Development of Early Christian Pneumatology with Special Reference to Luke-Acts* (Sheffield: JSOT Press, 1991)", 성서사랑방 9(2000): 97-98에서 재인용.

334) Robert P, Menzies, "The role of glossolalia in Luke-Acts," *Asian Journal of Pentecostal Studies*, 15(1) (2012): 50(47-72); "The phenomenon of speaking in tongues is actually described in numerous passages in the New Testament. In 1 Corinthians 12-14 Paul refers to the gif g g t of tongues ($\gamma\lambda\dot\omega\sigma\sigma\alpha\iota\varsigma$) and uses the phrase $\lambda\alpha\lambda\dot\epsilon\omega\ \gamma\lambda\dot\omega\sigma\sigma\alpha\iota\varsigma$ to designate unintelligible utterances inspired by the Spirit. The fact that this gift of tongues refers to unintelligible utterances (e.g., the glossolalia experienced in contemporary Pentecostal churches) rather than known human languages is confirmed by the fact that Paul explicitly states that these tongues must be interpreted if they are to be understood (1 Cor. 14:6-19, 28; cf 12:10, 30)."

335) 김동수, "누가의 방언론," 신약논단 14(3) (2007): 573(563-596).

336) Ibid., 588.

개핀 교수는 다음과 같이 말했다.

> 13절 전반부는 물세례를 가리키는데, 그것은 물세례가 그리스도와의 연합과 성령세례(성령의 선물)를 포함하여 그 연합으로부터 나오는 모든 유익을 표상하고 보증한다는 의미에서 그렇다. 따라서 13절은 (1) 모든 신자가 그리스도의 몸으로 연합되는 순간에 성령의 선물을 받는다는 것을 명백히 가르친다. 이 구절을 성령세례를 회심 이후에 추가로 받는 2차 복 경험으로 보는 모든 이론을 박살 내버리는 단단한 반석이다.[337]

개핀 교수에 의하면, 모든 성도는 예수 그리스도를 믿어 그 몸에 연합되는 순간에 성령의 세례를 선물로 받는 까닭에 13절은 성령세례를 2차로 받는다는 경험이라고 말하는 것을 "박살 내버리는 단단한 반석"이다. 성령세례는 예수 그리스도와 연합을 위한 성령세례이지 성령세례를 위한 성령세례가 아니다.

반면에, 오순절 운동가들과 은사주의자들은 '차후 세례 교리'(doctrine of sequence)를 말한다. 그들은 오순절의 체험이 그리스도를 처음 믿은 것과 다른 더 깊은 영적인 단계의 체험이라고 말한다.[338] 은사주의자들

---

337) Richard B. Gaffin Jr, **구속사와 오순절 성령강림**, 김귀탁 역 (서울: 부흥과개혁사, 2013), 46; "모든 신자는 예외 없이 그리스도의 몸에 연합됨으로써 성령의 선물 곧 목마름을 해결하는 오순절 생수가 교회에 부어진 사건에 참여한다는 것이다(특히 요 7:37-39를 보라)."(p. 47).

338) John F. MacArthur Jr., **무질서한 은사주의**, 이용중 역 (서울: 부흥과개혁사, 2008), 274; "은사주의자들은 사도행전에 자신들의 차후 세례 교리의 근거를 찾으려 한다. 고린도전서 12장 13절은 차후 세례 교리를 입증하는데 사용될 수 없다. 그 이유는 이 구절이 단지 모든 신자가 한 성령으로 세례를 받아 그리스도의 몸이 되었다고만 말하기 때문이다. 사실 고린도전서 12장 13절에서 묘사된 세례가 시간상 구원 이후의 어느 시점에서 일어날 리 없다는 점은 분명해 보인다. 그렇지 않다면 바울이 한 말이 모든 그리스도인에게 적용될 수는 없을 것이다. 또 이 말씀에는 방언과 같은 은사도 전혀 언급되어 있지 않고 세례를 구하라는 요구 조건도 언급되어 있지 않다. 은사주의자들은 또한 차후 세례나 증거나 간구 등의 교리를 입증하기 위해 고린도전서 14장도 이용할 수 없다. 왜냐하면 고린도전서 14장에는 그런 요소들 중에 어느 것에 대해서도 아무런 언급이 없기 때문이다. 사실 은사주의자들이 차후 세례 교리를 뒷받침하기 위해 사용할 수 있는 유일한 본문은 사도행전에서만 발견된다. 서신서에는 그들의 개념을 뒷받침하도록 해석될 수 있는 내용이 전혀 없다. 그러나 사실은 사도행전조차 은사주의적 관점을 뒷받침해 주지 못한다. 겨우 네 군데의 본문(사도행전 2장, 8장, 10장, 19장)만이 방언이나 성령세례를 언급하고 있다. 또 사도행전 2장과 8장에서만 신자들이 구원 이후에 성령을 받는다. 사도행전 10장과 19장에서는 신자들이 믿는 순간 바로 성령세례를 받았다. 따라서 차후 세례 교리는 사도행전에서조차 설득력 있게 옹호할 수 없다. 방언의 경우는 어떤가? 신자들은 사도행전 2장, 10장 19장에서 방언을 말했지만 8장에는 방언에 대한 기록이 없다. 성령세례를 간절히 구해야 한다는 요구 조건은 어떤가? 사도행전 2장에서 신자들은 단지 주님의 약속의 성취를 기도하며 기다렸을 뿐이다(참조, 행 1:4, 14). 8, 10장, 19장에서는 어떤 간구도 언급되지 않았다. 요점은 분명하다. 사도행전이 성령을 받기 위한 정상적인 패턴을 제시한다고 말하면 한 가지 문제가 생긴다. 사도행전에는 어떤 일관된 패턴도 나타나지 않는다!"

이 증거 본문으로 말하는 것은 주로 세 구절이다(행 2:1-4, 10:44-48, 19:1-6; 참고, 행 4:31, 8:15-24, 9:17-18). 사도행전 8:14-17은 다음과 같이 말한다.

> 14 예루살렘에 있는 사도들이 사마리아도 하나님의 말씀을 받았다 함을 듣고 베드로와 요한을 보내매 15 그들이 내려가서 저희를 위하여 성령 받기를 기도하니 16 이는 아직 한 사람에게도 성령 내리신 일이 없고 오직 주 예수의 이름으로 세례만 받을 뿐이러라 17 이에 두 사도가 저희에게 안수하매 성령을 받는지라(행 8:14-17)

사마리아인들은 주 예수의 이름으로 세례만 받은 상태였으며 아직 성령을 받은 것은 아니었다. 오순절주의자들은 이 대목에서 차후 세례 교리를 말한다. 그러나 이 사건이 모든 시대에 적용이 될 수 없다. 왜냐하면, 사마리아인들은 옛 언약과 새 언약 사이의 과도기에 해당하는 사람들이기 때문이다. 유대인과 사마리아인의 반목은 매우 심했기 때문에 사마리아인들이 새 언약 안으로 들어오고 한 교회 안에 지체가 되기 위해서는 시간적 간격이 있었으며 성령을 주시는 일도 유보되었다. 이 일을 존 맥아더는 다음과 같이 말했다.

> 사도행전 8장 16절에 나오는 한 단어의 문법적 의미는 이 구절의 의미를 분명하게 밝혀준다. "이는 아직 한 사람에게도 성령 내리신 일이 없고 오직 주 예수의 이름으로 세례만 받을 뿐이더라." 여기서 "아직"이라는 말에 해당하는 헬라어는 '우데포'(oudepo)이다. 이 단어는 단순히 아직 일어나지 않은 일을 뜻하는 것이 아니라 일어났어야 하는 데 아직 안 일어난 일을 뜻한다. 다시 말해 이 구절은 사마리아인들이 구원은 받았지만 어떤 특별한 이유로 일어났어야 할 일-성령강림-이 아직 일어나지 않았다고 말하고 있는 것이다.
> 따라서 사마리아인들이 그리스도를 영접한 일과 성령을 영접한 일 사이에 간격이 있는 것은 사실이지만-이는 어떤 의미에서는 차후 세례다-그것은 초대교회에서 일어나고 있었던 중대한 변화 때문이었다. 이 간격은 하나님이 교회 안에서 새로운 일을 하고 계시다는 사실을 모두가 분명하게 깨달을 수 있게 해 주었다. 그것은 사도들과 주님의 증인인 다른 모든 유대인 신자에게 하나님이 사마리아인들도 유대인 신자들과 똑같이 교회 안에 받아들여졌다는 사실을 입증해 주었다. 그들은 같은 그리스도, 같은 구원, 같은 하나님의 받아주심, 같은 성령을 체험했다. 그리고 그들은 같은 사도적 권위 아래 있었다.[339]

---

339) John F. MacArthur Jr., 무질서한 은사주의, 이용중 역 (서울: 부흥과개혁사, 2008), 284-285; "사마리아인들이 사도들의 능력과 권위를 이해하는 것도 중요했다. 유대인에게는 사마리아도 그리스도의 몸의 일부임을 아는 것이 중요했고 사마리아인에게는 유대인 사도들이 신적인 진리의 통로임을 아는 것이 중요했다."

유대인과 사마리아인 사이에는 심각한 불화가 있었다. 그 불화를 인격적으로 해소하고 한 교회 안에 연합하기 위해서는 사마리아만의 독특한 사건이 필요했었다.

반면에, 오순절 운동가들은 이중구조로 말한다. 오순절 성령의 강림을 제자들에게 임한 두 번째 성령세례라고 말하며 그때의 방언과 기적체험이 모든 성도에게 동일한 방식으로 두 번째 단계로 주어진다고 주장한다.

오순절 운동가들은 이중공식(단계)을 만들었다. 첫째 단계는 회심과 중생이며, 둘째 단계는 성령의 부으심과 능력 체험이라고 주장한다. 이런 이중구조는 '체험공식'이 되고 말았다. 그들은 첫째 단계는 중생, 둘째 단계는 성령세례로 도식화했다.

중생의 성령세례
↓
능력 체험의 성령세례

두 단계설을 주장하는 사람들이 말하는 증거 구절은 사도행전 19:1-7이다. 사도 바울은 에베소 사람들에게 "너희가 믿을 때 성령을 받았느냐?"고 물었으나 에베소 사람들은 "우리는 성령이 있음도 듣지 못하였노라"고 대답했다. 사도가 예수 그리스도를 설교한 후에 그들에게 안수하자 성령께서 그들에게 임하시고 방언도 하고 예언도 했다.

이 말씀은 성령의 사역의 두 단계를 말하는 것이 아니다. 에베소의 이 사건은 기독교 역사의 초기에 일어난 특수한 형태이다. 에베소 사람들은 세례 요한밖에 모르는 자들이었다. 예수 그리스도와 성령을 알지 못했던 에베소의 사람들에게 복음을 증거 함으로 일어나는 특별한 사건이다. 개핀 교수는 다음과 같이 말했다.

"제2축복설"은 고린도전서 12장에 나타난 바울의 깊은 관심. 즉 몸의 각 지체가 영적으로 평등한 것을 보아 "몸 가운데 분쟁이 없고 오직 여러 지체가 서로 같이하여 돌아보게 하셨다"(25절)는 사실을 무시하는 것이다. "성령세례 받지 않은 기독교인"이란 말은 말 자체가 모순이다(롬 8:9 참조).340)

개핀에 의하면, 만일 성령세례 받지 않은 기독교인이 있다고 말하면 몸의 지체로서의 평등성이 무너진다. 예수 그리스도를 구주로 믿은 성도는 몸 된 교회의 지체이기 때문에 '제2의 축복'으로 성령세례를 받아야 한다는 말은 성립될 수 없다. 성령의 세례는 회개하고 예수 그리스도를 믿을 때 단회적으로 받는 것이다. 성령의 세례를 통해 예수 그리스도와 연합된다.341)

성결 운동 부흥사들은 두 번째 세례를 '이른 비'와 '늦은 비'로 말했으며,342) 오순절 사건을 '이른 비'라고 말했다. 처음 내린 비는 사도들과 제자들이 경험한 특이한 체험이며, '늦은 비'는 아주사 부흥의 성령과 방언으로부터 시작되는 새롭고 최종적인 종말의 부흥의 시대를 의미한다. 늦은 비 운동은 사도 시대의 기적을 일으키는 능력과 예언적 부흥을 동반하는 성령의 강림이 이른 비와 늦은 비 두 단계로 이루어지며, 마지막 때에 열정적인 기도를 드림으로 오순절 체험을 재현한다고 말한다. 결국, 성령체험이 개인의 노력 여하에 달려 있다는 주장이다. 그렇다면 성령의 주권성은 무엇이란 말인가?

늦은 비 운동가들은 성령체험을 말하면서 특히 방언을 강조했다. 늦은 비 운동은 방언을 새로운 시대의 상징으로 간주했다.343) 멘지스(Robert

---

340) Richard B. Gaffin Jr., 성령 은사론, 권성수 역 (서울: 기독교문서선교회, 2012), 36.
341) Ibid., 49; 개핀 교수가 흥미롭게 말하는 부분이 있다. 〈제자들이 이미 중생한 자들이었다는 전제(요 6:68 이하)와 요한복음 20:22이 사도행전 2장과 다른 사건을 묘사한다는 전제에서 볼 때, "제2축복설"이 이 구절(요 20:22)에도 걸려 넘어지는 것이 분명하다. 이 사건은 매 시대 신자들이 반복적으로 경험할 수 있는 모델의 하나가 아니라, 십자가와 부활 당시에 살았던 자들의 독특한 경험의 한 측면인 것이다. 즉 초창기 교회의 첫 세대의 독특한 경험이었던 것이다.〉
342) Ewin, 오순절 은사 운동 바로 알기, 정동수 역 (서울: 그리스도 예수안에, 2014), 106; "마이랜드(David Wesley Myland)는 190년에 『늦은 비 언약』이라는 책을 저술했다. 이 책은 '늦은 비' 교리를 조직적으로 전개시키는 일에서 큰 영향을 미쳤다. … 마이랜드는 '늦은 비' 언약이 신명기 11장 14절에 근거를 두고 있다고 믿었다."
343) 최병규, "신사도 개혁 운동 형성의 역사적 배경과 신학에 대한 비평," Aug.31.2011. Accessed Nov.2.2019. http://www.newsm.com/news/articleView.html?idxno=12616; "1940-50년대 이후 '늦은 비 운동'(latter rain movement): '늦은 비 운동'은 욜 2:21-32에서 요엘 선지자에 의하여 선언된 '늦은 비'(latter rain)에 대한 언급과 오순절 성경 강림 사건 때에 베드로 사도가 언급한바 행 2:1-20에 그 근거를 두었다. 이

P. Menzies)는 성령세례의 가장 확실한 증거를 방언이라고 말했다. 멘지스는 "오순절주의자들에게 방언은 사도적 소명과 능력이 현재에도 유효하다는 표적"이라고 말했다.344) 이 견해를 지지하는 김동수 교수는 사마리아의 성령강림 사건에 대해 다음과 같이 말했다.

> 사도행전에서 방언이 직접적으로 언급된 곳은 세 구절이다(2:4, 10:46, 19:6). 또 사마리아의 성령강림 사건(8:14-19)에서도 무엇인가 놀라운 일이 일어난 것을 볼 때 그것이 방언일 가능성이 매우 높다. 이것이 옳다면, 사도행전에 나오는 모든 성령강림 구절에서 방언이 등장하는 것이다. 누가가 여기에 같은 헬라어 어구($\lambda\alpha\lambda\epsilon\omega$ $\gamma\lambda\omega\sigma\sigma\alpha\iota\varsigma$)를 사용하는 것은 우연이 아니다. 누가는 방언과 성령강림을 연결시키는 것이다.345)

김동수 교수는 성령강림 사건에서 "무엇인가 놀라운 일이 일어난 것을 볼 때" 그 놀라운 일이 "방언일 가능성이 매우 높다"고 말했다. 김동수 교수의 이런 주장은 지극히 주관적인 추측에 불과하다. 방언을 그렇게 중요하게 생각하는 방언옹호론자가 불명확한 '가능성'으로 말하면 무슨

운동을 근대 오순절주의(modern pentecostalism)로 간주하려는 이도 있다. 와그너에 의하여 주도되고 있는 국제사도 연합(international coalition of apostles)은 신사도적 개혁 운동 확산에 가장 영향력 있는 조달원이라고 할 수 있다. 이 기구는 윌리엄 브래넘(william branham), 프랭클린 홀(franklin hall), 호틴 형제들(hawtin brothers), 그리고 보다 근래에는 빌 해몬(bill hamon), 폴 케인(paul cain)과 캔저스 시티 예언자들(kansas city prophets)을 포함하고 있는 '늦은 비의 새 질서'(new order of the latter rain)의 확장된 형태라고 보는 이도 있으며, 혹자는 샤론 고아원의 리더들이었던 호틴 형제(george & ern hawtin)를 비롯한 이들이 브래넘의 집회에 참여한 이후에 이 늦은 비 운동이 시작된 것으로 보는 이도 있는 것 같다(브래넘을 늦은 비의 창시자로 보는 것은 잘못된 것으로 알려져 있다)."

344) Robert P. Menzies, "누가-행전에서 방언의 역할", 〈2012 해외 석학 초청 성령론 심포지엄〉(군포: 한세대학교출판부, 2012), 32-33; 김동수, "누가 신학에서 오순절 신학 정체성 찾기: 멘지스(Robert P. Menzies)의 제안을 따라," **영산신학저널** 26 (2012): 102(91-114)에서 재인용; 〈최근에 멘지스는 오순절주의자들에게 방언이 중요한 이유를 두 가지로 제시하고 있다. 첫째, "방언은 오순절주의자들에게 사도행전을 읽는 독특한 방식을 강조하고 그것에 정당성을 부여한다. 다시 말해 사도행전은 단순히 역사를 기록한 문서가 아니라 현대교회 생활의 모델을 제공하는 것이다. 그래서 방언은 '그들의 경험'이 '우리의 경험'이 되는 표적으로 기능하며, 또 성령의 모든 은사들('표적'의 은사들을 포함하여)은 오늘날의 교회에도 유효하다."는 것이다. 둘째, "방언은 교회로 하여금 '교회의 진정한 본질이 무엇인가'를 인식하게 하고 기억하게 한다. 즉 교회는 바로 예수를 증거 하기 위해 부름받고 능력을 부여받은 마지막 시대의 예언자들의 모임이다."라는 것이다. 그래서 방언은 오순절 운동의 해석학, 즉 "사도행전과 사도적 교회가 오늘날 교회의 모델이다."라는 것과 "그 신학의 중심", 즉 "오순절 은사의 예언적 그리고 선교적 본질"을 상징한다. 다시 말해 "오순절주의자들에게 방언은 사도적 소명과 능력이 현재에도 유효하다는 표적"이라는 것이다〉

345) 김동수, "누가 신학에서 오순절 신학 정체성 찾기: 멘지스(Robert P. Menzies)의 제안을 따라," **영산신학저널** 26 (2012): 102(91-114).

의미가 있겠는가? 임의적인 추측에 근거한 김동수 교수의 이런 주장은 오히려 자신의 논지를 무력화시킨다. 방언과 예언을 긍정하는 웨인 그루 뎀마저도 제2의 체험을 부정한다.[346)

이중구조(단계)에 반대하는 영국의 신학자 피치(William Fitch) 박사는 다음과 같이 말했다.

> 나는 성령으로 세례를 받으라는 말을 명령으로 기록하고 있는 곳을 신약 성경 그 어디에서도 전혀 찾아볼 수 없었다. 나는 회심을 넘어서서, 은혜의 두 번째 사역을 강조하는 것을 찾지 못했다. … 성령으로 세례를 받고, 방언 말하기를 시작해야 한다는 것이 모든 기독교 신자들에게 체험해야 할 의무로 부과되어져 있다고 주장하는 것은 사도들이나 선지자들이 가르친 것이 전혀 아니다. 성령과 함께 걸어가고, 성령으로 충만하라고 하는 것은 오늘날 소위 신오 순절주의에서 요구하는 것과는 아주 다른 것이다.[347)

오늘날 유행하는 '추가적인 은사체험'이란 오순절파 은사 운동가들이 이중구조로 성령의 사역을 구조화한 것에 불과하다. 예수 그리스도를 믿고 난 후에 열심히 기도하고 노력해서 '제2의 축복'을 받아야 한다면서 방언 받기 운동이 확대되었다. 오순절 운동가들은 베드로가 낙심했으나 오순절에 성령의 능력을 받아 강력한 증인이 되었다고 말했다.

그렇다면, 마태복음 10장에 나오는 사건은 무슨 의미가 있는가? 예수 님의 제자들은 아직 오순절 성령의 강림을 경험하지도 않았을 때인데도 귀신을 쫓아내고 병을 고쳤으며 죽은 자를 살리는 능력을 행했다. 또한, 예수님께서는 제자들이 이미 영적으로 깨끗하다고 선언하셨다. 더 나아 가 예수님께서는 제자들이 하나님께 속한 사람이라고 말씀하셨다(요 15:19; 17:6, 10, 16).

예수님께서 부활하기 전에 베드로는 "주는 그리스도시요 살아계신 하

---

346) Wayne Grudem 조직신학(중), 노진준 역 (서울: 은성, 2009), 433-434; "그러나 그것들도 오순절 성령세 례의 교리를 증명하는 신빙성 있는 예는 될 수 없다. 먼저 일반적으로 성령세례라는 단어가 그와 같은 사건들을 묘사하는 표현으로 사용되지 않았으며 따라서 그 단어를 위의 사건들에 적용하는 것이 합당한 것인지 주저하지 않을 수 없다."

347) William Fitch, *The Ministry of the Holy Spirit* (Grand Rapids: Zondervan, 1974), 8; 김재성, **개혁주의 성령론** (서울: CLC, 2014), 217에서 재인용.

나님의 아들이시니이다"(마 16:16; 참조, 막 8:29; 눅 9:20)라고 고백했으며, 예수님께서는 "하늘에 계신 네 아버지"께서 알게 하셨다고 말씀하시고 교회를 세우겠다고 말씀하셨다(마 16:17-19). 이런 사실에 근거하여, 개핀 교수는 이미 베드로가 구원을 얻고 언약 공동체 속에 들어왔다고 말했다.[348] 그런 까닭에, 제자들은 오순절 성령의 강림 사건 이전에 이미 복음 사역을 능력 있게 감당했다.

3. 성령의 인침

성령의 인침이란 우리 구원의 확실성을 증거 하기 위해 하나님께서 우리 마음에 성령의 도장을 찍으셨다는 뜻이다. 성령의 인치심이란 성령께서 '우리가 하나님의 것이다'라는 도장을 찍는 것이다. 인침의 증거로 성령께서는 우리 안에 거하신다.[349] 우리가 하나님의 백성이 된 소유권을 명백하게 하신다.

리차드 십스는 '인친다'는 표현은 "군주의 이미지를 새겨서 자신의 모습을 확대 재생산하는 효과를 나타내는 것과 일맥상통하는 것"이라고 해석했다.[350] 성령의 인침은 예수 그리스도의 왕권의 상징인 도장을 찍어서 그리스도를 계속해서 나타내는 것이다.

성령의 인침은 예수 그리스도를 믿고 난 후에 추가적으로 받는 특별한 경험이나 은사가 아니다. 성령의 인침은 신비적인 황홀경이 아니라 우리가 예수 그리스도를 믿고 성령께서 내주하시고 구원을 받았다는 성령의 확증이다(엡 1:13-14).[351]

---

348) Richard B. Gaffin Jr, 구속사와 오순절 성령강림, 김귀탁 역 (서울: 부흥과개혁사, 2013), 39-40.
349) 저는 진리의 영이라 세상은 능히 저를 받지 못하나니 이는 저를 보지도 못하고 알지도 못함이라 그러나 너희는 저를 아나니 저는 너희와 함께 거하심이요 또 너희 속에 계시겠음이라(요 14:17) 그의 계명들을 지키는 자는 주 안에 거하고 주는 저 안에 거하시나니 우리에게 주신 성령으로 말미암아 그가 우리 안에 거하시는 줄을 우리가 아느니라(요일 3:24)
350) 김재성, 개혁주의 성령론 (서울: CLC, 2014), 99.
351) John Calvin, 기독교강요(중), 원광연 역 (고양: 크리스챤다이제스트, 2003), 70; "지성으로 진정 이해하는 일이 하나님의 성령의 조명하심으로 말미암는 것이 사실이라면, 마음으로 확증하는 데서 성령의 능력이 더욱 선명하게 드러난다 할 수 있을 것이다. 왜냐하면 마음의 불신이 지성의 어두움보다 더욱 크기 때문이다. 지성에 지식을 불어넣는 것보다도 마음에 확신을 심어 주는 것이 더욱 어려운 일이다. 그리하여 성령께서 도장(印)의

그런 까닭에, 성경은 성령을 우리 구원의 보증이라고 말한다(고후 1:22, 5:5). 보증이란 어떤 계약이나 약속이 확실하다는 것을 증거 하기 위해 미리 지불하는 '증거금'이다. 하나님께서는 우리 구원의 확실성을 증거 하기 위해 성령을 우리 마음에 주시고 성령으로 우리에게 인치셨다.[352]

성령의 인침에 대해 김재성 교수는 다음과 같이 네 가지로 말했다.[353] 첫 번째로, 성령의 인침은 거듭남이다. 성령의 인침이란 성령의 역사로 거듭나는 것이다. 성령의 역사로 허물과 죄로 죽은 자가 다시 살아나는 것이다. 살아난 결과로 죄를 회개하고 예수 그리스도를 믿게 된 것이다.

두 번째로, 성령의 인침은 성령의 내주하심이다. 성령으로 거듭난 자는 성령의 내주하심이 있다. 성도는 거듭난 것으로 끝나는 것이 아니라 그리스도의 중보와 은혜 안에서 계속해서 자라가야 하기 때문이다. 세 번째로, 성령의 인침은 성령의 능력을 주심이다. 성령께서 주의 성도들이 계속해서 언약의 현재화를 이루어가도록 능력을 주신다.

네 번째로, 성령의 인침은 성령의 통치를 받음이다. 성령께서는 성도들을 주의 말씀으로 통치해 가신다. 성령께서 죄를 깨닫게 하시고 거룩을 열망하게 하시며 주의 말씀에 순종하도록 하신다. 죄죽임과 은혜 살림으로 성도로 하여금 계속해서 성령의 통치 속에 살게 하신다.

성령의 인침은 성령께서 거듭난 자에게 주시는 표지다. 성령의 핵심적인 사역은 죄로 죽은 사람을 예수 그리스도 안에서 거듭나게 하는 것이다. 예수 그리스도께서는 니고데모와의 대화를 통해서 말씀하셨다.

> 7 내가 네게 거듭나야 하겠다 하는 말을 기이히 여기지 말라 8 바람이 임의로 불매 네가 그 소리를 들어도 어디서 오며 어디로 가는지 알지 못하나니 성령으로 난 사람은 다 이러하니라(요 3:7-8)

성령께서는 죄인을 거듭나게 하신다. 성령께서 그리스도의 구속을 적

기능을 발휘하셔서 이미 지성으로 확실하다고 알고 있는 그 약속들을 마음속에 인쳐 주시며, 또한 그가 보증인의 위치를 취하셔서 그 약속들을 확증하고 든든히 세우시는 것이다."(기독교강요 3.2.36.)
352) 변종길, **우리 안에 계신 성령** (서울: 생명의말씀사, 2003), 46.
353) 김재성, **개혁주의 성령론** (서울: CLC, 2014), 103.

용한 결과는 무엇인가? 그것은 칭의와 성화다. 예수 그리스도께서는 우리에게 "지혜와 의로움과 거룩함과 구속함"이 되셨다(고전 1:30). 의로움과 거룩함이란 막연한 것이 아니라 칭의와 성화다.[354] 우리는 그리스도를 떠나서 존재할 수 없다는 뜻이다.[355]

성령의 인침은 약속과 성취의 관점에서 이해해야 한다. 우리를 거듭나게 하신 성령께서 오심은 예수 그리스도의 약속에 따른 것이다.

> 하나님이 오른손으로 예수를 높이시매 그가 약속하신 성령을 아버지께 받아서 너희 보고 듣는 이것을 부어 주셨느니라(행 2:33)

이 약속은 이스라엘 백성에게 이미 주신 것이다. 베드로는 요엘 2:28-32의 예언이 오순절에 성취되었다고 말했다. 성령강림이란 표현은 하나님으로부터 초월적으로 부어주시기 때문이다. 요엘 선지자가 예언한 시기는 기원전 9세기로 아달리야 여왕이 통치한 시대이거나 아달리야의 손자 요아스가 통치하던 시기였다. 정치적으로나 영적으로 절망적이었던 그 시대에 하나님께서 요엘 선지자를 통해 하나님의 계획을 선포하셨다.

요엘 선지자는 주전 8세기경, 웃시야 왕 시대에 바벨론이 침략해서 이스라엘을 점령할 것이라고 예언했다. 그럼에도 불구하고 장차 하나님의 백성들에게 복된 날이 올 것이고 대적자들에게는 심판이 임할 것이라고 말했다(욜 3:15-16). 요엘 선지자는 예루살렘의 회복을 강력하게 선포함으로써 하나님의 백성들에게 소망을 주었다. 이사야 선지자는 장차 오실 메시아로 인해 더 이상 다른 빛이 필요하지 않다고 말했다(사 60:19). 에스겔이 하늘빛이 어두워진다고 말한 것은 구속의 복과 대적자들에 대한 심판을 말한 것이다(겔 32:7-8).

---

354) Ibid., 88.
355) John Calvin, **신약성서주석 8 고린도전서주석** (서울: 성서교재간행사, 1982), 79; "하나님을 떠나서는 그들에게 생명이 없다고 그는 그들에게 말하고 있다. '너희가 있고'라는 동사에 강조점이 있는데, 마치 '너희들의 근원은 없는 것들을 부르시며, 존재하는 것처럼 나타나 보이는 것들을 무시하시는 하나님께 있고 당신의 존재는 사실상 그리스도에게 있으므로, 당신은 자만할 아무런 이유가 없는 것이다'라고 그가 말하는 것이나 마찬가지이다. 그리고 그는 우리의 창조에 관하여서만 말하고 있는 것이 아니라, 우리가 하나님의 은혜로 거듭난 영적 존재에 대해서도 말하고 있다."

요엘 선지자의 예언이 중요한 것은 성령을 부어주시는 것이 이스라엘의 회복과 심판을 특징짓는 결정적인 사건이기 때문이다. 요엘 선지자의 예언은 하나님께서 기적적인 징표를 보이심으로써 대적들을 심판하시는 것이었다. 표적들과 함께 주어지는 예언은 하나님께서 이방신을 심판하시는 전지전능하신 분이라는 것을 의미했다(사 13:9-10). 하나님께서 죄를 심판하시고 영적인 능력을 이방인에게도 부어주실 것이라고 말씀하셨다. 중요한 것은 성령의 권능이 주어지는 것보다 권능을 받는 대상이다. 대상이 제한적이지 않고 "모든 육체"로 확대된다. "모든 육체"란 이스라엘 백성이라는 범위를 넘어서 이방인까지 포함된다는 뜻이다.

마지막 날에 일어난 엄청난 사건의 핵심 중 하나는 성령이 이스라엘 민족을 넘어서 이방인에게도 부어진다는 것이다. 성령의 오심은 아브라함의 복을 통해 주시는 약속의 성취였다. 그 약속이란 예수 그리스도 안에서 이방인들까지도 구원의 복을 받는 것이다(갈 3:14).

성령께서는 그 구원의 복을 받은 자들에게 하나님의 양자가 되었다는 확실한 보증과 인침을 주신다. 성령의 인침은 우리가 하나님의 특별한 소유가 되었다는 표지이며 절대로 사라지지 않는다. 성령의 인침은 성령의 보증의 근거이며, 성령의 보증이 성령의 인침의 결과다. 그런 까닭에, 성령의 인침은 곧 성령의 세례다.

성령의 인침은 우리 구원의 최종성을 확증한다. 우리 구원의 최종성은 우리의 불확실한 순종이 아니라 "하나님의 불변하시는 목적 속에서 보증을 받고 있다."356) 그런 까닭에 성령의 인침은 우리의 존재적 관점에 대한 영원한 안전성을 제공하며 그로 인해 우리는 자유와 여유를 누리고 따뜻한 인격으로 변화해 간다.

---

356) Louis Berkhof, **벌코프조직신학(상)**, 권수경·이상원 역 (서울: 크리스챤다이제스트, 1993), 317; 〈선택의 작정은 불변적이며, 따라서 선택자의 구원을 확실하게 한다. 하나님은 자신의 능력에 의하여, 즉 자신이 예수 그리스도 안에서 성취하시는 구원 사역에 의하여 선택의 작정을 실현하신다. 어떤 개인들이 끝까지 믿고 견인하는 것이 하나님의 목적인데, 그는 그리스도의 객관적인 사역과 성령의 주관적인 활동에 의하여 이러한 결과를 보증하신다(롬 8:29, 30; 11:29; 딤후 2:19). "하나님의 견고한 터는 섰으니 인침이 있어 일렀으되 주께서 자기 백성을 아신다." 또한 그 자체로 모든 신자들에 대한 풍성한 위로의 근원이다. 그들의 최종적인 구원은 그들의 불확실한 순종에 의존하지 않으며, 하나님의 불변하시는 목적 속에서 보증을 받고 있다.〉

4. 성령 훼방죄

은사주의 부부 사역자인 찰스 헌터와 프랜시스 헌터는 『왜 "나"는 방언을 말해야 하는가?』라는 책에서 방언이나 은사주의 운동에 의문을 제기하는 사람은 예수님의 사역을 사탄이 한 일이라고 매도한 바리새인에 비유했다. 방언을 부정하고 제2의 축복이 잘못된 것이라고 말하면 과연 성령훼방죄에 해당하는가?

성경에서 말하는 용서(구원)를 받을 수 없는 죄는 불신앙, 성령훼방죄, 또는 배교와 같은 죄를 말한다. 그리스도의 복음을 듣고도 믿지 않는 사람이나, 주님이 메시아라는 분명한 성령의 증거를 보고도, 그것을 악령의 역사로 산주하고 거부하는 자나, 가롯 유다와 같이 배교한 죄는 용서(구원)받을 수 없는 죄에 해당한다. 이러한 죄는 근본적으로 예수 그리스도에 대한 증거를 보거나 듣고도 예수 그리스도를 믿지 않거나 거부하고, 또는 배신하는 일이다.

헌터 부부처럼 방언이나 은사주의 운동에 의문을 제기하는 사람을 성령훼방죄로 몰아가는 것은 매우 위험한 처사다. 교회 안에 일어나는 운동에 대하여 '성경적인가? 아닌가?'를 검증하는 일은 얼마든지 있을 수 있으며, 또한 검증하는 과정이 있어야만 한다. 어떤 일이든지 중요한 것은 성경의 진리로 평가받는 것이다. '얼마나 많은 사람이 행하고 있느냐?'가 아니라 '얼마나 성경대로 행하느냐?'가 중요하다.

예수님께서는 마태복음 12:22-31에서 성령훼방죄를 말씀하셨다. 마태복음에서 말하는 성령훼방죄는 성령의 일을 사탄에게 돌린 용서할 수 없는 죄다. 바리새인들은 "바리새인들은 듣고 가로되 이가 귀신의 왕 바알세불을 힘입지 않고는 귀신을 쫓아내지 못하느니라"(마 12:24)고 말했기 때문이다. 훼방(블라스페미아)이라는 말은 거룩하신 하나님과 그에 관계된 모든 것을 모독하는 언사를 말하며, 양적인 개념이 아니라 질적인 개념이다. 바리새인들은 하나님의 명백한 구원 활동을 거부하고 사탄에게 돌렸기 때문에 성령훼방죄에 속했다.357) 칼빈은 바리새인들이 "예

357) William Hendriksen, **마태복음(중)**, 이정웅 역 (서울: 아가페출판사, 1988), 249; "왜 용서받지 못하는가?

수께서 불결한 영의 힘을 받았다고 말함으로써 고의적이고 악의적으로 빛을 어두움으로 바꾸었기 때문에 주님은 바리새인들을 심하게 위협하셨다"고 말했다.358) 존 맥아더는 이렇게 말했다.

> 예수님은 사실상 다음과 같은 의미의 말씀으로 그들의 주장을 반박하셨다. "내가 사탄의 능력을 사용하여 사탄을 쫓아내고 있다면 너희들은 사탄이 자해행위를 하고 있다고 생각하느냐?"(마 12:25-26). 바리새인들의 주장대로라면 마귀는 자기 나라를 파괴하고 있는 것이 분명한데 이는 전혀 이치에 맞지 않는다. 바리새인들은 그리스도를 너무나도 증오한 나머지 자가당착의 논리에 빠지고 만 것이다. 그들은 합리적인 추론을 하는 대신 비웃음거리가 되어 버렸다.359)

바리새인들은 성령께서 그리스도의 신성을 입증하기 위해 행하신 예수님의 기적들을 사탄이 행한 일이라고 주장했기 때문에 용서받을 희망이 없었다. 바리새인들은 예수님의 사역을 분명히 보고 들었음에도 불구하고 사탄에게서 비롯된 것이라고 말한 것은 그리스도의 신성을 보여주는 성령의 사역을 거부한 것이다. 그런 까닭에, 은사의 진위를 논증하고 검증하는 일을 성령훼방죄라고 적용하는 것은 언어도단이다.

매튜 풀은 성령훼방죄에 대해 다음과 같이 말했다.

언제나 그렇듯이 본문 자체가 그 이유를 즉시 명백히 드러내 주지 않을 때, 우리는 문맥을 통하여 안내를 받아야 한다. 우리는 성령께서 그리스도를 통하여 성취하신 것을 바리새인들이 사단의 탓으로 돌렸음을 문맥상 알수 있다. 더욱이 바리새인들은 이러한 사실을 고의적이고도 계획적으로 꾸미고 있는 것이다. 그들이 제시한 모든 증거들이 모순되는 것임에도 불구하고 그들은 여전히 예수가 바알세불의 권세로 귀신을 축출하고 있다고 단언한다."

358) John Calvin, **신약성서주석 1 공관복음** (서울: 성서교재간행사, 1982), 483; "이는 그들이 말하는 그대로 마치 타이탄신들(Titans) 같이 하나님을 향하여 싸움을 거는 행위였다."

359) John F. MacArthur Jr., **무질서한 은사주의**, 이용중 역 (서울: 부흥과개혁사, 2008), 149; 〈이것은 우리에게 무엇을 말해 주는가? 오늘날에는 어떻게 적용할 수 있는가? 첫째로, 이 사건은 그리스도가 이 땅에 육신을 입고 오셨을 때 일어난 단회적인 역사적 사건이었다. 즉 이 사건은 오늘날에도 해당되는 사건이 아니다. 그러므로 일차적인 의미에서 지금 이 순간 적용할 수 있는 것은 아무것도 없다. 그리스도가 이 땅에 다시 오실 "오는 세상"(천년왕국)에는 이 말씀을 적용할 일이 있을지도 모른다. 그러면 이차적으로라도 이 말씀을 적용할 수 있을까? 예수님의 말씀이 과연 은사주의 운동의 방언이나 그밖의 여러 관행에 의문을 제기하는 것은 곧 성령을 모독하는 죄를 저지르는 것이나 마찬가지라는 뜻일까? 이 말씀의 문맥과 역사적 배경은 그런 관점을 지지하지 않는다. 예수님은 "사람에 대한 모든 죄와 모독은 사하심을 얻되"라고 말씀하셨다. 모든 시대에 적용할 수 있는 일반적인 가르침은, 거듭나지 않은 사람들이 스스로 회개하고 그리스도께로 돌아온다면 어떤 죄도 용서받을 수 있다는 것이다. 그러나 예수님에 대한 진실을 알면서도 예수님의 사역을 사탄이 한 일로 매도하는 행위로 정의되는 성령께 대한 지속적이고 뉘우침 없는 모독은 용서받을 수 없다.〉

그리스도와 성령을 모독한 것이 말들 그대로 단순히 욕한 것에 지나지 않는 것일 수도 있기 때문에, 이 죄가 되기 위해서는, 그 말들이 지독한 앙심과 보복하고자 하는 악의적인 마음으로부터 나온 것이어야 한다. 왜냐하면, 그리스도께서 여기에서 말씀하신 것은, 아우구스티누스(Augustine)가 지적하였듯이, 성령을 모독하는 모든 말들, 즉 무지하거나 경솔하게 한 말들까지 포함시켜서 말씀하신 것이 아니고, 하나님이나 그리스도를 멸하기 위한 악의를 가지고서 고의적으로 의도적으로 한 말들을 가리켜 말씀하신 것이기 때문이다.360)

매튜 풀에 의하면, 방언과 은사에 대해 의문을 제기하는 것은 결코 성령훼방죄가 될 수 없다. 헌터 부부는 히브리서 13:8을 인용하면서,361) 지난 시기에 일어난 방언과 기적과 신유가 오늘과 내일에도 계속해서 일어난다고 말했다.362) 그러나, 기독교회사를 살펴보면 결코 똑같이 일어나고 있지 않다. 구약시대와 예수님의 시상 사역 기간에는 방언의 증거가 없었다. 헌터 부부는 『왜 "나"는 방언을 말해야 하는가?』에서 뱀과 독의 문제를 논의에서 제외했다.

놀랍게도 헌터 부부는 사도행전 28:3-5를 말하면서, 사람이 우연히 뱀에 물렸을 때만 뱀의 독으로부터 보호받는다고 말했다. 이런 주장은 마가복음 16:17-18의 말씀과 일치하지 않는다. 헌터 부부의 이런 주장은 예수님 시대와 사도 시대에 일어난 일이 지금도 계속된다는 자신의 주장에 스스로 찬물을 끼얹은 것이다.

팔머 로벗슨은 "교회는 성령이 주는 다른 은사들을 모두 검증해야 한다"고 말했다.363) 어떤 사람이 복음 사역에 부르심이 있다면 교회는 그 사람이 참으로 복음 사역에 합당한지 검증해야 한다. 복음 사역을 위한

---

360) Matthew Poole, **청교도 성경주석 14**, 박문재 역 (파주: 크리스챤다이제스트, 2015), 243; "즉, 우리가 충분한 빛과 깨우침을 받아서, 우리가 욕하고 있는 그 일들이 악한 자 마귀에게서 나온 것이 아니라 하나님의 성령으로부터 나온 것이거나 적어도 그럴 가능성이 높다는 것을 알았으면서도, 그 일들을 하는 하나님의 종들을 멸하거나 비방하기 위한 목적으로, 그들이 그 일들을 마귀의 능력을 힘입어서 행하고 있는 것이라고 말할 때에만, 그것은 성령을 모독한 죄가 된다는 것이다."

361) 예수 그리스도는 어제나 오늘이나 영원토록 동일하시니라(히 13:8)

362) John F. MacArthur Jr., **무질서한 은사주의**, 이용중 역 (서울: 부흥과개혁사, 2008), 151; "예수님이 어제 방언의 증거로 성령세례를 주셨다면 오늘도 분명히 그렇게 하고 계시고 내일도 계속 그렇게 하실 것이다."

363) Palmer Robertson, **오늘날의 은사주의 운동, 과연 성경적인가**, 이심주 역 (서울: 부흥과개혁사, 2009), 59.

은사가 있다면 그 역시도 교회가 검증해야 한다. 그런 차원에서, 방언 논증은 그리스도의 신성을 부인하는 것이 아니라 방언이 성경적인지 분별하기 위한 정당한 방식이다.

RPTMINISTRIES
http://www.esesang91.com

VI. 성령을 받은 증거는 무엇인가?

1. 예수 그리스도를 믿음

성령을 받은 증거는 예수 그리스도를 믿게 된 것이다. 다른 어떤 증거보다 예수님을 구주로 믿은 것이 가장 확실한 증거다. 오직 성령 하나님의 역사로 예수 그리스도를 믿을 수 있다(고전 12:3).

성령의 역사가 없이는 누구도 예수님을 주라고 고백할 수 없다. 성령을 받았다는 증거는 믿음의 고백에 있다. 유대인들에게 이것은 충격적인 선포였다. 율법의 행위가 아니라 복음을 믿음으로 구원을 받는다는 것은 가히 마음에 담을 수 없는 엄청난 선언이었다.

예수 그리스도를 믿었다는 것은 우리가 새로운 존재가 되고 새로운 신분이 되었다는 것이다. 여러 지식 가운데 하나를 믿었다는 것이 아니라 우리의 존재와 신분이 새로워졌다는 뜻이다. 믿음은 내 머릿속에 지식을 하나 더 채운 것이 아니다. 믿음은 존재의 새로움이다. 존재와 신분의 새로움은 우리의 애씀이 아니라 성령 하나님의 역사의 결과다. 성령의 역사는 새로운 존재와 새로운 신분으로 만드는 것이다. 그것이 거듭남이다.

성경은 계속해서 성령의 역사로 우리가 예수 그리스도를 믿었다고 말한다(고전 2:12-16). 사도는 예수 그리스도의 마음을 가진 자는 성령을 받은 사람이라고 말한다. 매튜 풀은 이렇게 말했다.

> 하나님의 영이 우리에게 주어져서, 우리 속에 거하시며 역사하시고 우리를 가르치고 있기 때문에, 우리는 "그리스도의 마음"을 가지고 있다. 왜냐하면, 우리를 가르치는 선생이신 그리스도의 영은 그리스도의 마음과 생각을 아시고, 그것을 우리에게 계시해 주시기 때문이다.364)

육에 속한 자, 곧 자연인은 인간의 구원에 관련된 지식을 결코 소유할 수 없다. 오직 성령 하나님께서 우리에게 역사하여 가르쳐 주실 때만 알 수 있다(롬 8:8-11). 성령을 그리스도의 영이라 부른 것은 성령께서 그

---

364) Matthew Poole, **청교도성경주석18 고린도전후서**, 박문재 역 (파주: 크리스찬다이제스트, 2015), 38.

리스도께로부터 나오며 그리스도에 의해 얻어지기 때문이다(요 14:26; 16:7; 갈 4:6). 성도는 성령의 역사로 인해 그리스도와 관계를 맺고 그리스도와 연합되었으며 그리스도와 교제하는 자이다. 무엇보다도 우리가 예수 그리스도를 믿게 된 것은 하나님의 은혜다(엡 2:8-9).

믿음은 우리 안에서 나온 것이 아니다. 하나님의 은혜로 믿음을 주셨다는 것은 믿음이 우리 밖에서 주어졌다는 뜻이다. 예수 그리스도를 믿게 된 것에 우리가 기여한 것은 아무것도 없다. "구원함을 받았으니"는 수동태 동사다. 믿음은 수동적으로 받은 것이다. 우리 존재의 변화는 수동적이라는 뜻이다. 믿음은 지적 동의가 아니라 존재의 변화다. 존재의 변화가 우리 밖에서 주어진 것이 믿음이다.

현대교회의 문제는 체험으로 믿음을 확인하려고 하는 것이다. 믿음이 체험으로 와야 믿은 것으로 생각하니 문제다. 믿음은 느낌의 문제가 아니라 존재와 신분의 문제다. 존재의 변화는 느낌의 변화가 아니다. 성령 하나님께서 우리의 존재를 변화시킬 때 자기 죄를 회개하고 예수님을 구주로 믿게 하신다. 그 변화에 감정의 변화가 동반될 수도 있다. 조장된 감정과 체험은 위험한 결과를 낳는다.

2. 진리 안에 예배함

성령의 역사로 예수 그리스도를 믿은 성도는 함께 모여 교회를 이룬다. 교회는 예배를 통해 하나님께 영광과 찬송을 올려드린다. 하나님께서는 성전에서 자기 백성을 만나주셨다. 신약에서 믿는 성도를 성전이라 한다(고전 3:16).

성령 하나님께서 우리 안에 거하시기 때문에 우리를 하나님의 성전이라 한다. 고린도 교회 성도들이 파당을 짓는 것은 하나님의 성전을 더럽히는 일이었다. 성령께서는 우리에게 하나님의 은혜와 능력을 계속해서 공급해 주신다. 새 언약 시대에는 하나님께서 성령으로 말미암아 친히 자기 백성과 함께하시기 때문에 옛 언약 시대에 유대인들이 누렸던 교제와는 비교할 수 없이 귀하다.

사도는 고린도 교회 성도들을 다시 성령의 전이라고 불렀다(고전 6:19). 매튜 풀은 사도가 성령의 전이라 부른 것은 "하나님의 은총이 그들에게 임하여 있다는 것과 그들이 자신의 몸으로 하나님께서 원하시는 것들을 행하고 하나님을 예배하여야 한다는 것을 그들에게 동시에 일깨워주기 위한 것이었다"라고 말했다.365) 성도는 자기 몸을 마음대로 남용하거나 악용할 권한이 없으며, 전적으로 하나님의 뜻 안에서 거룩하게 살아가야 한다.

성령께서는 예수 그리스도의 진리를 알게 하고 믿음에 이르게 하신다. 성령을 "진리의 성령"이라고 부르는 것은 우리가 예수 그리스도의 진리 안에서 생명을 얻고 참되고 영원한 의미와 통일성을 공급받기 때문이다. 성령께서는 우리를 진리로 인도하여 하나님을 예배하고 경선에 이르게 한다(요 4:23-24).

예수 그리스도께서 오심으로 이제 예배의 개혁이 이루어져야 했다. 옛 언약에서 그림자로 주어졌던 성전의 실체이신 예수 그리스도께서 오셨기 때문이다. 이제는 영적인 예배를 드려야 한다. 신령(영)으로 예배한다는 것은 "하나님께서 자기 백성들에게 계시하여 주시는 새로운 영역 안에서 예배하는 것이다."366) 헨드릭슨은 진리를 "하나님의 특별계시에서 나온 하나님에 대한 명백하고 뚜렷한 지식"이라고 말했다.367) 그 지식은 예수 그리스도 안에서 계시 된 진리다. 하나님께서는 영이시기 때문에 하나님의 백성들은 예수 그리스도의 진리로 성령 안에서 예배를 드려야 한다. 그 예배는 성령께서 주신 믿음으로만 드릴 수 있다.368)

---

365) Matthew Poole, **청교도 성경주석 18 고린도전후서**, 박문재 역 (파주: 크리스챤다이제스트, 2015), 92-93.
366) Edwin A. Blum, **요한복음**, 임성빈 역 (서울: 두란노, 1994), 57.
367) William Hendriksen, **요한복음(상)**, 문창수 역 (서울: 아가페출판사, 1988), 227.
368) 존 칼빈, **신약성서주석 3** (서울: 성서교재간행사, 1982), 145; "기도와 깨끗한 양심과 자기 부인을 마음의 내적인 믿음만으로 할 수 있는 것이기 때문에, 하나님을 예배하는 것은 영에서 이루어져야 한다고 말하는 것이다. 신령한 예배를 드릴 때 우리는 하나님을 순종하는 가운데 자신을 거룩한 제물로 바칠 수 있는 것이다."

3. 언약의 현재화

성령을 받은 자는 구원의 확신을 가지며 하나님의 계명을 삶에서 순종하는 언약의 현재화를 이루어간다. 구원의 확신은 회개를 이루며(고후 7:10), 하나님께 순종하는 삶이 나타난다(엡 2:10). 참된 확신은 영적 부주의함을 낳지 않는다. 하나님의 선택된 자녀들이 심각한 범죄에 빠질 수 있으나, 하나님께서 계속해서 붙드시고 은혜의 자리로 회복시키신다.

성령께서는 거듭난 성도 안에 내주하시면서 하나님의 백성으로 언약의 말씀에 신실하게 살아가도록 역사하신다. 하나님의 택자들은 유효한 부르심 안에 존재하는 까닭에 말씀의 권면을 받아 죄에서 돌이키고 회개하며 다시 언약의 말씀에 순종하는 삶을 살아간다. 하나님께서는 성령을 받은 자들이 죄악과 싸우면서 언약 안에서 거룩과 경건으로 살아가게 하신다. 그런 까닭에 참된 성도는 언약 안에서 배타적 충성을 하며 언약의 현재화를 이루어간다.

RPTMINISTRIES
http://www.esesang91.com

VII. 성령의 선물과 은사들

1. 방언은 하나님 체험?

성령 하나님께서 역사하시는 곳에는 구원의 역사가 있고 교회가 세워지고 은사를 주신다. 성령께서 주시는 모든 은사는 교회의 유익을 위하여 주신 것이다. 또한, 성령의 은사가 자연적 은총으로 주어지는 것이 있다. 하나님께서 사람을 창조하시고 사람에게 삶의 수단으로써 능력을 주셨기 때문이다. 그것은 보편적인 은혜이며 일반은총이라 한다.

우리는 은사를 말할 때, 사도 바울이 구원을 말하고 은사를 말한다는 것을 주목해야 한다(고전 12:3). 박형용 교수는 "성령의 은사는 어떤 특정인의 전유물이 아니요, 성령께서 모든 성도들에게 주신 선물이다"라고 말했다.369) 무엇보다 중요한 것은 성도들이 나 자체라고 말한다는 사실이다(고전 12:25-26). 사도 바울은 교회가 그리스도의 몸이라고 말했으며, 그 교회에 필요한 은사를 말했다(고전 12:27-31).

'오순절 운동가들이 성령의 은사에 대해 어떻게 생각하는가?'를 알기 위해서는 마키아의 책이 유익하다. 브럼백(Carl Brumback)은 "방언이 '떨리는' 그리고 '두려운' 하나님 체험을 상징하기 때문에" 오순절파의 중심적 가치라고 주장했다.370) 김동수 교수는 마키아(Frank D. Macchia)가 오순절 방언 운동의 핵심이 하나님의 임재 체험이라고 말했으며, 방언 체험을 통해 하나님과 임재 체험을 하며 하나님과 하나 됨을 경험하고 공동체가 방언을 하면 성도의 코이노니아가 일어난다고 주장했다고 언급했다. 또한, 마키아는 "방언은 또한 교회나 사회에서 타인에게 충격을 주지 않은 채 행복한 감정을 만들 수 있다",371) "비록 오순절주의가 '방언 운동' 이상의 그 무엇이지만, 그것은 신과 인간의 만남의 본질을 이해하는 중요한 요소로써 이 은사에 주목한 첫 번째 운동이다."

---

369) 박형용, "성령세례에 대한 오순절파의 견해와 비판(2)," **신학정론** 14(2) (1996): 129(458-486).
370) C. Brumback, *What Meaneth This?* (Springfield, MO: Gospel Publishing House, 1947), 131; Frank D. Macchia, 김동수, 황태식, "말로 표현할 수 없는 깊은 탄식: 방언 신학을 위한 일고," **오순절신학논단** (5) (2007): 304(301-333)에서 재인용; "방언 그 자체는 오순절파에게 중요한 것이 아니었으나, 방언이 그들에게 상징하는 바, 즉 임의롭고 자유로운 그리고 놀랄만한 하나님의 현현과의 조우가 중요했다."
371) Frank D. Macchia, 김동수, 황태식, "말로 표현할 수 없는 깊은 탄식: 방언 신학을 위한 일고," **오순절신학논단** (5) (2007): 304(301-333).

라고 말했다.372)

마키아는 자기주장을 펼치기 위해 방언에 대한 몇 사람의 주장을 말했다. 먼저, 엘룰(Jacque Ellul)을 통해 기도는 "'그 즉, 지금 여기에 있겠다고 약속한 신이 그렇게 하기를 구하면서, 알 수 없고, 우리의 이해 너머에 있고, 다가갈 수 없고, 표현할 수 없는 신과' 함께 하려고 분투하는 것이다"라고 말했다.373) 김동수 교수는 사실상 오순절주의를 정당화하기 위해 마키아를 인용했으나, 마키아는 "참된 방언은 오늘날 일어나지 않는다"고 분명하게 말했다.374)

켈시(Morton Kelsey)에게 방언은 신적 실재(the divine reality)에 접근하기 위한 수단이었다. 그로마키는 켈시가 방언을 "영적 영역, 즉 융학파의 용어로는 집단 무의식에 직접적으로 접근하기 위해서 이성적이고 의식적인 방어의 완화로 보았다."고 말했다. 켈시는 방언으로 인간이 매개 없이 하나님께 직접 접근할 수 있다고 보았다.375) 켈시는 방언을 하나의 타당한 종교적 경험이라고 불렀으며, "그것은 정신세계에 들어온 한 사건이다. 무의식 세계에 접근함으로써, 그것은 하나님으로 하여금 직접 사람에게 말씀하시도록 하는 비물질적 실재와의 접촉인 것이다"라고 말했다.376) 이 접촉이란 무의식에서 영적 안내자를 만나는 접신이며, 방언은 만트라에 해당한다.

---

372) Ibid., 305(301-333).

373) J. Ellul. *Prayer and Modern Man* (New York: Seabury, 1970), 58; Frank D. Macchia, 김동수, 황태식, "말로 표현할 수 없는 깊은 탄식: 방언 신학을 위한 일고," **오순절신학논단** (5) (2007): 307(301-333)에서 재인용.

374) Robert G. Gromacki, **현대방언 연구**, 김효성 역 (서울: 기독교문서선교회, 1983), 179.

375) M. Kelsey, *Tongue Speaking: An Experiment in Spiritual Experience* (New York: Doubleday, 1964), 218-33; Frank D. Macchia, "Sighs to deep for words: toward a theology of Glossolalia," Southeastern College of the Assemblies of God Lakeland (FL 33801-6099, USA) *JPT* 1 (1991): 52에서 재인용; 〈 Kelsey views tongues as a relaxation of rational and conscious defenses in order to have direct access to the spiritual realm, or, in Jungian terms, the corporate unconscious. He compares tongues to a dream state, 'a kind of somnambulism while awake, a sleepwalking with one's vocal chords'. Although Kelsey warns against premature or unguarded access to the spiritual realm, it can he a healing and transfoming experience for those who are ready for it. Kelsey locates the theological significance in all of this in the recognition lost to modem theology that one can have direct, unmediated access to God.〉

376) Ibid., 231.

김동수 교수는 켈시의 방언 현상이 융과 관련되어 있다는 것을 알고 있으나 그것이 얼마나 비기독교적이며 위험한 것인지는 말하지 않았다.377) 유명복 역시 융의 위험성을 간과했다.378) 배어(Richard Baer)는 방언을 인간의 영혼을 자유롭게 하며, 퀘이커식 침묵과 가톨릭, 성공회 예식에서 유비를 찾았다.379)

마키아는 "우리가 무의식을 통해 접근하는 '영적' 영역에서 하나님과 교제한다는 것은 문제 있는 가정이다"라고 말했다. 마키아는 성령에 대한 칼 바르트의 의견에 동의한다면서, "성령에 사로잡힌 전인은 소위 '무의식'의 가장 깊은 부분에 맞닥뜨려 모든 권리를 저당잡힌다"고 말했다.380) 마키아는 놀랍게도 윌리암스(Cyril William)가 방언을 "인간 존재의 깊은 곳으로부터 나오는 소리가 신적 존재와의 만남을 상징할 수 있다"고 하면서 "수피교의 성가, 불교의 나무아미타불과 같은 주문, 또는 동방정교의 예수 기도처럼, 방언은 이성적인 마음에는 아무것도 전달하

---

377) 김동수, "최근 방언 신학 연구 동향," **영산신학저널** (2014): 24(7-40); "켈시(Morton Kelsey)는 세계관과 연관하여 방언 현상을 설명한다. 이 세상에서 신적인 것과의 직접적인 접촉이 절대 있을 수 없다고 믿는 사람들과, 비물리적 실제에 대해서 이 세상에서 직접적인 접촉을 할 수 있다고 믿는 사람들이 있다는 것이다. 그는 후자를 믿는 사람으로 융을 들며, 융에 의하면 인간의 정신은 의식 아래 있는 층들과 의식 위에 있는 층들이 있는데, 무의식은 양자에 다 걸쳐있으며, 바로 방언은 무의식의 생각이 의식의 생각에 침입하는 것임과 아울러 인격의 통합을 위한 준비가 될 수 있다고 한다. 방언은 신경증을 무의식에서 해결하는 것이라는 것이다. 그래서 프로이드에게는 방언이 병적인 것인데 반해, 융에게는 이것이 치료의 수단일 수 있다는 것이다."

378) 유명복, "심리학적 관점에서 본 방언," **기독교교육정보** 36 (2013): 156-157(151-189); "Jung은 인간에게 있어 종교의 기능은 성과 공격의 본능만큼이나 중요하다고 주장하면서 종교에 많은 관심을 보였기 때문에 Freud보다 방언에 대해 훨씬 더 많은 관심을 가지고 있었다. Morton Kelsey는 Jung이 아마도 방언이 성격통합의 긍정적인 준비일 수 있음을 믿은 것 같다고 언급하고 방언은 중요한 심리적, 종교적 현상으로 Jung의 집합적 의식이론과 관련지을 때 가장 잘 이해된다고 주장하였다. Jung에 의하면 인간의 심리는 잘 이해되지 않는 의식 밑에 있는 층들과 의식 위에 있는 층들로 구성되어 있고 무의식의 세계는 인간의 마음에 접해 있다. 방언을 하는 것은 무의식의 세계가 의식의 세계를 침범하는 것이다. 의식 속에 있는 통합되지 않은 무의식의 내용 중 이상한 것이 이상한 언어로 표현된다고 했다. 초기에는 Jung이 아직 집단 무의식의 이론을 발전시키지 못했고 후에 집단 무의식이론을 정립했는데 이 이론에 따르면 개인의 무의식은 사적인 기억 이상의 것인 인류, 혹은 민족의 기억까지도 포함한다. 그러므로 방언이 더 이상 개인의 과거 경험의 관점으로만 해석되어질 수 없다는 것이다(Kelsey, 1981, p. 208)."

379) R. Baer, 'Quaker Silence, Catholic Liturgy, and Pentecostal Glossolalia: Some Functional Similarities', in Perspective on the New Pentecostalism (ed. R. Spittler; Grand Rapids: Baker Book House, 1976), 150-64.

380) Frank D. Macchia, 김동수, 황태식, "말로 표현할 수 없는 깊은 탄식: 방언 신학을 위한 일고," **오순절신학논단** (5) (2007): 308(301-333).

지 않으나, '보통의 언어가 도달할 수 없는 반향'을 일깨운다"고 말했다. 이 말의 뜻은 방언이 만트라(mantra)의 역할을 한다는 뜻이다.381) 얀슨 (Mathilde Jansen)은 방언(glossolalia)이란 의미 없는 언어이며 만트라와 많은 유사점을 가지고 있다고 말했다.382) 박문옥은 오늘날의 오순절주의가 "도처에 공연되는 성령 운동 굿판에 그 자리를 내어주고 있는 것은 아닌가요?"라고 우려한 것은 기우(杞憂)가 아니다.383)

마키아는 윌리암스의 실체를 드러냈다. 윌리암스는 "방언이 가짜 소리 (pseudosounds)와 인간의 집단 기억으로부터 나온 영감의 어떤 상징이 혼합되어 구성된 것일지 모른다고 추측한다"고 말했다. 이것은 칼 융의 집단 무의식 개념으로 방언을 말한 것이다.384) 마키아 자신도 '생명'과 '자아'를 찾으면서 칼 융의 심리학을 언급했다.385)

---

381) Ibid.
382) Mathilde Jansen, "Spreken in tongen: een universele taal," May.18.2013. Accessed Oct.26.2019.
https://www.nemokennislink.nl/publicaties/spreken-in-tongen-een-universele-taal; "Aan de andere kant laat tongentaal kenmerken zien die in geen enkele taal gevonden zijn: er komen namelijk veel minder klanken in voor dan in een echte taal, en die klanken worden regelmatig herhaald. Het heeft veel overeenkomsten met een mantra. Bovendien is uit onderzoek gebleken dat iedereen 'betekenisloze taal' kan produceren."
383) 박문옥, "오순절주의의 오순절을 위하여," **오순절신학논단** (5) (2007): 3(3-4).
384) C. Willaims, Tongue of the Spirit: A Study of Pentecostal Glossolalia and Related Phenomena (Cardiff: University of Wales Press, 1981); Frank D. Macchia, 김동수, 황태식, "말로 표현할 수 없는 깊은 탄식: 방언 신학을 위한 일고," **오순절신학논단** (5) (2007): 308(301-333)에서 재인용; "그러나 윌리암스는 방언이 의미론적인 뜻을 지니지 못했고, 덜 구조화 되었으며, 일반적인 신비체험의 정황과는 다른 신학적 정황에서 발생한다는 점에서 다른 유사한 형태의 언어적 신비체험과는 차이가 있다고 경고한다. 방언에서 하나님과의 나-당신 관계는 신비적 합일에 의해 초월되거나 희미해지지 않는다.
385) Frank D. Macchia, *Justified in the Spirit: Creation, Redemption, and the Triune God* (Grand Rapids, Micigan: Wm. B. Eerdmans Publishing, 2010), 269; 〈The upshot of the dialectic of distinction and connection of the self-in-relationship is that unity never necessitates uniformity or the dissolving of the distict self. If there is no such distinct self, there is no freedom, because the self that is not distinct from others becomes lost or bound within the expectations of others, For example, I live in myriad relationship that mediate my life to me. I am a husband, a father, a friend, a teacher, and so forth. But I engage in all of these relationships from a self-conscious center that I sometimes rediscover and nourish in solitude. Without this sense of self apart from others, I am wholly dependent on the acceptance of others to have any sense of identity. Such dependence can easily turn into an oppressive reality in which the significant others of my life can control me by threatening to withdraw their acceptance if I do conform to their wishes. An oppressive manipulation of individuals can also be imposed by the state or powerful social or cultural influences. Carl Jung wrote The Undiscovered Self as a hard-hitting critique of the "mass mind" that seeks to dissolve the individual psyche into an oppressive corporate force grants me the freedom from

마키아는 "우리는 여기서 황홀한 경험을 교리적이고 도덕적인 구조로 대신하는 개신교의 세속화에 대한 틸리히(Paul Tillich)의 말을 상기하게 된다"고 말했다.386) 틸리히는 성육신을 이교의 특징으로 보고 로고스가 우주와 자연과 역사 안에 나타나는 하나님의 현현에 대해 말했다.387) 이어서 마키아는 궁켈(Hermann Gunke), 클라인(Meredith Kline), 글라손(T. Glasson), 차일즈(Brevard Childs)를 언급하면서 하나님의 현현을 말했다. 그리고 마키아는 자기 실체를 드러냈다. 마키아는 오토(Rudolf Otto)의 종교체험을 말했다. 오토의 종교체험이란 누미노제를 말한다. 마키아의 진술은 결국 방언이 그런 누미노제를 경험해 주는 하나님의 신비라는 것이다.388) 마키아는 종교사회학자인 벨라(Robert Bellah)를 언급하면서 "방언이, 초월적 경험과 교회 선교의 확장의 상징을 모두 의미"한다고 말했다.389) 마키아의 논문을 번역한 김동수 교수는 이런 의미를 인지하고 있었을까?

크로스(Terry L. Cross)나 러브레이스(Richard Lovelace)는 하나님 경험(the experience of God) 혹은 성령 경험(the experience of the Holy Spirit)을 오순절주의의 핵심이라고 말했다.390) 도널드 지(Donald

which I can give of myself unconditionally to others regardless of whether or not they reciprocate in kind. But how do I gain this "life," or this center within, that grants me the freedom I need to form relationships without being overwhelmed by alienation or assimilation? In the midst of relationships, one seeks to discover an inner core, and "autonomous self" who is free. But such autonomy is a modernist delusion that leads to alienation and oppression. What is really needed is a self in solitude. Solitude does not deny the essential nature of relationship but implies a safe space to develop the self without threats of abandonment or oppression.〉

386) P. Tillich, *Systematic Theology*, V. 3 (Chiago: University of Chicago Press, 1963), 117.

387) Paul Tillich, **조직신학 Ⅲ**, 유장환 역 (서울: 한들출판사, 2005), 149.

388) Frank D. Macchia, 김동수, 황태식, "말로 표현할 수 없는 깊은 탄식: 방언 신학을 위한 일고," **오순절신학논단** (5) (2007): 314-315(301-333): "나는 대학원생일 때 오토(Rudolf Otto)가 그의 신 이해에서 떨리면서도 매혹시키는 신비와의 만남에 대해 서술한 것을 보고 충격 받았던 것이 기억이 난다. 오토는 경이롭고, 압도적이고 그것이 없이는 종교체험의 핵심을 놓치는 낯선 신비에 대해서 기록했다. … 방언은 하나님의 신비, '우리 모두를 압도'할 수 있는, 그리고 '우리에게 말로 표현할 수 없는 통찰'을 주는 신비의 상징이다."

389) Ibid., 316: "현재 그러나 아직, 가까운 그러나 여전히 도달할 수 없는, 계시 된 그러나 여전히 가려진, 신적 존재와의 만남이라는 역설은 언어로 표출된 신비로써의 방언에 필수적인 것이다."

390) Terry Cross, "The Rich Feast of Theology: Can Pentecostals Bring the Main Course or Only The Relish?" 27-47; *The Spirit and the Mind: Essays in Informed Pentecostalism* (Lanham, MD: University Press of America, 2000), 9-19; "Can There Be a Pentecostal Systematic Theology? An Essay on

Gee)는 '모든 오순절파가 성령체험이 의식을 초월한 즉각적이고 초자연적인 현시로 특징지어진다.'라고 말했다.391) 사이몬 찬(Simon Chan)은 "성령 침례의 경험은 인간이 자연적인 경험 과정에서 차원이 다른 초자연적인 경험으로 변화되는 상태를 의미하는데, 이때 즉각적으로 반응하는 것이 방언이며, 그 방언은 인간의 노력과 상관없이 하나님께서 직접 주입하여 주시는 초자연적인 경험으로 나타난다는 것이다."라고 설명했다.392)

이렇게 초자연적인 현시와 초자연적인 경험으로 말하는 것은 결코 우연이 아니다. 사이몬은 오순절적 방언을 '관상기도의 측면에서 정당화될 수 있다'고 주장했다.393) 이와 같은 주장과 설명은 방언이 단순히 성령의 은사로만 말하는 것이 아니라 인간의 존재적 신성화를 이루기 위한 하나의 방편으로서의 방언을 이용하고 있다는 증거다.

오순절 운동가들은 방언이 성령세례의 증거라고 말한다. 예수 그리스도를 믿는 것만으로는 부족하다고 말하면서 성령의 능력을 받아야 하며 그 증거가 방언이라고 말한다. 그러나 그것을 확증할만한 증거는 없다.394) 제임스 던(James D. G. Dunn)은 사도행전의 성령세례는 중생과

Theological Method in a Postmodern World,"Teaching to Make Disciples: Education for Pentecostal-Charismatic Spirituality and Life: The Collected Papers of the 30th Annual Meeting of the Society for Pentecostal Studies (Tulsa, OK: Oral Roberts, 2001), 5; "The Relationship of Pentecostal Theology to Christian Theology"(an essay delivered to the Koine Greek Club at Lee University, April 9, 2001), 11; Richard Lovelace, "Baptism in The Holy Spirit and the Evangelical Tradition," 101.

391) Donald Gee, "세계 오순절 컨퍼런스 연설," (1952)

392) 이상환, "오순절 관점의 방언: 오순절적 방언의 중요한 신학적 의미," **한국오순절신학회** 100 (2008): (93-134).

393) Simon K. H. Chan, "Evidential Glossolalia and The Doctrine of Subsequence," *Asian Journal of Pentecostal Studies, Vo.2.2* (1999): 198; 이상환, "오순절 관점의 방언: 오순절적 방언의 중요한 신학적 의미," **한국오순절신학회** 100 (2008): 100(93-134)에서 재인용; 〈그에 따르면, 오순절적 방언의 수동적 특성은 이 관상기도의 수동적 특성과 흡사하다. 아빌라의 테레서의 관상기도에는 활동적 단계에서 수동적 단계로의 발전이다.〉

394) Robert L. Thomas, **성령의 은사들**, 김지찬 역 (서울: 생명의말씀사, 1983), 74; "방언이 성령이 부어졌음을 확증하는 증거로 사용된 것은 단지 세 번뿐이다. 성령세례는 그것이 일어났음을 확증할 만한 어떤 외적인 표적도 없었던 대부분의 경우에서 그렇게 외적으로 확증할 필요성이 없었다는 사실을 기억함이 좋을 것이다. 하나님의 영께서 그리스도와 그리스도를 믿는 자들이 그리스도의 몸이라고 알려진 신비한 관계를 맺게 하시는 행위는 순전히 보이지 않는 행동이었으며 지금도 그러하다. 한 번 성령에 의해 그리스도의 몸의 한 지체가 되면 1세기 그리스도인들은 방언의 은사를 행할 수도 있고 행하지 않을 수도 있었다. 이런 문제를 결정짓는 요소는 하나

구별된 이차적 은혜의 선물이 아니라고 말했다.395) 오순절주의 내부에서 고든 피(Gordon D. Fee)는 방언이 성령세례의 증거가 아니라고 말했다.396) 반면에 멘지스(Robert P. Menzies)는 성령세례가 영감과 관련 있으며 방언은 그런 종류의 한 증거로서 역할을 한다고 주장했다.397) 김동수 교수는 오순절주의자들이 방언이 성령세례의 증거라고 주장하나 신학적으로 제대로 설명해내지 못했다고 말했다.

그 예로, 허타도(L. W. Hurtado)는 방언이 성령세례 받은 결과로 흔히 나타나지만(normal) 그것이 규범(norm)은 아니라고 말했다. 김동수 교수는 최근에 키너(Craig S. Keener)가 오순절주의가 주장했던 약점을 보완해주는 글을 발표했다면서, 키너는 방언이 논리적으로 성령세례와 직접 연관이 있으며, "누기에게 있어 성령세례는 타 문화권에 그리스도를 증언하는 능력"이라고 말했다.398) 밀스(M. E. Mills)는 방언이 초대교회 발전의 이정표로서 주어진 것이라고 말했다.399) 김동수 교수는 밀

님의 뜻이었다(11절을 보라). 1세기 이래, 하나님께서는 모든 신자들에게 방언의 은사 주시기를 금지하셨기 때문에(13:8 이하의 논의를 보라), 성령세례는 어떤 외적인 확증 없이 지금까지 이루어져 왔던 것이다."

395) James D. G. Dunn, "Spirit-Baptism and Pentecostalism," SJT 23(1970), 397-407; ___, "Baptism in the Spirit: A Response to Pentecostal Scholarship on Luke-Acts," JPT 3(1993), 3-27. 김동수, "누가의 방언론," **신약논단** 14(3) (2007): 572-573(563-596)에서 재인용.

396) Gordon D. Fee, "Hermeneutics and Historical Precedent: A Major Problem in Pentecostal Hermeneutics," R. P. Spittler ed. *Perspectives on the New Pentecostalism* (Grand Rapids, MI: Baker Book House, 1976), 118-132.

397) Robert P. Menzies, "Evidential Tongues: An Essay on Theological Method," *AJPS* 1(1988), 111-123; 윌리암 W. 멘지스 · 로버트 P. 멘지스/배현성 역, **성령과 능력** (군포: 한세대학교출판부, 2005), 7장, 8장; 김동수, "누가의 방언론," **신약논단** 14(3) (2007): 573(563-596). "비록 누가가 그것을 직접 의도하지는 않았을지라도 누가가 제시하는 성령세례가 예언적 영감과 관계되어 있는 것이고, 방언은 그러한 종류의 한 증거로서의 역할이 충분히 예시되어 있기 때문에 방언이 성령세례의 증거로서 주어진 것이라는 주장이 유지될 수 있다고 주장한다. 특히 사도행전에서 성령세례와 관련해서 그 어떤 증거보다도 방언이 가장 뚜렷한 증거로 제시되어 있고, 방언은 그 체험이 외적으로 드러나는 것으로서 증거 능력이 충분히 있다는 것이다."

398) Craig S. Keener, "Why does Luke Use Tongues as a Sign of the Spirit's Empowerment," *JPT* 15(2007), 177-184; 김동수, "누가의 방언론," **신약논단** 14(3) (2007): 574(563-596)에서 재인용.

399) W. E. Mills, *A Theological/Exegetical Approach to Glossolalia* (London: University Press of America, 1985), 72; 김동수, "누가의 방언론," **신약논단** 14(3) (2007): 575(563-596)에서 재인용; "오순절 날 유대인들이 그리스도인이 될 때(행 2:4), 사마리아인들이 그리스도인이 될 때(행 8:17), 이방인으로 유대교에 입교한 이른바 '하나님을 두려워하는 자들'이 신자가 될 때(행 10:46), 마지막으로 세례 요한의 제자들이 그리스도인이 될 때(행 19:6) 방언이 언급되었다는 것이다. 그래서 방언은 사람들이 신자가 될 때 성령 충만함을 받는 데 그 표식의 하나로 주어진 것으로, 특별히 사도행전에서는 교회 발전의 중요한 순간마다 방언이 언급되었다는 것이다."

스의 견해가 방언이 언급되는 경우와 언급되지 않는 경우를 잘 설명해 주지만 "교회 발전의 이정표로서 왜 꼭 방언이 언급되어야 했는가는 잘 설명해 주지 못하고 있다."라고 말했다.[400] 김동수 교수는 방언을 성령 세례와의 연관성에서만 등장한다고 주장했다.[401]

그러나 김동수 교수는 그 증거로 사도행전 2:4만 언급했다. 만일 사도 행전 2:4를 증거 본문으로 하여 방언을 성령세례의 증거로 말한다면 현 대에도 성령세례가 일어났을 때 바람 소리, 불의 혀가 나타나야 하며, 특 히 방언과 동시에 그 방언을 듣는 사람들이 자국어로 알아들을 수 있어 야 한다. 그러나 현대 방언은 그런 일이 없다. 또한, 김동수 교수는 사도 행전 8:14-17에서 왜 방언이 없는지를 언급하지 않았다.

이 시점에서 우리가 중요하게 생각할 것은 성령 하나님과 성령의 은사 가 하나님의 말씀인 성경을 근거로 말해야 한다는 것이다. 김동수 교수 처럼 '학습 방언'을 가르치는 것은 결코 성경적이라고 할 수 없다. 조작 된 인간의 체험과 현상을 근거로 말하면 성경에서 벗어나게 된다. 예수 그리스도께서 성경을 이루시려고 말씀하시고 행하셨듯이 우리도 성경대 로 판단하고 성경대로 행해야 한다. 우리가 성경적으로 은사를 알기 위 해서는 사도행전의 오순절 사건과 로마서 12:3-8, 고린도전서 12-14장, 에베소서 4:4-16을 함께 살펴보아야 한다.

2. 성령의 은사와 선물

성령의 은사 주심은 성령의 주권이다(고전 12:11). 성령의 선물은 예 수 그리스도의 몸 된 교회 안에서 모든 성도에게 공통으로 주시는 것이 다. 성령의 은사는 성도가 각자의 사역을 감당하도록 주시는 것이다. 성 령의 은사는 다양하다(고전 12:4-10).

---

400) Ibid.
401) Ibid., 597; "누가가 사도행전에서 방언을 언급할 때 성령세례와 상관없이 독자적으로 어떤 중요성이 있는 것으로 언급한 경우가 없다는 데 주목할 필요가 있다. 바울에게 있어서 방언은 기본적으로 신자가 하나님과 나누는 기도이기 때문에 방언은 어떤 성령 충만 혹은 성령세례의 표식으로서가 아니라 그 자체로서 중요성이 있다. 하지만 사도행전에서 방언은 언제나 성령세례와의 연관성 속에서만 등장한다."

성경의 은사목록에 나타난 다양한 은사들을 체계적으로 일관성 있게 이해하기 위해,402) 존 월블드(John T. Walvoord)는 은사들을 항구적인 은사와 임시적인 은사로, 데이비드 피처스(David Pytches)는 계시의 은사, 능력의 은사, 전달의 은사로, 리차드 개핀(Richard B. Gaffin)은 말씀 은사와 행위 은사로 구분했다.403)

오스왈드 샌더스(J. Oswald Sanders, 1902-1992)는 "성령론만큼 교회 안에서 큰 견해 차이와 열띤 논쟁을 일으킨 성경의 교리도 별로 없다"고 말했으며,404) "1960년대 이후부터 교회 안에서 성령의 은사에 대한 주제보다 더 큰 관심을 불러일으킨 주제는 거의 없다"라고 말했다.405) 리차드 개핀 교수는 1960년 이래로 성령의 은사 논쟁이 전 세계적으로 교회 안에서 일어나는 가장 중요한 이슈라고 말했다.406) 개핀 교수는 다음과 같이 말했다.

> 성령 선물(단수)은 그리스도 안에서의 구원 경험(생명에 이르는 회개, 행 11:18)에 필수적인 것이다. 그것은 종말 생명의 실제적 시식(始食)이며, 미래의 부활 추수를 기대하는 "첫 열매"이며(롬 8:23), 최후에 얻을 기업의 "예약금"(예약으로 전체를 소유하는 "다운 페이먼트", 고후 1:22, 5:5; 엡 1:13 이하)이다. 이와 반면에 성령 은사(복수)는 여러 사역에 관한 구체적인 역사들로서(고전 12:4-6) 그 자체가 잠정적·반(半) 종말적(Provisional, subeschatological)이다.407)

개핀 교수에 의하면, 성령의 선물은 우리가 생명을 얻고 보증을 받은 존재적 관점을 말하며, 성령의 은사는 생명을 얻은 성도가 이 세상에서 살아가기 위한 사명적(상황적) 관점을 말한다. 오순절 운동가들이 개핀 교수가 성령의 단회성만 주장하고 영속성은 부인했다고 비판하나, 그런 비판은 개핀 교수를 오해한 것이다. 개핀 교수는 오순절 성령의 강림을

---

402) 고전 7:7; 12:4, 8-10, 28, 롬 12:6-8; 엡 4:11-12.
403) 김영선, "예언과 신유의 은사에 대한 신학적 이해," **한국조직신학논총** 25 (2009): 188(187-215).
404) Oswald Sanders, **성령과 그의 은사**, 권혁봉 역 (서울: 요단출판사, 1987), 9.
405) Richard B. Gaffin Jr., **성령강림**, 김귀탁 역 (서울: 부흥과개혁사, 2013), 12.
406) Richard B. Gaffin, Jr., **성령 은사론**, 권성수 역 (서울: 기독교문서선교회, 1983), 9-10; "오늘날도 역시 이것이 전 세계 교회가 안고 있는 주요한 이슈라고 할 수 있다. 성령의 은사 문제는 교회에서 최대의 논쟁과 분쟁요소가 되어 온 것이다. 왜냐하면 이 문제는 신자의 실제 생활과 직결된 문제 즉, 신자의 체험과 연결된 문제이기 때문이다."
407) Richard B. Gaffin Jr., **성령 은사론**, 권성수 역 (서울: 기독교문서선교회, 2012), 52.

구속 역사적 관점에서 단회성을 주장했으며, 성령의 강림으로 개인의 구원순서의 측면을 무시하지 않았다.

배덕만 교수는 한국의 오순절 운동을 1928년으로 말했다.[408] 국내에서 성령의 은사 문제는 1980년대에 네덜란드에서 공부한 차영배 교수가 정통신학의 은사론을 비판하면서 쟁점화되었다. 차영배 교수는 성령의 사역을 특정 시대에 제한할 수 없다면서 성령 사역의 계속성을 주장했다. 차영배 교수의 주장은 오순절 신학에 영향을 주었다.

스톰스(Samuel Storms)는 기적과 은사들이 지금도 계속된다고 말했다.[409] 스탕달(K. Stendahl)은 현대의 전통적인 교회에서 방언이 나타나지 않은 이유는 전통이라는 이름으로 억제했기 때문이라고 말했다.[410]

---

[408] 배덕만, "오순절 신학의 성령이해," **오순절신학논단** (8) (2010): 50-51(43-65); 한국에서 오순절 운동은 1928년에 메리 럼지(Mary Rumsey) "선교사가 도착하면서 시작되었다. 물론 1907년 평양 대부흥을 기점으로 강력한 부흥 운동이 전개되었고, 1920년대에는 감리교의 이용도 목사를 중심으로 방언 현상을 동반한 신비적 부흥 운동이 전국적으로 유행했다. 그러나 성령세례를 복음전파를 위한 권능 부여로, 이 세례의 증거를 방언으로 이해하는 오순절 운동은 1928년에 시작되었다. 럼지 선교사는 한국인 허홍과 함께 1932년에 한국 최초의 오순절 교회를 설립했고, 1938년에 허 홍, 박성산 그리고 배부근이 한국 최초의 오순절파 목사로 안수를 받았다. 이후 1953년에 대한기독교 하나님의 성회가, 1963년에 하나님의 교회(클리브랜드파)가, 1968년에 예언 하나님의 교회가, 그리고 1972년에 대한예수교복음교회가 각각 창설되어 오순절 운동이 교단적 틀을 마련했다. 1940년대부터는 용문산 기도원의 나운몽 장로를 중심으로 오순절 운동이 전국적으로 확산되었고, 1960년대 이후로는 조용기 목사가 대표적인 오순절 지도자로서 한국교회 전체에 오순절 신앙을 확산시키는데 크게 기여했다."

[409] 정오영, "개혁신학적 관점에서 본 성령의 은사" (안양대학교 대학원, 박사학위논문, 2017), 188-189; 첫째로, 기적의 은사들은 구약과 신약을 거쳐서 중단되어진 적이 없다. 비록 성경의 모세 시대, 엘리야와 엘리사 시대, 또한 신약 시대에 기적의 은사가 자주 나타났고 그 외에는 간헐적이었다 하더라도 이러한 은사가 완전히 중단된 것은 아니다. 다만 오늘날 이와 같은 기적이 잘 나타나지 않은 것은 마태복음 13:58의 "그들이 믿지 않음으로 말미암아 거기서 많은 능력을 행하지 아니하시니라"고 하신 말씀처럼 사람들이 믿지 않기 때문이었다. 둘째로, 기적의 은사는 선지자 또는 사도들의 메시지를 확증하고 증명하는 목적을 가지고 있다는 것이다. 그뿐 아니라 이러한 은사는 그리스도의 몸을 교훈하고 세우고 격려하고 가르치고 위로하고 거룩하게 하기 위해 주어진 것이다. 따라서 메시지를 확증하는 목적으로는 이러한 은사가 더 이상 나타날 필요가 없을 것이다. 그러나 오늘날에도 그리스도의 몸을 세우고 격려하고 가르치고 위로하고 거룩하게 하기 위한 목적을 위해서는 은사는 필요한 것이다. 셋째로, 표적과 기사는 십자가의 말씀과 전혀 배치되는 것이 아니며, 오히려 말씀을 확증하는 역할을 한다. 바울은 고전 2:4에서 "설득력 있는 지혜의 말로 하지 아니하고 다만 성령의 나타나심과 능력으로" 전도하였다고 말한다. 이 시대에 이런 기적이 필요했다면, 오늘날에도 역시 말씀을 확증하는 성령의 나타나심과 능력과 은사가 필요할 수밖에 없다. 넷째로, 오늘날에는 완성된 성경이 있으므로 이제는 기적이 필요 없다는 말을 하지만, 실제로 이러한 말은 성경에 나와 있지 않다. 오히려 말씀 자체였던 예수께서도 그 생애 속에서 수많은 표적과 기사를 행하였다. 그렇다고 한다면 오늘날도 표적과 기사는 얼마든지 필요하다고 볼 수 있다.

[410] Wayne Grudem, "1 Corinthians 14:20-25: Prophecy and Tongues As Signs of God's Attitude," *WTJ* 41(1979) 381-96; K. O. Sandnes, "Prophecy: A Sign for Believers(1 Cor 14,20-25)," *Biblica* 77 (1996)

김동수 교수는 "결국 바울의 방언관에 대한 부정적인 평가는 주석적 결론이기에 앞서 해석학적 전제에 의해서 그렇게 결정되어온 경우가 많은 셈이다."라고 말했다.411) 김동수 교수는 '방언을 수용하지 못하는 신학적 틀'을 다음과 같이 말했다.

나는 왜 동료 신자들이 방언을 반대할까를 생각해 보았다. 그동안의 관찰과 고찰 결과 방언을 체험하지 못하게 하는 틀을 가진 신학이 있다는 것을 발견했다. 어떤 신학적 틀은 그 신학적 틀 자체가 방언을 거부하는 것이다. 그 틀이 성경의 기독론, 교회론, 종말론을 오늘에 되살린 좋은 틀이긴 하지만, 성령론 중에서 성령의 은사론에 관계된 것은 성경의 내용을 일부 빠뜨리거나 곡해한다. 이 전통에서 자란 사람은 방언이 이상해 보이고 부정적으로 생각하기 마련이다.412)

김동수 교수는 방언을 반대하는 사람은 "신학적 틀"을 가지고 있다고 말했다. 그러면 방언을 옹호하는 사람은 "신학적 틀"이 없을까? 김동수 교수는 오순절 신학의 틀을 가지고 있다는 것을 부인할 수 없다. 신학적 틀을 비판하면 자신은 신학적 틀이 없는 순수한 사람 같이 보인다. 그러나 신학적 틀이 없는 사람은 아무도 없다. 김동수 교수는 『방언은 고귀한 하늘의 언어』 서문에서 다음과 같이 말했다.

마지막으로, 설교와 글과 교제를 통해서 늘 나에게 새로운 영감을 주었던 고 대천덕(R. A. Torrey) 신부님께 감사드리며 본서를 이분께 헌정한다. 불의의 사고로 우리의 소망보다 하나님의 품에 일찍 안기셨지만, 대 신부님이 쓰신 책과 그동안의 삶을 통해 지금도 여전히 한국교회에 말하고 계신다. 이 분이 없었다면 성령의 은사에 대해서 부정적 입장을 가지고 있던 지성인 동료 신자들이 신약성경의 성령에 관한 진리를 받아들이지 않았을지도 모른다. 이분

1-15; Robert Gladstone, "Sign Language in the Assembly: How are Tongues a Sign to the Unbeliever in 1 Cor 14:20-25?," *Asian Journal of Pentecostal Studies 2* (1999) 177-93; Stephen J. Chester, "Divine Madness?: Speaking in Tongues in 1 Corinthians 14.23," *JSNT* 27(2005) 417-46; 김동수, "바울의 방언관," **신약논단**, 13(1) (2006): 191(169-193)에서 재인용.
411) 김동수, "바울의 방언관," **신약논단**, 13(1) (2006): 191(169-193).
412) 김동수, **방언은 고귀한 하늘의 언어** (서울: 이레서원, 2015), 160-162; "방언을 반대하는 사람들 중 많은 사람들은 방언을 두려워하는 사람들이다. … 다음으로 방언을 거부하는 사람들은 그 신앙적 체계가 방언과 같은 초자연적 역사 없이도 성경이 다 해석되고 그 신앙이 유지되는 틀을 가지고 있는 사람들이다. 말씀을 통해서 영성이 형성되고 거기에서 하나님 임재를 체험하고 헌신하고 하나님을 사랑하게 되는 것이다. 이 체계 자체에도 역동성도 있고 감격도 있다. 하지만 초대교회 같은 형태의 교회는 아니다. 그보다 점잖고, 체계가 잡혔으나 자유로움이 없는, 스스로는 완벽한 것 같이 생각되지만 자기와 생각이 다른 사람들을 정죄하는 어딘가 부족함이 있는 체계이다."

은 학문과 삶으로서 말했기 때문에 여기에 감명을 받아 많은 사람들이 자기의 전통을 넘어 성경의 방언에 관한 진리를 보다 진지하게 고민하고 고찰하게 되었다.[413)

김동수 교수는 대천덕 신부로부터 직접적인 영향을 입었다는 것을 분명하게 밝혔다. 김동수 교수는 대천덕 신부의 신학적 틀을 통해 성경을 보았다. 대천덕 신부는 자신의 할아버지의 성령론으로 성경을 이해했다. 이것은 방언의 은사가 성령론에 기인한다는 것을 말해 준다. 김동수 교수는 성령론을 오순절 신학의 틀로 보는 신학자다. 대천덕의 신학 틀에는 토레이의 성령론과 칼 융의 심리학과 영성이 있다. 매크레오드는 토레이의 성령세례 7단계를 비판하면서, "오순절주의 신학은 조건주의이다. 만일 우리가 그 약속의 모든 축복을 향유하기를 원한다면 믿음만으로는 충분치가 않다고 그들은 말한다"고 말했다.[414)

은사중지론(cessationism)은 모든 성령의 은사가 중지되었다는 신학이아니다. 칼빈을 비롯한 종교개혁자들의 개혁신학이 말하는 은사중지론은 하나님께서 예수 그리스도의 최종적 구원 계시를 증거 하는 특별한 은사들은 중지되었다는 신학 사상이다. 하나님께서는 사도들과 제자들에게 예수 그리스도를 증거 하도록 특별계시의 이적을 주셨다(막 16:17; 눅 7:19-22). 존 맥아더, 아브라함 카이퍼, 그로마키, 노만 가이슬러, 워필드, 리처드 개핀이 말하는 은사중지론은 계시의 방편으로의 은사가 중지되었다는 것이지 모든 기적이 중지되었다는 것이 아니다. 조지 휫필드, 찰스 피니, 웨인 그루뎀, 존 파이퍼, 막스 터너, 조나단 에드워즈, 존 스토트, 박윤선, 차영배 등은 은사지속론(continuationism)을 지지한다.

김명용 교수는 칼빈의 말을 오해하여 "개혁교회의 성령론의 거대한 실수는 기적이 멈추었다는 가르침이다"라고 말했다. 칼빈이 어떤 은사자들이나 교회의 직분자들의 안수를 통해 치유하는 일이 일어나지 않는다고 말한 것은 문맥을 따라 이해해야 한다. 김명용 교수가 인용한 칼빈의 말

---

413) 김동수, **방언은 고귀한 하늘의 언어** (서울: 이레서원, 2015), 14.
414) Donald Macleod, **성령세례와 개혁주의 성령론**, 지상우 역 (서울: 여수룬, 2004), 52-53; "그것에 덧붙여 우리는 모든 죄를 끊어버리고 하나님의 모든 명령에 복종하며, **진정으로** 성령을 갈망하고 **진정으로** 구하며, **진정으로** 기대하여야 한다는 것이다. 그러나 **오직 믿음으로**부터의 출발은 근본적인 것으로서 성령의 충만함으로 이르는 길이며 위협적인 모든 문제들을 극복해 낼 수 있도록 도울 수 있다."

(기독교 강요 4권 19장 18항)은 로마 가톨릭의 종부성사를 반대한 것이다.415) 놀랍게도 김명용 교수는 개혁교회의 성령론이 "개인의 영혼과 교회의 영적 활동 속에" 주로 인식되었다고 비판했다. 김동수 교수 역시 "전통적 개신교에 의해서 성서의 기적이 사도 시대만을 위한 특수한 것이라는 해석에 직면하여"라고 말했다.416) 김명용 교수는 오순절 교회의 성령론이 폭넓은 장점이 있으나 진정한 의미에서의 폭넓은 성령론으로 발전시키지 못했다고 말했다. 김명용 교수는 "이 폭넓은 성령론으로의 발전은 개혁교회의 신학 속에서 20세기 후반에 몰트만(J. Moltmann)의 성령론이 등장하면서 가능해지게 되었다"고 말했다.417) 그러나, 몰트만의 성령론은 만유재신론(범재신론)이다.418)

은사중지론은 특별계시를 나타내는 이적의 은사는 성경 66권이 완성되고 교회가 설립된 후에는 종결되었다는 것이다.419) 초대교회 시대 이

---

415) John Calvin, **기독교강요(하)**, 원광연 역 (고양: 크리스챤다이제스트, 2003), 561; "그러나 다른 방법들도 마찬가지이지만, 이 기름 바르는 방법 역시 분별없이 무턱대고 사용된 것은 아닐 것이다. 나는 그것이 치료의 수단이 아니었고 그저 상징일 뿐이었다고 본다. … 그러나 치유의 은사는 나머지 이적들과 마찬가지로 주께서 일시적으로 베푸셨던 것들로서, 복음의 새로운 선포를 영원토록 놀랍게 만들기 위하여 지금은 사라졌다. 그러므로 기름 바르는 일이 그 당시 사도들의 손으로 행해진 그 권능들을 나타내는 하나의 성례였다는 것을 완전히 받아들인다 해도 그것은 그런 권능을 받지 않은 오늘날 우리와는 아무 상관이 없는 것이다."

416) 김동수, "누가 신학에서 오순절 신학 정체성 찾기: 멘지스(Robert P. Menzies)의 제안을 따라," **영산신학저널** 26 (2012): 109(91-114).

417) 김명용, "개혁교회의 성령론과 오순절 교회의 성령론," **장신논단** 25 (1999): 230(223-248).

418) 신옥수, "몰트만에 있어서 만유재신론적 비전," **목회와신학** 191 (2005); 신옥수 교수는 미로슬라브 볼프(Miroslav Volf) 교수의 지도 아래 "몰트만 신학에 있어서의 만유재신론적 비전"(The Panentheistic Vision in the Theologoy of Juergen Moltmann)이라는 학위논문을 썼다. 신교수의 논문은 몰트만이 "만유재신론이 삼위일체론적이고 자발적이며, 종말론적인 만유재신론적 비전"의 성격을 가지고 있다고 규정했다.

419) Richard B. Gaffin Jr., Robert L. Saucy, Sam Storms, Douglas A. Oss, **기적의 은사는 오늘날에도 있는가**, 이용중 역 (서울: 부흥과개혁사, 2009), 51-56; 〈나는 분명히 성령의 모든 은사가 중단되었다거나 오늘날 교회에는 그런 은사들이 전혀 없다고 주장하지 않는다. … 영적인 은사들이 오늘날에도 지속되고 있느냐가 문제가 아니라 어떤 은사가 지속되고 있느냐가 문제라고 말해 두는 것만으로도 충분할 것이다. 나는 기적이 중단되었다고도 주장하지 않는다. … 나는 그런 활동이 오늘날에도 계속되고 있다는 점을 의심하지 않는다. 더 구체적으로 말하면 나는 하나님이 오늘날에도 병을 고치신다는 점을 부정하지 않는다. … 그러나 나는 고린도전서 12장 9-10절에 열거된 바와 같은 병을 고치고 기적을 일으키는 은사가 오늘날에도 있는지는 의문이다. … 그런 예들은 "사도의 표가 된 표적"이며 그런 일들이 사도 시대 이후에도 지속된다는 것은 단순하게 가정할 수 있는 문제가 아니다. … 나의 주요한 관심사는 모든 계시적 은사 내지 말의 은사의 중단이다. 말의 은사란 예언과 예언에 대한 평가, 방언과 방언 통역, 지혜의 말, 지식의 말 등을 가리킨다. 이런 은사 간에 어느 정도의 중복이 존재한다는 점은 일반적으로 인식되고 있으므로 우리는 이런 은사들을 합쳐서 일반적으로 예언적 은사로 간주할 수 있다 … 오늘날에도 예언적 은사가 지속된다는 주장은 신약성경의 정경성, 구체적으로 말하면 완성된 것

후로 누구도 사도들처럼 특별한 이적을 행하지 못했다. 하나님께서 자기 백성들에게 은혜를 베푸시는 일반적인 치유와 이적들은 지금도 일어나고 있다. 그러나 사도들과 초대교회 성도들에게 일어났던 계시와 연관된 특별한 이적은 일어나지 않는다.

첫째, 예수 그리스도께서 모든 성도에게 공통으로 주시는 선물은 성령을 주심이다. 이것은 그리스도의 구원 사역이다. 예수님께서는 성부 하나님께서 택한 자들에게 성령을 보내어 주심으로 택자들이 믿음을 선물로 받는다(엡 2:8-9, 6:23). 성령 하나님께서는 생명을 얻는 회개를 일으키신다(행 11:18). 장차 주어질 하나님 나라의 유산을 미리 맛보게 하는 복에 참여케 하신다(롬 8:23; 고후 1:22, 5:5; 엡 1:13-14). 성령의 선물은 주를 믿는 모든 성도에게 차별 없이 주시는 구원의 은혜다.

둘째, 성령 하나님께서는 모든 거듭난 성도에게 그 분량대로 믿음의 은사를 주신다(엡 4:7). 성령의 은사는 보편적으로 주시나 제한적이고 차별성이 있다. 교회에서 맡은 직분에 따라 받은 은사가 다르다. 같은 직분이라도 동일한 은사를 다 받은 것이 아니다. 예수 그리스도를 믿은 자에게 일반으로 주신 믿음이라도 그 분량이 있다(롬 12:3).

사도는 각 사람에게 나눠주신 믿음의 분량대로 생각하라고 말했다. 여기서 믿음이란 "하나님과 그리스도를 아는 지식과 다른 모든 영적인 은사들과 은혜들 전체를 함축한다." 그 은사와 은혜는 모든 사람이 같은 분량을 가지고 있지 않다.[420] 칼빈은 이 말씀의 핵심은 "온유하고 가르침을 받으려는 정신으로 우리 자신을 바쳐서 하나님께 인도와 지도를 받는 것이 우리 모두에게 있어서 합당한 제사라는 것이다"라고 말했다.[421]

로마서 12:6은 우리 각자가 받은 은사가 다르다고 말한다. 성령께서 주시는 은사는 각각 다르고 그 활동도 다양하다. 교회 안에는 다양한 사역자들이 있다(고전 12:4-6). 은사가 있다는 것은 우리의 힘으로 믿음을

으로서의 정경과 긴장 관계에 있다. 그와 같은 지속론은 필연적으로 성경의 충분성과 권위를 상대화한다.〉
420) Matthew Poole, **청교도 성경주석 17**, 정충하 역 (파주: 크리스챤다이제스트, 2015), 503.
421) John Calvin, **신약성서주석 7** (서울: 성서교재간행사, 1982), 387; "신앙과 인간적인 판단에 대한 대조를 통해서 바울은 신자들에게 한계를 설정함으로써 그들로 하여금 자신들의 결점의 한계를 또한 겸손하게 지키게 하고 있다."

지키고 교회를 세워갈 수 없다는 뜻이다. 주의 교회는 주의 영으로 사역한다.[422) 또한, 은사는 종말의 온전함을 위해 주어진 수단이다. 언젠가는 예언도 방언도 지식도 폐하게 된다. 하나님의 뜻을 이루기 위해 한시적으로 주어진 것이 은사다.

셋째, 성령께서는 교회의 유익을 위해 은사를 주신다. 성경은 "각 사람에게 성령의 나타남을 주심은 유익하게 하려 하심이라"(고전 12:7)고 말하며, "모든 것을 덕을 세우기 위하여"(고전 14:26) 주셨다고 말한다.

3. 은혜와 은사

은사는 헬라어로 '카리스마'다.[423) 단수로는 '카리스'이며 '은혜'다. 복수로는 '카리스마'이고 '은사'다. 은사는 근본적으로 주의 교회 안에서 성도들을 양육하고 덕을 세우는 목적으로 하나님께서 값없이 주시는 은혜의 선물이다(고전 12:4; 약 1:17).[424)

사도 바울은 은사에 대해 "너희도 우리를 위하여 간구함으로 도우라 이는 우리가 많은 사람의 기도로 얻은 은사를 인하여 많은 사람도 우리를 위하여 감사하게 하려 함이라"(고후 1:11)고 말했다. 사도는 은사를 말하면서 자신이 사망의 큰 위기에서 건짐을 받은 사건을 말했다(고후 1:10). 11절의 은사는 환난으로부터 건짐을 받은 것을 가리킨다. 매튜 풀은 이렇게 말했다.

---

422) Richard B. Gaffin Jr, **구속사와 오순절 성령강림**, 김귀탁 역 (서울: 부흥과개혁사, 2013), 74; "교회는 기원에 있어서나 존속에 있어서나 오로지 하나님의 은혜로 존재한다. 따라서 전체 교회의 모든 국면과 활동이 당연히 은사로 간주된다. 개인의 관점에서 보면, 신앙생활은 은혜에 의한 생활이고(엡 2:8), 그래서 처음부터 끝까지 신앙생활 전체가 은사다. 따라서 다른 은사들과 구분하여 교회 안에 존재하는 일부 은사들을 은사로 부르는 것은 바울의 관점을 왜곡하거나 제한하는 위험에 빠진다."

423) 조광호, "바울의 카리스마 이해와 리더십: 고린도전후서를 중심으로," **신학논단**, 64 (2011): 206-207(205-227); "카리스마는 … 동사 어근에 $-\mu\alpha$가 붙어 명사화된 단어이다. … $-\mu\alpha$로 끝나는 단어는 행동이나 행위의 결과를 뜻하므로, 카리스마라는 단어에는 '은혜에 의해 구체적으로 발생한 결과로서의 …'라는 뜻이 내포되어 있다."

424) 김균진, **기독교 조직신학Ⅲ** (서울: 연세대학교출판부, 1994), 89.

사도가 그것을 "은사"라고 부르는 것은, 단지 우리가 환난에서 건짐을 받는 것은 주로 하나님이 값없이 베풀어 주시는 은혜로만 말미암는 것임을 나타내기 위한 것이 아니라, 그것이 "많은 사람의 기도"로 인해서 주어진 것임을 나타내기 위한 것이기도 하다.[425]

사도는 고린도전서 7:7에서는 독신생활을 감당하는 것을 은사라고 말했다(고전 7:7). 사도는 디모데의 목회 사역에 주어진 능력을 은사라고 말했다(딤전 4:14; 딤후 1:6). 로마서 11:29에는 은사가 복수로 사용되었다(롬 11:29). 사도는 이스라엘 백성들이 하나님께로부터 받은 다양한 언약들을 말하면서 은사들이라고 말했다.

사도는 하나님의 은사와 은혜를 말했다(롬 5:15-16). 이 말씀에서 은사는 새 생명이며 영원한 생명이다. 로마서 6:23에서 말하는 은사는 영원한 생명이다(롬 6:23). 사도 바울은 "무슨 신령한 은사를 나눠주기"(롬 1:11) 위해 로마의 성도들을 만나기를 원했다. 이 말씀에서 은사는 그리스도의 복음을 의미하며,[426] 은사는 은혜와 같은 뜻으로 사용되었다. 은사가 구체적인 명목으로 주어지나 하나님의 선물이라는 넓은 의미에서 은혜라는 단어와 거의 동의어로 사용된다.[427] 정오영은 은혜는 성령의 내적 사역으로 은사는 외적 사역으로 나타난다고 말했다.[428]

---

425) Matthew Poole, **청교도 성경주석 18 고린도전후서**, 박문재 역 (파주: 크리스챤다이제스트, 2015), 301; "하나님께서 많은 사람들의 중보기도를 받으셔서 특정한 사람들에게 긍휼을 베푸시는 것은, 하나님의 긍휼하심을 받은 자들만이 아니라, 그들을 위하여 중보 기도한 자들로부터도 감사와 찬송을 받으시기 위한 것이다."

426) John Calvin, **신약성서주석 7 로마서 빌립보서** (서울: 성서교재간행사, 1982), 49; 〈본문의 "신령한 은사"는, 그가 복음 전하는 것과 권하는 것과 예언에 대하여 소유하였고, 그리고 하나님의 은혜로 말미암아 그가 얻었던 것으로 알고 있던 그 능력을 의미한다.〉

427) 변종길, **우리 안에 계신 성령** (서울: 생명의말씀사, 2003), 64-65; 〈또한 로마서 5:15-16은 다음과 같이 말한다. "그러나 이 은사는 그 범죄와 같지 아니하니 곧 한 사람의 범죄를 인하여 많은 사람이 죽었은즉 더욱 하나님의 은혜와 또는 한 사람 예수 그리스도의 은혜로 말미암은 선물이 많은 사람에게 넘쳤느니라." 여기에 보면 '범죄'에 대응하는 것으로서 '은사' 또는 '은혜'를 말하고 있는데, 이로 보아 '은사'라는 말과 '은혜'라는 말은 거의 동의어로 사용되고 있음을 볼 수 있다. 물론 '은혜'와 '은사'는 조금 구별할 수 있다. 하나님께서 우리 인생들과 모든 피조물들에게 좋은 것들을 값없이 주시는 행위 또는 그 성격을 가리킬 때에는 '은혜'라고 말하고, 그것이 구체화 되어서 하나님께서 우리에게 주신 좋은 것을 가리킬 때에는 '은사'라고 말하는 경향이 있다.〉

428) 정오영, "개혁신학적 관점에서 본 성령의 은사" (안양대학교 대학원, 박사학위논문, 2017), 33; "이렇듯 은혜가 보다 내적인 성령의 사역을 가리킨다면, 은사는 공동체 구성원들이 볼 수 있고, 관찰할 수 있는 방식으로 외적으로 나타나는 것이다. 이런 이유 때문에 은혜를 성령의 내적 사역으로, 은사를 성령의 외적인 사역으로 구분하기도 한다. 결국 성령의 내적인 은혜가 공동체 구성원이 볼 수 있도록 구체적이고 특정하게 현현되어 외적으로 나타나는 현상들이 은사들인 셈이다. 따라서 성령의 은혜를 경험하여 은사들을 소유하게 되면 이전에 없던 현상들이 특정한 개인에게 나타나기 때문에 공동체 구성원들은 쉽게 은사의 현현을 관찰할 수 있게 된다."

이로 보건대, 은사는 교회 안에 특정한 사역에만 국한되지 않고 영적인 삶 전반에 걸쳐 폭넓게 사용되었다는 것을 알 수 있다. 또한 은혜(카리스)와 은사(카리스마)는 상호대칭적으로 혹은 교환적으로 사용되었다. 그 말은 모든 은사는 은혜의 표현이라는 뜻이다. 하나님의 은혜가 임하는 곳에 하나님의 은사가 있다.[429]

그런 까닭에, 은사를 몇 가지 특정한 것에 축소시키는 것은 하나님의 은혜를 축소시키는 것이다. 은혜와 은사가 분리될 수 없고 은혜와 은사는 성령의 열매와 불가분의 관계에 있다.

또 한 가지 염두에 둬야 할 것은 성령만이 은사를 주시는 것이 아니라 성부 하나님과 성자 하나님께서 은사를 주신다는 사실이다. 앞서 살펴본 에베소서 4:7에는 그리스도께서 선물을 주신다고 했으며, 로마서 12:3과 고린도전서 12:28에서는 하나님께서 선물을 주신다고 했다. 고린도전서 12장, 14장에서는 성령의 나타나심으로 은사가 주어진다고 한다. 각종 은사는 삼위 하나님으로부터 주어지는 은혜의 선물이다.

4. 은사의 목록

신약성경에서 은사의 목록이 나오는 성경은 로마서 12:6-8, 고린도전서 12:8-10, 28, 에베소서 4:11이다. 여기에 나오는 은사들은 선별적이고 대표적인 은사들이다. 이 성경 구절들은 초대교회를 형성하는데 결정적이고 큰 기여를 한 은사들을 말한다. 은사를 주신 목적은 그리스도를 영화롭게 하며, 교회의 덕을 세우는 것이다. 개핀 교수는 은사목록을 말씀 은사와 행위 은사 두 부분으로 나누었다.[430]

그리스도를 영화롭게 한다는 것은 그리스도의 구속 사역을 증거하여 그리스도를 믿어 하나님의 자녀가 됨으로써 그리스도께서 높임을 받으

---

429) 김재성, **개혁주의 성령론** (서울: CLC, 2014), 241; "교회의 시작과 지속이 가능하게 된 것은 오직 하나님의 은혜에 의해서만 가능하게 되는 바, 모든 교회는 어떤 행사에서나 어떤 모습에서든지 하나님의 은사가 합당하게 드러나야 하는 것이다. 믿음의 생명은 은혜에서 나오는 것이기에(엡 2:8), 처음부터 마지막까지 오직 은사적이라야만 한다. 은혜는 항상 은사들을 수반하고, 은사들이 드러나는 곳에는 하나님의 은혜가 머문다."
430) Richard B. Gaffin Jr., **성령 은사론**, 권성수 역 (서울: 기독교문서선교회, 2012), 62.

155   VII. 성령의 선물과 은사들 4. 은사의 목록

시는 것이다. 그런 까닭에, 은사들은 주로 말씀 사역과 깊은 관련성을 가지고 있으며, 다른 은사들은 그 말씀이 행동으로 발휘되는 은사들이다. 전자는 존재적 관점의 은사들이고 후자는 사명적 관점의 은사들이다.

이 두 가지 관점을 놓치면 교회에 주어진 은사가 오히려 문제가 된다. 예를 들어, 고린도 교회의 여러 문제 중에서 가장 문제가 된 은사는 방언의 은사였다. 사도는 방언 은사의 남용과 오용을 지적함으로써 교회를 바르게 세우려고 했다.

은사가 은사 되려면 예수 그리스도의 주되심이 먼저 복음 증거로 나타나야 하고, 복음을 듣고 믿은 자들이 모여 교회를 세우고 자라가도록 유익을 주어야 한다. 은사는 존재의 변화를 일으키고 섬기고 봉사하는 사명으로 변화되어야 한다. 사도 베드로는 이렇게 말했다.

8 무엇보다도 열심으로 서로 사랑할지니 사랑은 허다한 죄를 덮느니라 9 서로 대접하기를 원망 없이 하고 10 각각 은사를 받은 대로 하나님의 각양 은혜를 맡은 선한 청지기같이 서로 봉사하라 11 만일 누가 말하려면 하나님의 말씀을 하는 것 같이 하고 누가 봉사하려면 하나님의 공급하시는 힘으로 하는 것 같이 하라 이는 범사에 예수 그리스도로 말미암아 하나님이 영광을 받으시게 하려 함이니 그에게 영광과 권능이 세세에 무궁토록 있느니라 아멘(벧전 4:8-11)

사도는 교회에 허락된 모든 은사는 목회적 성격이라는 것을 말했다. 말씀을 전하는 자나 봉사를 하는 자나 하나님의 마음으로 감당해야 한다. 은사의 출처는 하나님이시기 때문에 은사가 자기 것인 양 교만하거나 자랑해서는 안 된다. 사도가 "선한 청지기같이"라고 말한 것은 우리가 겸손하고 지혜롭게 서로 나누며 섬기는 자가 되어야 한다는 것을 말한다. 우리가 다른 지체에게 무엇을 준다고 해서 스스로 그들 위에 높은 체하지 말아야 한다. 은사와 직분과 재능과 능력은 하나님께서 허락하여 주신 것이므로(고전 12:11; 엡 4:7), 섬기고 봉사하는 것 자체로 감사하고 기뻐해야 한다.

5. 은사는 불변하는가?

한 번 주어진 은사는 불변하게 유지되는가? 그렇지 않다. 대표적인 경우가 가룟 유다다. 사탄과 마귀의 유혹에 넘어가거나 자기 스스로 교만에 빠지면 은사는 사라진다. 반면에 오순절 운동가들은 방언의 은사가 불변한다고 말한다. 그들은 방언이 성령세례의 증거이기 때문이다. 방언이 끝나면 성령세례가 끝나는 것이고 버림을 받고 지옥에 가는 결과가되기 때문이다.

은사를 받아도 바르게 사용되고 있는지 점검해야 하며 검증을 받아야한다. 무엇보다 중요한 것은 그리스도를 믿어도 반드시 방언의 은사가수반된 것이 아니라는 사실이다.

> 네 속에 있는 은사 곧 장로의 회에서 안수 받을 때에 예언으로 말미암아 받은 것을 조심 없이 말며(딤전 4:14) 6 그러므로 내가 나의 안수함으로 네 속에 있는 하나님의 은사를 다시 불일듯 하게 하기 위하여 너로 생각하게 하노니 7 하나님이 우리에게 주신 것은 두려워하는 마음이 아니요 오직 능력과 사랑과 근신하는 마음이니(딤후 1:6-7)

사도는 디모데에게 하나님의 은사를 더 적극적으로 활용할 것을 권면했다. 디모데는 자신의 직분을 더 잘 감당하기 위해 하나님께서 주신 은사들, 곧 영적인 능력을 더 잘 사용해야 했다. "조심 없이 말며"(개정; "가볍게 여기지 말라")는 디모데에게 주어진 능력을 부지런히 사용함으로써 디모데의 직무를 충성되게 감당해야 한다는 뜻이다.[431] 6절에서 "불일 듯 하게"(아나조퓌레인)은 불을 지펴서 자기 속에 활활 타오르게 해야 한다는 뜻이다. 하나님께서 디모데에게 예언, 곧 하나님의 뜻을 계시해 주셨을지라도 전심전력을 다하여 진보를 나타내어야 했다. 그 말은 디모데가 게을리하면 그 반대가 될 수도 있다는 뜻이다.

사도 바울은 데살로니가 교회에 "성령을 소멸치 말며"(살전 5:19)라고 말했다. 이 말씀은 '완서법'(meiosis)으로 표현된 것으로 '성령을 소중히 여기라'는 뜻이다. 성령을 소멸할 권한이 우리에게는 없다. 매튜 풀은 자신의 "게으름과 안일함, 세상적인 여러 잡다한 일들, 무절제한 감정들"에

---

431) Matthew Poole, **청교도 성경주석 20**, 박문재 역 (파주: 크리스챤다이제스트, 2016), 67.

의해 성령의 역사를 약화시킬 수 있다면서 다음과 같이 말했다.[432)

> 아마도 이것은 구약시대에 제사장들은 제단 위에 불이 꺼지지 않고 항상 탈 수 있도록 세심한 주의를 기울여서 살펴야 한 것을 염두에 둔 표현일 수 있다. 불은 관리를 소홀히 하거나 그 위에 물을 부으면 꺼지게 되듯이, 우리는 신앙의 의무들을 은혜 가운데서 행하지 않거나, 우리 자신이 죄악에 빠지게 되면, 성령을 꺼버리게 된다.[433)

진정으로 거듭난 성도에게 성령의 은혜가 완전히 소멸되는 일은 없다. 다만 자신에게 주어진 은혜를 외면하거나 신실하게 반응하지 않음으로써 은혜의 강도와 활발함이 약화될 수 있다. 칼빈은 20절에서 "예언을 멸시치 말고"라는 말씀이 이어지는 것을 두고 이렇게 말했다.

> 예언에 대한 모독이 성령을 소멸하는 한 사건인 것은 사실이지만 하나님께서 자신들 속에 지펴 놓으신 불빛의 은총을 무효화 하는 자들 역시 성령을 소멸하는 자들이다. 그러므로 명령을 소멸하는 일이 없도록 하라는 이 권고는 뒤에 나오는 예언 모독에 대한 것보다 더 넓은 의미로 적용할 수 있다. 전자의 의미는, 너희들은 하나님의 영으로 깨우침을 받은 자들이다. 그러므로 배은망덕하게 이 빛을 상실하는 일이 없도록 하라는 것이다.[434)

인간은 언제라도 태만에 빠질 수 있으며, 그로 인해 하나님께서 주시는 은혜를 무효화 하는 일이 발생할 수 있다. 오늘날 방언의 은사는 학습되거나 조작되거나 만트라(mantra)이거나 의미 없는 발화에 불과하다. 자신이 받았다는 그 방언이 실제 외국어가 아니면 방언으로써의 타당성이 없다. 오순절 운동가들이 '방언의 은사는 불변한다'고 말하는 것은 방언 체험으로 구원의 확신을 확보하고 자기 존재와 삶을 정당화하려고 하기 때문이다.

---

432) Matthew Poole, **청교도 성경주석 19**, 박문재 역 (파주: 크리스챤다이제스트, 2015), 494; "진정으로 거듭난 사람들에게서는 은혜가 완전히 소멸되는 일은 없고, 단지 은혜의 강도와 활발함만이 약화될 뿐이다. 하지만 특히 복음 아래에서 살아가는 거듭나지 않은 사람들에게 자주 주어지는 성령의 일반적인 조명하심과 깨우치심은 완전히 꺼져버리고 소멸될 수 있다(히 6:4-6)."
433) Ibid.
434) John Calvin, **신약성서주석 6** (서울: 성서교재간행사, 1982), 469.

6. 예언과 방언의 은사

예언과 방언의 은사는 하나님의 뜻을 증거 하기 위해 주어진 은사이다. 이 두 가지 은사는 계시적인 사역을 위해 주어진 은사이며, 교회의 기초를 놓은 사도의 직분과 깊은 관련성이 있다.[435] 챈트리는 "사용되는 언어에 상관없이 방언은 일종의 예언이다"라고 말했다.[436]

하나님의 계시는 일반계시와 특별계시가 있다. 하나님께서 저 자연을 통하여 말씀하시나 자기 백성을 구원하는 특별계시는 보편적으로 주어지지 않는다. 특별계시는 오직 성령의 감동으로 기록된 성경이다. 특별계시가 종결된 이후에는 사도적 계시가 추가되지 않으며 성경만이 하나님께서 계시하신 말씀이다. 그런 까닭에 계시적 차원에서 더 이상 예언과 방언은 주어지지 않는다.

팔머 로벗슨은 현대교회의 방언과 성경의 방언은 다르다면서 신약에서 방언은 1) 계시적 2) 외국어 3) 공적인 활용 4) 구속사를 향한 급진적인 변화를 보여주는 징조라고 말했다. 로벗슨은 이런 특성으로 방언 현상을 이해해야 한다고 말했다.[437]

하나님께서 특별히 부른 자들에게 성령의 감동으로 주시는 특별계시의 말씀인 예언은 종결되었다. 옛 언약 시대에는 아브라함으로부터 시작해서 하나님께서 부르신 선지자들을 통해 예언이 주어졌다. 새 언약 시대에는 사도들과 선지자와 소수의 특별한 사람들이 성령의 감동으로 예언을 말했다(벧후 1:21).

방언에 대하여 적극적 부정론, 소극적 인정론, 긍정적 인정론이 있다. 적극적 부정론을 주장하는 사람은 칼빈을 비롯한 개혁진영의 신학자들이며, 현대에는 리차드 개핀(R. B. Gaffin), 레이몬드(Robert Raymond), 도널드 맥클라우드(Donald Macleod), 그레이엄 스크로기(W. Graham Scroggi), 쿠르트 코흐(Kurt Koch), 그로마키(Robert G. Gromacki), 비

---

435) 김재성, **개혁주의 성령론** (서울: CLC, 2014), 262.
436) Walter J. Chantry, **오늘날의 은사주의 운동, 과연 성경적인가**, 이용중 역 (서울: 부흥과개혁사, 2010), 42; "방언이란 곧 사람이 성령의 완벽한 통제를 받아 자기가 알지 못하는 언어를 말하는 언어능력이다. 이때 말하는 사람은 할 말을 의식적으로 선택하는 것이 아니라 바로 하나님의 말을 한다."(p. 41)
437) Palmer Robertson, **오늘날의 은사주의 운동, 과연 성경적인가**, 이심주 역 (서울: 부흥과개혁사, 2009), 38.

어(Frank W. Beare), 씨슬톤(A. C. Thiselton), 허드(John Coolidge Hurd, Jr.)가 있다. 칼빈은 "공적인 기도나 사적인 기도 간에, 마음이 없이 방언을 사용하는 것은 하나님을 심히 불쾌하게 만드는 것임을 명심해야 한다."고 말했다.438) 스미스 박사는 "방언하는 것은 반기독교의 정신적인 매개체 가운데서 발생한다"고 말하고 말했다.439)

에드가(T.R. Edgar)는 신약성경의 방언은 믿지 않는 자들에게 복음을 받아들이기 위한 기적적인 외국어라고 말했으며,440) 개핀은 방언의 기능은 정경이 완성되기 전에 교회에 필요한 계시를 제공하기 위한 것이며, 통역이 되기 전에는 믿지 않는 이스라엘 사람들에게 '새로운 언약이 시작되었음을 알리는 표적'이라고 말했다.441)

개핀 교수는 방언을 계시적 은사로 말하면서,442) "바울의 방언관은 방언자의 말이 성령의 말씀이라는 면에서 방언의 기원이 완전영감에 있음을 보여준다. 성령께서 방언자의 언어능력을 완전히 장악하여 그의 음성을 사용하시고 있을 뿐이고, 실제의 말씀은 그의 말이 아니라 성령의 말씀인 것이다. 여기서 말하는 영감은 성경 저자들의 영감을 '초월하는 영감'이다."라고 말했다.443) 개핀 교수가 방언을 영감되었다고 말하는 것은 '방언은 지속될 수 없다'는 의미다. 레이몬드 역시 같은 주장을 한다.444) 개핀 교수는 신약 시대의 선지자들에게 주어진 계시와 바울이 받은 계시가 동일하다고 말했다.445)

438) John Calvin, **기독교강요(중)**, 원광연 역 (고양: 크리스챤다이제스트, 2003), 477.
439) Charles R Smith, Tongues in Biblical Perspective (Bmh Books, 1975), 21; John R. Rice, **현대 오순절 성령운동의 바른 해답**, 이을숙 역 (서울: 헤브론, 1994), 45에서 재인용.
440) T.R. Edgar, *Miraculous Gifts* (New Jersey: Loiseaux, 1983), 110-194.
441) Max Turner, **성령과 은사**, 김재영, 전남식 역 (서울: 새물결플러스, 2018), 373.
442) Richard B. Gaffin Jr., **성령 은사론**, 권성수 역 (서울: 기독교문서선교회, 2012), 70; "방언은 예언과 연결되어 있다. 방언은 마치 예언의 그림자와 같다."
443) Ibid., 96.
444) Robert L. Raymond, **신 오순절 비판**, 나용화 역 (서울: 개혁주의신행협회, 1984), 12-39; "성경이 완성됨으로 해서 계시적 은사들이 교회 생활에서 사라져 더 이상 필요 없게 되는 때를 성경 그 자체가 보여주고 있다"(p. 53).
445) Richard B. Gaffin Jr., **성령강림**, 김귀탁 역 (서울: 부흥과개혁사, 2013), 97; "바울이 에베소 교회 선지자들을 고린도 교회 선지자들과 구분해서 바라보고 있다고 가정할 만한 증거가 전혀 없다. (a) 신약 시대 선지자들에게 허용되고 알려진 계시는 바울과 다른 사도들이 받아 선포한 영감 받은 계시와 똑같고, 그 계시의 한 부분이다. (b) 이 예언적인 계시는 개인적인, 곧 순전히 특정 이해 당사자에게만 전해진 것이 아니라 사도들에게

매크레오드는 신약성경에는 계시적 은사가 사라진 증거가 있다면서 바울의 목회서신 이후에는 은사들이 언급되지 않는다고 말했다.446) 팔머 로벗슨은 디모데후서와 디도서와 같은 후기 서신서들에서 예언과 방언의 은사에 대한 언급이 전혀 없는 것은 "진리의 총체가 형성되었"기 때문이라고 말했다.447) 스크로기는 "성령의 표증은 일정한 목적을 가지고 제한된 시기에 한해서만 주어지는 것"이라고 말했다.448) 코흐 박사는 방언은 초대교회 시대를 위한 은사라고 말했다.449) 그로마키 박사는 방언이 계속 존속해야 한다는 주장은 잘못된 것이라고 말했다.450) 비어는 "바울의 주목적은 크리스천들이 방언을 말하는 것을 억제하려고 했다는 것은 의심할 바 없다."고 말했다. 씨슬톤은 방언이 교회에서 벽을 만들기 때문에 금했다고 주장했다. 허드는 고린도전서 14:4-5을 주석에서 방언

주어진 계시와 마찬가지로 교회의 신앙과 삶에 대한 풍성하고 다양한 함축적 의미를 담고 있는 그리스도 안에서의 구원과 관련된 것이다."

446) Donald Macleod, **성령세례와 개혁주의 성령론**, 지상우 역 (서울: 여수룬, 1988), 59-63.

447) Palmer Robertson, **오늘날의 은사주의 운동, 과연 성경적인가**, 이심주 역 (서울: 부흥과개혁사, 2009), 107; "계시 자료는 교회가 그리스도의 임하심에 포함된 구속 사건들을 적절하게 이해하도록 필요한 신령한 해석을 제공한다. … 하나의 과정이 완성되고 한 시대가 끝이 났다. 교회는 새로운 계시가 영원히 지속 되어 그리스도의 성육신이 지닌 의미를 해석하는 데 도움을 줄 것이라고 기대해서는 안 된다."

448) W. Graham Scroggi, **성령의 세례와 방언**, 이종태 역 (서울: 생명의 말씀사, 1976), 18-27; 정오영, "개혁신학적 관점에서 본 성령의 은사" (안양대학교 대학원, 박사학위논문, 2017), 183-184에서 재인용; "뿐만 아니라 그는 기적의 행사, 천사들의 방문, 전반적인 방언, 아나니아와 삽비라 사건, 헤롯 등의 경우와 같은 심판행위, 손수건의 축복, 죽은 자의 부활 등의 표증은 그 과도기에 국한된 것이며, 이들의 목적이 성취되자 증표로서의 기능을 상실하였고 한다. 그리고 방언에 대해서는 신약성경 27권 중 21권에는 언급되지 않고 있으며 사복음서 가운데서도 한 번 언급되었고, 신약 21개 서신서 가운데서도 한 번 언급되었다는 것은 방언이 과도기에 주어진 것이고 오늘날에 그다지 중요성을 갖지 못하기 때문이라고 주장한다."

449) Kurt Koch, **방언**, 이중환 역 (서울: 예수교문서선교회, 1983), 79-80; 정오영, "개혁신학적 관점에서 본 성령의 은사" (안양대학교 대학원, 박사학위논문, 2017), 184에서 재인용; 〈"성경에서는 시대를 따라 달리하는 하나님의 계시를 보게 되는데 예를 들면 이스라엘 백성이 이집트에서 있을 때 모세를 통하여 보여주던 이적들과 홍해를 건널 때의 이적들이 이스라엘 백성들이 광야에서 살 때는 그런 이적이 아니라 만나를 먹는 이적이었고 가나안에 들어가게 되었을 때는 만나 같은 이적은 필요 없게 되었고 또 다른 이적들을 시대에 따라 다르게 보여주셨는데 방언의 은사도 특수한 시기 즉, 초대 교회 시대를 위한 은사로 주어진 것이라고 본다." 그는 방언 현상을 연구하면서 "성경적이며 진짜라고 설명할 수 있는 단 하나의 사례도 발견하지 못하였다"고 진술한다 (pp. 83-84). 코흐 박사는 방언을 경험한 사람들에 대한 많은 사례들을 기록하였다. 그는 이에 대한 결과로 방언의 은사를 체험한 사람들이 그 후에 오히려 신앙이 약화되었다고 하거나, 아니면 이상한 현상이 나타났던 것을 많이 지적하였다. 그러나 그는 한편 방언을 하고 나서 좋아진 사례들도 몇 가지 지적한다. 그러나 그것이 반드시 성경적이라고 설명할 길은 없다고 한다.〉

450) Robert G. Gromacki, **현대 방언운동 연구**, 김효성 역 (서울: 기독교문서선교회, 1984), 95.

을 금했다고 말했다.

라이스 박사(John R. Rice)는 다음과 같이 말했다.

> "오늘날에도 방언의 은사가 있습니까?"라고 누군가가 물었다. 내 대답은 분명하다. 먼저 당신이 성경이 의미하는 것을 생각하고, 방언이 필요한 상황이 있다면, 하나님께서는 오순절에 하셨던 것처럼 이 은사를 주실 수 있으시며 또 주실 것이다. 이러한 상황은 성경 시대에 매우 드문 일이고, 거의 필요성이 없었다. 지금도 물론 드물 것이다. 은사가 필요한 상황과 은사가 있음을 믿고 복음을 전하는 사람들의 경우를 제외하고는 이 은사를 결코 주지 않으셨다. 하지만 당신이 방언의 은사를 어느 누구도 이해하지 못하는 현대적 의미의 재잘거림으로 생각하고 또 방언하는 사람들의 개인적 기쁨을 누리는 데 사용된다고 여기거나, 아니면 방언하는 이들이 "성령의 세례"를 받았다고 주장한다면, 그것은 오늘날에도 없을 뿐만 아니라 성경 시대에조차 존재하지 않았다. 이런 방언은 전부 인간의 창조물이지 성경이 의미하는 방언의 은사는 아니다.451)

라이스 박사에 의하면, 지금 우리 시대에는 이미 복음이 주어졌기 때문에 방언이 필요한 상황이 아니다. 특히, 인간이 만들어 낸 방언은 성경이 말하는 방언이 아니다. 그로마키는 다음과 같이 말했다.

> 우선 무아경적인 말이나 언어의 현상은 성경적 기독교에만 특유한 것이 아니고 이방 종교들에서도 발견된다는 것이 드러났다. 이것은 무아경적인 말이 사단에 의해서 난 혹은 인위적으로 산출될 수 있다는 것을 증명하였다. 방언현상이 구약성경에서는 발견되지 않는다. 사도 시대에, 성경적 방언현상이 처음으로 나타났다(행 2, 10, 19장, 고전 12-14장). 방언의 참된 나타남들이 사도 후 시대에서 종교개혁 때까지 발견되지 않았다. 그 다음 3세기에는, 방언의 왜곡된 나타남들이 다른 교리적 신념을 가진 이단적 집단들에서 나타났다. 현대오순절주의(Modern Pentecostalism)는 알미니안주의적 성결신학에 그 기초를 가지고 있는 20세기의 운동이다. 방언현상의 회복을 주장하고 지난 20년 동안 역사적 교파들 속에 침투했던 것이 바로 이 운동이다. 그러므로 성경 시대로부터 현재 상태에 이르기까지 방언현상의 역사적 계속성이란 없다. 방언은 참으로 정지되었다!452)

---

451) John R. Rice, **현대 오순절 성령운동의 바른 해답**, 이을숙 역 (서울: 헤브론, 1994), 57; 〈누군가가 영어를 말할 줄도, 이해하지도 못하는 보네오(Borneo)에 사는 이단 종족의 어떤 사람이나 중국인을 안다면, 그리고 자신의 말을 이해하지 못하는 사람이 하나님께 자신의 말로 다른 사람에게 말할 수 있는 방법과 그에게 말하여 구원받게 하는 방법에 대해 간구했는데 하나님께서 그 일에 응답하셨다면, 그것은 기적적인 일이며 바로 성경이 의미하는 방언의 은사이다. 그리고 당신이 그 사람을 나에게로 데리고 오면, 나는 기꺼이 그가 침례를 받고 그리스도인으로서 인식할 수 있도록 도와주겠다. 하나님께서 하시는 모든 일은 논리적이며 합당한 이유를 지니고 있다.〉

452) Robert G. Gromacki, **현대 방언 운동 연구** (서울: 기독교문서선교회, 1983), 181-182; "현행의 방언운동은 주로 '순복음 실업인 국제연맹'(Full Gospel Business Men's Fellowship International)과 기타 관계된 단체들, 예를 들어 '성삼위일체 협회'(Blessed Trinity Society)와 같은 단체들에 의해 확장되고 있다. 대교단들 모두

그로마키는 신약 시대 이후로는 방언 현상이 존재하지 않았다고 말하며 방언은 주로 이단적 집단에서 일어났다고 말하며 사단적 기원일 가능성이 많다고 말했다. 우리는 그로마키가 "현대오순절주의(Modern Pentecostalism)는 알미니안주의적 성결신학에 그 기초를 가지고 있는 20세기의 운동이다"라고 말한 부분을 주목해야 한다.

19세기 미국 교회에서 일어난 다양한 성결 운동 중에서 대표적인 것이 오벌린 완전주의와 웨슬리안 성결운동이다.[453] 피비 팔머(Phoebe Palmer)는 성령세례에 의한 즉각적인 성결을 강조했다.[454] 성결 운동은 중생 이후의 제2체험으로써 완전성화를 추구했으며, 방언이 성령세례의 증거라고 주장했다.[455] 방언을 성령세례 받은 단 하나의 증거라고 최초

가 이 새로운 강조에 침투와 영향을 받았다. 그 운동은 방언, 병고침, 환상, 꿈, 직접 계시 등의 온갖 영적 현상들에 의해 특징지어진다. 그 현상은 사단적 기원에 의해 가장 잘 설명되거나, 심리적으로 산출되었거나, 인위적으로 모방되었다. 대부분의 경우에, 그것은 일시적인 성경의 현상을 재창조하거나 모방하려는 인간적 노력인 것 같다."

453) 목창균, "19세기 성결운동 초교파적 확산," Feb.11.2004. Accessed Aug.31.2019. http://www.amennews.com/news/articleView.html?idxno=3875; "전자는 1836년 찰스 피니에 의해 개혁교회 전통에서, 그리고 후자는 1835년 팔머의 화요집회를 통해 감리교 전통에서 태동되었다. 오하이오 주 오벌린대학 교수 피니와 학장 마한은 성결을 체험한 후, 학생들에게 온전한 성화의 교리를 가르치고 전국을 순회하며 성결에 관해 설교했다. 그것이 미국 개혁파 교회 성결 운동의 시작이었으며, 그들의 교훈이 오벌린 완전주의다. 오벌린 완전주의는 〈오벌린 전도자〉와 마한의 주석서 〈기독교인의 완전에 관한 성서적 교리〉에서 자세히 전개되었다."

454) 이후정, "존 웨슬리와 오순절 성령신학." 신학과세계 88 (2016): 151-152(149-184); "후에 미국에서 감리교 평신도 여사역자인 피비 팔머(Phoebe Palmer)에 의해 성결 운동이 일어났을 때 그것은 더욱 성령세례에 의해 즉각적으로 성결에 이를 수 있는 성화에 강조하였다. 즉 완전성화를 좀 더 순간적인 경험으로 보아 도덕적 영적 완전을 원죄에서 정결하게 씻음 받는 제2의 축복의 결정적인 단계로 여기는 성결 신학이 확립된 것이다. 계속되는 현대교회사 속에서 이와 같은 성령의 역사하심에 대한 강조는 오순절 운동, 카리스마 운동을 통해 오늘날까지 이어져 온 것이다."

455) 배본철, "한국 오순절 성령 운동의 역사와 전망: 성령론 논제들의 발생과의 연관성." 영산신학저널 (2013): 14-15(7-56); 〈선교사들이 강하게 체험했던 것은 19세기 후반 영국과 미국의 부흥 운동을 중심으로 한 성령세례의 능력이었다. 당시 부흥 운동 속에 나타난 성령론의 성격은 '근대 개혁파 성령 운동'과 '근대 웨슬리안 성결 운동'으로 크게 분류된다. 근대 개혁파 성령 운동의 첫 번째 핵심은 '그리스도와의 연합' 모티브에 있다. 오벌린 완전주의(Oberlin Perfectionism)가 너무 인간적 차원에 맞춘 것에 불만한 Higher Life의 그리스도 중심적인 성령론이라든가, Keswick에서 시작된 성결운동이 신자의 그리스도와의 연합을 강조한 것 역시 그렇다. A. J. Gordon이나 A. B. Simpson의 강조점도 역시 마찬가지다. 여기에 근대 개혁파 성령 운동의 두 번째 핵심으로서 Asa Mahan이나 D. L. Moody, 그리고 R.A. Torrey에게서 그 전형을 볼 수 있는 중생한 자가 위로부터 받는 능력으로서의 성령세례 관념을 더할 수 있는 것이다. '그리스도와의 연합' 그리고 '능력으로서의 성령

로 강조한 사람은 파햄(Charles Fox Parham, 1873-1929)이었다. 파햄은 오순절 운동을 '방언운동'(Tongue movement)이라고 말했다.456) 파햄은 케직 사경회의 영향권 아래 있었다. 파햄은 이차적 축복으로서의 온전한 성결의 가르침을 알게 되었으며, 더욱 급진적인 성결 운동의 요소들인 '대속 사역의 일부분으로서의 신유'와 어윈(Irwin)의 제3의 축복으로서의 '성령과 불에 의한 세례'를 수용했다. 파햄은 성령세례의 증거는 방언이며 중생 이후에 오는 제2의 축복(성결)에 이어 제3의 축복(방언)을 말했다. 그런 파햄의 사상이 아주사의 세이무어(W. J. Seymour, 1870-1922)에게 '성결이 곧 성령세례다'라고 전달되었다.457) 파햄과 세이무어는 하나님의 성회 교단의 윌리암 더햄(William H. Durham, 1873-1912)에 의해 제명이 되었고, 두 사람은 '성결 오순절 교단'을 설립했다.

세례', 이 두 가지 근대 개혁파 성령 운동의 핵심은 내한(來韓) 선교사들을 통하여 초기 한국교회 부흥 운동에 직접적인 영향을 주었다. 19세기 후반 영미 부흥 운동에 나타난 성령론의 두 번째 조류는 근대 웨슬리안 성결 운동이다. 전쟁 전 웨슬리안 완전주의(Wesleyan Perfectionism)의 지도자였던 Phoebe Palmer를 역시 이 새로운 근대 웨슬리안 성결 운동의 선구자로 본다. 그녀의 책 The Promise of the Father는 특히 성령세례에 대한 강조가 많이 나타나서 당시의 성령 운동에 끼친 영향이 크다(Phoebe Palmer, The Promise of the Father: or, A Neglected Speciality of the Last Days (New York, NY: Foster and Palmer, 1859). 그녀는 성령세례를 '감리교의 특징적인 교리'라고 불렀으며, 오순절적 패러다임의 입장에서, 정결케 하는 사역과 봉사의 능력을 부여하는 사역을 함께 강조하게 되었다. 그녀는 "성결은 곧 능력"이라고 했으며(Phoebe Palmer, Four Years in the Old World (New York, NY: W. C. Palmer, Jr, 1870), 206.), "정화와 능력은 동일한 것"이라고 했다(Phoebe Palmer, Pioneer Experience, or, The Gift of Power Received by Faith: Illustrated and Confirmed by the Testimony of Eighty Living Ministers of Various Denominations (New York, NY: W. C. Palmer, Jr., 1869), vi.). 그리고 A. M. Hills는 오순절 체험을 "성결과 능력"이라고 했으며(A. M. Hills, Holiness and Power for the Church and the Ministry (Cincinnati, OH: Revivalist Office, 1897). H.C. Morrison 같은 이는 "성령세례는 신자의 영혼을 정결케 하며 또한 그들에게 봉사의 능력을 준다."고 표현했다(H. C. Morrison, The Baptism with the Holy Ghost (Louisville, KY: Pentecostal Herald, 1900), 31).〉
456) Charles F. Parham, "The Early and Latter Rain," The Everlasting Gospel, 32.
457) 배본철, "세계 오순절 성결운동의 역사," 크리스천투데이, Jun.10. 2004. Accessed Aug.31.2019ㅣ http://www.christiantoday.co.kr/news/126792; "이 같은 제2의 축복에 대한 문제는 상당수의 사람들이 비웨슬리안적 배경에서, 특히 침례교회로부터 이 운동으로 전향했을 때 발생했다. 성결 신학에 대해서 배운 적이 없는 이들은 제2의 축복의 필요성에 대해 의문을 제기하였다. 그 그룹의 지도자가 된 WIlliam H. Durham은 신자 속에 있는 '죄의 잔재'라는 웨슬리의 개념을 부인하면서, 사람은 회심할 때 완전히 성화되며 그 이후의 위기나 제2의 변화는 필요 없다고 가르쳤다. Durham의 '완성된 사역의 신학'(finished work of theology)은 마침내 1914년 하나님의 성회(Assemblies of God)를 탄생시켰다."

소극적 인정론을 주장하는 사람은 헤르만 바빙크(Herman Bavinck), 존 스토트(J. R. W. Stott), 그린(Michael Green), 스위트(J. P. M. Sweet), 스미스(D. Moody Smith), 타이센(G. Theissen), 막스 터너(Max Turner), 고든 피(Gordon D. Fee), 박윤선, 차영배, 이한수 등이 있다. 존 스토트는 성령을 받은 후에 반드시 방언을 말해야 하는 것은 아니라고 주장했다.[458] 그린은 "우리는 방언을 거질해서도 안 되고, 그것을 영성의 전부라고 보아서도 안 된다."고 말했다.[459] 터너는 신약의 방언이 현대방언과 동일하다고 여기는 것에 대해서는 신중하다.[460] 고든 피 역시 신중론이다.[461]

스위트는 방언이 마귀 방언이라는 것에 동의하지 않으나, 성도의 은사와 싦을 말하는 로마서 12장에 방언이 언급되지 않았기 때문에 방언이 기독교인의 삶에 필수적인 것은 아니라고 말했다. 또한, 바울이 "방언 말하기를 금하지 말라"(고전 14:39; cf. 살전 5:19-22)고 말했기 때문에 바울이 방언을 소극적으로 인정한 것이라고 보았다.[462] 스미스는 바울

---

458) J. R. W. Stott, **오늘날의 성령의 사역**, 조병수 역 (서울: 개혁주의신행협회, 2001), 159; 정오영, "개혁신학적 관점에서 본 성령의 은사" (안양대학교 대학원, 박사학위논문, 2017), 182에서 재인용: 〈성경은 사도행전에 나오는 성령을 받은 무리 중 단지 세 무리만 방언을 했다고 기록하고 있다"고 말한다. 성령을 받은 사람들이 반드시 방언을 말했다는 기록이 없음에도 성령과 방언을 필연적으로 연결하는 것은 지나친 억측이다. 게다가 바울은 고린도전서 12장에서 방언의 은사는 여러 가지 성령의 은사 중 하나이므로 모든 기독교인에게 주어지는 것은 아니라고 말하고 있다.〉

459) Michael Green, *I Believe in the Holy Spirit* (London: Hodder & Stoughton, 1975), 25

460) Max Turner, **성령과 은사**, 김재영·전남식 역 (서울: 새물결플러스, 2012), 548-550; "바울은 '방언 현상'을 주로(물론 절대적인 것은 아니지만) 개인적인 예배를 위한 은사로 본다. 그리고 누가가 사도행전의 다른 곳에서 언급하는 것도 이러한 견해를 허용하는 범위 내에 있다. 신약성경에 대한 이러한 이해는 오늘날의 현상과 일치한다 … 하지만 신약성경의 현상과 오늘날의 '방언현상'을 일치시키는 것은 여전히 문제점을 내포하고 있다. 바울이 말하는 것을 보면, 아주 당연하다는 듯이 방언을 이언능력이라고 생각하고 있는 것으로 보인다. 그리고 이것만 보더라도 바울이 언급하고 있는 것과 오늘날의 '방언현상'이 최종 분석에서 각기 다른 현상으로 밝혀질 것이라는 견해를 충분히 입증하고도 남음이 있다고 생각할 수 있다."

461) Gordon D. Fee, **바울, 성령, 그리고 하나님의 백성**, 길성남 역 (서울: 좋은씨앗, 2007), 228-230; "무엇보다도 방언은 성령으로 감동된 말이다. … 바울은 방언이 적절한 자리에 있을 때 그것을 존중한다. … 바울은 방언을 개인 기도를 위한 은사로서 매우 중요하게 생각한다. … 공적인 모임에서의 방언사용과 관련해서 그는 방언을 정죄하지 않으나 그렇다고 그것을 좋아하지도 않는다. 어쨌든 통역이 없으면 방언을 해서는 안 된다. 한편, 개인적으로 기도하거나 말할 때 사용하는 은사로서의 방언에 대해서는 아주 호의적인 입장을 취한다. … 오늘날 오순절주의 은사 공동체 안에서 허용되는 '방언'을 바울이 교회들 안에서 문제로 삼은 것과 같은 종류인지 아닌지는 논란의 여지가 있다. … 이것을 알 수 있는 방법은 없다. 체험된 현상이라는 점에서 보면 그것은 바울의 교회의 '방언'과 유사하다."

의 방언에 대한 관점을 긍정적으로 평가하나, 고린도전서 12-14장은 방언을 추천하거나 진작시키는 목적으로 쓰지 않았다고 주장했다.463) 타이센은 바울이 방언을 높이 평가했으나 전반적으로는 교정적이라고 말했다.464) 바빙크(Herman Bavink)의 영향을 입은 차영배는 오순절 성령의 방언이 단회성을 주장하나 초대교회의 방언이 계속된다고 주장했다. 옥한흠 목사는 방언을 사랑의 열매에 비해 열등하다면서 소극적 입장을 취했다.465)

긍정적 인정론은 오순절 운동에 찬동하는 목사와 신학자들이다. 판 유니크(Willem C. van Unnik)는 신학 학계가 바울의 방언을 매우 부정적으로 보는 것을 비판하면서 바울은 성령의 은사를 사모하라고 말했으며 다만 우선권의 조정문제였고 말했다.466)

방언과 예언을 함께 말해야 하는 이유는 무엇인가? 서철원 교수는 다음과 같이 말했다.

> 오순절 운동가들은 방언을 통역하면 예언이 된다고 하였습니다. 방언으로 전달되는 내용이 성령의 역사하심으로 나타났기 때문에 구약의 성경들보다 더 영감된 말씀이라고 주장하기도 했습니다. 방언에 대한 이런 그릇된 주장은 성립할 수 없습니다. 아무리 자기들의 방언으로 전달된 예언이 영감되었다고 하여도 성경에 편입될 수가 없었지요. 내적으로 직접 주어지는 말씀과 새로운 계시를 주장하는 사람들이 교회사에 숱하게 등장했지만 한 번도 그들의 주장이 교회에 의해서 수납된 적이 없었습니다.467)

오순절 운동가들이 "방언을 통역하면 예언이 된다"고 말하기 때문에, 방언을 언급할 때 예언도 다루어야 한다. 서철원 교수에 의하면, 내적으

---

462) J. P. M. Sweet, "A Sign for Unbelievers: Paul's Attitude to Glossolalia," *NTS* 13 (1966-67) 256-57; 카슨도 이와 비슷한 입장이다. 하지만 그의 방언관은 스위트보다도 더 부정적인 색조를 띠고 있다. D. A. Carson, *Showing the Spirit: A Theological Exposition of 1 Corinthians 12-14* (Grand Rapids, MI: Eerdmans, 1987); 김동수, "바울의 방언관," **신약논단**, 13(1) (2006): 185-186(169-193)에서 재인용.
463) D. Moody Smith, "Glossolalia and Other Spiritual Gifts in a New Testament Perspective," *Int* 28 (1974): 319.
464) Gerd Theissen, *Psychological Aspects of Pauline Theology*, 271.
465) 정오영, "개혁신학적 관점에서 본 성령의 은사" (안양대학교 대학원, 박사학위논문, 2017), 202.
466) Willem C. van Unnik, "The Meaning of 1 Corinthians 12:31," *NovT* 35 (1993): 142-46.
467) 정이철, "방언(3)-성경이 완성되기 전에 계시를 보조했던 방언," Jul.22.2018. Accessed Sep.16.2019. http://cantoncrc.com/column2/4051/

로 주어지는 계시를 주장해 온 사람들이 교회사에 많이 있었지만, 교회는 수납하지 않았다.

조용기는 방언과 은사의 계속성을 말하면서, "하나님과 깊은 영적 교통을 가능케 하고, 개인 신앙의 향상을 가져오며, 방언은 통역의 은사를 통하여 예언과 동일한 효과를 가져오고, 더 깊은 기도와 찬미의 도구가 된다. 그리고 방언은 믿지 않는 자들을 위한 표적이다."라고 말했다.[468] 조용기는 두 가지 방언, 곧 성령세례 체험 때 받는 방언을 '표적의 방언'이라 하며, 성령의 은사로서 받는 방언을 '은사의 방언'으로 구별했다.[469] 김동수 교수는 '성령세례가 은사체험의 통로가 된다는 고전적 오순절 신학적 입장을 견지할 수 있다'는 멘지스의 주장에 따라 조용기를 방어했다.[470] 이어서, 김동수 교수는 조용기의 신학 방법론에 있어서 "기독교 전통에 기반"을 두고 있다고 말했으나, 조용기의 구상화(visualization)에 대해서는 전혀 언급이 없다. 조용기를 지배하는 것은 '4차원의 영성'이며, 구상화의 전형적인 방식이다.[471]

성령의 감동하심으로 예언과 방언이 주어질 때, 예언은 일반적인 언어와 글로 주어졌으며 방언은 말하는 자나 듣는 자들이 알 수 없는 외국어로 주어졌다. 성경의 방언은 그리스도의 복음을 증거 하는 특별계시의 수단으로 주어진 은사였다. 방언의 은사는 초대교회에 한시적으로 주어진 특별계시다.

예언과 방언이 종결되었다는 것은 하나님께서 성경 66권을 통해 예수 그리스도의 구원 계시를 완전히 나타내셨기 때문에 특별계시를 보충하는 은사와 이적들은 더 이상 주어지지 않는다는 것이다. 그런 까닭에, 웨스트민스터 신앙고백서(1647) 1장 1항은 다음과 같이 고백한다.

제1장 성경
1. 본성의 빛(light of nature)과 창조의 섭리의 사역 가운데 하나님의 선하심과 지혜와 능

---

468) 조용기, **성령론** (서울: 영산출판사, 1977), 103.
469) 김동수, "영산의 방언론," **영산신학저널** 1(1) (2004): 183(172-191).
470) Ibid., 184(172-191); "윌리엄 멘지즈(W.W. Menzies)는 영산 성령세례론이 고전적 오순절적이며 미국의 하나님의 성회 교리와 전혀 다르지 않음에 주목한다."
471) 정태홍의 『내적치유와 구상화』에서 '조용기 목사와 구상화'를 참고하라.

력이 분명하게 나타나 있어서, 아무도 하나님을 모른다고 핑계할 수가 없다(롬 2:14-15, 1:19-20, 시 19:1-3, 롬 1:32, 2:1) 그러나 그러한 것들은 하나님과 그의 뜻을 아는 지식을 주는 데 있어서 불충분하다.(고전 1:21, 2:13-14) 그래서 주님은 여러 시대에, 그리고 여러 가지 방식으로 자신을 계시하시고(히 1:1), 자기의 교회에 자신의 뜻을 선포하시기를 기뻐하셨으며, 그 후에는 진리를 더 잘 보존하고, 전파하기 위해서, 그리고 육신의 부패와 사탄과 세상의 악에 대비하여 교회를 더욱 견고하게 하며, 위로하기 위해서 바로 그 진리를 온전히 기록해 두시는 것을 기뻐하셨다(잠 22:19-21, 눅 1:3-4, 롬 15:4, 마 4:4, 7, 10; 사 8:19-20). 이같은 이유로 성경이 절대적으로 필요하게 된 것이다(딤후 3:15, 벧후 1:19). 그리하여 하나님께서 자기 백성에게 자신의 뜻을 직접 계시해 주시던 과거의 방식들은 이제 중단되었다(히 1:1-2).

이것이 개혁신앙을 고백하는 개혁주의 신학의 핵심이다. 개혁신앙은 성경 66권으로 충분하며 이제는 특별계시가 중단되었다는 것을 믿는다. 오늘날 하나님의 음성 듣기를 비롯한 현대 영성은 근본적으로 성경의 충분성을 배격한다. 박영돈 교수는 다음과 같이 말했다.

> 필자는 아주 보수적인 교회에서 자랐고 오랫동안 보수신학을 공부하고 가르치고 있다. 필자의 박사학위 논문을 지도한 교수는 바로 워필드를 뒤이어 은사중지론을 철통같이 고수했던 개핀 교수였다. 이런 배경에도 불구하고 은사중지론이 필자를 설득하지는 못했다. 성경에 비추어 볼 때 신빙성이 없다는 사실을 확신했기 때문이다. 다행스럽게도 말씀의 능력이 신학적인 전통을 세뇌하는 마력에서부터 필자를 자유하게 한 것이다. 우리는 신학적인 전통이나 경험이라는 전제에 의해 휘둘리기를 거부하고 성경 자체가 무엇이라고 말하는지를 들으려는 진지한 자세를 견지해야 한다. … 앞에서 살펴보았듯이 성경의 어디에도 방언이 사라졌다는 확실한 증거를 발견할 수 없다. 방언은 계시의 방편으로서 성경적인 계시가 종결됨과 더불어 사라졌다는 주장은 성경적인 지지 기반을 전혀 가지고 있지 않다.[472]

박영돈 교수는 은사중지론이 "성경에 비추어 볼 때 신빙성이 없다"고 확신했다. 또한, 방언이 계시의 방편으로 종결되었다는 것을 거부했다. 그렇다면 계시의 방편으로써의 방언은 지속되고 있다는 말인가? 박영돈 교수의 이런 주장은 계시의 완성을 부정하는 것인가? 박영돈 교수는 "교회를 성령충만한 공동체라는 관점에서 고찰함으로써 교제와 카리스마적인 차원의 중요성을 새롭게 강조해야 한다"고 말했다.[473] 박영돈 교수의 교회론에서 비춰지는 카리스마는 방언의 지속과 무관한 것인가?

---

472) 박영돈, 일그러진 성령의 얼굴 (서울: IVP, 2011), 172-173.
473) 박영돈, "개혁신학의 성령론적 전망," 신학정론 20(1) (2002): 238(225-253).

박영돈 교수가 말한 벤저민 B. 워필드(Benjamin Breckinridge Warfield, 1851-1921)는 아브라함 카이퍼와 헤르만 바빙크와 함께 3대 칼빈주의 신학자 중 한 사람이며 프린스턴 신학교에서 1887년부터 1921년까지 교수로 재직한 신학자다. 워필드를 말하면, 성경의 무오류성을 밝혀 성경의 권위를 확립한 신학자라고 기억할 만큼 명성 높은 개혁신학자다. 워필드는 은사중지론을 말한 것이 아니라 사도적 기적은 중지되었다는 기적중지론을 말했다.[474] 리차드 개핀(Richard Gaffin)은 29세의 젊은 나이에 웨스트민스터 신학교의 교수가 되었으며 개혁신학을 가르쳤다. 박영돈 교수는 개핀 교수로부터 박사학위를 받아 놓고 자신의 지도교수의 신학사상을 부정했다.

워필드는 다음과 같이 말했다.

> 영감은 성령이 우리가 가진 거룩한 책들의 저자들에게 행사하신 비범하고 초자연적인 영향력이다. 이 영감 때문에 이 거룩한 책들에 기록된 말씀이 하나님의 말씀인 것이며, 하나님의 말씀이기에 전혀 오류가 없는 것이다. 물론 성경이 영감되었다 하여 성경을 기록한 저자들의 인간성과 개성이 제거된 것은 아님을 조심스럽게 강조했다. 그러나 그는 그 저자들의 인간성이 "성령의 지배를 받았으며, 그 때문에 그들이 기록한 말씀은 기록과 동시에 하나님의 말씀이 되었고 바로 그 때문에 어떤 경우에도 절대 오류가 없는 말씀이 되었다."고 역설했다.[475]

박영돈 교수가 은사중지론을 부정한다는 것은 워필드가 말하는 성령의 감동으로 기록된 성경의 충분성을 부정하는 결과를 초래할 가능성이 있다. 물론 박영돈 교수는 방언이 "계시의 통로가 될 수 없다"고 말했다.[476] 또한, 박영돈 교수는 "온전한 것이 올 때는 방언과 예언이 그친다는 바울의 말(고전 13:8-12 참조)을 성경이 완성되면 방언도 그친다는 뜻으로 해석하는 것은 바울이 꿈에도 생각하지 못했을 신학적인 의미를 주입하는 것이다."라고 말했다.[477] 박영돈 교수의 이런 말은 논리성이 떨어진다. 박영돈 교수는 성경이 완성된 이후에도 예언과 방언이 그친다

---

474) '칼빈의 성령론으로 돌아가는 것이 정답이다,' 기독교학술원 제43회 기독교학술원 월례기도회 및 발표회 질의응답, 김재성 교수의 답변에서, Feb.9.2015. http://www.kscoramdeo.com/news/articleView.html?idxno=8191
475) Alister McGrath, 기독교, 그 위험한 사상의 역사, 박규태 역 (서울: 국제제자훈련원, 2010), 327.
476) 박영돈, 일그러진 성령의 얼굴 (서울: IVP, 2011), 173.
477) Ibid., 173-174.

는 해석을 "신학적 의미의 주입"으로 보았기 때문이다.

고경태 박사는 다음과 같이 말했다.

> 고신 측의 성령 이해는 중생과 성령세례의 일치에 대해서 신학대학원 교수회와 교단 총회의 일치를 문서적으로 확립했다. 그런데 2000년에 들어서면서 박영돈 박사의 논문으로 볼 때, 교회의 부흥을 위한 성령충만과 바르트와 몰트만의 성령 이해로 나가는 것으로 볼 수 있다.478)

고경태 박사는 박영돈 교수의 논문의 추이를 보면서 우려를 표명했다. 박영돈 교수는 『일그러진 성령의 얼굴』에서 "방언의 은사가 계시의 방

---

478) 고경태, "박영돈 교수와 예장 고신의 성령론의 변화," Dec.21.2017. Accessed Aug.22.2019. http://www.good-faith.net/news/articleView.html?idxno=1022; 〈박영돈의 성령론 전개: 오순절 성령 충만의 회복: 2000년에 들어서면서 고신 측은 박영돈 박사(조직신학)의 세 편의 논문, "고신 교단의 성령론적 전망", "성령의 인격성에 대한 현대적 논의", "성령의 불세례를 받았는가?" 고신 교단 기존 성령론 이해의 방향에 새로운 계기를 주고 있다. 박영돈 박사는 첫째, 기존의 견해와 동일하게 오순절과 동일한 성령체험은 불가능한 것으로, 오순절주의가 성경적으로 바르지 않다고 주장했다. 그러나 성령의 오래 참으심과 성령께서 백성을 사모하는 것을 거스리고 소멸하는 삶은 은혜를 거부하는 것으로 바람직하지 않다고 했다. 성령이 주는 영적인 생명력 교회에 회복하는 것에 관점을 두었다. 박 박사는 오순절주의의 "성령충만을 받으라"의 도식에 대한 개혁주의 성령론의 도식을 제안한 것이다. 교인들이 세상에서 사회를 변혁시킬 영적인 에너지를 발산하고, 세속의 풍향을 바꿀 수 있는 성령 충만한 선교사를 양육해야 한다는 것이다. 박 박사는 성령충만이 회복되면 역동적인 삼위일체 신앙도 회복된다고 했다. 또한 복음의 사역자가 성령충만하여 말씀사역에서 성령의 능력이 나타나야 하며, 성령이 충만하여 선교지향적 패러다임으로 교회가 서서 세상의 모든 영역에서 하나님의 주권을 확장해야 한다고 했다. 마지막으로 성령충만하여 종말론 신앙을 회복하여, 고신교단이 순교자들의 후예로서 교단과 한국교회의 부흥을 주문했다. 둘째, 박 박사는 "성령의 인격성에 대한 현대적 논의"에서 현대 삼위일체론을 주도한 대표적 신학자로 바르트와 몰트만의 성령의 인격성의 정확한 이해를 시도한다. 먼저 바르트의 성령에 대한 견해로 수용과 거부에 대한 명확한 제시는 없다. 두 신학자 어거스틴과 슐라이어마허(Scheiermacher)의 견해에 대해서 바르트가 거부하고 수용한 것에 대한 긍정적인 제시가 있다. 박 박사는 바르트가 성령충만을 미래의 성취될 약속으로 본 것에 반해, 자신은 현재 삶 속에서 체험됨을 제시했다. 그래서 경륜적 삼위일체에서 성령의 인격과 사역을 조명함과 내재적 삼위일체에서 성령의 위치와 역할을 확보할 것을 제안했다. 다음으로 몰트만의 성령에 대한 견해에서 바르트에 대한 비판을 소개했다. 박 박사는 몰트만이 바르트의 한계를 극복하기 위해서 성령을 그리스도의 영뿐만 아니라, 하나님의 영으로 이해해야 한다는 주장을 수용했다. "성부의 성자와 성령을 통한 구원의 경륜은 성령-성부-성부로 이어지는 환원 운동을 통해 완성되어 경륜적 삼위일체는 그 영광의 상태, 즉 내재적 삼위일체로 진입하게 된다." 박 박사는 몰트만의 성령론이 '삼위 하나님의 역동적인 활동'을 설명하는 열쇠로 보았다. 박영돈 박사는 첫째, 오순절주의와 다름을 주장하면서 성령 충만의 회복이 한국 교회의 부흥의 방안으로 제시했다. 둘째, 바르트의 성령 이해를 더욱 몰트만이 더욱 발전시킨 것으로 보았다. 몰트만의 성령 이해에서 "역동적인 성령의 인격 개념"이 도입하려는 시도가 성공하지 못함으로 평가하고, "구원경륜에 의존하지 않는 삼위 하나님의 본질적인 완전성을 신학적으로 확보하면서도 세상과의 상호내재와 교류를 통해 만물을 통합하는 성령의 다이내믹한 갱신사역과 우주적 변혁을 적절하게 설명해야 하는 신학적 과제를 우리 앞에 놓여 있다."(박영돈, "성령의 인격성에 대한 현대적 논의", 222)고 결론했다.〉

편이라는 견해를 입증할만한 성경적 근거는 찾을 수 없다"고 말했다.479) 그러나 개핀 교수는 고린도전서 14장에서 예언과 방언이 서로 연결되어 나오는 것을 볼 때 "계시는 예언을 가리킨다"고 말했다.480) 변종길 교수는 다음과 같이 말했다.

> 그런데 이러한 방언은, 그것이 외국어를 뜻하든, 기도 중에 말하는 신비한 언어를 뜻하든 간에 오늘날 사라졌다고 주장하는 사람들이 있다. 그 주된 이유로 만일 어떤 사람이 '방언'으로 말하게 되면, 그것은 통역될 경우에 필연적으로 '계시'의 성격을 띠게 되기 때문이라고 한다. 따라서 방언도 계시의 종결과 더불어 사라졌다고 주장한다. 그러나 방언이 '계시'의 성격을 띤다는 것은 기우에 불과하다. 성경 어디에도 방언이 계시의 성격을 띤다고 말한 곳이 없다. 방언이란 '사람이' 기도 중에 하나님께 비밀한 언어로 말하는 것이며, 예언처럼 '하나님께서' 우리에게 말씀하시는 것이 아니다. 그리고 그것이 통역된다 해도 개인적인 '기도'의 내용이지 객관적인 '계시'와는 상관이 없다.481)

변종길 교수는 방언은 계시와 무관하다고 말했다. 변종길 교수는 각주(22번)에서 개핀 교수가 고린도전서 14:14에서 '나의 영'을 '내 안에 있는 성령'으로 잘못 이해했기 때문에 방언을 계시로 잘못 이해했다고 말했다.482) 그러나, 개핀 교수가 방언을 계시로 말한 것은 그보다 예언과 함께 방언이 나오기 때문에 계시의 방편으로 본 것이다.483) 개핀 교수는 고전 14:14을 다음과 같이 결론적으로 말했다.

> 따라서 14:14절의 "영"과 "마음"의 대조는 성령과 방언자의 마음의 대조, 즉 방언 은사에 나타난 성령의 활동과 방언자의 마음의 무활동의 대조이다. NEB가 어느 역본보다 이 점을 바로 파악하여 번역하였다. "내 속에 있는 성령께서 기도하시나 내 지성은 쉬고 있다."484)

---

479) 박영돈, **일그러진 성령의 얼굴** (서울: IVP, 2011), 153-154; "고린도 교회에 나타났던 방언은 하나님이 인간에게 말씀하시는 계시와는 정반대로 사람이 하나님께 기도하는 것인데, 어떻게 인간에게 주어지는 하나님의 계시가 될 수 있겠는가? 또한 방언이 성경적 계시의 통로라면 사도들에게만 주어졌어야 할 텐데 사도들 외에 많은 신자들에게도 주어졌다. 그러면 그들도 모두 계시의 전달자가 될 수 있었다는 말인가?"
480) Richard B. Gaffin Jr., **성령 은사론**, 권성수 역 (서울: 기독교문서선교회, 2012), 72.
481) 변종길, **우리 안에 계신 성령** (서울: 생명의말씀사, 2003), 91-93.
482) Ibid., 92-93; "방언이 계시적 성경을 띤다는 Richard Gaffin의 주장은 고린도전서 14:14의 '나의 영'에 대한 잘못된 해석에 기초한다."
483) Richard B. Gaffin Jr., **성령 은사론**, 권성수 역 (서울: 기독교문서선교회, 2012), 73; 〈14장 전체에서 예언과 방언이 서로 연결되어 나오는 것을 볼 때 위에서 "계시"는 예언을 가리킨다.〉
484) Ibid., 95.

개핀 교수는 "예언하는 자들의 영이 예언하는 자들에게 제재를 받"는다(고전 14:32)는 말씀을 따라 말했다. 예언자는 자신이 자기의 영혼을 통제하는 것이 아니라 성령께서 예언자를 통제하기 때문이다. 그 원리를 따라 개핀 교수는 14:14의 영을 성령으로 보았다. 변종길 교수는 각주에서 개핀 교수의 이런 설명을 전혀 언급하지 않았다. 로버트 토마스는 "바울 자신의 특별한 방언의 은사를 가리키는 것이다"라고 말했다.485)

485) Robert L. Thomas, **성령의 은사들**, 김지찬 역 (서울: 생명의말씀사, 1983), 221-224; 〈14:14의 pneuma(영)가 무엇인가 하는 문제는 14:2의 (이와 동일한) 문제와 매우 밀접한 유사성을 지니고 있다. 비록 이것이 그 명사를 사용하는 바울의 평상적 용법이지만, "나의"(my)를 사용한 것은 pneuma가 성령이라는 사실을 배제하고 있는 것이다(Olshausen, 1851. Ⅳ, p. 365). 또한 로마서 8:26도 기도와 연관을 맺고 있는 것이 사실이라 할지라도, 로마서 8:26과 고린도전서 14:14 사이에 직접적인 관련성은 아직 증명되지 않고 있다(Barrett, 1968, P 320). 다른 견해는 pneuma가 인격의 근본 요소인 인간의 영, 혹은 그로 말미암은 영적인 측면을 가리킨다고 본다. 14:4의 좌우 문맥은 그것이 인간의 심성 구조의 비이성적인 부분을 가리킨다고 볼 수밖에 없게 만든다. 이 해석의 장점은 pneuma 14-15절의 nous(마음)와 정반대의 대조를 이룬다는 데 있다. 이 견해의 지지자들은 nous가 지성적, 부활을 가리키므로 그와 상응하는 pnema는 "감정"(feeling)과 같은 비지성적 부분을 가리키는 것이 분명하다고 추론한다(barns, 1879, V, p. 265) "나의 영"(my spirit)으로 기도한다는 것은, 의식적인 사고 없이 그리고 말하는 자가 이해할 수 없는 언어로, 하나님과 기도로 교통하는 것을 말한다. 이런 "심리학적인"(psychological) 이해를 방해하는 여러 요소가 존재한다. 방해 요소 중 하나는 다른 곳의 pneuma 용도이다. 어떤 신약성경 기자도, 특별히 바울도 pneuma를 이런 뜻으로는 사용하지 않고 있다(Barrett, 1968, p. 320; Hodge, 1959, p. 287). 비록 "나의 영"(my spirit)이 로마서 1:9에서 인간의 영을 가리킨다고 할지라도, 거기에서 그것이 "나의 마음"(my mind)과 구별되어 있는 것도 아니며 고린도전서에서처럼 의식적인 사고와 분리되어 있는 것도 아니다. 예언적 황홀경(행 10:10; 계 1:10)은 이런 심리학적인 설명에 적합한 병행구가 되지 못한다. 왜냐하면 예언자들은 그의 의식적 사고를 이해할 수 있는 말로 표현하기 때문이다. pneuma를 신령한 은사로 이해하는 세 번째 견해는 장점을 많이 가지고 있다. 이 견해는 그 은사를 영감된 말을 하게 하는 신령한 동인(動因)으로 보는데, 물론 그 은사는 성령께로부터 나온 것이다. 이 경우에서 성령으로부터 주어진 그 은사는 바로 방언의 은사였다(Barrett, 1968, p. 320; Schweizer in *TDNT*, 1968, Ⅵ, p. 423). 이 해석에는 세 개의 필수 불가결한 문맥의 요소들이 합쳐져 있다. (1) 성령은 지금 문제가 되고 있는 기도 속에서 활동하고 계신다. (2) 그의 사역이 단일한 은사로 구체화 된다. (3) 그 은사가 적절한 심성적 통로를 통해서 활동한다(Barrett, 1968, p. 320). 그러나 이 견해의 타당성을 입증하는 가장 결정적인 증거는 아마도 peneuma의 의미로 14:12의 pneumatōn과 양립할 수 있는 의미를 채택하는 데 있을 것이다. 결국 14절을 두 개의 접속사(dio and gar)에 의해 12절과 밀접하게 연결되어 있으며, 따라서 12절과 동일한 의미를 14절에도 적용하는 것은 자만스러운 것이다. 이런 관점에서 보면 소유 대명사 "나의"(my)는 바울의 특별한 성령의 나타남, 즉 그 자신의 신령한 은사를 가리키고 있는 것이다. 말하자면 그 은사가 기도의 출처로서 인격화 되고 있는 것이다. 그러므로 to pneuma mou는 성령에 의해 그에게 주어졌던 바울 자신의 특별한 방언의 은사를 가리키는 것이다. 결국 바울의 자기 분석은 본질상 다음과 같은 것이다. "내가 만일 방언으로 기도하면, 기도하고 있는 것은 성령이 나에게 주신 바로 나의 자연스런 의식으로 매우 이질적인 언어를 할 수 있는 능력인 것이다"(14:4 상).〉 14절의 "나의 마음"(my mind)의 의미는 15절의 기도와 찬송을 어떻게 이해하느냐에 따라 필연적으로 달라지게 된다. 그러므로 바울은 편리하게도 이 두 문제를 함께 의논하였다. 14-15절에서의 중요한 문제는 nous가 도대체 무엇을 가리키느냐 하는 것이다. 어떤 이들은 15절에 있는 두 기도를 한데 묶고 nous는 인간의 영과 인간의 마음을 한꺼번에 포함

방언이란 '지방 언어'의 줄임말이다. 성경에서 방언은 표적이고 은사이다. 노우호 목사는 방언을 표적으로 말하고 은사는 아니라고 말한다. 노우호 목사는 로마서 12:6-8에서 방언의 은사가 없는 것을 두고 다음과 같이 말했다.

> 방언을 성령의 은사들 중에 하나로 생각했던 바울의 생각이 바뀐 것이다. 바울이 고린도전서를 기록할 당시나 로마서를 기록할 때는 아직 신약의 문서들이 기록되지 않았고 기독교의 교리가 정립되지 않았던 시대였다. 고린도전, 후서보다 나중에 기록된 사도행전을 읽어보면 누가는 오순절에 있었던 방언을 은사라고 기록한 것이 아니라 표적이었다고 기록하고 있다. 뿐만 아니라 성령이 임하면서 나타나는 방언은 알 수 없는 소리가 아니라 15개 지역에서 온 사람들이 다 알아들을 수 있는 지방 언어라고 밝히고 있다.486)

하는 말이라고 결론짓는다(Hoekema, 1966, 91-92; Hodge, 1959, p. 289). 그들은 이성적 기도와 비이성적 기도 사이의 대조를 그리면서 14절에서부터 15절을 급작스럽게 단절시킨다(Barrett, 1968, p. 320). 그러므로 15절의 기도는 지성과 감정을 한 기도 행위로 결합시킨다(Robertson, 1931, Ⅳ, p. 183). 그러나 이런 생각은 정당화될 수 없다. 14절과 15절이 강하게 대조되고 있다는 표식은 찾아볼 수 없다. 오히려 14절과 16절은 하나의 연속을 이루고 있다(참조: oun, 15절). 15절에 방언이 논의되고 있지 않다고 볼 하등의 이유가 없다. 오히려 15절에서 방언을 논의하고 있다고 볼 수 있는 충분한 이유가 있는 것이다(참조: 16-19절, 이 부분에 방언 기도가 명백히 드러나고 있다). 15절을 위와 다르게 해석하는 자들이 말하기를, 영으로 기도하는 것은 방언기도이고 마음으로 기도하는 것은 정상적인 인간의 지성으로 기도하는 것을 가리킨다고 한다(Grosheide, 1953, p. 326). 이 견해는 14절에 나타나는 pneuma와 동일한 의미로 15절의 pneuma를 해석한다는 데 그 장점이 있다(Meyer, 1881, Ⅱ, p. 15). 이 견해는 또한 nous를 그 말의 평상적인 의미인 일반 지성을 가리키는 말로 보는 것을 허용한다(Parry, 1916, p. 203).

이 견해는 15절의 pneumati도 이와 동일한 의미로 해석함으로써 우리에게 일관성을 보여주고 있는 것이다. 그러나 이 설명에는 중대한 결함이 하나 있다. 즉 이 설명은 15절에 나타나는 2개의 기도와 긴밀한 관련성을 허용하지 않는 것이다. 우리가 문맥을 통해 느끼는 인상은, 어떤 중요한 의미에 있어서 후자의 기도는 두 개의 기도가 함께 나오므로 전자의 가도와의 관련하에서 그 의미를 끌어내고 있는 것이 아니냐는 것이다. 15절의 기도를 해석하는 또 다른 하나의 견해는 영으로 기도하는 것은 방언 기도이고 마음으로 기도하는 것은 통역 기도라고 본다(Meyer, 1881, Ⅱ, p. 15; Geodet, 1886, Ⅱ, p. 280; kling in Lange, 1868, Ⅳ, p. 288; Lenski, 1963, Ⅶ, pp. 592-93). 이 견해 역시 pneuma를 일관적으로 해석한다는 장점을 가지고 있다. 이 견해는 또한 "나의 마음"(my mind)이라는 말 속에는 사물들을 다른 이들에게 전달하기 위해서 그것들을 이성적으로 조직하는 능력이라는 의미가 포함되어 있다고 보는데, 이 능력은 바로 통역을 적절히 묘사하고 있는 말이며 13-19절의 전체 요지에 대한 적절한 강조이다. 이 견해를 지지하는 또 다른 증거는 15절의 tōi pneumti(영으로)와 비슷하게 tōi noi(마음으로)도 신령한 은사를 가리킨다는 데 있다. 14절에서 나타나는 "나의 영"(myr spirit) "나의 마음"(my mind)에 대해서도 이와 같은 말을 찰 수 있다. 만일 이 둘 중 하나가 신령한 은사를 가리킨다면 나머지 하나도 신령한 은사를 가리키고 있다고 보는 것은 자연스러운 것이다. 아마도 이 견해의 가장 큰 약점은, nous가 다른 곳에서는 이런 의미로 쓰이지 않는다는 데 있을 것이다. 모든 요소들을 고려해볼 때, ho nous mou(나의 마음, 14절)와 tōi noi가 통역의 은사를 가리킨다고 보는 문맥에 근거한 매우 강한 논증이 가장 설득력이 있는 것이다. 우리가 현재 다루고 있는 문단의 특성이 별다르기 때문에 방언이 있는 곳에 통역이 있어야 할 중요성을 강조하기 위해 nous를 색다른 의미로 사용하고 있다고 설명할 수 있는 것이다.〉

노우호 목사처럼 말하면 사도 바울이 디모데후서 3:16에서 "모든 성경은 하나님의 감동으로 된 것"이라는 말씀에 문제가 발생한다. 노우호 목사는 성경을 가르치는 자로서, '방언은 은사가 아니다'라고 말하면 '성경이 잘못되었다'가 되어버린다. 그로 인해, 방언 논쟁의 핵심이 흐려지고 방언에 대한 올바른 접근이 모호해진다.

김신호 박사는 "방언이란 하늘의 시민권을 확보한 우리들에게 하나님께서 하늘에 속한 하나님의 언어를 선물로 주심으로 습득한 것이다"라고 말했다.487) 배현성 교수는 "방언은 성령이 주시는 신적 언어이다"라고 말했다.488) 김우현 감독은 "방언은 성령의 역사에서 가장 기초이며 … 놀라운 능력입니다"라는 손기철 장로의 말을 인용했으며, 다음과 같이 말했다.

> 방언은 모든 은사의 기본입니다. 그것은 영이신 하나님의 나라로 들어가는 일종의 통로이지요. 사실 영적인 모든 은사는 방언을 기반으로 나타납니다. 바울은 각 사람에게 유익하게 하려고 은사를 주신다고 했습니다(고전 12:7). 그 유익은 우리가 교회에서만이 아니라 사회와 자기 삶의 영역에서 주님의 권세와 능력으로 살도록 하기 위해서입니다.489)

현대의 방언 현상을 옹호하는 방언 옹호론자인 조이스 마이어는 아이러니하게도 "많은 사람이 스스로가 방언을 말하고 있다고 생각하기 위해 나름대로 말을 만들어 뜻 모를 소리를 중얼거리는데 시간을 할애하고 있다는 의구심이 든다"고 결론 내렸다.490)

성경이 방언을 말할 때 계시의 수단인 예언으로 다루어지는 것은 방언과 예언이 구속의 역사와 관련되기 때문이다. 사도행전이나 고린도전서

---

486) 노우호, **방언을 검증하자** (산청: 에스라하우스출판부, 2014), 31.
487) 김신호, **성령세례 받으면 방언하나요?** (서울: 서로사랑, 2011), 38.
488) 배현성, "방언에 내재 된 오순절주의의 신학적 함의성," **한세-성결신학논단** (1) (2004): 30(7-30); 배현성 교수는 "방언은 인간의 제한된 언어의 한계성을 초월한다. 하나님과 인간의 만남 속에서 인간의 언어가 표현해낼 수 없는 것을 방언은 가능하게 한다. 방언을 통해 인간은 하나님의 신적 영역으로 인도되며 하나님과 인간의 최상의 교제를 가능하게 한다."라고 말했다. 인간이 자기 한계성을 초월하면 인간은 아무것도 알아듣지 못한다. 가청 주파수를 넘는 소리는 인간이 알아듣지 못한다.
489) 김우현, **하늘의 언어** (서울: 규장, 2016), 108.
490) John MacArthur. **다른 불**, 조계광 역 (서울: 생명의말씀사, 2014).

(12-14장)의 방언은 언어의 은사이며 은사는 개인의 만족을 위해 주어진 것이 아니라 그리스도의 구원 복음을 증거 하는 것이다. 랄랄라 방언이 가짜인 이유는 통역자마다 뜻이 다르기 때문이다. 그 통역자들의 통역은 '하나님께서 너를 귀하게 사용하실 것이다', '딸아, 내가 너의 아픔을 안다', '아들아, 나를 온전히 신뢰하라'와 같은 것들이다. 방언과 예언은 계시의 방편으로 그 효용성이 끝났기 때문에 지금은 존재하지 않는다.

7. 예언과 방언의 연관성

우리는 고린도선서 12상과 14상을 통해 예언과 방언의 연관성을 파악할 수 있다. 김재성 교수는 다섯 가지로 말했다.[491] 첫째, 고린도전서 14장은 예언을 중심 주제로 말한다. 방언이 중심 주제가 아니라 예언이 중심 주제다.

> 사랑을 따라 구하라 신령한 것을 사모하되 특별히 예언을 하려고 하라(고전 14:1)
> 나는 너희가 다 방언 말하기를 원하나 특별히 예언하기를 원하노라 방언을 말하는 자가 만일 교회의 덕을 세우기 위하여 통역하지 아니하면 예언하는 자만 못하니라(고전 14:5)

고린도전서 14장의 예언은 장래의 일을 말하는 것이 아니라 이미 주어진 성경을 연구하여 사람들에게 성경을 풀어 주는 능력이다.[492] 사도가 예언을 중시한 것은 고린도 교회와 불신자들에게 유익을 끼치는 자들이 되기를 간절히 원했기 때문이다. 개핀 교수는 예언과 방언이 계시적 국면을 가지기 때문에 불가분의 관계가 있다고 말했다.[493] 참고로, 루터파 신학자인 로버트 젠슨(Robert Jenson)은 방언을 계시의 수단으로 보면서도 음악이 구체적으로 말하지 않는 것처럼 방언은 오직 하나님만이

---

491) 김재성, **개혁주의 성령론** (서울: CLC, 2014), 263-269.
492) Matthew Poole, **청교도 성경주석 18 고린도전후서**, 박문재 역 (파주: 크리스챤다이제스트, 2015), 226.
493) Richard B. Gaffin Jr, **구속사와 오순절 성령강림**, 김귀탁 역 (서울: 부흥과개혁사, 2013), 126-127; "방언은 인간성의 비개념적이고 무의식적인 국면이나 다른 어떤 형식으로, 제약 없이 발생하는 현상이라고 주장하는 비계시적인 방언 관념은 고린도전서 12-14장이나 이 문제를 다루고 있는 신약성경 다른 부분에서 가르치는 것이 아니다."

이해하는 외침이라고 말했다.494)

둘째, '사도가 예언과 방언을 의도적으로 대조한 이유가 무엇인가?' 하는 것이다. 사도는 두 대조를 통해서 방언이 예언의 기능을 한다고 암시한다. 방언 은사가 나타나는 곳에는 예언의 은사가 기본적으로 그 역할을 한다. 예언이 중심적인 역할을 하고 방언이 부수적인 역할을 한다.

무엇보다 중요한 것은 '예언과 방언의 역할이 무엇인가?' 하는 것이다. 예언과 방언은 예수 그리스도의 구속을 증거 하는 것이다. 예언이 주된 역할을 하고 방언이 부가적인 역할을 함으로써 한 가지 목적을 감당한다. 예언과 방언은 서로 보충적인 역할을 했으며 함께 작동하도록 주어진 은사다.

> 방언을 말하는 자는 자기의 덕을 세우고 예언하는 자는 교회의 덕을 세우나니(고전 14:4)

방언은 예언과 함께 주어질 때 교회에 유익했다. 예언사역으로 교회의 덕을 세웠다. 방언을 말할 때 통역자가 있어야 했으며, 통역된 방언이란 해석된 방언이었다.495) 통역된 방언이란 번역된 방언이었다. 번역된 방언이라야 예언과 같은 기능을 발휘했다. 통역은 헬라어로 '헤르메네우오'(hermeneuo)이며, '번역'(translation)이다.496) 통역의 은사는 성령 하나님께서 주시는 능력으로 방언, 곧 외국어로 말하는 것을 다른 사람들이 알도록 전달해 주는 것이다.497)

---

494) Richard H. Bliese, "Speaking in Tongues and the Mission of God Ad Gentes," *Journal of Pentecostal Theology* 20 (2011): 42(38-47); 〈Jenson thus concludes: 'What it can mean to be inheritors of the universe we cannot say; we can only join the dumb creation in cries only God understands (v. 23)'. It is these cries (i.e. speaking in tongues), I will later suggest, that help to define the fullness of the be Spirit's call to be and act as a missional church today. This judgment alone sinks glossolalia as an effective form of authentic prophetic speech for Jenson. 'problem with tongue-speaking is foe same as foe problem with purely instrumental music in foe services of foe church. Music is undoubtedly foe most powerful speech we have, except that it does not by itself say anything specific, whereas foe gospel Is specific'. speaking in tongues serves at best as a distraction, a side-show to true prophet speaking.〉
495) 김재성, **개혁주의 성령론** (서울: CLC, 2014), 298.
496) 이르시되 실로암 못에 가서 씻으라 하시니 (실로암은 번역하면 보냄을 받았다는 뜻이라) 이에 가서 씻고 밝은 눈으로 왔더라(요 9:7) 아브라함이 일체 십분의 일을 그에게 나눠 주니라 그 이름을 번역한즉 첫째 의의 왕이요 또 살렘 왕이니 곧 평강의 왕이요(히 7:2)
497) 김재성, **개혁주의 성령론** (서울: CLC, 2014), 315.

> 13 그러므로 방언을 말하는 자는 통역하기를 기도할지니 14 내가 만일 방언으로 기도하면 나의 영이 기도하거니와 나의 마음은 열매를 맺지 못하리라(고전 14:13-14)

셋째, 예언과 방언은 말씀과 단어를 사용하는 비슷한 작용을 했다. 예언과 방언은 그리스도의 복음을 증거 하는 은사이므로 언어를 사용한다. 오순절 방언의 시작은 새 언약의 성취로써 주어진 것이다. 사도 베드로가 요엘의 예언을 인용한 것은 이제 새 언약 시대가 시작되었다는 것이다(행 2:17-18).

사도행전 2장에서 사도와 제자들은 예언을 받은 것이 아니라 방언을 받았다. 요엘 선지자는 예언할 것이라 했는데 왜 방언인가? 김재성 교수는 "오순절의 방언은 요엘에 언급된 방언이다"라고 말했다.[498] 이것은 예언과 방언은 상호교차적으로 사용되었을 뿐 아니라 예언과 방언이 예수 그리스도의 구속과 부활을 증거 하는 기능을 한다는 것을 말해준다. 그런 차원에서 방언은 예언의 한 기능을 감당했다. 그 증거로 고린도전서 13:1-2는 이렇게 말한다.

> 1 내가 사람의 방언과 천사의 말을 할지라도 사랑이 없으면 소리나는 구리와 울리는 꽹과리가 되고 2 내가 예언하는 능이 있어 모든 비밀과 모든 지식을 알고 또 산을 옮길 만한 모든 믿음이 있을지라도 사랑이 없으면 내가 아무것도 아니요(고전 13:1-2)

이 말씀에 보면, "사람의 방언", "천사의 말", 그리고 "예언하는 능력" 등을 말하면서, "모든 비밀과 모든 지식을 알고"라고 말했다. 이것은 방언과 예언이 하나님의 비밀과 지식을 전달하는 공통적인 수단이라는 것을 보여준다.

넷째, 고린도전서 14장에서 사도 바울은 교회의 공적 모임에서 하는 방언을 언급했다.

> 그러므로 온 교회가 함께 모여 다 방언으로 말하면 무식한 자들이나 믿지 아니하는 자들이 들어와서 너희를 미쳤다 하지 아니하겠느냐(고전 14:23)

---

498) Ibid., 266.

사도는 온 교회의 성도들이 함께 방언하면 믿지 않는 사람들이 그 광경을 보면 미쳤다고 말할 것이라 했다. 사도는 방언이 공적으로 무분별하게 사용되면 본래의 취지에서 벗어나는 것을 우려했다. 공적으로 방언을 하려면 통역(해석)을 통해서 방언이 올바르게 전달되어야 했다.

현대교회의 오류는 방언을 '방언기도'로 오해한 것이다. 만일 방언의 은사가 '방언으로 기도하는 것'이 되면 통역할 필요가 없다(고전 14:26). 하나님께서 방언을 못 알아들으실 능력이 없는 분이 아니시기 때문이다. 어떤 성도가 방언으로 기도한다면, '그 뜻이 무엇입니까?'라고 물어볼 필요가 없다. 방언은 기도가 아니라 복음을 전하는 수단이기 때문에 통역이 필요하다. 통역은 다른 언어로 말하는 화자(話者)의 말을 청자(聽者)가 알아듣지 못하기 때문에 필요하다. 방언의 은사가 '방언 기도'가 되어 통역하라고 하면 하나님의 능력을 짓밟는 것이다.

반면에, 김동수 교수는 다음과 같이 말했다.

> 신앙 성숙에 이르기 위해서 신자가 된 후에도 각자가 여러 다른 방면에서의 치유와 훈련이 필요한 것이다. 방언은 치유와 훈련에 있어서 기도의 영역에서 하나의 도구가 된다. … 방언은 신자의 기도에 있어 단순히 이성을 사용하는 것을 넘어 성령께서 혀를 직접 통제해서 하나님의 마음에 합하는 기도를 하게 도와주는 것이다. 그래서 사람 내면 속에 있는 죄를 방언기도 속에서 고백하고, 용서하고, 악한 것을 물리치게 된다. 방언 기도가 어떤 사람을 영적으로 성숙하게 하는 데 좋은 도구임을 말할 필요도 없다. … 방언은 성령이 주시는 선물인 기도의 언어인 것이다.[499]

김동수 교수에 의하면, 방언은 신자의 치유와 훈련의 도구다. 그렇다면, 치유가 이성을 넘어서 이루어지는가? 자신이 알아듣지도 못하는 말을 하는데 자기 "죄를 고백하고 용서하고 악한 것을 물리치게" 되는가? 인간의 이성으로 알아듣지도 못하는데 치유가 되고 훈련이 된다는 말인가? 성경 어디에도 그런 방식으로 죄를 회개하고 용서하고 악과 싸우는 것은 없다.

사도는 "그러므로 방언을 말하는 자는 통역하기를 기도할지니"(고전

---

499) 김동수, 방언은 고귀한 하늘의 언어 (서울: 이레서원, 2015), 48-49.

14:13)라고 분명하게 말했다. 방언으로 기도하는 것이 아니라 "방언을 말하는" 것이고 "방언으로 기도하는 것"이 아니라 "통역하기를 기도" 하는 것이다. 고린도전서 14:2에서도 "방언을 말하는 자"라고 말했다. 중간에 있는 말씀을 다 빼버리고, '방언으로 기도하는 것'이라고 말하면 성경을 자의적으로 변개한 것이다. 그러나 김동수 교수는 "개인 기도로서 영으로 기도하는 기도인 방언 자체에 대해서는 바울은 상당히 적극적으로 추구되어야 한다"고 말했다.500)

사도는 은사 문제를 말할 때, 덕을 세우도록 노력하라고 말했다. 사도 자신이 경험한 환상과 계시를 자랑삼아 말하지 않고 연약한 성도들을 위해 인내하고 절제했다(고후 12:1-7). 나아가 자신의 사도성을 말할 때 언급된 은사늘은 은사의 복적이 무엇인지 말해준다.

> 사도의 표 된 것은 내가 너희 가운데서 모든 참음과 표적과 기사와 능력을 행한 것이라(고후 12:12)

사도 바울은 사도 된 표를 말함으로써 자신이 참된 복음 사역자임을 말했다. 사도가 제시한 이런 은사들은 교회를 세우기 위해 얼마나 자기를 쳐 복종시켰는지를 증거 한다. 사도는 자기만의 가시가 있었고 그로 인해 자만하지 않고 오로지 그리스도의 복음을 증거 하고 교회를 세우는 일에만 충성했다. 은사의 목적은 복음 사역에 있다.

사도는 은사가 개인적인 체험을 자랑하기 위한 것이 아니라 자신에게도 유익하며 주의 교회에도 유익하도록 주신 것이라고 말했다(고후 12:19). 방언과 예언의 은사는 다른 은사와 마찬가지로 개인적으로나 교회적으로 유익을 끼치고 덕을 세우는 원리에 충실해야 한다. 그러면서도 사도는 제한적으로 방언을 사용하라고 말했다.

> 다 병 고치는 은사를 가진 자겠느냐 다 방언을 말하는 자겠느냐 다 통역하는 자겠느냐(고전 12:30)

---

500) 김동수, "영산의 방언론," 한세대학교영산신학연구소간행물 (2008): 197(189-206).

이 말씀은 은사를 받은 사람도 제한적이고 방언을 받은 사람도 제한적이라는 것을 시사한다. 방언이 공적인 예배에서 혼란을 조성해서는 안 되며 두세 사람만 행할 것을 말했다(고전 14:27-28). 칼빈은 "바울이 명령을 하고 있는 것이 아니라, 그는 다만 그렇게 하도록 허락하고 있을 뿐이라는 것을 기억하여야 한다"고 말했다.501) 매튜 풀은 방언이 통제되어야 한다고 말했다.502) 그 이유는 한 사람이 방언을 말할 때 다른 사람들이 알아듣도록 통역되어야 했기 때문이다.

김동수 교수는 "바울은 사적인 기도로서의 방언은 모두가 다 체험할 수 있는 은사(14:5a)로 제시하며, 이것이 공적인 모임에서 사용될 때에는 모두가 다 방언하는 기능을 수행할 수 없다고 말한다(12:30b)."라고 말했다.503) 김영재 교수는 "성령을 받으면 누구나 사도들처럼 방언을 할 수 있다는 주장은 잘못된 것이다."라고 말했다.504) 윌리엄스는 성령세례로 방언을 받았다고 말하면서도 오순절과 은사주의자들 중 많은 사람이 방언으로 말한 적이 없다고 말했다.505)

다섯째, 방언의 은사는 주의가 필요한 은사이다. 오늘날 방언을 강조하는 사람들은 방언의 은사를 받아야 구원의 확신이 생기고 능력 있는 사역을 하고 그리스도께 헌신이 일어난다고 말한다. 그러나 성경 어디에

---

501) John Calvin, **신약성서주석 8 고린도전서주석** (서울: 성서교재간행사, 1982), 27.
502) Matthew Poole, **청교도 성경주석 18 고린도전후서**, 박문재 역 (파주: 크리스찬다이제스트, 2015), 240.
503) 김동수, "바울의 방언관," **신약논단**, 13(1) (2006): 190(169-193).
504) 김영재, "오순절 단회적이냐 반복적이냐?" Accessed Aug.29.2019.
http://aldolnet.blogspot.com/2014/06/blog-post_17.html; "성경에 보면, 사도들이 방언한 것은 고린도 교회의 일부성도들이 방언한 경우와는 아주 다르다. 사도행전에 보면 사도들이 전하는 복음의 말씀을 듣고 성령으로 충만함을 받은 사람이 누구나가 다 방언을 한 것으로 말씀하고 있지는 않다. 예루살렘에서 베드로의 설교를 듣고 회개한 수많은 사람들이 방언을 했다는 말씀은 없다. 구스 내시는 빌립에게서 자기가 읽고 있는 이사야서의 말씀이 예수그리스도를 가리키는 것이라는 설명을 듣고 예수 그리스도를 구주로 받아들이고 지체 없이 세례를 받았다(행 8:26-39). 스데반은 은혜와 권능이 충만하여 큰 기사와 표적을 민간에 행하였다는 말씀이 있고 그가 성령에 충만했다는 말씀은 거듭 발견할 수 있으나 방언했다는 말씀은 없다(행 6:78-7:60). 그러므로 방언이 사도 시대에 오순절 성령강림으로 말미암아 있었던 일반적인 은사는 전혀 아니었다. 사도행전에서 복음을 듣고 성령을 받아 방언을 했다고 말씀하는 두어 사례를 주의 깊게 검토해보면, 방언은 필요에 따라 주신 성령의 역사임을 알 수 있다."
505) J. Rodman Williams, "Should We All Speak in Tongues," *Christianity Today* 44(3) (2000): 84; " Indeed, many believers in Christ, including those from Pentecostal and charismatic traditions, have never spoken in tongues."

도 그런 말을 하지 않는다. 고린도전서 12-14장은 방언의 은사를 경계하고 권면한다. 방언의 은사가 개인에게 전혀 유익하지 않은 것은 아니지만 방언은 구원 사역을 위해 주신 수단이다. 개인의 성숙은 고난과 인내와 훈련을 통해 거룩과 경건을 이루어간다.

특히, 우리나라에는 김동수 교수를 비롯하여 학습 방언을 가르치는 사람이 많다. 그렇게 조작된 방언은 결코 성경의 방언이 아니다. 방언이라는 이름으로 행해지는 이런 비성경적인 방식에 대해 세심한 주의가 필요하다.

초대교회는 하나님의 말씀을 풀어 설명하는 예언이 주된 사역이었고 방언은 부수적인 은사로 주어졌다. 사도 바울은 고린도전서 14:30에서 "만일 곁에 앉은 다른 이에게 계시가 있거든"이라고 말했다. 이 계시는 통상적으로 주어진 성격의 예언으로 성경을 가르치는 것이 아니라, 성령의 감동으로 계시를 받아 다른 사람들에게 말해 주는 것이었다.

사도가 이렇게 방언과 예언을 다루는 것은 그리스도의 복음을 가르치는 것과 연관성을 가지기 때문이다.[506] 그 당시에는 방언과 예언이 하나님의 말씀을 증거 하는 일에 사용되었다. 그런 까닭에, 성령 하나님으로부터 통제를 받는 일이었다(고전 14:32).

---

506) John Calvin, 신약성서주석 8 고린도전서주석 (서울: 성서교재간행사, 1982), 411.

VIII. 예언

1. 성경이 말하는 예언이란?

성경에서 말하는 예언이란 '앞날을 미리 점치는 예언(預言)'(foretelling)이 아니다. 성령의 예언(forthtelling)은 하나님께서 하나님의 말씀을 그 종들에게 맡겨 전달하는 공적 계시를 말한다. 히브리어의 '나비'나 헬라어의 '프로테테스'는 '하나님의 말씀을 전달하는 행위'를 의미한다. 성경의 예언은 예측(prediction)이 아니라 선포(prophecy)다. 그런 까닭에, 예언자란 하나님께서 이미 계시해 주신 것을 선포하는 자이다.

왜 선포인가? 인간이 만들어 낸 것이 아니라 하나님께서 주신 특별계시이기 때문이다. 특별계시는 하나님께서 예수 그리스도 안에서 성령을 통하여 주신다. 예수님께서는 진리의 성령이 오시면 "장래 일을 너희에게 알리시리라"(요 16:13)고 말씀하셨다. 이 말씀에서 장래 일이란 '오는 일들'(the coming things)를 말하며, 종말의 심판과 구원을 의미한다.[507]

예언은 꿈으로, 환상으로도 나타났다. 로벗슨(Palmer Robertson)은 "구약에서 예언 운동의 모태는 모세였다. 구약에서 나타난 예언은 그 영광이 사실상 모세에서 정점에 달했다. … 이스라엘 최초의 선지자이자 입법자였던 모세에서 예언 운동은 절정을 이룬다."라고 말했다.[508]

이전에는 하나님께서 사람에게 직접 나타나셨으나 이제는 모세를 통해서 하나님의 뜻을 전달하셨다(민 12:6-7). 하나님의 뜻을 말하는 자를 선견자 혹은 선지자라고 불렀다(삼상 9:9). 하나님의 말씀을 바르게 증거 하는 참된 예언자가 있었지만, 거짓 선지자들도 있었다(신 13:1-3).

꿈과 환상은 하나님께서 주신 메시지였다(단 1:17; 2:1, 19; 7:1). 오바댜와 이사야와 같은 선지자들은 꿈, 환상, 비전을 보았다. 바벨론 포로기에는 하나님으로부터 환상이 주어지지 않았다(사 29:9-12; 애 2:9). 요셉은 꿈으로, 에스겔은 환상으로 예언을 받았다. 대부분의 예언은 입

---

507) 변종길, **우리 안에 계신 성령** (서울: 생명의말씀사, 2003), 176.
508) Palmer Robertson, **오늘날의 은사주의 운동, 과연 성경적인가**, 이심주 역 (서울: 부흥과개혁사, 2009), 9.

으로 전달되는 구두 계시였다. 하나님께서 계시하신 것을 기록하게 하거나 입으로 전달함으로써 계시가 효력을 발생하게 했다. 이제는 예수 그리스도 안에서 계시가 종료되어 성경으로 우리에게 주어졌다.

우리가 구원 역사의 관점에서 예언을 말할 때는, '미래에 어떤 일이 생길 것인가?'를 말하는 것이 아니다. 신구약 성경의 예언은 전체적으로는 예수 그리스도의 구속과 언약의 성취를 말한다. 예언에 대한 의미를 바르게 알지 못하면 예언의 은사가 아니라 점치는 수단이 된다. 물론 예언이 장래 일을 말한 것도 있다. 아가보는 흉년이 들고 사도 바울이 체포될 것이라고 말했다. 아가보의 예언은 인간의 소원 성취를 점치는 것이 아니라 바울의 복음 사역 속에 일어나는 고난에 관한 것이었다.

2. 새 언약 시대의 예언자

김재성 교수는 신약에서는 "모든 믿는 자들은 예언자들로서 사역을 감당하고 있다"고 말했다.[509] 구약시대에는 특별히 부름받은 신분의 사람만이 예언사역을 담당했으나 신약 시대에는 하나님의 말씀을 모든 믿는 자에게 열어주셨다.

> 1 그런즉 유대인의 나음이 무엇이며 할례의 유익이 무엇이뇨 2 범사에 많으니 첫째는 저희가 하나님의 말씀을 맡았음이니라(롬 3:1-2)

유대인의 남다름은 유대인이 하나님의 말씀을 맡았기 때문이었다. 그러나 이제는 신약의 모든 성도가 하나님의 말씀을 증거 하는 역할을 맡았다. 성령 하나님께서 모든 성도의 마음에 하나님의 말씀을 새겨주셨기 때문이다(렘 31:33; 겔 36:27; 고후 3:3; 요일 3:22-24).

그 시작은 오순절 성령의 강림 사건이었다. 사도 베드로는 사도행전 2:17-18에서 요엘서의 예언을 인용하여 말했다. 그렇다고 신약에서 성령을 받은 사람들이 다 예언을 한 것이 아니다. 오순절 성령의 강림 사건

---

509) 김재성, **개혁주의 성령론** (서울: CLC, 2014), 269.

은 매우 특수한 사건이었다. 예언의 은사 자체가 아무에게나 주어지는 보편적인 은사가 아니었다.

웨인 그루뎀은 '모든 신자가 예언할 수 있는 잠재적 능력이 있는가?' 라는 질문을 하고 "이에 대한 대답은 누구든 그 안에서 성령이 역사하는 자면 그런 잠재적 능력을 보유하고 있다고 하지 않을 수 없다."고 말했다.510) 그루뎀은 "주께서 내 마음에 … 한 생각을 주시는 것으로 생각된다" 또는 "이것은 주께서 …을 보여주시는 것으로 여겨진다"고 말하거나 "다른 유사한 표현으로 말하는 것은 잘못이 아니다"라고 말했다.511)

그루뎀의 주장대로라면 우리의 일상의 생각과 언어가 예언이 될 수 있다. 일상의 생각과 말이나 예언이나 아무런 차이가 없게 된다. 나의 말과 생각이 예언과 동일하게 되면 내가 곧 신이 되는 길은 멀지 않다. 생각과 말은 존재의 상태를 규정하고 존재의 의지를 발화한 것이다.

그루뎀의 주장은 마르키 드 사드(Marquis de Sade, 1740-1814)가 "존재하는 것, 그것만이 옳다"고 말한 것과 같은 결과를 초래한다.512) 자기 마음에 생각하는 것(존재)이 옳다는 것을 예수 이름으로 정당화하고 자기 생각이 곧 예언이 되어버리는 결과를 초래할 수 있다. 인간의 죄악성은 자율성을 확보하는 것이다. 자기 생각을 예언이라고 정당화하는 것은 자율성으로 가는 것과 그 내용 면에 있어서 동일하다.

터너는 그루뎀이 '보다 약한 권위의 예언'을 주장한 것은 너무 도식화한 것이라고 이의를 제기했다.513) 그러면서도 예언의 보편성에 대한 가

---

510) Wayne Grudem **예언의 은사**, 김동수 김윤아 역 (서울: 솔로몬, 2013), 202.

511) Wayne Grudem **성경 핵심교리**, 김광역, 곽철근 역 (서울: 기독교문서선교회, 2010), 709.

512) Francis August Schaeffer, **이성에서의 도피**, 김영재 역 (서울: 생명의말씀사, 2008), 52; "이것은 다음 단계, 즉 남자가 여자보다 강하다는 생각을 낳게 되었다. 자연이 남자를 더 강하게 만들었다. 그러므로 남자는 여자에게 자기가 원하는 대로 할 권리가 있으며, 매춘부를 취해서 자신의 쾌락을 만족시키기 위하여 구타하는 행위는 본질상 정당하다는 것이다. 사디즘(sadism)이란 말이 여기서 유래했음은 다 아는 사실이다."

513)Max Turner, **성령과 은사**, 김재영, 전남식 역 (서울: 새물결플러스, 2018), 361-364; 《(1) 처음 두 가지 점에 관해 그것들의 방향이 잘못 설정되어 있다는 것을 주목할 필요가 있다. 다른 누구보다도 칼 샌드네스(Karl Sandnes)는 바울이 자신을 정통 예언자들과 같은 부류로 간주했음을 아주 광범위하게 탐구했다. 그러나 그는 또한 그 차이도 올바르게 강조한다. 바울의 "예언자적" 권위의 전체적인 무게감은 그리스도 사건과 다메섹 도상에서의 계시에 토대를 둔 복음(Gospel)보다 그 중요성이 덜한 것이다(참조, 갈 1:12-17; 고후 3-4장). 바울에게 있어 복음이란 완전한 권위를 지닌 것이다. 그는 다른 복음을 전하는 사람들을 거리낌 없이 저주하며, 우쭐대는 예언자들을 기탄없이 복음에 굴복시킨다(고전 14:37). 그러나 바울은 그의 전체적인 가르침과 글이 완전

능성을 말했다.

신약 시대에도 소수의 사도와 성도들이 맡았다. 모든 사람이 예언사역을 하지 않았다. 오순절은 왜 특수한 사건인가? 하나님의 구원 역사에 있어서 특별한 사건이기 때문이다. 오순절에 방언이 주어진 이유는 제자들이 복음을 전하는 대상이 이방에서 온 사람들이기 때문이다.

우리는 성경을 가르치는 예언사역을 루터의 '만인제사장 교리'에서 생각할 수 있다. 루터는 고린도전서 14:30을 근거로 성도가 다른 성도에게

히 권위적인 예언자적 신탁이 되기 위한 긴 과정을 거치고 있다고 주장하지도 않는다(비록 그런 면들이 일부 있기는 하지만). 따라서 그는 자녀를 대하는 아버지의 입장에서 논지를 펴고 설명하고 있지, 독자들에게 하나님의 예언자에게 불순종하는 사람들을 향해 저주가 임할 것이라고 경고하지 않는다! 오히려 바울이 말하고자 하는 것은 그가 가진 신앙과 일치하는데, 그 신앙은 바울이 "일반적인 내용에 대해서 완전한 권위"를 가지고 있는 것이다(즉 그 내용에는 실제로 명제적인 구조가 있다). 그러나 어디에서도 바울이 "실제적인 가르침의 신적 권위"를 주장하고 있음을 암시하지 않는다(Sandnes, Paul; 참조, Dunn, Jesus, 47). 그루뎀의 이러한 날카로운 구분은 그 자체로 의심의 여지가 있다. 의미론적으로 볼 때, 의사소통에서 사용되는 용어의 표면적 구조가 반드시 일차적으로 중요한 것은 아니며, 오히려 일차적으로 중요한 것은 포함하고 수반하는 명제의 의미론적 구조이다. 따라서 "실제적 어구들의 권위"가 중요한 만큼 "일반적 내용의 신적 권위"도 중요한 것이 될 수 있다. 어떤 사람은 그루뎀이, 바울이 문서화 된 형태로 한 말의 무오류를 보장하기 위해 바울에게 "실제 어구들의 신적 권위"를 부여하려 한다고 의심한다. 파넬은 그러한 입장을 노골적으로 지지한다. 그에게 있어 모든 참된 신약성경의 예언은 교회의 신뢰할 만한 가르침을 보장해야 하기 때문에, 성경의 저자들이 무오한 계시를 제공 가능하게 만들기 위해 오류가 없어야 한다. 그러나 전적으로 비역사적인 이러한 접근법은 이 논지에 혼선을 야기한다. 바울 서신들은 "예언"이 아니라, 사도적 가르침이다. 그리고 예언의 은사는 어떤 경우에도 신약성경으로 인정받게 된 것을 쓰기 위해 필수적인 것은 아니었다(참조, 복음서와 사도행전 등).〉

(2) 세 번째와 다음의 요점들 또한 사도적 예언과 다른 예언 사이의 날카로운 구별을 지지하지 못한다. 요한계시록이 축자영감설과 가장 근접한 반면(참조, 22:19), 이곳에서 권위는 예언이란 이름(1:3; 22:7, 18, 19)으로 주장된 것이지 사도직(apostolicity)을 근거로 한 것이 아님을 주목해야 한다(Aune, Prophefy, 206-8의 비판을 보라.). 이것은 (앞에서 관찰한 내용과 함께) 사도적 예언과 다른 사람들의 예언 사이의 날카로운 구분이란 존재하지 않는다는 사실을 의미한다. 오히려 카리스마적인 권위의 범위가 사도적 담화와 예언(사도직 임명으로 지지를 받는다)이라는 한쪽 끝에서, 데살로니가에서 예언을 전체적으로 문제시되게 했던 신탁적 담화에서 나타났던 모호하고 거의 득이 없는 시도라는(살전 5:19, 20) 다른 쪽 끝까지를 포괄하는 것은 아닌지 의심해 볼 수 있다. 예언적 담화는 이 스펙트럼의 어딘가에 해당할 것이며, 그러면 평가의 과제는 회중에게 주어지게 된다. 최종적인 분석에서, 바울은 신약의 모든 예언자들이 유리를 통해 희미하게 바라보지만, 사도들은 밝히 본다고 말하지 않는다. 사도들의 예언 역시도 부분적(ek merous)이고 희미 (en ainigmati)하다(고전 13:9, 12). 신약은 어디에서도 정경 예언자들(canoni.at prophets)에게 임한 영이 돌아왔으나 단지 사도들에게만 돌아왔다고 암시하지 않는다. 따라서 다른 모든사람들이나 은사들을, 성령이 거의 나타나지 않고 있다고 생각하던 초기 유대교에서 말하던 식의 현상으로 격하시키지 않는다(행 2:17-38). 파넬과 젠트리(Gentry)는 베드로가 요엘서를 인용한 것 (행 2장)은 구약의 정경 예언자들의 충만한 계시의 능력의 귀환을 의미하며, 그것이 사도들과 예언자들에게 주어졌으므로 신약성경 계시를 비교적 믿을 만한 것으로 보장한다고 말한다. 그러나 그러한 주장은 전체적으로 요엘의 약속에 대한 중간기의 해석을 전적으로 오해한 것이며, 베드로가 모든 믿는 자들에게 이 은사를 약속한 사실을 설명하지 못한다(2:38, 39).〉

하나님의 말씀을 전하고 배울 수 있다고 강조했다.[514] 루터는 1532년에 쓴 『몰래 들어온 설교자들』에서 '일반 성도들은 가르칠 자격이 없으며, 공적으로 임명된 설교자만이 설교를 할 수 있다'고 주장하면서 지역교회 성도들의 권한을 약화하거나 철회했다. 교육을 받지 못한 무지한 일반 성도들과 영적으로 비성숙한 그리스도인들이 병폐를 일으켰기 때문이다.[515]

루터의 '만인제사장 교리'를 통해 새 언약 시대의 예언사역을 생각해 보면, 성령 하나님과 하나님의 말씀 자체는 사람들의 판단을 받지 않으나 자신의 빈약과 약함이 있기 때문에, '하나님의 성령으로부터 온 예언인가?'를 시험받아야만 한다. 개인의 사사로운 생각을 하나님의 예언이라고 말하는 것은 하나님을 기만하는 죄악이다.

3. 사도행전의 예언

사도행전의 예언은 요엘 선지자의 예언이 성취된 오순절을 먼저 생각할 수 있다. 팔머 로벗슨은 사도행전에서 복음이 퍼져나가는 과정에서 예언의 은사가 계속 나타나는 현상을 말하면서 "새로운 유형의 예언을 교회에 도입했다는 사실은 명시적으로나 암묵적으로나 나타나 있지 않다"고 말했다.[516] 로벗슨은 요엘이 알고 예견한 예언이나 모세 이후에 나타났던 예언의 유형이나 사도행전 19장의 예언이나 같은 유형의 예언이라고 말했다.

반면에, 그루뎀은 에베소의 "예언"이 "절대적인 신적 권위를 가지고 있다고 여겨지는 구약에서의 사자(使者)의 연설과 유사성이 없다. 그리고 이것은 또한 바울과 다른 사도들이 하나님의 권위로 말하는 것과는

---

514) *Works*, 2:56; *LW* 44:134. "이제 그들은 동료 그리스도인들이며, 동료 사제들이며, 동료 신령한 자들이며, 모든 것에 대한 동료 주인들이다." *Works*, 2:58-59; *LW* 44:137-39; 우병훈, "루터의 만인 제사장직 교리의 의미와 현대적 의의," **신학논단** 87 (2017): 217(209-235)에서 재인용.
515) 우병훈, "루터의 만인 제사장직 교리의 의미와 현대적 의의," **신학논단** 87 (2017): 226-227(209-235).
516) Palmer Robertson, **오늘날의 은사주의 운동, 과연 성경적인가**, 이심주 역 (서울: 부흥과개혁사, 2009), 149.

확실히 다른 것이다"라고 말함으로써 그루뎀 자신이 주장하려는 '낮은 단계의 예언'으로 독자들을 유도해 가려고 했다.517)　그런 의도성을 가진 그루뎀은 "에베소에서의 '예언함은' 하나님의 말에 대한 절대적인 권위를 가지고 있는 종류가 되지 못하는 것 같다"고 말했다.518) 개핀에게 예언은 하나님의 말씀이지만 그루뎀에게 예언은 사람의 말이며, 그 권위에 있어서 하나님의 말씀과 동등한 것으로 여기지 않는다.519) 결국, 예언이 인간의 이해나 해석으로 전락해 버리는 결과를 초래한다. 브루스 요컴(Bruce Yocum)은 "우리가 말씀을 직접 받든지 아니면 메시지의 느낌을 받든지 간에 예언은 불순할 수 있다. 왜냐하면 우리의 생각이나 사상이 우리가 받은 메시지에 섞일 수 있기 때문이다."라고 말했다.520)

로벗슨은 다음과 같이 말했다.

> 열두 사도들은 본래부터 예루살렘에 모인 사람들의 각기 다른 방언으로 예언을 하였다. 이제 에베소에서, 복음이 '땅끝까지' 전파되어 가고 있는 그때에, 열두 사람이 방언과 예언으로 말한다. 이 같은 예언이 오순절에 일어난 것과 다르다는 사실이 전혀 나타나 있지 않은 점에서, 그리고 겉보기에 의도적으로 병행 구도로 묘사되었다는 점에서, 에베소에서 나타난 예언은 예루살렘에서 일어난 예언과 같은 것이라고 결론 내릴 수 있다.521)

로벗슨은 누가가 에베소의 예언과 방언이 오순절의 예언과 방언이 다르다고 언급한 것이 전혀 없으므로 에베소의 예언이 오순절의 예언과 같다고 말했다. 로벗슨은 웨인 그루뎀이 에베소의 예언이 구약의 선지자들과 닮지 않으며 하나님의 진정한 말씀이라는 절대적인 권위를 가진 유형이 아니라고 주장하나 그런 주장은 입증할 수 없는 주장이라고 말했다.

---

517) Wayne Grudem **예언의 은사**, 김동수 김윤아 역 (서울: 솔로몬, 2013), 86.

518) Ibid.

519)) Wayne Grudem, *Systematic Theology* (Nottingham: IVP, 2007), 1050.

520) Bruce Yocum, *Prophecy: exercising the prophetic gifts of the Spirit in the church today* (Ann Arbor, Mich: Word of Life, 1976), 79; "예언은 하나님께서 마음에 주신 생각, 혹은 사람이 하나님께로부터 왔음을 느낄 수 있는 방법으로 그 의식 속에 심어주신 생각일 수 있다. 또한 그 생각은 한 개인의 평소의 생각과 전혀 다른 생각일 수도 있고, 생생함이나 긴박감을 느끼게 만들 수도 있고, 아니면 분명히 하나님께로부터 왔다는 확실한 느낌을 갖게 만들 수도 있다."(p. 1056)

521) Palmer Robertson, **오늘날의 은사주의 운동, 과연 성경적인가**, 이심주 역 (서울: 부흥과개혁사, 2009), 149.

그루뎀은 아가보와 제자들이 예언을 했으나 바울이 그들의 말에 불순 종했다면서 "만일 그가 그들이 바로 그 하나님의 말씀을 말하고 있다고 생각했다면 불순종하지는 않았을 것이다"라고 말했다. 그루뎀은 '바울의 생각에 못 미치는 예언의 유형'이라고 보았다. 그루뎀은 자신의 주장을 정당화하기 위해 개핀 교수도 자신과 같은 말을 한다면서 개핀의 말을 인용했으나, 실제로 개핀 교수는 "누가는 실제로 일어날 사건에 대한 정 확한 예언을 기록했다. 따라서 아가보의 예언은 정확한 것이다."라고 말 함으로써,522) 그루뎀의 낮은 단계의 예언을 철저히 차단해 준다. 로벗슨 은 그런 그루뎀의 의도를 잘 파악하고 있었다.523) 아가보의 예언이 부정 확하다고 말하는 시도들에 대해, 개핀 교수는 "아가보 사건을 지나치게 정밀하게 따져 잘못을 범한 것처럼" 여김으로 생겨나는 오류라고 말했 다.524)

로벗슨은 주목할만한 주석가들은 그루뎀이 지적하는 그런 불일치를 해결하는데 아무런 어려움을 느끼지 않는다고 말했다. 요하네스 뭉크는 "머무는 동안 바울은 지역 회중과 접촉하였는데, 지역 회중은 바울로 하 여금 예루살렘에 올라가지 말 것을 강권했다. 이는 바울이 그곳에서 생 명의 위협을 맞이할 것이라고 성령이 예견해 주었기 때문이었다"고 말했 다.525) 브루스는 "예언의 영으로 바울이 당할 환난과 투옥을 예견할 수 있는 친구들이 바울을 만류한 것은 자연스러운 일이었다"고 말했다.526) 알렉산더는 "그것은 바울에게 주어진 하나님의 명령이 아니었다. 다만

522) Richard B. Gaffin Jr., 성령 은사론, 권성수 역 (서울: 기독교문서선교회, 2012), 81.
523) Palmer Robertson, 오늘날의 은사주의 운동, 과연 성경적인가, 이심주 역 (서울: 부흥과개혁사, 2009), 153; "사안의 논점은 이런 용어 사용에 대한 논쟁인 의미론적 문제가 절대 아니다. 오히려 논점은 본 사건에 대한 정당성을 그런 특정 사건 이전에 수백 년 동안 사람들이 알았던 것 대신에 다른 유형의 예언을 오늘날 유 행하는 예배에 도입할 수 있는가의 여부다. 이런 근거 위에서, 개인이 회중에게 반드시 전해야 할 하나님이 주 신 '계시'를 받았다고 주장하면, 교회는 예배 중간에 진리와 오류가 혼합된 '예언'을 전달하도록 허용해야 하는 가? 사도행전 21장 4절은 하나님께 드리는 정숙한 예배에 대한 이런 방해를 충분히 뒷받침하는 증거를 제공하 지 않는다. 사도행전에서 예언은 하나님이 주신 완전한 권위를 지닌 은사로서 지속된다. 이 예언은 어떤 사람이 하나님이 그에게 말했을지도 모르는 오류를 담은 채 전달하는 것이 아니다."
524) Richard B. Gaffin Jr., 성령강림, 김귀탁 역 (서울: 부흥과개혁사, 2013), 103.
525) Johannes Munck, The Acts of the Apostles (New York, Garden City, Doubleday & Co., 1967), 207.
526) F. F. Bruce, Commentary on the Book of the Acts (Grand Rapids, Wm. B. Eerdmans Publishing Co., 1979), 421.

바울이 예루살렘에서 위험에 처해질 것이라는 계시로부터 제자들이 추정한 결론이었다."527)

칼빈은 "바울의 결정은 그 모든 것보다 더욱 칭찬받을 만하다. 그는 하나님의 부르심을 흔들리지 않고 계속 수행해 나가고 있기 때문이다. 물론 그는 얼마나 많은 재난이 그 일로부터 야기될 것인지에 대해 잘 알고 있었다. 그러나 아직도 그가 자신의 마음을 결정하는 데 있어서 단 하나의 유일한 법이었던 하나님의 뜻(the will of God)을 알고 있기 때문에 그는 그밖에 다른 무엇은 결코 중요하게 생각하지 않았다."고 말했다.528)

로벗슨은 이런 주석들을 통해 성령이나 예언이 잘못된 것이 아니라 "다만 제자들은 스승에 대한 안위를 근심하여 그리스도를 위해 바울이 고난받음으로써 비롯될 선한 결과를 제대로 이해하지 못했다"고 말했다. 그런 점에 대해 칼빈은 "매우 탁월한 예언의 은사를 받은 사람들이 때때로 판단이나 담대함을 결여한다고 해서 그리 놀랄 일은 아니다"라고 말했다.529)

로벗슨은 그루뎀의 장황한 논증에 대해 아가보의 예언이 그대로 이루어졌으며, 성경 예언을 해석하면서 정밀주의(precisionism)에 빠져서는 안 된다고 말했다. 예수님께서 "너희 보는 이것들이 날이 이르면 돌 하나도 돌 위에 남지 않고 다 무너뜨리우리라"(눅 21:6)고 말씀하셨으나 예루살렘 통곡의 벽에는 돌들이 여전히 남아 있다. 사람들은 일반적으로 '돌이 하나도 남아 있지 않는다'는 뜻으로 이해하지 않는다. 예수님의 예언에 오류가 있는 것이 아니라 예루살렘이 일어날 재난의 철저함을 의미한 것이다.530)

---

527) J. A. Alexander, *Commentary on the Acts* of the Apostles (Grand Rapids, Zondervan Publishing House, 1956 reprint), 722.
528) John Calvin, **신약성서주석 6** (서울: 성서교재간행사, 1982), 263.
529) John Calvin, *Commentary on the Acts of the Apostles Vol. II* (Grand Rapids, Baker Book House, 1984), 268; Palmer Robertson, **오늘날의 은사주의 운동, 과연 성경적인가**, 이심주 역 (서울: 부흥과개혁사, 2009), 151에서 재인용.
530) William Hendriksen, **핸드릭슨주석 누가복음(하)**, 김유배 역 (서울: 아가페출판사, 1988), 261.

그루뎀의 의도는 새 언약의 예언의 부정확성을 근거로 다른 유형의 예언이 존재한다고 주장하려고 하지만 설득력이 없다. 로벗슨은 그루뎀이 사도적 선지자, 계시적 선지자, 평범한 회중 선지자의 존재 가능성을 허용하려고 하지만 "그루뎀은 이런 구분을 지지하는 확실한 증거를 인용하지 못한다"고 말했다. 왜냐하면, 정확한 성경 주석적 근거가 없기 때문이다. 그루뎀은 낮은 단계의 예언을 말하려다가, "사실상 성경의 무오성을 지지하는데 다소 어려움이 있는 것으로 보인다"라고 말하는 지경까지 갔다.531) 예언에 대한 정밀주의 관점은 성경의 무오성을 깨뜨린다.

그루뎀의 예언에 영향을 입은 김동수 교수는 멘지스(Robert P. Menzies)의 주장을 따라 다음과 같이 말했다.

> 그런데 여기에 나오는 모세의 소망, 즉 모든 백성이 예언자가 되게 해달라는 것은 바로 오순절 날 베드로가 요엘서를 인용하면서 한 말과 같은 것이다. 누가는 이러한 모세의 소망이 오순절 날 예루살렘에서(행 2:1-4), 사마리아에서(행 8:14-17), 고넬료의 집에서(행 10:44-48), 바울의 에베소 사역을 통해서(행 19:1-7) 이루어진 것을 후에 보여주고 있는 것이다. 즉 누가의 견해에 따르면 모든 하나님의 백성은 예언자로 부름 받은 것이다. 그러므로 이것은 멘지스에 따르면, "독특하지도 반복되지 않는 것도 아니다. 누가는 오순절에 제자들이 체험한 예언적 능력이 모든 하나님의 백성에게 주어진 것이라는 점을 강조하고 있는 것이다. 그들의 이야기는 실로 우리들의 이야기인 것이다. 오순절에 모세의 소망이 실현되기 시작된 것이다. 누가복음 10:1은 이 실제가 성취되는 것을 미리 보여주고 있는 것이다."532)

김동수 교수는 멘지스의 주장을 따라 "예수의 사역이 표적과 기사로 이루어졌듯이, 제자들의 사역도 그렇게 되고, 나아가 독자들의 사역도 그렇게 된다."고 말했다.533) 멘지스가 "오순절에 제자들이 체험한 모든 하나님의 백성에게" 주어진다고 말한 것은 사도와 성도와의 구분을 무시한 것이다. 웨인 그루뎀마저도 사도들과 회중 예언자들과의 차이를 두고

---

531) Wayne Grudem *The Gift of Prophecy in the New Testament and Today* (Eastbourne: Kingsway Publication, 1988), 318; Palmer Robertson, 오늘날의 은사주의 운동, 과연 성경적인가, 이심주 역 (서울: 부흥과개혁사, 2009), 169에서 재인용.

532) Robert P. Menzies, *Why I am a Pentecostal* (Springfield, MO: Gospel Publishing House, 2012 forthcoming), 17; 김동수, "누가 신학에서 오순절 신학 정체성 찾기: 멘지스(Robert P. Menzies)의 제안을 따라," 영산신학저널 26 (2012): 97(91-114)에서 재인용.

533) 김동수, "누가 신학에서 오순절 신학 정체성 찾기: 멘지스(Robert P. Menzies)의 제안을 따라," 영산신학저널 26 (2012): 98(91-114).

있다는 것을 김동수 교수는 잘 알고 있을 것이다.534) 김동수 교수는 그 루뎀의 예언관을 말하면서 " 예언중지설은 주석적으로, 신학적으로 더 이상 주장할 수 없는, 중단되어야 할 이론"이라고 말했다.535) 또한, 김동수 교수는 사도행전의 오순절 성령강림 사건을 요엘 2:18의 성취로 말하면서 "'만인예언자직'에 대한 선포"라고 말했다.536) 반면에, 팔머 로벗슨은 "계시는 그리스도가 오심으로 인해 목적이 달성되어 더 이상 작용하지 않는"다고 말했다.537)

사도행전 19:6에서, 사도 바울이 에베소 사람들에게 안수했을 때 방언도 하고 예언도 했다. 그렇다고 그 자리에 함께 한 사람들이 다 방언하고 예언한 것도 아니다. 에베소에 나타난 예언은 예수 그리스도께서 부활 승천하시고 새 언약의 시대가 시작되고 교회가 세워지는 시대에 특별하게 주어진 은사였다.

팔머 로벗슨은 사도행전의 방언과 예언의 은사에 대해 이렇게 말했다.

> 사도행전의 강령을 따른 이러한 구조는 사도행전에서 방언과 예언의 은사가 구현되는 방식을 한정한다. 뿐만 아니라, 계시적 은사를 체험하는 것이 무슨 목적을 가지는지 이론적 근거를 제시한다. 복음이 유대에서 사마리아로 확장되면서, 복음을 확증하는 은사들이 나타난다. 그 다음이 복음이 큰 장벽들을 넘어 넓은 이방 세계에 전해지면서 이런 한시적 은사들이 나타나 하나님의 은혜를 확증한다. 구속사가 진행되는 가운데, 복음이 전개되는 더 이상의 구별되는 무대가 없기 때문에, 성령의 한시적 은사들이 외적으로 나타나는 것을 더 이상 기대해서는 안 된다.538)

로벗슨에 의하면, 복음이 이미 이방 세계로 전해졌기 때문에 성령의 한시적 은사들은 사라졌다는 것이다. 로벗슨은 복음이 전개되는 과정에서 그 최종적 무대에 이르렀기 때문에 그 복음을 확증하는 은사들이 지

---

534) Wayne A. Grudem, 예언의 은사, 김동수·김윤아 역 (서울: 솔로몬, 2015), 99; "지금까지 우리가 살펴본 구절들 외에도 신약의 회중 예언자들이 신약의 사도들이나 성경 말씀보다 더 하위 권위로 말했다고 주장하는 또 다른 유형의 증거가 있다."
535) 김동수, "신약성경에 나타난 예언의 영성: 바울을 중심으로," 피어선신학논단 3(1) (2014): 45(30-50).
536) Ibid., 39.
537) Palmer Robertson, 오늘날의 은사주의 운동, 과연 성경적인가, 이심주 역 (서울: 부흥과개혁사, 2009), 79.
538) Ibid., 103.

속할 필요성이 사라졌다고 주장했다. 이로써, 사도행전의 예언과 방언이 복음이 유대 → 사마리아 → 땅끝이라는 구조로 진행되었다는 관점으로 살펴야 하며, 지금에 와서는 더 이상의 예언이 없다는 것을 확증한다.

4. 고린도전서의 예언

고린도전서 12-14장에 나오는 예언도 그런 특수한 상황에 해당한다. 고린도 교회 성도라고 해서 다 예언하고 방언을 한 것이 아니다. 예언은 일부의 사람들에게만 주어졌다. 개핀은 예언은 고린도전서 14장에서 예언과 방언이 의도적으로 대조되어 있으며, 은사론 전체의 주축을 이루고 있다고 보았다. 이런 대조를 통해, "예언은 주요 요소 방언은 종속요소"라고 말했다.[539] 또한, 개핀은 '방언은 예언의 상대적 중요성을 말하며, 반대로 예언은 방언의 상대적 열등성을 보여준다'고 말했다. 결국, 고린도전서 14장은 방언에 대해 예언의 상대적 우월성을 보여준다고 보았다.

박영돈 교수는 다음과 같이 말했다.

> 고린도 교회에 있었던 예언은 덕을 세우고 권면하며 위로하기 위해(고전 14:3 참조) 또는 숨은 죄를 드러내기 위해(고전 14:25 참조) 성령이 마음에 순간적으로 떠오르게 하신 내용을 말한 것이라 할 수 있다.[540]

박영돈 교수는 이 글에 앞서 자신의 책 1장에서 「뒤틀린 성령의 음성」이라는 제목으로 직통 계시를 비판하며 토머스 주남(Choo Nam Thomas), 샨 볼츠, 청년 점술가 등을 비판했다. 박영돈 교수의 말대로 예언이 "성령이 마음에 순간적으로 떠오르게 하신 내용"이라면 자신이 비판한 사람들과 무슨 차이가 있는가? 이어서 박영돈 교수는 유진 피터슨과 릭 워렌의 말을 인용하면서 성화에 대해 말한 것은 오히려 더 일그러지게 한다.

변승우는 그리스도께서 오실 때까지 성령의 은사들이 계속 존재한다

---

539) Richard B. Gaffin Jr., **성령 은사론**, 권성수 역 (서울: 기독교문서선교회, 2012), 68.
540) 박영돈, **일그러진 성령의 얼굴** (서울: IVP, 2011), 36.

면서, "예언은 특정한 시기에 특정한 사람을 통해 특정한 회중들에게 주어지는 특정한 말씀입니다"라고 말했다.541) 반면에, 박순용은 웨인 그루뎀(Wayne A. Grudem, 1948-)의 예언관을 비판하면서 하나님께서 베푸시는 은혜를 증거 하는 '간증'이라고 생각할 수 있다고 말했다. 박순용의 주장은 그루뎀과 차이가 무엇인지 모호하다. 박순용은 그 간증을 "일반계시의 영역에서만 생각할 수 있습니다"라고 말했는데, '간증이 어떻게 일반계시의 영역에서 가능한 것인가?'라는 의문을 갖게 한다.542)

김동수 교수는 고린도전서 12-14장에서 바울이 모든 신자를 향해 예언하기를 사모하라고 권면했다면서(14:1, 5, 39), "예언자만 예언할 수 있는 것이 아니라 모든 신자에게 예언이 열려 있다는 전제가 있는 것이다"라고 말했다.543) 김동수 교수는 "모든 사람이 예언을 할 수 있다는 말은 아니다"라고 하면서도 "교회의 예배 가운데 참여자들 모두에게 이러한 예언을 하는 일이 열려 있다"는 의미로 보아야 한다고 말한 것은 별다른 의미의 차이가 없다.544)

---

541) 변승우, **특별히 예언을 하려고 하라!** (서울: 은혜출판사, 2007), 144; "반면에 성경말씀은 장소와 시간을 불문하고 모든 그리스도인들을 위한 것입니다. 우리는 성경과 예언 혹은 설교와 예언 중 양자택일을 해야 하는 것이 아닙니다. 우리에게는 둘 다가 필요합니다. 그래서 하나님께서 우리에게 둘 다를 주신 것입니다."

542) 박순용, **타협할 수 없는 기독교의 기초, 오직성경** (서울: 아가페북스, 2016).

543) 김동수, "신약성경에 나타난 예언의 영성: 바울을 중심으로," **피어선신학논단** 3(1) (2014): 40(30-50); "그루뎀의 주장대로 신약성서 시대에 예언자라는 명칭이 교회에서 공식적으로 임명하는 직책이 아니었고 예언하는 사람을 예언자라고 부른 것이 맞다면, 예언자라는 직책을 가진 사람만이 예언하는 것이 아니라 모든 신자가 예언할 수 있는데, 예언을 자주하는 사람이 예언자라고 불린 것이 된다. 모두가 다 예언자가 아니라는 말을 하는 문맥에서 바울은 방언을 말하는 자, 통역하는 자, 능력을 행하는 자 등을 언급하는데, 이 각각이 장로나 집사와 같이 교회에서 공식적으로 인정하는 직책이 아니었음은 분명해 보인다. 그러한 역할을 교회에서 자주 했을 때 사람들이 그러한 사람을 각각의 명칭으로 부른 것이다. 그렇다면 예언자에 관해서도 그렇다고 말할 수 있을 것이다."

544) Ibid., 40-41; ⟨특히 바울이 예배 가운에 있는 예언을 언급하면서 "다 예언을 하면"(고전 14:24)이라는 어구를 사용하는 것을 주목해 볼 필요가 있다. … 바울은 교회의 예배 가운데 참여자들 모두에게 이러한 예언을 하는 일이 열려 있다는 의미로, 본 문맥에서 꼭 필요할 것 같지 않은 "모두"라는 어구를 여기에 사용하고 있다고 본다. 바울에게 있어서 예언의 은사는 모든 신자에게 열려 있는 것이다. … 또 고린도전서 14:5b에서 바울이 말한 "특별히 예언하기를 원하노라"는 어구는 만인제사장직을 예언한 민수기 11:29과 요엘 2:28과 연관된 것이고, 14:31에서 "너희 모두는 하나씩 하나씩 예언할 수 있기 때문이다"(사역; 개역개정판에서 여기에 나오는 "모두"를 빼드림)라는 말도 당시 고린도 교회의 예배 가운데 예언이 보편화되어 있었던 것을 말해주고 있다. 그래서 우리는 바울에게 있어 "모든 신자는 예언하는 것이 허용되고 있으며(그들이 성령으로부터 계시를 받는다면), 모든 신자는 예언할 잠재적 능력이 있다."고 말할 수 있을 것이다.⟩

반면에, 개핀 교수는 12:10, 28-29를 통해 "예언은 분명히 교회 안에 일부 신자들에게만 주어진 은사다"라고 말했다.[545] 개핀의 말대로 고린 도전서 14장에서 예언과 방언은 같은 부류에 속하며 서로 밀접한 관계가 있다.[546] 그 이유는 방언과 예언이 둘 다 말씀의 은사이기 때문이다.

로마서 12:6과 에베소서 4:11에도 예언의 은사가 나온다. 로마 교회, 고린도 교회, 에베소 교회에는 왜 예언의 은사가 필요했는가? 김재성 교수는 이렇게 말했다.

> 고린도전서 14장에서 사도 바울이 마음에 두고 있는 것은 예언 은사가 가져오는 '영적인 분별력'이며, 이를 위해서 방언 은사와 함께 주어지는 예언의 은사가 발휘되어야 한다는 것이다.[547]

그 증거로 사도 바울은 이렇게 말했다.

> 그런즉 형제들아 내가 너희에게 나아가서 방언을 말하고 계시나 지식이나 예언이나 가르치는 것이나 말하지 아니하면 너희에게 무엇이 유익하리요(고전 14:6)

방언은 외국어로 하나님의 뜻을 말하는 것이다. 방언을 듣는 것만으로는 내용 전달이 안 되니 듣는 사람에게 야만이 될 뿐이다. 그런 까닭에, 사도는 이렇게 말했다.

> 그러나 교회에서 네가 남을 가르치기 위하여 깨달은 마음으로 다섯 마디 말을 하는 것이 일만 마디 방언으로 말하는 것보다 나으니라(고전 14:19)

칼빈은 방언으로 사람들이 주목을 받으려고 하는 것은 "우쭐거리는 야심"이며 "무익한 일"이라고 말했다.[548] 이어지는 고린도전서 4:6, 19과 26, 30에서도 예언이 은사의 핵심을 이루고 있다.[549] 개핀 교수는 "14장

---

545) Richard B. Gaffin Jr., 성령강림, 김귀탁 역 (서울: 부흥과개혁사, 2013), 94.
546) Richard B. Gaffin Jr., 성령 은사론, 권성수 역 (서울: 기독교문서선교회, 2012), 70.
547) 김재성, 개혁주의 성령론 (서울: CLC, 2014), 271.
548) John Calivn, 신약성서주석 8 고린도전서주석 (서울: 성서교재간행사, 1982), 400.
549) 그런즉 형제들아 내가 너희에게 나아가서 방언을 말하고 계시나 지식이나 예언이나 가르치는 것이나 말하지 아니하면 너희에게 무엇이 유익하리요(고전 14:6)

194 VIII 예언 4. 고린도전서의 예언

전체에서 예언과 방언이 서로 연결되어 나오는 것을 볼 때 위에서 '계시' 는 예언을 가리킨다"라고 말했다.550) 칼빈은 14장의 예언은 '성경 해석 학'을 지칭하는 것이라고 말했다.551)

고린도전서 14:3에서 말하는 예언($\pi \rho o \varphi \eta \tau \varepsilon \acute{v} \omega \nu$)은 무엇인가? 구약에서 예언은 하나님께서 직접 그 부르신 종들에게 말씀하여 주신 것 이고 그 말씀을 기록하게 하셨다. 신약에서 예언은 완성된 하나님의 말 씀을 증거 하는 것이다. 종결된 계시를 알고 전하는 것이 예언이다. 그런 까닭에, 칼빈은 "해석이 덧붙여져야 비로소 예언이다"라고 말했다.552) 매튜 풀은 "사도가 말한 '예언'은 기도나 거룩한 삶을 통해서 받은 직접 적인 계시를 통해서, 또는 성경에 대한 통상적인 묵상이나 연구를 통해 서 사람들에게 성경을 풀어 전해 주는 능력을 가리키는 것이라고 보아야 한다"고 말했다.553)

그 한 예가 츠빙글리(Ulrich Zwingli, 1484-1531)의 '프로프짜 이'(Prophezei)다. 츠빙글리는 연속 강해 방식으로 성경공부를 시작했는 데, 1525년 6월 19일에 성경주해와 신학적 교리를 해설하는 모임을 공 식적으로 개설하고 '프로프짜이'라 했다. '프로프짜이'는 고린도전서 14:1을 근거로 '예언 모임' 혹은 '예언연구회'라는 성격을 지닌 성경연구 모임을 가졌다.

반면에, 웨인 그루뎀은 고린도전서의 예언을 말하면서 다음과 같이 결 론을 내렸다.

각 구절에서 적어도 바울의 견해에 의하면, 고린도의 예언자들은 실제로 하나님의 말씀의 권

---

550) Richard B. Gaffin Jr., **성령 은사론**, 권성수 역 (서울: 기독교문서선교회, 2012), 73.
551) John Calvin, **신약성서주석 6** (서울: 성서교재간행사, 1982), 470.
552) Charles Hodges, **고린도전서주석**, 김영배·손종국 역 (서울: 아가페출판사, 1985), 393; "예언의 은사는 듣 는 사람들에게 교훈을 주고 덕을 세우는 것으로서 성령의 도구로서 그 은사를 받은 사람이 말하는 것이다."(p. 391)
553) Matthew Poole, **청교도 성경주석 18 고린도전후서**, 박문재 역 (파주: 크리스챤다이제스트, 2015), 226; 〈사도가 여기서 말하는 "예언"이라는 것이 장래에 있을 일들을 미리 말해주는 것이 아니라 말씀을 전하는 사역 을 가리키는 것일 가능성을 한층 더 높여 준다. 왜냐하면, "덕을 세우며 권면하며 위로하는"데 더 적합한 사역 은 전자가 아니라 후자이기 때문이다.〉(p. 227)

위를 가지고 말한 것은 아니며, 다른 사람들에 의해서도 그들이 절대적인 하나님의 권위를 갖고 말한다고 여겨진 것은 아니었음을 보여주는 부분들이 있다. 고린도전서 14:29에서는 예언자의 말에 도전하거나 의문을 제기할 수 있으며 때로는 예언자가 틀릴 수도 있는 것으로 여겨진다. 그러나 간헐적으로 범하는 실수가 그를 "거짓" 예언자로 만든다는 말도 없다. 고린도전서 14:30에서 바울은 예언자의 말이 부분적으로 영원히 상실되고 교회가 한 번도 듣지 못하게 될 수 있다는 점에 개의치 않는 것처럼 보인다. 고린도전서 14:36에서 바울은 자기 자신이 준 규칙 외에는 예언자들이 예배의 규칙을 만드는 권한을 거부하고 있으며, 고린도전서 14:37-38에서 그는 고린도의 어떤 예언자도 자신과 대등한 종류의 신적 권위를 갖지 않았다는 견해를 피력하는 것으로 보인다. 끝으로 고린도전서 14:34-35에서 바울은 여자들이 예언하는 것은 허용하면서도 그들에게 회중들이 복종하도록 하거나 그들의 믿음을 강요할 권한은 인정하지 않는데, 이는 예언자들의 말이 하나님의 "절대적" 권위에는 미치지 못한다는 그의 견해와 일치한다고 할 수 있을 것이다. … 고린도전서에 언급된 예언은 비록 하나님의 "계시"로 촉발된 것이기는 하겠지만 인간의 언어로 선포되어 그 정도의 권위밖에 없었다. 예언자는 틀릴 수 있고, 해석을 잘못할 수도 있으며, 아무 때나 도전받고 의문이 제기될 수 있다.[554]

그루뎀은 고린도의 예언자들이 바울의 권위에 준하지는 않으며 예언이 틀리거나 해석의 잘못이 발생할 수도 있다고 말했다. 그루뎀의 이런 결론은 현대의 예언이 오류와 잘못을 가지고 있음에도 불구하고 예언으로써 정당성을 확보할 수 있는 신용카드를 발급해 주었다. 그루뎀은 다음과 같이 말했다.

사실 회중 모임에서 몇몇 다른 사람들에게 똑같은 주제나 똑같은 생각을 동시에 계시해 줌으로써 자신의 역사에 대해서 특별한 확증을 성령이 주시는 때가 시작될 수 있다. 어떤 때는 몇 마디의 말이 냉담한 마음을 쳐서 회개의 눈물을 흘리게 하거나 혹은 마음속에서 우러나오는 소망과 찬양의 노래를 부르게 하는 예언일 수도 있다. 사실 전반적인 결과는 그의 백성들 가운데 주님의 살아있는 현존을 느끼게 하는 것이 매우 증가할 가능성이 높다. 또 모든 참석한 사람들이 "하나님께 경배하며 하나님이 참으로 너희 가운데 계신다."(고전 14:25)고 하는 새로운 깊은 고양된 인식이 있을 것이다.[555]

그루뎀의 말대로라면 기독교인의 삶의 전반적인 것들이 예언이 될 수 있다. 그루뎀의 말처럼 하나님의 현존을 느끼게 하는 것이고 그 느낌이 "매우 증가할 가능성이 높다"는 것으로 간다면 단순히 '주관적'이 될 수 있다는 정도가 아니라 모든 것이 예언이 되어 버릴 수 있다.

---

554) Wayne A. Grudem, **예언의 은사**, 김동수·김윤아 역 (서울: 솔로몬, 2015), 78-79.
555) Ibid., 145-146.

그루뎀은 고린도전서 14:30-31의 의미를 다음과 같이 말했다.

바울은 하나님께서 어떤 것을 즉각적으로 마음에 떠오르게 하셔서 예언하는 사람이 그것을 그 자신의 말씀으로 전할 수 있도록 하실 수 있음을 지시한다. 바울은 이것을 '계시'라고 부른다. … 바울은 단지 하나님께서 갑작스럽게 생각나게 하시는 어떤 것, 또는 하나님께서 어떤 사람으로 하여금 그것이 하나님으로부터 온 것이라는 느낌을 가지도록 하는 방식으로 의식 속에 남기시는 어떤 것을 언급하고 있다. 마음에 떠오른 생각이 어떤 사람 자신의 사고의 맥락과 놀랍도록 다르다는 것, 또는 긴박감이나 지속감을 동반한다는 것, 또는 어떤 다른 방식으로 그 사람에게 그것이 하나님으로부터 오는 것이라는 명확한 느낌을 주는 것일 수 있다.556)

이것은 그루뎀이 말하는 '낮은 수준의 예언'이다. 그루뎀이 주장하는 계시는 사도 바울이 뜻하는 바가 아니다. 계시와 느낌을 받는 것은 동일한 차원이 아니다. 느낌은 모든 사람에게 주어질 수 있으나, 계시는 모든 사람에게 주어진 것이 아니다. 그루뎀의 주장대로라면, '개인의 생각과 느낌이 하나님께로부터 주어졌다는 것을 무엇으로 판단할 것인가?'라는 질문에 대한 선명한 기준을 제시할 수 없다.

5. 요한계시록의 예언

요한계시록은 신약의 예언서다. 요한계시록은 예언서임을 자증한다. 요한계시록은 예언(1:3, 22:7, 10, 18, 22:19)이라고 직접 언급하고, 계시(계 1:1, 2, 9, 11, 17), 혹은 그리스도의 말씀(2:1, 8, 12, 3:1, 7, 14), 성령의 말씀(2:7, 11, 17, 29, 3:6, 13, 22)이라고 말했다. 요한계시록은 영화로운 그리스도와 성령께서 주시는 말씀이다.557)

이필찬 교수는 요한계시록의 핵심은 "하나님의 말씀, 곧 그리스도에 대한 증거"라고 말하면서, "실제로 요한계시록은 미래의 책이 아니라 현재와 과거 그리고 미래가 서로 유기적으로 연결된 하나님의 구속 사역을 기록하는 책이다"라고 말했다.558) 사도 요한은 자신이 받은 계시를 "이

---

556) Wayne Grudem, **성경 핵심교리**, 김광역, 곽철근 역 (서울: 기독교문서선교회, 2010), 710.
557) Richard B. Gaffin Jr., **성령 은사론**, 권성수 역 (서울: 기독교문서선교회, 2012), 84.
558) 이필찬, **내가 속히 오리라** (서울: 이레서원, 2008), 37.

예언의 말씀"이라 함으로써 구약성경과 동등한 지위에 두었다.559) 개핀 교수는 요한계시록의 예언이 "권위의 수준에 따라 구분하는 것을 지지하지 않는다"면서, 신약 시대의 다른 예언과 더 높은 차원의 영감과 권위를 갖는 것은 아니라고 말했다.560)

요한계시록은 구약성경의 예언서들과 유사한 형태를 가지고 있었다. 요한계시록 10:7에서 요한은 "일곱째 천사가 소리 내는 날 그 나팔을 불게 될 때에 하나님의 비밀이 그 종 선지자들에게 전하신 복음과 같이 이루리라"(계 10:7)라고 말하는 것을 들었다. 이 말씀은 아모스 선지자가 "주 여호와께서는 자기의 비밀을 그 종 선지자들에게 보이지 아니하시고는 결코 행하심이 없으시리라"(암 3:7)고 말한 것과 같다.

또한, 사도 요한이 요한계시록 10:8-11에서 선지자적 사역의 위임을 받는 것을 기록했는데, 이것은 에스겔의 경우와 비슷하다(겔 2:9-3:3). 사도 요한은 구약성경 어디라고 정확히 지목하지 않아도 구약 예언에서 가져온 많은 자료를 인용했다. 바벨론의 멸망(계 18:1-19:8)은 구약성경에서 선지자들이 두로와 바벨론에 대한 예언이 성취되는 것을 보여준다.

이것은 사도 요한의 예언사역이 구약의 선지자들에게 계시하셨던 그 사건의 성취를 선포하는 것이며, 사도 요한이 그 구약의 선지자들과 같은 선지자로서 예언사역을 했다는 것을 의미한다. 사도 요한은 선지자적 계시 안에서 종말의 성취를 예언했다. 이필찬 교수는 "요한이 기독교 선지자로 간주 될 수 있는 것은 그가 어린양, 메시아 예수의 승리 안에서 이미 획득된 구약의 선지자적 기대의 성취의 관점에서 그러한 작업을 하고 있기 때문이다."라고 말했다.561)

사도 요한의 예언은 고린도 교회의 예언사역자들과 달리 그리스도께서 "천사를 보내어 지시하신 것"이었다(계 1:2). 매튜 헨리는 "요한계시록은 하나님의 계시를 기록한 마지막 책이 되었다"고 말했다.562) 요한계

---

559) David E. Aune, **요한계시록(상)**, 김철 역 (서울: 솔로몬, 2003), 344.
560) Richard B. Gaffin Jr, **구속사와 오순절 성령강림**, 김귀탁 역 (서울: 부흥과개혁사, 2013), 107-108.
561) R. Bauckham, 이필찬, "요한계시록을 어떻게 읽을 것인가?," **헤르메네이아투데이** 12 (2000): 119(116-133).
562) Matthew Henry, **베드로·유다·요한계시록**, 서기산 역 (서울: 기독교문사, 1984), 422.

시록 이후에 더 추가적인 계시가 없다. 사도 요한은 계시의 종결을 분명하게 말하고 경고했다(계 22:18-19).

그런 까닭에, 오늘날 어떤 이들처럼 사사로이 '하나님께서 나에게 … 생각을 주셨다'고 말하면서 예언이라고 말하는 것은 매우 위험한 것이다. 팔머 로벗슨은 다음과 같이 말했다.

> 요한계시록은 하나님이 주신 권위 있는 계시들 가운데서 독특한 위치를 차지한다. 요한계시록은 그리스도가 영광 중에 오실 때 사람들이 보게 될 것을 묘사하면서 경고하는데, 그 경고는 누구도 감히 계시의 내용을 더하는 것에 대해 금하고 있으며, 계속해서 계시가 있다고 생각하는 모든 주제넘는 행동의 여지를 배제한다.563)

로벗슨에 의하면, 요한계시록은 그리스도의 영광에 대한 최종적 계시이기 때문에 무엇을 가감해서는 안 된다. 만일 주어진 계시 외에 별도의 계시를 첨가한다면 "신성을 모독하는 처사가 된다."564)

6. 분별이 필요한 예언의 은사

사도 바울은 예언의 은사를 극히 조심스럽게 말하고 있다. 사도는 예언의 은사에 대해 구체적으로 다음과 같이 말했다.

> 29 예언하는 자는 둘이나 셋이나 말하고 다른 이들은 분변할 것이요 30 만일 곁에 앉은 다른 이에게 계시가 있거든 먼저 하던 자는 잠잠할지니라 31 너희는 다 모든 사람으로 배우게 하고 모든 사람으로 권면을 받게 하기 위하여 하나씩 하나씩 예언할 수 있느니라 32 예언하는 자들의 영이 예언하는 자들에게 제재를 받나니 33 하나님은 어지러움의 하나님이 아니시요 오직 화평의 하나님이시니라(고전 14:29-33)

웨인 그루뎀은 고린도전서 14:29을 말하면서, 신약의 예언은 정확하지 않기 때문에 듣는 자들이 분별해야 한다고 말했다.565) 그루뎀의 이런 주장은 '예언이 불완전하다'는 '낮은 단계의 예언'이라는 비성경적인 전

563) Palmer Robertson, 오늘날의 은사주의 운동, 과연 성경적인가, 이심주 역 (서울: 부흥과개혁사, 2009), 94.
564) Ibid., 95.
565) Wayne Grudem 예언의 은사, 김동수 김윤아 역 (서울: 솔로몬, 2013), 61.

제를 내포하고 있다.566) 또한, 그루뎀은 '계시'라는 용어 자체가 "고린도 전서 14장의 예언자들이 실제 사용하는 단어들에 하나님의 권위를 갖고 말하는 것으로 여겨졌다는 것을 결코 보여주지 않는다"고 말하면서 카슨 (D.A. Carson)의 말을 인용했다.567)

그러나, 성경이 말하는 분별은 '예언이 참된 것인가? 아닌가?'이 다.568) 칼빈은 이 분별에 대해 다음과 같이 말했다.

> 인간이 어떤 논의의 대상으로 삼을 수 없는 하나님의 교훈에 대하여 판단을 하도록 허락하는 것은 이상하게 보일 수도 있다. 여기에 대한 나의 대답은 하나님의 교훈은 인간의 판단에 따라 좌우되지 않으며, 그들의 임무는 하나님의 성령으로 인하여 그것이 선포된 하나님의 말씀 인가, 아니면 이것을 구실삼아 사람들이 그들 자신이 만든 것을 악하게 자랑하고 있는지를 판단하는 것이다.569)

칼빈에 의하면, 분별은 '성령 하나님의 역사로 주어지는 말씀인가?' 아니면, '인간이 교만하여 만들어낸 것인가?'를 구별하는 것이다. 그루뎀처럼 낮은 단계의 예언이 있다는 것이 아니라 "예언이 하나님의 성령으로부터 온 것인가?"를 시험받아야 하는 것이다.570)

---

566) Ibid., 86-96.
567) Ibid., 74; 〈카슨이 다음과 같이 관찰한 것이 옳다. "바울이 고린도전서 14:30에서 예언의 은사가 계시에 의존한다고 가정할 때 우리는 정경의 완결성을 위협할 정도로 권위 있는 형태의 계시에 국한하는 것이 아니다. 그렇게 주장하는 것은 개신교의 조직신학 용어를 서경 저자들의 용어와 혼동하는 것이다."〉
568) Matthew Poole, 청교도 성경주석 고린도전후서, 박문재 역 (파주: 크리스챤다이제스트, 2015), 240.
569) John Calvin, 신약성서주석 8 고린도전서주석 (서울: 성서교재간행사, 1982), 410.
570) Ibid., 412-413; "그가 은사에 대하여 말하고 있을지라도 성령 자체는 사람들의 판단을 받지 않는데 어떻게 성령의 은사인 예언이 인간의 판단을 받을 수 있겠는가? 이런 사고방식에 따르면, 심지어는 성령에 의하여 계시 된 하나님의 말씀까지도 그는 면밀한 검토를 받아야 한다고 말하게 되는 결과를 초래할 것이다. 그것이 자명하기 때문에 그것이 얼마나 견딜 수 없는 것인가를 지적할 필요는 없다. 그러나 나는 성령이나 혹은 하나님의 말씀이 그런 종류의 비평을 받아야 한다는 것을 부인한다. 나의 주장은 성령께서는 '그가 누구의 판단을 받지 않으심은 물론, 그가 친히 모든 것을 판단하시기 때문에 그의 존엄성은 조금도 감소되지 않으신다'는 것이다. 또한 하나님의 거룩한 말씀은 그 말씀이 나타나시자마자 그것이 곧 아무 논쟁의 대상이 되지 않으면서 계속 존경의 대상이 된다. '그렇다면 무엇이 검사를 받기 위해 종속되는가?'라고 여러분은 질문할 것이다. 여기에 대해 나는 이렇게 대답한다. 즉 만일 어떤 사람이 충만한 계시를 받았다면 그 사람과 그가 받은 은사는 모든 비평을 초월하게 될 것이다. 계시의 충만성이 있는 곳에는 종속의 문제가 대두되지 않는다. 그러나 하나님께서 그의 성령을 각 사람에게 어떤 제한된 범위 내에서만 부여하시기 때문에, 하나님께서 최대한으로 어떤 한 사람에게 은사를 많이 부어주신 경우라도 항상 뭔가 부족함이 있으므로, 한 사람이 자신의 탁월성으로 인하여 그의 높은 위치에서 다른 모든 사람들을 아래로 내려다볼 만큼 그가 받은 은사가 완벽하지 못하다는 것은 조금도 놀라운 일이 아니며, 또 사람들에게는 뭔가 다른 사람들의 비판을 받을 여지가 항상 남아 있는 것이다. 울는 이제 어떤 방법

한편, 팔머 로벗슨(Palmer Robertson)은 그루뎀과 같은 주장은 번역자들이 삽입한 표현 때문에 일어난 것이라고 말했다. 로벗슨(Palmer Robertson)은 다음과 같이 말했다.

> '말한 것을 분별하라'는 말은 성경 원문에 나타나지도 않으며 불필요한 추론을 포함한다. 고린도전서 14장 29절에 있는 이 표현이 진리와 오류를 포함한 새로운 유형의 예언을 소개한다는 주장은 깊이 없는 성경 주석적 토대에 근거한다. 이 주장은 성경 원문에 있지도 않은 추정적인 표현을 토대로 한다. 이 주장은 고린도전서 14장의 문맥과 조화를 이루지 않는다. 왜냐하면 바울은 고린도전서 14장에서 하나님의 백성 가운데 지난 1500년 동안 지배적인 경험이었던 유형과 대조가 되는 새로운 유형의 예언에 대해 논하지 않고, 교회 질서의 원리를 분명하게 전개하기 때문이다.[571]

로벗슨은 사도 바울이 만일 예언을 분별하라고 말했을지라노, 예언의 내용에 대해 진위를 분별하라는 의미가 아니라고 말했다. 로벗슨은 신약 성경에서 분별이란 말과 사상에 대한 분별이 아니라 사람에 대한 분별을 언급하는 것으로 자주 사용되었다고 말하면서 그 예를 들었다. 베드로는 사도행전 15:9에서 유대인과 이방인을 구별하지 않았다는 뜻으로 쓰였으며, 야고보서 2:3-4에서는 부자와 가난한 자를 서로 차별하는 모습을 근심하며 사용했다. 고린도전서 6:5에서는 여러 사람 중에서 한 사람을 구별하는 뜻을 의미했다. 누가, 바울, 야고보가 말하는 분별의 의미는 어떤 사람이 말하는 내용을 분석하라는 뜻이 아니라 사람을 구별하는 의미로 사용했다는 것이다. 로벗슨은 바울이 29절을 말한 이유는 "예언의 은사를 활용하는 것과 관련된 교회 질서를 논하는 문맥에서였다"고 말했다.[572]

그런 까닭에, "예언하는 자는 둘이나 셋이나 말하고 다른 이들은 분별

으로든지 아무런 모욕이 없이 성령을 관찰하며, 그의 은사를 음미하여야 한다. 그리고 더욱더 모든 것이 연구되며 또한 아무것도 고칠 필요가 없다고 판명되며, 동시에 뭔가 발전하는 것이 있게 될 것이다. 그러므로 이 모든 내용을 종합하여 보면, 은사는 이런 방법으로 검사를 받아야 하며, 예언자들은 그가 말한 예언이 하나님의 성령으로부터 온 것인가를 시험받아야 한다는 것이다. 왜냐하면 모든 예언의 근원이 성령이므로, 더 이상의 혼란이 필요 없기 때문이다."

571) Palmer Robertson, **오늘날의 은사주의 운동, 과연 성경적인가**, 이심주 역 (서울: 부흥과개혁사, 2009), 138.
572) Ibid., 137.

할 것이요"라는 말씀으로 현대의 예언 운동을 정당화하거나 예언의 부작용을 합리화하는 말씀으로 악용되는 것에 동조하지 말아야 한다.

7. 예언은 어떤 기능을 했는가?

성경에서 예언의 본질은 하나님의 계시를 미리 보여주는 것이다. 하나님의 계시의 목적은 계시 자체를 영속적으로 체험하는 것이 아니라,[573] "유일하신 참 하나님과 그의 보내신 자 예수 그리스도를 아는 것"이다 (요 17:3). 이것이 영생이기 때문이다.

후크마는 "예언자는 교회에 새로운 진리를 예언하는 것이 아니라 계시된 진리를 해석하는 자"라고 말했다.[574] 고린도전서 14장에서 예언과 방언은 서로 연결되어 나오며, 계시는 곧 예언을 가리킨다.[575] 변종길 교수는 예언이 "교회의 현재 상태에 대해 성도들을 하나님의 말씀으로 권면하고 훈계하고 위로하는 일을 한 것으로 생각된다"라고 말했다.[576] 고린도전서 14:30에서는 계시가 예언의 동의어로 사용되었다.[577] 30절은 앞서 26절에서 공예배의 질서를 말하면서 나온 말씀이다. 26절에는 예언을 명시적으로 말하지 않았으나 26절의 계시 뒤에 방언과 통역이 있는 것으로 보아 예언을 의미한다.[578] 찰스 핫지는 30절의 이 "계시"가 예언이라고 말했다.[579] 이어지는 31절에서는 예언의 목적에 대하여 말한다. 사도는 "너희는 다 모든 사람으로 배우게 하고 모든 사람으로 권면을 받게 하기 위하여 하나씩 하나씩 예언할 수 있느니라"고 말했다.

예언은 교회의 덕을 세우고 권면하고 위로하는 역할을 했다. 예언을 하는 자들은 성령의 도구가 되는 것으로 기뻐하고 하나님의 말씀을 전파하는 것으로 기뻐하며 서로 권면하며 도움을 받았다.[580]

---

573) Ibid., 78.
574) J. A. Motyer, "Prophecy, Prophets," in *The New bible Dictionary*, p. 1045; Anthony A. Hoekema, **방언연구**, 정정숙 역 (서울: 신망애출판사, 1982), 113에서 재인용.
575) 그러나 예언하는 자는 사람에게 말하여 덕을 세우며 권면하며 안위하는 것이요(고전 14:3)
576) 변종길, **우리 안에 계신 성령** (서울: 생명의말씀사, 2003), 80-81.
577) 만일 곁에 앉은 다른 이에게 계시가 있거든 먼저 하던 자는 잠잠할지니라(고전 14:30)
578) Richard B. Gaffin Jr, **성령 은사론**, 권성수 역 (서울: 기독교문서선교회, 2012), 73.
579) Charles Hodge, **고린도전서주석**, 김영배·손종국 역 (서울: 아가페출판사, 1985), 417.
580) John Calvin, **신약성서주석 8 고린도전서주석** (서울: 성서교재간행사, 1982), 411.

존 맥아더는 다음과 같이 말했다.

> 신약에 나오는 예언의 은사(롬 12:6; 고전 12:10)는 주로 계시가 아닌 선포와 관련돼 있다. 신약에서 "예언하는 자는 사람에게 말하여 덕을 세우며 권면하며 위로"한다(고전 14:3). "예언하는 자"는 설교자이지 지속적인 계시의 소식통이 아니다. 또 "예언하는 자"가 하는 일은 말씀 선포(forthtelling)이지 예언(foretelling)이 아니다. 즉, "예언하는 자"는 이미 계시 된 진리를 선포한다. "예언하는 자"는 일반적으로 새로운 계시의 통로가 아니다.581)

맥아더는 예언을 새로운 계시가 아닌 이미 계시 된 진리의 선포라고 말했다. 그러면서, 맥아더는 "신약이 완성되기 이전에 초대교회에서 어떤 예언자들은 경우에 따라 예언자가 말하는 것과 같은 영감을 받은 메시지로 교회를 권면하는 일에 하나님께 쓰임을 받았다"라고 말했다. 맥아더는 "예언의 계시적 측면은 사도 시대의 독특한 특징이었다"고 말함으로써 예언의 주된 사역이 이미 계시 된 말씀의 선포이면서도 초대교회에는 계시적 측면을 지닌 예언이 있었다는 것을 말했다. 맥아더의 의도는 추가적인 계시의 필요성을 말한 것이 아니라 "아직 성경에 의해 다뤄지지 않은 문제에 있어서 교회를 가르치기 위해 필요한 것"을 의미했다.582) 이로 보건대, 예언의 주된 핵심은 더 나은 계시의 확장이 아니라 이미 계시 된 말씀을 성도들에게 잘 가르치는 것이었다.

8. 지금도 직통 계시가 있는가?

오늘날 '하나님의 계시를 받고 하나님의 음성을 듣는다'는 주장을 하는 배경에는 두 가지 영향이 있다. 19세기의 자유주의 신학은 성경의 유일성과 신빙성에 도전했으며, 은사 운동은 말씀으로 주어지는 성령의 능력이 아니라 주관적 예언에 치중했기 때문이다.

한국의 성령론에 지대한 영향을 미친 토레이는 다음과 같이 말했다.

---

581) John F. MacArthur Jr., 무질서한 은사주의, 이용중 역 (서울: 부흥과개혁사, 2008), 101.
582) Ibid.

성경을 이해하려면 성령을 기대해야 한다. 그러면 이해하기 어려운 말씀도 분명해질 것이다. … 글로 된 말씀에 대한 객관적 계시만으로 충분하지 않다. 우리에게 깨달음을 주시는 성령의 내적 계시가 반드시 필요하다. 자연적 이해로 영적 계시를 이해하려는 시도는 크나큰 실수이다.583)

토레이에 의하면, 객관적 계시인 성경만으로 부족하고 성령의 계시가 필요하다. 토레이의 주장은 주관적인 깨달음이 성령의 내적 계시가 된다. 토레이는 "성령께서 우리를 친히 가르쳐 주시도록 성령을 철저히 의지해야 한다."고 말하며, "채우기 전에 비움이 먼저다. 자아를 버려야 그리스도로 채울 수 있다. 하나님의 말씀을 이해하려면 매일 성령께 배워야 한다"고 말했다. 토레이의 이런 견해는 앤드류 머레이(Andrew Murray)의 『성령론』에 기초했다.584) 이런 토레이의 사상이 예수원의 대천덕 신부에게 이어졌으며,585) 한국 교계에 매우 큰 영향을 주었다. 대천덕의 사상은 예수전도단으로 이어졌다.

예수전도단의 대표인 문희곤은 다음과 같이 말했다.

> 대부분의 예수전도단 사람들은 큐티나 묵상 시간에 다른 자료를 사용하지 않는다. DTS 때부터 성경책만 가지고 묵상하도록 훈련받았기 때문이다. … 예수전도단은 다른 사람의 체험과 설명이 아닌, 각자 예배와 말씀, 기도를 통해 하나님을 직접 만나라고 강조한다. 그래서 DTS를 비롯한 여러 훈련과 사역에서는 다른 교재를 사용하지 않는다. 오직 성경책만 펴놓고 '하나님의 직강'을 듣게 한다. 처음에는 어렵고 힘들지만, 시간이 지나면 대부분의 사람이 동일하게 깨닫는 것이 있다. 마음 판에 새겨져 오랫동안 남는 것은, 큐티 잡지의 내용을 읽고 깨달은 것과 서투르거나마 말씀 속에서 직접 깨달은 것 중에 어느 쪽일까? 대부분 성경을 읽다가 직접 깨달은 것이라고 대답한다. 묵상 시간에 하나님의 음성을 듣고 싶은가? 그렇다면 당신의 눈과 심령으로 직접 말씀을 접할 것을 권한다.586)

예수전도단의 기반은 예수원의 대천덕에게 있다. 대천덕은 토레이의

---

583) Reuben Archer Torrey, **평범한 속의 권능** (고양: 예수전도단, 2010), 82-83.
584) Ibid., 84; "성경공부를 하고 설교를 들으며 신앙 서적을 읽을 때마다 자신의 지혜를 부인하고 거룩한 교사께 믿음을 의탁하며 철저한 자기 포기를 해야 한다."(pp. 84-85)
585) 대천덕, **산골짜기에서 외치는 소리** (서울: 기독양서, 2002), 96-103; "실제로 많은 그리스도인들이 하나님으로부터 말씀을 받고 있습니다. … 하나님께서 주시는 말씀을 예수님의 이름으로 직접 화법으로 사용하는 경우에 바로 말씀 가운데에 하나님의 권능과 위력이 따르게 됩니다."
586) 문희곤, **하나님의 음성을 듣는 것은 은사가 아닙니다** (고양: 도서출판 예수전도단, 2009), 182-183.

성령론과 아그네스 샌포드로부터 칼 융의 심리학에 크게 영향을 받았다. 예수원은 지금 '두나미스 프로젝트'를 추진하고 있는데, 그 교재에는 인간의 존재론적 신성화를 말하는 융의 심리학을 말하고 있다.587)

터너는 다음과 같이 말했다.

> 물론 오늘날의 지혜로운 목회자, 지도자, 해석자들은 수백 년의 교회사와 그에 대한 반성 속에 저장된 선례들과 모범적인 사례들의 도움을 무한정으로 많이 받을 수 있다. 그러나 궁극적으로 하나님께서 교회를 세우시고 자라도록 지도하시는 것은 아직도 오직 성령의 역사로만 가능하다. 그리고 우리는 성령의 역사를 목회자들의 순수하기 그지없는 마음에서 일어나는 자연스러운 작용들과 동일시할 수 없다. 성령의 역사는 하나님의 사람의 마음에서, 그들이 그것을 꼭 의식하지 않고도 주권적으로 일어난다(참조. 고전 2:16). 이것을 부인할 필요는 없다. 성령은 우리가 갈고 닦은 연구를 통해서 열매를 거두신다. 그러나 신약성경은 우리에게, 우리가 성령의 지시를 즉시 깨닫게 하는 방식으로도 성령이 역사하신다는 것을 일깨워준다. 오늘날의 목회자나 지도자들은 이전보다 더 그렇게 즉각적으로 임하는 카리스마적인 지혜, 명령, 천상의 지식이 필요하다. 때로는 목회자나 지도자들이 간구하던 것에 대한 특별한 응답이 오거나 혹은 기도하는 가운데 주권적으로 응답하시는 것을 체험할 때, 주님의 은혜와 인도라는 사건을 통해 이러한 일들이 그들의 실존적인 차원에서 시작되고 있다는 것을 깨닫기도 한다. 보다 전통적인(비은사주의적인) 그리스도인들이 이런 방식으로 주님을 구할 때, 신학과 계시 사건들의 관계라는 문제에 있어 그들과 오순절/은사주의 운동 사이의 차이는 아주 작아진다. 588)

계시가 종결됨으로써 신약성경은 확정되었다. 팔머 로벗슨은 계시가 끝났다는 것은 "하나님이 교회에 자신의 뜻을 계시하시는 데 사용한 전 시대의 모든 방식이 이제는 끝났음을 뜻한다"고 말했다.589) 요한계시록에서 사도는 더 이상 추가하거나 삭제하지 말라고 경고했다(계 22:18-19). 사도는 그리스도의 부활 이후에 한시적으로 활동했던 직분으로 초대교회의 기초를 놓던 시대에만 제한적이었다. 오늘날에도 사도직이 유효하다는 연속론자들은 신약성경의 증거를 거역하는 것이다.

---

587) Zeb Bradford Long, **예수 그리스도의 치유사역**, 조세핀 최 역 (서울: 도서출판 두나미스, 2013), 127, 195, 202-206, 245; "인간 정신에 대한 융의 가설은 내적 상처가 어떻게 형성되고 성령께서 어떻게 그것을 치유하실 수 있는지 이해하는 데 매우 도움이 된다. 나는 여기에 가져온 융의 통찰력이 성경적 모델과 모순되지 않고 안전하게 사용될 수 있다고 믿는다."(p. 195).

588) Max Turner, **성령과 은사**, 김재영, 전남식 역 (서울: 새물결플러스, 2018), 541-542.

589) Palmer Robertson, **오늘날의 은사주의 운동, 과연 성경적인가**, 이심주 역 (서울: 부흥과개혁사, 2009), 87.

존 프레임은 다음과 같이 말했다.

하지만 나의 입장을 명확히 하기 위해 나는 정경의 특별계시가 끝났다는 것을 완전히 믿고 있다고 말해야만 한다. 그리고 비록 내가 방언과 예언의 은사들이 오늘날 교회에서 성령의 역사와 유사하다고 하는 포이트레스(Vern S. Poytherss)에게 동의한다고 해도, 나는 하나님이 방언과 예언의 은사들을 교회로부터 제거해 오셨다는 점에 대해서 믿고 있다. 이제 이런 성령의 은사들이 끝났다고 믿고 있는 자들은 사도 이후 모든 기적들의 종결을 또한 굳게 믿어야만 한다고 종종 간주되고 있다. 그러나 그런 결론은 성립될 수 없다. 방언과 예언이 기적적이고 그것들이 종결되었다는 점을 인정한다 해도, 모든 기적들이 종결되었다는 점으로 나아갈 수는 없는 것이다.590)

그리스도를 믿는 사람이라면 프레임이 언급한 기적이 종결되었다고 믿지는 않는다. 사는 것 자체가 기적이니 말이다. 프레임은 예언과 방언이 종결되었다고 함으로써 웨인 그루뎀이나 포이트레스의 입장으로부터는 거리감을 두었다.

사도 바울은 로마서 12:6에서, "예언이면 믿음의 분수대로"라고 말했다. 칼빈은 이 예언이 "성경에 대한 올바른 이해와 그것을 설명하는 특수한 은사에 지나지 않는"다고 말했으며, "신앙은 종교의 제1의 원리들을 뜻하며 여기에 일치하지 않는 것으로 발견되는 가르침은 모두 거짓된 것으로 정죄 받고 있다."고 말했다.591) 그러므로 오늘날도 직통 계시가 있다는 것은 모두 거짓된 것이다. "그리스도가 영광 중에 재림하시기 전까지 하나님이 주실 것으로 기대되는 더 이상의 특별계시는 없다."는 로벗슨의 말은 명확한 결론이다.592)

---

590) John M. Frame, 신론, 김재성 역 (서울: R&R, 2014), 385-386; "어떤 저자들에게는 기적과 섭리 사이에 서로의 관계에 대해 날카롭게 구분하는 것이 중요하다. 이런 관점은 기적이란 사도 시대에 끝나면서 종결되었다고 주장하려는 열망에 의해 동기부여 된다. 그렇게 주장하는 자들은 기적이 현저한 특질들을 가지고 있으며 그리하여 섭리는 계속되지만, 기적은 그칠 수 있다는 것을 보여주어야 한다. 만약 우리가 기적을 다른 사건들로부터 분명하게 구별시킬 수 없다면, 우리는 사도 시대가 끝나면서 그것이 종결되었다는 것이 무엇인지를 설명할 수 없다. 우리가 살펴본 것처럼 자연법칙의 예외로서 하나님의 직접적인 행동이며 새로운 특별계시의 증명으로서 기적을 구분하려는 시도들이 행해져 왔다. 하지만 나는 성경이 섭리와 기적 사이를 날카롭게 구분하고 있다고는 믿지 않는다."(pp. 383-384)
591) John Calvin, 신약성서주석 7 로마서 빌립보서 (서울: 성서교재간행사, 1982), 390.
592) Palmer Robertson, 오늘날의 은사주의 운동, 과연 성경적인가, 이심주 역 (서울: 부흥과개혁사, 2009), 176.

9. 하나님께서 오늘도 말씀하시는가?

성경이 완성되었기 때문에 성경과 동일한 효력을 지녔던 사도적 예언의 은사는 중단되었다. 성경은 우리의 구원과 삶에 필요한 모든 내용을 충분하게 말씀하고 있기 때문이다. 새 언약 시대를 살아가는 기독교인들에게는 66권의 성경 외에 다른 새로운 계시가 필요 없다.

현대 기독교는 성경과 배치되지 않는 예언을 오늘날도 주신다는 주장에 현혹되어 가고 있다. 1990년대의 빈야드 운동은 예언과 직통 계시를 주장했다. 달라스 신학교 교수인 잭 디어는 마이크 비클이 소개하는 예언자들을 만난 후에 존 윔버의 빈야드 운동과 신사도 운동에 가담하고 집회와 저술 활동을 통해 직통 계시 운동을 확산시켰다.

정통 신앙은 '하나님께서 성경을 통해 오늘도 우리에게 말씀하신다'고 고백한다. 이 고백은 두 가지로 해석될 수 있다. 첫 번째는 '하나님께서 오늘도 말씀하신다'는 것을 평범하고 단순하게 믿는 것이다. 하나님께서 계시하신 성경 안에서 성령의 역사로 자기 백성들을 인도하신다는 것을 믿는다.

데이비드 듀 플레시스(David J. du Plessis)는 은사주의 진영에서 자신들의 새로운 계시를 하나님께서 계시하신 절대 확실한 진리라 여기고 성경에 덧붙였다. 듀플레시스는 『내게 가라고 명령하신』(The Spirit Bade Me Go)라는 책에서 "나는 우리가 모두 성령이 하시는 말씀에서 다른 이들에게 전할 말을 배울 수 있다고 확신한다"고 말했다.[593] 헨리 프로스트(Henry W. Frost)는 『기적의 치유』(Miraculos Healing)에서 "오늘날 배교가 늘어날수록 그리스도가 신유를 포함한 기적을 통해 점점 더 많이 자신의 신성과 주님 되심을 드러낼 것이라는 점은 확신 있게 예상할 수 있다. 그러므로 우리는 말씀만으로 충분하다고 말해서는 안 된다"고 말했다.[594]

더글러스 오스(Douglas A. Oss)는 오순절 이후로도 예언의 은사는 계

---

593) Walter J. Chantry, 오늘날의 은사주의 운동, 과연 성경적인가, 이용중 역 (서울: 부흥과개혁사, 2010), 42-43.
594) Ibid., 46.

속된다고 말했다.595) 터너는 던(Dunn)처럼 예언이 지도자들에게 있었다는 주장 대신에 그루뎀의 주장을 지지하면서 "모든 사람이 예언을 할" 수 있다고 보았다.596) 터너의 이런 관점은 은사를 주시는 성령의 주권에 대한 침해이며 지체의 다양성에 위배 된다.

존 머레이는 성령의 인도하심에 대해 다음과 같이 말했다.

> 성경에 계시된 하나님의 뜻의 이해와 적용에 있어서 지도와 인도를 받으려면 우리는 성령을 의지해야 하며, 말씀을 우리의 각각의 상황에 효과적으로 적용하기 위해서는 우리에게 성령이 필요하다는 것을 끊임없이 인식하고 있어야만 한다. 그럴 경우 성령의 역할은 주님의 뜻이 무엇인지를 끊임없이 조명해 주는 것이며, 우리에게 그 뜻을 행할 의욕과 힘을 나눠주는 것이다. 우리가 이 조명의 대상이 되고, 그것에 반응하게 될 때에 그리고 성령이 우리 안에서 이러한 하나님의 뜻을 행하도록 작용할 때에 우리가 느낌, 확신, 간절함, 억제, 충동, 부담감, 결의를 갖게 될 것이라는 것을 알아야 한다. 하나님의 말씀을 통한 성령에 의한 조명과 지도

---

595) 정오영, "개혁신학적 관점에서 본 성령의 은사" (안양대학교 대학원, 박사학위논문, 2017), 189-190; ⟨더글러스 오스는 은사지속론을 주장하는 근거로 다음과 같이 말한다. "첫째로, 예언의 은사는 구약에서 모세와 요엘의 예언을 통하여 예언되었고 오순절 이후로도 계속해서 성취되고 있는 일이라고 제시한다. 둘째로, 베드로가 오순절 사건을 설명하며 욜 2:28절의 '그 후에'를 '말세에'라고 바꾼 것은 예수님이 다시 오시기 전까지 오늘날 살아가는 우리를 가리키고 있는 것이다. 오순절 성령강림 사건이 구원의 역사적 측면에서 보면 반복될 수 없는 사건인 것만은 틀림이 없다. 그러나 그것이 능력주시는 성령의 사역이라는 점에서 얼마든지 반복될 수 있는 것이다. 셋째로, 누가복음에서 기적은 예수님 나라의 일부임을 보여 준다고 말하며, 오늘날에도 지속적으로 일어날 수 있는 사건이라는 것이다."⟩

596) Max Turner, **성령과 은사**, 김재영, 전남식 역 (서울: 새물결플러스, 2018), 357-358; ⟨우리는 바울이 모든 사람이 예언자가 아니라고 보았다고 확신할 수 있다. 고린도전서 12:29의 질문이 이 점을 확인시켜준다. 그러나 고린도의 모든 교인들이 한 사람씩 예언할 수 있지만(고전 14:31), 바울과 신약의 다른 저자들이 "예언자"라는 명예로운 칭호는 예언에 있어서 인정받은 전문가, 특히 은사가 있는 지도자들에게만 사용했다는 것이 일반적인 주장이었다(Dunn, Jesus, 171-2, 281; Reiling in Panagopoulos (ed.), Vocation, 67-8.). 여기에 종종 다음과 같은 주장이 덧붙여진다. 누가에게 있어 사도행전 2장에 기술되고 약속된 성령의 선물은 요엘의 예언의 영에 대한 약속이다. 따라서 모든 그리스도인은 예언자이거나 또는 최소한 예언을 할 수 있다는 결론을 내리는 경우가 아주 흔했다(가장 최근에는 Forbes, Prophecy, 219-21, 252-3.). 그러나 우리가 이미 살펴보았듯이, 누가의 관점에서 "예언의 영"은 단순히 예언 자체보다 폭넓은 범위의 은사를(방언, 꿈, 환상, 인도하시는 말씀, 지혜, 복음 전도에서의 권능과 목회적 설교를 포함한) 제시하고 있고, 그런 예언은 므든 사람에게 보장된 것이 아니기 때문에, 후자의 결론은 근거가 약하다. 바울의 증거를 따라 오니는 "한 사람씩 모두 예언할 수 있습니다"(31절)라는 말은 단지 29절의 "예언자들"에게 해당하는 말일 뿐이며, 그 경우에는 예언이 보편적이라는 것을 암시하는 것이 아니라고 지적한다. 그러나 그루뎀처럼 중립적 입장을 취하는 것이 더 나을 듯싶다. 즉 예언자들은 검증받은 전문가들이며 지도적 인물들이다. 그러나 전체 회중은 예언을 추구할 수 있고, 심지어 추구해야 한다는 것(고전 14:1, 5, 39)이다. 비록 하나님이 한 가지 은사를 모든 사람에게 부여하지 않으실지라도(고전 12:14-30), 그렇다고 해서 모든 사람이 선험적으로(opnon) 배제되는 것은 아니다. 실제로 그루뎀은, 보다 약한 의미에서, (하나님이 마음에 전해주시는 것과 관련해서) 프로페튜에인(prophēteuein)이라는 말 속에, 모든 사람이 각기 다른 경우에 "예언을 할 것"에 대한 기대가 들어있다고 생각한다.⟩

는 이러한 방법으로 우리 의식에 모아질 것이다.

우리의 의식의 상태는 우리에 대한 성령의 뜻의 직접적인 암시의 결과라거나 그러한 암시로 구성되며, 성령으로부터의 특별한 지도의 범주에 있다고 우리가 생각하거나 기대하거나 원하는 순간, 우리는 성령으로부터의 특별하고 직접적이며 부가된 전언이라는 개념에 길을 내어 주게 된다. 그리고 이것은 그 본질에 있어서 특별계시를 믿는 것과 같은 범주에 속한다. 이러한 오류를 피할 수 있는 유일한 방법은, 성령의 지도와 인도는 그가 제공한 수단을 통해서이며, 그의 사역은 삶의 다양한 상황에서 우리로 하여금 성경의 빛 안에서 각각의 상황의 구성 요소를 이루는 모든 요소들을 해석할 수 있도록 한다는 것을 단언하는 것이다.[597]

머레이에 의하면, 우리가 성령의 인도를 받으려면 기록된 말씀의 빛 안에서만 삶을 해석해야 한다. 성령의 조명과 인도하심으로 어떤 자극을 받고 인상을 받더라도 계시의 은사로 사용된 예언이나 방언과는 전혀 다른 것이다.

두 번째 해석은 오늘날에도 다소 낮은 수준으로 하나님의 계시가 다양한 방법으로 지속 되며 직접적으로 성령의 은사를 받은 사람들에게 하나님의 뜻을 알려 주신다고 주장하는 것이다. 대표적으로 웨인 그루뎀은 '평범한 회중적 예언'은 신약 시대에도 이미 존재했다면서 그런 종류의 예언은 오늘날에도 존재하고 있다고 주장했다. 이같은 그루뎀의 주장은 신약 정경이 완성되고 사도 시대가 끝나자 계시가 끝났다는 관점에 분명하게 반대된다.[598] 존 머레이나 폴 울리는 하나님께서 느낌과 예감을 주신다고 말했다.[599]

---

597) John Murray, "The Guidandce of the Holy Spirit," in Collected Writings of John Murray, Vol. 1: The Claims of Truth (Edinburgh: Banner of Truth, 1971): 188-189; 김재성, **개혁주의 성령론** (서울: CLC, 2014), 379에서 재인용.

598) Palmer Robertson, **오늘날의 은사주의 운동, 과연 성경적인가**, 이심주 역 (서울: 부흥과개혁사, 2009), 123.

599) Donald Macleod, **성령세례와 개혁주의 성령론**, 지상우 역 (서울: 여수룬, 2004), 118-119; 〈존 머레이 교수는 다음과 같은 말을 하였다. "하나님의 말씀은 완전하고 충분한 실천규정이다. 그러나 그렇다고 해서 더 이상의 새로운 성령의 계시를 받을 수 없다거나 요구할 수 없다는 것은 아니다. 우리가 사고의 오류를 범하게 되는 경우는 성령이 어떤 말이나 환상의 형태를 가진 특별한 계시를 준다고 믿을 때 생겨나게 된다. 그러나 성령은 우리가 특별한 상황에 처해 있을 때에는 어떤 직접적인 느낌이나 인상, 또는 확신을 우리에게 줄 수도 있다." 폴 울리(Paul Woolley) 교수는 머레이 교수와 견해를 같이하고 있다. 그는 성경의 충분함에 따른 매우 중요한 결과에 대해 다음과 같이 말한다. "하나님께서는 오늘날 성경과 관계없이 직접적으로 우리를 인도하시지는 않으신다. 즉 거룩한 '예감'과 같은 것은 없다. 하나님께서는 사람들이 어떤 일을 하도록 직접적인 인상을 주시지 않는다. 사람들은 자신들의 내부에서 하나님의 목소리를 듣지 못한다. 하나님과 개별적인 인간 존재 사이에는 직접적인 영적 교제가 없다. 만일 성경으로 충분하다면 그러한 직접적인 영적 교제는 불필요하다. 다른 한

애너하임의 빈야드 크리스천 펠로쉽 교회에서 존 윔버의 부교역자로 사역한 잭 디어는 다음과 같이 말했다.

> 하나님은 오늘 믿는 자들에게 성경에서 발견되지 않는 것을 직접 개인적인 말씀으로 주실 수 있고 또한 주신다. 나는 그가 주시는 지시가 성경과 위배된다고 믿지는 않지만, 성경에서 발견될 수 없는 지침이다.[600]

디어에 의하면, 하나님께서는 오늘날에도 믿는 자들에게 직접 개인적인 말씀을 주신다. 디어는 이런 주장의 근거를 하나님께서 과거에도 다양한 방법으로 하나님의 백성들을 인도하셨기 때문이라고 말했다. 하나님께서 구약 시대에 꿈, 환상, 환경, 구름, 내적인 감동으로 선지자나 천사들을 통해서 그리고 성경을 통해서 말씀하셨다는 것이다. 디어는 그런 방식이 지금도 유효하다고 본다.

존 맥아더는 다음과 같이 말했다.

> 한 대표적인 신학교의 구약학 교수를 역임한 디어의 배경은 그가 제3의 물결 운동에서 가장 신학적으로 자격을 갖춘 지도자 가운데 한 사람임을 시사한다. 디어는 최근에 사석에서 내게 자신은 성경의 충분성을 믿으며 언제나 그점을 주장해 왔다고 단언했다. 그러나 1990년에 시드니에서 있었던 영적 전투 대성회에서 그는 "삽화가 실린 마귀적 교리"라는 제목의 한 항목을 포함한 인쇄된 원고를 배포했다. 그 글에서 그는 이렇게 말했다. "우리의 삶을 향한 하나님의 가장 높은 목적을 성취하려면 우리는 기록된 말씀과 하늘에서 새롭게 선포된 말씀에서 모두 하나님의 음성을 들을 수 있어야 한다. … 사탄은 하나님의 음성을 듣는 그리스도인들의 전략적 중요성을 잘 알고 있으므로 이 방면에서 우리에게 다양한 공격을 해 왔다. … 비록 기독교 신학자들이 이 교리를 완성시키는데 이용되었지만 궁극적으로 이 교리[성경의 충분성]는 마귀적이다."[601]

디어에 의하면, 성경의 충분성을 믿는 것은 마귀적인 일이다. 하나님의 음성을 듣기 위해 결국, 성경의 충분성을 버리면 누가 마귀적인가?

편으로, 만일 그러한 영적 교제가 실제로 가능한 것이었다면 모든 그리스도인은 잠재적인 성경의 기자가 되었을 것이다."

600) Deeere, "Vineyard Position Paper #2," 15; 김재성, **개혁주의 성령론** (서울: CLC, 2014), 380에서 재인용; 직통 계시의 개념을 디어와 동일하게 주장하는 오순절 신학자들이 많다. J. Rodman Williams, *Renewal Theology* (Grand Rapids: Zondervan, 1988), 1:43-44, 2:382.

601) John F. MacArthur Jr., **무질서한 은사주의**, 이용중 역 (서울: 부흥과개혁사, 2008), 217.

우리는 하나님의 감동으로 기록된 성경이 하나님의 사람을 온전케 하며, 하나님께서는 "생명과 경건에 속한 모든 것"을 우리에게 주셨다(딤후 3:16, 벧후 1:3). 매크레오드는 "성경의 권위는 성경 그 자체에 있는 것이지 우리의 정신적인 인상에 의해 좌우되는 것은 아니다"라고 말했다.602) 우리에게는 "성도에게 단번에 주신 믿음의 도"가 있다(유 1:3). 하나님의 말씀은 영원히 서 있고 여호와의 율법은 완전하고 진실하며 의롭다(사 40:8; 시 19:7-11).

계시연속주의자들은 디어와 같이 지금도 하나님께서 다양한 방법으로 말씀하신다고 주장한다. 이것은 세 가지 오류를 내포하고 있다. 첫째는, 하나님의 구원계획과 경륜을 무시한 것이다. 하나님의 계시는 특별한 계시다. 왜 특별한가? 하나님께서 예수 그리스도 안에서 자기 백성을 구원하시는 계시이기 때문이다. 둘째는, 하나님의 특별계시를 받은 자들은 하나님께서 특별히 택하신 종들이었다. 하나님께서는 하나님의 백성 모두에게 계시를 허락하신 것이 아니었다. 셋째는, 하나님의 계시가 종료되었다는 것을 거부하는 것이다. 하나님의 계시는 사도 시대가 종결되면서 종결되었다. 예수 그리스도를 믿는다고 할지라도 제한 없이 모두에게 계시가 주어진다는 것은 하나님의 계시를 잘못 이해한 것이다.

칼빈은 예언은 계시에 종속되었다고 말했다.603) 계시가 종결되었기 때문에 예언의 은사도 폐하여졌다. 윌리암슨은 "하나님은 선지자들을 통하여 여러 모양의 계시가 다양한 방법으로 전달되었다. 곧 꿈, 환상, 상징, 우림과 둠빔, 예언을 통하여 계시가 주어졌다"고 말했다.604) 박형용

---

602) Donald Macleod, **성령세례와 개혁주의 성령론**, 지상우 역 (서울: 여수룬, 2004), 123; 〈그렇지만 맥체인 (M'Cheyne)은 우리에게 다음과 같은 충고를 해주고 있다. "하나님으로부터 오는 메시지와 사상을 받아들여라." 설교자의 말은 언제 하나님으로부터 오는가? 우리가 알고 있는 바로는 그의 말이 성경에 근거할 때이다. 우리는 분명 어떤 상황에 있을 때, 성경의 어떤 말이 우리에게 적당할지를 결정할 때 지혜를 필요로 한다. 실상 그러한 지혜를 갖는 것은 설교하도록 부름을 받은 자에게 있어서는 절대적으로 필요하다. 그러나 우리의 판단이 잘못된 것일 때도 하나님의 말씀은 하나님의 말씀 그 자체로 남아 있으며 우리는 항상 그 말씀을 경건하게 다루어야 한다. 성경의 권위는 성경 그 자체에 있는 것이지 우리의 정신적인 인상에 의해 좌우되는 것은 아니다.

603) John Calvin, **신약성경주석9** (서울: 성서교재간행사, 1981), 338; "주어진 예언들을 계시의 독특한 은사로 두드러지게 하는 것을 의미한다고 본다. 그러나 예언하는 은사가 가르치는 것과 연관되어 있는 한, 예언하는 은사를 제외할 수는 없다."

604) Robert Shaw, **웨스트민스터 신앙고백서 해설**, 조계광 역 (서울: 생명의말씀사, 2014), 49.

교수는 "성령의 은사 중 사도나 예언은 1세기 당시에 교회를 위해 필요한 것이었기 때문에 성령께서 1세기 교회에 허락하셨다"고 말했다.[605] 신약 시대에 독생자를 통하여 하나님의 뜻을 계시하셨기 때문에 더 이상의 계시는 기대할 수 없다.

유기성 목사는 주님의 음성을 듣는 것을 다음과 같이 말했다.

> 주님의 음성을 듣는 것은 훈련받으면 정말 놀랍게 열립니다. 하나님의 음성을 못 듣는 이유는 육성으로 듣는 줄 알기 때문에 그렇습니다. 주님의 음성을 지금 제가 하는 말을 여러분이 듣는 것처럼 이렇게 듣는 것을 하나님의 음성을 듣는다고 생각하기 때문에 하나님의 음성을 못 들었다고 생각합니다.[606]

유기성 목사는 요한복음 14:26에서 "생각나게 하시리라"는 말씀으로, 내 안에 오신 주님께서 생각나게 하신 방법으로 말씀하신다는 것을 알게 되었다고 말했다(13분 21-41초). 양심의 가책인, 회개할 마음이 생긴 것도 주님의 음성을 들은 것이라고 말했다(13분 42초-14분 3초). 유기성 목사는 "갑자기 어떤 생각이 떠오르는 방식으로 여러분이 여러분 안에 거하시는 방식으로 주님의 음성을 들으신 거에요."(14분 31-39초). 유기성 목사는 '성령의 조명'이라 하고 '깨닫는 은혜'라고 말했다. 유기성 목사는 예수 동행일기를 말하면서 다음과 같이 말했다.

> 주님께서, 일기를 이렇게 쓰려고 하루를 가만히 돌아보면, 알게 하세요. 내게 하시고 싶은 말씀이 있다는 것을, 그래서 주님의 음성을 듣게 돼요. 여러분이 토요일이나 30일, 그렇게 리딩데이(readingday)를, 예수 동행일기, 지난 한 주간을 썼던 것, 한 달을 썼던 것을 쭉 다시 읽어보게 하는 시간을 갖도록 하는데, 그때 이렇게 밑줄 쳐진 부분이 주님이 여러분에게 말씀하셨다고 느껴지는 부분들이에요(25분 36초-26분 7초).

일기를 쓰면 주님의 음성을 듣게 된다는 것은 어떤 성경적인 근거도 없다. "밑줄 쳐진 부분"을 주님의 음성이라고 여기는 방식은 지극히 비

---

605) 박형용, "성령세례에 대한 오순절파의 견해와 비판(2)," **신학정론** 14(2) (1996): 135(458-486); "이런 은사들이 신약성경이 완성된 1세기 이후에는 더 이상 필요하지 않다. 그래서 1세기 이후에 그런 은사는 종료된 것이다. 방언의 경우 1세기 이후의 교회에서는 소수의 사람들에게만 나타난 현상이었다."
606) 유기성, "귀가 열리게 하소서 – 유기성 목사 설교 선한목자교회 금요성령집회," 9분 25초부터 9분 47초까지, Sep.19.2019. Accessed Aug.31.2019. https://youtu.be/ECeu7SlRJ0E/

성경적이며, 내 생각을 하나님의 말씀으로 여기는 종교적 도약이다.
이런 흐름을 조장한 웨인 그루뎀은 다음과 같이 말했다.

> 만약 우리가 오늘날 우리 교회에서 가능하고 있는 예언의 은사를 보려고 한다면 우리는 먼저 하나님이 때때로 그러한 "계시"를 우리에게 주는 것이 가능하다는 것을 믿고 우리 자신을 그러한 성령의 영향에 수용적이 되도록 내어주어야만 한다. 특히 기도와 예배할 때 그렇다. … "주님이 저에게 이렇게 보여주는 것 같습니다" 혹은 "내 생각에는 주님이 이렇게 지시해 주는 것 같습니다" 혹은 "주님이 내 마음 속에 다음과 같은 것을 생각하도록 하신 것 같습니다" 같은 것들이 보다 적절할 것이고 우리가 잘못된 길로 가지 않도록 도와줄 것이다. 우리 중 많은 사람들은 이것과 비슷한 사건들에 대해서 경험하거나 들었다. … 바울은 그러한 생각이나 직관 같은 것을 "계시"라고 불렀을 것이고 하나님으로부터 온 그러한 자극을 모여 있는 회중에게 말하는 것을 "예언"이라고 불렀을 것이다. 이것은 화자 자신의 이해와 해석의 요소가 그 예언 안에 들어 있을 수 있고 그래서 이것은 평가와 시험이 필요하다. 하지만 이것은 그럼에도 불구하고 교회에 유용한 기능을 내재하고 있다. … 모든 사람은 그 계시가 부분적이며 예언하는 자에게 분명하지 않을 수 있고 예언하는 자 편에서 오해된 이해나 해석의 요소를 포함하고 있을 수 있다는 것을 인식해야 한다.[607]

이제는 빈야드 교회 지도부에서 사역했던 행크 해너그라프(Hank Hanegraaff)가 하는 말을 주의 깊게 읽어보기 바란다.

> 약 2년이 지나자 모두가 예언자가 돼 버린 것 같았다. 수백 명의 빈야드 교회 성도들이 '예언'의 은사를 받아서 지도자며 성도며 할 것 없이 부지런히 예언을 하며 다녔다. 사람들은 예언자들이 해 준 예언을 작은 노트에 적어 가지고 다니기 시작했다. 또 여기저기서 우후죽순 격으로 열리는 예언 집회에 떼로 몰려다녔다. 노트를 들고 몰려다니는 군중은 더 많은 예언을 들으려는 희망에 이리저리 휩쓸려 다녔다.[608]

---

607) Wayne A. Grudem, **예언의 은사**, 김동수·김윤아 역 (서울: 솔로몬, 2015), 129-130.
608) Hank Hanegraaff, **빈야드와 신사도의 가짜 부흥운동**, 이선숙 역 (서울: 부흥과개혁사, 2012), 9; 〈하지만 이런 '예언 행렬' 이 유행한 지 얼마 되지 않아 수많은 사람이 절박한 심정으로 목회자에게 상담을 받고자 줄을 서기 시작했다. 십대들은 십대에 성공하여 스타가 되리라는 예언을 받았지만 그 꿈은 산산조각이 나고 말았다. 십 대들은 모든 것이 하나님이 약속을 지키지 않으셨기 때문이라 생각했다. 수많은 사람이 위대한 사역을 하게 되리라는 예언을 받았지만, 자신이 다니는 교회 목사가 그런 자신의 '기름부음'을 깨닫지 못하고 그 은사를 '발전시켜' 주지 못하는 것에 분노하여 지도자들에게로 몰려들었다. 어떤 사람들은 너무 예언에만 치중한 나머지 점점 성경에는 무지하게 되었다. 그들은 하나님의 말씀을 연구하기보다는 그저 '직통 계시'에만 의존하게 되었다. 많은 사람이 자신들이 받은 예언이 성취될 수 없을까 두려워하며 이 예언자에서 저 예언자로 옮겨 다녔다. 예언자의 전화번호를 하나라도 더 알고 있는 것은 마치 보물지도를 얻는 것과 같았다. 이제는 예배 시간에도 성경보다는 작은 노트를 더 소중히 여기며 붙들었다. 어떤 사람들은 몸을 떨고 눈을 깜빡이는 것이 성령이 임한 증거라는 말을 듣고 그것을 흉내 내기도 했다. 그리고 사역팀이 그것이 하나님의 사인이라는 것을 눈치채고 자신에게 달려와 손을 높이 들고 "주님, 더 임하소서!"라고 기도해 주기를 원했다. 몸을 떨고, 웃고, 울고, 눈을 씰

해너그라프는 '사람들이 소위 하나님의 음성을 듣기 시작하면 일어나는 결과가 무엇인가?'를 잘 보여주었다. 로렌 샌포드도 일지를 쓰라고 했다.609) 노트나 일지에 기록을 해도 결국 헛된 희망이었다.

하나님께서는 하나님의 말씀을 선지자들을 통하여 주셨다. 하나님께서는 그 부르신 종들 외에 다른 자들, 곧 거짓 선지자들이 말하는 것은 엄중하게 경고하셨다.610) 참된 예언은 참된 신현과 연관되어야 했다.611) 하나님께서는 택하여 불러 세운 선지자들에게 주신 말씀을 떠나 다른 예언을 주지 않으셨다. 그런 까닭에, 성경을 벗어나서 예언하는 것은 하나님의 말씀이 아니며 저주와 심판을 받는다. 새 언약 시대에 성령께서 오신 것은 예수 그리스도의 말씀을 생각나게 하고 예수 그리스도의 진리의 말씀으로 인도하기 위함이다(요 14:26, 16:13-14). 우리는 어떤 일을 하기 위해 하나님께서 말씀해 달라고 매달리거나 기다릴 필요가 없다. 우리는 "성경에 기록된 약속과 도전만으로도 충분하다."612) 인간의 구속을 위한 더 이상의 계시가 없으며, 생명과 경건에 속한 모든 진리는 성령의 감동으로 기록된 성경 안에 주어졌다.

성도들에게 성령을 주심은 하나님께서 주신 언약의 계명을 현재화하는 것이다. 그 언약의 계명을 떠나 다른 어떤 것이 주어져야 하는 것이 아니다. 히브리서가 기록된 1세기에 계시가 최종적으로 주어졌다고 말했다(히 1:2). 계시는 예수 그리스도 안에서 완성되었으며 더 이상의 계시는 없다. 그리스도의 계시 외에 더 이상의 계시를 찾는 것은 그리스도의 계시에 대한 불복이며 저항이며 반역이다. 예수 그리스도는 마지막 말씀

룩거리는 것은 성도들이 지도자들과 동료들의 관심을 끌 수 있는 방법이 었다. 한 집회에서 8천 명을 대상으로 설교하던 설교가는 목사들이 설교를 준비할 때 주석서를 보거나 원어 사전을 들척이면 안 된다고 강조했다. 대신 목사들은 예언을 통해 주일날 어떤 메시지를 전해야 할지 들을 수 있어야 한다고 했다. 뭔가 잘못되어도 크게 잘못되었다. 우리 교회 한 성도는 뭔가를 결정할 때 자신의 손이 '뜨거워' 지는 현상이 일어나지 않으면 아무것도 결정하지 않았다. 이런 이상한 징조를 추구하는 현상은 바로 우리 교회에서부터 시작했다.〉

609) Loren Sandford, **예언적인 사람들 이해하기**, 안성근 역 (인천: 열린하늘, 2011), 198-200.

610) 18 내가 그들의 형제 중에 너와 같은 선지자 하나를 그들을 위하여 일으키고 내 말을 그 입에 두리니 내가 그에게 명하는 것을 그가 무리에게 다 고하리라 19 무릇 그가 내 이름으로 고하는 내 말을 듣지 아니하는 자는 내게 벌을 받을 것이요(신 18:18-19)

611) Cornelius Van Til, **조직신학 서론**, 이승구·강웅산 역 (고양: 크리스챤출판사, 2009), 290-291.

612) Palmer Robertson, **오늘날의 은사주의 운동, 과연 성경적인가**, 이심주 역 (서울: 부흥과개혁사, 2009), 181.

이시다!

10. 논쟁이 되는 구절

디어는 사도행전 16:9-10의 사건이 성경적인 계시와 구별되는 "개인적이고, 목회적이며, 성경 외적인 계시"의 실제적인 사례라고 주장했다.[613]

> 9 밤에 환상이 바울에게 보이니 마게도냐 사람 하나가 서서 그에게 청하여 가로되 마게도냐로 건너와서 우리를 도우라 하거늘 10 바울이 이 환상을 본 후에 우리가 곧 마게도냐로 떠나기를 힘쓰니 이는 하나님이 저 사람들에게 복음을 전하라고 우리를 부르신 줄로 인정함이러라(행 16:9-10)

성령 하나님께서는 환상을 보여주시면서 사도 바울의 선교여행에 새로운 전환점이 되게 하셨다. 이 사건의 진의는 디어의 해석과 다르다. 하나님께서 보여주신 환상은 하나님의 구원 역사와 관련된 것이다. 사도 바울 개인을 위한 낮은 단계의 계시가 결코 아니다.

오순절 이후 특별계시가 기록된 곳은 세 곳이다. 사도행전 11:27-28과 사도행전 21:10-11의 아가보의 예언, 요한계시록이다. 요한계시록의 예언은 하나님의 특별한 예언이므로 사도적 은사라는 것을 누구나 인정한다. 문제는 아가보의 예언이다.

그러면, 아가보의 예언이 개인적이고 사소한 일상을 위한 예언인가? 아가보의 예언 역시 사도 바울의 선교 여정에 관련된 예언이다. 사도 바울의 선교는 구원 역사에 관한 것이다. 잭 디어를 비롯한 예언 은사 지속주의자들은 아가보의 예언을 '낮은 단계의 예언'이라고 주장한다. 지속주의자들은 아가보가 사도가 아님에도 불구하고 예언을 했기 때문에 '낮은 단계 예언의 모델'이라 여긴다.

아가보가 사도가 아닌 것은 분명한 사실이다. 그러나, 아가보의 예언은 사도의 복음 사역을 위해 주어진 것이다. 구원 역사의 진행을 위해 하나님께서 주신 예언이다. 아가보의 예언은 사사롭고 개인적인 예언이 아

---

613) 김재성, **개혁주의 성령론** (서울: CLC, 2014), 384-385.

니다.

아가보의 예언과 사도 요한이 요한계시록에서 주의 계시를 전달하는 방식은 정확히 일치한다. 요한계시록 2:1, 8, 12과 3:1, 7, 14에서 교회의 사자에게 편지한 것은 요한계시록 2:7, 11, 17과 3:6, 13, 22에서 "성령이 교회들에게 하시는 말씀"과 동일하다. 아가보의 예언에서도 "성령으로 말하되"(행 11:28), "성령이 말씀하시되"(행 21:11)라고 되어있다. 이로 보건대, 사도행전 21:11은 '하나님의 사역과 성령 하나님의 사역이 동일한 일관성을 가지고 있다'는 것으로 해석하는 것이 가장 기본적이고 타당하다.

그루뎀이 이런 표현의 일치를 면밀하게 관찰하지 않은 것이 문제다. 그루뎀은 성령께서 말씀하시는 것과 주께서 말씀하시는 것을 일관된 것으로 생각하지 않았다. 그루뎀은 다음과 같이 말했다.

> 아가보가 비슷한 표현 ("성령께서 말씀하시니라")을 사도행전 21:11에서 사용한 것은 사실이지만, 같은 단어들이(tade legei) 신약 성경 시대 직후에 보고된 것에 대한 해석이나 일반적인 의역들을 소개하는 데 사용되었다(이그나티우스, 빌리델비아서 7:1-2[주후 108년경], 바나바서 6:8; 8:2, 5[주후 70-100]). 따라서 이 표현은 단지 "이는 일반적으로 (대체로) 성령께서 우리에게 말씀하시는 것이다"라는 의미일 수 있다.614)

그루뎀은 "성령께서 말씀하시니라"를 평가절하했다. 그루뎀이 말하는 성령께서 주시는 말씀이란 주님께서 나에게 주시는 생각이라고 말했다. 예언을 단지 "하나님께서 마음에 주신 생각"이라고 주장하는 것은 성령의 직접적인 역사를 훼손하는 것이다.615) 매크레오드는 "'하나님께서 나

---

614) Wayne A. Grudem, 조직신학(하), 노진준 역 (서울: 은성출판사, 2009), 330; 그루뎀은 이어서 이렇게 말했다. 〈만일 하나님께서 마음에 어떤 생각을 주셨으며 그것을 회중에게 알려야 하겠다는 생각이 들면, "주님께서 내 마음에 이런 이런 생각을 주신 것 같다"든지 아니면 "주님께서 …을 보여 주시는 것 같다"고 말하는 것은 전혀 잘못될 것이 없다. 물론 그 말이 "주님께서 말씀하셨다"는 말보다 강하고 확실하게 들리지 않지만, 만일 그것이 정말로 하나님께로부터 온 것이라면 성령께서는 그것을 들어야 할 사람들의 마음속에 알아들을 수 있도록 큰 능력으로 역사하실 것이다.〉

615) Ibid., 331; "바울은 단지 하나님께서 마음에 주신 생각, 혹은 사람이 하나님께로부터 왔음을 느낄 수 있는 방법으로 그 의식 속에 심어주신 생각을 가리켜 예언이라고 한다. 그 생각은 한 개인의 평소의 생각과 전혀 다를 수 있고, 생생함이나 긴박감을 느끼게 만들 수도 있고, 아니면 분명히 하나님께로부터 왔다는 확실한 느낌을 갖게 만들 수도 있다."

로 하여금 이렇게 하도록 하셨다'고 주장하는 사람은 무례함을 범하는 것이다"라고 말했다.616)

그루뎀의 주장을 찬성하는 잭 디어의 주장을 살펴보면 현실은 어떤가? 예언의 은사를 받았다고 하면서 예언하는 것들이 성취되는 것은 지극히 드물고 오류투성이다. 김재성 교수는 다음과 같이 말했다.

> 그루뎀은 꿈이나 환상이나 음성이나 지혜와 지식의 말씀을 통해서 그 전에 없던 예언들을 주신다고 주장한다. 교회는 비록 오류가 있을 가능성이 있지만, 하나님의 구체적인 지도하심을 받을 수 있다고 주장한다. 또한 그전에 구약시대의 선지자들이나, 예수님에게나, 사도들에게 하나님이 주셨던 것들과 다른 말씀들을 주실 수도 있다고 한다. 만일 성경이 권위가 있고 오류가 없는 하나님의 말씀이라고 한다면, 우리는 성경에 근거해서 예언의 진실성 여부를 판가름해야만 한다.617)

김재성 교수에 의하면, 그루뎀이 말하는 예언이란 오류의 가능성이 있는 예언이다. 그렇다면 하나님께서 오류가 포함된 가능성을 주시는가? 하나님의 말씀이라면 오류가 없어야 한다. 예언에 오류가 있다고 미리 말해놓고 예언을 하는 것은 맞으면 좋고 틀리면 그만이라는 식이다.

그루뎀은 아가보의 예언에 근거해서 고린도전서 14:29과 데살로니가전서 5:20-22을 실제적 지침을 주는 예언의 근거라고 말했다. 고린도전서 14:29은 "교회에서 듣게 될 많은 예언들 가운데서 참된 예언들이 어느 것인지 거짓된 예언들이 무엇인지를 판단하라고 가르친 것이다."618)

---

616) Donald Macleod, **성령세례와 개혁주의 성령론**, 지상우 역 (서울: 여수룬, 2004), 106.
617) 김재성, **개혁주의 성령론** (서울: CLC, 2014), 388.
618) Hilber, "Diversity of OT Prophetic Phenomena," 256-258; 김재성, **개혁주의 성령론** (서울: CLC, 2014), 389에서 재인용: 〈그루뎀은 아가보의 예언에 큰 비중을 두면서 고린도전서 14:29과 데살로니가전서 5:20-22을 실제적인 지침을 주시는 예언의 근거들이라고 주장한다. 고린도전서 14:29에서 사도 바울은 "예언하는 자는 둘이나 셋이나 말하고 다른 이들은 분별할 것이요"라고 하였다. 여기서 우리가 의문을 제기하는 것은 판단하는 제삼자의 견해를 참고하라는 부분이다. 이 말씀은 각각 전달되는 예언들 중에서 일부 내용에 오류의 가능성이 있을 수 있다는 지적일까? 과연 무엇을 염두에 두고서 하신 말씀인가의 여부다. 아니면 많은 예언들 가운데서 참된 선지자와 거짓 선지자들을 구별하고, 교회 안에서 참된 것인가 거짓된 것인가의 여부를 분별하라는 것일까? 그루뎀은 전자의 해석을 채택하고 있다. '판단하다'는 헬라어 동사 '디아크리노'(diakrino)는 기본적으로 분류하거나 가정하는 행동을 담고 있다는 것을 근거로 제시한다. 판정하기보다는 정리하고 정돈한다는 것이다. 그러나 고린도전서 14:29-30에서 바울이 지적하려는 강조점은 '예언자들'이다. '예언자들'이 복수로 되어 있다는 것은 '예언들'이 복수로 나오는 데살로니가전서 5:20과는 약간 다르다. 고린도전서 14장은 한 사람의 예언들 가운데서 옳고 그름을 구별하라는 것이 아니고, 많은 예언자들을 염두에 둔 말씀이다. 이런 단어들과 문법

웨인 그루뎀은 고린도전서 14:29 말씀을 교회 안에서 참 거짓의 여부를 분별하고 판단하라는 의미라고 주장한다. 그루뎀은 고린도전서 6:5 말씀에 나오는 '판단'도 '예언의 잘잘못에 대해 정돈하라'는 의미로 보았다. 이 말씀은 성도들 가운데 문제가 발생하여 다툼이 생겼을 때 세상 법정에 가지 말고 믿는 사람으로서 옳고 그름을 판단하라는 뜻이다.

그루뎀의 데살로니가전서 5:19-22 해석에도 오류가 있다. 그루뎀은 다음과 같이 말했다.

> 만일 데살로니가 교인들이 예언이 그 권위에 있어 성경과 동일하다고 생각했다면, 바울이 예언을 멸시치 말라고 말하지 않았을 것이다. 그들은 "성령의 기쁨으로 하나님의 말씀을 받았다"(살전 1:6, 2:13; cf. 4:15). 그러나 바울이 "범사에 헤아려"라고 말한 데에는 바로 전에 언급한 예언도 포함되었음에 틀림이 없다. 바울이 헤아려 "좋은 것을 취하라"고 했다면 예언에는 좋은 것도 있고 좋지 않은 것도 있다는 말인데, 구약 선지자의 말이나 신약 시대 사도들의 권위 있는 가르침에 대해서는 그렇게 말할 수 없었을 것이다.619)

그루뎀에 의하면, 데살로니가 성도들의 예언에는 좋은 것도 있고 좋지 않은 것이 있다는 것으로 이해했다. 데살로니가전서 5:19-22를 바르게 이해하기 위해서는 데살로니가후서의 맥락에서 보아야 한다. 예언을 존중한다는 말씀은 데살로니가후서에서 말하는 거짓 예언과 연관되어 있다.

> 2 혹 영으로나 혹 말로나 혹 우리에게서 받았다 하는 편지로나 주의 날이 이르렀다고 쉬 동심하거나 두려워하거나 하지 아니할 그것이라 3 누가 아무렇게 하여도 너희가 미혹하지 말라 먼저 배도하는 일이 있고 저 불법의 사람 곧 멸망의 아들이 나타나기 전에는 이르지 아니하리니(살후 2:2-3) 이러므로 형제들아 굳게 서서 말로나 우리 편지로 가르침을 받은 유전을 지키라(살후 2:15)

사도 바울은 거짓 예언자 혹은 거짓된 예언을 말하는 것은 성도들을 미혹하는 것이라고 경고했다. 사도는 데살로니가 성도들이 예언에 대해

적인 구별에서 우리가 주목해야 할 점은 간단하다. 교회가 많은 예언자들로부터 많은 예언들을 듣게 될 것이라는 점을 기본 전제로 하신 말씀이다. 이런 전체적인 전망에서 볼 때에 그루뎀의 해석은 분명히 사도 바울이 전달하려는 의도와는 다른 해석이다. … 예언은 들은 그대로 무작정 따라가서는 안 된다. 고린도전서 6:5에서도 헬라어 '디아크리노'가 사용되었는데, 역시 '판단하라'는 지적을 분명히 하고 있다.〉
619) Wayne A. Grudem, 조직신학(하), 노진준 역 (서울: 은성출판사, 2009), 327.

너무 지나치게 반응하여 전혀 존중하지 않거나 경청하지 않는 태도를 지적했다. 그루뎀의 해석처럼 예언 중에 좋지 않은 부분이 들어 있다는 설명이 아니다. 예언 속에 진위가 있다고 말하는 그루뎀의 속셈은 '낮은 단계의 예언이 있다'고 주장하는 것이다.

데살로니가전서 5:19-22의 해석은 고린도전서 14:29을 해석하는 중요한 근거가 된다. 예언들을 검증해야 하는 이유는 참 예언자도 있지만, 거짓 예언자들도 있기 때문이다. 사도 바울은 예언을 판단하는 기준에 대해 고린도전서 12:3, 14:37, 데살로니가전서 5:21-22, 데살로니가후서 2:15, 에베소서 4:4-15에서 전체적인 개요를 말해주었다. 이 말씀에는 그루뎀과 같은 계시연속주의자들이 주장하는 단계별 계시에 대한 규정이 없다. 심지어 "오순절 신학자들마저도 참된 예언과 거짓 예언이 함께 섞여서 주어질 수 있으며, 그래서 계시를 판단하는 일이 필요하다는 그루뎀의 계시 해석을 거부한다."[620]

문제의 핵심은 그루뎀이나 잭 디어가 개인적인 지시나 목회적 방향을 하나님께서 직접 주신다는 것이다. 그러나, 성경 어디에도 그렇게 직접 주신 사례가 없다. 계시는 언제나 하나님의 구원 역사와 긴밀하게 연관되어 있다. 그런 사실에 기초하여 교회는 성경이 종결되었다는 것을 확신한다. 예수 그리스도의 구원 사역이 완성되었기 때문에 계시도 중단되었다. 교회는 '오직 성경만으로'를 외치며 성경의 무오성과 권위로 그리스도의 구원 소식을 증거 하고 있다.

감리교 신학자이며 신정통주의 신학자인 비글(Dewey Beegle)은 아이작 왓츠, 찰스 웨슬리, 아우구스투스 톱레디, 헤버 등이 쓴 찬송시들이 시편에 기록된 다윗과 솔로몬 시대의 시편들과 큰 차이가 없다고 주장했다.[621] 비글은 19세기에 사역한 스코틀랜드 맹인 목사이자 찬송가 작곡가인 조지 매더슨(George Matheson)이 여동생의 약혼녀가 눈이 멀어 가는 것을 알고 몇 분 만에 찬송가를 작곡한 체험을 말하면서 다음과 같

---

620) Williams, Renewal Theology, 3:382 n. 164, 2:386 n. 187; 김재성, **개혁주의 성령론** (서울: CLC, 2014), 391-392에서 재인용.

621) Dewey Beegle, *The Inspiration of Scripture* (Philadelphia: Westminster Press, 1963), 140; 김재성, **개혁주의 성령론** (서울: CLC, 2014), 397에서 재인용.

이 말했다.

> [그것은] 시편이 기록된 것과 같은 종류의 영감이다. 종류에 있어서는 아무런 차이가 없다. 차이가 있다면 그것은 정도의 문제였다. 성경 기자들이 하나님 계시의 통로 역할을 했을 때 그들에게는 더 많은 하나님의 모든 사자에게 주어진 영감과 종류 면에서 구별되지는 않았다. 성경을 다른 것과 구별지어 주는 특징은 특별 계시가 기록되었다는 점이지 영감의 종류가 구별된다는 점은 아니다.622)

비글은 매더슨이 작곡한 곡과 시편을 같은 영감으로 기록한 것이라고 말했다. 비글은 성경이 정경화 되어 완결된 적이 없다고 보며, "성령의 계시와 영감은 계속된다. … 이 때문에 성경의 기자와 편집자 모두를 정경완성 이후의 해석자들과 질적으로 다르다고 간주할 근거는 없다."라고 말했다.623) 비글은 "하나님의 성령의 영감과 계시는 지속된다"고 주장했다.624) 비글과 같은 은사주의자들이 '하나님께서 아직도 새로운 계시를 주신다'고 주장하는 것은 매우 잘못된 것이다.

피터 와그너와 함께 신사도 운동에 참여하는 빌 하몬은 '늦은 비 운동'에도 적극적이다. 하몬은 "개인적인 예언을 받는 것은 언제나 가능하며 이를 잘 명상할 것"을 권장했다.625) 케네스 코플랜드(kenneth Copleland)는 자신 안에 하나님께서 주신 계시와 예언이 역사하면서 살아간다고 주장했다. 이런 주장들은 성경의 권위를 무너뜨리며, 성경에 나오는 예언의 본질에서 벗어난다.

칼빈은 기독교 강요에서 이사야 선지자가 그리스도의 선지자직(사

---

622) John F. MacArthur Jr., **무질서한 은사주의**, 이용중 역 (서울: 부흥과개혁사, 2008), 75; 〈그는 계속해서 이렇게 말한다. "교회가 20세기에 하나님의 영감에 대한 보다 역동적인 인식을 갖는다면 교회의 복음 증거와 전도는 더 효율적으로 될 것이다. 성경의 독특성을 옹호하는 것은 좋은 일이다. 하지만 성경의 영감이 그 종류 면에서 우리 시대의 영감과 절대적으로 다르다는 측면에서만 생각하면 그로 인해 지불해야 할 대가가 너무 크다. 오늘날 그리스도인들은 성경 기자 및 해석자와 똑같이 하나님의 감동하심을 받고 하나님께 보냄 받았다는 인식을 가질 필요가 있다. 진정한 의미에서 하나님의 계시 기록을 이 복잡한 시대에 맞춰 해석하기란 참으로 어려워서 성경 시대의 해석 과정과 맞먹는 하나님의 영감과 지혜가 필요하다."〉

623) Ibid.

624) Dewey Beegle, *Scripture, Tradition and Infallibility* (Grand Rapids: Eerdmans, 1973), 309; 김재성, **개혁주의 성령론** (서울: CLC, 2014), 397에서 재인용.

625) Bill Hamon, "How to Receive a Personal Prophecy," Charisma (April, 1991), 66; 김재성, **개혁주의 성령론** (서울: CLC, 2014), 397에서 재인용.

61:1-2; cf. 눅 4:18)에 대해 말하면서 다음과 같이 말했다.

> 그는 교사의 직분을 감당하실 수 있도록 자신을 위해서 기름 부음을 받으셨지만 동시에 성령의 능력이 복음을 선포하는 일에서 계속 임재해 있도록 그의 몸 전체를 위하여 기름부음을 받으셨다는 것이다. 그러나 확실한 것은, 그가 전하신 완전한 교리가 모든 예언들을 종결지었다는 사실이다. 그러므로, 복음으로 만족하지 않고 그 이외의 것을 가져다 복음에다 엮어놓는 자들은 모두 그리스도의 권위를 깎아내리는 것이다.626)

칼빈에 의하면, 그리스도께서 가르치신 교리로 인해 모든 예언이 종결되었다. 그리스도의 복음으로 만족하지 않고 복음 이외에 다른 것을 섞으면 그리스도의 권위를 짓밟는 것이다. 조나단 에드워즈는 데븐포트(Davenport)와 그의 추종자들의 체험에 대하여 논쟁했다. 에드워즈는 예언 은사가 종결되었다고 강조했다.627) 김재성 교수는 샘 스톰즈가 말하는 에드워즈의 성경과 계시에 대한 견해를 다음과 같이 요약해서 말했다.

> 첫째, 영적인 계몽에 있어서, 청교도 개혁주의자의 관점을 강조하였으니, 성령은 성경 말씀을 통해서, 말씀 안에서, 말씀과 함께 역사하신다. 새로운 계시에 의해서 역사하지 않는다. 둘째, 예언은 일시적이요, 특수한 은사였다. 오직 성경이 완성되기 이전에 교회가 아직 미숙한 상태에 놓여 있을 때에 교회를 세우고 지켜주려고 주어진 것이다. 계시는 사도들에게 주어진 새로운 계시를 인정하게 하려고 주신 것이다. 셋째, 정경은 사도들의 죽음과 함께 종결되었다. 그리고 여전히 종결된 상태로 수천 년간을 유지해 왔다. 성경이 우리에게 주어진 것은 어떤 새로운 시대가 올 수 없으며, 어떤 계시도 기대하지 말아야 한다는 것이다. 넷째, 성령께서 거룩하게 살도록 영향을 미치고 있는 것은 교회를 영화롭게 하는 것이요, 하늘에 맞추어서 살게 하는 것이며, 그 어떤 특별한 은사들을 주는 것이 아니다. 예언은 교회를 영화롭게 하는 데서 멀리 떠나버리는 일이요, 더 큰 부흥을 가져오는데 장애물이 될 뿐이다. 다섯째, 성경은 기독교 신자의 생활과 믿음을 위해서 충분하고 완전한 규칙이다. 여섯째, 예언이 아니라 설교가 은혜의 가장 최선의 방법이다. 하나님 나라 확장을 위해서 하나님이 지시하신 것이다. 일곱째, 대각성 운동 기간에 거짓 예언들이 많이 있었는데, 재앙을 불러일으키는 결과를 초래한 적이 자주 있었다. 여덟째, 교회 역사를 살펴보면 에드워즈가 체험한 것과 같은 많은 일들이 벌어졌다. 예언을 높이는 일은 성경을 훼손하는 결과를 초래했다. 그렇게 되면 교회가 성경이 가르치는 교훈을 따라가지 않고 예언가를 따르게 되어 방황하고 만다. 마지막으로, 성령의 직

---

626) John Calvin, 기독교강요(상), 원광연 역 (고양: 크리스챤다이제스트, 2003),608; 기독교강요 2.15.2.
627) Philip A. Craig, "Jonathan Edwards on the Cessation of the Gifts of Prophecy," Westminster Theological Journal (Vol. 64, No. 1 Spring 2002); 김재성, 개혁주의 성령론 (서울: CLC, 2014), 408에서 재인용.

접 증거라고 하는 것은 영원히 이루어지지 않는다. 대각성 운동 기간에 '거대한 무리들'이라고 에드워즈가 말한 자들은 그 어떤 기독교 신자의 실제 생활의 증거를 제시하지도 못했고, 구원의 확신으로 인도하지도 못했다. 마침내 에드워즈는 대각성 운동이 오래가지 않고, 성령의 역사가 감각적으로 그의 지역에서 거두는 것을 느끼고 목격할 수 있었다.[628]

에드워즈는 성경이 정경으로 형성되고 난 이후에는 특별 은사들이 중단되었으며, 계시는 초기 사도 시대의 교회에만 주어졌고 종결되었다고 강조했다. 칼빈은 성경을 버리고 계시를 좇는 광신자들이 경건의 모든 원리를 파괴시킨다고 말했다.[629]

11. 은사주의자들의 예언

성경은 하나님의 특별계시다. 특별계시는 신현(친히 나타나심), 예언, 기적이라는 세 가지 방법으로 주어졌다. 마지막 날에 하나님께서는 예수 그리스도를 통해 하나님의 비밀을 계시하셨다. 성경은 예수 그리스도에 대해 증언한다.[630]

종교개혁자들이 '오직 성경으로'를 외친 것은 로마 가톨릭의 전통과 교황의 권위를 버리고 성령 하나님의 감동으로 기록된 성경만으로 가야 참된 성도가 되고 참된 교회가 되기 때문이다. 존 맥아더는 오순절파 은

---

628) Sam Storms, *Signs of the Spirit: An Interpretation of Jonathan Edwards's Religious Affections* (Wheaton: Crossway Books, 2007), 38-39; 김재성, **개혁주의 성령론** (서울: CLC, 2014), 406-408에서 재인용.

629) John Calvin, **기독교강요(상)**, 원광연 역 (고양: 크리스챤다이제스트, 2003), .108-109; "성경을 버리고서, 이런저런 다른 길을 통해서 하나님께 도달할 수 있다고 상상하는 자들이 있으나, 이들은 오류에 사로잡혀 있는 것이 아니고 광란의 상태에 있는 것으로 보아야 할 것이다. … 주님이 제자들에게 약속하신 성령 이외에 전혀 다른 땅에 취한 것이 아닌지 이 사람들이 내게 대답해 주었으면 좋겠다. 그들이 완전히 미쳐 있지만, 그래도 그들이 이것을 자랑할 정도로 광신에 완전히 빠져 있지는 않을 것이라 생각된다. 주께서 성령을 약속하시면서 그 영이 어떤 분이라고 말씀하셨는가? 스스로 말하지 않고 말씀으로 전해 받은 것을 제자들의 마음에 알리시는 분이라고 하시지 않는가(요 16:13)! 그러므로, 우리에게 약속된 성령은 전혀 들어보지도 못한 새로운 계시를 만들어 내거나 어떤 새로운 종류의 교의를 조작해 내어서 우리로 하여금 이미 인정된 복음의 교의에서 떠나게 만드는 그런 분이 아니시고, 오히려 복음으로 말미암아 제시되는 바로 그 교의를 우리 마음에 인쳐 주시는 그런 분이신 것이다."(**기독교강요** 1.9.1.)

630) 너희가 성경에서 영생을 얻는 줄 생각하고 성경을 상고하거니와 이 성경이 곧 내게 대하여 증거하는 것이로다(요 5:39)

사 운동가들이 '오직 하나님의 말씀만으로'라는 종교개혁의 신학을 내버렸다고 말했다.631)

현대교회에서 예언을 주장하는 사람들이 있다. 그들은 무엇이라고 말했는가? 웨인 그루뎀(Wayne Grudem)은 "우리 마음 (또는 생각)에 하나님이 즉흥적으로 주시는 것을 사람의 언어로 전달하는 것이다"라고 말했다. 데이빗 파이치(David Pythes)는 "예언의 은사는, 모인 사람들이나 그들 중의 소그룹이나 또는 개인에게, 신적인 기름 부음을 받은 언어로 하나님이 즉각적으로 주시는 메시지를 받아서 전달하기 위하여 하나님이 그리스도의 몸에 속한 어떤 사람들에게 주신 특별한 능력이다"라고 말했다. 로버트 클린턴(Robert Clinton)은 "예언의 은사는 신자들을 권면하고 건덕하고 안위하고, 불신자들에게 하나님의 진리를 확신시키기 위해 하나님이 주시는 진리를 표현하는 능력이다"라고 말했다.

현대교회의 예언이란 성경의 예언이라 할 수 없다. 인간이 즉흥적으로 생각해 낸 것이거나 지극히 주관적인 사고에 불과한 것으로 예측이나 예상에 불과하다. 언필칭, '캔자스시티예언자들'이란 신사도 운동에 직접적으로 연관된 그룹 중 하나이다. 신사운동을 일으킨 피터 와그너는 계시의 연속성을 주장한다. 피터 와그너(C. Peter Wagner)는 "예언의 은사는 신적인 기름 부음을 받은 언어로 하나님이 즉각적으로 주시는 메시지를 받아서 전달하기 위하여 하나님이 그리스도의 몸에 속한 어떤 사람들에게 주신 특별한 능력이다"라고 말했다.

와그너는 빈야드 운동의 동역자로 활동하다가 존 윔버가 암으로 사망한 이후 신사도 운동으로 조직을 개편했다. 와그너의 『성령의 제3의 물결』은 오순절파와 은사 운동보다 더 나아가 존 윔버의 입장을 옹호하는 책이다. 와그너는 제1의 오순절 운동은 방언 은사였으며, 제2의 은사 운동은 1940년대 말의 윌리엄 브래넘의 병 고침과 기적이었으며, 마침내 존 윔버의 '제3의 물결'이 도래됐다고 주장했다.632)

---

631) John F. MacArthur, Jr., *Charismatic Chaos* (Grand Rapids: Zondervan, 1992), 66-67; 김재성, **개혁주의 성령론** (서울: CLC, 2014), 372에서 재인용.
632) 김재성, **개혁주의 성령론** (서울: CLC, 2014), 410.

신사도 운동에 직접 연관된 그룹들은 첫째, 늦은 비 운동(the Latter Rain Movement), 둘째, 늦은 비 운동에서 비롯된 캔서스시티 예언자그룹(Kansas City Prophets Group: KCP) 셋째, 빈야드 운동(Vineyard Movement)과 토론토 브레싱(Toronto Blessing)이라고 보며, 넷째, 영적 도해(spiritual Diagram)를 주장하는 지역 귀신론 그룹이며, 이런 그룹들을 연합하여 피터 와그너의 신사도연맹이 시작된 것으로 본다.633) 신사도 운동의 유래와 발생에 대해 살펴볼 필요가 있다.634)

(1) 늦은 비 운동

1930년대 시작된 늦은 비 운동의 대표적인 지도자는 윌리엄 브래넘(William M. Branham, 1909-1965)이다. 브래넘은 오컬트적인 귀신 축사, 치유, 임파테이션, 사도와 선지자의 복원, 예언과 계시, 정통신학의 부정, 알레고리칼한 성경해석(Allegorical Interpretation) 등으로 많은 문제를 일으켰다. 브래넘은 삼위일체, 원죄, 그리스도의 십자가 필요성을 부인했으며, 심지어 '인간은 스스로 완전해질 수 있는 작은 신이다'라고 믿었다.635) 미국 오순절 교단조차도 브래넘의 사상과 활동을 이단이라고 발표하였으며(1949년), 특히 사도와 선지자직의 복원, 임파테이션(은사 전이) 주장, 성경의 왜곡된 해석들 등을 정죄했다.636)

시작은 브래넘이었으나 브래넘의 사상을 더 발전시킨 사람은 1947년 윌리엄 브래넘이 인도하는 집회에 참석했다가 초자연적인 현상에 매료된 캐나다인 조지 호틴(George Hawtin)과 헌트(P.G. Hunt)였다. 형제였던 그 두 사람은 '샤론 형제회'(Sharon Brethren)를 조직하였으며, 캐나다의 세카치완 노스 베틀포드(North Battleford, Saskatchewan)를 중심으로 활동하였으며, 늦은 비 운동의 실질적 발상지가 되었다. 늦은 비 운

633) 신사도운동의 정체와 비판, Sep.1.2012. Accessed Aug.6.2019. https://craaha.com/board_1038/1555
634) 세이연의 "신사도운동의 정체와 비판" 자료에 근거한 것임을 밝힌다. Sep.1.2012. Accessed Aug.6.2019. https://craaha.com/board_1038/1555
635) 김 삼, "드러나는 신사도운동의 치부--피터 와그너와 벤틀리," 교회와이단, Jul.2011:, 92.
636) 김재성, "I.H.O.P.[국제기도의 집]과 신사도의 자칭 선지자들의 문제점들," 종교와 진리, 1(2013): 83-84; 미국의 연합오순절교회(United Pentecostal Church)는 삼위일체를 부정하고 하나님의 단일성을 믿는 이단적인, 미국 내 가장 큰 교단이다.

동을 발전시키는데 공헌한 사람은 원래 하나님의 성회 소속이었다가 교단을 탈퇴하고 늦은 비 운동에 헌신하게 만든 베데스다 선교 성전(Bethesda Missionary Temple)의 창설자인 머틀 비올(Myrtle Beall, 1896-1979) 목사다.[637]

늦은 비는 요엘서 2:23을 증거 구절로 말한다.[638] 이 말씀은 이스라엘의 불신앙을 책망하고, 만일 이스라엘이 회개하여 겸비한 자세로 하나님께로 돌이키면 하나님께서 씨앗의 파종에 필요한 10-11월의 비(이른 비)를 주시고 곡식의 추수 직전에 필요한 3-4월의 비(늦은 비)를 주시겠다는 약속이다. '이스라엘 백성들에게 때를 따라서 은혜를 공급하실 것이다'는 것이 말씀의 핵심이다. 그러나, 브래넘과 그 추종자들은 사도행전의 시대를 '이른 비'의 시기로, 아주사 부흥 시대를 '늦은 비'로 규정하고 자신들의 종말운동을 늦은 비 운동이라고 불렀다.

마이크 비클의 책에 따르면, 브래넘을 추종하는 사람들은 브래넘을 '엘리야 선지자'로 부른다. 현재 신사도 운동의 원조가 된 늦은 비 운동은 현재 신사도 운동이 주장하는 것과 동일한 내용을 가르쳤다. 브래넘은 '하와와 사단이 가인을 낳았다'고 말했으며, 자신을 계시록의 일곱 교회에 보내진 천사라고 주장하고, 자신은 처녀의 몸에서 태어났다고 말했다. 브래넘의 추종자들은 1965년 브래넘이 교통사고로 죽었음에도 불구하고 부활할 것이라고 믿었다. 특히 '오순절, 은사주의 운동 백과사전'은 브래넘의 새로운 계시를 이렇게 요약한다.

> 이브는 뱀과 성적관계를 맺는 죄악도 저질렀다. 어떤 사람은 뱀의 씨앗에서 출생하여 지옥에 갈 운명을 가지고 태어난다. 하지만 이 운명이 영원하지는 않다. 하나님의 씨앗, 즉 브래넘의 가르침을 받아들인 사람들은 그리스도의 신부가 되도록 예정되어 있다.[639]

브래넘의 이런 주장은 신사도 운동이 주장하는 신부운동의 유래가 되

---

637) 늦은비 운동(1900년도 초) 신사도 운동의 기원, 발전(2), Sep.22.2014. Accessed Aug.6.2010.
http://www.good-faith.net/news/articleView.html?idxno=54
638) 시온의 자녀들아 너희는 너희 하나님 여호와로 인하여 기뻐하며 즐거워할지어다 그가 너희를 위하여 비를 내리시되 이른 비와 늦은 비가 전과 같을 것이라(욜 2:23)
639) 세이연, "신사도운동의 정체와 비판,"

었다.

   (2) 캔서스시티 예언자그룹

   윌리엄 브래넘이 죽은 후에 늦은 비 운동이 와해 되자, 폴 케인(Paul Cain 1929-)이 1980년대 마이클 비클과 밥 존스를 만나 캔서스 예언자그룹(KCP: Kansas city Prophets Group)을 시작했다. 이 캔서스시티 예언자그룹은 마이크 비클이 세운 캔서스시티 펠루우쉽(KCF) 교회로 시작되었다. 1983년 마이크 비클은 밥 존스(Bob Jones)를 처음 만나게 됨으로써, 캔서스시티 예언자그룹의 본격적인 예언사역이 시작되었고 오늘날 IHOP(International House of Prayer)의 예언사역으로 발전되었다.

   변승우 목사는 "여러분, 밥 존스의 예언은 KS마크입니다. 대부분 예언자들의 예언이 안 이뤄진 경우도 있습니다. 그러나 한 번도 틀리지 않은 사람이 밥 존스입니다", "예언과 계시 분야에서는 밥 존스가 전세계에서 제일입니다"라고 말했다.[640]

   그러나 밥 존스의 예언들은 거의 대부분 조작되었다. 1983년 5월 말에 "앞으로 [캔사스 지역에] 3개월간 비가 오지 않을 것이며 8월 23일 오후 6시에 3-4인치의 비가 내릴 것이다"라고 예언했으나, 국가 기상청과 지역 신문의 날씨 보도에 의하면, 6월의 강수량이 적지 않았고, 8월 23일은 겨우 0.32인치가 내렸을 뿐이었다. 또한, "1976년, 6개월 내 자기를 배척한 교회에 속한 30세 이하 여섯 명이 죽을 것이다"라고 예언하였으나, 그가 출석했던 베뢰아 침례교회 담임목사는 그를 배척한 일도 없고 그 교회에서 청년들이 그렇게 죽은 일도 없었다고 증언했다.[641]

   캔서스시티 예언자그룹에서 7년 동안 함께 사역했던 어니 그루엔(Ernie Gruen) 목사는 1990년에 「어니 그루엔 리포트」(Ernie Gruen report)를 통해 캔서스 예언그룹은 모두 거짓 예언을 조작한 곳이며, 마이크 비클과 밥 존스, 폴 케인은 명백한 거짓 선지자라고 폭로했다. 어니

---

640) 오명옥, "큰믿음교회 변승우 목사 빈야드 이단 집회," **교회와이단**, 9(2007): 58; 김효성, **신사도운동비평**, 13에서 재인용.
641) 김재성, "I.H.O.P.[국제기도의집]과 신사도의 자칭 선지자들의 문제점." **종교와진리**, 3(2013): 90-93.

그루엔의 폭로로, 많은 사람이 KCP를 떠나고 캔서스시티 예언자그룹이 쇠퇴하고 몰락하게 되자, 빈야드와 연합하여 빈야드 교회로 다시 나타났다.

(3) 빈야드 운동과 토론토 블레싱

빈야드 운동의 시작은 존 윔버(John Wimber, 1934-1997)이며, 성령의 능력을 특히 강조했기 때문에 소위 '능력종교'(Power Religion)라 부른다. 윔버는 조지 래드(George G. Ladd)의 '하나님 나라' 신학에 기초하였으며, '능력전도'와 '능력 치유'라는 방식으로 능력(Power)이라는 용어를 많이 사용했다. 윔버는 『능력전도』에 그리스도의 십자가와 속죄의 교리가 없는 맹렬한 비판을 받고 『능력 포인트』(Power Points)라는 이름으로 새 책을 냈으나, 실제로는 복음의 내용은 그다지 중요하지 않다. 윔버는 표적과 기사를 강조하기 때문이다.

윔버는 1970년부터 퀘이커 교회의 목사였으며, 1974년에는 풀러 신학교의 교회성장연구소의 연구원이 된다. 퀘이커(Quaker)라고 말할 때 사람들은 그 위험성을 간과한다. 퀘이커는 인간 안에 신성(神性)을 지니고 있으며, 그 신성을 확장하여 구원받을 수 있다고 믿는다. 이것이 존 윔버의 신성한 내면이다.

윔버는 오순절 운동과 은사주의와 표적과 기사 등에 관심을 두고 있었으며, 1977년에 캘리포니아주 에너하임(Anaheim)에 빈야드 교회를 개척했다. 오늘날 한국교회는 윔버가 퀘이커 교회의 목사였다는 사실에 놀라지 않는다. 퀘이커는 인간 안에 신성이 있다고 말하며, 집단 명상을 하면서 하나님의 임재를 추구한다.642)

1982년부터 캔서스시티 예언자그룹이 몰락하면서, 대 예언자(great

---

642) 정지석, "퀘이커 영성연구," **신학연구** 62 (2013): (110-111)98-135; "퀘이커 영성은 사람 안에 하나님을 체험하는 내재적인 영적 자원이 있다고 믿는다. 인간과 하나님을 연결시키고 만남을 가능케 하는 무엇인가가 인간 속에 있는데 초기 퀘이커리즘에서 이런 신적 체험의 자리와 영성 체험은 속의 빛(Inner Light), 내재하는 그리스도(Christ Within), 모든 사람들 안에 있는 하나님의 그것(that of God in everyone)으로 표현되었고, 이것은 현대 퀘이커리즘의 핵심 개념이 되어있다. … 속의 빛, 내적 그리스도, 모든 사람들 안에 있는 하나님의 그것, 계속 계시는 퀘이커 영성을 설명하는 핵심 개념이며, 퀘이커 침묵의 영성의 실체요 근거이다. 이것을 만나는 것이 영적 체험이다"

prophet)로 알려진 폴 케인이 빈야드 운동에 합류했다. 케인은 알코올중독과 동성애로 파직되었다. 존 윔버의 빈야드 운동이 영향력을 행사하게 된 것은 마이크 비클과 캔서스시티의 선지자들의 예언운동과 기적과 표적의 집회를 열었던 존 윔버의 빈야드 운동이 서로 연합했기 때문이고, 무엇보다 풀러 신학교의 교회 성장학과의 교수였던 피터 와그너가 존 윔버를 풀러 신학교로 초청했기 때문이었다.

존 아놋(John Arnott)의 토론토 공항교회에서 시작된 '토론토 브레싱'(Toronto Blessing)은 분열된 또 하나의 다른 형태의 빈야드를 말한다. 존 아놋과 그의 아내는 교황을 만난 것을 자랑했다. 사람들이 '토론토 축복'이라 부르는 것은 존 아놋이 개척한 '토론토 공항교회'를 중심으로 일어나는 현상을 언론들이 '토론토 축복'이라 불렀기 때문이다.

빈야드 운동은 두 가지 흐름이 있다. 성령의 능력을 강조하는 권능주의와 성령체험의 감정적 요소를 강조하는 감정주의다. 권능주의는 능력 전도를 주장하는 좀 윔버 계열이고, 감정주의는 감정적 경험을 중시하는 존 아놋 계열이다. 존 아놋은 1988년에 토론토 공항 근처에서 빈야드 교회를 시작하였다. 빈야드 운동보다 더 격렬한 집회를 열었으며, 몸의 진동과 떨림, 쓰러짐, 입신, 술 취한 듯한 행동, 춤, 몸부림치거나 경련을 일으키는 현상, 뒹굴기, 웃거나 흐느껴 우는 현상, 짐승의 소리, 부르짖음 등과 같은 현상이 일어났다.643) 존 맥아더는 "이런 현상들은 성령의 열매라기보다 주술적인 현상이나 스스로 초래한 체험에 더 가까워 보인다"고 말했다.644) 일어난 체험을 뒷받침할 성경적 근거를 찾을 수가 없기

---

643) 빈야드 운동에 대한 (예장통합) 연구 보고서 연구분석 비판, Jan.9.2007. Accessed Aug.6.2019; http://cafe.naver.com/areobago/352; 〈토론토의 존 아노트는 신앙 체험에 있어서 감정을 대단히 중요시 한다. 그는 하나님 사랑과 이웃에 대한 사랑을 다분히 감정적으로 해석한다. 그가 로맨스(romance), 감정(emotion), 느낌(feeling)이란 단어들을 많이 사용하는 것과(John Arnott, 'The Father's Blessing' Orlando, Florida:Creation House,1995,pp.16,21,23,25,59,89.), "하나님은 너와 더불어 깊고 감정적이며 의미 있는 관계를 가지고 싶어 하시며, 그는 또한 네가 그런 관계를 다른 사람들과 갖게 되기를 원하신다?"(The Father's Blessing p.14)라고 말하는 것과, "우리는 감정적인 욕구를 가지고 있다 그리고 우리는 감정적으로 사랑을 받을 필요가 있다. 감정은 우리의 창조주로부터 온다. 하나님은 감정을 가지고 계신다. 그는 감정적이시다. 그리고 우리는 그의 형상대로 지음을 받았다. 그는 우리를 감정적으로 사랑하기 원하신다. 그는 우리가 그를 온 마음과 생명과 뜻을 다해 감정적으로 사랑하기를 원하신다."(The Father's Blessing p.26)라는 말이 이를 입증한다.〉
644) John F. MacArthur Jr., 무질서한 은사주의, 이용중 역 (서울: 부흥과개혁사, 2008), 222.

때문이다.

　웜버의 집회에서 신유의 기적이 일어났다고 주장할지라도 어떤 실제적인 치유도 없었다.

　　기독교인 의사 다섯 명으로 구성된 한 그룹은 오스트레일리아 시드니에서 존 웜버가 이끄는 최근의 한 부흥회에 참석했다. 이들은 자신의 집회에서 신유가 일어나고 있다는 웜버의 주장이 사실인지 확인하고자 그 자리에 참석한 것이다. 이들 가운데 한 사람인 필립 셀던(Philip Selden) 박사는 이렇게 전했다. 우리가 그 자리에서 지켜보고 있다는 것을 좀 웜버가 알았다는 사실은 아마도 우리가 이전의 부흥회에서 나온 것으로 알고 있는 그의 주장들을 '누그러뜨리는' 역할을 했을 것이다. … 웜버 씨는 허리 통증을 언급하면서 사람들에게 고통 완화를 기대해도 좋다고 말했지만 의사가 입증할 수 있는 변화는 전혀 없었다. 웜버도 손상된 척추가 정상적인 모양으로 회복된 경우는 한 번도 보지 못했다고 시인했다. 예상대로 신유의 대상이 된 대부분의 증상은 다음과 같이 심신증이나 사소한 질병이나 의학적으로 입증하기 어려운 범주에 속하는 것들이었다. 왼쪽 엄지발가락 통증, 신경질환, 호흡곤란, 불임, 비대칭적인 다리(이 경우가 제일 흥미롭다. 다리 길이는 정확히 측정하기 어렵다), 허리 통증, 목 통증 등, 이 의사는 이렇게 결론지었다. "지금 단계에서 우리는 입증될 수 있는 어떤 생물학적 치유도 발견하지 못했다."645)

　필립 셀던에 의하면, 웜버의 집회에서 일어난 치유라는 것들은 실제로 치유가 일어났다고 증명할만한 것은 아무것도 없다. 제3의 물결이라고 거창하게 표적과 기사를 내세웠지만 신뢰할만한 표적도 기사도 검증 가능한 것이 없었다. 웜버 자신도 만성 심장질환이 있었으며 암으로 죽었다. 성경에 나오는 예수님과 사도들의 기적을 근거로 웜버를 비롯한 은사주의자들의 기적은 사실상 의미가 없다. 와그너의 제3의 물결에서는 공리주의와 실용주의가 성경보다 더 우선한다.646)

　웜버의 빈야드 운동이 한국에 영향을 많이 미친 것이 쓰러지는 현상이다. 쓰러지는 것을 정당화하기 위해 에스겔 1:28과 다니엘 8:17을 말했다. 그러나 에스겔과 다니엘이 쓰러진 것은 하나님의 위엄 앞에 스스로

---

645) Ibid., 206-207.
646) Ibid., 219; 〈와그너는 자신의 실용주의적 관점에 대해 솔직하다. "나는 능력 전도를 우리 시대에 지상 명령을 성취하기 위한 중요한 도구로서 옹호하는 이들 가운데 한 사람임을 자랑스럽게 여긴다. 내가 능력 전도에 대해 그토록 열정적인 한 가지 이유는 능력 전도야말로 효과적이기 때문이다. 전반적으로 오늘날 가장 효율적인 전도에는 초자연적인 능력의 발현이 수반된다."

엎드린 것이다. 심지어 예수님을 잡으러 온 군사들이 넘어진 것과 무덤을 지키던 파수꾼이 넘어진 것 등을 증거 구절로 말하나(마 28:4; 요 18:6), 그런 일들은 은혜의 결과가 아니므로 성경적 근거가 될 수 없다.

윔버는 처음 토론토 블레싱을 보고 성령의 역사가 아니라고 비난했다. 후에 빈야드 연합회의에서는 토론토 블레싱을 빈야드 운동으로 인정했으며 윔버는 모든 공직에서 물러났다. 윔버의 죽음 이후로 빈야드 운동이 쇠퇴하자 마이클 비클이 하나님의 계시를 직접 들었다고 주장하면서 빈야드 교회에서 국제기도의 집(IHOP: Inernational House of Prayer)으로 바꾸었으며 중보기도 운동을 일으켰다. 한국에서 중보기도 운동이 일어났던 것은 우연이 아니다. 앞서 말한, 「어니 그루엔 리포트」로 어니 그루엔 목사가 마이클 비클이 세운 '캔서스 시티 펠로쉽 교회'의 문제점을 폭로했다. 24시간 기도의 배경은 자신이 하나님의 음성을 실제로 들었기 때문이라고 말했다. 예언사역과 그것을 뒷받침하기 위한 기도, 경배, 찬양으로 사역을 다양화시킨 것이 IHOP을 만들었다.647) 리포트가 공개되자 캔서스 시티 펠로우십(Kansas City Fellowship; KCF)은 존 윔버 아래로 숨었고 빈야드 교회로 변신했다. 윔버는 피터 와그너와 함께 늦은 비 운동, 신사도 운동을 전개했다.

(4) 지역귀신과 영적도해의 그룹

과반수 이상이 오순절 운동을 하는 사람들로 모였던 제2차 로잔회의(1989년)를 통해 피터 와그너는 소위 '영적 도해'라는 것을 시작했다. 와그너는 2차 로잔회의에서 다섯 팀의 워크숍에서 '지역 귀신과 전략적 수

---

647) 김재성, "I.H.O.P과 마이크 비클의 문제점들(상)," Jan.1.15.2011. Accessed Aug.6.2019. http://www.christiantoday.us/18278; 〈IHOP '국제기도의 집'에서는 시므온에 대한 언급보다는 안나에게 '기름이 부어졌음'을 강조하는데, 그 주된 이유는 주야로 성전을 떠나지 않고 금식하며 기도하고 있었다는 점에 착안한 것이다 (눅 2:37). '성령'의 지시하심을 받아서 예수 그리스도를 기다리며 증거 하는 일에 크게 쓰임 받았던 제사장 시므온이 훨씬 더 중요한 사역을 감당했음에도 불구하고 안나의 "기름부음"만을 강조하는 것은 건전한 성경해석이 아니다. 시므온은 언급조차 하지 않으면서, 소위 성전중심적인 생활 모습이 나타났다 하여 이들이 벌이고 있는 연속기도회 모임에 홍보용으로 합당하게 생각되는 안나의 '기름부음'만을 강조하는 것이다. 이처럼 '캔사스 선지자들' 거의 대부분은 기본적으로, 체계적으로 성경해석에 대한 교육을 받은 바 없기 때문에, 가장 나쁜 사례인 풍유적인 성경해석 (allegorical interpretation)을 가장 선호하고 있다. 해석자가 마음대로 성경의 의미를 추출하여 영적인 적용 (spiritual application)을 만들어 내는 것이다.〉

준의 중보기도에 관한 세미나'가 있었다고 말했다. 지역 귀신론이란 무소 부재하고 전능하신 하나님을 사단이 대적하나 제한된 영적 피조물이므로 사단의 졸개인 악령들과 함께 세계의 주요 지역에 중심 거점을 만들어 하나님을 대적한다는 이론이다.

피터 와그너는 조지 오티스, 신디 제이콥스 등과 함께 『지역사회에서 마귀의 진을 헐라』라는 책을 공동 저술했으며, 다음과 같이 말했다.

피터 와그너 : 이 과정이 시작된 것은 흔히 2차 로잔회의라고 부르는 역사적인 세계 복음화 회의에서였다. 세계 복음화를 위한 로잔위원회는 전 세계에서 4,500명의 지도자들을 초청한 가운데 1989년에 마닐라에서 열렸다. 이 회의에서 적어도 다섯 명의 연사들이 다른 참석자들 대부분이 전혀 이해하지 못하는 주제에 대해서 강의를 했다. 그 주제는 '지역의 영들'(territorial spirits)이었다. 나도 그 다섯 명의 연사들 중의 하나였다. 우리는 교회기 비울이 말하는 "정사와 권세와 이 어둠의 세상 주관자들과 하늘에 있는 악의 영들에 대한 싸움"(엡6:12)을 보다 적극적으로 해야 할 것이라고 주장했다. 우리는 그러한 "공중전"이 전 세계의 미전도 종족들에게 나아가 사역하는 전도자들, 교회 개척자들, 그리고 목사들이 수행할 지상전의 길을 닦기 위해 필요하다고 느꼈다.

피터 와그너 : 악령들의 이름을 밝히는 것과 깊이 연관된 기독교의 연구조사와 사역에 있어서, 상대적으로 새로운 영역은 '영적 도해'(spiritual mapping)이다. 이 분야의 발전과 사역의 주도적 인물은 남부 침례 외국선교회의 데니빗 버렛과 AD 2000년 운동의 루이스 부쉬, 파수대의 조오지 오티스 2세이다.

조지 오티스 : 사람과 사단의 세력 사이에 맺은 고대 계약들 중 많은 것들이 아시아에서 이루어졌고, 아시아는 현재 세계에서 인구가 가장 많은 곳이기 때문에 이 대륙이 지금 10/40 창문이라고 알려진 가장 복음화 되지 못한 지역이 되어있다는 사실은 놀라운 사실이 아니다. 사람의 수와 그 계약의 기간은 영적 세력의 지역적 참호와 영적 어둠 양쪽에 깊은 관련이 있다.648)

---

648) 신사도 운동에 대한 세이연 연구보고서, "신사도 운동은 기독교 대적자이자 이단사상 집합소." Mar. 17. 2013. Accessed Aug.6.2019. http://www.amennews.com/news/articleView.html?idxno=12575; 〈이 지역귀신에 근거한 영적도해 사상으로 피터 와그너는 풀러신학교에서 제명을 당하지만, 후에 인터콥과 예수전도단과 같은 선교단체에 영향을 미치게 되고, 국내외의 많은 선교단체들도 이러한 사상의 영향을 받아 소위 '땅밟기 기도'와 '백투예루살렘'을 주장하게 된다. 학자들은 이러한 영적도해에 의한 귀신론을 '신귀신론'이라고 부른다. 총신대 심창섭 교수는 인터콥의 최바울의 사상을 비판하는 보고서에서 김성태 교수의 글을 인용하고 있는데 아래와 같다. "루이스 부쉬의 10/40 창문 개념을 설명하면서 이곳 지역들이 가장 선교가 안 되고, 선교에 황무지인 것은 이 세상 신, 즉 지역 악마가 깊이 뿌리를 내리고 있다는 인식이 있다. 복음의 서진 운동 즉 백투예루살렘 운동을 하게 될 때 전략적 선교를 수행해야 하는데 이것은 소위 21세기 운동의 지도자들이 주장하는 전략적 영적 전쟁의 기반 위에서 이루어진다. 원래 '전략적 영적 전쟁'이란 피터 와그너를 중심으로 한 소위 신사도 개혁운동의 지도자들이 주장하는 핵심이론이다. 사단이 하나님을 대적하는데 있어서 무소부재하고, 전지전능하시지 못한 제한된 영적 피조물이기에 그의 졸개인 악령들과 더불어 세계의 중요 지역에 중심 거점을 만들어 놓고, 하나님을 대적한다는 이론이다. 이 이론은 민속학에서 나오는 지역 수호신의 개념을 놓고 생각하면 쉽게 이해가

심창섭 교수는 이런 영적 도해와 지역 귀신론이 "피터 와그너를 중심으로 한 소위 신사도 개혁 운동의 지도자들이 주장하는 핵심이론"이라고 말했으며, 민속학에서 나오는 지역 수호신의 개념이라고 비판했다.

(5) 피터 와그너의 신사도연맹

1988년 피터 와그너는 『제3의 물결』이라는 책을 발행하면서 빈야드 운동에 많은 관심을 가지게 되며, 이것이 신사도 운동의 직접적인 동기가 되었다고 본다. 제1의 물결은 오순절이며, 제2의 물결은 은사주의 운동이고, 제3의 물결은 그 두 가지를 결합한 것이다. 제3의 물결이 강조하는 것은 표적과 기사다.

신사도 운동은 앞서 말한 여러 비성경적인 그룹들과의 혼합과정을 거쳐서 만들어졌다. 브래넘의 늦은 비 운동의 사상이 캔서스시티 예언자그룹으로 계승되었고, 이어서 빈야드와 토론토 브레싱과 연합되었으며, 이후에 2차 로잔회의를 통하여 지역 귀신을 주장하는 영적 도해 그룹과 합쳐서 신사도 운동이 전개되었다.

와그너는 2001년부터 제2의 사도 시대가 개막되었다고 선언했으며, '국제사도연맹'(The International Coalition of Apostles, ICA)을 조직하여 신사도적 개혁운동을 시작했다. 와그너는 "기성교단들은 낡은 부대이

된다." 심창섭 교수가 비판한 내용은 인터콥의 김찬성 선교사와 대표 최바울(최한우) 선교사의 주장을 통하여서도 확인된다. 그들은 다음과 같은 말을 하였다. 인터콥 김찬성 선교사 : "백투예루살렘(Back to Jerusalem) 운동을 통하여 주님의 지상명령을 완수하기 위해 한국교회가 함께 동참할 수 있는 첫째의 방법은 10/40창을 위한 연합중보기도 운동에 참여하는 것입니다. 현재 10/40창을 묶고 있는 어둠의 세력을 향한 영적인 공중전에 함께 참여하는 것입니다. 백투예루살렘 운동이 나아가는 길목을 막고 있는 강한 자의 세력을 결박하고, 전진하는 영적군사를 후방에서 영적인 포의 지원사격을 하는 것입니다." 인터콥 최바울(최한우) : "또한 사탄의 세력은 예루살렘을 중심으로 직경 3000Km 전체를 강한 어둠의 진을 형성하여 장악하고 있습니다. 왜냐하면 주께서 재림하실 때에 바로 거룩한 곳에서 앉아있는 가증한 것, 즉 적그리스도를 멸하기 위해서 예루살렘으로 진격하시기 때문입니다. 곧 마지막 어둠의 세력, 미운 물건, 즉 가증한 적그리스도가 재건된 예루살렘 성전에 앉아 세계를 호령하며 위엄을 떨치게 될 것입니다. 그러나 바로 그 때 주님께서는 천군·천사들과 함께 강림하시어 적그리스도를 멸하고 인류 역사를 마감시킬 것입니다. 사탄은 이것을 알고 있습니다. 그렇기 때문에 예루살렘을 완전히 봉쇄하고 어둠의 진을 치고 지금까지 있는 것입니다." 〉

며 신사도적 개혁운동은 새 부대이다"라고 말했다. 신사도연맹의 사도의 회의에는 체 안(안재호), 조지 바나, 라이시 부룩스, 데이빗 케니스트라치, 잭 디어, 존 액카드, 테드 헤거드, 신디 제이콥스, 척 피어스, 로렌스 콩이 '사도'로 임명되었고, 후에 타드 벤틀리가 사도로 임명될 때 빌 존스와 릭 조이너, 체 안은 '기둥 사도'가 되었다.

신사도 운동은 세상을 7대 권역으로 나누어 신사도 운동이 종교뿐 아니라 가족, 비즈니스, 예술, 매스컴과 연예, 정부, 교육 등 모든 분야에서도 통치적인 지배를 하여야 한다고 주장한다. 이것을 그들은 'Dominion'(지배, 통치)이라고 부르기도 하고 'Kingdom Now'라고도 하며, 자신들을 종교개혁에 비교하며 기존의 기독교까지 전복시켜야 한다고 주장한다.[649] 주권운동의 7권역 가운데 '시장권'(market place)를 맡았던 ICA(국제사도연맹)의 일원이었던 리처 델리(Richer Deli)는 피터 와그너가 안수해서 사도로 세운 타드 벤틀리의 행위에 대해 이렇게 말했다.

> 이것은 처음부터 사람들이 기획한 것으로 악령에게 영향을 받은 것이요 타드 벤틀리에게 안수를 받고 부활했다는 20명도 입증되지 않은 거짓이었다.

타드 벤틀리가 병을 고쳤다는 수십 명의 번호는 가짜 전화번호를 언론에 내줬음이 드러났으며, 죽었다가 살아났다는 32건의 모든 보고서도 허위로 드러났다.[650] 존 맥아더는 다음과 같이 말했다.

---

649) 신사도운동에 대한 세이연 연구보고서, "신사도운동은 기독교 대적자이자 이단사상 집합소," Mar. 17. 2013. Accessed Aug.6.2019. http://www.amennews.com/news/articleView.html?idxno=12575/
650) 김 삼, "드러나는 신사도운동의 치부--피터 와그너와 벤틀리," **교회와이단**, Jul. 2011: 91-92. 그러나, 김 삼은 방언이 현존한다고 주장한다. 김삼, "영언(방언)은 처음 그대로 현존한다: 김삼 목사(언론인)의 정이철 목사의 부정적 방언관에 대한 반론," http://www.newspower.co.kr/sub_read.html?uid=25026; 〈사실 어떤 인간도 옹알이로 언어 생활을 시작한다. 옹알이를 하지 않고 유창하게 말을 시작하는 아기는 단 한 명도 없다. 마찬가지로 영언도 거의 대부분 일종의 '옹알이'로 시작된다. 처음부터 마치 유창한 외국어처럼 들리는 영언도 있긴 하지만 그다지 흔치가 않다. 그보다는 "럴럴러...", "다다다...", "바바바..." 형이 더 흔하다. 그런 의미에서 옹알이식 영언은 초기 영언의 일부 겸 바탕이라고 할 수 있다. 필자는 성령침례를 받던 날, 혀가 굳어지면서 '더'(Duh)!라는 외마디로 영언을 시작했다. 필자도 영언인지 거의 확신이 없었으나 나를 도운 사역자는 분명히 그것이 영언이라고 밝혀 주었다. 물론 현재는 '유창'하게 들리는 영언이지만.〉

어떻게 진실로 하나님의 계시를 받은 메시지가 오류나 거짓말에 오염될 수 있는가? 영감을 받은 예언은 성경과 같은 수준이어야 할 것이다. 그것은 곧 하나님의 말씀이다. 모든 예언적 계시는 "주 여호와께서 이같이 말씀하셨느니라"는 내용을 명시적일 경우가 아니더라도 암묵적으로라도 담고 있다. 계시적 예언은 예언자의 의견이나 공상이 아니다. 그것은 예언자의 마음속에 있는 단순한 인상이 아니다. 또 추측이나 점도 아니다. 그것은 점과는 아무런 관련이 없다. 그것은 하나님에게서 나온 말씀이다(참조, 삼상 3:1; 렘 37:17). 예언자는 하나님의 말씀을 대언하는 사람을 뜻하므로 가장 높은 기준의 책임을 져야 하며 거짓 예언을 하면 가장 엄중한 심판을 받는다(신 13:1-5, 18:20-22).[651]

맥아더에 의하면, 예언은 오류나 거짓이 없어야 한다. 예언은 예언자의 사적인 의견이나 공상으로 발언 된 것이 아니다. 예언은 오직 하나님께서 주신 말씀을 대언하는 것이다. 예언자는 하나님의 대변자다. 그런 까닭에, 예언은 참되고 신뢰성이 있고 오류가 없다. 오늘날 계시 혹은 예언이라는 이름으로 '이차적 수준의 영감'으로 받아들여야 한다고 주장하는 것은 성경의 권위를 무시하는 것이며 스스로 만들어 낸 권위이기 때문에 거짓이다. 이런 은사주의 예언의 대표적인 사람을 살펴보아야 한다.

1) 마이크 비클

캔서스 예언가 집단에 속한 폴 케인, 마이크 비클, 밥 존스 등의 예언은 성경의 예언과 현격하게 차이가 난다. 그들의 예언은 죽음, 가뭄, 지진, 전쟁과 같은 공포와 두려움에 관련된 것이다. 그런 예언의 정확도 역시 떨어진다. 마이크 비클 자신이 예언의 성취율이 20% 정도 될 것이라 보았다.[652] 반면에, 하나님께서 주신 성경의 예언은 전혀 오류가 없고 예언 그대로 이루어졌다.

2) 오럴 로버츠

미국 은사 운동가들의 비일관성은 이미 널리 알려져 있다. 1987년에

---

651) John F. MacArthur Jr., 무질서한 은사주의, 이용중 역 (서울: 부흥과개혁사, 2008), 102; "정경이 완성된 이래 하나님에게서 받았다는 사적인 계시를 권위의 근거로 삼은 이들이 참된 부흥이나 정통 신앙적인 운동을 이끈 적은 단 한 번도 없다는 사실에는 변함이 없다. 많은 집단이 새로운 계시를 받았다고 주장했지만, 그들 모두는 광신적이거나 이단 내지 사이비거나 기만적이었다."(p. 107)
652) Mike Bickle, 국민일보와의 인터뷰, Mar. 6. 2011; 김재성, 교회를 허무는 두 대적, 144-145에서 재인용.

오럴 로버츠(Oral Roberts, 1918-2009)는 자신이 8백만 달러를 모금하지 못하면 하나님이 자기를 천국으로 데려가시겠다고 위협하셨다고 말했다. 그로 인해 성도들이 자극을 받았고, 마감 시간 직전에 기증자가 나타나 기증함으로써 계시가 성취되었다고 주장했다. 그 기증과 성취란 플로리다의 어느 개 경주장 소유주에게서 거액의 수표를 받아 위기를 모면한 것이다.

그러나 그 일이 있고 난 2년 후에 키가 300m나 되는 예수님을 만났으며 「믿음의 치료와 연구의 도시」(City of Faith Meidcal and Reserach Center)를 건설하라는 계시를 받았다고 주장했다. 오클라호마 털사(Thulsa)라는 도시에 세웠던 그 의료센터는 결국 심각한 재정 적자로 1989년에 문을 닫았다. 로버츠는 하나님께서 자신에게 직접 나타나셔서 세계에 치유 기적을 알리려고 문을 닫게 하신 것이라고 말씀하셨다고 했다.653) 그의 딸 레베카 네쉬는 1977년 2월 11일 비행기 사고로 남편과 함께 사망했으며, 막내 로널드는 1982년 6월에 자살했다.

로버츠는 번영신학의 선구자로 불리며, 소위 '씨앗의 믿음'(Seed-Faith)이라는 개념을 만들었다. '씨앗의 믿음'이란 '믿음으로 심은 씨앗은 더 큰 보상으로 돌아온다'는 것이다. 로버츠는 미국에서 제2차 세계대전 이후에 가장 두각을 드러낸 오순절 운동가였다. 로버츠는 어느 날 기도를 드리고 성경을 펼쳤을 때 순간적으로 요한3서 1:2를 읽었다. 로버츠는 사도행전 10:38, 누가복음 9:56, 요한복음 10:10을 통해 다음과 같은 결론에 도달했다.

---

653) John F. MacArthur Jr., **무질서한 은사주의**, 이용중 역 (서울: 부흥과개혁사, 2008), 64-65; 〈하나님은 내 영혼에 말씀하셨다. "나는 기도와 의학이라는 나의 치유의 물줄기들을 통합하는 일에 대해 온 세상의 상상력을 사로잡을 만큼 거대한 믿음의 도시를 너에게 짓게 했다. 그러나 나는 이 계시가 털사에 국한되는 것을 원하지 않는다. 이제 내가 나의 치유의 물줄기들을 통합한다는 이 개념을 모든 민족에게 알리고 모든 장래 세대에 전하기를 원하는 때가 이렇다." 지금까지의 그 어느 때보다도 분명하게 하나님은 내 영혼에 이런 영감을 주셨다. "너와 너의 동료들은 온 세상과 온 교회와 모든 세대를 위해 기도와 의학을 통합시켰다. 이 일은 다 이루어졌다." 나는 이렇게 여쭈었다. "그래서 8년 뒤에 병원을 문 닫게 하시고 11년 뒤에 의과대학을 문 닫게 하셨습니까?" 하나님은 말씀하셨다. "그렇다. 내 아들이 공생애 3년 뒤에 십자가에서 '아버지, 다 이루었습니다.'라고 말한 것과 같은 식으로 사명이 다 이루어졌다."

하나님은 사람으로 하여금 병에 걸리게 함으로써 고통을 주지는 않는다. 사람이 병에 걸려 고통을 당하는 것은 악마의 장난 때문이다. 하나님은 오직 선한 존재이며 인간의 건강과 번영을 바라고 있을 따름이라는 신념을 강하게 가지게 되었다.[654]

여의도 순복음 교회의 조용기 목사는 로버츠의 영향을 받았으며, 그 부인 김성혜는 오럴 로버츠 대학에서 박사학위를 받았다. 조엘 오스틴은 로버츠가 죽었을 때, "그는 신앙의 위대한 선배였고, 나를 비롯해 세계의 수많은 교인들의 마음속에 남겨진 그의 사랑의 메시지는 유산으로 영원히 남을 것"이라고 말했다.

3) 잭 헤이포드

캘리포니아 로스앤젤레스 북쪽 밴 나이스에서 '처치 온 더 웨이'(church on the way) 교회를 목회하는 잭 헤이포드(Jack Hayford)는 북미주 오순절 회합에서 예수님께서 자신에게 '두 번째 강림을 위한 새로운 시대가 오고 있다'라고 말씀하셨다고 주장했다. 헤이포드는 환상 중 하늘의 영광스러움을 보았으며 오른쪽 보좌에 앉아계신 예수님을 보았다고 말했다. 예수님께서는 함께 일어나서 준비하는 자들에게는 두 배나 강한 기름 부음을 주시겠다고 직접 말씀하셨다고 주장했다.

4) 케네스 헤긴

케네스 헤긴(Kenneth Hagin)은 자신이 젊었을 때 결혼대상자였던 여인의 도덕적 부정을 하나님께서 자신에게 알려주셨다고 말했다. 주일날 설교 중간에 기적적으로 자신을 불러내서 50마일 떨어진 곳에 세우고 그 여인의 부도덕한 성행위를 보게 하셨다고 말했다.[655] 변승우는 케네스

---

654) 홍치모, "미국 오순절 성령운동의 역사적 개관," 신학지남 60(2) (1993): 100(86-103).
655) John F. MacArthur Jr., 무질서한 은사주의, 이용중 역 (서울: 부흥과개혁사, 2008), 64-65; 〈나는 갑자기 사라졌다! 한참 설교하던 도중에 나는 15마일 떨어진 어느 작은 마을의 길 위에 서 있게 되었다. 때는 토요일밤이었다. 나는 한 건물에 기대어 있었는데 그때 마침 이 젊은 숙녀가 길을 따라 걸어오는 모습을 보았다. 그녀가 내가 선 곳에 이를 때쯤 차 한 대가 길을 따라 왔다. 차를 몰던 남자는 길 가장자리에 차를 대고 경적을 울렸고 그녀는 그의 차에 탔다. 그 남자는 차를 후진시켜 방향을 틀더니 마을을 빠져나갔다. 그리고 갑자기 나는 그 차의 뒷좌석에 앉아 있게 되었다! 그들은 교외로 나가 간음을 저질렀다. 그리고 나는 그들의 모습을 목격했다. 나는 계속 구름 속에 있었다. 그 순간 갑자기 내 목소리가 들리면서 구름이 걷혔다. 나는 설교단 뒤에 서

해긴의 『진짜 구원받은 사람도 진짜 버림받을 수 있다』는 책을 추천하고 구원받은 사람도 버림받을 수 있다고 주장했다.[656]

5) 로드맨 윌리엄스

로드맨 윌리엄스(J. Rodman Williams)는 다음과 같이 말했다.

> 살아 계신 하나님으로서의 성령은 지난 시대의 증거를 통해서도 역사하지만 그것을 넘어서서 움직이신다. 그 가치 있는 기록들은 오늘날 어떤 일이 일어나는가에 대한 모델일 뿐이다.[657]

윌리엄스의 이런 말은 성경이 하나님의 계시의 최종본이 아니라는 주장이다. 윌리엄스는 성령께서 오늘도 성도들에게 성경과 같은 종류의 감동을 내려주신다고 주장한다. 윌리엄스는 "누군가 '주님께서 이렇게 말씀하신다'고 말하면서 성부와의 교제를 담대히 언급한다고 해도-심지어 성경 말씀을 초월한다 해도- 그런 일이 오래전에도 있었다는 사실을 알아 두는 것이 좋다."고 말했다.[658] 윌리엄스는 새로운 계시의 발생을 말하면서 예언의 은사를 다음과 같이 말했다.

> 예언 속에서 하나님은 말씀하신다. 예언은 말씀만큼이나 간결하고 심오하여 놀랍다! 집회에서 그 자리에 있는 누군가가 갑자기 말씀을 선포하고 그 결과 모임 안에서 다양하게 "주님이 이렇게 말씀하신다"는 예언이 나오는 일도 발생할 수 있다. 예언은 보통 (늘 그런 것은 아니지만) 예컨대 "내가 너와 함께 있어 너를 축복하고 …," 하는 식의 1인칭으로 이루어지며 '나와 너'의 만남이라는 직접성이 있다. 예언은 '하늘의 언어'가 아닌 화자의 모국어로, 화자의 몸에 밴 억양과 리듬과 말투로 이루어진다. 실제로 예언의 말은 조잡하고 비문법적일 수도 있으며 '흠정경' 식 영어와 현대 영어가 뒤섞인 것일 수도 있다. 또 유창할 수도 있지만 더듬거

있었다. 이전에 무슨 말을 했는지 몰라 무슨 말을 해야 할지 난감했다. 그래서 그냥 이렇게 말했다. "모두 함께 기도합시다." 그리고 우리는 기도했다. 시계를 보니 … 약 15분 가량 구름 속에 있었던 셈이다. 내가 교회 문밖을 나서는 성도들과 차례로 악수를 나누는 동안 이 젊은 숙녀가 가까이 다가왔다. 나는 말했다. "어젯밤엔 못본 것 같네요." 그녀가 말했다. "네, 어제 __에 있었어요"(그러면서 그 작은 말을 이름을 꺼냈다). 나는 말했다. "네, 나도 압니다."〉

656) 오명옥, "큰믿음교회 변승우 목사 빈야드 이단 집회," **교회와이단**, 2007년 9월호, 48-51.
657) 김재성, **개혁주의 성령론** (서울: CLC, 2014), 373.
658) Williams, *Era*, 16; John F. MacArthur Jr., **무질서한 은사주의**, 이용중 역 (서울: 부흥과개혁사, 2008), 77에서 재인용; "성령 안에서 오늘날의 교제는 성경의 기록에 나오는 어떤 내용에 못지않게 하나님의 생생한 임재의 장이다. 참으로 이 과거의 증언에서 배우고 마음에 새길 만한 사실에 비추어 볼 때 우리는 우리 시대와 장래에 새로운 일들이 일어날 것을 기대할 수 있다."

릴 수도 있다. 그런 것들은 사실 문제가 안 된다. 왜냐하면 예언 속에서 하나님은 당신이 발견하신 것을 사용하시며 성령은 연약한 인간이라는 도구를 통해 주님의 말씀을 선포하신다.659)

월리엄스의 말에 의하면, 은사주의자들의 예언이 성경의 예언과 동등한 계시가 된다. 그러나 현대의 은사주의자들의 예언이 사기와 오류를 가지고 있다는 현실을 고려할 때 성경의 예언과 결코 동일시 될 수가 없다. 윌리엄스는 이 문제를 인식하고 은사주의자들의 예언이 성경 기자와 동일한 권위를 가지고 있지 않다고 말했다.660) 그러나 그 차이가 무엇인지, 그 분별을 어떻게 해야 하는지에 대해서는 아무 말이 없다. '하나님께서 지금도 자기 백성에게 말씀하신다'는 윌리엄스의 주장을 들으면, 오래지 않아서 새로운 성경이 추가될 것 같은 예감이 든다. 은사주의자들의 예언으로 인해 '오직 성경으로'(Sola Scriptura)라는 개혁신앙의 유일한 신적인 권위가 무너지고 있다.

6) 케네스 코플랜드

---

659) Williams, *Era*, 27-28; John F. MacArthur Jr., **무질서한 은사주의**, 이용중 역 (서울: 부흥과개혁사, 2008), 77-78에서 재인용; "이 모든 것은 다시 말하지만 매우 놀랍고 신기한 것이다. 우리 대부분은 물론 성경에 기록된 것과 같은 예언의 선포에 익숙하며 그것을 기꺼이 하나님의 말씀으로 받아들인다. 우리는 이사야나 예레미야의 말씀 선포에는 익숙했지만 오늘날 20세기에 톰이나 메리가 그와 똑같이 예언하는 것을 듣는 데는 익숙하지 않다! 우리 대부분은 또한, 성령의 역동적인 능력으로 갑자기 예언이 다시 되살아나기 전에는 예언이 (그와 반대 되는 신약의 모든 증거에도 불구하고) 신약 시대와 더불어 끝났다고 스스로를 설득시켰다. 이제 우리는 어떻게 그토록 오랫동안 신약을 잘못 해석할 수 있었는지 의아할 따름이다."

660) Ibid.; 〈윌리엄스도 그러한 위험성을 깨닫고 이렇게 말했다. "예언은 절대로 우연히 받아들여질 수 없다. 예언은 진실로 하나님이 자기 백성에게 보내는 메시지이므로 선포되는 예언의 각 말씀과 교회 생활 안에서 이루어지는 예언의 적용에 대해 매우 진지하고 주의 깊은 심사숙고가 있어야 한다. 또한 예언이 남용될 위험성-하나님께 말씀을 받은 듯이 꾸며 될 가능성-이 언제나 존재하기 때문에 영적인 분별이 필요하다." … 아마도 윌리엄스는 「로고스 저널」(Logos Journal)에 자신의 생각을 다음과 같이 명백히 하려고 한 것을 보면 훗날 자신이 제기한 문제를 인식한 것 같다. "나는 어떤 식으로든 오늘날의 체험에 성경과 같은 수준의 권위를 부여할 생각은 없다. 오히려 나는 성경의 결정적 권위를 힘주어 지적한다. 그러므로 하나님은 오늘날에는 성경 기자들에게 말씀하신 것만큼 권위 있게 말씀하시지 않는다. 그러나 하나님은 계속해서 말씀하신다(하나님은 신약정경의 완성에서 멈추시지 않았다). 그러므로 하나님은 '과거 증인들의 기록들을 관통하고 초월하여 역사하신다.' 왜냐하면 그분은 지금도 여전히 자기 백성 가운데 말씀하시고 행하시는 살아 계신 하나님이기 때문이다."〉

케네스 코플랜드는 성경해석을 직통 계시를 통해 얻는다고 말한다. 코플랜드는 마가복음 10:10-31의 젊은 부자 청년 이야기를 말하면서 하나님께서는 자기 백성이 물질적으로 부요하기를 원한다고 말했다. 코플랜드는 그 증거는 21절이며, 하나님께서는 세속적이고 금전적인 이익을 약속하는 것이라고 주장했다. 코플랜드는 "이것은 부자 청년이 그때까지 제안받아 본 가장 큰 재정적 거래였다. 그러나 그는 하나님의 재정 원리를 몰랐기 때문에 이 제안을 뿌리친 것이다"라고 말했다.661) 코플랜드의 이런 성경해석은 예수님의 말씀과는 완전히 의도가 벗어난 것이다. 코플랜드는 텍사스 주 댈러스에서 열린 사흘 동안의 '승리 캠페인' 기간에 예수님께서 자기에게 계시해 주었다면서 다음과 같이 말했다.

> 주님은 말씀하신다. 지금은 이런 일들이 일어날 때다. 지금은 영적인 활동이 증거할 때다. 오, 그렇다. 마귀의 활동도 그와 동시에 함께 증가 될 것이다. 그러나 불안해하지 말라. 너희가 스스로를 하나님이라고 생각한다는 이유로 사람들이 너희를 비난할 때 염려하지 말라. 사람들이 너희를 헐뜯고 너희에게 거칠고 무례하게 말할 때 염려하지 말라. 그들은 나에게도 그런 식으로 말했는데 하물며 너희에게도 그런 식으로 말하지 않겠느냐. 너희가 나를 점점 더 닮아갈수록 너희에 대해서도 점점 더 그런 식으로 생각할 것이다. 그들은 내가 하나님이라고 주장했다는 이유로 나를 십자가에 못 박았다. 그러나 나는 나 자신이 하나님이라고 주장하지 않았다. 나는 그저 하나님과 동행했고 하나님이 내 안에 계셨다고 주장을 했을 뿐이다. 할렐루야. 너희가 하고 있는 일이 바로 그것이다.662)

코플랜드가 말하는 예수님은 어디에 나오는 예수님인가? 예수님께서는 분명히 "나와 아버지는 하나이니라"(요 10:30)고 말씀하셨다. 예수님께서는 자신이 하나님이라고 주장하셨고 유대인들에게 계속해서 알려주셨다.663) 요한복음은 시작부터 예수 그리스도께서 신성한 하나님이시라고 말한다(요 1:1, 14).

7) 에드가 케이시

661) Kenneth Copeland, *Laws of Prosperity* (Fort Worth: Kenneth Copeland Publications, 1974), 65; John F. MacArthur Jr., **무질서한 은사주의** (서울: 부흥과개혁사, 2008), 28에서 재인용.
662) Kennethe Copeland, "Take Time to Pray," *Voice of Victory* (Feburary 1987), 9; John F. MacArthur Jr., **무질서한 은사주의**, 이용중 역 (서울: 부흥과개혁사, 2008), 815에서 재인용.
663) 요 5:16-18, 8:58, 10:30-33; 막 14:61-64.

케이시(Edgar Cayce)는 1945년 죽기 전까지 매일 하루에 책 반 권 분량의 예언을 남겨서 '20세기의 가장 신통했던 예언가'라고 불렸다. 케이시는 1, 2차 세계대전의 종전날짜, 케네디 대통령의 암살, 우주 왕복선 챌린저호의 폭발사고, 체르노빌 원자력 발전소 폭발사고, 구소련의 민주화, 1998년 이집트의 새로운 유적지 발견 등의 예언이 적중하자 신령한 예언자로 인정받았다.

그러나 케이시의 더 많은 예언은 빗나갔다. 1960년대 아틀란티스 대륙의 출몰, 1990년대 일본 대륙의 침몰, 1990년 말의 지구 자극 변화 예언, 2000년이 되기 전 암치료약 개발, 전 세계 공산주의 붕괴, 로마 교황청의 해산, 1970년경 인류의 텔레파시 발견, 전 세계 합동 화산 폭발, 전 세계의 땅 2/3 수장과 같은 예언들은 거짓이었다.

김동찬 교수는 다음과 같이 말했다.

> 케이시는 잠에 빠진 상태에서만 영적인 활동을 했는데, 예언할 때는 눈을 감고 무아경(Trance) 상태에 빠져들었으며, 그 상태에서 그의 영이 하늘에 올라가 서랍처럼 생긴 서고에서 글을 읽고 내려온다고 주장했다. 케이시는 죽는 날까지 14,500가지 항목의 예언을 했다. 그가 남긴 어록은 49,000페이지나 되는 방대한 양이었다. 그럼에도 불구하고 케이시 자신은 자기가 무아경 상태에서 무슨 말을 했었는지 전혀 기억하지 못했다.664)

케이시는 요가를 통해 쿤달리니 에너지를 얻고 옴(AUM) 진동으로 에너지를 얻었다. 케이시는 "영혼은 신과 하나로 합일되기 위하여 발전해 나아가야만 하며, 그러기 위해서는 반드시 우주 힘의 범위 안에 있는 모든 단계를 통과해 나아가야만 한다."고 말했으며, '행성에서 행성으로의 윤회전생'이라는 사상과 관련 있다.665) 이런 것들은 케이시가 접신을 통

---

664) 김동찬, **방언 바로 알기** (서울: 베다니출판사, 2015), 118.
665) Kenneth Paul Johnson, **에드가 케이시가 말한 태양계의 차원과 요한계시록**, 박태섭 역 (정신세계, 2000년 3월호) http://blog.daum.net/friend777/11720029; "우리가 지구상에서 행업(行業)으로 창조해낸 것은 지구상에서 과보로 받는다. 그러나 영역(realm=태양계)에서 정신력으로 만들어낸 의업(意業)의 과보는 영역(=태양계)에서 받게 된다.", "태양계 내 행성들은 인간 양심의 맑음, 지적 이해력, 또는 감각적 지각 능력의 정도와 관계가 있다"는 것이다. 어록의 다른 곳을 보면 또 이렇게 설명하고 있다. "윤회전생(interlife sojourns)은 의식의 단계를 말하는 것이다. 이 단계들에는 각각 행성을 뜻하는 이름이 붙여져 있는데, 바꿔 말하면 각각의 행성 이름은 각각 특정하게 결정화된 행동의 중심임을 뜻하는 것이다." 케이시는 "영혼의 윤회전생"에 관해 또 다음과 같이 설명하고 있다: "수성은 마음에 속하고, 화성은 광기에 속한다. 지구는 육신을 뜻하고 금성은 사랑을 의미한

해 예언했다는 것을 말해준다.

8) 데이비드 오워

오워(David Edwards Owuo)는 2010년 "대한민국의 죄가 많아서 곧 제2차 한국전쟁이 일어날 것"이라고 예언했으나 빗나갔다. 오워를 초청 하여 집회를 열고 주관한 『주님을 기다리는 신부들』이라는 카페의 운 영자는 옛날 휴거 예언을 통해 세상을 떠들썩하게 했던 이장림 목사와 함께 했던 장만호다.666) 오워는 유튜브에 영상을 올려 허위광고를 하였 다. 한국에 와서 쏟아낸 무시무시한 전쟁 예언을 총격사건으로 성취되었 다고 말한 것은 자신의 예언이 거짓이라는 것을 스스로 드러낸 것이다.

9) 데이비드 윌커슨

데이비드 윌커슨(David Wilkerson)은 "바로 지금 제 영혼 속에는 5년 이내로 소위 복음 텔레비전 방송국이라는 것은 더 없게 될 것이라고 느 낍니다. 그들 모두가 파산하여 완전파멸할 것이라고요."(1994년 12월 12 일 솔로몬교회)라고 예언했으나 거짓이 되고 말았다. 또한 1992년(7월 7 일)에는 이렇게도 예언했다.

> 저는 이곳 뉴욕시에서 한꺼번에 1,000건의 화재가 일어나는 환상들을 되풀이 보아왔습니다. 제가 확신하기로는, 인종폭동들이 곧 일어날 것입니다. 뉴욕시는 폭발할 준비가 된 하나의 화 약고입니다. 연방과 주 웰페어(사회복지) 삭감이 그 발화점이 될 것입니다. 내년에 뉴욕시의 혜택이 끊긴 데 분노한 10만 명의 남자들이 거리에서 난동을 … 연방 방위군이 질서회복을 위해 동원될 것이고요. 뉴욕 시가지로 탱크들이 지나갈 것입니다. … 나다니기가 너무나 위험 하여 교회들은 한동안 폐쇄될 것입니다. 곳곳에서 화재가 발생할 것입니다.

윌커슨의 예언은 이루어지지 않았다. 이 외에도 2000년에 재정이 붕 괴될 것이라고 예언했으나 이루어지지 않았고 자기의 과오를 시인했다.

다. 목성은 힘이며, 토성은 지구상의 모든 재난이 처음 시작되는 곳이다. 말하자면, 모든 불완전한 물질이 토성 으로 내팽개쳐지고 새로이 시작되는 것이다. 천왕성은 심령에 속하며, 해왕성은 신비에 속한다. 셉띠무스(명왕 성, Septimus)는 의식에 속하며, 아크투루스(大角星: 목동자리의 가장 큰 별)은 발전에 속한다."
666) 현대교회의 방언과 예언은 성경적인가? Jun.3.2017. Accessed Aug.24.2910.
https://m.blog.naver.com/imillera/221021005144

10) 샨 볼츠

볼츠(Shawn Bolz)는 이용규 선교사가 널리 홍보해 준 거짓 예언자다. 샨 볼츠는 다음과 같이 말했다.

한국의 정치 고문으로 보이는 천사가 삼일동안 제 방에 찾아왔습니다. 처음 이틀 동안 내 옆에 서서 정부 문서로 보이는 꾸러미를 가지고 저를 깨웠습니다. 삼 일째에 천사는 내게 그 꾸러미를 전달해 주었습니다. 그것은 '공식 문서'였습니다. 제가 모든 면을 자세히 볼 수 있었던 것은 아닌데 하나님께로부터 제 영에 정보들이 다운로드 되었습니다. 여기에서 저는 하늘로부터 한국에 보내진 '임무 보고'를 보았습니다. 여기에는 하나님께서 한국을 그 분의 뜻에 따라 국내적으로 국제적으로 장차 인도하시려는 내용이 요약되어 있었습니다. 이 환상에서 본 첫 번째 페이지에 대권을 위해 준비하는 사람의 사진이 있었습니다. 한국의 대통령 선거가 곧 다가오고 있는데 이 사람이 하나님의 은총과 지혜를 받은 사람임을 보았습니다. 하나님께서 대한민국을 어떻게 움직이기를 원하시는지 아는 사람을 대통령의 자리에 앉게 하셨습니다. 하나님은 대한민국의 차기 대통령을 통해 몇 가지 중요한 변화를 일으키시고 한국과 아시아 및 세계의 운명에 새로운 변화를 일으키시고자 합니다. 만일 대한민국의 운명이 전 세계에 영향을 미친다면 어떻게 될까요? 바로 지금이 기도할 때입니다!667)

새로 선출된 대통령이 "하나님의 은총과 지혜를 받은 사람"인지 알 수가 없으며, "한국과 아시아 및 세계의 운명에 새로운 변화를 일으"킨 인물이라고 보기에는 적절치 않다. 한 마디로 볼츠의 예언은 한국의 정치와 지리적 상황을 알면 누구나 말할 수 있는 것이다.

11) 베니 힌

---

667) 정이철, "거짓 예언을 신봉하게 만드는 이용규 선교사," Dec.18.2014. Accessed Aug.24.2019. http://www.good-faith.net/news/articleView.html?idxno=186; "하나님께서는 한국에 투자 전략을 가르치실 것이며 한국에서 발명된 제품, 기술력, 계약, 특허들을 온전히 사용할 것입니다. 또 하나님께서는 국제 산업 구조를 바꾸셔서 한국의 산업에 특정한 기술력을 도입하도록 하고 외국에서도 한국의 것을 사용하시게 할 것입니다. 한국은 경제가 최대로 발전되는 시기에 들어갈 것입니다. 어떤 영역에서는 한국이 향후 3-10년 동안 리드하게 될 것이며 막대한 부를 창출하게 될 것입니다. 또 이 문서에서 부와 영향력을 하나님의 뜻에 따라 사용하지 않았던 기업의 목록이 있었으며 이 기업들은 장차 어려움을 만나게 될 것입니다. 하나님께서는 그들 대신에 새로운 기업들을 일으키시고 그들에게 준 혜택을 오용한 기업에 대한 심판의 시간이 될 것입니다. 한국교회에 부흥이 일어나 온 나라가 진정한 변혁을 경험할 길을 준비하게 될 것입니다. 하나님께서는 매우 빠르게 한국의 전교회가 성숙하도록 하실 것입니다. 하나님께서는 한국의 지도적인 교회들의 문화를 발전시키고 교회구조를 발전시킬 사람을 보내시고 계십니다. 한국의 새로운 사도적 사역으로 인하여 아주 짧은 시간에 기독교의 얼굴을 변화시킬 것입니다. 20-100년이 걸리는 변혁이 한국에서는 5-10년 사이에 일어날 것입니다."

베니 힌(Tofik Benedictus Benny Hinn)은 주님의 인도로 선지자 엘리야와 캐서린 쿨만과 다른 하늘의 성도들과 접촉했다고 말했다. 베니 힌은 성령의 기름 부으심을 받기 위해 정기적으로 캐서린 쿨만(Kathryn Kuhlman)과 에이미 맥퍼슨(Aimee Semple McPherson)의 무덤을 찾아갔으며, 그곳에서 하나님의 강력한 기름 부으심을 느꼈다고 말했다. 이것은 베니 힌이 강신술을 행했다는 것을 말한다. 캐서린 쿨만은 20세기에 가장 큰 영향력을 끼친 여성 사역자이며, 오랄 로버츠의 아들 리처드 로버츠, 미셸 코렐, 베니 힌 등과 수많은 은사주의 사역자들이 그녀의 영향을 받았다.

베니 힌은 1999년에 세상이 끝날 것이라 했다. 쿠바의 카스트로는 1990년에 죽을 것이라 했다. 누군가가 피델 카스트로를 암살할 것이지만 실패할 것이고 건강에 이상이 와서 죽을 것이라고 예언했다. 하나님께서 쿠바를 방문할 것이라는 거짓 예언을 했다. 또한, 1995년이 되기 전에 하나님께서 미국에서 동성애를 불로써 모두 파괴할 것이라고 예언했다. 그로 인해 동성애자들이 회개하고 구원을 받게 될 것이고 회개하지 않은 자들은 죽을 것이라고 예언했다. 어처구니없게도 2015년에 미국은 동성결혼이 합법화되었다.

베니 힌은 시리아의 통치자 하페자 알 아사드가 사망하기 전에 이스라엘과 평화협정을 맺게 될 것이라고 예언했으나, 평화협정은 실패했으며 아사드는 죽었다. 그러자 베니 힌은 알사드의 죽음은 하나님의 뜻이 아니라고 말했다.

12) 릭 조이너

릭 조이너(Rick Joyner)는 하나님으로부터 규칙적인 메시지를 받는다고 주장하며 신약의 선지자라고 말한다. 릭 조이너는 9개월 안에 핵폭탄을 포함한 재난이 미국 남부의 캘리포니아를 강타할 것이고 테러범의 공격과 거대한 지진이 일어날 것이라고 예언했다(1997년). 그러면서 이스트코스에 있는 방갈로를 모라비안교도들에게 팔아 이익을 챙겼으며, 조이너의 예언은 불발되었다.

무엇보다 조이너는 자신의 책 『There were Two Trees in the garden』의 「하나님의 아들의 나타남」에서 사단에게 적용되는 것을 성도들에게 적용했다(사 14:13-14). 조이너는 "우리는 이것을 알아야 합니다. (하나님은) 우리가 하늘에 오르기를 원하시며, 그는 우리가 북극 집회의 산 위에 앉기를 원하시며, 가장 높은 구름에 올라가 지극히 높은 이와 같아지기를 원하십니다"라고 말했다.668)

13) 해롤드 캠핑

해롤드 캠핑 목사는 자주 지구의 종말을 예언했으나 한 번도 맞은 적이 없다. 1994년 9월 6일에 종말이 온다고 처음 예언했으나 이루어지지 않았으며 새롭게 2011년 5월 21일에 세상 끝이 온다고 했으나 아무 일도 일어나지 않았다. 캠핑은 예언이 이루어지지 않을 때마다 "계산이 잘못되었다"고 말했으며, 자신이 마지막으로 2011년 10월 21일에 종말이 올 것이라고 예언했으나 그 예언마저 이루어지지 않자 "내 예언이 틀렸다"고 인정했다. 또한, 자신의 추종자들에게는 세상이 곧 끝날 것이라는 증거를 갖고 있지 않다고 말했다.

홍혜선은 2014년 12월 14일 새벽 4시 30분에 북한이 쳐 내려와서 한반도에 전쟁이 일어날 것이라고 방언을 하며 통역도 하고 예언도 했지만, 그 예언은 빗나가고 말았다. 그녀의 방언과 통역과 예언은 거짓이었다.

거짓 선지자에 대한 경고
성경은 거짓 선지자에 대해 강력하게 경고한다.

> 20 내가 고하라고 명하지 아니한 말을 어떤 선지자가 만일 방자히 내 이름으로 고하든지 다른 신들의 이름으로 말하면 그 선지자는 죽임을 당하리라 하셨느니라 21 네가 혹시 심중에 이르기를 그 말이 여호와의 이르신 말씀인지 우리가 어떻게 알리요 하리라 22 만일 선지자가 있어서 여호와의 이름으로 말한 일에 증험도 없고 성취함도 없으면 이는 여호와의 말씀하신 것이 아니요 그 선지자가 방자히 한 말이니 너는 그를 두려워 말지니라(신 18:20-22)

668) 현대교회의 방언과 예언은 성경적인가? Jun.3.2017. Accessed Aug.24,2910.
https://m.blog.naver.com/imillera/221021005144

자신이 말한 대로 성취되지 않는 선지자는 거짓 선지자다. 그런 거짓 선지자는 사형에 처했다. '참된 선지자인가? 아닌가?'의 기준은 예언의 성취에 있다. 그러나, 존 화이트(John White) 박사는 거짓 선지자를 분별하는 법에 대해 말하면서 단 한 번도 정확성이나 진실성을 판단 기준으로 언급하지 않았다.[669] 해외에서만이 아니라 국내에서도 '24시간 예수님을 바라보기'를 하거나 '하나님의 음성 듣기 세미나'가 성행하고 있다.

정경의 선택과 완성

오늘날 이런 비성경적인 예언들과 예언자들이 넘쳐나는 것은 성경에 대한 잘못된 이해에 근거한다. 유다서 1:3은 성경의 완성에 대한 의미심장한 내용이 있다.

> 사랑하는 자들아 내가 우리의 일반으로 얻은 구원을 들어 너희에게 편지하려는 뜻이 간절하던 차에 성도에게 단번에 주신 믿음의 도를 위하여 힘써 싸우라는 편지로 너희를 권하여야 할 필요를 느꼈노니(유 1:3)

첫 번째로, 이 말씀에 "믿음"은 정관사가 붙어 있다. 정관사가 있다는 것은 그 믿음이 '유일무이한 믿음'이라는 뜻이다. 두 번째로, "단번에"(헬, 하팍스)는 "지속적인 결과를 지니고 반복될 필요가 없이 영원히 이루어지는 것을 가리키는 말"이다. 다시는 추가되거나 변경될 필요가 없는 믿음이다. 세 번째로, "주신"이라는 말은 부정 과거 수동태 분사이며, 지속적인 요소가 없는 과거에 이미 완성된 행위를 말한다. 수동태로 되어있다는 것은 인간이 인간 안에서 만들어 낸 것이 아니라 하나님께서 죄인들에게 주셨다는 뜻이다.[670]

---

669) John F. MacArthur Jr., **무질서한 은사주의**, 이용중 역 (서울: 부흥과개혁사, 2008), 100; 〈사실 화이트는 스스로 그런 것들은 선지자의 자격에 대한 타당한 판단 기준이 아니라고 생각한다고 명시적으로 밝힌다. 화이트는 기적된 예언을 한 사람은 필연적으로 하나님의 대언자로서의 자격이 없다고 생각하지 않는다. 그는 거짓 선지자를 분별하는 문제에 대한 글을 이런 말로 마무리한다. "예언자들도 당연히 인간이다. 그러므로 그들도 실수하고 거짓말할 수 있다. 실수와 실패 때문에 그들은 더 이상 예언자가 아니라고 단정지을 필요는 없다."〉

기독교 신앙은 주관적이고 신비적인 계시가 아니라 객관적이고 역사적인 계시에 의존한다. 하나님께서 최종적으로 완성된 계시를 주신 것은 성경이다. 성경은 이미 주어진 계시를 넘어서지 말라고 분명하게 경고한다.

은사주의자들은 주어진 성경에 더 추가하려고 한다. 은사주의자들은 예언이라는 명목으로 하나님의 최종 계시에 자신들의 사견을 덧붙여서 성경의 무오성과 권위를 훼손하고 있다.

기독교인들은 열린 세계관으로 산다. 지금도 하나님의 역사가 있다. 지금도 성령 하나님께서는 하나님의 백성들을 인도하며 능력을 주신다. 그러나 성령의 역사를 계시와 영감으로 말해서는 안 된다.

12. 우리는 어디에 관심을 두어야 하는가?

기독교인은 '자신이 무엇을 믿고 행동하는가?'에 대한 분명한 기준이 정해져야 한다. 성령과 은사에 대해 올바르게 태도를 나타내지 않고 유보적인 관점을 가지는 것은 건전하지 못하다. 우리는 하나님의 계시가 완성되었으며, 하나님께서는 기록된 성경을 통해 우리에게 역사하신다는 사실을 고수해야 하며, 성경의 충분성을 지켜가야 한다. 그러기 위해서는 '성경은 성경으로 해석되어야 한다'는 원리가 지켜져야 한다. 반틸은 다음과 같이 말했다.

> 성경은 성경 자체와 연관해서만 (성경의 유비에 의해서만) 해석되어야 한다는 개신교의 원리가 근본적 중요성을 지녔음을 분명히 보아야만 한다. 이 규범 자체는 성경이 충분하며, 명료하고, 권위가 있으며, 절대적으로 필요하다는 성격과 관련된다. 성경은 그 외에 다른 추가적인 계시를 필요로 하지 않는다. 모든 해석은 전체로서의 성경에 종속되어야만 한다. 그리고 잘 모르는 부분들은 좀 더 쉽게 이해될 수 있는 것의 빛에서 해석되어야만 한다.[671]

반틸에 의하면, 기독교인의 규범은 '성경이 충분하다'가 되어야 한다.

---

670) Ibid., 88-89.
671) Cornelius Van Til, 조직신학 서론, 이승구·강웅산 역 (고양: 크리스챤출판사, 2009), 324.

그 이유는 성경의 필요성, 권위성, 명료성, 충족성이라는 성경의 속성을 믿는 것이 기독교이기 때문이다. 반틸은 교회가 신비주의적인 성경해석에 빠지지 않기 위해 "전체로서의 성경에 대한 바른 이해를 가져야만 한다"고 말했다.672)

---

672) Ibid., 320-325; 반틸은 성경을 무시하고 새로운 계시를 추구하는 신비주의자들을 향해 다음과 같이 말했다. 〈신비주의자의 주장 1: 이전과 같이 지금도 성령의 계시들이 있다. 하나님께서는 이전에는 당신 자신에 대해서 계시하셨었는데, 이제는 자신을 계시하시기를 그치셨다고 생각할 이유가 없다. 우리의 답변: 갈라디아서 1:8-9은 만일 하늘로부터 온 천사라도 사도와 선지자들에 의해서 주어진 완결된 계시에 무엇인가를 덧붙이러 온다면, 그는 저주를 받아야만 한다고 했다. 이때 바울은 그저 그가 선포하는 복음의 정신에 반하는 그 어떤 것도 허용되어서는 안 된다는 것만을 말한 것이 아니다. 그의 의미는 분명히 갈라디아 교인들이 다른 복음을 가져오려고 하는 이들을 판단할 수 있는 무오한 기준을 가지고 있다는 것이었다. 사도적이지 않은 것은 사도적인 것에 의해서 검증되어야만 한다. 새로운 계시를 덧붙임으로써 신비주의는 바울의 이 기준을 거부하는 것이다. 우리는 어떤 글이나, 어떤 사상이 성경의 정신과 일치한다고 말할 수 있는 권리를 가지고 있다. 그러나 우리가 바울의 (사도적)권위를 제쳐놓지 않는 한, 어떤 비사도적 문서가 사도적 글과 같은 하나님의 계시의 수준에 놓인다고 말할 권리를 가지고 있지 않다.

신비주의자들의 주장 2: 고린도후서 3:6("저가 또 우리로 새 언약의 일꾼되기에 만족케 하셨으니, 의문으로 하지 아니하고, 오직 영으로 함이니, 의문은 죽이는 것이요 영은 살리는 것임이니라")에 근거하면, 성경은 문자적으로 해석되어야 하는 책으로 취해지도록 의도된 것이 아니다. 성경을 문자적으로 해석하는 것은 참된 영적 진전에 반하는 것이다. 우리의 답변: 물론 성경을 기계적으로 사용하는 이들이 있음은 인정한다. 그렇게 기계적으로 사용하는 것은 성경을 오용하는 것이다. 바울이 말하고 있는 '의문(문자)이란 전체로서의 성경을 지칭하는 것이 아니다. '정죄의 직분' 즉 하나님의 규례를 외적으로 지키는 것을 크게 강조하던 옛 경륜을 지칭하는 것이다. 바울이 여기서 말하고 있는 것은 그가 로마서 8:15에서 말하는 것과 같은 것이다. "너희는 무서워하는 종의 영을 받지 아니하고 양자의 영을 받았으므로 아바 아버지라 부르짖느니라." 참된 영성은 하나님의 뜻에 대한 문자 그대로의 순종과 온전히 일치한다. 그러나 영성의 온전한 전개는 구약시대에서 발견될 수 있는 것이 아니니, 그때에는 계시의 강조점이 그리스도를 통한 죄의 용서에 있기보다는, 죄를 정죄함에 있었고, 하나님의 계시가 신약에서와 같이 온전히 주어지지 않았기 때문이다.

신비주의자들의 주장 3: 성경은 일반적으로만 마하나 그리스도인들은 개별적 상황에 대한 개별적 계시는 필요로 한다. 우리의 답변: 개별적 그리스도인들이 개별적 계시를 필요로 하는 것이 아니다. 개개인의 그리스도인들은 성경에 대한 연구에서 성령의 인도하심만을 필요로 할 뿐이다. 성령께서는 성경 안에 신자들이 필요로 하는 모든 계시를 다 수록해 놓으셨다. 그는 그 자신이 집합적으로는 교회를, 개별적으로는 개개인을, 그가 이미 주신 계시의 의미를 더 깊고 온전하게 이해하는 데에로 이끌어가시겠다고 약속하셨다. 그러므로 성경에 있는 하나님의 계시를 자세히 연구하지 않거나, 또한 성경이 충분한 계시로서 주어졌다는 사실을 무시함으로써 성령을 모독하는 이들은 그 어떤 특별계시도 얻지 못할 것이라고 확실할 수 있다. 부흐만주의(Buchmanism)가 '인도'라고 말하는 것은 실질적으로는 계시에 해당하는 것이다. 그들은 말씀에 의해서가 아니라 하나님께 직접적으로 접근함으로써 인생의 구체적인 것들에 대한 정보를 받는다고 주장하는 것이다.

신비주의자들의 주장 4: 요엘서 3:1-2, 사도행전 2장, 예레미야 31:31 등에 근거하여 새로운 경륜의 시대에는 예언의 은사가 각 신자들에게 주어진다고 할 수 있다. 우리의 답변: 여기서 말하는 옛 경륜과 새 경륜의 대조는 계시를 받는 사람의 수의 많고 적음의 대조가 아니고, 성령의 일반적 조명 사역이 몇몇 사람들에게 제한된 세대와 성령의 일반적 조명사역이 모든 종류의 사람들에게(on all classes of men) 자유롭게 부어진 세대와의 대조인 것이다.

247 Ⅷ. 예언 12. 우리는 어디에 관심을 두어야 하는가?

성경은 우리에게 하나님의 작정적 의지에 관심을 둘 것이 아니라 계시적(규범적) 의지에 마음을 두라고 한다.

> 오묘한 일은 우리 하나님 여호와께 속하였거니와 나타난 일은 영구히 우리와 우리 자손에게 속하였나니 이는 우리로 이 율법의 모든 말씀을 행하게 하심이니라(신 29:29)

인류 역사에 일어나는 모든 일은 우리 소관이 아니다. 오직 하나님께서 그 작정하신 대로 이루어 가신다. 하나님의 작정은 우리에게 감추어져 있다. 하나님께서 우리에게 명령하신 것은 율법을 지키는 것이다. 하나님께서 주신 계시적(규범적) 의지인 율법을 행하는 것이다. 하나님과의 관계적 관점은 구원과 언약으로 주어졌다. 관계는 규범을 요구한다. 구원과 언약으로 새로운 존재가 된 하나님의 백성들은 하나님의 규범을 마음을 다하고 뜻을 다하여 순종해야 한다.

욥에게 일어난 일은 하나님의 작정적 의지의 결과였다. 욥은 자신에게 일어난 고통에 대해 알 수 없었다. 그럼에도 불구하고 하나님을 원망하지 않았다. 욥은 계시적(규범적) 의지에 마음을 두었다.

> 10 나의 가는 길을 오직 그가 아시나니 그가 나를 단련하신 후에는 내가 정금 같이 나오리라 11 내 발이 그의 걸음을 바로 따랐으며 내가 그의 길을 지켜 치우치지 아니하였고 12 내가 그의 입술의 명령을 어기지 아니하고 일정한 음식보다 그 입의 말씀을 귀히 여겼구나 13 그는 뜻이 일정하시니 누가 능히 돌이킬까 그 마음에 하고자 하시는 것이면 그것을 행하시나니 14 그런즉 내게 작정하신 것을 이루실 것이라 이런 일이 그에게 많이 있느니라(욥 23:10-14)

신비주의자들의 주장 5: 신자들은 거룩한 분에 의해서 기름 부음을 받았으므로 모든 것을 알며, 그들을 가르칠 이를 필요로 하지 않는다고 요한일서 2:27에 근거하여 하나님의 계시는 아직 끝나지 않았다고 할 수 있다. 우리의 답변: 요한은 여기서 전체로서의 교회와 비교하여 개개인의 신자들을 말하고 있는 것이 아니다. 그는 세상과 대조하며 전체로서의 교회에 대해 말하는 것이다. 이 교회에 대하여 그는 말하기를 교회가 성경 가운데 진리의 보화를 가졌으므로 이 세상의 지혜로부터 그 어떤 해석을 받을 필요가 없다고 말하는 것이다.

신비주의자들의 주장 6: 하나님 나라는 신자들 안에 있다고 말하는 누가복음 17:21에 근거하면, 성경이 불필요하다는 결론이 나온다. 우리의 답변: 오히려 그 앞부분을 주의해 보면 그 반대의 대답이 나오게 된다. "여기 있다 저기 있다고 못하리니 보라 하나님의 나라는 너희 안에 있느니라" 여기서 그리스도께서는 앞으로 올 것이며, 와서 이적을 일으켜 관심을 집중시킬 거짓 그리스도들을 언급하고 있다. 이 외적인 것으로 그들은 많은 이들을 오도하려 할 것이다. 따라서 그리스도께서는 사람들이 이런 외적인 것들에 의해서 오도되지 않도록 경고하신다. 그들은 오히려 하나님의 나라가 우리 안에 있는 내적인 세력임을 인식해야 한다. 그러므로 여기서의 문제는 전혀 계시의 문제가 아니라 능력의 문제이다.)

욥은 하나님의 섭리가 자신에게 어떻게 이루어지고 있는지는 알 수 없었으나 하나님께서 욥의 가는 길을 알고 계신다고 믿었다. 욥은 그 믿음만 가진 것이 아니라 하나님의 명령을 지켰다. 하나님의 말씀은 변함이 없는 규범이기 때문이다. 욥은 하나님의 말씀을 자기의 규범으로 정하고 하나님의 작정이 이루어질 것을 확신했다.

전도자는 다음과 같이 말했다.

> 4 모든 산 자 중에 참여한 자가 소망이 있음은 산 개가 죽은 사자보다 나음이니라 5 무릇 산 자는 죽을 줄 알되 죽은 자는 아무것도 모르며 다시는 상도 받지 못하는 것은 그 이름이 잊어버린 바 됨이라 6 그 사랑함과 미워함과 시기함이 없어진지 오래니 해 아래서 행하는 모든 일에 저희가 다시는 영영히 분복이 없느니라(전 9:4-6)

전도자는 세상만사 살고 죽는 것에 마음 둘 것이 아니라 하나님의 계시적(규범적) 의지에 마음을 두고 살아가라고 했다. 주어진 계시(규범)에 신실하게 살아가는 언약적 현재화를 감당하지 않고 다른 계시나 예언을 구하는 것은 성경적인 신앙에서 벗어나는 것이다.

예수님께서는 하나님의 백성들은 하나님의 나라와 의를 구하며 살아가야 한다고 말씀하셨다(마 6:33-34). 하나님의 나라와 의는 하나님의 계시적(규범적) 의지를 순종할 때 나타난다. 기독교인들은 예수 그리스도 안에서 참되고 영원한 의미와 통일성을 충만하게 공급받는 자다. 비성경적인 예언과 방언을 추구하는 것은 의미와 통일성을 비성경적으로 구하는 것이다.

비성경적이란 종교적 도약을 말한다. 의미와 통일성을 성령의 감동으로 기록된 성경을 벗어나서 찾으면 반드시 종교적 도약을 감행한다. 기독교 밖에서 도약이 일어나는 것이 아니라 기독교 안에서 도약이 일어난다. 우상숭배는 도약과 동시에 일어난다. 도약으로 만나는 신은 성경의 하나님이 아니기 때문이다. 그 신은 이어령 씨가 말하는 '썸씽'(something)에 불과하다.

이어령은 다음과 같이 말했다.

(기자) '우리는 왜 예수 그리스도를 믿어야 하는가'에 대해 물었다. 그는 오랜 시간 동안 입었던 지성의 무거운 갑옷을 벗고 영성의 세계로 들어왔다. 무엇이 그를 새로운 세계로 인도했는가.

(이어령) "굳이 예수님이라는 이름을 붙이지 말고 그냥 '썸씽'(Something)이라고 불러 보세요. 그런 썸씽은 누구나 다 가지고 있는 겁니다. 종교까지 가지 않더라도 과학자나 공부 좀 한 사람들도 이 세계에는 '위대한 썸씽(Great Something)이 있다고 생각합니다. 형상화(formulate) 되는 것, 디자인되는 어떤 것이 있다는 말입니다. 무언가 제 힘 이상의 것이 발휘되었을 때, 그것을 '위대한 썸씽', 혹은 신으로 부르는 것입니다. 사람들은 불가능한 것이 이뤄질 때에 우연이라고 말합니다. 그런데 누가 천만번 로또에 당첨됐다고 해 보세요. 그게 우연이겠습니까. 인생에는, 우주에는 한 사람이 천만번 로또에 당첨된 것보다 더 어려운 일들이 일어나고 있습니다. 우주를 디자인한 사람이 있다고 생각하지 않을 수 없습니다. 내가 세례받은 것, 신자가 된 것도 모두 그 위대한 썸씽의 계획 하에서 이뤄진 것입니다. 나에게 그 위대한 썸씽은 하나님이십니다."[673]

이어령이 말하는 신이란 자신의 힘 이상의 것이 발휘되는 것이다. 이어령은 로또에 당첨되는 것이 우연이 아니라 우주를 디자인한 사람(?)이 있고, 자신의 삶에 일어나게 한 그 존재가 '위대한 썸씽'이고 하나님이라고 말했다. 이것은 실존적 도약으로 만들어진 신이다.

673) "이어령, 믿음을 말하다," 국민일보 Jan.23.2011. Accesed Nov.2.2019.
http://news.kmib.co.kr/article/view.asp?arcid=0004564055&code=23111111;

Ⅸ. 방언

예수님께서는 제자들에게 이렇게 말씀하셨다.

> 17 믿는 자들에게는 이런 표적이 따르리니 곧 저희가 내 이름으로 귀신을 쫓아내며 새 방언을 말하며 18 뱀을 집으며 무슨 독을 마실지라도 해를 받지 아니하며 병든 사람에게 손을 얹은즉 나으리라 하시더라(막 16:17-18)

예수님께서는 제자들이 새 방언을 말하게 될 것이라고 말씀하셨다. 사도행전의 저자인 누가는 사도행전 2:4에서 모인 자들이 '다른 언어'로 말하기 시작했다고 증거 했다. 그러면, '오늘날에도 이 방언의 은사가 유효한가?'

초대교회에서 방언을 말하는 것은 복음선포였다. 예수 그리스도의 구속을 증거 하기 위해 외국어로 말한 것이 방언이다. 오늘날 기독교인들이 방언을 한다 하나 외국어로 말하지 않으면 방언이 아니다. 방언이라 말하지만 그런 방언은 기도를 열심히 하다가 혀가 꼬부라지거나 말려서 나오는 것이다. 소위 '옹알거림'이다.

어느 집회에 가면 방언 받게 해준다면서 '할렐루야'를 천 번 하라고 한다. 천 번 말하기 전에 '랄라라~' 그러면 방언이 터졌다고 말한다. '할렐루야'를 천 번을 말해도 안 되면 아예 처음부터 '랄라라~'를 하라고 한다. '랄라라~'를 계속 반복해서 말하는 '릴라라 방언'은 방언이 아니라 저급한 조작이다.

방언을 알아들으면 복이고, 못 알아들으면 저주에 이른다. 바벨탑 사건에서 서로 다른 말(방언)을 하자 분열되는 저주의 상태가 되었다. [674] 사도 바울은 못 알아들으면 '야만'이 된다고 말했다. 못 알아듣는 현대 방언(옹알거림)은 교회를 저주의 상태로 만든다. 성경의 방언은 이방 종교의 방언과 근본적으로 다르다. 디오니소스교에 빠진 그 시대의 사람들은 밤중에 산에 올라가서 반나체로 술에 취하여 피리와 북을 연주하며, 성적 충동을 재현하는 "에비, 에반"이라고 소리치며 몰아지경 속에서 숲

---

674) 그러므로 내가 그 소리의 뜻을 알지 못하면 내가 말하는 자에게 야만이 되고 말하는 자도 내게 야만이 되리니(고전 14:11)

과 들을 배회했다.

예수님의 말씀이 명시적인 언어이며 성령께서 하시는 말씀이 명시적인 언어다. 예수님께서는 "너희가 내 안에 거하고 내 말이 너희 안에 거하면 무엇이든지 원하는 대로 구하라 그리하면 이루리라"(요 15:7)고 말씀하셨다. 예수님의 말씀이 우리를 실효적으로 지배하면 우리가 구하는 내용이 그리스도의 뜻에 합당하게 되고 그대로 이루어진다.

요한계시록에서, 일곱 교회에 대한 말씀에 "귀 있는 자는 성령이 교회들에게 하시는 말씀을 들을지어다"(계 2:7, 11, 17, 29, 3:6, 13, 22)라는 말씀이 있다. 성령께서 교회들에게 하신 말씀은 명시적인 언어였다. 성령께서 '랄라라'로 말씀하셨는데, 사도 요한이 헬라어로 알아들은 것이 아니다. 못 알아듣는 방언은 중단되어야 한다. 성경의 방언은 외국어다.

1. 방언의 의미와 중요성

방언 은사가 의미 있고 중요한 이유는 예언의 한 종류이기 때문이다. 방언 은사는 예언 은사가 중지됨으로써 함께 종결되었다. 여기서 우리는 방언에 대한 의미와 중요성이 무엇인지 살펴보아야 한다.

1) 방언의 특성675)

방언이 가지는 기본적인 특성을 이해하면 성경에서 말하는 방언에 대해 더 확실하게 알아갈 수 있다.

① 이타성(고전 14:16-19)

사도 바울은 방언이 사적인 유익을 위한 것이 아니라 교회의 덕을 세우기 위한 것이라고 말했다.676) 사도가 일만 마디의 방언을 할지라도 할 수 있을지라도 명확한 말로 다른 사람을 가르치는 것이 더 낫다고 말

---

675) 양해민, "고린도전서 14장을 중심으로한 방언 고찰," 광신대학교 석사논문 (2012); 방언의 특성에 대해서는 이 논문을 참고하였다.
676) 그런즉 형제들아 어찌할꼬 너희가 모일 때에 각각 찬송시도 있으며 가르치는 말씀도 있으며 계시도 있으며 방언도 있으며 통역함도 있나니 모든 것을 덕을 세우기 위하여 하라(고전 14:26)

했다.677) 방언의 은사는 나의 유익을 위한 것이 아니라 타인과 교회를 위한 것이다.

② 수평성(고전 14:9, 11, 12, 16, 17, 19, 22, 23)
방언 은사는 하나님과 인간 사이의 언어가 아니라 사람들과의 관계에 필요한 소통의 수단이다. 반면에 기도는 하나님과 성도들과의 수직적인 소통의 수단이다. 방언은 하나님께 말하는 것이 아니라 믿지 않는 사람들을 대상으로 주어진 수단이었다.

③ 명확성(고전 14:6-11)
방언은 다른 사람들이 알아들을 수 있는 내용을 가지고 있는 명확한 언어라야 한다. 방언이 듣는 사람들이 바로 알아들을 수 없는 다른 방언이기 때문에 통역이 필요하지만 명확한 언어체계를 가지고 있어야 한다.

④ 공공성(고전 14:12, 26절)
방언의 은사는 교회의 덕을 세우기 위해 주어졌다. 덕이란 인격적인 관계 속에서 맺어지는 열매다. 방언은 분명한 내용이 있는 언어이기 때문에 교회의 성도들과 관계 속에서 그리스도의 복음이 증거되고 그리스도를 본받아 그리스도의 성품을 닮아가는 덕을 나타내는 수단이 되어야 한다.

⑤ 통역 종속성(불완전성)(고전 14:28)
방언은 명확한 내용을 가지고 있으나 듣는 이에게 곧바로 전달이 안 되기 때문에 반드시 통역이 있어야 한다. 통역이 없으면 방언은 중단되어야 했다. 통역이 있는 방언이라야 은사로서 기능을 발휘하며 교회의 덕이 된다.

---

677) 그러나 교회에서 네가 남을 가르치기 위하여 깨달은 마음으로 다섯 마디 말을 하는 것이 일만 마디 방언으로 말하는 것보다 나으니라(고전 14:19)

⑥ 개방성(고전 14:6)

기도의 특성은 은밀성이다(마 6:6). 공적인 기도는 개방적이나 기도는 기본적으로 각자가 하나님께 기도하는 개별성이다. 반면에 방언은 공적으로 행해야 하는 은사다.

⑦ 인원 제한과 질서 유지성(고전 14:26-27)

사도 바울은 교회 안에서 방언을 할 때 인원을 제한했으며 질서를 따라 하라고 명령했다. 두세 사람으로 한정하고 순차를 따라 방언을 하라고 말했다. 만일 방언이 개인적인 기도였다면, 순서를 따라 기도할 필요가 없다. 방언을 할지라도 통역자가 없으면 잠잠해야 했다. 그런 까닭에, 방언은 사적인 기도를 위한 은사가 아니라 공적인 은사였다는 것을 알 수 있다.

⑧ 외향성(고전 14:22-23)

방언은 믿는 자들을 위한 것이 아니라 믿지 않는 자들을 위한 것이다. 믿는 자들에게는 이미 기도라는 은혜의 방편이 주어졌다. 사도행전 2장에서 오순절 성령님의 강림 사건으로 방언으로 믿지 않는 자들에게 복음을 증거 했다.

⑨ 표적성(고전 14:22-23)

방언은 믿지 않는 자들을 위한 표적이다. 표적은 실체를 드러내는 상징이다. 방언이 본질이 아니, 방언으로 말하는 내용이 본질이다.

이렇게 방언은 사람들과의 관계에 필요한 소통의 수단이며(수평성), 다른 사람들이 알아들을 수 있는 내용을 가지고 있어야 하며(명확성), 교회의 덕을 세우기 위해 주어졌으며(공공성), 통역이 있는 방언이라야 은사로서 기능을 발휘하며(통역 종속성), 공적으로 행해야 하는 은사이며(개방성), 인원을 제한하고 질서를 따라 하며(인원 제한과 질서 유지성), 믿지 않는 자들을 위한 것이며(외향성), 믿지 않는 자들을 위한 표적이었다(표적성).

2) 방언은 외국어다

방언이 외국어라는 증거는 무엇인가? 첫 번째로, 신약성경을 기록한 헬라어가 증거 한다.[678] 신약성경에서 방언은 헬라어로 '글로싸'와 '디아렉토스'다. '글로싸'는 '혀', '언어'라는 뜻이고, '디아렉토스'는 '어느 지역, 어떤 사람들이 사용하는 언어' 혹은 '지방 말, 사투리'를 뜻한다. 그로마키는 신약성경에서 '글로싸'의 용법을 다 살핀 후에 사도행전 2장의 비유적인 용법(불의 혀 같이 갈라지는 것; 행 2:3) 외에는 "말의 기본적 실체(entity)"라고 말했다.[679] 두 단어는 이음동의어(異音同義語)다.

신약성경에서 '글로싸'($\gamma\lambda\tilde{\omega}\sigma\sigma\alpha$)는 모두 50회 정도 사용되었다. 사도행전 2장과 고린도전서 12-14장의 방언은 헬라어로 '글로싸'(glossa)이며, 복수로 쓰였으며 '여러 언어'다. 고린도전서에서는 단수와 복수 모두 20회 정도 사용되었다. 신약성경에서 방언이라는 말은 '글로싸'와 '디알렉토'로 표현되었다. 요한계시록 외에 신약성경 전체에 방언은 25구절이고, 이 중에서 6구절(행 1:19, 2:6, 8, 21:40, 22:2, 26:14)은 '디알렉토'이고, 나머지는 '글로싸'다. 두 단어는 의미의 차이가 없으며, 누가는 '글로싸'나 '디알렉토'를 의미 구분 없이 교차적으로 사용했다. 야고보서는 언어를 말하는 몸의 기관을 의미했고, 대부분의 다른 민족과 다른 나라에서 사용하는 말을 나타냈다. 사도행전 2:6을 비롯해서 요한계시록(5:9, 7:9, 10:11, 11:9, 13:7, 14:6, 17:15)에서도 외국어를 의미한다.

---

678) 조영업, **성령론** (서울: 기독교문서선교회, 2013), 250-251; "1. 글로사는 우리 몸의 지체 중 하나인 '혀, 언어의 기관'(tongue, an organ of speech)를 가리킨다. 2. 글로사는 민족 또는 부족의 '말' 또는 '언어'(word or language)를 가리킨다. 3. 글로사는 지방에서 사용하는 '사투리'(dialect)를 가리킨다. 4. 글로사는 '외국어'(foreign language)를 가리킨다. 방언은 빈번히 방언들(글로사이)이라는 복수형으로도 사용되었다. 그것은 방언이 여러 개의 언어들임을 나타낸다. 방언의 실제적 현상이 25번 기록되어 있다(막 16:17; 행 2:4 6, 8, 11, 10:46, 19:6; 고전 12:10, 28, 30, 13:1, 8, 14:2, 4, 5, 6, 13, 14, 18, 19, 22, 23, 26, 27, 29). 이상과 같이 글로사는 몇 가지 의미로 사용되었으나 모두 언어의 기본적 요소들과 관계되어 있다. 반스, 헨리, 아이론사이드, 랑게, 렌스키, 라이스 등은 성경에서 교훈하는 방언은 외국어를 말한다고 하였다."
679) Robert G. Gromacki, **현대방언 연구**, 김효성 역 (서울: 기독교문서선교회, 1983), 77-78.

이 모두가 신비한 하늘의 언어가 아니라 외국어였다. 고전 헬라어나 신약에서 '글로싸'는 일반인이 알아들을 수 있는 언어를 의미했다.680) 존 맥아더는 흠정역 표기 형태를 통해 명백한 진짜 방언(외국어)의 은사를 말할 때는 복수형으로 사용했다고 말했다.681)

은사주의자들은 오순절의 방언은 '글로싸'로, 고린도 교회의 방언은 '디아렉토스'로 구분하면서, 오순절의 방언은 분명한 언어이나 고린도 교회의 방언은 불분명하고 황홀경 상태에서 비밀스럽게 말하는 언어라고 주장한다. 김우현 감독은 "영으로 기도하기 시작하면 자기의식이 없기 때문에 성령께서 온전히 직접 통제하시도록 내맡기게 된다"라고 말했다.682) 특정 단어를 반복하며 학습된 방언은 성령께 자기를 맡기는 것이 아니라 종교적 도약을 감행하는 것이다.

신약성경의 '글로싸'($\gamma\lambda\tilde{\omega}\sigma\sigma\alpha$)를 말하기 전에 고전적 헬라어에서 그 용례를 살펴볼 필요가 있다. 리델과 스코트(Liddell and Scott)는 고전적 헬라어에서 '글로싸'라는 단어의 세 가지 기본적인 의미를 말했다; 1) 말하는 기관(organ); 2) 설명을 필요로 하는 외국어를 포함한 언어나 지방

---

680) 이재기, "방언의 성격에 대한 신약성서적 고찰," **성침논단** 11(1) (2016): (245-291). 254; "신약에서 $\gamma\lambda$ $\tilde{\omega}\sigma\sigma\alpha$는 물리적 기관인 혀(눅 16:24), 일반적인 인간의 언어(행 2:26), 혀의 모양처럼 생긴 어떤 것(행 2:3), 또는 영적 은사로서의 방언(행 2:4)에 사용되었다. 방언의 은사를 묘사하는 구절들을 제외하면 $\gamma\lambda\tilde{\omega}\sigma\sigma\alpha$를 사용하는 신약의 9번 용례 모두에서 이 단어는 일반적인 인간의 언어를 지칭하는 것임을 분명히 볼 수 있다. 뿐만 아니라 고전적 헬라어에서부터 신약에 이르기까지 $\gamma\lambda\tilde{\omega}\sigma\sigma\alpha$의 정상적인 의미는 보통의 인간 언어이지 황홀경의 알아들을 수 없는 언어가 아니었다. 따라서 어떤 강력한 이유가 다른 것을 요구하지 않는다면 이런 보통의 경우에 이 단어는 일반적인 인간의 언어라고 이해하는 것이 논리적이다."

681) John F. MacArthur Jr., **무질서한 은사주의**, 이용중 역 (서울: 부흥과개혁사, 2008), 362; 〈글로싸 (Glōassa)는 사도행전 전체에서 언제나 복수형으로 나타나며 이는 복수의 언어를 가리킨다. 그러나 고린도전서 14장에서 바울은 단수형과 복수형을 다 사용했다. 이 사실을 설명할 수 있는 한 가지 방식은 바울이 2,4, 13, 14, 19절에서 "방언"을 단수형으로 사용할 때는 고린도 교회 신자들 가운데 일부가 진짜 방언의 은사 대신에 사용하고 있었던 이교적인 가짜 방언을 가리키는 것이라는 설명이다. 아무 의미 없는 무아지경의 언어는 근본적으로 모두 똑같은 것이므로 복수형이 불필요했다는 것이다. 그러나 바울이 명백히 진짜 방언의 은사를 언급할 때는 '방언'을 복수형으로 사용했다. 유일한 예외는 고린도전서 14장 27절인데 거기서 바울은 한 사람이 한 언어를 말하는 것을 묘사하고 있다. 그러므로 거기서도 단수형 '방언'이 필요했다. 흠정역은 글로싸가 단수형으로 쓰이는 곳에서만 '미지의'(urlknoltm)라는 말을 첨가한다. 만일 단수형 '방언'과 복수형 '방언' 사이의 이러한 구별이 진짜 방언과 뜻 모를 말 사이의 차이를 의미한다면 아마도 흠정역 번역자들이 '미지의'라는 말을 첨가한 것은 결국 옳은 일일 것이다. 그렇게 이해한다면 '미지의 방언'은 참된 성경적 은사가 아닌 이교적 부패에 대한 표현이다.〉

682) 김우현, **하늘의 언어** (서울: 규장, 2016), 110.

사투리; 3) 물리적인 혀의 모양을 가진 어떤 것. 이런 의미들은 고전적 헬라어에서 '글로싸'가 무아경의 알아들을 수 없는 말을 의미하는 용도로 사용되지 않았다는 것이다.683) 70인역에서도 '글로싸'의 의미는 기본적으로 같은 의미를 가지고 있다.684) 신약 시대에 '글로싸'가 세속적인 의미로 사용될 때도, 몰튼과 밀리간(Moulton and Milligan)은 '글로싸'는 "정상적인 인간의 언어, 지역의 특별한 방언, 또는 물리적 혀"를 의미했다고 말했다.685) 일반인들이 '글로싸'라는 말을 들었을 때 황홀경 속에서 말하는 이상한 말이라고 생각하지 않았다는 것이다. 이로 보건대, 고전적 헬라어나 70인역 그리고 신약 시대의 세속적 의미로도 '글로싸'가 무아경 속에서 알아들을 수 없는 의미는 아니라는 것을 알 수 있다.

'글로싸'에 대해 언어와 무아경의 소리 두 가지로 말하는 학자들도 있다. 에봇-스미스(G. Abbot-Smith)는 '글로싸'를 언어의 기관, 하나의 언어로 말하면, 또한 "영적인 무아경에서 말해진 알아들을 수 없는 소리들"로 정의했다.686) 아른트(W. F. Arndt)와 깅그리히(F. W. Gingrich)도 같은 입장이다.687) 그러나 키텔(Gerhard Kittel)은 사도행전에서 '글로싸'가 황홀경의 발화로 보는 것은 근거가 없다고 말했다.688)

---

683) Henry George Liddell and Robert Scott, *A Greek-English Lexicon* (New York: Oxford University Press, 1968), s.v. "γλῶσσα", 353.

684) Edwin Hatch and Henry A. Radpath, *A Concordance to the Septuagint, Vol. 1* (Grand Rapids: Baker Book House, 1987), s.v. "γλῶσσα", 271~72.; 이재기, "방언의 성격에 대한 신약성서적 고찰," 성침논단 11(1) (2016): 253(245-291)에서 재인용; "70인역에서 γλῶσσα라는 단어의 의미는 고전적 헬라어의 경우와 기본적으로 같다. 그것은 사람이나 동물에 있는 물리적인 기관이거나(삿 7:5; 욥 20:16) 설명을 필요로 하는 어려운 말이나 외국어를 포함하는 언어이거나(창 11:7; 느 13:24; 사 19:18; 28:11; 렘 5:15; 겔 3:6; 단 1:4) 또는 혀의 모양으로 생긴 어떤 것(수 7:21)을 지칭하는 데 쓰였다. 고전적 헬라어의 경우에서처럼 70인역에서도 γλῶσσα라는 단어가 무아경의 알아들을 수 없는 말을 의미하는 경우는 전혀 없다."

685) James H. Moulton and George Milligan, *The Vocabulary of the Greek Testament: Illustrated from the Papyri and Other Non-Literary Sources* (Grand Rapids: Eerdmans, 1930,) s.v. "γλῶσσα", 128.

686) G. A. Smith, *A Manual Greek Lexicon of the New Testament* (Edinburgh: T&T Clark, 1954), 93.

687) W. F. Arndt and F. W. Gingrich, *A Greek-English Lexicon of the New Testament* (Chicago: The University of Chicago Press, 1957), 161.

688) G. Kittel, *Theological Dictionary of the New Testament* (trans. G. W Bromiley; Grand Rapids: Eerdmans Publishing Co, 1964), 719-27; Paul is aware of a similarity between Hellenism and Christianity in respect of these mystical and ecstatic content(1C. 12:2 f.). He can accept speaking with tongues as a work of the Holy Spirit, as a charisma(1C. 14:39; 1Th. 5:19). Indeed, he can lay claim to it himself(1C. 14:18; 13:1; 2C. 12:4). But demands that it execise before the assembled community should be their

에드가(Thomas R. Edgar)는 다음과 같이 말했다.

그리스 언어의 그 어떤 증거도 글로사가 알아들을 수 없는 무아경의 말을 의미하는 데 사용
되었다는 사실을 보여주지 않는다. 한 단어는 그 맥락이 다르게 할 것을 요구하지 않는 한,
반드시 그것의 정상적인 사용에 따라 해석되어야 한다. 이것이 해석의 기본적 법칙이다. 방언
의 은사를 묘사하는 구절들의 경우, 알려진 인간의 언어라는 단어의 뜻으로 보는 것이 해당
구절과 그것의 맥락에 비추어 불가능하지 않다면 그 의미 외 다른 것을 지칭하는 것으로 해
석되어서는 안 된다.689)

로버트 P. 라이트너(Robert P. Lightner) 박사는 이렇게 말했다.

신약에 있는 방언의 은사는 두 종류의 방언을 포함하지 않는다. 두 종류란 하나는 알려진 외
국어(행 2, 10, 19)라는 것과 다른 하나는 무아경의 하늘 언어(고전 12~14장)라는 것이다.
그러나 모든 방언에 대한 구절은 이미 알려진, 그리고 알아들을 수 있는 외국어를 기적적으로
말할 수 있는 능력에 대해 묘사하고 있다.690)

로렌스 크리스텐슨(Lawrence Christenson) 역시 "방언을 말하는 것은
성령의 초자연적 나타남이다. 방언을 하는 신자는 그가 배운 적도 없고
이해하지도 못하는 언어로 말을 한다."라고 말했다.691)

고린도의 방언이 외국어라는 증거는 고린도전서 14:21-22에도 나타
난다.692) 사도 바울은 이사야 28:11-22를 인용했다. 하나님께서는 이스
라엘의 불신앙을 꾸짖으며, 유대인들의 언어가 아닌 다른 방언으로 말씀
이 선포될 것이라고 말씀하셨다. 무슨 신비한 언어가 아니라 이방 사람
들의 언어로 말한다는 뜻이다. 그런 까닭에, 사도행전의 방언이나 고린

pagan background the Corinthians are inclined to view as the spiritual gift par excellence(1C. 14:37), is the
gift of prophecy, and superior to all the gifts of the Spirit, which in themselves are valueless and transitory,
is ἀγάπη(1C. 13). … Not is there any support in the source for the conjecture that Ac. 2:3 formed to the
early Christian use of γλῶσσα as a technical term for ecstatic utterance.
689) Thomas R. Edgar, *Miraculous Gifts: Are They for Today?* (New Jersey: Loizeaux Brothers, 1983),
121.
690) Robert P. Lightner, *Speaking in Tongues and Divine Healing* (Schaumburg: Regular Baptist Press,
1965), 29; 이재기, "방언의 성격에 대한 신약성서적 고찰," **성침논단** 11(1) (2016): 250(245-291)에서 재인용.
691) Lawrence Christenson, *Speaking in Tongues* (Minneapolis: Bethany Fellowship Publishers, 1968), 22.
692) 21 율법에 기록된 바 주께서 가라사대 내가 다른 방언하는 자와 다른 입술로 이 백성에게 말할지라도 저
희가 오히려 듣지 아니하리라 하였으니 22 그러므로 방언은 믿는 자들을 위하지 않고 믿지 아니하는 자들을 위
하는 표적이나 예언은 믿지 아니하는 자들을 위하지 않고 믿는 자들을 위함이니(고전 14:21-22)

도 교회의 방언은 외국어다.

두 번째로, 사도행전 2장의 오순절에 모인 각 나라에 흩어졌던 유대인들이 증거 한다. 오순절에 예루살렘으로 찾아온 유대인들은 이스라엘을 떠나 로마 제국의 여러 지역에 흩어져 살던 경건한 유대인들이었다. 그들은 예수님께서 그리스도이심을 알지 못했다. 그러나 사도들과 제자들에게 성령께서 임하시고 방언을 말하게 되자 자신들이 사용하는 언어로 알아들었다(행 2:6-9, 11).

세 번째로, 고린도전서에서 방언을 통역하도록 한 것이 증거한다. 사도행전의 방언과 고린도 교회의 방언이 동일한 외국어이기 때문에 반드시 통역이 필요했다(고전 14:9-13). 고린도전서 14: 5, 13의 방언은 분명한 언어를 말하는 '글로싸'다. 사도 바울은 통역이 없으면 방언을 하지 말라고 말했다. 통역이 없으면 아무도 그 말을 알아들을 수 없기 때문이고 믿지 않는 자들이 미쳤다고 말할 것이기 때문이다.[693] 바울도 "내가 너희 모든 사람보다 방언을 더 말하므로 하나님께 감사하노라"(고전 14:18)고 말했을 때 '글로싸'를 말했다. 바울은 여러 가지 언어를 말하는 방언의 은사를 받은 것을 감사했다.

개핀 교수는 고린도 교회의 방언이 외국어라고 말했다. 그 이유는 무엇인가? 첫째, 고린도전서 12-14장의 방언 현상이 통용언어가 아니라는 결론을 내릴만한 내용이 전혀 없다. 고린도전서 14:23에서 "너희를 미쳤다 하지 아니하겠느냐?"라는 말은 사도행전 2:13, 15에서 "그들이 새술에 취하였다"는 반응과 같은 반응이다.

둘째, 사도행전에서와같이 고린도 교회에서도 예언과 방언을 명확히 연계시키고 있다. 사도행전 19:6에서 "성령이 그들에게 임하시므로 방언도 하고 예언도 했다"고 묘사했다. 이 현상은 고린도 교회의 방언이 오순절 성령강림 사건의 언어와 동일하다는 것을 보여준다. 개핀 교수는 이런 두 가지 이유를 들어서 방언 현상은 동일한 종류이며, 알려진 인간의 언어라고 주장했다.[694]

---

693) 그러므로 온 교회가 함께 모여 다 방언으로 말하면 무식한 자들이나 믿지 아니하는 자들이 들어와서 너희를 미쳤다 하지 아니하겠느냐(고전 14:23)

3) 예언의 성취

성경은 삼위 하나님의 은혜로 주어지는 우리의 구원과 완성을 말한다. 그 구원을 위해 구약성경은 오실 그리스도를 예언하였고 신약 시대, 곧 새 언약 시대에 성취되었다. 예언의 성취는 예수 그리스도의 구원 사역으로 완성되었다. 예수 그리스도 외에는 우리에게 구원자가 없다! 이제는 더 이상의 새로운 예언이 없다. 예수님의 사도들이 그 마지막 증인이 되었다.

사도 바울은 이사야 28:16을 세 번이나 인용했다. 에베소서 2:20, 고린도전서 3:11, 로마서 9:31-33에서 인용했다.[695] 이스라엘 백성들이 하나님 나라 건설을 방해한다는 것이다.

사도 베드로는 이사야 28:16을 예수님에 대한 예언으로 인용했다.[696] 사도 베드로는 예수 그리스도를 가장 고귀한 주춧돌이라고 말했다. 또한, 예수 그리스도의 역할에 대하여 이사야 8:14과 시편 118:22를 인용했

---

694) Richard B. Gaffin Jr, **구속사와 오순절 성령강림**, 김귀탁 역 (서울: 부흥과개혁사, 2013), 128; 〈바울이 에베소에서 제자들을 만난 사실을 기록하고 있는 누가의 기사의 결론은 "성령이 그들에게 임하시므로 방언도 하고 예언도 했다"(행 19:6)는 것이다. 이것은 이방인들 가운데 일어났던 일에 대한 묘사와 병행을 이루고 있는 것으로 보인다. 성령이 이방인들에게 임하자 그들은 "방언을 말하며 하나님을 높였다"(행 10:46, 참조, 44절). 여기서 "예언하는 것"과 "하나님을 높이는 것"(NEB는 "하나님의 크심을 환호하는 것"으로 번역함)을 상호 교체적으로 사용한 것이 분명한데, 이것은 거슬러 올라가 방언하는 것 자체를 "하나님의 큰일을 말하는 것"(행 2:11)으로 말하는 오순절 성령강림 사건을 암시한다. 여기서 전제는 방언은 사도행전 10장과 19장에 언급되고 있는 사건의 언어 현상은 2장에 나타나 있는 오순절 성령강림 사건의 언어 현상과 동일하다는 것이다. 즉 이 전제는, 최소한 10(11)장만 본다고 해도, 11장 15절("처음 우리에게 하신것과 같이 하는지라." 참조, 10:45)에 의해 확증된다. 따라서 사도행전은 바울 서신에서 발견되는 것과 같이 예언과 방언의 연계성을 보여준다. 이것은 각 경우에 있어서 방언 현상은 동일한 종류의 언어(알려져 있던 인간의 언어)였다는 것을 암시한다..
695) 너희는 사도들과 선지자들의 터 위에 세우심을 입은 자라 그리스도 예수께서 친히 모퉁이 돌이 되셨느니라(엡 2:20) 이 닦아 둔 것 외에 능히 다른 터를 닦아 둘 자가 없으니 이 터는 곧 예수 그리스도라(고전 3:11) 31 의의 법을 좇아간 이스라엘은 법에 이르지 못하였으니 32 어찌 그러하뇨 이는 저희가 믿음에 의지하지 않고 행위에 의지함이라 부딪힐 돌에 부딪혔느니라 33 기록된 바 보라 내가 부딪히는 돌과 거치는 반석을 시온에 두노니 저를 믿는 자는 부끄러움을 당치 아니하리라 함과 같으니라(롬 9:31-33)
696) 4 사람에게는 버린 바가 되었으나 하나님께는 택하심을 입은 보배로운 산 돌이신 예수에게 나아와 5 너희도 산 돌 같이 신령한 집으로 세워지고 예수 그리스도로 말미암아 하나님이 기쁘게 받으실 신령한 제사를 드릴 거룩한 제사장이 될지니라 6 경에 기록하였으되 보라 내가 택한 보배롭고 요긴한 모퉁이 돌을 시온에 두노니 저를 믿는 자는 부끄러움을 당치 아니하리라 하였으니 7 그러므로 믿는 너희에게는 보배이나 믿지 아니하는 자에게는 건축자들의 버린 그 돌이 모퉁이의 머릿돌이 되고 8 또한 부딪히는 돌과 거치는 반석이 되었다 하니라 저희가 말씀을 순종치 아니하므로 넘어지나니 이는 저희를 이렇게 정하신 것이라(벧전 2:4-8)

다.697) 그리스도께서는 걸림돌 취급을 받고 부딪치는 돌이 되고 버림을 당한 돌이 되셨으나 결국 가장 귀하고 보배로운 주춧돌이 되셨다. 시편 118:22을 예수님께서도 마태복음 2:12-16, 마가복음 12:10-11, 누가복음 20:17-18에서 인용하셨다. 구약성경의 예언은 오실 메시아를 증거하며, 모든 예언은 예수 그리스도의 오심으로 성취되었다.

매크레오드는 "방언이 점진적으로 사라져가는 이유는 예언이 사라져가는 이유와 똑같다. 그것은 계시적인 은사이다"라고 말했다.698)

4) 저주의 상징으로써의 방언

방언은 시작부터 복의 상징이 아니라 저주의 상징이었다. 하나님께서는 하나님의 뜻을 거역하고 교만한 인간들을 심판하셨다. 심판은 언어의 혼잡으로 인한 흩어짐이었다(창 11:1-9).

방언이 저주의 수단이 되었다. 방언은 인간들끼리의 소통을 방해했다. 그 저주의 방언이 복의 방언이 된 것은 성령의 오심으로 이루어졌다. 방언을 듣고 회개하는 자에게는 복이나 믿지 아니하면 저주가 된다. 방언이 필요했던 것은 유대민족만 복음이 필요한 것이 아니라 모든 민족에게 필요하기 때문이다. 오순절에 몰려든 수많은 사람에게 자국의 언어로 복음을 전해야 복음을 온전히 알아들을 수 있었다. 성령 하나님께서는 각 방언으로 말하기 시작함으로써 예수님께서 그리스도시라는 것을 믿게 하셨다.

그런 까닭에 방언은 믿지 않는 자들을 위한 증거다. 방언이 저주가 되는 때는 하나님을 신뢰하지 않고 자기 욕망대로 살아가는 자들에게 이방의 침략자들이 와서 조롱하면서 항복하라는 말을 하기 때문이다.

사도 바울이 공적 예배 시간에는 방언보다는 예언을 하라고 권고한 것

---

697) 그가 거룩한 피할 곳이 되시리라 그러나 이스라엘의 두 집에는 거치는 돌, 걸리는 반석이 되실 것이며 예루살렘 거민에게는 함정, 올무가 되시리니(사 8:14) 건축자의 버린 돌이 집 모퉁이의 머릿돌이 되었나니(시 118:22)

698) Donald Macleod, **성령세례와 개혁주의 성령론**, 지상우 역 (서울: 여수룬, 2004), 65; 〈오순절주의 신학자들에 따르면, 통역을 겸하게 되는 방언은 예언과 같은 것으로 즉 "성령 안에서 신비를 말하는 것이다." 방언은 예언과 마찬가지로 정경이 형성되는 동안에 교리의 요구를 충족시켰다. 그러나 계시가 완성되어진 후에는, 방언은 교사들의 성경해석으로 대치되어졌던 것이다.〉

은 전체 구성원이 하나님의 말씀을 자국어로 가르쳐도 이해하기 때문이다. 굳이 방언을 해서 복음을 들어야 하는 사람이 있어야 방언을 할 필요성이 있다. 그때에도 통역자가 있어야 하고 덕을 세워야만 했다. 방언은 믿지 않는 자들을 위한 은사였기 때문에 다 믿는 자이면 방언을 할 필요가 없다. 자국어로 알아들을 수 있는 사람이 참여한 예배라면 외국어로 말하는 방언을 굳이 할 필요성이 없다.699)

5) 전환점의 표식으로써의 방언

예언은 예수 그리스도 안에 성취된 구원을 선포하는 것이다. 방언은 그 예언과 더불어 다른 외국어로 전하는 것이다. 성령의 역사로 말미암아 방언이라는 수단을 통해 복음이 전해지기 시작했다. 오순절 성령의 강림과 방언은 새 언약 시대의 새로운 전환점이 되었다. 방언은 하나님의 구원 역사에 새로운 전환점을 주는 하나의 수단이었다. 하나님의 구원 역사는 언제나 복과 심판이 동반한다.

이제 새 언약 시대에 하나님의 구원하심이 유대를 벗어나서 사마리아와 땅끝까지 퍼져나간다. 방언의 은사로 복음이 지역적 한계를 깨뜨려버렸다. 그렇다고 방언이 영구히 지속적인 수단이 되지 않았다. 오순절 성령의 강림 사건이 구속사의 유일무이한 특이한 사건이었기 때문이다. 핍박으로 인해 흩어진 수많은 성도에게 그리스도의 복음을 전했고 초대교회가 형성되는 초기에 방언의 은사가 한시적으로 필요했다.

사도행전의 오순절은 복음이 전 세계로 퍼져나가는 획기적인 전환점이 되었다. 방언은 그 전환점의 상징이자 수단이었다. 새로운 전환점의 수단으로 사용되었기 때문에 영구할 수 없다. 사도 바울은 고린도전서 13:8-12에서 예언도 방언도 지식도 그칠 것이라고 말했다. 오직 사랑만이 영원할 것이라고 말했다. 왜냐하면, 예언, 방언, 지식이 온전하게 되면 더 이상 필요하지 않기 때문이다. 장성하면 어린아이 적 것을 버리게 된

---

699) 23 그러므로 온 교회가 함께 모여 다 방언으로 말하면 무식한 자들이나 믿지 아니하는 자들이 들어와서 너희를 미쳤다 하지 아니하겠느냐 24 그러나 다 예언을 하면 믿지 아니하는 자들이나 무식한 자들이 들어와서 모든 사람에게 책망을 들으며 모든 사람에게 판단을 받고(고전 14:23-24)

다(고전 14:20). 완벽한 것이 오면 부분적으로 말하던 것은 사라진다. 또한, 사도는 고린도 교회 성도들이 은사를 받았다고 해서 자기 자랑으로 가는 것을 교정하기 위해 더 나은 길을 보여주려고 했다.

사도 바울은 고린도후서 3:16-18에서 사도적 지식의 우월성을 옹호했다. 그러나 우리가 언제든지 주님께로 가면 그 비밀이 벗겨진다고 말했다. 우리가 다 변화되어서 얼굴을 가린 수건을 벗어버리고 주님의 얼굴을 맞대고 보게 된다.

사도 바울은 성도들이 가진 빛에 대해 이렇게 말했다.

> 5 우리가 우리를 전파하는 것이 아니라 오직 그리스도 예수의 주 되신 것과 또 예수를 위하여 우리가 너희의 종 된 것을 선파함이라 6 어두운 데서 빛이 비취리라 하시던 그 하나님께서 예수 그리스도의 얼굴에 있는 하나님의 영광을 아는 빛을 우리 마음에 비취셨느니라(고후 4:5-6)

사도 바울은 사도적 권위의 우월성을 말하면서 모세보다 우월하다고 말했다. 고린도전서 12장과 14장에서 어떤 선지자나 방언을 말하는 사람들보다 더 탁월한 지식을 소유하고 있다고 말했다. 사도 바울은 사도를 통해 가르침을 받은 자들은 얼굴과 얼굴을 보는 것처럼 분명하고 온전한 지식을 소유한 자들이라고 말했다. "예수 그리스도의 얼굴에 있는 하나님의 영광을 아는 빛"을 소유한 자는 성령의 역사로 거듭난 자이다.

6) 천사의 방언인가? 하늘의 언어인가?

신약성경에는 방언이 기록되어 있는데, 특히 통역 없이 나오는 방언인 고린도전서 13:1에 "천사의 말"을 '하늘의 언어'라고 주장하는 사람들이 있다. 김우현은 책 제목 자체가 『하늘의 언어』다. '할렐루야'와 '랄레오'를 반복하면서 말하는 조작된 학습 방언을 '하늘의 언어'라고 말한다는 것은 종교적 도약이다.

> 갓피플 닷컴의 조한상 사장은 내가 하는 방언을 그냥 따라 하는 순간, 방언을 받았다. ⋯ 은지라는 자매도 손기철 장로님의 사역팀을 통해 "할렐루야"라는 말로 방언을 했다. ⋯ '랄레오'라는 단어만으로 기도한 적도 있다. ⋯ "'할렐루야'나 '랄레오' 같은 단어 자체가 중요한 것도 아니고, 쓰지 말아야 할 이유도 없다. 예수원 출신의 한 형제는 '아버지'라는 말을 간절

히 반복하며 구했는데, 방언이 터졌다고 한다. 그런 이들도 여럿 만났다. 왜냐하면 그런 단어를 반복했기 때문에 방언을 받는 것이 아니라 보혜사 성령님께서 도우셔서 그 은사에 들어가는 것이기 때문이다. 더욱이 우리가 어떤 단어를 반복한다고 해서 흉내 내듯 방언을 할 수는 없다.700)

남의 방언을 따라 하거나, '할렐루야'나 '랄레오'를 반복하면서 하는 방언은 명백한 '조작방언'이다. 그런 '조작방언'을 성령님의 역사라고 말하는 것은 성령의 역사도 성령의 은사도 아니다. 전적으로 인간의 열심이며 조작이며 도약이다.

김동수 교수는 "천사의 말"을 "천사(들)의 방언"이라고 말하면서 다음과 같이 말했다.

> 여기서 "천사들의 방언"이란 천사들이 쓰는 말이다. … 신자가 천사들의 방언을 한다는 것은 아마도 높은 경지의 영적 체험을 말하는 것 같다.701)

김동수는 천사의 방언이 있으며, 신자의 "높은 경지의 영적 체험"을 말한다고 보았다. 이어서, 김동수는 "바울에게 있어서 마귀의 방언이라는 개념은 없다"고 말하면서 방언을 정당화했다. 그 이유로 "바울은 '마귀 방언'이라는 어구를 쓰지 않았다"로 말했다.702) 김동수 교수는 "천사들의 방언"이란 "천사들이 쓰는 말이다"라고 말했다.703) 던(James D. G. Dunn)은 "사람의 방언"은 자국어로 말하는 영감 받은 연설이며, "천사의 방언"은 '천상의 언어'라고 주장했다.704) 김신호 박사는 "방언은 외국어라기보다는 하늘의 언어요, 성령의 언어요, 영혼의 언어이다"라고 말했다.705) 오순절주의자 마카아의 입장에 동의하는 티슬턴은 "방언이 그와 같은 것을 의미한다고 주장하는 것은 대단한 비약이다"라고 말했다.706) 후크마(Anthony A. Hoekema)는 "천사

---

700) 김우현, 하늘의 언어 (서울: 규장, 2016), 233.
701) 김동수, 방언은 고귀한 하늘의 언어 (서울: 이레서원, 2015), 37.
702) Ibid.
703) Ibid.
704) 4 James D. G. Dunn, *1 Corinthians, New Testament Guides* (Sheffield: Sheffield Academic Press, 1995), 79-84.
705) 김신호, 성령세례 받으면 방언하나요? (서울: 서로사랑, 2011), 59.

의 방언을 말하는 사람은 아무도 없다. 단지 본문은 가정을 하는 것뿐이다"라고 말했다.707) 터너는 사도행전 2장의 방언은 외국어 방언이나 고린도전서의 방언은 알아들을 수 없는 언어라고 말하며, 사도 바울은 '외국어 방언'과 '하늘의 언어' 두 가지를 다 생각했을 것이라고 말했다.708) 티슬턴은 사도행전 2장의 방언은 외국어 방언으로 보며 고린도전서의 방언은 알아들을 수 없는 방언이라고 말했다.709) 블룸버그, 고든 피, 헤이스, 흐로셰이드 등이 이 견해를 지지하며, 국내에서는 변종길, 김희성, 김동수 등이 이 견해에 동의한다.

고린도전서 13:1은 '가설법적 표현방법'으로, "만일 천사의 말을 한다고 한다면"이다. 실제로는 그렇지 않으나 어떤 것을 가정하고 강조하려는 표현법이다. 이어지는 구절을 보면, 사도 바울이 말하는 '신비한 언어'란 하나님께서 주신 초월적인 은사들 중 하나를 열거하는 것임을 알 수 있다. 성경에 나타나는 천사들이 한 말은 인간이 다 알아들을 수 있는 말이었다(눅 1:30; 행 12:8). 천사의 말은 현대 방언처럼 '옹알거림'이 아니었다.

고린도전서 13:2-3에서 "네가 할지라도"는 직설법(indicative)이 아니라 가설법(subjunctive mood) 혹은 가상법적인 표현이다. 이것은 비실재적인 것을 표현하는 헬라어 문법이다. 문장으로 표현하자면, '네가 천사의 말을 한다고 가정하더라도'라는 뜻이다. 직설법은 실재하는 것을 그대로 나타내는 표현방법이지만, 반면에 가설법은 실제로 그렇다는 뜻이 아니라, 다만 생각으로 가능하다는 것을 표현할 때 사용하는 문법적 용례이다.

706) Anthony C. Thiselton, **고린도전서: 해석학적&목회적으로 바라 본 실용적 주석**, 권영경 역 (서울: SFC, 2011), 358.
707) Anthony A. Hoekema, "고린도전서 12장-14장에 나타난 방언연구," 정정숙 역 **신학지남** 37(2) (1970): 56(51-66); "바울은 자기가 방언의 최고점에 도달했다고 가정하고, 알려지지 않은 인간의 방언 뿐 아니라 천사의 말을 할 수 있는 능력을 가지고 있다고 가정해도, 사랑을 가지고 있지 못하면, 자기를 단지 시끄러운 징이나 울리는 꽹과리에 불과하다고 말한다. 자기의 생활은 텅빈 것이요, 위선일 뿐이라고 말한다."
708) Max Turner, **성령과 은사**. 김재영·전남식 역 (서울: 새물결플러스, 2012), 408.
709) Anthony C. Thiselton, **고린도전서: 해석학적&목회적으로 바라 본 실용적 주석**, 권영경 역 (서울: SFC, 2016), 418.

또한, 여기서 중요한 것은 천사들이 말할 때 항상 인간의 언어로 전달했다는 사실이다. 고린도전서 13장 이외에의 성경 어디에도 천사의 말이나 하늘의 언어라는 말이 없다. 성경에 기록된 천사의 말들은 인간의 언어로 전달되었다(눅 1:11-20, 26-37; 2:8-14). 인간의 지나친 상상력으로 천사의 말을 '하늘의 언어'라고 말하는 것은 논리적 비약과 문법적 파괴를 일으킨다.710)

존 맥아더는 다음과 같이 말했다.

> 많은 은사주의자는 흠정역(King James Version)이 고린도전서 14장에서 "미지의 언어"(unknown tongue)라는 표현을 반복적으로 사용한다는 점을 지적한다. 그런 표현은 이 세상의 언어가 아닌 언어를 묘사하는 것이라고 그들은 말한다. 그러나 "미지의"(unknown)라는 말은 번역자들이 덧붙인 말이고 헬라어 원문에는 나타나지 않는다. 그래서 흠정역에서는 이 단어를 이탤릭체로 표기하고 있다. 그러므로 고린도전서 13장 1절은 바울이 의미 없는 무아지경의 말이나 일종의 하늘의 언어 내지 천사의 언어를 옹호하고 있음을 입증하는 데 사용할 수 없다.711)

맥아더에 의하면, 은사주의자들은 성경해석을 원문을 통해 제대로 해석하지 않았기 때문에 성경을 잘못 이해했다. 사도는 방언을 말하려면 누가 통역을 해주어야 한다고 말했다(고전 14:13, 27). 무아지경의 말이었다면 통역을 할 수도 없었다.

사도는 "방언은 믿는 자들을 위하지 아니하고 믿지 아니하는 자들을 위하는 표적"(고전 14:22)이라고 말했다. 이 말씀에 '표적'(semeion)이란 하나님의 말씀을 믿지 않는 자들에게 보여주시는 기적이다(요 20:30-31). 방언이 표적이 되는 것은 그리스도의 복음을 전달하는 기능을 하기 때문이다. 알아들을 수 없는 방언은 아무런 의미가 없다(고전 14:16-17). 칼빈은 다음과 같이 말했다.

---

710) 김재성, **개혁주의 성령론** (서울: CLC, 2014), 310-311; "천사들은 영적인 존재로서 극도로 제한적으로 그들 사이에서만 상호소통하는 것으로 나타나 있고, 단 한 번도 사람들에게 그런 언어가 공개된 바 없다. 성경 전체를 통틀어서도 평상시에 천사들과 성도들과의 언어적 교류는 전혀 없다. 단지 하나님의 뜻을 전달하는 것뿐이었다. 육체적으로 외모를 갖추고 있는 경우와는 다르다는 것을 성경 전체에서 미루어 짐작할 수 있다."
711) John F. MacArthur Jr., **무질서한 은사주의**, 이용중 역 (서울: 부흥과개혁사, 2008), 362.

그 의미는 이렇게 될 것이다. '형제들아, 너희들이 그렇게 갈망하고 있는 그 일이 하나님께서 믿는 자들에게 주신 은사가 아니라, 사실은 불신자들에 대한 보복으로써 하나님께서 주신 형벌이다.' … 만일 우리가 그것을 일반적인 방법으로 받아들인다면 그 뜻은, '방언이 표적, 다시 말하면 기적인 한, 방언은 엄격한 의미에서 믿는 자들을 위한 것이 아니고, 불신자들을 위한 것이다'라는 의미가 될 것이다.712)

칼빈에 의하면, 방언은 믿는 자들을 위한 것이 아니라 불신자들을 위한 것이다. 매튜 풀은 다음과 같이 말했다.

방언은 단지 복음의 교훈이 하늘로부터 왔다는 것을 증거 해 주는 표적이었던 것이 아니고, 자신들이 전하는 것을 알아들을 수 없었던 사람들에게 복음을 전하고 알게 하는 수단이기도 하였다.713)

매튜 풀이 말한 "자신들이 전하는 것을 알아들을 수 없었던 사람들"이란 믿지 않는 사람들이다. 초대교회는 지금의 우리와는 달리 성경을 완전하게 가지고 있지 않았다. 사도를 통하여 계시가 전달되고 교회는 아직 유아기였다. 그런 상황에서 예언과 방언이 시대적 상황에서 특수하게 허락된 은사였다. 표적은 언제나 주어지지 않았다.

예수님께서는 나사로의 비유를 통해 이렇게 말씀하셨다.

29 아브라함이 가로되 저희에게 모세와 선지자들이 있으니 그들에게 들을지니라 31 가로되 모세와 선지자들에게 듣지 아니하면 비록 죽은 자 가운데서 살아나는 자가 있을지라도 권함을 받지 아니하리라 하였다 하시니라(눅 16:29, 31)

지옥의 고통을 받고 있는 부자는 죽은 나사로가 살아나서 다섯 명의 형제에게 증거 하면 예수님을 믿을 것으로 생각했다. 그러나, 예수님께서는 성경을 거부하면 죽었다가 살아나는 표적도 의미가 없다고 말씀하셨다.

7) 비밀로 말하나? 비밀을 말하나?
방언은 비밀로 말하는 것인가? 아니면, 비밀을 말하는 것인가? 방언을

---

712) John Calvin, 신약성서주석 8 (서울: 성서교재간행사, 1982), 403.
713) Matthew Poole, 청교도 성경주석 18, 박문재 역 (파주: 크리스챤다이제스트, 2015), 237.

하는 사람들은 방언이 비밀로 혹은 비밀스럽게 말하는 것으로 생각한다. 어떤 사람들은 천국의 언어라고 말한다. 그런 사람들이 증거 구절로 말하는 것은 고린도전서 14:2이다.[714] 이 말씀을 근거로 방언 옹호론자들은 방언을 말하는 것은 하나님께 말하는 것이고 영으로 비밀을 말한다고 말한다. 논쟁이 되는 것은 '비밀'이 '방언의 방법인가?' 아니면, '방언의 내용인가?' 하는 것이다. 결론부터 말하면 방언은 비밀로 말하는 것이 아니다. 반대로, 방언은 비밀을 말한다.

문제는 언제나 성경을 잘못 가르치는 것에서 시작한다. 기독교 신앙은 언약신앙이 아니면 종교적 열심으로 도약한다. 그 대표적인 구절이 예레미야 33:3이다.[715] 많은 사람이 이 말씀을 오해하여 열심히 기도하고 부르짖으면 자기 문제에 대한 해결책으로 비밀한 것으로 응답받는다고 생각한다.

칼빈은 다음과 같이 말했다.

> 왜 하나님께서는 예레미야 선지자가 이미 예언한 것을 비밀한 것이라 부르셨는가? 그 대답은 명백하다. 그들이 하나님의 모든 약속을 수포로 돌아가게 하여, 그분의 은총이 거절당하는 것을 보았을 때, 예레미야 선지자는 당황하기까지 했던 것이다. 이스라엘 백성이 이처럼 구원의 소망을 완악하게 배척했으므로 그들이 절망의 상태에 있었다는 것은 전적으로 그들 책임이며, 타당한 결과였다. 여기에서 우리는 하나님께서 거듭 알게 하신 것이 흔히 우리에게는 감추어져 있는 것을 보게 된다. 그 까닭은 그것들이 즉시 우리의 마음을 꿰뚫지 못하거나, 그것에 대한 기억이 지워지거나, 아니면 우리의 믿음이 그처럼 강하지 못하거나 우리 앞에 놓여진 장애물로 인해 당황하기 때문이다.[716]

칼빈에 의하면, 하나님께서 비밀한 것이라고 말씀하신 이유는 이스라엘 백성들이 구원의 소망을 배척했기 때문이다. 하나님께서 그 종 선지자에게 알려 주셨으나 이스라엘 백성들은 하나님의 구원을 거절했다. 하나님께서 말씀하신 비밀이란 두 가지다. 첫 번째는, 이스라엘 백성이 죄 사함을 받고 포로에서 귀환하는 것이다(렘 33:4-13, 23-26). 두 번째는,

---

714) 방언을 말하는 자는 사람에게 하지 아니하고 하나님께 하나니 이는 알아 듣는 자가 없고 그 영으로 비밀을 말함이니라(고전 14:2)
715) 너는 내게 부르짖으라 내가 네게 응답하겠고 네가 알지 못하는 크고 비밀한 일을 네게 보이리라(렘 33:3)
716) John Calvin, **구약성서주석 19** (서울: 성서교재간행사, 1983), 248.

다윗의 자손이 다시 왕이 되어 이스라엘 백성을 다스리며, 의로운 예배가 회복되는 것이다(렘 33:14-22). 이것을 이스라엘 백성들은 선지자를 통해 들었으나 믿지 않았다. 그런 까닭에, 비밀한 것이 되었다.

고린도전서 14:2에서도 비밀이라 말한다.717) 칼빈은 크리소스톰의 해석을 말하면서 다음과 같이 말했다.

> 말하자면, '영적 은사로 인하여'(이것은 크리소스톰과 마찬가지로 내가 그것을 설명하는 방법이다). "그는 신비와 또한 비밀로 남아 있는 것을 말하고 있으므로, 그것은 유익을 가져오지 못한다." 크리소스톰은 여기에서 '신비'를 좋은 의미, 곧 하나님께로부터 온 탁월한 계시로 받아들였다. 그러나 나는 그것을 나쁜 의미, 곧 이해 불가능하고, 나쁜 영향을 주며, 또한 수수께끼 같은 말로 해석한다. 바울의 말과 같이 '아무도 알아 듣는 자가 없는' 그런 말이다.718)

칼빈의 말은 결국 방언은 아무도 알아듣지 못한다는 것이다. 찰스 핫지는 이 비밀이 "하나님의 진리를 즉 하나님께서 계시하신 것을 의미한다"고 말하면서도, 본문의 의미는 "듣는 사람들은 이 방언이 의미하는 바를 전혀 이해하지 못한다"는 것이라고 말했다.719) 방언의 내용이 하나님의 계시를 포함하고 있을지라도 방언을 분별하여 들을 수 없으면 누구도 이해할 수 없다. 그로 인해 그 방언은 비밀이 된다.

이재기 교수는 바울이 영으로 기도하는 것을 "마음의 열매가 없이, 즉 이해가 일어나지 않은 채 말한다"는 뜻이라고 하면서도, "한때는 감추었지만 이제 드러난 하나님에 대한 진리"라고 말했다.720) 권기현 목사는

---

717) 방언을 말하는 자는 사람에게 하지 아니하고 하나님께 하나니 이는 알아듣는 자가 없고 그 영으로 비밀을 말함이니라(고전 14:2)

718) John Calvin, **신약성서주석 8** (서울: 성서교재간행사, 1982), 389.

719) Charles Hodge, **고린도전서주석**, 김영배·손종국 역 (서울: 아가페출판사, 1985), 392.

720) 이재기, "방언의 성격에 대한 신약성서적 고찰," **성침논단** 11(1) (2016): 272-273(245-291). 〈14장 전체의 맥락을 고려하면 바울은 지금 고린도 교회의 방언 가운데 통역이 없으므로 누구도 그 말을 이해하지 못하니 15절에서 자신이 원했던 것처럼 영과 마음으로 동시에 말하지 못하고 그냥 영으로, 즉 마음이 빠진 영으로 말한다고 표현한 것이다(Archibald Robertson and Alfred Plummer, *First Epistle of St. Paul to the Corinthians, The International Critical Commentary* (Edinburgh: T & T Clark, 1975), 306.). "비밀"(μυστήριον)이라는 말도 방언이 신비스런 무아경의 말이라는 뜻과 아무 상관이 없다. 성경에서 그 단어는 "한때는 감추었지만 이제 드러난 하나님에 대한 진리"이다(Robertson & Plummer, First Epistle of St. Paul to the Corinthians, 306.). 더 구체적으로는 사도행전 2:11에 묘사된 것처럼 "하나님의 구원에 대한 깊은 진리"를 의미한다(W. Harold Mare, "1 Corinthians," *in The Expositor's Bible Commentary, vol. 10,* Frank Gaebelein ed. (Grand Rapids:

고린도전서 14:2을 해석하면서, 비밀의 헬라어 어원을 말하고 그 비밀이 구속사와 불과 분의 관련이 있다고 말했다. 권기현 목사는 로마서 16:25-27, 에베소서 3:3-4과 관련지으면서 다음과 같이 종합했다.

> 이상을 종합해 보면, 그 단어가 원래 의미하는 바대로 '계시'는 숨겨진 어떤 것, 즉 비밀을 폭로해서 밝히 드러내는 것이며, '비밀'은 계시를 통해 드러나게 된다는 사실을 알 수 있습니다.[721]

권기현 목사는 계시와 관련된 은사로 보았으며,[722] 개핀도 "전에 숨겨졌으나 이제 비로소 알려진 특수계시를 가리키는 것이다"라고 말했다.[723] 로벗슨도 비밀을 "하나님의 계시로 알게 된 진리"라고 말했다.[724]

고린도전서 14:2에서 '비밀'은 로마서 16:25-27, 에베소서 3:3-4의 '비밀'이 아니라 아무도 알아듣지 못하기 때문에 '비밀'이 된다는 뜻이다. 로마서 16:25-27, 에베소서 3:3-4의 '비밀'은 복음의 전체적인 교훈을 의미한다. 그러나, 고린도전서 14:2은 방언과 관련된 비밀이며, 방언을 알아듣지 못해서 발생한 상태를 말한다. 비밀이라는 것은 누구도 알아낼 수 없는 것이거나 감추어져 있는 실체다. 아무도 모르고 감추어진 것이다. 개핀 교수는 비밀은 "통역이 없으면 방언은 다른 사람들이 알아들을 수 없다는 사실을 강조한다"고 말했다.[725]

Zondervan, 1976), 272.). 로버트슨(A. Robertson)과 플러머(A. Plummer)가 지적한 것처럼 성경의 "비밀"은 사람들에게 유익하기 위해서 반드시 드러나야 하는데 고린도 교회의 경우 통역이 없으므로 듣는 자들에게 유익이 없고 따라서 방언하는 자만 자기 영으로 하나님께 비밀을 말하는 결과가 되는 것이다(Robertson and Plummer, *First Epistle of St. Paul to the Corinthians*, 306.). 따라서 영으로 비밀을 말한다는 표현은 방언의 성격이 무아지경의 언어라는 사실을 함의하지 않는다.〉

721) 권기현, **방언이란 무엇인가** (경산: R&F, 2016), 71.
722) Ibid. "그렇다면 고린도전서 14:2로 돌아가서, 방언이 비밀을 말하는 것이라고 할 때, 우리는 그것이 계시를 말하는 것과 관련된 은사라는 사실을 알 수 있습니다. 방언은 '비밀리에', 또는 '비밀로' 말하는 것이 아니라 감춰진 '비밀을' 말하는 계시적 은사 가운데 하나입니다."
723) Richard B. Gaffin Jr, **성령 은사론**, 권성수 역 (서울: 기독교문서선교회, 2012), 75.
724) Palmer Robertson, **오늘날의 은사주의 운동, 과연 성경적인가**, 이심주 역 (서울: 부흥과개혁사, 2009), 42-43; "어느 경우든 '방언'과 관계된 '비밀'이라는 말은 방언이 본질상 계시적이라는 사실을 분명하게 나타내는 용법으로 사용됐다. 구속을 이룩가는 하나님의 방식이 '비밀'에 담겨 있는데, 그 비밀이 방언의 언사를 통해 새언약에 속한 하나님의 백성에게 '계시'되었다."
725) Richard B. Gaffin Jr, **구속사와 오순절 성령강림**, 김귀탁 역 (서울: 부흥과개혁사, 2013), 125.

이런 해석의 오류가 발생한 것은 '비밀을'과 '비밀로' 말하는 두 가지 구도를 가지고 본문을 접근하고 해석했기 때문이다. 그러나, 본문이 무엇을 말하는지 먼저 밝히고 '비밀을'과 '비밀로'를 말했더라면 이런 오류가 발생하지 않았을 것이다. 비밀을 계시로 결론을 내리면 오히려 방언 옹호론자들에게 더 유리한 근거를 제공하게 된다.

8) 현대의 조작된 방언은 성경의 방언이 아니다

현대의 조작된 방언은 방언이 아니다. 1970년대 미국에서는 예언과 방언 은사에 대한 충분한 검증과 논의가 있었다. 특별계시가 종결되자 방언도 종결되었다는 것이 개혁신학의 견해다. 오늘날, 오순절 운동과 은사 운동이 말하는 방언 말하기(글로쏠랄리아, glossolalia)는 성경이 말하는 방언(외국어)과는 전혀 다르다.

권동우 목사는 다음과 같이 말했다.

"리피야 라샤카파테 라시아다 로야로 바칸나기 리키키고 나카치
라시카파타리 니미카니야 아파타카카야 시키키코 바야"

위의 방언은 몇 문장 정도인데 통역은 엄청나게 길다. 실제 지구에서 사용하는 언어가 아니라는 것을 누구나 알 수 있는데, 언어로서의 구조가 없고 일관성도 찾아볼 수가 없다.

'리피야' : 내 사랑하는 아들딸들아 너는 내가 어디 있다고 생각하느냐
'라샤카파테' : 내가 구만리 장천 멀리 하늘 위에 있다고 생각하느냐
'라시아다' : 땅끝에 있다고 생각하느냐 땅을 파야 나를 찾을 수 있다고 생각하느냐
'로야로' : 아니라! 십자가를 통하여 내가 너희 속에 들어와 있고
'바칸나기' : 너희 숨과 함께 있고 너희 생명 속에 함께 있도다
'리키키고' : 내가 너를 붙들어 주고 너를 도와주기를 바라노라
'나카치' : 너희가 나를 모르는도다 나를 알라 나를 깨달으리라
'시카파타리' : 나를 의지하라 내가 너희의 기도를 듣고
'니미카니야' : 기필코 내가 살아계신 능력을 너에게 나타내 주리라
'아파타카카야' : 영광을 보여 주리라 뜻대로 되게 만들어 주리라
'시키키코' : 하나님의 영광의 뜻이 임하여서 너희 속에 나타나게 할 것이다
'바야' : 두려워 말고 놀라지 말며 담대하고 강하라

이 방언을 녹음하여 방언 통역의 은사를 받았고 신령하다는 네 분에게 방언 통역을 맡겼더니, 통역이 모두 제각각이었다. 즉 방언도 외국어가 아닐 뿐 아니라 방언 통역도 모두 가짜였

다.726)

권동우 목사에 의하면, 현대 방언은 외국어가 아니며 방언 통역은 순전히 엉터리다.

김동수 교수는 다음과 같이 말했다.

> 그러면 지금 신자가 하는 방언도 외국어일 수 있을까? 누가와 바울이 기록한 방언이 본인이 배우지 않은 언어로 말하는 것이기 때문에 외국어도 될 수 있고 또 부호와 같이 영으로만 알아듣는 말일 수도 있다. 바울이 말하는 방언은 실제 외국어라는 뉘앙스는 적다. 어쨌든 현재도 방언이 얼마든지 실제 외국어일 수는 있다. … 만약 어떤 신자의 방언이 실제 외국어라면 그 방언이 모국어인 사람은 그 기도를 알아들을 수 있을 것이다. 선교지에서 그 지역 언어를 전혀 배우지 않은 선교사가 방언을 하면 사람들이 알아듣고 회개하는 역사가 일어날 수도 있는 것이다. 문헌을 보면 실제로 이런 일이 많이 일어났다고 한다.727)

김동수 교수는 방언을 '외국어'와 '부호 같은 것', 두 가지로 보았다. 문헌에 선교사가 방언으로 말하면 그것을 듣고 회개하는 역사가 많이 일어났다고 말하나, 그 문헌에 대한 근거는 말하지 않았다.

터너는 현대 방언을 신약성경의 방언과 일치시키는 것은 문제가 있다고 말했다. 터너는 현대 방언 통역이 실제로 엉터리라는 것을 알았으면서도 현대에도 '비-이언능력의 방언'이 가능한 것으로 말하는 것은 논리적 연결성이 매우 떨어진다.728)

---

726) 권동우, "현대 방언은사가 거짓인 이유는 무엇인가?," Sep. 1.2016. Accessed Aug.24.2019.
http://www.good-faith.net/news/articleView.html?idxno=618
727) 김동수, **방언은 고귀한 하늘의 언어** (서울: 이레서원, 2015), 59-60.
728) Max Turner, **성령과 은사**, 김재영, 진남식 역 (서울: 새물결플러스, 2018), 520-521; 〈하지만 신약성경의 현상과 오늘날의 "방언 현상"을 일치시키는 것은 여전히 문제점을 내포하고 있다. 바울이 말하는 것을 보면, 아주 당연하다는 듯이 방언을 이언능력이라고 생각하고 있는 것으로 보인다. 그리고 이것만 보더라도 바울이 언급하고 있는 것과 오늘날의 "방언 현상"이 최종분석에서 각기 다른 현상으로 밝혀질 것이라는 견해를 충분히 입증하고도 남음이 있다고 생각할 수 있다. 그러나 신중해야 한다. 바울이 이언능력인 "방언 현상"과 기능면에서는 비슷한 역할을 하는 비-이언능력인 "방언 현상"을 구분했다고 보는 것은 사실상 불가능하다. 우리가 두 가지 다른 형태의 "방언 현상"이라고 보는 것을, 현상적인 차원에서, 바울은 단순하게 함께 뭉뚱그려서 말했을 수도 있기 때문이다. 그것이 아니라면, 다소 애매모호한 게네 글로손(genē glōssōn, "[다른] 방언")이라는 표현이 이언능력과 천사의 말만이 아니라, 현대의 연구를 통해서 집중 조명을 받은 형태의 "방언 현상"도 포함하는 것일 수도 있다. 분명한 점은 오늘날의 방언이 바울이 알고 있던 것과 동일한 현상이 아니라는 교조주의가 들어설 여지는 없다는 것이다. 설혹 바울이 다른 현상에 대해 말하고 있는 것이라 하더라도 그것 때문에 오늘날의 "방언 현상"이 기준에 못 미치는 "성령의 은사"라는 의미는 결코 아니다. 이미 앞에서 우리가 언급한 바와 같이,

토론토 대학의 언어학 교수 윌리엄 사마린은 5년 동안 오순절파 방언 집회에 참석하여 다음과 같이 말했다.

> 나는 옛날 모습으로 진행되는 오순절파와 신은사주의 집회에 참석했다. 공개적으로 많은 사람들이 모이는 곳과 개인적으로 집에서 모이는 집회에도 모두 참가했다. 나는 브롱스의 푸에르토리코 사람, 아팔라치언의 뱀 다루는 사람들, 로스엔젤레스에 있는 러시아 몰로칸스 등 서로 문화가 다른 사람들을 보았다. … 방언 말하기는 실제로 어떤 방식으로는 언어처럼 보인다. 그러나 이것은 오직 말하는 자가 실제 언어처럼 되기를 원하였기 때문이다. 하지만 겉모습이 비슷하게 보이고 있지만, 방언 말하기는 근본적으로 언어가 아니었다.[729]

사마린에 의하면, 방언을 말하는 사람들은 마치 언어처럼 보이려고 했으나 실제로는 언어가 아니었다. 그렇게 실제로 외국어로 말하지 않는 방언은 성경이 말하는 방언이 아니다.

김동수 교수는 호벤덴(Gerald Hovenden)이 "그레꼬-로마 배경에서 신약의 방언과 분명히 부합하는 것은 거의 찾아볼 수 없다"는 말을 인용하면서, "고대 이방종교에서 방언과 동일한 것은 찾을 수 없다고 말했다."[730] 김동수 교수는 신약의 방언과 이방종교의 방언을 비교했다. 김동수 교수는 접근 자체가 잘못되었다. 김동수 교수가 말하는 방언은 외국어가 아니라 "각종 방언"(고전 12:10)을 '여러 가지 방언'이라고 보고 현대의 방언을 성경의 방언과 동일시한 것이 문제다. 고린도전서의 방언

루이스, 포이트레스, 그리고 말로리와 러브킨의 말마따나 문제는 결국 오늘날의 "방언 현상"의 역할이 하나님께 영광을 돌리는 것인지, 그리스도 중심적인 것인지, 믿음을 돕는 것인지(예를 들어, 인격의 통전성, 일관성, 분노의 감소)에 달려 있는 것이며-아마도 바울이 글로사이스 랄레인(glōssais lalein)이라고 말한 것을 단순하게 따라 하는 방식일 텐데-진행해나가는 방식에 대한 것이다. 방언의 은사를 받았다고 주장하는 자들의 증언은, 그리고 보다 최근의 전문적인 정신의학적 분석들 중에서 상당수의 증언은 이것이 앞에서 말한 바로 그런 역할을 한다는 것이다(그리고 실제로 고린도 교인들에게서 나타났던 현상처럼, 충분히 오용될 가능성도 있다). 그러나 이 분야에는 여전히 더 깊이 있는 실험적인 연구를 해야 할 부분이 많이 남아 있다.⟩

터너는 다음과 같이 방언통변의 허구를 통해 방언이 잘못되었다는 것을 알고 있으면서 그 미련을 버리지 못하고 있다는 것을 알 수 있다. ⟨어느 연구에서 알게 된 것인데, 테이프에 녹음된 방언들을 여러 방언 통변가들에게 보내서 "통변"을 부탁했다. 그리고 그 속에 아라비아와 오스트레일리아 국가를 거꾸로 돌려서 녹음한 통제 표본을 섞어 넣었다. 통변해서 보내온 것들은 서로 맞지도 않았고, 통제 표본의 내용과도 아무런 상관도 없었다. 그러나 검증 작업이 교회의 영향력의 범위 내에서 진행되었다면, 그리고 방언이 아닌 통제 표본들이 포함시키는 것을 주의해서 검증 작업을 진행했더라면 보다 적절하고 면밀한 작업이 되었을 것이다.⟩

729) William J. Samarin, *Tongue of Men and Angels* (New York: Macmillan, 1972), 103-28; 김재성, **개혁주의 성령론** (서울: CLC, 2014), 325에서 재인용.
730) 김동수, **방언은 고귀한 하늘의 언어** (서울: 이레서원, 2015), 34.

은 '랄라라' 방언이 아니라 외국어다.

여기서 우리가 알아야 할 사실은 현대의 이런 방언은 오래전부터 타종교에서도 있었다는 것이다. 그로마키는 『현대 방언 연구』에서 방언이 기독교에만 있는 독특한 것이 아니라 타종교와 철학에서도 발견된다고 말했다. 그로마키는 버질과 피도니스를 비롯해서 시리스(Osiris)교, 미드라(Mithra)교, 엘레우시스(Eleusis)교, 디오니소스(Dionysos)교, 오르페우스(Orpheus)교에서도 무아경적인 말이 유행했다고 추정할만한 충분한 이유들이 있다고 믿었다. 시리아 여신 유노(Juno)의 열렬한 신자들이 했던 방언의 사례를 사모사타의 루키안(Lucian of Samosata, A.D. 120-198)이 보고했다. 키텔(Kittel)은 델픽 부르기아, 바시데스, 시빌즈에서 방언 현상들이 존재했다"고 보고했다.

그로마키의 다음과 같은 말은 주의 깊게 생각할 필요가 있다.

> 현대에는 이슬람교인들, 그린랜드 에스키모인들, 티베트 승려들의 방언이 존재한다고 전해지며, 2세기 이후부터 현재 기독교 역사에서는 몬타누스, 터툴리안, 힐데가르드, 빈센트 페레르, 세베뇰의 선지자들, 잔센파, 퀘이커파, 어빙파, 쉐이커파, 몰몬교 등 신비주의적이고 이단적인 성향을 띠는 집단들에 한해서만 방언을 했다는 기록이 있고, 그 외에 정상적인 정통 기독교 내에서 방언을 했다는 기록은 없다. 정통 기독교 내에서는 1900여년 동안 사라졌던 방언이 1900년대 초 갑자기 나타난 것이다.

김동찬 교수는 "다른 이방종교에서 발견되는 방언과 유사한 현상들은 방언과 분명히 다르다"라고 말했다.731) 그러면서, 김동찬 교수는 몰턴 켈시(Morton T. Kelsey)의 글을 인용하면서 방언을 거부하는 사람들은 초자연적 현상이기에 두려워한다고 말했다.732) 켈시는 칼융의 구상화(visualization)을 통해 주님을 샤만으로 만나며, 예수님의 제자들도 샤만(shaman)으로 여기고 예수는 모든 샤만보다 컸다고 말했다.733) 아놀드

---

731) 김동찬, **방언 바로 알기** (서울: 베다니출판사, 2015), 48-49.
732) Ibid., 50-51; "사람들은 방언이 자신의 오감과 이성을 넘어서는 현상, 즉 초자연적인 연상이기에 두려워한다. 방언에 대한 경험이나 이해가 없는 이들에게 방언은 단순히 의미 없는 중얼거림에 그치지 않고 더 나아가 사람에게 알려지지 않은 심령현상이나 우주 에너지들이 정상적인 사람들의 생각을 장악하고 끌고 다니는 것처럼 보여진다. 대부분의 사람들은 자신들의 유한한 감각을 넘어서는 이 같은 신비한 영역에 대하여 두려워한다."
733) John Ankerberg, John Weldon, *Encyclopedia of New Age Beliefs* (Oregon: Harvest House Pub, 1996), 200; 〈Morton Kelsey is an Episcopal priest and Jungian analyst who supports various occult

274   IX. 방언 1. 방언의 의미와 중요성 8) 현대 조작된 방언은 성경의 방언이 아니다

비틀링거(Arnold Bittlinger)는 방언을 옹호하면서 다음과 같이 말했다.

> 방언의 치료 효과를 입증한 사람들로는 특히 융(C. J. Jung) 학파의 정신 분석학자들이 있
> 다. 신학자이며 정신 치료자인 모턴 켈세이(Morton Kelsey)는 말하기를, "방언의 체험이
> 없었다면 결코 심리학적인 성숙에 이르지 못했을 사람들이 많이 있다. 그들은 방언을 체험함
> 으로 인해서 무의식의 세계로 인도되었을 뿐만 아니라 안이한 삶과는 거리가 멀지만 보다 충
> 만한 삶을 영위할 수 있게 되었다"라고 하였다.734)

융의 구상화로 예수님을 샤만으로 만나는 켈시의 성숙이 기독교의 성
숙이라고 할 수 없다. 김동찬 교수가 인용한 켈시의 이어지는 글을 보라.

> 특히 방언은 자기의 자아와 외지의 통제권을 알지 못하는 무의식의 세계에 위임하는 것의 대
> 표적인 예로써, 오늘날 현대의 이성주의 사고방식에 비추어 보면 무엇보다도 위험스러운 것
> 으로 보여진다. 그러므로 어떤 이가 미지의 세계에 대한 두려움이 많으면 많을수록 그는 방언
> 에 대해 더욱 큰 두려움을 느낄 것이다. 이러한 이유 때문에 대부분 이성주의 경향을 가지고
> 있는 크리스천들은 방언을 매우 끔찍한 것으로 바라본다.735)

켈시에 의하면, 방언은 무의식의 세계에 자기를 위임하는 것이다. 켈
시가 말하는 그 무의식의 세계는 구상화를 통해 영적인 안내자인 샤먼을
만나서 대화하며 신성화에 이르는 세계다. 융이 만다라를 그리면서 무의
식에서 샤먼을 만났다면, 켈시는 방언을 통해 무의식에서 샤먼을 만난

---

practices, accepts the "Christian" parapsychologists's premise that psychic abilities are gifts from God, and
views Jesus and His disciples as shamans(342:16-17, 69. 95). He writes: "Jesus was a man of power. He
was greater than all shamans. (A shaman is one in whom the power of God is concentrated and can thus
flow out to others.) My students begin to see the role Jesus was fulfilling when they read Mircea Eliade's
Shamanism and Calos Castaneda's Journey to Ixtlan ⋯ Jesus not only used these powers himself, but he
passed the same powers of superhuman knowledge, healing, and exorcism on th his followers ⋯ Jesus did
not cme just to win some kind of spiritual victory in heaven. He came to endow his followers with a new
power that would enable them to spread the gospel effectively by using capacities that are out of the
ordinary. This is the same kind of psi [psychic] power Jesus himself had ⋯ It appears that almost all
christians who were true discipled were something like shamans in the style of their master, sharing various
gifts of power(342:92-95)." Here, Kelsey has confused the spiritiustic occult power of the shaman (see
Shamanism) with the power of God, again reflecting the fundamental confusion among "Christian"
parapsychologists who wrongly maintain that biblical miracles are equivalent to miracles found in the
world of mediumism, spiritism, the occult, and Eastern religion(5:391-453)〉

734) 아놀드 비틀링거, 은사와 은혜, 정인찬·조원길 역 (서울: 기독지혜사, 1982), 91.
735) 김동찬, 방언 바로 알기 (서울: 베다니출판사, 2015), 51.

것이다. 켈시에게 방언은 만트라다.

앤써니 티슬턴(Anthony C. Thiselton, 1937-)은 "예언의 말씀이 존재의 심연에 있는 내적 비밀을 드러내"는 것이라고 말했으며,736) 티슬턴이 방언을 "무의식의 언어"라고 말한 것도 매우 주의해야 한다.737) 왜냐하면, 티슬턴은 타이센에 대해 다음과 같이 말했기 때문이다.

> 이 부분에서는 스텐달, 좀 더 자세하게는 타이센(Theissen)의 연구가 도움을 준다. 성령은 성령의 선물로서 무의식의 심연을 조사할 수 있는 능력을 부여한다. 이 마음은 성령이 하나님의 사랑을 넓게 박히는 곳이다["하나님의 사랑이 우리 마음에 (홍수처럼) 부은 바 됨이니," 롬 5:5 REB]. 마음(heart)에는 종종 요즘 우리가 무의식이라는 것이 포함된다(고전 4:4-5). 따라서 타이센의 말처럼 "글로솔랄리아[=방언]란 의식이 가능한 무의식의 언어"로서, 우리로 하여금 "삶의 무의식적 심연의 차원에 접근할 수 있게" 만들어 주는 것이다(참고, Stendahl, "Glossolalia," in Paul, 111; 그리고 Theissen, *Psychological Aspect*, 306; cf. 59-114, 276-341).738)

타이센의 이런 말은 현대의 심리학, 특히 칼 융의 심리학과 혼합이 되었기 때문이다.739) 융은 방언을 무의식의 구상화 과정에서 나타나는 다양한 방식 중 하나라고 말했다.740) 티슬턴이나 타이센처럼 융의 무의식

---

736) 앤토니 C. 티슬턴, **고린도전서**, 권영경 역 (서울: SFC, 2011), 435: 〈그곳에서 "신음" 혹은 "탄식"은 전의식적(preconscious) 심연, 곧 성령이 활동하시는 영역이긴 하지만, 우리 의식 수군의 사고로는 거의 이해할 수 없는 영역에서 솟아 나온 것을 가리킬 수도 있다.〉

737) 변종길, **우리 안에 계신 성령** (서울: 생명의말씀사, 2003), 89.

738) Anthony C. Thiselton, **고린도전서**, 권영경 역 (서울: SFC, 2011), 359.

739) Klaus Berger, *Identity and Experience in the New Testament* (Minneapolis, Minnesota: Fortress Press, 003), 3; "It is true that Theissen does not simply read the New Testament in terms of modern experience.He nonetheless frequently opens up the posibility of comparison with modern psychological understanding. In fact, Theissen's book ultimately rests upon the very same criteria that dominate the more obviously modernizing studies, such as the notion of the unconscious. Thus we must conclude that the overall intention of Theissen's book is precisely to establish points of contact with modern forms of psychological understanding.(In my opnions, it is hardly wrong to se here and analogy with Rudolph Bultmann's requisition of the philosophical anthropology of Martin Heidegger.)."

740) Mr. Purrington, "Carl Jung on 'Speaking in Tongues.'", Carl Jung, *Letters Vol. II*, Pages 227-229; Aug.16.2019. Accesed Sep.9.2019. https://carljungdepthpsychologysite.blog/2019/08/16/carl-jung-on-speaking-in-tongues-2/#.XXY1BCgzbrw; "You find visual images in the process of analysis chiefly with people of a visual type. The way the unconscious manifests itself depends very much upon your functional type. It can manifest itself in the most unexpectedly various ways. Your story of the Catholic priests is delightful; they were obviously shielding themselves from the devil when he crept up in what you said."

으로 접근하면 결국 무의식이나 하나님이 동의어가 되어버린다.741) 그 하나님은 성경의 하나님이 아니라 인간 안에 있는 신성한 내면이다!!! 이 융의 심리학과 영성이 폴 틸리히(Paul Tillich)에 그대로 녹아났고 오늘날 기독교 상담학이라는 이름으로 가르치고 있다.

레만 스트라우스(Lehman Strauss, 1911-1997)는 방언 은사가 잘못 가르쳐지는 일곱 가지 문제점을 지적했다.742) 첫째, 방언을 말하는 것과 성령의 세례를 받은 것이 동일하다는 주장은 잘못된 것이다. 성령을 받았다고 해서 반드시 방언을 한다는 기록은 성경 어디에도 없다. 사도 바울은 고린도 교회 성도들에게 "다 방언을 말하는 자이겠느냐?"라고 말했다. 예수 그리스도를 믿고 구원을 받은 자는 모두 성령으로 세례를 받은 자이다.743) 개핀 교수는 방언은 '차별적 은사'이며, 고린도전서 14:5, 18, 23에서 "다"(모든)라는 말은 가정적인 말이며 수사학적인 질문으로 보고, 그 대답으로는 "아니, 다 방언을 말하는 자는 아니다"라고 말했다.744) 판호예(Vanhoye)는 교회의 모든 사람이 동일한 선물을 받는 것이 아니며 다양화를 받아들여야 한다고 말했다.745) 치우는 이 다양성을

---

741) Anthony C. Thiselton, Thiselton on Hermeneutics: The Collected Works and New Essays (Eerdmans Publishers, 2006); 〈Aspects that Jung calls "contra-sexual" ingredients and "shadow" aspects need to be integrated with those other elements to which earlier life has accorded prominence. The path to integration lies not in bare rational reflection and in the manipulation of concepts, but in the healing power of deeper forces, including especially the power of symbols(Carl Gustav Jung, *Mand and his Symbols* (New York: Doubleday, 1971). In Jung's view, biblical texts offer such a resource when they are *more than vehicles for the conscious thought-processes of an argument.* Their integrative and healing power operates optimally when they evoke "the depths of God … not taught by human wisdom"(1 Cor. 2:10, 13). Image, figure, parable, dark saying, poetry, or whatever presupposes the inadequacy of plain descriptive sppech or rational argument functions, for Jung, with this kind of effect, especially if it evokes feeling at th deepest level. Jung finds some typical examples in the Book of Revelaion.〉

742) Lehman Strauss, "Speaking in Tongues," www. bible.org; 김재성, **개혁주의 성령론** (서울: CLC, 2014), 326-334에서 재인용.

743) 우리가 유대인이나 헬라인이나 종이나 자유자나 다 한 성령으로 세례를 받아 한 몸이 되었고 또 다 한 성령을 마시게 하셨느니라(고전 12:13)

744) Richard B. Gaffin Jr, **구속사와 오순절 성령강림**, 김귀탁 역 (서울: 부흥과개혁사, 2013), 131-132.

745) José Enrique Aguilar Chiu, *1 Cor 12-14 Literary Structure and Theology* (Roma: Editrice Pontificio Istituto Biblico, 2007), 275; "Not all can hold the same position in the Church, or have the same gift … Every member of the Church should therefore accept this diversification, that is, accept a particular place

고린도전서 12-14장에서 은사를 말하는 주요한 면이라고 본다.746)

둘째, 방언을 말하는 것이 성령의 충만이라는 증거는 잘못된 주장이다. 부룸백(Carl Brumback) 역시 고린도전서의 방언이 곧 성령의 충만을 의미하는 것은 아니라고 인정했다.747) 김동수 교수는 "방언 기도가 신앙 성장에 절대적으로 도움이 "된다고 말했으며,748) 다음과 같이 말했다.

> 김우현 감독이 쓴 『하늘의 언어』에서 온누리교회 손기철 장로님이 한 말은 성경적 근거가 있다고 할 수 있다. "방언은 모든 (성령의) 은사의 기본입니다. 그것은 영이신 하나님의 나라로 들어가는 일종의 통로이지요." (『하늘의 언어』, 108)749)

김동수 교수는 방언을 모든 은사의 기본이라고 말했다. 무엇보다 중요한 것은 그 주장이 "성경적 근거가 있다고 할 수 있다"라고 말한 것이다. "있다"고 말한 것이 아니라 "있다고 할 수 있다"라고 말한 것은 빠져나갈 틈을 만들어 놓은 것이다. 성경적 근거가 있다면 성경적 근거를 말해야 한다.

그렇다면 과연 성경적인 근거가 있는가? 사도는 고전 12:29-30에서 이렇게 말했다.

> 29 다 사도겠느냐 다 선지자겠느냐 다 교사겠느냐 다 능력을 행하는 자겠느냐 30 다 병 고치는 은사를 가진 자겠느냐 다 방언을 말하는 자겠느냐 다 통역하는 자겠느냐(고전 12:29-30)

---

in the community, and admit that the others have other gifts and other functions."
746) Ibid., 274-275; "The idea of diversity (and unity), then, is presented as the pricipal idea of the first part (chap. 12)."
747) Carl Brumback, *What Meaneth This? A Pentecostal Answer to a Pentecostal Question* (Springfield, Mo.: Gospel Publishing House, 1947), 249-50, 263-64; Anthony A. Hoekema, "고린도전서 12장-14장에 나타난 방언연구," 정정숙 역 **신학지남** 37(2) (1970): 53(51-66)에서 재인용; 〈이것은 오순절주의자들이 성령세례를 증거 하는 방언과 계속되는 많은 은사 가운데 하나인 은사로서의 방언을 구별하는 것을 취소하는 말일 것이다. 오순절주의자들은 사도행전에 기록된 방언은 성령세례를 "증거" 하는 방언이고 고린도전서에 기록된 방언은 "은사"로서의 방언을 취급하고 있다고 주장한다. 그러므로 그들의 주장을 따른다면, 고린도전서에 기록된 방언이 성령세례를 증거 하는 방언이라고 증명할 수가 없다. 또한 성령세례를 증거 하는 방언은 사도행전에서 그 자료를 찾아야 할 것이다.〉
748) 김동수, **방언은 고귀한 하늘의 언어** (서울: 이레서원, 2015), 107.
749) Ibid., 77.

사도 바울은 다 방언을 하지 않는다고 말했다!!! 성령의 감동으로 기록된 성경이 다 방언을 말하지 않는다고 하는데, 모든 은사의 기본이라고 주장하면 그 주장이 정당한가?

'기본'이라는 것은 '옵션'이 아니라는 뜻이다. 차를 사면 차에 기본으로 주어지는 것이 있고 옵션으로 주어지는 것이 있다. 기본은 차가 주행하는 데 아무런 지장이 없도록 모든 필요한 것을 제공하는 것이다. 옵션은 그 기본에 추가적인 사양을 장착하는 것이다.

방언이 은사의 기본이란 다른 말로 하자면 방언은 믿는 사람이라면 다 받아야 한다는 말인가? 김동수 교수는 이렇게 말했다.

> 하지만 개인 기도로서의 방언은 누구에게나 열려 있는 은사이다. 하나님과 영으로 교통하는 은사로서(고전 14:2) 특별한 사람에게만 주어질 필요가 없다. 방언 기도의 은사는 신자이면 누구나 받을 수 있다.[750]

성경이 누구나 받는 은사가 아니라고 하는데, 교수가 누구나 받을 수 있다고 말하면 교수가 성경보다 더 권위 있다는 말인가??? 김동수 교수는 방언을 체험하지 못하는 7가지 경우를 말하면서 다음과 같이 말했다.

> 첫째, 방언의 은사는 신자들에게 주어지는 것이므로 거듭나지 않은 사람은 방언의 은사를 받을 수 없습니다. 그러나 거듭난 신자는 모두가 방언을 받을 수 있습니다. … 다섯째, 지금까지 저의 사역 경험상 방언을 못 받는 사람은 대부분 방언에 대한 잘못된 태도를 가진 사람들이었습니다.[751]

---

750) 김동수, **방언은 고귀한 하늘의 언어** (서울: 이레서원, 2015), 78-79; 김동수 교수는 다음과 같이 말했다. 〈방언을 체험하는 구체적인 방법을 말하기 전에, 모든 신자가 방언을 체험할 수 있는가에 대하여 생각해 보자. 고린도전서 12:30에서 바울은 "다 방언을 말하는 자이겠느냐?"는 수사학적 질문을 한다. 물론 답은 "아니다"이다. 많은 사람들이 이 구절을 근거로 모든 신자가 방언을 체험할 수 있는 것은 아니라고 한다. 그런데 이 말을 한 바울이 이어지는 논쟁에서 "나는 너희가 다 방언으로 말하기를 원하나"(고전 14:5)라고 말했다. 바울은 모든 신자가 다 방언으로 기도하기를 소망하고 있는 것이다. 문자로만 보면 이 두 말은 모순이다. 하지만 바울이 한 주제로 이어지는 글에서 완전히 모순되는 말을 했다고 보기는 어렵다. 이 문제를 해결하기 위해서는 매우 상세한 주석적 작업이 필요하다. 필자는 이 문제에 대해 이미 논문을 쓴 일이 있다(참고, **신학논단** 13 (2006년 봄), 169-193).〉 김동수 교수는 "매우 상세한 주석적 작업이 필요하다"고 말했으며, 논문도 썼다고 했으나, 그렇게 "매우 상세한 주석적 작업"을 안 해도 알 수 있는 본문이다.
751) 김동수, **방언은 고귀한 하늘의 언어** (서울: 이레서원, 2015), 107.

김동수 교수에 의하면, 거듭난 신자는 다 방언을 받고, 거듭나지 않은 사람은 방언을 못 받는다. 거듭났는데 방언을 못 받는 것은 방언에 대한 잘못된 태도를 가졌기 때문이라고 말했다. 그러면, 교회가 시작된 이래로 방언을 받지 않은 사람들은 거듭나지 못한 사람이거나 방언에 대해 잘못된 태도를 가진 사람들인가?

사도 바울은 성도가 성령으로 충만해야 한다고 말했으나,[752] 모든 성도가 방언을 해야 한다고 말하지 않았다. 성령의 충만은 성령의 지배를 받는 것이며 성령의 충만이 있다면 하나님을 기뻐하며 찬송하고 하나님의 말씀에 순종하는 것으로 나타난다.[753]

셋째, 방언하는 것이 성령의 열매라는 주장은 잘못된 것이다. 성령의 열매는 성령의 충만에서 결과된 것이다. 방언은 성령의 열매가 아니다. 그 증거는 갈라디아서 5:22-23이다.[754] 성경에서 성령의 열매라고 말하지 않는 것을 말하는 것은 잘못된 것이다.

넷째, 방언을 말하는 것이 성도의 믿음의 증거라는 것은 잘못된 것이다. 성경은 방언은 믿는 자를 위한 은사가 아니라 믿지 않는 자를 위한 은사라고 말한다.[755] 믿지 않는 자에게 그리스도의 복음을 증거 하는 수단이므로 모두에게 허락되지 않았다.

다섯째, 방언 은사를 추구하는 것은 잘못된 것이다. 고린도 교회의 모든 성도들이 방언을 하지 않았다(고전 14:4-11). 사도 바울은 '은사는 여러 가지나 성령은 같다'고 말함으로써 은사의 다양성을 말했다. 무엇보다 성령의 은사는 성령께서 그 기쁘신 뜻대로 주신다.[756]

여섯째, 여성도에게 방언 은사를 말하게 하는 것은 잘못된 것이다. 사

---

752) 술 취하지 말라 이는 방탕한 것이니 오직 성령의 충만을 받으라(엡 5:18)
753) 18 술 취하지 말라 이는 방탕한 것이니 오직 성령의 충만을 받으라 19 시와 찬미와 신령한 노래들로 서로 화답하며 너희의 마음으로 주께 노래하며 찬송하며 20 범사에 우리 주 예수 그리스도의 이름으로 항상 아버지 하나님께 감사하며 21 그리스도를 경외함으로 피차 복종하라(엡 5:18-21)
754) 22 오직 성령의 열매는 사랑과 희락과 화평과 오래 참음과 자비와 양선과 충성과 23 온유와 절제니 이같은 것을 금지할 법이 없느니라(갈 5:22-23)
755) 그러므로 방언은 믿는 자들을 위하지 않고 믿지 아니하는 자들을 위하는 표적이나 예언은 믿지 아니하는 자들을 위하지 않고 믿는 자들을 위함이니(고전 14:22)
756) 어떤 이들은 내가 너희에게 나아가지 아니할 것 같이 스스로 교만하여졌으나(고전 4:18)

도는 고린도전서 4:34-35에서 이렇게 말했다.

34 모든 성도의 교회에서 함과 같이 여자는 교회에서 잠잠하라 저희의 말하는 것을 허락함이 없나니 율법에 이른 것 같이 오직 복종할 것이요 35 만일 무엇을 배우려거든 집에서 자기 남편에게 물을지니 여자가 교회에서 말하는 것은 부끄러운 것임이라(고전 14:34-35)

사도 바울은 고린도전서 14장의 전체 맥락에서 예언과 방언을 말하면서 이 말을 했다. 사도는 이런 은사들이 머리에 아무것도 쓰지 않고 행할 수 없다고 말하면서 금지시켰다. 결론적으로 교회 안에서 여성은 제한적으로 쓰이는 은사를 받았다.

일곱째, 오늘날에도 사도적인 표적의 은사가 주어진다는 것은 잘못된 것이다. 하나님의 초자연적 역사를 부인하는 것이 아니라 오늘날에도 사도적인 표적의 은사가 주어진다는 것은 잘못된 것이다. 성경이 종결되었기 때문에 사도적 은사도 종결되었다.

9) 제한적인 사도적 은사

오순절 은사 운동 이후로 방언과 예언에 대해 세 가지 입장이 있다. 종결설, 연속설, 회복설이 있으며 그 세 가지가 섞이기도 한다. 오늘날 은사주의자들은 예언과 방언과 기적과 같은 특별 은사가 지속된다고 주장한다. 김동찬 교수는 방언이 "근대를 거쳐 오늘날까지도 끊임없이 이어지고 있다"고 말했다.[757]

온건한 그룹으로는 존 파이퍼나[758] 웨인 그루뎀 등이 있으며 온건한

---

757) 김동찬, **방언 바로 알기** (서울: 베다니출판사, 2015), 22; "방언은 특정 지역이나 한 시대에만 머물렀던 이적이 아니라, 전 세계적인 성령의 선물로 지금도 계속되고 있다."

758) 칼빈주의자 존 파이퍼 목사, "나는 예언의 은사를 사모한다," 미션투데이, Accessed Aug.1.2019. http://www.missiontoday.co.kr/news/2185; 〈세계적인 칼빈주의자 존 파이퍼 목사가 지난 달 열린 존 맥아더 목사의 은사주의를 비판 컨퍼런스에 대하여 반대하는 입장을 밝혔다. 그는 스스로도 이러한 영적인 은사를 사모하며, 그 중에서도 특별히 예언의 은사를 사모한다고 밝혔다. 파이퍼 목사는 "예언을 위한 기도는, 기름 부으심 아래 말씀을 전하고자 하는 것이다. 모든 것이 성경에 합당하도록, 또한 성경에 종속되도록 말하는 것이다. 예언은 나의 설교문에 준비되어 있는 것도 아니고, 강대상으로 가면서 머리에 언뜻 드는 그런 생각도 아니고, 마음에 다가오는 것이며, 특별한 방법으로 역사하는 것이다. 파이퍼 목사의 사이트에는 '방언을 말하는 것은 무엇인가?', '신약에서 예언의 은사는 무엇인가?'라는 제목의 동영상이 올라와 있다. 영상들은 그가 올 1월에 진행한 인터뷰를 촬영한 것. 영상에서 파이퍼 목사는 "나는 분명히 방언의 은사를 가지고 있다고 믿지는 않지만, 방언

계시 지속설을 주장한다(Sam Storms, C. J. Mahancy 등). 온건파는 성경의 예언이 복음의 완전한 지침이고 가르침이지만, 지극히 개인적이거나 자기 생활과 삶에 관련된 작은 예언은 오류의 가능성을 내포하면서도 지속된다고 주장한다. 개인적이고 사소한 예언을 주장하면 결국 성경이 종결되었다는 것이 부정되고 성경의 절대성이 무너진다. 존 파이퍼가 관상기도에 긍정적인 이유도 예언의 지속성과 무관하지 않아 보인다. 급진파로는 마이크 비클, 폴 케인, 타드 벤틀리 등이 있다.759) 피터 와그너, 찰스 크래프트는 영적 전쟁을 외치면서 '통치 신학'과 '신사도 운동'을 펼치고 있다. 이들도 역시 성경의 절대성을 무너뜨린다.

더 이상 방언이 없다는 불연속성을 주장하는 이유는 무엇인가? 첫 번째로, 우리는 옛 언약과 새 언약의 중첩 기간에 속하지 않기 때문이다. 예언과 방언은 옛 언약이 실현되는 새 언약의 성취 시기에 한시적으로 주어진 은사였다. 새 언약 시대가 시작되었으나 옛 언약 시대가 완전히 종결되지 않고 공존하고 있었다.760)

반드발은 다음과 같이 말했다.

> 그리스도께서는 율법 아래 나셨다(갈 4:40. ⋯ 그분은 할례를 받으셨다(눅 2:21). ⋯ 대속물이 그분을 위해 지불되었다. ⋯ (눅 2:22-24). 그분은 성전세를 바치기를 거부하지 않으셨다(마 17:24-27). ⋯ 그분은 큰 절기들을 신실하게 지키기 위해 올라가셨다. 그분은 돌아가시기 전에 유월절을 예비하셨다(눅 22:7-13).761)

예수 그리스도께서 율법 아래 나시고 율법의 규례를 폐하지 않으시고

의 능력을 달라고 하나님께 기도하고 있다"고 밝혔다. 그러나 파이퍼 목사는 은사주의 운동 오남용에 대한 우려는 분명히 밝혔다. 그는 "은사주의 교회에서 개인적 체험만 강조되고, 말씀 교리의 중요성이 경시되는 것은 문제"라고 지적했다. 하지만 그러한 문제는 비은사주의 교회들 안에서도 나타나고 있다고 전하며 "메마른 정서들과 관련한 위험성은 과도한 은사주의보다 더욱 치명적일 수 있다"고 경고했다. 파이퍼 목사는 "복음중심으로 오직 그리스도만을 높이며, 성경의 풍성함과 칼빈주의 진리를 어디든지 전하고 싶다"며 "모든 은사주의 교회가 성경적 교리를 수용한다면, 그들의 모든 경험을 올바른 궤도로 가져올 수 있다"고 강조했다.

759) 노우호, **방언을 검증하자** (산청: 에스라하우스출판부, 2014), 338; "존 윔버는 폴 케인을 제3의 물결의 최고 예언자라고 예언했으나, 스칸디나비아 출신 여성과 애정관계 사실이 밝혀져서 25년 동안 침거했다가 1988년 12월 3일에 일어난 캘리포니아 지진을 통해 자신을 부르셨다고 하면서 지진의 의미가 예레미야의 영으로 오는 것이라고 말했다."

760) 권기현, **방언이란 무엇인가** (경산: R&F, 2016), 201.

761) C. Vanderwaal, *Covenantal Gospel*, 75; 권기현, **방언이란 무엇인가** (경산: R&F, 2016), 201에서 재인용.

준수하셨다. 성령 하나님께서 오순절에 강림하시고 난 이후에 새 언약 시대가 결정적으로 시작되었다. 더 이상 옛 언약으로 돌이킬 수가 없다. 새 언약은 예수 그리스도의 대속이 각자의 개인에 효력 있게 적용됨으로써 성취된다. 성령 하나님께서는 그리스도의 대속을 모든 택자에게 단번에 적용하지 않으셨다. 시대의 전환은 인격적으로 점진적으로 이루어졌다. 옛 언약에 속한 모든 것이 새 언약으로 완성되고 실현되기까지는 많은 시간이 걸렸다.

히브리서는 이렇게 말한다.

새 언약이라 말씀하셨으매 첫 것은 낡아지게 하신 것이니 낡아지고 쇠하는 것은 없어져 가는 것이니라(히 8:13)

첫 것, 곧 옛 언약의 것들은 낡아지고 쇠하여지고 없어져 가는 것이다. 매튜 풀은 다음과 같이 말했다.

이렇게 낡아지고 무력해지고 쇠하여진 모세 언약은, 새로운 복음 언약이 맺어짐으로써 폐기된 것이기 때문에, 한동안은 지속된다고 하더라도, 그 효력은 전혀 없고, 점차 조금씩 쇠퇴하고 허물어지다가 결국에는 완전히 사라지고 없어질 수밖에 없다. 예수 그리스도께서 이 땅에 오셔서 십자가 위에서 죽으심으로써, 모형이었던 모세 언약이 그동안 가리켜 왔던 참 실체를 성취하시고, 복음의 대제사장으로서의 자신의 직무를 마치셨을 때, 사실상 모세 언약은 폐기되었다. 그리고 이 복음이 사도들에 의해서 온 천하에 널리 전하여지고 퍼졌을 때, 모세 언약의 구속력은 사라졌다(롬 10:16-18; 행 15장; cf. 고후 5:17). 따라서 지금은 히브리인들이 이미 효력을 상실해 버린 모세 언약을 고집해서는 안 되고, 앞으로 영원토록 있게 될 복음의 제사장직과 언약을 꼭 붙잡는 것이 마땅하다.[762]

매튜 풀에 의하면, 모세 언약은 폐기되었다. 유대 그리스도인들이 더 이상 모세 언약을 붙들고 살 이유가 없다. 매튜 풀은 그렇게 폐기 되기 전에는 모세 언약이 어느 정도 기간 지속하다가 허물어졌다고 말했다. 사도행전 7장에서 스데반은 이렇게 말했다.

---

762) Matthew Poole, **청교도 성경주석 20**, 박문재 역 (파주: 크리스챤다이제스트, 2016), 424.

36 이 사람이 백성을 인도하여 나오게 하고 애굽과 홍해와 광야에서 사십 년간 기사와 표적을 행하였느니라 37 이스라엘 자손을 대하여 하나님이 너희 형제 가운데서 나와 같은 선지자를 세우리라 하던 자가 곧 이 모세라 38 시내 산에서 말하던 그 천사와 및 우리 조상들과 함께 광야 교회에 있었고 또 생명의 도를 받아 우리에게 주던 자가 이 사람이라(행 7:36-38)

스데반은 애굽과 광야에서 일어난 기사와 표적을 말하면서 하나님께로부터 모세가 직접 계시의 말씀을 받아서 이스라엘 백성들에게 전했다고 말했다. 이것은 기사와 표적이 하나의 기적으로서만 일어난 것이 아니라 새로운 계시를 전달할 때 주어졌다는 것을 알게 한다.

히브리서 2장은 성경에서 기적이 주어진 목적에 대해 이렇게 말한다.

3 우리가 이같이 큰 구원을 등한히 여기면 어찌 피하리요 이 구원은 처음에 주로 말씀하신 바요 들은 자들이 우리에게 확증한 바니 4 하나님도 표적들과 기사들과 여러가지 능력과 및 자기 뜻을 따라 성령의 나눠 주신 것으로써 저희와 함께 증거하셨느니라(히 2:3-4)

하나님께서 주신 "표적들과 기사들과 여러 가지 능력과" 또한 성령께서 주신 것들이 선지자의 증언과 함께 주어졌다. 표적과 기사와 능력과 성령의 은사들은 하나님께서 주신 말씀에 대한 확증이었다.763)
존 맥아더는 다음과 같이 말했다.

여기서 "확증한 바니"라는 말은 과거 시제로 표현되어 있는데 이는 헬라어 본문을 정확히 반영한 것이다. 이것은 곧 첫 세대의 사도들이 새로운 계시의 전달자임을 확증하기 위해 표적과 기사와 여러 능력이 그들에게만 주어졌다는 성경의 분명한 증언이다.764)

모세나 엘리야를 비롯한 옛 언약의 선지자들이나 예수 그리스도와 사도들에게나 표적과 기사는 하나님께서 주신 말씀을 더 분명하게 확증하는 수단으로 주신 것이다.
칼빈은 고린도전서 2:11을 주석하며 이렇게 말했다.

바울은 여기서 두 가지 일을 가르쳐 주기를 원하고 있다 (1) 복음의 교훈은 성령의 증거에 의하여서만 이해될 수 있으며, (2) 성령으로부터 그런 증거를 가진 그런 사람들의 확신은 그

---

763) John F. MacArthur Jr., 무질서한 은사주의, 이용중 역 (서울: 부흥과개혁사, 2008), 181-182.
764) Ibid. , 182.

들이 믿는 것을 그들의 손으로 실제로 만진 것처럼 그렇게 확고하고 강력한 것이며, 이것은 성령은 신실하고 정확하기 때문이다.765)

칼빈에 의하면, 오늘날 우리가 예수 그리스도의 복음을 듣고 믿은 것은 마치 예수님의 제자들이 예수님을 직접 보고 만진 것과 같이 "확고하고 강력한 것"이다. 이것은 성령께서 우리에게 주신 확신이 너무나도 확실한 증거라는 것을 말해준다. 우리가 이미 받은 성령의 증거는 복음이다. 성령께서 우리에게 주신 복음과 성령의 내적 증거를 소홀히 여기고 더 나은 어떤 것들을 추구하는 것은 성령의 증거를 외면하는 일이다. 그런 일은 하나님께서 주신 것으로 만족하지 않고 자기만족을 추구하는 것이다.

우리 시대에 사도는 없다. 사도직은 "일시적인 것"이었다.766) 사도는 주의 교회를 세우는 기초작업을 한 사람들이었다(엡 2:20). 정찬균 교수는 예루살렘 공의회 이후로 사도의 칭호를 사용하지 않았다는 것을 근거로 사도의 직무가 완수되었음을 암시한다고 말했다.767) 사도의 직분은 특정한 시대에 특별한 역할을 감당했던 특별한 사람들이었다. 사도의 자격 중 하나는 부활하신 그리스도를 직접 눈과 귀로 보고 들은 목격자여야 한다는 것이다. 무엇보다 사도 바울은 자신이 사도들 가운데 마지막이라고 말했다(고전 4:9, 15:8-9). 사도의 뒤를 이은 디모데라도 사도라 지칭하지 않았다.768)

피터 와그너와 그 추종자들이 아무리 자칭 사도라고 큰소리를 쳐도 성경적인 정당성은 아무것도 없다! 사도는 유일무이한 존재였다. 오늘날 은사주의자들이 자신들을 사도라고 주장하는 것은 예수 그리스도의 권

---

765) John Calvin, **고린도전서주석** (서울: 성서교재간행사, 1982), 95-96.
766) Donald Macleod, **성령세례와 개혁주의 성령론**, 지상우 역 (서울: 여수룬, 2004), 56; 〈사도의 직책이 일시적이라는 속성은 사실상 사도직 그 자체의 본질 속에 잘 나타나 있다. 그 속성 중 하나는 사도들이 교회의 기초가 된다는 것으로, 교회는 "사도들과 선지자들의 터 위에"(엡 2:20) 세워진 것이다. 요한계시록 21:14에서도 똑같은 개념이 진술되어 있는데, 새예루살렘의 성곽은 열두 기초석이 있고, 거기에 열두 사도의 이름이 새겨져 있다고 우리에게 말해준다.〉
767) HOW주석시리즈 38 **사도행전 어떻게 설교할 것인가** (서울: 두란노아카데미, 2007), 281; "이 회의 이후 사도행전은 더 이상 '사도'라는 칭호를 사용하지 않았다. 이는 사도의 직무 즉 교회의 기초를 놓는 작업이 완수되었음을 암시한다."
768) Richard B. Gaffin Jr., **성령강림**, 김귀탁 역 (서울: 부흥과개혁사, 2013), 140-141.

위를 탈취하는 것이다.

김동수 교수는 다음과 같이 말했다.

> 개판을 비롯한 세대주의자들은 사도직의 일시성이란 문제에서 방언의 은사 문제를 시작한다.
> 이 문제는 사실 논란이 많은 문제이다. 바울이 이해한 사도직이 일시적인 것이 아님이 증명된
> 다면 사실 세대주의 방언 이해는 설 자리가 없다. 예수님의 12제자가 기독교 역사에 있어
> 독특한 위치라는 점에서 이 자리는 그 후에 계속되지 않는 자리임은 분명하다. 하지만 그것을
> 은사로서의 사도직 혹은 교회 직책으로서의 사도직과 혼동해서는 안 된다. 성경은 사도를 예
> 수님의 12제자로만 한정하지 않는다. 바울은 예수께서 부활하신 후 12제자에게 나타나셨고
> 그 후에 "모든 사도"에게(고전 15:7) 나타나셨다. 12제자에 속하지 않은 "사도"가 있었던
> 것이다. 또 "거짓 사도"라는 말이 나오는데, 사도를 12사도로 한정하면서 12사도 중에 거짓
> 사도가 있다는 말이 된다. 또 알려진 바와 같이 12사도 이외에 사도로 호칭 된 인물로 바울
> 과 바나바 등이 있는 것으로 보아, 교회 시대의 직분으로서 주어진 것임을 알 수 있다.[769]

김동수 교수는 12제자 외에 다른 사도가 있음을 주장하며, 바나바도
사도의 직분으로 말했다. 고린도전서 15:7의 "모든 사도"가 12제자 외에
다른 사도들이 있었다는 뜻인가? 먼저, 예수님께서 부활하셨을 때 가룟
유다가 없었는데도 12제자라 한 것은 사도들을 부르는 일종의 고유명칭
이었기 때문이다.[770]

칼빈은 "열두 사람이 여기서는 선택받은 사도들을 의미한다고 다만 받
아들여야 한다", "모든 사도들이라는 말을 나는 열두 제자들뿐만 아니라,
주님께서 복음 전파의 사명을 위임하신 제자들을 모두 말한다"고 말했
다.[771] 칼빈은 사도를 12제자로 한정하면서 복음 전파의 사명을 위임받
은 제자들을 사도에 포함시켰다. 칼빈은 『기독교 강요』에서 사도직은
"오직 주의 명령으로 자기가 그 직분을 받았으며, 또한 자기에게 맡겨진
사명을 신실하게 수행하고 있다"는 근거에서만 그 권위를 주장했다.[772]
칼빈은 사도의 직분은 주님의 명령을 직접 받은 제자에게로 한정했으며
그 열두 제자 외에 다른 사도가 있다는 뜻으로 말한 것이 아니다.[773]

---

769) 김동수, **방언은 고귀한 하늘의 언어** (서울: 이레서원, 2015), 135.
770) Grant Osborne, **고린도전서**, 김일우 역 (서울: 성서유니온선교회, 2009), 352.
771) Calvin, **고린도전서**, 427.
772) Calvin, **기독교강요(하)**, 원광연 역 (고양: 크리스챤다이제스트, 2003), 70.
773) Ibid., 64; 〈사도의 직분의 본질은 "가서 만민에게 복음을 전파하라"(막 16:15)라는 주님의 명령에서 분명
히 나타난다. 그들에게는 어떤 경계가 할당되어 있지 않고, 온 땅이 그들에게 맡겨져 있다. 그들은 열방 가운데

찰스 핫지는 "그리스도의 나타나심이 사도들에게 집합적으로 이루어졌다는 것을 나타내기 위하여 사용된 것일 수 있다"고 말했다.[774] 사도행전을 통해 확인하는 바로는 바나바가 복음 사역에 함께 했으나 사도라고 부르는 구절은 성경 어디에도 없다는 사실이다. 사도 바울이 "모든 사도에게와"(고전 15:7)라고 말했다고 해서 12 사도 이외에 다른 사도가 있었다는 뜻이 아니다.

사도는 예수 그리스도로부터 개인적인 부르심이 있었으며, 부활의 증인이었고, 기적으로 확증되었고 절대적 권위를 가지고 있었다. 우리가 아무리 주를 위한 열망이 대단하다고 할지라도 사도들의 기적을 재현할 필요가 없다.

많은 사람이 잘못된 헌신과 방향으로 나가는 근본적인 이유는 성경을 잘못 해석하고 이해하기 때문이다. 그 대표적인 구절이 요한복음 14:12이다.[775] 은사주의자들은 자신들이 예수님께서 하신 일을 자신들도 하고 더 큰 일도 할 것이라고 말한다. 이 말씀에서 "그보다 큰 일"이 무엇인가? 이 말씀은 예수님께서 행하신 기적보다 더 큰 기적을 일으킨다는 뜻이 아니다. 요한복음 14장의 전체 맥락에서도 결코 그런 뜻이 아니다. 이 말씀의 뜻은 죄인들에게 영적인 생명을 주는 것이다.

김동수 교수는 존 맥아더의 방언 중지론을 비판하면서 다음과 같이 말했다.

어디서든지 복음을 전파하여 그리스도께 순종하도록 사람들을 인도하며, 그리스도의 나라를 일으키는 사명을 받은 자들이다. 그러므로 바울은 자신이 사도임을 입증하고자, 자신이 그리스도를 위하여 어느 한 도시에 머무르지 않고 복음을 멀리, 그리고 널리 전하였으며, 다른 사람이 세운 터 위에 손길을 대지 않았고, 주의 이름이 전해지지 않은 곳에서 교회들을 세웠다고 회고하고 있는 것이다(롬 15:19-20). 그렇다면, 사도들이란 세상을 반역의 상태로부터 하나님을 향한 참된 순종의 상태로 돌이켜 이끌며, 복음을 전파함으로써 곳곳마다 그리스도의 나라를 세우도록 보내심을 받은 자들이었고, 혹은 처음 교회를 세우는 자들로서 그 기초를 온 세상에 세운 자들이라 하겠다(고전 3:10).〉

774) Charles Hodge, **고린도전서주석**, 김영배·손종국 역 (서울: 아가페출판사, 1985), 437.

775) 내가 진실로 진실로 너희에게 이르노니 나를 믿는 자는 나의 하는 일을 저도 할 것이요 또한 이보다 큰 것도 하리니 이는 내가 아버지께로 감이니라(요 14:12)

방언이 계시적 성경의 은사이기 때문에 사도들의 사라짐과 함께 그쳤다는 방언 중지론자들의 고전적인 주장도 성경적 근거가 전혀 없다. … 또 기적적인 은사는 사도성의 표시였기 때문에 그친 것이라는 주장도 바울의 가르침이 아닐 뿐 아니라 "나를 믿는 자는 내가 하는 일을 그도 할 것이요 또한 그보다 큰일도 하리니"(요 14:12)라는 예수의 가르침을 정면으로 배격하는 것이다. 이들은 기적은 사도들에게만 한정되었고 다른 것은 후대의 모든 제자들도 똑같이 적용하라고 주어졌다고 하는데 신약성경 자체에서 명시적으로 전혀 언급된 사항이 아니다. 그냥 임의로 해석한 것이다. 자기들의 현재 신앙에 부합하는 것은 영속적인 것으로, 그렇지 않은 것은 사도성의 표시였기 때문에 그친 것이라고 주장하는 판국이다.776)

김동수 교수에 의하면, 이 시대에 사도가 아닌 사람은 몇 명이나 되겠는가? 자칭 사도라 하는 사람들이 횡행하는 이 시대에 김동수 교수는 무엇을 근거로 '당신은 사도가 아니다'라고 말할 수 있는가?

칼빈은 다음과 같이 말했다.

그가 자신이 하나님의 아들되심을 입증한 능력은 결코 그의 육체적 임재에 국한된 것이 아니므로 그의 부재 중에도 더 많고 큰 예를 통해서 나타나지 않으면 안 된다. 그리스도의 승천에 뒤이어 세상의 놀라운 회심 사건이 일어나서 그가 인간들 가운데서 살고 계시던 때보다 더 강력하게 그의 신성이 드러났다. 따라서 우리는 그의 신성의 입증이 그리스도 한 분에게 국한된 것이 아니라 교회의 온 몸에 충만하게 퍼져 있다는 점을 알 수 있다.777)

칼빈에 의하면, "그보다 큰일"이란 그리스도의 승천 이후에 일어나는 놀라운 회심 사건으로 인해 예수님께서 지상에 계실 때보다 그리스도의 신성이 더 강력하게 드러나는 것이다. 매튜 풀은 이렇게 말했다.

여기에서 충분히 이런 질문이 제기될 수 있다: 주님께서는 죽은 나사로를 다시 살리셨는데, 사도들이 행한 이적들 중에서 그것보다 더 큰 이적이 있었던가? 이러한 반문에 대한 대답으로, 나는 주님께서 여기에서 말씀하신 "큰 일들"을, 주님이 행하셨던 것들보다 더 큰 이적들을 가리키거나, 여러 방언으로 말하는 것을 가리키는 것으로 이해해서는 안 되고, 오히려 사도들이 복음을 이방인들에게 성공적으로 전해서, 거의 온 세상이 그리스도를 믿어 복종케 된 것을 가리키는 것으로 이해해야 한다고 본다. 실제로 신약성경에서 우리는 베드로가 한 번의 설교에 삼천 명을 회심시켰다는 이야기에 대해서는 들을 수 있지만, 그리스도께서 그렇게 하셨다는 이야기는 들을 수 없다.778)

---

776) 김동수, **방언은 고귀한 하늘의 언어** (서울: 이레서원, 2015), 151-152.
777) John Calvin, **신약성경주석 3** (서울: 성서교재간행사, 1982), 490.
778) Matthew Poole, **요한복음**, 박문재 역 (파주: 크리스찬다이제스트, 2015), 350.

매튜 풀에 의하면, "그보다 큰일"은 칼빈과 마찬가지로 사람들이 회개하고 예수 그리스도를 믿은 것이 더 크게 확장된 것이다. "그보다 큰일"을 행하겠다면서 예수님처럼 물 위를 걷겠다고 하면 물에 빠져 죽는다. 인간은 죄악 되고 유한하며 한계 속에 살고 있다. 우리가 추구해야 할 것은 은사와 기적이 아니라 예수 그리스도를 믿고 영생 얻는 복음을 전하는 것이며 복음 안에서 참되고 영원한 의미와 통일성을 누리는 것이다.

사도 바울은 "사랑은 언제까지든지 떨어지지 아니하나 예언도 폐하고 방언도 그치고 지식도 폐하리라"(고전 13:8)고 말했다. 그러나 사랑은 영원하다. 이 말씀에서 '그칠 것이다'(pauo)는 '영원토록 중지된다'는 뜻이다. 예언과 방언과 지식은 완전히 중지되고 다시는 필요하지 않게 된다. 그때가 언제인가? 온전한 것이 오는 때이다. 사도는 이렇게 말했다.

> 9 우리가 부분적으로 알고 부분적으로 예언하니 10 온전한 것이 올 때에는 부분적으로 하던 것이 폐하리라(고전 13:9-10)

온전함이란 '끝이 나다', '종결되다'는 뜻이다. 사도는 서신을 보내면서 그 당시로는 아직 성경이 충분하게 완성되지 못한 것을 염두에 두고 있었다. 온전한 것이 온다는 것은 두 가지로 해석한다. 하나는 성경의 완성을 말하고, 또 하나는 예수 그리스도의 재림으로 해석한다.[779] 주로 방언중지론은 전자를 방언옹호론은 후자를 말한다.

그러나, 칼빈의 해석을 보면 반드시 그렇지 않다. 방언 중지를 말하는 칼빈은 "완전한 것이 올 때에는 우리의 불완전을 돕던 모든 것은 폐지될 것이다"라고 말하면서, "심판 날까지 완전히 이루어지지 않을 것이다"라고 말했다.[780] 그리스도께서 오시기 전에는 어떻게 해야 하는가? 그리스도께서 사도들을 통하여 주신 말씀을 지키고 살아가야 한다.

반면에, 방언 옹호론자인 김동수 교수는 "사도들 혹은 사도 시대에만 한정된 것이라는 주장은 어불성설이다"라고 말했다.[781] 김동수 교수는

---

779) Gaffin, Perspectives, 109-110; 김재성, **개혁주의 성령론** (서울: CLC, 2014), 338에서 재인용.
780) John Calvin, **고린도전서주석** (서울: 성서교재간행사, 1982), 382.
781) 김동수, **방언은 고귀한 하늘의 언어** (서울: 이레서원, 2015), 26.

방언 중지론은 세대주의자들의 주장이라고 보며, 은사의 폐지에 대한 반론으로 리처드 헤이스(Richard B. Hays)의 글을 인용했다. 김동수 교수는 "예수 재림 시에는 방언을 비롯한 교회 시대에만 필요했던 은사는 사라질 것이다. 하지만 교회 시대인 지금은 아직 '그때'가 이르지 않았다"고 주장했다.782) 박영돈 교수는 방언이 계속된다고 옹호하면서 "온전한 것이 올 때"를 "종말"을 의미한다고 말했다.783)

웨스트민스터 신학대학원의 개핀 박사는 고린도전서 13:10은 방언과 예언의 지속이나 종결에 관심이 있는 것이 아니라 믿음과 소망, 특히 사랑이 지속될 것을 강조하고 있다고 보면서 다음과 같이 말했다.

> 바울은 어느 특정한 때에 특별한 방식 [계시나 예언]이 종결될 것인가에 대해서 관심을 갖고 있지 않았다. 그가 강조한 것은 성도들의 현재 상태의 종결인데, 임시적인 계시의 방식에 근거해서 부분적인 지식을 가지고 있는 바, 온전한 것이 올 때에 그렇게 될 것이다고 강조하는 것이다. 예언의 종결은 … 이 구절이 관심을 가지고 있는 일종의 열린 질문이요, 다른 구절과 심사숙고의 기초 위에서 결정될 것이다.784)

---

782) Ibid., 27; 〈여기서 '온전한 것'이 무엇을 의미하는지는 고린도전서 주석을 쓴 리처드 헤이스(Richard B. Hays)의 글에 잘 나타나 있다. "세대주의 그리스도교 그룹에서는 종종 10절의 '온전한 것'(to teleion)이 신약 성경 정경의 완성과 그다음을 가리킨다고 주장하면서, 카리스마적 은사들은 오직 사도 시대에만 해당되며, 현재 교회에서 그 기능은 중단되었다고 생각한다. 이런 해석은 단도직입적으로 말도 되지 않는다. 이 단락 어디에도 '신약 성경'에 대한 언급이 없으며, 교회 내의 계시성 은사에 대한 미래의 취소예고도 없다. 또한 바울은 이스라엘의 성경이 정경적 글의 새로운 수집으로 보완되리라는 것에 대한 미세한 암시조차 주지 않는다. 본문(고린도전서 13장) 10절은 온전한 것이 부분적인 것을 대체한다는 일반적 금언을 단순하게 말한 것이다. 은사들이 폐지에 대한 바울의 언급은(8절) 명백하게 종말론적 언어를 담고 있는 12절의 견지에서 이해되어야 한다. '지금'과 '그때'의 대조는 현시대와 다가오는 시대의 대조이다"(『고린도전서』, (서울: 한국장로교출판사, 2006), 378)〉
783) 박영돈, 일그러진 성령의 얼굴 (서울: IVP, 2011), 173-174; 〈성경의 어디에도 방언이 사라졌다는 확실한 증거를 발견할 수 없다. 방언은 계시의 방편으로서 성경적인 계시가 종결됨과 더불어 사라졌다는 주장은 성경적인 자기 기반을 전혀 가지고 있지 않다. 방언은 사람이 하나님께 신비한 언어로 기도하는 것이지, 예언처럼 하나님이 인간에게 말씀하시는 것이 아니다. 그러므로 그 특성상 방언은 계시의 통로가 될 수 없다. 방언이 통역된다고 해도 그것은 단순한 기도의 내용일 뿐이지 결코 하나님이 직접 계시하신 말씀이 될 수는 없다. 또한 방언이 그쳤다는 말씀을 성경에서 전혀 발견할 수 없다. 온전한 것이 올 때는 방언과 예언도 그친다는 바울의 말(고전 13:8-12 참조)을 성경이 완성되면 방언도 그친다는 뜻으로 해석하는 것은 바울이 꿈에도 생각하지 못했을 신학적인 의미를 주입하는 것이다. 앞에서 살펴보았듯이 바울이 말한 "온전한 것이 올 때"는 그 말씀의 문맥과 성경 전체의 맥락에서 볼 때 종말을 의미하는 것이 너무나도 명백하다. 그러므로 방언이 존재하느냐에 대해서는 더 이상 논란의 여지가 없다. 다만 오늘날 나타나는 방언이라는 현상이 초대교회의 방언과 질적으로 동일한 것인지에 대해서는 논란이 있을 수 있다.〉
784) Gaffin, Perspectives, 111; 김재성, 개혁주의 성령론 (서울: CLC, 2014), 340에서 재인용.

개핀 교수에 의하면, 고린도전서 13:10은 믿는 자의 현재 상황에 미래의 완전한 지식을 대조한다. 현재의 지식은 임시적이고 부분적이나 미래에는 완전하다.

김동수 교수는 예언과 방언이 중지되었다는 주장은 성경적 근거가 없으며 "사도직분과 연관시키는 것은 억지이다"라고 말했다.[785] 김동수 교수는 다음과 같이 말했다.

> 방언은 사도의 표적도 아니요 내용이 계시도 아니다. 신자가 하나님께 성령의 도움을 받아 배우지 않은 언어로 기도하는 것이다. 한마디로 말해서, 사도성의 일시성에 근거해서 여러 가지 후속 논법에 의해 주장된 은사중지론은 그 성경적 근거가 없는 주장이라 하겠다.[786]

김재성 교수는 고린도전서 13:10이 방언, 예언, 지식이 언제 폐할지를 말하는 것이 아니라 "믿는 자들의 현재 상태, 부분적인 지식, 특히 여러 가지 계시의 방식들을 근거로 해서 임시적으로 가지고 있는 것들이 종결될 것이다는 강조이다"라고 말했다.[787]

고린도전서 13:10이 말하는 "온전한 것이 올 때"는 11절에서 말하는 어린아이와 어른의 대조를 통해 알 수 있다. 어린아이 때에는 모든 것이 부분적이고 불완전하나 어른이 되면 어린아이 때의 부분적이고 불완전한 것을 버린다. 12절에서도 온전한 것과 부분적인 것을 희미한 거울로 보는 것과 얼굴과 얼굴을 보는 것으로 대조하여 말했다. 그런 까닭에, 고린도전서 13장은 주를 믿는 성도들의 지식의 상태를 말하고 있다. 지식을 얻는 방법이나 수단을 다루는 것이 아니다.

반면에, 웨인 그루뎀은 '온전한 것'을 '지식을 얻는 하나의 방법'으로 해석했다. 예언과 계시를 부분적인 지식을 주는 방법으로 보며, 온전한 지식을 주시는 분은 예수 그리스도시기 때문에 그리스도가 재림하실 때 성도들이 온전한 지식을 갖게 된다고 말했다.[788] 결국, 예언이 주께서

---

785) 김동수, **방언은 고귀한 하늘의 언어** (서울: 이레서원, 2015), 136.
786) Ibid., 137-138.
787) 김재성, **개혁주의 성령론** (서울: CLC, 2014), 341.
788) Grudem, Prophecy in the New Testment, 229; "Paul … elaborates further on verse 9-10 by explaining that our present perception and knowledge are indirect and imperfect, but someday the will be direct and perfect(v. 12)." 김재성, **개혁주의 성령론** (서울: CLC, 2014), 342에서 재인용.

재림하시기 전까지는 유효하다는 주장이다. 그루뎀의 주장은 고린도전서 13:10이 지식의 상태를 말하고 있다는 사실에서 벗어난 그릇된 주장이다. 예언의 은사는 종결되었다(엡 2:20; 계 22:18-19).

고린도전서 13:9-10, 12에는 계속 반복하여 '우리가 부분적으로 안다'고 말한다. 예언과 방언을 통해 구원의 지식을 알지라도 모든 것을 다 알 수가 없다는 뜻이다. 8절부터 부분적, 일시적, 임시적이라고 계속 말한다. 예언과 방언이 계시의 방법이나 부분적이고 사랑은 항상 있고 제일 좋은 것이다. 방언은 생각하는 것이 깨닫는 것이 어린 아이적 상태인 초보적 단계에서 필요한 수단이었다.

오순절 은사 운동 측에서는 '왜 예언과 방언 은사만 종결되었고 다른 은사들은 종결되었다고 말하지 않는가?', '사도의 사역이 종결되었다면서 왜 예언과 방언 은사가 종결되었다고 말하는가?'고 항변한다. 그 이유는 무엇인가? 성경은 복음을 증거 하는 은사나 병 고치는 은사, 권면하는 은사 등은 페하여졌다고 말하지 않기 때문이다. 하나님께서는 그리스도의 복음을 증거 하고 영혼을 구원하기 위해 하나님의 특별하신 능력으로 일하고 계신다. 그러나 계시적인 은사는 사도들에게만 국한된 은사였다. 성경은 오직 성령 하나님의 감동으로 기록된 것이고 아무나 계시를 받고 기록하지 않았다. 사도직의 종결로 예언과 방언은 종결되었다.

박윤선 교수는 다음과 같이 말했다.

> 우리는 현대에 성령의 역사로 말미암는 참된 방언이 없다고 단언할 수는 없다. 그러나 오늘날 방언은, 사도들의 사역으로 나타났던 초대교회의 방언과 같은 수준의 것으로 생각할 수 없다. 현대의 방언 운동에 많은 그릇된 방언들도 드러난다. 이런 방언들은 물론 금지해야 한다. 다만 방언을 함이 자기에게 유익한 줄 아는 이는 고린도전서 14장의 교훈을 지켜야 되며, 방언을 위주하지 않아야 된다.789)

박윤선 교수는 현대 방언이 사도들의 방언과 다르다고 말하면서도 방언이 현대에도 유효하다고 말했다. 박윤선 교수는 유학 후에 한국에 돌아와서 목회적 상황을 보고 성령론이 바뀌었다.790) 박윤선 교수는 1978

---

789) 박윤선, 성경주석 사도행전 (서울: 영음사, 1988), 62.
790) 배본철, "오순절주의와 방언 … 성령의 은사는 끝났나?," May.10.2018. Accessed Aug.8.2019.

년부터 차영배와의 논의 속에서 성령 세례론에 변화를 보여, 1980년에 자신이 원래 가졌던 중생과 성령세례를 구분하는 입장으로 돌아섰다.[791]

이근삼 교수도 방언이 계속된다고 보며, 다만 성경적 사용을 위해 유의해야 한다고 했다(2:187-88, 266).[792] 변종길 교수도 현대의 방언을 '신비한 말'로 보면서, "때때로 우리는 사람들이 이해하지 못하는 언어로 밤새워 기도하는 사람들을 보게 되는데, 이들의 경우에 방언의 진실성을 다 부정할 수는 없을 것이다"라고 말함으로써 현상적 접근을 했다.[793] 또한, 변종길 교수는 사도행전 2장의 외국어 방언이 오늘날도 가능하다고 말하면서 교회사적 증거로 고뎃(Godet) 교수의 고린도전서 주석을 말했다.

고뎃 교수가 말하는 증거는 이레니우스(Irenseus)와 오리겐(Origen)과 데오도르(Theodoret)의 말이다. 고뎃 교수가 말하려는 의도는 무엇인가? 고뎃 교수는 다음과 같이 말했다.

> 3세기부터 현대에 이르기까지 교회에서 널리 사용되는 개념은 방언의 은사가 다른 사람들에게 복음을 배우지 않고 각자의 방언으로 복음을 전파하는 힘이라는 것이었다. 이 선물은 복음의 빠른 전파를 설명했다. 2세기에 이 선물에 대해 말하고 그의 시대에 여전히 존재하는 현상이라고 말하는 이레네우스(Irenseus)는 그 성격에 대해 아주 명확하게 표현하지는 못했

http://kr.christianitydaily.com/articles/96167/20180510//오순절주의와-방언…-성령의-은사는-끝났나.htm; "이 시대의 대표적인 장로교 신학자 중의 한 인물인 박윤선이 지닌 성령론의 변화에 대해 김길성은 다음과 같이 소개하였다; 원래 박윤선은 한국교회 대부흥운동의 전통을 체험한 사람이었다. 그런데 그가 유학하여 수학한 웨스트민스터(Westminster) 신학교의 정통 개혁주의 성령론의 노선은 워필드(B. B. Warfield)의 주장을 따라 은사중지론의 입장이었다. 그런데 그 후 박윤선이 한국에 돌아와 보니 목회적 상황은 방언, 신유 등 성령의 은사적 현상들이 지배적이었고, 그는 이를 외면할 수 없었다는 것이다(김길성, "우리 시대를 위한 개혁주의 구원론"). 다시 말하면, 그가 다시 옛 부흥운동의 성령론을 존중하기 시작했다는 것이다. 박윤선의 성령론은 1980년 이래 또한 차영배의 영향을 받아 마침내 확실히 바뀌게 되었다고 김영한은 평하였다(김영한, '개혁신학의 성령론'). 다시 말해서 정통 개혁주의 성령론으로부터 근대 개혁과 성령 운동의 성령론으로 변화되었다는 말이다. 이 점에 대해 차영배는, 박윤선의 성령론이 변화된 것은 곧 이전 평양 장로회신학교의 성령론이 전통적으로 다시 이어지는 순간이었다고 표현하였다(차영배 외, 『박윤선 신학과 한국신학』)"

791) 배본철, "영산 조용기 목사의 성령세례 교리: 1970-80년대 한국교회 성령론 논쟁의 표적," **영산신학져널** (36) (2016): 20(7-50); "그래서 박윤선은 자신이 저술한 주석의 특정 내용을 변화된 해석학적 입장에서 삭제하거나 수정했다. 그후 박윤선이 총신을 떠나 합동 신학교로 옮기고부터는 계속 자신의 변화된 입장을 고수하였다는 것이다."(차영배 외, **박윤선 신학과 한국신학** (서울: 기독교학원, 1993), 5.)

792) 고신의 교의학자들: 박윤선, 이근삼, 이환봉을 중심으로, Nov.24.2016. Accessed Aug.8.2019. http://www.kscoramdeo.com/news/articleView.html?idxno=10389/

793) 변종길, **우리 안에 계신 성령** (서울: 생명의말씀사, 2003), 93-94.

다.794)

고뎃 교수는 방언이 하나님의 나라의 계시로 주어지며, 무엇보다도 "방언의 은사가 다른 사람들에게 복음을 배우지 않고 각자의 방언으로 복음을 전파하는 힘"이라고 말했다는 것이 중요하다. 심지어 고뎃은 방언을 예언으로 취급했다.795) 고뎃은 방언이 마귀적일 수도 있기 때문에 분별이 필요하다고까지 말했다.796) 고뎃은 '복음을 전파하는데 특별한 언어의 능력이 필요 없었으며, 외국 나라 말을 하는 은사가 고린도 시에서 도대체 무슨 소용이 있었겠느냐?'고까지 말했다.797)

워필드는 기적의 은사에 대해 다음과 같이 말했다.

그것은 그와 같은 초기의 그리스도인들이 소유하기 위한 것이 아니었다. 사도적 교회나 사도 시대 그 자체의 문제를 위한 것도 아니었다. 그것은 명백히 사도들에 대한 확증이었다. 그것은 교회를 세우는 일에 있어서 하나님의 권위 있는 대리자인 사도들에 대한 보증서의 일부였다. 따라서 그것의 기능은 명백히 사도적 교회에만 국한되었고 사도적 교회와 더불어 필연적으로 사라졌다.798)

---

794) F. Godet, *St. Paul's Frist Epistle To The Corinthians* (New York, Scribner and Welford, 1890), 200.
795) Ibid., 113; "prayer is more or less identified with speaking in a tongue, a gift which is treated conjointly with prophecy." 고뎃 교수는 고린도 교회의 방언은 '글로솔라리아'(Glossolalia)로 이해했다. "for there might easily have been found at Corinth some one who understood the foreign tongue used by a glossolalete."(p. 266). 이것은 아브라함 카이퍼의 생각과 비슷하다.
796) Ibid., 199.
797) Ibid., 201; "The narrative of Pentecost (Acts ii.) seemed to point in this direction. Certainly we are not sufficiently acquainted with the hidden powers of the human soul, nor the mysterious relation of external language to inward speaking, to affirm the impossibility of such a phenomenon arising from the influence of the Holy Spirit in the depths of the soul. But with what view would a gift so extraordinary have been bestowed? With Greek and Latin, two languages which it was not so difficult to learn, one could make himself understood everywhere. And supposing the gift were intended to help mission work, of what use could it be in a Church like that of Corinth? Is it possible to conceive behaviour more strange on the part of a Greek of this Church than his setting himself to speak all at once in Arabic, or Chinese, or Hindustani, to express the lively emotions with which the gospel filled his heart? In Mark xvi. 9-20, a passage which, though unauthentic, undoubtedly contains authentic materials, we find the oldest name of this gift uttered by Jesus Himself, and the simplicity of which seems to guarantee its exactness."
798) B. B. Warfield, *Counterfeit Miracles* (Carlisle, Pa.: Banner of Truth, 1919), 6; John F. MacArthur Jr., 무질서한 은사주의, 이용중 역 (서울: 부흥과개혁사, 2008), 318에서 재인용; "사도들의 기적은 병을 고치고 귀신을 쫓는 일에만 국한되었다. 병을 고치고 귀신을 쫓아내는 일을 넘어 자연의 기적을 행할 수 있다는 어떤 이들의 주장은 사도적 선례조차 없다. 더구나 그런 주장은 기적에 대한 하나님의 계획된 목적, 즉 새로운 성경의 계시를 확증하는 일과도 조화를 이루지 못한다."(p. 319).

위필드에 의하면, 사도들은 교회를 세우는 자들이었고, 기적은 그 사도들이 교회를 세우는 일에 보증서로 주어졌다. 그러나 교회가 세워지고 난 다음에 그런 기적들이 보증서로 주어질 필요가 없었다.

오순절주의자들과 은사주의자들이 증거 본문으로 이용하는 핵심 구절 중 하나는 마가복음 16:17-18이다.

> 17 믿는 자들에게는 이런 표적이 따르리니 곧 저희가 내 이름으로 귀신을 쫓아내며 새 방언을 말하며 18 뱀을 집으며 무슨 독을 마실지라도 해를 받지 아니하며 병든 사람에게 손을 얹은즉 나으리라 하시더라(막 16:17-18)

찰스 헌터와 프랜시스 헌터는 『왜 "나"는 방언을 말해야 하는가?』라는 책에서 뱀과 독의 문제를 논의에서 제외시켰다. 헌터 부부는 사람이 우연히 뱀에 물렸을 경우에만 뱀의 독으로부터 보호를 받는다고 말했다. 헌터 부부는 "성경에서 '만일' 우리가 (우연히) 무슨 독을 마실지라도 해를 받지 않을 것이라고 말하고 있다는 점에 주목하는가! 할렐루야! 이것은 우리가 아는 한 가장 좋은 보험증서다!"라고 말했다.[799] 결국, 독을 마시는 것도 우연일 경우에만 독의 해를 받지 않는다는 것이다. 그러나, 성경에는 '우연히'라는 말이 없다는 사실이다!

더 중요한 것은 '모든 시대의 모든 기독교인이 마가복음 16장의 다섯 가지 기적을 행할 수 있는가?' 하는 것이다. 독이 있는 뱀에 물려서 괜찮을 사람이 없고 독을 먹고 안전할 사람이 없다. 은사주의자들은 그런 은사를 얻도록 간절히 기도해야 한다고 말한다. 예수님께서는 '기도하면 주겠다'고 말씀하지 않으셨다. 오히려 믿는 자에게 주어지는 기적이었다. 남다른 경지에 올라간 기독교인이 아니라 예수 그리스도를 믿는 자마다 주어지는 것이다.

김동수 교수는 마가복음 16:17을 다음과 같이 말했다.

---

799) John F. MacArthur Jr., 무질서한 은사주의, 이용중 역 (서울: 부흥과개혁사, 2008), 153-154.

여기에 나오는 표적들은 사도행전에서 신자에게 따르는 표적으로 모두 기록되어 있다. 예수 이름으로 귀신을 쫓아내며(행 7:7; 16:18), 새 방언을 말하며(행 2:3-4, 10:46, 19:6), 뱀을 집어 올리며(cf, 눅 10:19), 무슨 독을 마실지라도 해를 받지 아니하며(행 28:3-6), 병든 사람에게 손을 얹은즉 나으리라(cf. 28:8)는 내용 모두가 누가복음과 사도행전에 나온다. 독을 마시는 것은 직접적으로 나오지 않지만 당시 독사에 물리는 것과 독을 마시는 것을 같은 것으로 보았기 때문에 모든 것이 나온다고 볼 수 있다. 그래서 신자에게 따르는 표적으로서 방언이 어떤 상징적인 것이고 실제 일어난 일이 아니라고 보는 것은 인본주의적 사고에 의한 결론이다.800)

김동수 교수에 의하면, 마가복음 16:17에 나오는 표적들은 "신자에게 따르는 표적"이다. 만일 모든 신자에게 따르는 표적이라면 독사에 물리든 독을 마시든 해를 입지 않아야 한다. 그러나 실제로 그런 일이 일어나면 죽는다. 무엇보다도, 김동수 교수가 그 당시에는 "독사에 물리는 것과 독을 마시는 것을 같은 것으로 보았"다고 말하는 것은 명백한 성경 조작이다. 자신이 의도하는 것을 정당화하기 위해 성경을 변개시키는 것은 매우 잘못된 것이다.

김동수 교수는 마가복음 16:9-20을 원래 마가복음서에 포함된 것이 아니라고 보면서, "2세기 초 한 편집자 혹은 공동체의 신앙을 반영한다고 볼 수 있다"고 말했다.801) 또한, "이른바 마가복음의 긴 끝(16:9-20)에 나오는 '새 방언'(17절)도 마가가 본래 쓴 것은 아니기 때문에 사실 사복음서를 통해서 볼 때 예수는 방언에 대해서도 말한 바가 없다고 보아야 한다."고 말했다.802) 이것은 성경의 무오성을 부정하는 것이다.

그럼에도 불구하고, 마가복음 16:9-20의 마가가 쓴 복음서에 포함된 것이 아니라고 말할 때는 "편집자"라고 말하면서, 방언의 유효성을 말할 때는 "저자"라고 말했다. 이것은 김동수 교수가 자신에게 불리한 것을 말할 때는 편집자라고 말하고, 자신에게 필요한 것을 말할 때는 "저자"라고 말하는 의도성을 나타낸 것이다.

---

800) 김동수, **방언은 고귀한 하늘의 언어** (서울: 이레서원, 2015), 64-65.
801) Ibid., 65.
802) 김동수, "누가 신학에서 오순절 신학 정체성 찾기: 멘지스(Robert P. Menzies)의 제안을 따라," **영산신학저널** 26 (2012): 105(91-114).

우리가 분명히 확인하는 것이 무엇인가? 사도 시대 이후로는 그런 놀라운 표적이 일어나지 않았다는 것이다. 존 맥아더가 말했듯이, "누구에게나 타당한 것은 아니거나 아니면 모든 표적이 다 타당하지 않거나 둘 중에 하나이다."[803] 결론적으로, 마가복음 16장의 표적은 예수 그리스도의 복음을 전하기 위해 부름을 받은 사도들에게 한시적으로 주어진 은사다.

존 맥아더는 다음과 같이 말했다.

> 나는 또한 하나님이 언제나 초자연적인 차원에서 역사하고 계신다고 믿는다. 하나님은 오늘날까지도 자연과 인간사에 초자연적으로 개입하신다. 나는 하나님의 자연치유나 의학적 치료와는 별개로 사람들의 병을 고치실 수 있다고 믿는다. 나는 하나님에게는 모든 일이 가능하다고 믿는다(마 19:26). 하나님의 능력은 초대교회 시대 이래로 조금도 줄지 않았다. 분명히 구원은 언제나 하나님의 초자연적인 역사다! 그러나 나는 하나님이 모세나 엘리야나 예수님을 사용하신 것과 똑같은 방식으로 오늘날에도 사람들을, 기적을 행할 도구로 사용하신다고 믿지는 않는다. 나는 오늘날 은사주의 운동에서 주장하는 기적, 표적, 기사는 사도들의 기적과 아무런 공통점이 없다고 확신한다. 또한 나는 성경과 역사를 통해 신약 시대의 기적의 은사와 비슷한 은사는 오늘날에는 전혀 일어나지 않는다고 확신한다. 성령께서는 사도들에게 주신 은사에 필적할 만한 기적적인 은사를 오늘날의 어떤 그리스도인에게도 주신 적이 없다.[804]

맥아더에 의하면, 하나님께서 초자연적으로 역사하시나 과거에 역사하신 것과 동일한 방식으로 오늘날에도 역사하시지 않으신다. 성령께서는 사도들에게 허락하신 은사와 같은 기적적인 은사를 오늘날 우리 중에 어떤 사람에게 주신 적이 없기 때문이다.

김재성 교수는 현대 방언에 대해 다음과 같이 말했다.

> 전 세계적으로 수백만 명, 수천만 명이 방언한다고 하는데 모두 잘못된 것인가? 다음 세 가지 중에 하나일 것이다. 첫째, 지금 유포된 방언은 자기 스스로 만들어 낸 것일 수도 있다. 인간의 언어적 능력은 고도의 창조력이 있다. 사람은 창조적 능력이 있어서 얼마든지 언어와 비슷한 목소리를 말할 수 있다. 동물들의 소리를 모방할 수도 있다. 둘째, 다른 기독교인들의 그룹에서 하는 것을 듣고 그저 알아듣지 못하는 말을 따라서 흉내를 내는 것일 가능성도 크다. 셋째, 사탄적인 조종을 받아서 미혹하고자 하는 가짜 기적일 수도 있다. 하나님으로부터

---

803) John F. MacArthur Jr., 무질서한 은사주의, 이용중 역 (서울: 부흥과개혁사, 2008), 157.
804) Ibid., 166-167.

받은 것이 아니라 거짓 그리스도를 따라서 하는 것일 수도 있다. 만일 오늘날의 방언들이 퍼지는 이유가 세 번째의 경우라면 큰 문제가 아닐 수 없다. 교만한 마음에 공명심에 이끌려서 사탄적인 목소리를 중얼거릴 수도 있기 때문이다. 사탄은 지금 놀라운 능력과 권세를 발휘해서 자신의 지지 세력을 모으고 있고, 초월적인 능력을 가진 사람이라 하여 남자와 여자를 부추겨서 관심을 끌게 할 수 있다. 성경이 지배하고 있는 성도의 마음을 얻어낼 수 없으니까 기적을 통해서 호기심을 유발하는 것이다.805)

김재성 교수에 의하면, 현대 방언은 스스로 조작한 것이거나 모방하거나 사탄의 조종을 받는 것이다. 김재성 교수는 방언에 대한 개혁주의 정통교회의 입장을 다음과 같이 말했다.

방언은 계시적인 기능을 가진 은사로서 옛 언약과 새 언약 사이에 일시적으로 사용되었다고 본다. 유대 중심의 사역에서 이방인들에게 문호를 열어주는 놀라운 전환기에 특수하게 드러낸 은사였다. 이제 유대인들은 하나님의 나라를 잃어버리게 되었다. 도리어 세계만방에 교회가 세워지면서 이방인들에게서도 하나님의 백성들이 나오게 되었고, 그들을 위한 새로운 성령의 역사가 시작되었다. 하나님은 모든 언어로 말씀하시게 된 것이다. 구약에서 새 교회 시대로의 전환기에 일시적으로 주셨던 상징적인 은사가 예언과 방언이었다.806)

김재성 교수에 의하면, 개혁주의 정통교회는 방언이 전환기(과도기)에 특수하게 주어진 은사이다. 전환기란 오순절 성령의 강림하심과 초대교회 시기는 옛 언약과 새 언약이 중첩(overlapped)되는 과도기적 시대라는 뜻이다. 한 시대가 다음 시대로 전환이 일어나는 것은 순식간에 일어나는 것이 아니다. 사람은 인격적인 존재이기 때문이다. 하나님께서 한순간에 모든 사람을 기계적으로 변화시켜서 '지금부터는 새 언약 시대'라고 새로운 시대를 펼쳐가시지 않으셨다. 성령 하나님께서 오시고 예수님께서 그리스도이심을 믿게 하시고 교회를 세우고 복음을 전하는 과정을 통해서 새로운 시대로 진입하게 하셨다. 그때 사용된 전환기적(과도기적) 은사가 예언과 방언이다. 황창기 교수는 이 전환기를 "언약의 중첩기"라고 말했다.807)

---

805) 김재성, **개혁주의 성령론** (서울: CLC, 2014), 345.
806) Ibid., 346.
807) 황창기, **예수님, 만유 그리고 나** (서울: 생명의양식, 2010), 187-188; "언약의 중첩기란 옛 언약과 새언약이 겹치는 기간을 말한다. 그 원형이요 대표적인 것은 예수님의 오심을 관찰해보면 쉽게 이해된다. 즉 그 당시 유대 나라, 예루살렘 성전, 대제사장, 제물(짐승), 율법 등이 존재하는 중에 예수님이 이 세상에 오셨다. 예수님

팔머 로벗슨 박사는 방언에 대해 다음과 같이 말했다.

방언은 기독교가 비록 유대교의 요람에서 나왔지만, 결코 같지 않다는 것을 보여주려는 목적에 잘 부합하였다. … 이제 [옛 언약에서 새 언약으로의] 전환이 일어나서 변화의 상징이던 방언이 더 이상 교회의 삶에서 머물러 있을 필요가 없게 되었다. 오늘날은 이스라엘 단 하나의 민족에서 모든 민족에게로 하나님이 움직이신다는 것을 보여주는 상징이 필요하지 않다. 그 움직임은 이미 성취된 사건이 되고 말았다. 사도들이 기초석으로 쓰임받던 직분에서는 하나님의 옛 언약 백성과 새 언약 백성을 위해서 언약적 상징으로써 특별히 방언이 기능을 하던 것은 모두 다 실현되었다. 한번 그 역할이 성취되었으면, 하나님의 백성들 사이에서 더 이상의 기능은 남아 있지 않다.808)

로벗슨에 의하면, 방언은 옛 언약에서 새 언약으로 이행되는 전환기에 주어졌던 은사이다. 방언은 언약의 상징으로의 역할을 감당했고 실현되었기 때문에 이제는 방언이 그 기능을 할 필요가 없게 되었다.

사도 바울이 기록한 성경에서 고린도전서 외에는 방언에 대한 언급이 더 이상 없다. 야고보 사도나 요한 사도, 베드로 사도가 쓴 성경에도 유다 사도가 쓴 글에도 방언에 대한 기록이 없다. 사도행전의 사건에서 멀어져 갈수록, 나중에 기록된 성경일수록 전혀 방언에 대한 언급이 없다. 이것은 사도 시대에서 속사도 시대로 넘어가면서 방언이 종결되었다는 것을 의미한다.809) 어거스틴 역시 방언은 종결되었다고 말했다. 초대교회 5백 년 교회사에서 방언이 유효하다고 주장한 자들은 오직 몬타누스를 추종하는 자들뿐이었다. 래리 크리스텐슨은 은사 운동의 역사적 전통은 몬타니즘이라고 주장했다.810)

어거스틴은 요한일서 3:19-4:13의 강해 설교에서 이렇게 말했다.

이 하나님 나라, 참 성전, 참 대제사장, 참 제물, 천국 복음으로 즉, 오는 세상으로 오시어 옛 창조와 겹치게 되었다. 예루살렘 성전에서 죄를 사하는 제사제도가 시행되고 있는 중에 예수님은 네 사람이 메고 온 중풍병자의 죄를 사하시는 것도 중첩현상이다. … 즉 옛것은 점점 줄어지고, 새것은 점점 증가한다."

808) O. Palmer Robertson, "Tongues: Sign of Covenantal Curse and Blessing," *The Westminster Theological Journal* 38(1996): 53; 김재성, **개혁주의 성령론** (서울: CLC, 2014), 347에서 재인용.
809) Cleon L. Rogers, "The Gift of Tongues in the Post-Apostolic Church," *Bibliotheca Sacra* 122(1965): 134; 김재성, **개혁주의 성령론** (서울: CLC, 2014), 347에서 재인용.
810) Larry Christenson, "Pentecostalism's Forgottens Forerunner," in Vinson Synan, ed., Aspects of Rentecostal-Charismatic Origins (Plainfield: Logos, 1975), 32-34; 김재성, **개혁주의 성령론** (서울: CLC, 2014), 421에서 재인용.

가장 초창기 시대에 "성령이 그들에게 부어져서 방언을 말한다"는 사람들이 있었는데, 그들이 성령을 받아서 말한 것은 전혀 배운 적이 없었던 말이다(행 2:4). 그것들이 그 시기에 징표로 받아들여졌다. 전 세계 모든 방언 속에서 성령의 나타나심이 입증되었다고 생각되었다. 하나님의 복음이 전 세계에 방언을 통해서 퍼져나가게 될 것이며 이를 위해서 주어진 것이라고 생각했다. 그것을 나타내기 위해서 주어졌고, 다 지나갔다. 지금도 손을 얹으면, 그 사람들이 성령을 받게 될 것이고, 그들이 방언을 말하는 것을 목격하게 될 것이라고 기대하는가? 혹은 어린 아이들에게 우리가 손을 얹으면, 그들이 방언을 말하게 될 것인가에 대해서 여러분들이 각자 다 보게 될 것인가? 그런데 그들이 방언을 말하지 못하면 그 사람들은 성령을 받지 못하였다고 잘못된 마음을 가질 것인가? 그들이 받아야 하는 것은 옛날에 받은 것과 똑같이 방언을 말해야 한다는 것인가? 그래서 만일 성령 임재의 증거가 지금 이런 기적을 통해서 받는 것으로 나타나는 것이 아니라면, 그가 성령을 받았다는 것을 무엇을 가지고 알게 되는가? 자기 마음에 질문을 해 보아야 한다. 만일 그가 다른 형제를 사랑한다면, 하나님의 성령이 그 안에 머물고 있는 것이다.[811]

어거스틴에 의하면, 방언은 복음이 초창기 시대에 퍼져나가도록 하기 위해 주어진 것이고 그 이후로는 방언이 종결되었다. 방언이 성령의 임재와 성령의 부어주심의 증거가 아니다. 방언은 초대교회에 주어졌으나 어거스틴 자신이 살던 교부시대에는 방언이 더 이상 성령의 임재의 증거로 나타나지 않았다. 어거스틴은 다음과 같이 말했다.

형제들이여, 그리스도를 믿으며 그리스도 안에서 세례를 받은 자가 모든 나라의 방언들 중에서 하나도 말하지 못한다면 어떻게 해야 하는가? 그가 성령을 받지 못한 자라고 우리들이 생각해야 하는가? 하나님은 이런 불신앙으로 우리의 마음을 시험하는 것을 금지하셨다. … 어째서 열방의 방언을 말하는 사람이 없는가? 그 이유는 교회가 자체적으로 열방의 언어 가운데서 말하고 있기 때문이다. 교회가 한 나라에 있으면, 거기서 그곳의 모든 언어로 교회가 선포한다. … 모든 나라에서 증거가 퍼져나간다는 것은 곧 모든 방언으로 말하게 되는 것과 같다.[812]

어거스틴에 의하면, 모든 나라에서 복음이 그 나라 언어로 전해지고 있기 때문에 방언의 은사가 필요 없고 모든 방언으로 말하는 것과 같다.

---

811) Augustine, "Ten Homilies on the First Epistle of John," Philip Schaff, ed. *The Nicene and Post-Nicene Fathers of the christian Church*, vol. 7 (Grand Rapids: Eerdmans, 1956), 497-8; 김재성, **개혁주의 성령론** (서울: CLC, 2014), 348에서 재인용.
812) Augustine, "Lectures or Tractates on the Gospel According to St. John," 195; 김재성, **개혁주의 성령론** (서울: CLC, 2014), 349에서 재인용.

어거스틴은 방언 은사가 종결되었다고 말한 것이다.

김재성 교수는 다음과 같이 말했다.

> 워필드는 『가짜 기적론』에서는 세계 기독교 역사에서 신학의 중심 주제나 논쟁의 제목으로 방언이 등장하는 글을 찾아볼 수 없다고 지적하였다. 17세기에 이단으로 한 번 언급된 것이 전부인데, 이들은 광신적이고 이단적이며 비정통교회로 정죄되었다.813)

김재성 교수는 이런 견해가 워필드와 동시대의 인물인 아브라함 카이퍼나 헤르만 바빙크를 비롯한 네덜란드 개혁신학자들의 입장이었다고 말했다. 또한, 미국 칼빈신학대학원의 앤써니 후크마 박사는 방언 은사의 송결을 지지했으며, 오늘날의 방언은 심리적인 현상이라고 말했다.814) 존 맥아더는 다음과 같이 말했다.

> 표적으로서의 은사에는 유일무이한 목적이 있었다. 그 목적이란 사도들에게 사도의 자격을 부여하는 것, 다시 말해 이들 모두가 하나님의 진리를 말했음을 사람들에게 알려 주는 것이었다. 하지만 하나님의 말씀이 성경으로 기록된 이후에는 이러한 표적으로서의 은사들은 더 이상 필요가 없어졌고 그 결과 사라졌다.815)

미국 위싱턴 수도성경신학대학원 신약학 교수인 에드가 교수는 기적적인 은사의 종결을 발표하면서 다음과 같이 말했다.

> 거의 1,900년 동안이나 이런 은사들이 종결되어 있었는데, 어찌하여 다시 나타났는가에 대해서는 오순절 은사파에서 충분한 정당성을 입증해야만 한다.816)

---

813) 김재성, **개혁주의 성령론** (서울: CLC, 2014), 349-350.
814) Anthony A. Hoekema, *What About Tongues Speaking?* (Grand Rapids: Eerdmans, 1966); 김재성, **개혁주의 성령론** (서울: CLC, 2014), 350에서 재인용.
815) John F. MacArthur Jr., **무질서한 은사주의**, 이용중 역 (서울: 부흥과개혁사, 2008), 316; "성경을 공부해 보면 세 가지 범주의 영적인 은사들이 나타난다. 에베소서 4장에는 사도, 선지자, 복음 전하는 자, 목사, 교사 등 은사를 받은 사람들의 범주가 나온다. 이들은 그 자신이 그리스도께서 교회에 주신 선물로 묘사된다. 둘째로, 지식, 지혜, 예언(권위를 지닌 설교), 가르침, 권면, 믿음(또는 기도), 분별력, 구제, 기부, 행정, 원조 등 장기간 교회에 덕을 세우는 은사들이 있다(롬 12:3-8; 고전 12:8-10, 28을 보라). 셋째로, 일시적인 표적으로서의 은사가 있다. 이런 은사들은 성경이 기록되기 전에 초대교회에서 하나님의 말씀이 선포되었을 때 그 말씀을 확증하거나 뒷받침할 목적으로 특정한 신자들에게 주어진 특별한 능력이었다. 이런 일시적인 표적으로서의 은사에는 예언(계시적 예언), 기적, 신유, 방언, 방언 통역이 포함되었다."
816) Thomas R. Edgar. "the Cessation of Sign Gifts," *Bibliotheca Sacra* (1988);

에드가의 말처럼, 기적적인 은사들이 거의 1,900년이나 종결되었다고 인정된 은사라고 여겨졌다. 20세기에 와서 오순절 은사 운동가들은 '성령의 부으심'이라는 이름하에 초자연적 은사회복설(resumes of tongues)이 퍼져나갔다. 은사 회복주의자들은 특별 은사가 사도 시대에 종결되었으나 마지막 시대, 종말의 날에 최종적으로 다시 부어졌다고 주장했다. 존 윔버는 요엘서 2:18-32을 근거로 삼아 '늦은 비' 운동을 전개했다.[817]

그러나, 사도 베드로가 사도행전 2:17-21에서 인용한 요엘서 2:18-32은 이미 오순절 사건에 이루어졌다. 소위 '늦은 비' 운동가들은 사도행전 2장에서 하늘에서나 땅에서 해가 어두워지고 달이 핏빛 같이 변하는 기적 현상이 없었으며, "피와 불과 연기 기둥"이 없었다는 이유로 자신들의 활동을 정당화했다. 그러나 매튜 헨리는 "해가 어두워지고 달이 핏빛으로 변한다"는 것은 비유적으로 표현된 예언이라고 해석했다.[818]

이에 대해, 김재성 교수는 이렇게 말했다.

> 예수 그리스도의 왕국이 임하여 나타나는 현상들을 개략적으로 풀이하였다는 것을 받아들여야 한다. 예루살렘에 있던 소수의 성도들이 성령의 부어주심을 목격한 것은 장차 계속될 하나님 나라의 첫 출발이었던 것이다.[819]

---

http://www.the-highway.com/cessation_Edgar.html; 김재성, **개혁주의 성령론** (서울: CLC, 2014), 351에서 재인용.

817) 김재성, **개혁주의 성령론** (서울: CLC, 2014), 351; "'이른 비'와 '늦은 비'는 오순절파와 은사 운동가들의 주장과는 사실 아무런 관계가 없다. 농경시대에 유대 지방에서 이른 비는 구약성경 전체에서 일관되게 가을에 내리는 비다. 늦은 비는 봄에 내리는 비다. 이 늦은 비가 반드시 내려야만 밀과 보리농사를 지을 수 있었다. 요엘은 이 예언에서 하나님의 은혜가 풍성하게 내려서 포도주와 그림이 풍성하게 만들어질 것이라 한 것이다. 모두 다 오순절에 주시는 은혜와 같이, 하나님의 나라 안에서 곡식을 풍성하게 거두어들일 수 있도록 은혜를 베푸신다는 가르침이다. 그런데 '이른 비는 오순절 사건이었고 '늦은 비'는 자신들이 살고 있는 마지막 날에 다시 성령을 부어주시겠다는 종말론적 인식으로 끌어들인 것이다. 이것은 오순절 성령강림에 대한 오해이며, 자신들의 은사 운동을 정당화 하고자 늦은 비 운동에서 가져온 것에 불과하다."

818) 매튜 헨리, **매튜 헨리 주석시리즈29**, 박영철 역 (서울: 기독교문사, 1984), 349.

819) 김재성, **개혁주의 성령론** (서울: CLC, 2014), 352.

'더 이상 방언이 없다'는 불연속성을 주장하는 이유는, 두 번째로, 사도와 선지자의 일시성 때문이다. 사도직은 불연속적이다. 더 이상 사도직이 존재하지 않는다. 사도들이 전해준 사도적 복음과 항존 직분이 있다. 사도직은 독특한 직분이다. 사도는 교회의 터(기초)를 닦은 직분이었다.820) 사도직은 교회의 창설 직분이었다.

사도직의 종료는 예언과 방언의 종결을 의미한다. 예언과 방언은 더 이상 유효하지 않다. 성령 하나님의 사역은 지금도 계속된다. 그러나 성령 하나님의 특수한 사명을 받아 사역했던 사도직의 직분은 특수직이었다. 우리는 그리스도께서 불러 세운 사도들이 성령의 감동하심으로 기록한 성경을 믿고 순종하는 자이다.

웨인 그루뎀은 사도의 직분은 종결되었으나 예언 은사는 지속된다고 주장한다. 계시적인 은사가 사도들에게만 주어졌다고 인정하나 일반적인 예언 은사는 지금도 지속된다고 말한다. 그루뎀의 이런 구별방식이 문제다. 그루뎀의 이런 두 가지 구별방식의 근거가 분명치 않다. 그루뎀은 존 윔버의 빈야드 운동을 격찬하면서 동참했다. 미국 필라델피아 웨스트민스터 신학대학원 교수이자 학장으로 봉직하면서 교회론을 가르쳤던 클라우니 박사는 그루뎀이 성경의 충족성과 성령의 조명이라는 부분을 소홀히 취급하였다고 반박했다.821)

사도의 직분은 사라졌으나 사도의 은사는 남아 있다는 주장은 헛된 것이다. 성경이 정경으로 최종완성된 이후로 사도직은 종결되었고 사도에게 한정된 은사도 종결되었다. 사도에게 주어졌던 계시적 은사는 더 이상 지속될 수 없다(갈 1:11-12; 살전 2:13).

에베소서 2:20은 신약교회의 전체 구조를 말하면서 예언의 위치와 역할에 대해 말한다. 사도들과 선지자들은 기독교회 역사 초기에 교회를

---

820) 너희는 사도들과 선지자들의 터 위에 세우심을 입은 자라 그리스도 예수께서 친히 모퉁이 돌이 되셨느니라(엡 2:20) 9 우리는 하나님의 동역자들이요 너희는 하나님의 밭이요 하나님의 집이니라 10 내게 주신 하나님의 은혜를 따라 내가 지혜로운 건축자와 같이 터를 닦아 두매 다른 이가 그 위에 세우나 그러나 각각 어떻게 그 위에 세우기를 조심할지니라 11 이 닦아 둔 것 외에 능히 다른 터를 닦아 둘 자가 없으니 이 터는 곧 예수 그리스도라(고전 3:9-11)

821) Edmund P. Clowney, *The Church* (Downers, IVP, 1995), 298-300; 김재성, **개혁주의 성령론** (서울: CLC, 2014), 366에서 재인용.

세웠던 사역자들이었다. 사도들과 선지자들은 일시적인 직분이었으며 지속적이지 않았다. 사도들의 예언자 기능은 에베소서 4:11과 고린도전서 12:28에 언급되어 있다. 사도들만이 교회의 기초석으로써 일시적으로 사역했다.

성경은 "사도들과 선지자들의 터 위에 세워졌다"고 말한다. 그루뎀은 "사도들이며 또한 선지자들이기도 한 사람"이라고 번역했다. 사도들이 예언자 역할을 감당하기도 했으나(롬 11:25; 고전 4:6; 살전 4:15) 직분 자체에 혼동을 일으켜서는 안 된다.

그 말씀에 대한 바른 이해는 무엇인가?

첫째, 사도 바울은 에베소서 4:11에서 사도와 선지자를 구분된 직분으로 말했다. 둘째, 사도와 선지자를 함께 언급한 곳은 유일하게 고린도전서 12:28뿐이다. 이후로 사도 바울은 두 직분을 나누어서 말한다. 셋째, 사도 바울은 사도들이라고 말한 자들을 선지자들이라고 동일시한 적이 없다. 개핀 교수는 에베소서 2:20에 대한 그루뎀의 해석을 받아들일 수 없다고 말했다. 이로 보건대, 신약성경에 나오는 사도들과 선지자들은 구별된 직분자로 이해하는 것이 옳다.[822]

더 이상 방언이 없다는 불연속성을 주장하는 이유는, 세 번째로, 계시가 더 이상 새롭게 주어지지 않기 때문이다. 이것은 계시의 수여에 있어서 불연속성을 말한다. 우리는 지금 성경이 완성된 시기를 살고 있다. 더 이상의 새로운 계시가 없다. 우리에게 직통으로 계시를 받는 일은 없다. 하나님께서는 우리에게 성령의 감동으로 기록된 성경을 주셨다. 하나님의 말씀을 직접 받아 성경을 기록한 자들은 사도들이다.

웨스트민스터 신앙고백서는 다음과 같이 고백한다.

제1장 성경 1. 본성의 빛(light of nature)과 창조의 섭리의 사역 가운데 하나님의 선하심과 지혜와 능력이 분명하게 나타나 있어서, 아무도 하나님을 모른다고 핑계할 수가 없다(롬 2:14-15, 1:19-20, 시 19:1-3; 롬 1:32, 2:1). 그러나 그러한 것들은 하나님과 그의 뜻을 아는 지식을 주는 데 있어서 불충분하다(고전 1:21, 2:13-14). 그래서 주님은 여러 시대에, 그리고 여러 가지 방식으로 자신을 계시하시고(히 1:1) 자기의 교회에 자신의 뜻을 선포하시

822) 김재성, 개혁주의 성령론 (서울: CLC, 2014), 374-375.

기를 기뻐하셨으며, 그 후에는 진리를 더 잘 보존하고, 전파하기 위해서, 그리고 육신의 부패와 사탄과 세상의 악에 대비하여 교회를 더욱 견고하게 하며, 위로하시기 위해서 바로 그 진리를 온전히 기록해 두시는 것을 기뻐하셨다(잠 22:19-21; 눅 1:3-4; 롬 15:4; 마 4:4, 7, 10; 사 8:19-20). 이 같은 이유로 성경이 절대적으로 필요하게 된 것이다(딤후 3:15; 벧후 1:19). 그리하여 하나님께서 자기 백성에게 자신의 뜻을 직접 계시해 주시던 과거의 방식들은 이제 중단되었다(히 1:1-2).

6. 하나님 자신의 영광과, 인간의 구원, 신앙과 생활에 필요한 모든 것에 관하여 하나님이 가지고 계시는 모든 계획은 성경에 분명하게 기록되어 있거나, 아니면 선하고 적절한 추론에 의하여(필연적인 결론에 의해) 성경에서 연역될 수가 있다. 그러므로 이 성경에다 성령의 새로운 계시에 의해서든지 혹은 인간들의 전통에 의해서든지 아무것도 어느 때를 막론하고 더 첨가할 수가 없다(딤후 3:15-17; 갈 1:8-9; 살후 2:2). 그러나 말씀으로 계시되어 있는 그러한 것들을 구원론적으로 이해하는 데는 하나님의 성령의 내적 조명이 필요하다는 것을 우리는 인정한다(요 6:45; 고전 2:9-12). 또한 하나님께 드리는 예배와 교회의 정치에 관하여는, 인간적인 활동이나 단체에서도 찾아볼 수 있는 어떤 격식들이 있다는 것을 인정한다. 이러한 격식들은 반드시 준수되어야 하는 말씀의 일반적인 법칙들을 따라서, 본성의 빛과 기독교인의 신중한 사려 분별에 의하여 정해져야 하는 것이다(고전 11:13-14, 14:26, 40).

웨스트민스터 신앙고백서는 "하나님께서 자기 백성에게 자신의 뜻을 직접 계시해 주시던 과거의 방식들은 이제 중단되었다"고 말한다. 그리고, "성령의 새로운 계시에 의해서든지 혹은 인간들의 전통에 의해서든지 아무것도 어느 때를 막론하고 더 첨가할 수가 없다"고 말한다. 또한, 웨스트민스터 신앙고백서는 말씀을 이해하고 알기 위해, "하나님의 성령의 내적 조명이 필요하다는 것을 우리는 인정한다"고 말한다.

웨스트민스터 신앙고백서 21장 3항에서는 다음과 같이 말한다.

3. 감사의 기도를 드리는 것은 예배의 특별한 한 부분이다(빌 4:6). 이 기도는 하나님께서 모든 사람에게 요구하시는 것이다(시 65:2). 이 기도가 용납되려면, 각자가 이해력과 존경과 겸손과 열성과 믿음과 사랑과 인내심을 가지고(시 47:7, 전 5:1-2, 히 12:28, 창 18:27, 약 5:16, 1:6-7, 막 11:24, 마 6:12, 14-15 골 4:2, 엡 6:18) 하나님의 뜻에 따라(요일 5:14) 성령의 도움을 얻어 성자의 이름으로 해야 한다(요 14:13-14, 벧전 2:5) 만약 음성을 내어서 기도할 때는 알 수 있는 말로 해야 한다(고전 14:14).

기도할 때 "알 수 있는 말로 해야 한다"는 것은 방언을 금지하는 것이다. 우리는 성령의 영감과 계시와 성령의 조명의 의미를 올바르게 알고 구별해야 한다. 하나님께서는 사도들과 선지자들에게 영감을 주시고 계시해 주셔서 성경을 기록하게 했다. 그러나, 하나님께서는 사도들과 선지자들에게 주었던 동일한 영감과 계시를 우리에게 허락하지 않으신다. 성령 하나님께서는 성령의 영감으로 기록된 성경을 깨닫도록 조명해 주신다. 존 맥아더는 다음과 같이 말했다.

> 신약이 완성되기 이전 초대교회에서 어떤 예언자들은 경우에 따라 예언자가 말하는 것과 같은 영감을 받은 메시지로 교회를 권면하는 일에 하나님께 쓰임을 받았다. 그 일은 아직 성경에 의해 다뤄지지 않은 문제들에 있어서 교회를 가르치기 위해 필요했다. 이러한 예언의 계시적 측면은 사도 시대의 독특한 특징이었다. 모든 예언자를 신적인 계시의 도구로 만드는 오늘날의 은사주의적 관점은 성경과 예언 모두를 싸구려로 전락시킨다. 은사주의자들은 이른바 이러한 예언자들이 자칭 '하나님의 입에서 갓 나온' 메시지에 오류를 뒤섞도록 허용함으로써 거짓된 가르침, 혼란, 오류, 광신주의, 무질서가 범람하게 만들었다.823)

맥아더에 의하면, 현대의 은사주의자들은 예언이 아직 성경에 다뤄지지 않은 문제들을 가르쳤던 초기의 시기에 주어졌던 계시적 도구라는 것을 이해하지 못하고 있다. 현대의 예언은 오류가 섞인 예언을 하나님의 예언이라고 함으로써 혼란과 무질서를 낳았다. 기적에서도 마찬가지다. 오럴 로버츠는 1987년에 어떤 은사주의 성경 사역 협의회에서 이렇게 말했다.

> 내가 부활시킨 죽은 사람들을 일일이 다 말할 수가 없다. 나는 설교를 그만두고 돌아가서 한 죽은 사람을 살려내지 않을 수 없었다.824)

죽었다가 살아난 사람들의 이름과 주소를 알려 달라고 했지만, 로버츠는 거절했다. 훗날에 로버츠는 단 한 건의 사례를 언급했는데, 만 명이 보는 앞에서 20여 년 전에 죽은 아이를 살렸다는 것에 대해 다음과 같이 말했다.

> 로버츠는 어느 신유 부흥회 중에 신도들 가운데 있던 한 어머니가 펄쩍 뛰며 "내 아이가 죽었어요!"라고 소리쳤다고 회상했다. 로버츠는 자기가 그 아이에게 안수하며 기도하자 자기 손에 움직임이 느껴졌다고 말했다. … 로버츠는 그 아이나 그 밖에 자기가 되살렸다고 말한 사

---

823) John F. MacArthur Jr., 무질서한 은사주의, 이용중 역 (서울: 부흥과개혁사, 2008), 101.
824) Ibid., 167.

람들 모두 의학적인 공식 사망자는 아니라는 사실을 인정했다. 그는 이렇게 발뺌했다. "죽을 것처럼 숨을 못 쉬는 사람과 의학적으로 사망한 사람은 분명히 차이가 있다는 사실쯤은 나도 압니다."825)

은사주의자들이 '죽은 자를 살렸다'고 아무리 큰소리를 치더라도 단 한 건도 증명되지 않았다. 로버츠는 미국 텍사스 주 아마릴로에서 설교하고 있을 때 폭풍이 불어 천막이 날아가 버렸고, 그로 인해 열여섯 명이 병원에 실려 갔다. 그러나 로버츠는 그 누구도 치유하지 못했다. 그 후 석 달이 안 되었을 때 애틀랜타에서 웨스트 블록턴 출신의 은퇴 실업인 포울러에게 신유의 은사를 발휘한다고 했지만 신유현장의 천막에서 사망했다.

놀런 박사는 캐서린 쿨만이 치유했다는 82명에 대해 그녀가 제공한 이름을 추적하여 연구했다. 그 사람 중 23명만이 답변을 보내오고 설문에 응했다. 연구의 결론은 무엇인가? 단 한 건도 진짜로 치유 받았다고 인정할만한 사례가 없다는 것이다.826) 로마 가톨릭의 정체를 폭로한 알베르토 리베라 박사에 의하면, 캐서린 쿨만은 교황청의 특사로 철저히 이용당했다.

하나님께서는 오늘날도 병을 고치신다. 그러나 현대의 은사주의자들이 행하는 그런 식의 치유는 결코 아니다. 예수님과 예수님의 제자들은 병자들을 즉시로 완전하게 고쳤다. 고침을 받은 이후에 다시 옛 상태로 돌아가지 않았다. 오늘날 은사주의자들의 기적은 불완전하거나 일시적이거나 거짓이다. 워필드는(B. B. Warfield)는 다음과 같이 말했다.

기적은 성경에서 변덕스럽게 여기저기 아무 데나 무차별적으로 이렇다 할 이유도 없이 나타나지 않는다. 기적은 계시의 시대에 속하며 하나님이 공인된 사자들을 통해 자기 백성에게 자신의 은혜로운 계획을 선포하실 때만 나타난다. 사도 시대의 교회에 기적이 풍성하게 나타나는 것은 사도 시대에 계시가 풍성하게 임했다는 증거다. 이 계시의 시대가 끝났을 때 기적이 일어나는 시대도 당연히 함께 사라졌다. … 성령 하나님은 새롭게 불필요한 계시를 세상에 주시는 일이 아니라 이 하나의 완성된 계시를 온 세상에 확산시키고 인류를 이 계시의 구원 얻

825) Woodward and Gibney, "Saving Souls," 52; John F. MacArthur Jr., 무질서한 은사주의, 이용중 역 (서울: 부흥과개혁사, 2008), 167에서 재인용.
826) John F. MacArthur Jr., 무질서한 은사주의, 이용중 역 (서울: 부흥과개혁사, 2008), 330.

는 지식으로 인도하는 일을 그 이후의 사역으로 삼으셨다. 아브라함 카이퍼(Abraham Kuyper)가 비유적으로 표현하듯이[Encyclopedia of Sacred Theology, E. T. 1898, p. 368; 참조. pp. 355ff.] 각 사람에게 신령한 자식을 개별적으로 전달하고 각 사람의 개별적인 필요를 충족시키는 것은 하나님의 방식이 아니었다. 오히려 하나님은 모두를 위해 하나의 잔칫상을 펴시고 모두에게 와서 이 큰 잔치의 풍성함에 참여하라고 초대하신다. 하나님은 모두에게 적용되고 모두에게 충분하며 모두를 위해 준비된, 유기적으로 완벽한 하나의 계시를 세상에 주셨다. 그리고 하나님은 이 하나의 완성된 계시에서 각자가 자신의 영적인 양식 전체를 공급받기를 요구하신다. 그러므로 다름 아닌 하나님의 계시의 능력이 나타난 표적인 기적의 역사는 지속되기를 기대할 수 없으며 계시의 부산물에 불과한 기적은 계시가 완성된 이후에는 실제로도 지속되지 않았다.827)

워필드에 의하면, 지금 우리에게는 완벽한 계시가 주어졌으며, 하나님께서는 이 완성된 계시 안에서 영적인 양식을 공급받고 살아가기를 원하신다. 우리가 무엇을 하든지 '성경이 무엇이라고 말하는가?'를 기준으로 삼아야 한다. 고린도전서 12:22에서 방언은 성도들을 위한 것이 아니라 "믿지 아니하는 자들을 위한 표적"이라고 분명하게 말한다. 사도들과 제자들이 오순절에 일어난 방언 사건은 각처에 흩어졌던 유대인들에게 '예수님이 그리스도시다'는 것을 믿게 하기 위함이었다. 방언, 예언, 치유, 기적은 새로운 시대를 알리는 표적 역할을 했다. 그 역할이 끝났기 때문에 표적도 중단되었다.

---

827) B. B. Warfield, *Counterfeit Miracles* (Carlisle, Pa.: Banner of Truth, 1918), 25-27; John F. MacArthur Jr., 무질서한 은사주의, 이용중 역 (서울: 부흥과개혁사, 2008), 180-181.

2. 구약성경의 방언

구약성경에서 방언은, 첫째, 사람이나 동물이 몸의 기관에서 내놓는 말을 의미하거나(애 4:4; 시 140:3), 둘째, 언어와 유사한 형태이거나(수 7:21), 셋째, 언어의 기관으로 간주하거나(출 4:10), 넷째, 알아들을 수 있는 인간의 언어라는 뜻이었다.[828)

1) 창세기의 방언

구약성경에서 방언에 대한 언급은 적다. 방언에 대한 첫 언급은 창세기 10장이다.

> 이들로부터 여러 나라 백성으로 나뉘어서 각기 언어와 종족과 나라대로 바닷가의 땅에 머물렀더라(창 10:5)
> 이들은 함의 자손이라 각기 족속과 언어와 지방과 나라대로였더라(창 10:20)
> 이들은 셈의 자손이니 그 족속과 언어와 지방과 나라대로였더라(창 10:31)

창세기 10장에 나오는 방언(라숀)은 '(사람이나 동물의) 혀'(tongue)나 '혀 모양의 것'(이를테면 혀가 갈라진 모양의 금붙이나 불꽃), 또는 '말'(speech)이나 '언어'(language)라는 뜻이다. 이로 보건대, 창세기 10장의 방언은 '말'이나 '언어'다.

두 번째는, 창세기 11:1-9에 나오는 바벨탑 사건이 있다. 모세는 노아의 후손들이 어떻게 자신들의 방언을 따라 흩어지게 되었는지를 말했다. 창세기 11장은 방언(sapah: speech, language)이 종족(혹은 족속), 지방, 나라를 분리하는 수단이 되었다고 말한다. 방언은 각 족속이 실제로 삶에서 사용하던 언어였다. 지상의 족속들이 방언을 따라 분리하게 된 이유는 하나님께 반역하여 시날 평지에서 성읍과 탑을 쌓아 흩어짐을 면하려고 했기 때문이다.

하나님께서는 인간의 반역을 심판하셨다. 심판은 언어(speech)의 혼잡으로 사람들을 지면에 흩어지게 했다. 언어가 하나이었을 때는 복이었으나 언어가 혼잡(balal: confused)하게 되었을 때는 심판이 되었다.

---

828) 김재성, **개혁주의 성령론** (서울: CLC, 2014), 278.

구약성경에는 방언이 하나님을 거역한 이스라엘 백성들에 대한 심판으로 주어지며, 방언은 특정한 족속의 외국어였다(신 28:49; 시 114:1; 사 28:11, 33:19; 렘 5:15; 겔 3:5-6). 이사야 선지자의 말씀은 고린도전서 14:21에 인용되었다.[829] 그런 까닭에 초대교회 방언을 알기 위해 구약성경의 방언을 살펴보아야 한다.

2) 모세와 칠십 명의 장로들

민수기 11장에는 하나님의 영이 모세와 칠십 장로들에게 임하였다. 칠십 장로들이 예언을 하였고, 진영에 있었던 엘닷과 메닷에게도 영이 임하여 진영에서 예언을 했다(민 11:25-26).

이 사건은 하나님께서 하나님의 약속을 불신한 이스라엘 백성에게 진노의 불을 내리신 다베라 사건이다. 백성들은 매일 먹는 만나에 대해 불평을 했고 모세는 하나님께 기도했다. 하나님께서는 백성들에게 고기를 먹이시기 전에 하나님의 영을 보내심으로 하나님께서 이스라엘 백성들과 함께하신다는 것을 나타내시고 이스라엘 백성들의 마음을 돌이키게 하셨다. 하나님의 영이 모세와 칠십 장로들에게 임했을 때 예언을 했다고 명확하게 말하기 때문에 방언을 했다고 말할 수는 없다.

3) 발람의 예언

민수기 22-24장에는 발람의 예언이 있다. 발람은 이스라엘의 예언자가 아니라 암몬 사람이었다. 발람이란 '백성을 파멸시키는 자'라는 뜻이다. 발람은 메소포타미아 부돌 지방 사람이며 브올의 아들이며 술사였다. 요세푸스(Flavius Josephus, 37-100)는 『유대인의 생활풍습』에서 다음과 같이 말했다.

---

829) 21 율법에 기록된 바 주께서 가라사대 내가 다른 방언하는 자와 다른 입술로 이 백성에게 말할지라도 저희가 오히려 듣지 아니하리라 하였으니 22 그러므로 방언은 믿는 자들을 위하지 않고 믿지 아니하는 자들을 위하는 표적이나 예언은 믿지 아니하는 자들을 위하지 않고 믿는 자들을 위함이니(고전 14:21-22)

발람이 대답하기를, 오, 발락이여, 이 모든 일들을 깊이 잘 생각해 보십시오. 하나님의 영이 임하실 때 침묵하거나 말하거나 하는 것을 우리가 결정할 수 있다고 생각하십니까? 하나님께서는 무엇이든지 원하시는 말씀들을 우리의 입에 넣어주시는데, 이러한 말들은 우리 자신도 알지 못하는 가운데 말하게 됩니다.[830]

김동찬 교수는 요세푸스의 글을 근거로 발람은 하나님의 영이 임할 때 무아경의 상태로 말하는 것처럼 말을 했다고 보았다. 그러나 이 글이 발람의 무아경을 말한다고 보기는 무리다. "우리 자신도 알지 못하는 가운데 말하"는 것이 반드시 무아경이라고 할 수 없다. 김동찬 교수는 "성경은 어디서도 발람이 무의식 상태에서 예언을 했다고 말하지 않는다"라고 밀렸는데,[831] '무아경'과 '무의식 상태'가 같은 의미가 될 수가 없다. '무아경' 혹은 '무의식 상태'라는 것이 황홀경에 빠졌다는 의미보다는 발람의 예언이 자기의 통제 밖에 일어나는 일이라는 뜻으로 보는 것이 더 타당하다.

모압 왕 발락은 이스라엘 백성들이 가나안에 들어오려 하자 두려워하였고 발람에게 이스라엘을 저주하라고 요청했다. 발람이 예언을 하였으나 방언을 했다는 기록이 없기 때문에 발람의 예언은 방언과 연관 짓는 것은 무리다.

4) 사울 왕과 신하들의 예언

어떤 학자들은 사무엘상 19:20-24에 나오는 사울과 그 신하들의 예언 사건을 방언과 연관성이 있다고 본다. 사울은 다윗이 미갈의 도움으로 도망쳤다는 사실을 알고 다윗을 잡으라고 전령들을 보냈다. 전령들이 가다가 사무엘과 선지자 무리가 예언하는 것을 보았을 때 사울의 전령들에게도 하나님의 영이 임하여 예언했다. 사울이 그 사실을 통보받고 다시 다른 전령들을 보냈으나 그들도 예언했고, 세 번째 보냈으나 그들도 예언했다. 사울이 직접 갔으나 사울도 예언했다.

---

830) Max Turner, *The Holy Spirit and Spiritual Gifts* (Peabody, MA: Hendrickson Publishers, 1998), 10; 김동찬, **방언 바로 알기** (서울: 베다니출판사, 2015), 132에서 재인용.
831) 김동찬, **방언 바로 알기** (서울: 베다니출판사, 2015), 132-133.

방언과 연관 지으려는 사람들은 이 전령들이 묵시적 황홀경 상태에서 노래했기 때문이라고 생각하려고 한다. 김동찬 교수는 사울 왕과 신하들이 방언했다는 직접적인 언급이 없기 때문에 예언으로만 보아야 하고 방언을 했다는 증거로 말할 수 없다고 말했다.832)

5) 이사야서의 방언

김동찬 교수는 이사야 28:10의 말씀은 방언이 아니라고 주장했다.833) 김동찬 교수는 프랑크 보이드(Frank M. Boyd)의 말을 정리 요약하여 다음과 같이 말했다.

> 하나님께서는 이스라엘의 술취한 불량배들이 예언자들의 말을 무시하고 단음절의 말로 예언자들의 말을 흉내 내며 조롱했던 것을 심판하시기 위해 장차 단음절의 언어를 사용하는 무자비한 앗수르 침략자들을 보내시어 그들의 눈앞에서 직접 말하게 하실 것을 예언한 것이라는 설명이다. 이상과 같은 여러 자료들을 종합해 볼 때 이 구절을 방언이라고 보는 것은 설득력이 없다.834)

김동찬 교수는 이사야 28:10만 논의하고 방언이라고 말하는 것은 "설득력이 없다"고 단정했다. 그러나, 이사야 28:10은 그 한 절만 생각할 것이 아니라 그 이후의 구절들과 함께 살펴보아야만 한다.

구약성경에서 구원 역사에 방언이 언급된 것은 두 차례이다. 그 방언이 고린도전서 14장과 직접 연관성을 가지고 있다. 방언은 불현듯이 나타난 것이 아니라 이사야 선지자가 예언한 것을 사도가 경험하고 말했다. 사도행전 2장의 방언과 함께 연관성을 가지고 살펴보아야 한다.

이사야 28:11에서 '더듬는 입술'과 '다른 방언'은 히브리어로 '라카그'이며, '조롱하다', '놀리다'라는 뜻이다. 이 단어의 구약성경 용례를 보면, 방언의 성격과 특성을 알 수 있다. '라카그'는 구약성경에서 '웃는다'(욥

---

832) Ibid., 133-134.
833) 대저 경계에 경계를 더하며 경계에 경계를 더하며 교훈에 교훈을 더하며 교훈에 교훈을 더하되 여기서도 조금, 저기서도 조금 하는구나 하는도다(사 28:10)
834) 김동찬, **방언 바로 알기** (서울: 베다니출판사, 2015), 137.

22:19; 시 2:4; 렘 20:7), '경멸하다'(왕하 19:21; 사 37:22; 잠 30:17; 시 22:7), '얕잡아 보다'(시 44:13-14; 79:4)라는 뜻으로 사용되었다.[835] 이스라엘을 침략한 바벨론은 방언으로 하나님의 백성들을 조롱했다. 이사야 28:11의 '라카그', 곧 '방언'이라는 단어의 이해를 돕는 구절은 이사야 33:19이다.

> 그러므로 생소한 입술과 다른 방언으로 이 백성에게 말씀하시리라(사 28:11)
> 네가 강포한 백성을 다시 보지 아니하리라 그 백성은 방언이 어려워서 네가 알아듣지 못하며 말이 이상하여 네가 깨닫지 못하는 자니라(사 33:19)

이 말씀에서 '라카그'는 '이상한 방언', '어려운 말'이다. 이사야 32:4에서는 약간 변형된 형태로 사용되었다.

> 조급한 자의 마음이 지식을 깨닫고 어눌한 자의 혀가 민첩하여 말을 분명히 할 것이라(사 32:4)

이사야는 어떤 의도를 가지고 '라카그'와 비슷한 말을 사용함으로써 이사야 28:11에서 의미하는 '외국어'와 유사한 단어인 '어눌한 혀'로 표현했다. 이사야는 10절과 13절에서도 '라카그'가 외국어라는 것을 나타냈다. 하나님께서는 마치 어린아이가 단순한 말을 할 때 어른이 알아듣는 것처럼 이스라엘 백성에게 말씀해 주셨다. 그러나 이스라엘 백성은 하나님께서 주신 말씀을 무시하고 조롱했다. 하나님께서는 단순하게 말씀하셨으나 이스라엘 백성은 알아듣지 못했다.

히스기야가 하나님께 나라를 구원해 주시기를 간구했을 때, 침략자들은 방언(히브리 언어)으로 이스라엘을 조롱했다. '라카그'는 앗수르 왕 산헤립의 교만한 행동을 의미하는 언어적 유희였다. 이사야 28:11에 나오는 방언은 외국어다.

> 그러므로 생소한 입술과 다른 방언으로 이 백성에게 말씀하시리라(사 28:11)

---

835) 김재성, **개혁주의 성령론** (서울: CLC, 2014), 279.

하나님께서는 자기 백성에게 외국어로 메시아의 복음을 말씀하셨다. 이스라엘을 침략한 바벨론은 이스라엘 백성들에게 외국어로 말했다. 바벨론의 침략자들이 말할지라도 듣지 않았다. 고린도전서 14:21의 내용은 예언적이며 메시아를 통한 성취가 핵심이다. 로버트 토마스는 외국어로 말하는 방언은 하나님의 임재와 활동을 나타내는 특별한 증거라고 말했다.836)

이사야 28:11의 "조롱하는 입술과 다른 방언"은 하나님을 모독하는 자들에 대한 언급이다. 이스라엘 백성들은 어린아이들처럼 말하면서 하나님의 율법을 버릇없이 흉내 냄으로써 하나님을 조롱했다.

고린도전서 14:20에서 사도는 이사야 28:11을 인용했다. 이것은 이사야 28:11이 외국어이며 고린도 교회의 방언도 외국어라는 것을 증거 한다. 사도 바울은 고린도 사람들을 향해 '방언을 말해도 듣지 않으리라'는 말씀을 인용하여 강력하게 경고했다(고전 14:19-21). 방언의 은사를 받았다고 해서 그 자체로 의미가 있는 것이 아니다. 방언하는 자들을 높이고 하나님의 말씀을 무시하면 이사야 시대의 사람들처럼 하나님을 조롱하는 결과가 된다.

6) 에스겔서의 방언

구약성경에서 방언이 다른 사람들에게 이해되는 언어였다는 것은 분명했다. 에스겔 선지자는 그 점을 분명하게 말했다.

너를 방언이 다르거나 말이 어려운 백성에게 보내는 것이 아니요 이스라엘 족속에게 보내는 것이라(겔 3:5)

칼빈은 방언을 외국어라고 말하면서 이 말씀의 참된 의미는 "선지자는 말이 서로 통하지 않는 이방인들에게 보냄 받지 않았다는 것이다"라고 말했다.837) 에스겔 선지자는 이스라엘의 문제는 말을 알아듣지 못하는

---

836) Robert L. Thomas, 성령의 은사들, 김지찬 역 (서울: 생명의말씀사, 1983), 235.
837) John Calvin, 구약성서주석 22 (서울: 성서교재간행사, 1983), 133.

것이 아니라 완악함 때문에 알아듣지 못한다는 것이다. 이런 문맥에서 볼 때, 에스겔서에서 말하는 방언은 외국어라는 것이 명확하다.

이 구절 외에도, 스가랴 8:23, 이사야 66:18에서도 사람들이 외국어로 들은 것을 말했다. 이사야 28:11의 방언이 외국어라는 증거는 다른 성경 구절을 통해 생각해 볼 수 있다. 신명기 28장은 그 사실을 증거 한다.

> 곧 여호와께서 원방에서 땅 끝에서 한 민족을 독수리의 날음 같이 너를 치러 오게 하시리니 이는 네가 그 언어를 알지 못하는 민족이요(신 28:49)

신명기의 이 말씀은 하나님을 거역하는 이스라엘 백성에 대한 하나님의 심판에 관한 것이다. 자신들이 알지 못하는 외국어로 말하는 민족의 심판을 받는 것이다. 하나님께서는 이스라엘 백성이 알지 못하는 언어를 말하는 이방인을 통해 심판하실 것을 말씀하셨다.

7) 다니엘서의 방언

다니엘은 자신이 본 환상에 대해 이렇게 말했다.

> 13 내가 또 밤 환상 중에 보니 인자 같은 이가 하늘 구름을 타고 와서 옛적부터 항상 계신 이에게 나아가 그 앞으로 인도되매 14 그에게 권세와 영광과 나라를 주고 모든 백성과 나라들과 다른 언어를 말하는 모든 자들이 그를 섬기게 하였으니 그의 권세는 소멸되지 아니하는 영원한 권세요 그의 나라는 멸망하지 아니할 것이니라(단 7:13-14)

다니엘 7장은 네 짐승에 관한 환상으로 시작한다(단 7:1-8). 네 짐승은 네 왕이며 네 개의 대제국을 말한다(단 7:17, 23). 13절은 인자 같은 이가 하늘 구름을 타고 오는 환상이다. 1절에서, 그 인자 같은 이에게 영원히 폐하지 아니하는 권세와 영광과 나라가 주어진다.

방언에 관하여 우리의 시선을 끄는 것은 "모든 백성과 나라들과 다른 언어를 말하는 모든 자들이 그를 섬기게 하였으니"라는 말씀이다. 인자 같은 이를 섬기는 자들은 "각 방언하는 자들"이다. 이 방언은 특정 족속들이 사용하는 언어다. 그 증거는 다니엘서의 다른 구절을 통해 주어진다.

반포하는 자가 크게 외쳐 가로되 백성들과 나라들과 각 방언하는 자들아 왕이 너희 무리에게 명하시나니(단 3:4)

모든 백성과 나라들과 각 방언하는 자들이 나팔과 피리와 수금과 삼현금과 양금과 및 모든 악기 소리를 듣자 곧 느부갓네살 왕의 세운 금신상에게 엎드리어 절하니라(단 3:7)

그러므로 내가 이제 조서를 내리노니 각 백성과 각 나라와 각 방언하는 자가 무릇 사드락과 메삭과 아벳느고의 하나님께 설만히 말하거든 그 몸을 쪼개고 그 집으로 거름터를 삼을지니 이는 이같이 사람을 구원할 다른 신이 없음이니라 하고(단 3:29)

느부갓네살 왕은 천하에 거하는 백성들과 나라들과 각 방언하는 자에게 조서하노라 원하노니 너희에게 많은 평강이 있을지어다(단 4:1)

그에게 큰 권세를 주셨으므로 백성들과 나라들과 각 방언하는 자들이 그의 앞에서 떨며 두려워하였으며 그는 임의로 죽이며 임의로 살리며 임의로 높이며 임의로 낮추었더니(단 5:19)

이에 다리오 왕이 온 땅에 있는 모든 백성과 나라들과 각 방언하는 자들에게 조서를 내려 가로되 원컨대 많은 평강이 너희에게 있을지어다(단 6:25)

그에게 권세와 영광과 나라를 주고 모든 백성과 나라들과 각 방언하는 자로 그를 섬기게 하였으니 그 권세는 영원한 권세라 옮기지 아니할 것이요 그 나라는 폐하지 아니할 것이니라(단 7:14)

다니엘서의 이런 말씀은 방언이 그 지역의 실제 언어, 곧 외국어였다는 것을 증거해 준다. 방언이라는 단어가 나올 때마다 "모든 백성과 나라들과 각 방언하는 자"라는 말이 관용어처럼 나온다. 이것은 방언이 모든 백성과 나라들이 사용하는 언어라는 증거다.

8) 예레미야서의 방언

예레미야 5장은 방언에 대해 다음과 같이 말한다.

나 여호와가 말하노라 이스라엘 족속아 보라 내가 한 나라를 원방에서 너희에게로 오게 하리니 곧 강하고 오랜 나라이라 그 방언을 네가 알지 못하며 그 말을 네가 깨닫지 못하느니라(렘 5:15)

이 말씀은 하나님의 심판을 받는 이스라엘 백성들이 침략자의 언어, 곧 외국어로 말하는 것을 듣게 될 것을 말한다. "그 방언을 네가 알지 못하며"는 침략자의 야만성과 잔혹성을 의미한다. 정복자들은 아무리 간청을 할지라도 동정심을 베풀지 않으며 들짐승과 같이 잔혹하고 포악하게 공격한다는 뜻이다.[838] 침략자들의 방언이 유대인들에게 통하지 않기

---

838) John Calvin, 구약성서주석 16 (서울: 성서교재간행사, 1983), 299-300.

때문에 괴로운 것이다.839) 예레미야는 유대인들은 하나님의 선민이기 때문에 하나님께서 도와주실 것이라는 일말의 여지도 없이 가차 없이 멸망 당할 것이라고 예언했다.840) 예레미야서에서 말하는 방언은 침략자들이 실제로 사용하는 언어였다.

9) 느헤미야서의 방언

느헤미야가 무너진 예루살렘 성을 재건한다는 소식을 산발랏이 들었을 때, 산발랏은 유대인을 향해 화를 내면서 모욕했다. 산발랏은 유대인을 '라카그'했다.

> 2 자기 형제들과 사마리아 군대 앞에서 말하여 가로되 이 미약한 유다 사람들의 하는 일이 무엇인가, 스스로 견고케 하려는가, 제사를 드리려는가, 하루에 필역하려는가, 소화된 돌을 흙 무더기에서 다시 일으키려는가 하고 3 암몬 사람 도비야는 곁에 섰다가 가로되 저들의 건축하는 성벽은 여우가 올라가도 곧 무너지리라 하더라(느 4:2-3)

다윗은 자신의 대적자들로부터 '라카그'를 많이 당했다고 말했다.

> 나를 보는 자는 다 비웃으며 입술을 비쭉이고 머리를 흔들며 말하되(시 22:7)

시편 22:6-9에 나오는 조롱과 멸시는 메시아이신 예수님께 해당하는 예표적인 것이다. 시편 22편의 핵심 단어 중 '라카그'가 차지하는 비중은 매우 크다. 언어적 라카그와 비언어적 라카그로 메시아는 조롱과 멸시를 받았다. 바벨론 포로 기간에도 이스라엘은 자신들이 경멸하고 조롱했던 이방 사람들에게 언어적 라카그와 비언어적 라카그로 경멸과 조롱을 받았다(시 79:4).

10) 요엘서의 방언

요엘서의 방언은 요엘 2:28-29이다. 요엘서의 방언이 중요한 이유는

---

839) 박윤선, **예레미야서(상)** (서울, 영음사, 2002), 69.
840) Ronald E. Clements, **현대성서주석 예레미야**, 김회권 역 (서울: 한국장로교출판사, 2010), 80-81.

사도행전의 오순절 방언과 직접적인 연관이 있기 때문이다.

> 28 그 후에 내가 내 신을 만민에게 부어 주리니 너희 자녀들이 장래 일을 말할 것이며 너희 늙은이는 꿈을 꾸며 너희 젊은이는 이상을 볼 것이며 29 그 때에 내가 또 내 신으로 남종과 여종에게 부어 줄 것이며(욜 2:28-29)

사도 베드로는 오순절에 성령께서 임하고 방언을 하게 된 것이 요엘서의 예언이 성취된 것이라고 선포했다. 김정우 교수는 요엘서의 말씀은 '깨어진 언약 관계의 회복'이며, "이방인과 유대인이 모두 약속에 동참하여 새 인류를 만든다"라고 말했다.841) 이것은 사도행전의 오순절 성령강림 사건 이후로 일어나는 일의 성격을 말해준다.

김동찬 교수는 다음과 같이 말했다.

> 그러나 사실 선지자 요엘이 말한 예언의 내용 가운데는 방언에 대한 언급이 없다. 요엘은 이 구절에서 비전과 꿈과 예언에 대해서만 언급하고 있다. 이 가운데 비전과 꿈은 방언과는 전혀 다른 형태의 은사이며, 예언도 비록 방언과 같은 언어적 은사(Verbal gift)이지만 고린도전서 12장과 14장에 나오듯이 분명히 방언과는 구별이 되는 다른 은사이다. 그러므로 요엘이 말한 예언 은사가 방언을 가리킨다고 볼 수는 없다. 따라서 이 구절 역시도 구약성경에서 방언이 나오는 증거라고 볼 수는 없는 것이다.842)

김동찬 교수는 요엘서에서 방언에 대한 언급이 없기 때문에 요엘서는 방언이 나오는 증거라고 볼 수 없다고 주장했다. 그러나 사도 베드로가 요엘서를 인용한 것은 분명히 성령의 감동으로 일어난 것이므로 새 언약의 관점에서 요엘서를 해석해야 한다. 여호와 하나님께서는 슬퍼하는 백성들의 탄식을 받으시고 메뚜기 재앙으로부터 건지고 고통에서 해방해 주실 것을 약속하셨다. 또한, 여호와의 날에 대해 대책을 약속하셨다. 그 대책은 세 부분으로 나누어져 있다. 여호와께서는 요엘 2:28-32는 주의 백성들에 대해서, 3:1-17은 이방인들에 대해서, 3:18-21은 종말적인 비전과 연관하여 이스라엘과 열방의 엇갈린 운명에 대해 말씀해 주셨다.

---

841) 김정우, "요엘 2:28-42(MT 3:1-5)에 나타난 성령강림의 약속과 그 신약적 성취," 신학지남 60(4) (1993): 24-25(9-27).
842) 김동찬, 방언 바로 알기 (서울: 베다니출판사, 2015), 137-138.

요엘 2:28-29에서 말하는 예언, 환상, 꿈은 하나님을 아는 지식과 관련되어 있으며, 하나님께서 영을 부어주시면 주의 백성들이 하나님을 아는 지식이 완전해진다는 뜻이다. 자신들이 알고 있는 지식의 한계를 뛰어넘어 하나님의 참된 지식으로 새로워지는 것이다. 그 참된 지식은 예수님께서 그리스도시다는 것이며, 그 지식을 아는 것은 인간의 노력이 아니라 성령의 역사로 안다.

요엘서는 우리에게 '방언이라는 단어가 있느냐? 없느냐?'를 말하려는 것이 아니라 하나님의 영이 일부 사람들만이 아니라 광범위하게 주어진다는 것이며 그로 인해 하나님을 아는 지식이 새로워진다는 것이 핵심이다. 요엘은 방언을 할 것이라고 예언한 것이 아니라 예언을 할 것이라고 말했음에도 불구하고 오순절주의자들은 오순절을 방언이 나타날 위대한 날로 여긴다. 그렇다면, 베드로는 요엘서를 왜곡한 것인가? 팔머 로벗슨은 다음과 같이 말했다.

> 베드로는 그렇지 않았다. 다만 베드로는 요엘의 예언을 '방언'에 적용하여 방언이 지닌 본질을 이해하는 데 필요한 토대를 제공한다. 방언은 예언의 한 부분으로 간주해야 한다. 따라서 요엘은 마지막 날에 있을 예언을 예견하면서 방언 현상에 대한 예배 지식을 전했다. 베드로가 오순절에 요엘의 예언을 적용했기 때문에 예언의 한 형태라는 사실이 분명해졌다.[843]

그런 까닭에 요엘서는 '신약 사도행전의 오순절에 어떻게 성취되었느냐?'를 보아야 하며, 그 하나님의 지식이 방언으로 알려졌다는 새 언약의 성취 관점에서 보아야 한다. 구약성경의 방언은 하나님의 심판이거나 이스라엘의 대적자들이 사용한 외국어라는 것으로 결론 내릴 수 있다.

RPTMINISTRIES
http://www.esesang91.com

---

843) Palmer Robertson, 오늘날의 은사주의 운동, 과연 성경적인가, 이심주 역 (서울: 부흥과개혁사, 2009), 63-64.

3. 신약성경의 방언

신약에서 방언은 마가복음, 사도행전, 고린도전서에만 언급되어 있다. 주류 신학자들은 대체로 방언을 종교적 배경으로 보는 연구를 했으며, 방언을 교회의 실제적인 문제로 여기고 관심을 가졌다.844)

1) 마가복음의 방언

마가복음 16:14-18은 예수님께서 부활하신 후 제자들에게 지상명령을 하시는 장면이다. 예수님께서는 복음을 전파하는 제자들에게 기적을 행하는 능력과 표적을 약속하셨다(막 16:17). 예수님의 말씀에 의하면, 방언은 표적이다. 방언은 예수 그리스도의 십자가의 죽음과 부활과 재림

---

844) Max Turner, **성령과 은사**, 김재영, 전남식 역 (서울: 새물결플러스, 2018), 372-273; 방언의 신약적 현상에 대한 자료들은 다음과 같다. 〈E, Lombard, De La Glossolalie chez les premiers Chretiéns (Lausanne: Bridel, 1910); J. Behm, "γ λῶσσα", TDNT I: 719-27; J.S. Davies, "Pentecost and Glossolalia," *JTS* 3 (1952), 228-31; F. W. Beare, "Speaking with Tongues: A Critical Survey of the New Testament Evidence," *JBl* 83 (1964): 229-46; S.D. Currie, "'Speaking in Tongue': Early Evidence Outside the New Testament Bearing on 'Glossais Lalein'", *Int* 19 (1965): 274-94; R.J. Banks and G. Moon, "Speaking in Tongue: A New Survey of New Testament Evidence," Churchman 80 (1966): 278-94; R. H. Gundry, "'Ecstatic Utterance'(NEB)," *JTS* 17 (1966): 299-307; J.P.M. Sweet, "A Sign for Unbelievers: Paul's Attitude to Glossolalia," NTS 13 (1967); 240-57; Engelsen, "Glossolalia and other forms of Inspired Speech according to 1 Corinthians 12-14," unpublished Ph. D. dissertation, Yale University, 1970; M.D. Smith, "Glossolalia and Other Spiritual Gifts in a New Testament Perspective," *Int* 28 (1974): 307-20; E. Best, "The Interpretation of Tongues," *SJT* 28 (1975): 45-62; Dunn, Jesus, 특히 148-52, 242-6; C.G. Williams, 'Glossolalia as a Religious Phenomenon: tongue at Corinth and Pentecost,' *Rel* 5 (1975): 16-32; R.A. Harrisville, "Speaking in Tongues: A Lexicographical Study," *CBQ* 38 (1976): 35-48; K. Stendahl, "Glossolalia and the Charismatic Movement" in J. Jervell and W. A. Meeks (eds.), God's Christ and His People; Studies in Honour of a Nils Alstrup Dahl (Oslo: Univeritesforlaget, 1977): 122-31; T.W. Gillespie, "A Pattern of PeopheticSpeech in First Corinthians," *JBL* 97 (1978): 74-98; W. Grudem, "1 Corinthians 14:20-25: Prophecy and Tongues as a Signs of God's Attitude," *WTJ* 41 (1979): 381-96; B.C. Johanson, "Tongue, a Sign for Unbelievers?: A Structural and Exegetical Study of 1Corinthians xiv. 20-25," *NTS* 25 (1979): 180-203; A.C. Thiselton, "The Interpretation of Tongues: A New Suggestion in the Light of Creek usage in Philo and Josephus," *JTS* 30 (1979): 15-36; C. G. Williams, Tongues; W. E. Mils, *A Theological / exegetical Approach to Glossolalia* (London: Univ. press of America, 1985); Carson, *Shewing the Spirit* (GrandRapids: Baker, 1987 and Carlisle: Paternoster,1995), 특히 77-88, 100-118, 138-58; G. Theissen, *Psychological Aspects of Pauline Theology* (Edinburgh: Clark, 1987), 267-342; C.M. Rebeck Jr., "Tongues," DPL, 939-43; Fee, *Presence*, 특히 72-4, 184-9, 145-56, 193-204, 214-51, 889-90; Gillespie, *Theologions*, ch. 4; F.M. Smit, "Tongue and Prophecy: Deciphering 1 Cor 14:22," *Bib* 75 (1994): 175-90; Forbes, *Prophecy*, chs. 2-7.〉

을 증거 하는 표적이다. 방언이 표적이라는 것은 사도들이 증거 하는 복음의 출처가 성령 하나님이심을 확증하는 것이다. 이것은 복음의 표적성과 공공성의 원리를 말하며 사적인 용도가 아님을 명백하게 말한다.

그로마키는 마가복음의 방언에 대해 "역사와 경험의 명백한 사실은 아무 그리스도인도 이것을 행하지 못했다는 것이다. 심지어 방언 옹호자들도 그들의 생활 속에서 이 다섯 가지 표적을 모두가 활동하고 있다는 사실을 증거 하지 못한다."고 말했다.845) 역사적으로 보면, 버나드의 클레르보는 마가복음 16:17의 기적들은 더 이상 현존하지 않는다고 말했다.846)

후크마는 다음과 같이 말했다.

> 마가복음 16장 18절의 희랍어 본문을 보면 독을 마신다는 문장은 조건문("만일 그들이 무슨 독을 마실지라도 해를 받지 아니할 것이며")이지만 뱀을 집는다는 문장은 방언에 관한 문장("그들이 새 방언으로 말할 것이며")과 같이 미래 직설법("그들이 뱀을 집는 것이며")이다. 그러므로 희랍어 본문에 의하면 믿는 자들에게는 이러한 표적들 즉 새 방언을 말하며 뱀을 집는 표적들이 따를 것이다. 만일 새 방언이 믿는 자들에게 주어진 표적이라면 한 걸음 더 나아가서 뱀을 집는 것도 역시 믿는 자들에게 주어진 표적이라고 결론을 내리지 말아야만 하는가? 이 두 표적은 희랍어 동사가 똑같은 미래 직설법이기 때문에 한 표적을 받아들인다면 다른 표적도 받아들여야 한다.847)

후크마에 의하면, 방언과 뱀을 집는 것도 표적이 되어야 한다. 성경대로 이루어지기를 바라는 것이 오순절주의자들의 열망이라면, 방언하기만 열망할 것이 아니라 뱀에 물려도 안 죽는 것도 열망해야 하지 않는가? 미국에서 소위 '뱀 목사'로 불리던 제이미 쿠츠 목사는 '성경의 기름 부

---

845) Robert G. Gromacki, **현대방언 연구**, 김효성 역 (서울: 기독교문서선교회, 1983), 101-102.
846) Bernard, "PREMIER SERMON POUR LE JOUR DE L'ASCENSION," *Sur l'Evangile du jour* 3; "Il y des signes plus certains et des miracles plus salutaires que ceux-là, ce sont les mérites. Et je ne crois pas qu'il soit difficile de savoir en quel sens on doit entendre les miracles dont il est parlé en cet endroit, pour qu'ils soient des signes certains de foi, et par conséquent de salut. En effet, la première oeuvre de la foi, opérant par la charité, c'est la componction de l'âme, car elle chasse évidemment les démons, en déracinant les péchés de notre coeur. Quant aux langues nouvelles que doivent parler les hommes, qui croient en Jésus-Christ, cela a lieu, lorsque le langage du vieil homme cesse de se trouver sur nos lèvres, et que nous ne parlons plus la langue antique de nos premiers parents, qui cherchaient dans des paroles pleines de malice à s'excuser de leurs péchés"
847) Anthony A. Hoekema, **방언연구**, 정정숙 역 (서울: 신망애출판사, 1982), 74-75.

음을 받은 자는 믿음만 있으면 독사에 물려도 해를 입지 않는다'고 말했으나 독사에 물려 사망했다.848)

마가복음 16장의 표적 중 하나는 17절 '새($\kappa\alpha\iota\nu\acute{o}\varsigma$) 방언으로 말하'는 능력이었다. 최성복 교수는 "오순절 사건과 관련하여 이 어휘는 여기에서 외국어로, 즉 모르는 언어로 말함의 의미에서 이해될 수 있다"라고 말했다.849) 방언이 무아경 속에서 발화하는 상징언어라고 말하는 사람들은 예수님께서 '네오스'($\nu\acute{e}o\varsigma$)대신 '카이노스'를 사용했기 때문이라고 한다. '카이노스'는 질(quality)에 있어서 새로움의 개념을 강조하기 때문이다. 애봇-스미스에 의하면, '카이노스'는 '일차적으로 질적으로 새로운 것, 신선하고 청신한(unnown) 것'을 가리키며, '네오스'는 '최근의 것'을 가리킨다고 말했다.850) 그로마키는 이를 근거로 '카이노스'가 사용된 것은 "이전에 이미 존재했던 외국어들을 가리키는 것이 틀림없다"고 말했다.851) 그러나 현대 방언은 '카이노스'가 아니다.

이재기 교수는 '카이노스'와 '네오스'의 차이가 신약 시대에는 희미해졌으며,852) 상호교환적으로 사용되었다고 말했다.853) 또한, 이재기 교수는 '카이노스'가 반드시 질적 새로움만이 아니라 '비교적 의미'로도 사용된다고 말했다. 따라서 그 의미는 '옛것'과 '새것'을 의미한다는 것이다. 그런 차원에서 방언을 발화하는 자에게 익숙하지 않은 언어다.854) 이재기 교수는 W. E. 바인(W. E. Vine)의 주장을 따라,855) 언어의 새로움은

---

848) "뱀 물려도 믿으면 산다"던 美 목사, 독사에 사망, Feb.17.2014. Accesed Sep.10.2010.
https://www.mk.co.kr/news/culture/view/2014/02/252806; "16일(현지시간) CNN과 AP 통신에 따르면 쿠츠 목사는 전날 오후 8시 30분께 자신이 목회하는 켄터키주 교회에서 뱀에 물린 채 귀가했으며 오후 10시께 결국 집에서 절명했다."
849) 최성복, "신약성서의 방언이해: 그 수용과 해석," 신약논단 13(1) (2006): 161(147-168); "Chr. Wolff, Zungenrede, 758; G. Dautzenberg, Glossolalie, 241f.; W. Pratscher, Glossolalie, 122 등도 이와 같이 이해하지만, R. Pesch, Mk II, 554는 이와 다르게 생각한다."
850) G. Abbott-Smith, *A Manual Greek Lexicon of the New Testament* (Edinburgh: T. & T. Clark, 1953), 226.
851) Robert G. Gromacki, 현대방언 연구, 김효성 역 (서울: 기독교문서선교회, 1983), 81-82.
852) Moulton and Milligan, s.v. "$\kappa\alpha\iota\nu\acute{o}\varsigma$", 314-15.
853) Colin Brown ed. *New International Dictionary of New Testament Theology* (Grand Rapids: Zondervan, 1975), s.v. "$\kappa\alpha\iota\nu\acute{o}\varsigma$" by H. Haarbeck, H. G. Link, and C. Brown, 1:671.
854) Gerhard Kittel ed. *Theological Dictionary of the New Testament* (Grand Rapids: Eerdmans, 1967), s.v. "$\kappa\alpha\iota\nu\acute{o}\varsigma$" by Johannes Behm, 3:448.

그 언어가 이전에는 존재하지 않았다는 것이 아니라 습득하는 차원에서 새로운 뜻이라고 말했다.[856]

스크로기 박사는 다음과 같이 말했다.

> 주님께서 부활하신 후 열 한 제자에게 자신을 보여주며 그들의 불신을 꾸짖으신 다음에 온 세계에 가서 복음을 전하라는 임무를 주시고 이에 따를 징조와 믿는 자들의 증거가 무엇인가에 대하여 말씀하신 것이고, 훗날 사도들은 독물을 마시는 것을 제외하고는 다 실천하였으며 그밖에 다른 많은 기적들이 이 시대에 일어났는데 여기서 알 수 있는 것은 주님의 말씀이 당장에 일어날 일에 대한 예언이었다는 것이다. 주님이 말씀하신 표적들은 옛 시대의 문을 닫고 새 시대의 문을 연다는 의미에서 독특한 시대인 사도시대에 전파되고 믿어졌던 복음에 대한 증거로 따랐던 것이다. 그 시대의 표증들이 오늘 이 시대에도 계속된다고 주장한다면 시대의 의미를 망각한 것이다.[857]

스크로기 박사에 의하면, 사도 시대는 '독특한 시대'였고, 그 사도 시대의 표증이 지금도 있을 수 없는 이유는 시대가 다르기 때문이다. 아직도 사도 시대의 표적들이 있다는 주장은 어떤 세상이 되었는지 알아차리

---

855) W. E. Vine, *Expository Dictionary of New Testament Words* (Old Tappan: Revell, 1966), s.v. "new", 3:109; 이재기, "방언의 성격에 대한 신약 성서적 고찰," **성침논단** 11(1) (2016): 256(245-291)에서 재인용; 〈καινός는 익숙하지 않거나 사용되지 않은 새로움을 의미한다. 시간 안에서 새로움이나 최근의 새로움이 아니라 형태나 질에 대해 새로움, 옛것과 대조되는 다른 성격의 새로움을 의미한다. 마가복음 16:17의 καινός 즉 "새 방언"은 사도행전 2:4의 ἕτερος 즉 "다른 방언"이다. 사도행전의 이 언어들은 "새롭고 달랐다." 그전에 한 번도 들어본 적이 없거나 청자들에게 새로운 것이라는 뜻에서 그런 것은 아니었다. 8절에서 보는 것처럼 분명히 그런 경우는 아니었다. 그 언어들은 화자들이 말하기에 익숙했던 언어와 다른, 화자들에게 새 언어이었다.〉
856) 이재기, "방언의 성격에 대한 신약성서적 고찰," **성침논단** 11(1) (2016): 256(245-291); 〈여기서 우리는 세 가지 사실을 언급할 필요가 있다. 먼저, 마가복음 16:9-20은 매우 의심스러운 본문이라는 것이다. 이 본문은 두 개의 가장 오래된 사본인 바티칸 사본과 시나이 사본, 그리고 다른 중요한 사본들에 빠져있다. 따라서 이 본문에 기초한 어떤 논의도 그 약점의 위험을 반드시 감수해야 한다. 둘째, νέος와 καινός 사이의 의미 차이는 심지어 신약 시대에서도 희미해졌다. 실제로, 이 단어들은 신약성서에서도 상호 호환적으로 사용되었다. 셋째, καινός는 방언이 황홀경의 알아들을 수 없는 말로 구성되어 있다는 견해를 뒷받침하지 않는다. καινός라는 이 단어는 비교적인 의미로 사용된다. 그것은 이전에 존재하지 않았다는 의미에서의 새로움을 결코 지칭하지 않는다. 그것은 언제나 "옛것"과 비교해서 "새것"이라는 뜻이다. 이는 그리스도께서 새 언약을 세우시는 경우에 분명히 보인다(고전 11:25; 참고, 눅 22:20). 그 언약은 옛것과 비교해서 새 언약이다. 마찬가지로 이 구절에서 새 방언은 그 이전에 존재하지 않았던 언어를 의미하지 않는다. 그것은 옛것과 비교해서 새 방언이다. 다시 말해, 말을 하는 화자에게는 사용되지 않았고 익숙하지 않은 언어이다. 외국어를 배우는 사람은 "새" 언어를 습득하는 것이다. 따라서 그리스도께서 마가복음 16:17에서 말씀하신 언어의 새로움은 어떤 언어가 이전에 존재하지 않았음을 가리키는 것이 아니라 그것을 습득하는 면에서의 새로움을 의미한다.〉
857) W. Graham Scroggi, **성령의 세례와 방언**, 이종태 역 (서울: 생명의 말씀사, 1976), 28-30; 정오영, "개혁신학적 관점에서 본 성령의 은사" (안양대학교 대학원, 박사학위논문, 2017), 185에서 재인용.

지 못하고 있다는 뜻이다.

김동찬 교수는 마가복음 16장의 방언을 성경적 방언의 증거로 다루지 않았다.858) 김동찬 교수는 "오늘날 오순절 교단 학자들을 포함한 많은 신학자들은 이 구절이 아마도 후대의 누군가가 원문에 첨가한 것이라고 보고 있다"고 말했다.859) 방언의 검증을 위해 '성경주석'을 강조하시는 분께서 성경 본문을 이렇게 외면하면 교수로서 방언을 주장하는 정당성은 결코 확보할 수 없다.

김동찬 교수는 다른 성경 구절들은 말하면서 이 구절을 다루지 않는 것은 무슨 의도인가? 예수님께서 방언을 두 가지로 약속하셨는가? 오순절에는 외국어 방언을 주시고 그 이후로는 랄라라 방언을 주시겠다고 약속하셨는가? 그 방언이라는 것이 김동수 교수처럼 "랄라 로로 떼떼 띠모 아무 데나 부르면" 주어지는 방언인가?

2) 사도행전의 방언 1: 오순절

누가는 사도행전에서 오순절의 방언 사건(2:1-13), 고넬료 가정의 방언 사건(10:44-48), 에베소의 방언 사건(19:1-7), 세 번만 언급했다. 오순절 성령강림 사건은 하나님의 구속역사에 있어서 단 한 번만 일어난 사건이다.860) 노아 홍수나 홍해 사건처럼 단회적인 사건이다. 오순절은 처음 익은 곡식을 추수한 것을 기념하는 절기이며, 예수 그리스도께서 승천하신 후 첫 영적 추수의 날이었다. 또한, "오순절 성령강림 사건은 하나님의 새 언약 백성 곧 그리스도의 몸으로서 교회가 설립된 사건이

---

858) 김동찬, **방언 바로 알기** (서울: 베다니출판사, 2015), 152; "그 이유야 어찌 되었든 해당 구절의 진위성과 권위성에 관한 의문이 여러 유명 신약 성서학자들에 의해 제기되고 있으므로 이 구절을 성경적 방언의 증거로는 다루지 않는 것이 좋겠다는 의견이 많다. 따라서 필자도 본서에서는 이 구절을 방언과 관련된 학문적 자료로는 다루지 않으려 한다. 필자 개인의 신앙으로는 이 구절도 성경의 다른 부분들과 동등하게 하나님의 섭리 가운데 주신 가르침이라고 분명히 믿는다. 그러나 학문적 측면에서는 위와 같은 논란이 있기에 이 구절에 대한 주석은 유보하는 편이 낫다고 생각된다."
859) Ibid., 151.
860) Richard B. Gaffin Jr., **성령 은사론**, 권성수 역 (서울: 기독교문서선교회, 2012), 22-23; "성령 선물(성령 세례, 성령강림)은 그리스도의 사역의 절정적 성취이다. 그것은 승귀하신 그리스도께서 성령의 능력으로 교회에 오신 것을 의미한다. 그것은 구원의 단회적 완성이다. 그것은 지금까지 진행된 구속역사의 절정이다. 그것 없이는 그리스도의 죽음과 부활로 클라이막스에 이른 구속 사역이 미완성 내지 불안전 상태에 있었을 것이다."

다."861)

오순절 날에 성령께서 강림하신 사건은 그 이후로 다시 일어나지 않는 유일무이한 사건이다. 헤르만 바빙크(Herman Bavinck)는 "오순절에 일어난 다른 방언의 이적은 유일무이한 사건이었다"고 말했다.862) 피츠마이어(Joseph A. Fitzmyer)는 다른 본문(10:45-46, 19:6)에서는 '다른, 여러 가지'를 의미하는 형용사 ἕτερος(헤테로스)가 사용되지 않았음을 말하면서 오순절 방언은 단회적 사건일 가능성이 있다고 주장했다.863)

마샬(I. Howard Marshall)과 터너(Max Turner)는 오순절이 언약 갱신과 연관이 있다고 보며,864) 멘지스(Robert P. Menzies)와 복(Darrell L. Bock)은 그 연관성을 부정적으로 본다.865) 배현성 교수는 사도행전의 오순절 사건이 "제2, 제3의 또 다른 오순절 사건으로 나타날 수 있"다고 말했다.866) 배현성 교수는 파햄이 "방언을 기독교인의 규범으로 보았"다고 말했다. 파햄의 방언과 그 제자들의 외국어 방언은 가짜였음이 드러났다. 그러면 규범이 될 수 있는가? 또한, 성령세례 체험의 표적이 될 수 있는가?

먼저, '오순절 성령강림 사건의 의미는 무엇인가?'를 생각해야 한다. 첫 번째, 요엘서 예언의 성취였다. 사도 베드로는 사람들이 목도하게 된 이 일이 요엘 선지자의 예언이 성취된 것이라고 말했다(행 2:14-18). 성령께서 오심으로 그리스도의 몸인 교회를 창설하셨다.

두 번째, 예수님께서 성령을 보내주신다는 약속의 성취였다. 예수님께서는 부활 승천하기 전에 성령을 보내주시겠다고 약속하셨다(요

---

861) Richard B. Gaffin Jr, **구속사와 오순절 성령강림**, 김귀탁 역 (서울: 부흥과개혁사, 2013), 31.

862) Herman Bavinck, **개혁교의학 개요**, 원광연 역 (고양: 크리스찬다이제스트, 2006), 485.

863) Joseph A. Fitzmyer, **사도행전 주해**, 박미경 역 (서울: 분도출판사, 2015), 336.

864) I. Howard Marshall, "The Significance of Pentecost," *SJT* 30(1977), 347-369; Max Turner, *Power from on High: The Spirit in Israel's Restoration and Witness in Luke-Acts* (JPTSup 9; Sheffield: Sheffield Academic Press, 1996), 279; 김동수, "누가의 방언론," **신약논단** 14(3) (2007): 566(563-596)에서 재인용.

865) Robert P. Menzies, *Empowered for Witness: The Spirit in Luke-Acts* (JPTSup 6; Sheffield: Sheffield Academic Press, 1994); Darrell L. Bock, *Proclamation from Prophecy and Pattern: Lucan Old Testament Christology* (JSNTSup, 12; Sheffield: JSOT, 1987), 182-183; 김동수, "누가의 방언론," **신약논단** 14(3) (2007): 566(563-596)에서 재인용.

866) 배현성, "방언에 내재 된 오순절주의의 신학적 함의성," 한세-성결신학논단 (1) (2004): 17(7-30).

14:16-17, 15:26, 16:7-8, 13-15). 사도들은 예수님의 말씀대로 예루살렘을 떠나지 않았으며 기도에 힘썼다(눅 24:49; 행 1:4, 14). 성령께서는 예수님의 말씀 그대로 강림하심으로 예수님의 말씀을 성취하셨다. 사도들과 제자들은 먼저 중생한 후 성령으로 세례를 받았다.

세 번째, 성령의 공적 사역의 시작을 나타내기 위함이다. 예수님께서 지상의 사역을 통해 구속을 완성하시고 부활 승천하셨다. 예수님께서는 이제 성령 하나님을 보내심으로 그리스도의 복음을 모든 민족에게 전파하시려고 성령을 통해 사역을 시작하셨다.

네 번째, 사도들과 제자들이 민족과 지역의 한계를 넘어 그리스도의 복음을 증거 하기 위함이다. 사도들과 제자들은 오순절 성령께서 임하심으로 유대와 각 나라에 흩어진 사람들에게 복음을 전했다. 사도들은 자신들이 배우지 않은 외국어로 말함으로써 예수님께서 말씀하신 대로 "유대와 사마리아와 땅끝까지 이르러" 예수님의 증인이 되어 복음을 증거해야 하는 사명을 감당하게 되었다.[867]

오순절의 방언 현상에서 특이한 점은 "저희가 다 같이 한곳에 모였더니"와 "저희 앉은"이라는 말씀에 있다. 성경은 그들이 기도하고 있었다고 말하지 않으며, 성령께서 오셨을 때 앉아 있었다. "앉아 있는 것은 제자들의 무리가 어떤 이야기를 듣고 있었다는 것을 의미한다."[868] 예수님께서는 오순절에 성령께서 임할 것이라고 말씀하지 않으셨으며, "몇 날이 못 되어"(행 1:5)라고만 말씀하셨다. 사도들과 함께 모인 제자들은 그리스도의 약속대로 이루어지기를 기다릴 뿐이었다. 그들은 현대 방언론자들이 말하는 것처럼 오순절에 방언을 경험하기 위해 기도하지 않았다.

사도행전의 방언은 외국어다.[869] 오순절에 모인 사람들은 구약을 알고 있는 사람들이었으며, 사도행전 2장에서 방언이란 '사투리'가 아니라 로마 제국 내의 각 민족의 언어였다. 하나의 큰 제국 안에 있는 민족이었

---

867) 이창모, **방언, 그 불편한 진실** (서울: Band of Puritans, 2014), 53; "방언은 성령이 임하신 증거가 아니라 임하신 성령이 하나님의 구원 계획을 이루기 위해 제자들에게 주신 특별한 외국어 능력이었다."
868) R.C.H. Lenski, *The Interpretation of the Acts of the Apostles* (Columbus, Ohio: The Wartburg Press, 1957), 57; Robert G. Gromacki, **현대방언 연구**, 김효성 역 (서울: 기독교문서선교회, 1983), 111에서 재인용.
869) 오순절 방언을 1) 말씀 선포와 연설로 보는 입장과 2) 카리스마적 찬양으로 보는 입장이 있다.

기 때문에 외국어라고 표현하지 않고 '지방의 언어'라는 뜻인 방언이라고 표현한 것이다. 사도행전에서 방언이란 지방 사투리가 아니라 각 민족의 언어인 외국어라는 점을 놓쳐서는 안 된다.

헤르만 바빙크는 "제자들이 발설한 그 언어들은 알아들을 수 없는 소리들이 아니라 다른 방언들이었"다고 말했다.870) 또한, "4절이 말하는 다른 언어들은 의심의 여지 없이 6절에서 들었던 자들의 고유한 언어로 언급되고, 8절에서 더 자세하게 그들이 태어난 모국어로 지칭되는 것과 동일한 것이다",871) "오순절 날에 외국어로 말하는 것은 독립적인 경우다. 그것은 물론 방언과 관련되지만 특별한 종류의 방언이며 더 고상한 형태의 방언이다"라고 말했다.872)

윌리먼(William H. Willimon)은 "성령의 능력이 함께 하여 알아들을 수 있는 외국의 언어들"로 말씀을 선포했다고 말했다.873) 화이트로우(Thomas Whitelaw)는 사도행전 2:4의 "언어"는 고린도전서 12-14장의 언어들과 달리 "사람들이 이해할 수 있던 언어"라고 말했다.874) 터너는 좀 더 확정적으로 "누가가 오순절 현상, 즉 그가 ἑτέραις γλώσσαις λαλεῖν(다른 방언을 말하다)라는 표현으로, 외국어 방언, 즉 실제 외국어를 말하는 것을 가리키고 있다는 것은 의심할 여지가 없다"고 말했다.875) 브루스, 스토트, 페르난도, 피츠마이어, 헨헨, 박형용, 윤철원, 정훈택 등이 모두 외국어였음을 주장한다. 주석가들 간에 견해가 다르기는 할지라도 '포네'(τῆς φωνῆς)는 인간의 소리를 의미하기 때문에 방언이 외국어라는 타당성을 얻는다(Black, Marshall, Lake, Neil, Bruce).876)

---

870) Herman Bavinck, 개혁교의학 개요, 원광연 역 (고양: 크리스찬다이제스트, 2006), 484.

871) Herman Bavinck, 개혁교의학3, 박태현 역 (서울: 부흥과개혁사, 2011), 621.

872) Ibid., 622.

873) William H. Willimon, 사도행전 현대성서주석, 박선규 역 (서울: 한국장로교출판사, 2000), 66-67.

874) Ajith Fernando, 사도행전(NIV적용주석), 채천석 역 (서울: 솔로몬, 2013), 103.

875) Max Turner, 성령과 은사, 김재영·전남식 역 (서울: 새물결플러스, 2012), 503-504.

876) W. Bauer, A Greek-English Lexicon of the New Testament and Other Early christian Literature, tr. & ed., W. F. Arndt and F. W. Gingrich, Sigma-Omega (Chicago: the university of chicago press: 1957), 473; 〈New Testament Usage: phōnē occurs in about 140 instances in the New Testament, most commonly in Luke-Acts, John, and Revelation. The rage of meanings in the Old Testament is carried over into the New Testament. It is used for the "sound" of the wind(John 3:8), of instruments (1 Corinthins 14:7,8; Revelaion 1:10), and the "voice" of the bridegroom(John 3:29), Ina quote from Isaiah 40:3 John the

구약성경의 방언이 외국어라는 결론을 통해 사도행전의 방언 역시 외국어라는 것을 알 수 있다. 라이스 박사는 오순절의 "방언은 글자 그대로 외국어이다"라고 말했다.[877] 사도행전 2:4에서 "다른 방언들로 말하기를"($\lambda\alpha\lambda\epsilon\tilde{\iota}\nu$ $\acute{\epsilon}\tau\acute{\epsilon}\rho\alpha\iota\varsigma$ $\gamma\lambda\acute{\omega}\sigma\sigma\alpha\iota\varsigma$)라고 말했다. '다른'(헤테라이스, $\acute{\epsilon}\tau\acute{\epsilon}\rho\alpha\iota\varsigma$)은 다른 종류를 말하며,[878] '다른 방언'이란 종류가 상이한 외국어다.

그 방언을 들은 자들은 "각각 자기의 방언으로"($\tau\tilde{\eta}$ $\grave{\iota}\delta\acute{\iota}\alpha$ $\delta\iota\alpha\lambda\acute{\epsilon}\kappa\tau\omega$) 들었으며(2:6), 또한, "우리가 다 우리의 각 방언으로($\tau\alpha\tilde{\iota}\varsigma$ $\acute{\eta}\mu\epsilon\tau\acute{\epsilon}\rho\alpha$

Baptist referred to himself as the "voice" of one who cries of in the desert(John 1:23). On the Day of Pentecost the crowds reacted to the miracle of the outpouring of the Holy Spirit because they heard 'this sound"(Acts 2:6, NIV). God's phōnē from heaven was heard at the baptism of Jesus(Luke 3:22) and at His transfiguration(Luke 9:35; cf. 2 Peter 1:17, 18). That His sheep hear the phōnē of the Good Shepherd means they know Him in personal relationship and discipleship(John 10:3, 16, 27).⟩

p. 471; ⟨Classical Greek: As the verbal action of phōnē(5292), "sound, voice," *phōneō* fundamentally means "to produces a sound or a tone." In classical Greek literature *phōneō* occurs as early as in Homer's (Eighth Century B.C.) and Aristotle's writings. The verb is used primarily of living being with vocal organs. Animals, therefore, make sounds, as in Aesop's fable; and of human beings it can be said they "lift up the voice" or "cause the voice to sound forth," as in Homer's Iliad (cf. Betz, "phōneō," Kittel, 9:302). *phōneō* can also carry the meaning of invoking a deity in prayer or "to call to" when used with the dative of person.

Septuagint Usage: *phōneō* is rarely used in the Septuagint. It may denote the sounding of an instrument, such as a trumpet(Amos 3:6), or the sounds made by animals(Isaiah 38:14; Zephaniah 2:14). Spirits of the dead are also ascribed the ability to speak or, more descriptively, to "mutter"(Isaiah 8:19; cf. 29:4).

New Testament Usage: Of the approximately 40 instance where *phōneō* is used in the New Testament, none occur in the Epistles and all but 5 are used in the Gospels. As in Septuagint usage, so here the verb means human, angelic, animal, or demonic "speaking, calling," or "crying." Luke and John also use *phōneō* as a synonym for *kaleō*(2535), "to call, summon," e.g. in Luke 16:2; John 2:9; Acts 9:41 (ibid., 9:303). In Mark 10:49 the verb carries and eschatological sense in that the calling which Jesus directed to Bartimeus via others was ultimately the invitation and summons to healing and salvation. John may have had similar connotations in mind in Joh 11:28 where Martha informed Mary: "The teacher is here and is calling for you"(RSV).⟩

877) John R. Rice, **현대 오순절 성령운동의 바른 해답**, 이슬숙 역 (서울: 헤브론, 1994), 49.

878) http://blog.daum.net/i-am-your-man/1434; "$\alpha\lambda\lambda o\varsigma$ 알로스로서의 다름은 나무를 비유로 들어 설명하자면 뿌리는 하나인데, 가지가 다른 상태를 말합니다. 반대로 $\acute{\epsilon}\tau\epsilon\rho o\varsigma$ 헤테로스는 뿌리 자체가 다른 상태를 뜻합니다. 즉, 근원은 같은데 그 근원에서 파생된 여러 양상들, 각론들이 다른 상태로 나타난 것을 $\alpha\lambda\lambda o\varsigma$ 알로스로서의 다름이라 한다면, 근원이 다른 상태에서 파생되는 여러 각론들의 양상을 각론과 총론 모두를 일컬어 $\acute{\epsilon}\tau\epsilon\rho o\varsigma$ 헤테로스라고 부릅니다. 다시 말해 각론으로서의 다름을 $\alpha\lambda\lambda o\varsigma$ 알로스가 부른다면, 총론으로서의 다름을 $\acute{\epsilon}\tau\epsilon\rho o\varsigma$ 헤테로스라 부른다."

$\iota\varsigma\ \gamma\lambda\dot{\omega}\sigma\sigma\alpha\iota\varsigma)$ 하나님의 큰일을 말함을 듣는도다"(2:11)라고 말했다. 제자들은 그 무리의 지방말과 언어로 말했기 때문에 방언의 내용을 이해할 수 있었다.[879] 웨인 그루뎀마저도 "오순절에 행해진 방언은 듣는 사람이 이해할 수 있는 언어로 한 말이었다"고 말했다.[880] 그러면서도 고린도전서의 방언은 인간의 언어가 아니라고 말했다.[881] 멘지스는 알아들을 수 없는 언어로서의 방언과 이전에 배우지 못했던 인간 언어로서의 방언이라는 두 가지 의미가 있다고 말하면서, '지역 방언으로 말하다'(to speak in a regional dialect) 혹은 '다른 방언으로 말하다'(to speak in other tongues)로 번역하는 것이 더 나을 수 있다고 말했다.[882] 멘지스의 이 말은 에버츠(Jenny Everts)의 주장에 근거한 것으로 사도행전 2:4의 방언이 외국어라고 보았다.[883] 멘지스는 사도행전 2:4, 10:46, 19:6

---

879) Robert G. Gromacki, **현대방언 연구**, 김효성 역 (서울: 기독교문서선교회, 1983), 82.

880) Wayne Grudem **조직신학(하)**, 노진준 역 (서울: 은성, 2009), 354.

881) Ibid., 354-355; "어떤 이들은 오순절 날 사건이 그랬기 때문에 방언은 알려진 인간의 언어여야 한다고 주장한다. 하지만 방언이 알려진 인간의 언어로 성경에 한 번 나타났다고 해서 언제나 알려진 언어로 나타나야 하는 것은 아니다. 특히 방언에 대한 다른 성경 구절의 묘사가 그 반대일 경우는 더욱 그렇다(고전 14장) … 방언은 알려진 인간의 언어인가? 때로는 이 은사가 말하는 사람이 배운 적이 없는 언어를 말하는 경우일 수도 있지만, 일반적으로는 인간의 언어이든 아니든 아무도 이해하지 못하는 언어를 의미하는 듯하다."

882) Clint Tibbs, Book Review of "Robert P. Menzies, *The Language of the Spirit: Interpreting and Translating Charismatic Terms* (Cleveland, TN: CPT Press, 2010)." *The Journal of the Society for Pentecostal Studies* 34 (2012): 305(304-305); 〈Menzies discusses the meaning of lalein heterais glossais in Acts 2.4 by noting that the translation "to speak in other tongues" is better than "to speak in other languages" because "tongues" has a much broader range of meaning and captures the nuances of both possible interpretations: 1) tongues as unintelligible languages; and (2) tongues as human languages previously not learned. In the light of this exegesis, which remains faithful to the intended meaning of the biblical text, Menzies says that the Union Version of Acts 2.4, which reads "to speak in the languages of other nations" (shuo qi bie quo de hua), might better be rendered in the way that the Union Version translates Acts 10.46 and 19.6 with another phrase, "to speak in a regional dialect" or "to speak in other tongues." This would be consistent and preserve the connections between Acts 2.4, 10.46, and 19.6.〉

883) Robert P, Menzies, "The role of glossolalia in Luke-Acts," Asian Journal of Pentecostal Studies, 15(1) (2012): 52-53(47-72); 〈Some scholars, admittedly a minority, have argued that the "tongues" ($\gamma\lambda\dot{\omega}\sigma\sigma\alpha\iota\varsigma$) of Acts 2:4 refer to unintelligible utterances inspired by the Spirit. According to this reading, the miracle that occurs at Pentecost is two-fold: first, the disciples are inspired by the Holy Spirit to declare the "wonders of God" in a spiritual language that is unintelligible to human beings (i.e., glossolalia); secondly, the Jews in the crowd who represent a diverse group of countries are miraculously enabled to understand the glossolalia of the disciples so that it appears to them that the disciples are speaking in each of their own mother-tongues. Although this position may at first sight appear to be special pleading, as Jenny Everts points out, there are in fact a number of reasons to take it seriously. First, it should be noted that

에 나타난 방언이 예언적 성격을 지닌 방언이라고 말했다.884) 웨인 그루 뎀은 "당시에는 사람들로 하여금 모르는 언어로 된 메시지를 이해하도록 하는 방편이 없었다"고 말했다.885)

Luke uses two different terms, both of which can refer to language, in Acts 2:1-13: $\gamma\lambda\acute{\omega}\sigma\sigma\alpha\iota\varsigma$ (Acts 2:4, 11) and $\delta\iota\alpha\lambda\acute{\epsilon}\kappa\tau o\varsigma$ (Acts 2:6, 8). The term $\delta\iota\alpha\lambda\acute{\epsilon}\kappa\tau o\varsigma$ clearly refers to intelligible speech in Acts 2:6, 8 and it may well be that Luke is consciously contrasting this term with "the more obscure expression of $\acute{\epsilon}\tau\acute{\epsilon}\rho\alpha\iota\varsigma$ $\gamma\lambda\acute{\omega}\sigma\sigma\alpha\iota\varsigma$" in Acts 2:4. Given the usage of the term, $\gamma\lambda\acute{\omega}\sigma\sigma\alpha\iota\varsigma$ elsewhere in the New Testament, particularly when it is associated with the coming of the Holy Spirit, this suggestion is entirely plausible. Luke certainly had other options before him: he could have referred to languages in other ways, as the usage of $\delta\iota\alpha\lambda\acute{\epsilon}\kappa\tau o\varsigma$ in Acts 2:6-8 indicates. However, in Acts 2:4 he chooses to use the term $\gamma\lambda\acute{\omega}\sigma\sigma\alpha\iota\varsigma$ which reappears in similar contexts in Acts 10:46 and 19:6.

Second, it may well be that the phrase $\tau\tilde{\eta}$ $\acute{\iota}\delta\acute{\iota}\alpha$ $\delta\iota\alpha\lambda\acute{\epsilon}\kappa\tau\omega$ ("in his own language") modifies the verbs of hearing in Acts 2:6 and in Acts 2:8. This is certainly the case in Acts 2:8: "How is it that each of us hears them in his own native language?" Everts notes that, if we read Acts 2:6 in a similar way, "these two verses would imply that each individual heard the entire group of disciples speaking the individual's native language." All of this indicates that Luke may not be using $\gamma\lambda\acute{\omega}\sigma\sigma\alpha\iota\varsigma$ (Acts 2:4, 11) and $\delta\iota\alpha\lambda\acute{\epsilon}\kappa\tau o\varsigma$ (Acts 2:6, 8) simply as synonyms.

Third, the major objection to this interpretation is the fact that in Acts 2:11 $\gamma\lambda\acute{\omega}\sigma\sigma\alpha\iota\varsigma$ is used as a synonym for $\delta\iota\alpha\lambda\acute{\epsilon}\kappa\tau o\varsigma$: "we hear them declaring the wonders of God in our own tongues" ($\gamma\lambda\acute{\omega}\sigma\sigma\alpha\iota\varsigma$). However, it should be noticed that in Acts 2:1-13 Luke may be intentionally playing on the multiple meanings of $\gamma\lambda\acute{\omega}\sigma\sigma\alpha$ (tongue). In Acts 2:3 the term refers to the shape of a tongue ("tongues of fire"). In Acts 2:11 it refers to a person's mother-tongue or native language. Given the term's usage elsewhere in the New Testament, is it not likely that Luke intended his readers to understand his use of the term in Acts 2:4 as a reference to unintelligible speech inspired by the Holy Spirit (glossolalia)?

Fourth, this reading of the text offers a coherent reason for the reaction of the bystanders who thought that the disciples were drunk. While it is hard to imagine the crowd reacting this way if the disciples are simply speaking in foreign languages; the crowd's reaction is entirely understandable if the disciples are speaking in tongues (glossolalia).

In short, the evidence suggests that Luke's references to speaking in tongues ($\lambda\alpha\lambda\acute{\epsilon}\omega$ $\gamma\lambda\acute{\omega}\sigma\sigma\alpha\iota\varsigma$) in Acts 10:46, 19:6, and quite possibly (but less certain) 2:4, designate unintelligible utterances inspired by the Spirit rather than the speaking of human languages previously not learned. The crucial point to note here is that in Acts 2:4 $\gamma\lambda\acute{\omega}\sigma\sigma\alpha\iota\varsigma$ may mean something quite different from that which is suggested by the translation, "languages." The translation "tongues" on the other hand, with its broader range of meaning, not only captures well the nuances of both possible interpretations noted above; it also retains the verbal connection Luke intended between Acts 2:4, Acts 10:46, and Acts 19:6. Everts' conclusion is thus compelling: "There is really little question that in Acts 2:4 'to speak in other tongues' is a more responsible translation of $\lambda\alpha\lambda\epsilon\tilde{\iota}\nu$ $\acute{\epsilon}\tau\acute{\epsilon}\rho\alpha\iota\varsigma$ $\gamma\lambda\acute{\omega}\sigma\sigma\alpha\iota\varsigma$ than 'to speak in other languages'.">

884) Ibid., 55: "In view of Luke's emphasis on prophetic inspiration throughout his two volume work and, more specifically, his description of speaking in tongues as prophetic speech in Acts 2:17-18, it can hardly be coincidental that the Holy Spirit breaks in and inspires glossolalia precisely at this point in Peter's sermon."

김동찬 교수는 다음과 같이 말했다.

이상과 같이 초대교회 이전, 구약시대에도 방언이 이미 존재했다는 주장의 사실 여부를 놓고
그 증거를 찾기 위해 고대의 이방 문서를 비롯한 유대교의 자료 그리고 구약성경을 모두 조
사해 봤지만, 어디서도 신약성경에 나타난 방언과 일치한다고 인정할 수 있는 사례는 찾을 수
가 없다. 종종 무아경 가운데서 말하는 현상들이 구약성경이나 이방 종교의 기록에 나타나기
는 하지만, 그것들은 배우지 않은 외국어를 말하거나 혹은 이해되지 않는 언어를 말하는 방언
과는 거리가 먼 것들이다. 결국 결론은 방언은 오순절 날 기독교 내에서 최초로 기원 된 독특
한 형태의 영적 은사라고 말할 수 있다.[886]

김동찬 교수는 방언은 기독교 안에만 존재하는 독특한 영적 은사라고
말했다. 그러나 오늘날 타종교에서도 방언이 있다는 사실을 부인할 수
없다. 퍼거슨은 타종교의 방언 현상으로 아르헨티나의 토바(Toba)와 힌
두교에 뿌리를 두고 있는 황금빛의 요가(yoga) 전통을 말했다.[887] 또한,

---

885) Wayne Grudem 성경 핵심교리, 김광역, 곽철근 역 (서울: 기독교문서선교회, 2010), 723.
886) 김동찬, 방언 바로 알기 (서울: 베다니출판사, 2015), 138.
887) Neil Ferguson, "Separating speaking in tongues from glossolalia using a sacramental view,"
Colloquium 43(1) (2011): 44-45(39-58); 〈The traditional practices of the Toba in Argentina were
impacted by visiting Pentecostal missionaries from about 1941 and their influence seems to have been
strongest in the area of glossolalia and divine healing(E.S. Miller, "Shamans, Power Symbols, and Change
in Argentine Toba Culture," *American Ethnologist* 2 (1975): 477,91.) In what appear to be
reinterpretations of the practices of the local shaman, the Toba experience "dissociational states of ecstasy,
involving speaking in tongues, dancing, falling to the ground, trance, and healing."(Miller, "Shamans, Power
Symbols, and Change in Argentine Toba Culture," 492) Similar practices already existed in the community
and the Pentecostal influence was absorbed into the existing practices of the Toba(Another important
influence was on the idea of a divine "fire" that had once been central to the Toba, but had been lost in
the contact with white settlers. It was later reclaimed and associated with the Holy Spirit as in the "tongues
of fire" of Acts 2:3. See Miller, "Shamans, Power Symbols, and Change in Argentine Toba Culture," 492.).
Originating in a major world religion other than Christianity, a second example comes from a group
known as the Golden Light. This group arose in the early 1990s as the result of a schism in a yoga
tradition which had features that were apocalyptic and included the expectation of the "imminent return of
a Christ figure to herald a new golden age."(H. Kavan, "Glossolalia and Altered States of Consciousness in
Two New Zealand Religious Movements," *Journal of Contemporary Religion* 19 (2004): 17). ⋯
Outbreaks were only experienced by the men in the group and only those who were fit enough to sustain
the deep levels of meditation required to see it manifest(Kavan, "Glossolalia and Altered States of
Consciousness in Two New Zealand Religious Movements," 180.). The yoga tradition of the Golden Light
has its roots in Hinduism(TP. Burke, The Major Religions: An Introduction with Texts (Maiden,
Massachusetts: Blackwell Publishers, 1996), 24.). The important point to note from this example is that the
"utterances shared the same linguistic characteristics as Christian glossolalia."(Kavan, "Glossolalia and

앞서 살펴보았듯이, 김동찬 교수의 주장에 반대하는 자료도 있기 때문에 방언이 기독교 안에 있는 독특한 것이라고 볼 수는 없다. 스미스 박사 (Dr. Charles R Smith)는 다음과 같이 말했다.

> 비기독교 안에서 살펴보면 방언은 고대 그리스 종교에서 중요한 부분을 차지했다. 고린도에서 멀지 않은 델파이에서는 여자 예언자가 방언을 했다. 플루타르크(A.D. 44-117)에 따르면, 그녀의 알아 들을수 없는 말을 해석하기 위해 통역자들이 참석했다고 한다. 많은 학자들은 방언이 비밀종교(Osiris, Mithra, Eleusinian, Diony sian, & Orphic cults)에서 체험되는 것이라 말하고 있다. 몇 학자들은 "마법과 같은 Papyri"와 어떤 그노시스교(dudwlwildull)에서 하고 있는 뜻을 모르는 일련의 "단어들"은 무아지경의 말들을 기록해 놓은 것으로 결론짓고 있다. 대략 AB. 180년경 Celsus는 그노시스교인들 사이에서 사용되는 무아경지의 말들을 기록했다. Lucian of Samosata(A.D. 120-198)은 방언을 시리아(Syrian)신인 주노Ouno)에게 헌신한 사람들이 구술하는 것으로 설명했다(「성경적 관점에서의 방언(Tongues in Biblical Perspective)」, 20-21).[888]

스미스 박사에 의하면, 타종교와 이교에서 방언이 일어났다. 방언 현상은 타종교에서도 나타나며 무당도 방언한다. 그리스-로마 세계에서 방

Altered States of Consciousness in Two New Zealand Religious Movements," 179.)

[888] John R. Rice, 현대 오순절 성령운동의 바른 해답, 이을숙 역 (서울: 헤브론, 1994), 43-45; 〈오늘날 하이티(Haiti), 그린랜드(Greenland), 미크로네시아(Micronesia) 그리고 아프리카, 오스트레일리아, 아시아, 남북미에서 마술사들(주술사, 제사장 또는 약사)은 방언을 한다. 몇 그룹은 무아지경의 말과 언변을 하기 위해 약을 사용하기도 한다. 불교의 신도와 성직자들이 방언하는 것을 들은 적이 있다. 이슬람교도들도 방언하며 고대 전통에서 살펴보면 모하메드 자신도 방언했다고 기록하고 있다. 모하메드 말에 의하면, 무아경험후 "논리적이고 명료한 연설"을 다시 하기가 어려웠다고 했다(Kelsey, p. 143) 스미스 박사는 상황을 과장하지 않았다. 그는 같은 책 p.15-16에서 더 자세히 말하고 있다. 성경 밖의 기록들은 서력 기원(the Christian Era)보다도 불명료한 무아경지의 말에 대해 더 뚜렷이 말해주고 있다. B.C. 1,100년 초경에 이집트인 웬 아몽(Wen-Amon)이 겉으로 보기에, 그의 신으로부터 영을 받은 듯한 가나안의 한 젊은이가 이상하게 행동하면서 하루 밤새 무아지경 상태에서 말한 사건을 기록했다(Pritchard, p. 25-29). 플라톤의 대화 세 권에서 그는 종교적인 무아경의 연설을 참조하면서 보통사람의 정신과 거리가 있는 예언적 "광기"를 논하고 있다. 또한 그는 그런 광기와 무아경의 예로서 델파이(Delphi)의 여예언자, Dodona의 여제사장과 Sibyl를 인용하고 있다. 이 여자들이 '제 정신이 아닐 때' 즉 그들의 말이 불명확할 때 그들의 발음을 중요하게 여겼다. 스미스 박사는 또한 수행한 예언자나 통역자가 해설한 어느 점장이의 이해할 수 없는 말로 연설한 것을 묘사하고 있다(Hatchins, Vol.7). Aeneid Virgil에서는 Delos섬의 예언적인 여제사장을 묘사하고 있는데 그녀는 무아경의 연설 중에 모호하고도 불분명한 말을 했다. 이런 발음은 어떤 종교적 영감의 결과물로 여겨지는데, 제사장이나 예언자나 "통역할" 때 신이 계시하는 것으로 여겼다(Hutchins, Vol.13, bk.6). 방언이 오순절보다 더 일찍 이교도 문화에서 나왔다는 것은 명백한 사실이다. 마틴(Martin)은 방언이 다양한 환경, 다른 족속 그리고 다양한 역사의 기간 가운데서 나왔다고 결론 맺고 있다. 방언은 "엄격한" 종교적 현상의 외부 지역"에서도 나타났다. 그러므로 "어떤 주장도 절대적인 기독교의 표현으로서의 어휘(glossarial)로 화할 수 없을 것이다."(Martin, p. 13)

언(glossolalia)은 예언적 황홀경으로 여겨져 높은 지위를 얻었으며,[889] 신플라톤주의자 이암블리쿠스는 신의 지배로 예언하는 방언으로 보았다.[890] 일본에서 '신의 빛 협회'는 방언(glossolalia)이 지지자들에게 과거의 삶을 회상시킬 수 있다고 믿었다.[891] 얀슨(Mathilde Jansen)은 방언(glossolalia)이 보편적으로 일어난다고 말하면서, 고대 그리스 델파이의 여사제 피티아가 이해할 수 없는 방언을 말했다고 진술했다.[892]

아프리카의 쏭가(Thonga) 족은 줄루(Zulu) 족의 말을 전혀 알지 못하는데도 쏭가족 주술사들이 귀신을 쫓아내는 의식을 할 때 방언을 하며 줄루 말로 노래하며 의식을 행한다.[893] 고린도 교회의 방언을 황홀경으로 말하는 웨인 하우스(H. Wayne House)도 방언이 기독교 신앙에 고유한 것이 아니라고 말했다.[894]

---

889) Dale B. Martin, (1995), *The Corinthian Body* (New Haven, Connecticut: Yale University Press, 1995), 88-90.

890) Ibid., 91; glossolalia to prophecy "emits words which are not understood by those that utter them; for they pronounce them, as it is said, with an insane mouth (mainomenó stomati) and are wholly subservient, and entirely yield themselves to the energy of the predominating God."

891) Whelan, Christal (2007). "Shifting Paradigms and Mediating Media: Redefining a New Religion as 'Rational' in Contemporary Society," *Nova Religio*.10 (3): 54.

892) Mathilde Jansen, "Spreken in tongen: een universele taal," May.18.2013. Accessed Oct.26.2019. https://www.nemokennislink.nl/publicaties/spreken-in-tongen-een-universele-taal; "In die laatste vorm kennen we tongentaal ook via het Orakel van Delphi in de Griekse Oudheid. Via het Orakel konden mensen raad vragen aan de goden. De priesteres Pythia fungeerde als doorgeefluik van de god Apollo. In trance gaf zij antwoord op vele vragen. Daarbij sprak zij onverstaanbare teksten die door priesters werden vertaald."

893) 윤명길, **표적 방언의 실체** (수원: 로고스서원, 2005), 51; 코흐 박사는 다음과 같은 사례도 말했다. "사례 19: 나는 런던에 있는 다운랏지 홀(Dawn Lodge Hall)에서 첫 강연을 하는 기간 중에 밀렌(Millen) 씨를 만났다. 강연 후에 속개된 토론회에서 내가 공격에 몰리고 있을 때, 이 사람은 나를 지지하고 나섰다. 밀렌 씨는 수년 전에 어떤 신령주의 교회(Spiritual Church: 악령주의 교회)에서 대단한 성공을 거뒀던 영매였다. 그는 병 고치는 능력도 받았다고 했다. 또한 그는 영혼부유술(excursion of the soul)도 통달했다. 이것은 자신의 영혼 전부 또는 일부를 몸으로부터 빠져나가게 하여 상당히 먼 거리로까지 그 영혼을 보낼 수 있는 소위 초능력술이라고 불리는 악령술의 이종이다. 그는 이 영혼부유술을 통해 모든 것을 알아냈으며 또 무아지경에 빠져 방언으로 말했다. 밀렌 씨의 부인은 한 설교 집회에서 회개하고 거듭난 새 생명을 받은 그리스도인이 되었다. 그 후 부인은 기도 모임을 조직하여 수년 간 남편을 위하여 기도를 쉬지 않고 계속했다. 그러자 하나님께서 자애로신 은혜를 베푸셔서 남편을 악령의 사슬로부터 자유롭게 해 주셨다. 이제 밀렌 씨는 그리스도를 증거 하는 사람이 되었다."(p. 142).

894) H. Wayne House, "Tongues and the Mystery Religions of Corinth," *Bibliotheca sacra* 140(558) (1983):142(134-150); "Speaking in tongues was not unique to the Christian faith. This phenomenon existed in various religions."(p. 142) Corinth was experience-oriented and self-oriented. Mystery religions

"Got Questions Ministries"의 칼럼은 '글로솔라리아가 방언으로 성경을 말하는 것과 동일하다'는 것에 두 가지 이유로 이의를 제기했다. 첫 번째 이유는 성경에서 방언으로 말하는 것은 특별한 알 수 없는 언어와 분명히 관련이 없기 때문이다. 두 번째 이유는 이해할 수 없는 언어가 은사적 행함에만 국한되지 않기 때문이다. 전 세계의 다양한 종교 단체들이 종교 활동의 일환으로 황홀한 언어나 발언으로 비슷한 경험을 보여주기 때문이다.[895]

그러나 김동수 교수는 신약성서 이전에는 방언이 없다고 주장한다.[896] 김동수 교수처럼 기독교와 타종교를 비교하는 방식은 매우 위험하다. 종교적 행위는 어느 종교에나 비슷해 보인다. 칼 융이 그런 보편적 방식을 취했다. 결국, 융은 기독교를 버리고 자기 자신이 신성화에 이르는 길로 갔다.[897]

이재기 교수는 다음과 같이 말했다.

여기서 누가는 제자들의 말한 것을 묘사하기 위해 헬라어 용어인 $\delta\iota\acute{\alpha}\lambda\varepsilon\tau o\varsigma$를 사용하였는데 이는 주목할 필요가 있다. 왜냐하면 그 단어는 한 국가나 지역의 언어를 의미하기 때문이다.[898] 그것은 마치 누가가 $\gamma\lambda\tilde{\omega}\sigma\sigma\alpha$와 $\delta\iota\acute{\alpha}\lambda\varepsilon\tau o\varsigma$를 동의어로 사용함으로써 $\gamma\lambda\tilde{\omega}\sigma\sigma\alpha$의 의미를 설명하는 것처럼 보인다. 그러나 그것만으로는 충분치 않다고 느꼈는지 누가는 9~11절에서 추가적인 정보를 제공한다. 그것은 제자들의 말을 듣는 무리들의 출신지를 모아놓은

and other pagan cults were in great abundance, from which cults many of the members at the Corinthian church received their initial religious instruction. After being converted they had failed to free themselves from pagan attitudes and they confused the true work of the Spirit of God with the former pneumatic and ecstatic experiences of the pagan religions, especially the Dionysian mystery or the religion of Apollo. By careful and delicate argumentation Paul sought to help these believers recognize their errors and operate all the $\chi\alpha\rho\acute{\iota}\sigma\mu\alpha\tau\alpha$ (gifts of the Spirit) not just the $\pi\nu\varepsilon\upsilon\mu\alpha\tau\iota\kappa\acute{\alpha}$ (tongues). Also he desired that they perform the $\chi\alpha\rho\acute{\iota}\sigma\mu\alpha\tau\alpha$ for the edification of the body of Christ, not self."(p. 147-148)

895) "Glossolalia – What is it?" Got Questions Ministries, n.d. Web., Accessed Oct.25.2019. https://www.compellingtruth.org/glossolalia.html;

896) 김동수, "방언의 기원: 신약 시대 이전에 방언이 있었는가?" **신약논단** 18(4) (2011): 1279(1259-1285); "방언은 오순절 초기 교인들이 처음으로 경험한 것이었고, 이후 바울 등에 의해서 초기 교회에서 경험되었던 것으로, 방언은 순수하게 신약성서 시대에 시작된 것이지 그 이전에는 없었던 것이다." 김동수, **방언은 고귀한 하늘의 언어** (서울: 이레서원, 2015), 35; "결국 구약과 유대교에도 신약에 나오는 방언과 같은 것은 없다."

897) 정태흥의 "칼융의 심리학과 영성"을 참고하라.

898) Walter Bauer, William Arndt, F. Wilber Gingrich and Frederich Danker, *A Greek-English Lexicon of the Greek New Testament and Other Early Christian Literature, 3rd. ed.* (Chicago: University of Chicago Press, 1979). s.v. "$\delta\iota\acute{\alpha}\lambda\varepsilon\tau o\varsigma$", 232.

지리적 영역의 목록이다. 만약 제자들이 알아들을 수 없는 소위 "하늘의 언어"를 말했다면 이 목록은 사실 아무런 의미가 없다. 뿐만이 아니다. 거기 모였던 사람들은 "갈릴리 사람들"이 자기들의 난 곳 방언으로 말하는 것을 들었기 때문에 놀랐다. 이는 의미심장한데, 만약 이 구절의 방언이 그저 실재하는 언어가 아닌 이 땅에 없고 알아들을 수도 없는 소위 "하늘의 언어"였다면 그것을 말하는 자들이 갈릴리 사람들이라서 놀랄 이유는 하나도 없다.[899]

이재기 교수는 제자들의 방언이 "한 국가나 지역의 언어"를 의미하는 '디아렉토'($\delta\iota\alpha\lambda\acute{\epsilon}\kappa\tau\omega$)를 사용했고, 그 방언을 들은 사람들이 "난 곳 방언으로" 알아들었다는 사실을 통해 제자들의 방언이 외국어라고 말했다. 에드가 역시 사람들이 각국 방언으로 들었다고 말했다.[900] 커리(Stuart D. Currie)는 사도행전 2장의 방언은 외국어라고 보면서도 사도행전 10:46과 19:6은 이해할 수 있었는지 모르며, 고린도전서 14장의 방언은 아무도 이해할 수 없는 방언이라고 말했다.[901] 이로 보건대, 사도행전 2:4-11의 방언은 명백히 외국어였다는 것을 알 수 있다.

그럼에도 불구하고 스미스(Smith)를 비롯하여 여러 사람이 상징언어 라고 주장한다. 그 주장을 요약하면 다음과 같다.

제자들이 술에 취했다는 사람들의 비난은 사도들의 말에 매우 이상한 무언가가 있었음을 시사한다. 이성적이거나 논리적인 말하기를 의미하는 레고($\lambda\acute{\epsilon}\tau\omega$)대신 "소리를 내다"는 뜻의

---

899) 이재기, "방언의 성격에 대한 신약 성서적 고찰," **성침논단** 11(1) (2016): 258(245-291).
900) Edgar, Miraculous Gifts, 123; 이재기, "방언의 성격에 대한 신약 성서적 고찰," **성침논단** 11(1) (2016): 258-250(245-291)에서 재인용; 〈누가는 청자(聽者)들이 "천하 각국"에서부터 왔다는 사실을 강조한다(행 2:5, 9~11). 그리고 갈릴리 사람들이 그런 말을 할 수 있다는 사실에 놀랐음을 말한다. 여기에는 지리적 차이가 강조되어 있는데 이는 제자들의 발언이 일반적인 언어일 경우에 그 강조점과 명백히 조화가 된다. 그들은 다른 사람들이 아닌 갈릴리 사람들이 그와 같이 말할 수 있다는 사실에 놀랐다는 것이다. 그들은 만약 갈릴리 사람들이 무아경의 알아들을 수 없는 말을 했다면 그 말을 듣고 "이 말하는 사람들이 다 갈릴리 사람들이 아니냐"며 놀라지는 않았을 것이다. 그러나 그들은 갈릴리 사람들이 다양한 외국어로 말하는 것을 듣고 놀랐던 것이다. 사실 황홀경의 알아들을 수 없는 말을 하는 것은 당시의 이교 신앙에 흔했기 때문에 아무도 그것을 듣고 그렇게 놀라지는 않았을 것이다.〉
901) Speaking in Tongues, "'Speaking in Tongues': Early Evidence Outside the New Testament Bearing on 'Glössais Lalein," Jul.1.1965; 〈In Acts 2:1-13 we read that once when some Christians spoke "in other tongues" as the Spirit gave them utterance, some persons present heard God being praised, each in his own native tongue. In Acts 10:46 and 19:6 no indication is given as to whether the tongues were intelligible or whether any present understood what was being uttered. In I Corithians, Chapter 14, Paul implies that there were, or could be, occasions when no one present was able to understand what was spoken in tongues.〉

라레오($\lambda\alpha\lambda\acute{\epsilon}\omega$)라는 동사를 사용한 것은 이 구절의 방언이 알아들을 수 없는 황홀경의 말임을 가리킨다. 누가는 방언을 "다른"(헤테로스: $\check{\epsilon}\tau\epsilon\rho o\varsigma$) 것으로 묘사한다. 그 헬라어 단어의 뜻은 "다른 종류의 다른 것"을 의미한다. 종종 황홀경의 말하기를 묘사하는데 사용된 헬라어 단어 아포프뎅고마이($\dot{\alpha}\pi o\varphi\theta\acute{\epsilon}\tau\tau o\mu\alpha\iota$)를 사용한 것은 이 구절의 방언이 황홀경의 알아들을 수 없는 말임을 암시한다.902)

먼저, 제자들이 술에 취했다는 비난이 제자들이 황홀경 속에서 알아들을 수 없는 말을 했다는 것을 의미하지 않는다.903) 제자들의 방언을 들은 사람들은 자신들이 통용언어로 분명히 알아들었기 때문이다. '랄레오'($\lambda\alpha\lambda\acute{\epsilon}\omega$) 역시 황홀경을 의미하지 않는다. 신약성경에서 '랄레오'는 268번의 용례에서 방언에 적용된 30번의 경우 외에는 일반적인 언어로 사용되었기 때문이다.904) 웨인 그루뎀도 신약성경의 방언이 황홀경의 언어가 아니라고 말했다.905)

또한, '레고'($\lambda\acute{\epsilon}\gamma\omega$) 역시 논리적인 말만 지칭하는 것이 아니다. 고린도전서 14:16에서 방언 말하기에 '레고'를 사용했기 때문이다. 방언을 듣는 사람들이 이해하지 못하고 반응하지 않았다는 것은 논리적인 것과 상반된 것이다. '헤테로스'($\check{\epsilon}\tau\epsilon\rho o\varsigma$)가 '알아들을 수 없는 천상의 언어'라는 주장이 성립될 수 없는 것은 신약성경에서 '헤테로스'($\check{\epsilon}\tau\epsilon\rho o\varsigma$)와 '알로스'($\dot{\alpha}\lambda\lambda o\varsigma$)가 상호교환적으로 사용되었기 때문이다.906) '아포프뎅고마이'($\dot{\alpha}\pi o\varphi\theta\acute{\epsilon}\gamma\gamma o\mu\alpha\iota$)는 무아지경의 말을 뜻하기도 하지만,907)

---

902) 이재기, "방언의 성격에 대한 신약성서적 고찰," 성침논단 11(1) (2016): 259(245-291).
903) 최성복, "신약성서의 방언이해: 그 수용과 해석," 신약논단 13(1) (2006): (147-168); 〈(1) 첫째로 그는 "다른 혀들로 말함"을 외국어로 말함으로, 즉 이해 가능한 말로 묘사하고 있고, (2) 둘째로 하나님의 큰일을 이 말의 내용으로 언급하고 있으며, (3) 게다가 $\lambda\alpha\lambda\epsilon\tilde{\iota}\nu$ $\gamma\lambda\tilde{\omega}\sigma\sigma\iota$라는 용어가 원래 표현하는 그 현상을 각각 이해 가능한 말, 즉 $\dot{\alpha}\pi o\varphi\theta\acute{\epsilon}\gamma\gamma\epsilon\sigma\theta\alpha\iota$(2:4b; 비교 2:14), 하나님 찬양(10:46) 및 예언(19:6)과 결합시키고 있기 때문이다.〉
904) Moulton and Geden, s.v. "$\lambda\alpha\lambda\acute{\epsilon}\omega$", 575~78; *BAGD*, s.v. "$\lambda\alpha\lambda\acute{\epsilon}\omega$", 582-83.
905) Wayne Grudem 조직신학(하), 노진준 역 (서울: 은성, 2009), 356; "그러나 그것은 신약성경에서 묘사한 바가 아니다. … 이 모든 점은 상당한 자제력이 가능했음을 암시하고, 바울이 방언을 일종의 탈혼적인 말(ecstatic speech)로 생각한 것은 아님을 증명한다."
906) 이재기, "방언의 성격에 대한 신약성서적 고찰," 성침논단 11(1) (2016): 261(245-291). "설사 $\check{\epsilon}\tau\epsilon\rho o\varsigma$가 "종류에 있어서 다름"을 의미한다고 해도, 그것이 꼭 황홀경의 알아들을 수 없는 말하기를 지지하지는 않는다. 오히려 그것은 제자들이 자기 나라 언어와 다른 언어로 말했음을 시사한다. 사도행전 2:4의 $\check{\epsilon}\tau\epsilon\rho o\varsigma$가 "외국(어)"임을 의미한다는 사실은 이어지는 맥락에서 같은 용어에 의해 확인된다. 이어지는 구절들(2:6, 8. 11)이 나타내듯, $\check{\epsilon}\tau\epsilon\rho o\varsigma$ 방언은 듣는 자들의 난 곳 방언, 즉 그들 지역의 언어와 같다."
907) *NIDNTT*, s.v. "$\dot{\alpha}\lambda\lambda o\varsigma$" by Friedrich Buchsel, 1:264.

'자신의 의견을 알아듣게 말하는' 것을 의미하기 때문에,908) 방언이 '천상적 언어'라고 단정할 수 없다.909) 특히 사도행전 2:14에서는 알아들을 수 있는 말을 의미하는 데 사용했으며, 4절에서도 같은 의미로 이해할 때 논리적이다.910)

로버트 토마스는 다음과 같이 말했다.

신약성경의 방언의 성질에 대한 다른 견해는 이 은사가 한 개인으로 하여금 그가 결코 자연스런 방법으로 획득하지 못했던 외국 말을 하게끔 하는 은사라는 것이다. 외국 방언을 할 때에 방언을 하는 자는 심리학적으로나 자연적인 관점에서 볼 때 불가능한 일을 하고 있는 것이다. 그 방언이 듣는 자들에게 생소한 것이었는지 아닌지는 그들의 배경에 달려 있었다. 이 결론을 지지하는 근거는 많다. 이것이 glōssa라는 말에 붙일 수 있는 가장 적합한 의미라는 것이다. 즉 glōssa가 "말"(language)을 가리킨다는 것이다(Behm in *TDNT*, 1964, pp. 725-26; Gundry, 1966, pp. 299-300). 비록 이교도의 세계에서는 가끔 이 말이 고풍적인 표현이나 신비한 표현들을 가리킬 때도 있으나, 신약성경에서는 그 어느 곳에서도 명백하게 알아들을 수 없는 어떤 것을 지칭하는 말로 사용하지는 않았다. 또한 그 말을 천사의 말을 가리키는 전문용어로 사용한 선례도 없다. 따라서 glōssa는 의미 있는 인간의 언어라는 결과가 자연스럽게 나온다.

사도행전 2장의 방언의 은사는 방언을 하는 자가 정상적인 심리상태에서 사용할 수 있는 언어(들)와는 다른 언어를 사용한 은사였다는 사실은 의심할 여지가 없다(참조, 행 2:4: Hering, 1962, pp. 127-28). 사도행전 2장은 라틴, 아랍, 콥트, 크레타 사람과 다른 여러 언어적 배경을 가진 사람을 포함하고 있다. 동일한 용어가 사도행전 2장에서와 같이 고린도전서 12-14장에도 사용되었기 때문에 우리는 의미의 연속성을 생각하지 않으면 안 된다. 만일 어디에선가 명백한 변화가 분명히 드러나지 않는다면(변화가 있었다는 것은 사실이 아닌데), 두 근원이 서로 모순되어서는 안 된다(Hodge, 1959, p. 249). 바울과 누가가 동행한 사실은 이런 연속성의 가능성을 더 높여 주고 있다(Gundry, 1966, p. 300). 우리가 고려해야 할 또 다른 문제는 이 현상에 대한 교회의 유전(遺傳)이다. 유전이 처음 분명히 나타났던 3세기에서부터 최근에 이르기까지, 교회는 이 은사를 외국어를 하는 특별한 능력으로 이해하는 데 실제적으로는 만장일치였던 것이다(Edwards, 1885, p. 319; Godet, 1886, II, pp. 200-201). glōssa라는 말을 연속성 있게 사용한 것 외에도, 우리는 역시 유년기 교회의 역사적 배경의 후면에 있는 연속성을 중시해야 한다. 오순절(행 2, A. D. 30)과 바울이 고린도전서를 쓴 때(고전 12-14, A. D. 55) 사이에 하나님의 임재와 그의 활동을 나타내 보여주는 교회의 기본적인 도구로서의 방언의 성질의 변화는 교회의 발전에 불필요한 단절을 야기하는 것이다. 따라서 이것은 만족할 만한 설명이 될 수 없다(Hodge, 1959, p. 248).911)

---

908) *BAGD*, s.v. "ἀποφθέγγομαι", 125.
909) Liddell and Scott, s.v. "ἀποφθέγγομαι", 205.
910) 이재기, "방언의 성격에 대한 신약성서적 고찰," 성침논단 11(1) (2016): 261(245-291).
911) Robert L. Thomas, 성령의 은사들, 김지찬 역 (서울: 생명의말씀사, 1983), 65.

토마스에 의하면, 신약성경의 방언(글로싸)은 구약성경과 마찬가지로, '혀'(tongue) 혹은 '언어'(language)를 의미한다. 방언이 실제적으로 일어난 첫 사건은 사도행전의 오순절에 일어난 성령의 강림 사건이다(행 2:4, 8). 그런 까닭에, 사도행전 2:4, 8절의 방언은 분명히 외국어다. 누가는 성령께서 방언을 주셨다고 증거 한다. 이 말씀에서 '말하기를'(아포 프테게스타이)이라는 단어는 헬라어 부정사이다. 사도행전에만 나오는 이 단어는 사도행전 2:14에도 사용되었다(행 2:14). 사도 베드로는 성령의 말하게 하심을 따라 그리스도 중심의 설교를 소리 높여 말했다. 베드로의 말은 예언적인 선포이기 때문에 주목해야 한다는 뜻이었다.

한편, 사도행전의 방언을 비롯하여 성경의 방언을 알아들을 수 없는 언어라고 말하는 견해가 있다. 찰스 스미스(Charles R. Smith)는 "성경의 경우이든, 현대의 경우이든 방언이 그저 흉내만 내는 것이 아닌 진짜 방언이었다면 그것들은 그 모든 경우에 알아들을 수 없는 즉석의 말이었다. 그것들은 어떤 면에서 음성학적으로 언어와 유사하지만 구문론적으로 무의미하다."라고 말했다.912)

아브라함 카이퍼(Abraham Kuyper)는 오순절에 일어난 방언이 외국어가 아니며 전혀 알아들을 수 없는 하늘의 방언이었지만 사람들의 귀에는 알아들을 수 있는 언어(akolalia)로 통역이 되어 들린 것이라고 말했다.913) 이른바 청취의 이적(miracle of hearing), 청각작용의 기적이 일어났다는 것이다. 카이퍼는 방언이 하나의 상징으로 주어지기 때문에 방언이 반복된다고 보았다. 그러나 카이퍼는 오순절에 일어난 방언의 기적은 완벽했으나(perfect), 후에 일어난 것들은 불완전하다(incomplete)고 말한 것은 카이퍼의 논리를 무너지게 한다.914) 무엇보다도 카이퍼는 성

---

912) Charles R. Smith, *Tongues in Biblical Perspective* (Winoma Lake, IN: BMH Books, 1972), 130.
913) Abraham Kuyper, *The Work of the Holy Spirit* (New York and London: Funk & Wagnalls Company, 1900), 133; "The third sign following the outpouring of the Holy Spirit consisted in extraordinary sounds that proceeded from the lips of the apostles-sounds foreign to the Aramaic tongue, never before heard from their lips. Theses sounds affected the multitude in different ways: some called them babblings of inebriated men; others heard in them the great works of God proclaimed. To the latter, it seemed as the they heard them speaking in their own tongues.'

령론에서 문제가 있다. 카이퍼는 성령을 "저장 가능한 것"으로 보았으며, "성령을 마치 '물'처럼 모아 두었다가 '수도관'을 통해 공급할 수 있는 것처럼 보았다."915)

김재성 교수는 다음과 같이 말했다.

> 성령께서 '말하게 하다'는 선지자가 예언을 말하게 될 때에 진리를 강하게 부어주는 것을 뜻하는 동사로 사용되었다. 이 단어의 배경을 담고 있는 히브리어는 예언이라는 말이다. 히브리어를 헬라어로 번역한 구약성경에서 이 단어는 모두 여섯 번 사용되었다. 역대상 25:1에 보면, 성전에서 노래하는 자들이 찬양을 부를 때에, 찬송을 만들 때의 모습이 바로 이 단어로 표현되었다. 시편 59:7에는 믿지 않는 자들의 입에서 나오는 나쁜 말들, 하나님을 모독하는 말을 한다는 뜻이다. 에스겔 13:9, 19, 미가 5:12, 스가랴 10:2에서도 거짓된 증거를 말하는 선지자들이 헛된 예언을 한다고 할 때에 이 헬라어가 쓰였다. '말하다'는 동사이지만 이 단어의 명사형 '선포', '선언'이라는 명사 형태로는 '아포프테그마'(apophthegma)인데, 구약성경에서 두 차례 사용되었다. 사람이 이해할 수 있는 선포를 의미했다. 신명기 32:2에서는 '레마'(선포된 말씀)에 해당하는데, 교리를 위하여 히브리어 단어를 나타낸다. 에스겔 13:19에서는 거짓 선지자들의 거짓된 선언과 설교를 의미했다.916)

사도 베드로가 "소리를 높여 … 내 말에 귀를 기울이라"고 말했을 때, 구약성경을 헬라어로 번역한 70인경을 사용했으며, 그런 까닭에 사도행전 2:14도 예언적 선포를 의미하는 단어로 사용되었다. 사도 베드로의 개인적 사견이 아니라 성령의 강림과 임재하심 속에서 말한 것이므로 신적 권위를 가진 예언이었다. 또한, 베드로를 포함한 열한 사도와 제자들이 지켜보는 가운데서 말했기 때문에 사도적 권위가 있다.

사도 바울도 같은 단어를 사용한 적이 있다.

---

914) Ibid. 134-135; "that on the day of Pentecost the miracle appeared perfect, but later on inomplete. … The mightiest operation of the Holy Spirit is seen first, then those less powerful. … Hence on Pentecost there was the miracle of tongues in its perfection; later on in the churches, in weaker measure."
915) 변종길, **우리 안에 계신 성령** (서울: 생명의말씀사, 2003), 320-321; "그가 성령의 오심을 설명할 때 시종일관 '물'처럼, 저수지에 고여 있다가 수도관을 타고 이 집에서 저 집으로 흘러가는 것처럼 설명하고 있으니 문제다. 이렇게 되면 고넬료 가정에 성령이 임한 것은 예루살렘에 임한 성령이 저수지에 고여 있다가 '흘러나와서' 고넬료 가정으로 들어간 것으로 설명된다. 그렇다면 고넬료 가정이 성령 받은 것은 예루살렘 교회를 통해서 '간접적으로' 전달받은 것인가 하는 의문이 제기될 수 있다. 그래서 차영배 교수는 성령을 '간접적으로' 다른 사람을 통해 받는다는 것을 옳지 않다고 비판했는데, 이 비판을 타당하다고 생각된다."
916) 김재성, **개혁주의 성령론** (서울: CLC, 2014), 283;

바울이 가로되 베스도 각하여 내가 미친 것이 아니요 참되고 정신 차린 말을 하나이다(행 26:25)

사도 바울은 베스도 총독 앞에서 복음을 증거 했다. 그러나 베스도 총독은 바울이 미쳤다고 말했다. 사도 바울이 예언적 선포를 했음에도 불구하고 베스도는 영접하지 아니하고 거절했다.

사도행전 2:4의 방언이 외국어라는 증거는 듣는 자들의 반응에서 구체적으로 확인되었다.

> 8 우리가 우리 각 사람의 난 곳 방언으로 듣게 되는 것이 어찜이뇨 9 우리는 바대인과 메대인과 엘람인과 또 메소보다미아, 유대와 가바도기아, 본도와 아시아, 10 브루기아와 밤빌리아, 애굽과 및 구레네에 가까운 리비야 여러 지방에 사는 사람들과 로마로부터 온 나그네 곧 유대인과 유대교에 들어온 사람들과 11 그레데인과 아라비아인들이라 우리가 다 우리의 각 방언으로 하나님의 큰 일을 말함을 듣는도다 하고 12 다 놀라며 의혹하여 서로 가로되 이 어찐 일이냐 하며(행 2:8-12)

누가는 방언으로 말하는 것을 듣는 자들이 자신들의 언어로 들었다고 기록했다(행 2:6, 8, 11; ἀκούομεν λαλούντων αὐτῶν ταῖς ἡμετέραις γλώσσαις τὰ μεγαλεῖα τοῦ θεοῦ). 사도행전 2:8-11이 말하는 지역이란 그 당시 개념으로 보면 거의 전 세계에서 온 사람들이라는 것을 의미한다. 특히, 4절의 '아포프테게스타이'는 전달자의 능력을 설명하는 단어다.[917] 방언으로 말하게 되었을 때 그 내용이 예언적인 것이었으며, 여러 나라말로 충분히 잘 알아듣게 되었다는 뜻을 의미한다. 누가는 사도행전 2장의 방언이 성령의 능력으로 제자들이 외국어로 복음을 선포했다는 것을 증거 했다.

한편으로는 방언으로 말하는 그 현장에 또 다른 반응이 있었다. 그들은 방언하는 자들을 술에 취했다고 조롱했다(행 2:13). 사람들은 다른 언어로 말하는 사람들을 술에 취한 사람이라고 조롱했다. 사도 베드로는 이런 반응에 대해 "때가 제삼 시니 너희 생각과 같이 이 사람들이 취한 것이 아니라"(행 2:15)고 강력하게 말했다.

로버트 토마스는 다음과 같이 말했다.

---

917) καὶ ἐπλήσθησαν πάντες πνεύματος ἁγίου, καὶ ἤρξαντο λαλεῖν ἐτέραις γλώσσαις καθὼς τὸ πνεῦμα ἐδίδου ἀποφθέγγεσθαι αὐτοῖς.

방언의 은사로 인해 나타나는 특별한 능력은 외국어에 대한 비상한 능력을 의미했다. 방언의 은사란 한 사람이 자연스런 방법으로 배운 적이 없는 외국의 말들을 할 수 있는 즉각적인 능력을 뜻하는 것이다. 물론 이것은 심리적으로나 자연적으로 불가능한 것이며, 이런 식으로 말을 하는 능력은 단지 초자연적인 능력의 관점에서만 설명이 가능한 것이다. 이것이 사도행전 2장에 예시되고 있는 바 방언의 은사의 성질이다. 사도행전 2장에서 4절과 11절의 "방언"은 6절과 8절의 "언어"와 같은 동일한 현상이다. 기독교 교회가 탄생하던 날의 분위기는 경이적이었다. 왜냐하면 여기에 초대 교인들이 로마 제국의 여러 지방을 대표하는 방언으로 말하고 있었는데 이들은 도저히 자연스런 방법으로는 그 말들을 배울 수 없었기 때문이었다. "그들은 놀라고 있었다"(행 2:12). 베드로가 그의 유명한 오순절 설교를 행할 수 있는 대중을 모을 수 있었던 것은 바로 이 놀라움 때문이었다(행 2:14-36). 그 놀라운 방언이 많은 군중들을 모이게 했고 그 후에 베드로가 그들의 공용어였던 헬라어로 복음을 전하는 것을 들을 수 있도록 했다.918)

토마스에 의하면, 오순절 날에 일어난 방언은 자연스런 방법으로 배울 수 없는 언어였으며, 사람들은 그 놀라운 광경을 보고 놀랐다.

3) 사도행전의 방언 2: 사마리아

오순절 운동에서는 사마리아 사건을 통해 '선 중생-후 성령세례'의 교리를 주장한다. 사마리아에 성령이 임한 사건은 사도행전 8:14-17에 기록되어 있다. 오순절에 예루살렘에 성령께서 임하신 사건과는 달리 가시

---

918) Robert L. Thomas, **성령의 은사들**, 김지찬 역 (서울: 생명의말씀사, 1983), 53-54; 〈방언을 다른 은사들과 구별하게 하는 현저한 특징은 그 은사가 행해질 때 지성이 그 배후에서 담당하는 역할의 정도가 남다른 데 있기 때문이다. 지성이 담당하는 역할은 아주 적기 때문에 방언은 그리스도인들 가운데서 덕을 세우는 적합한 도구가 되지는 못했다. 이런 단점이 많은 이들의 짐이 되고 있는데, 바울은 14장에서 이 주제에 대해서 말하고 있다. 다른 그리스도인들을 위한 사역에 있어서는 지성과 지력이 능동적인 역할을 담당해야만 한다는 바울의 사적인 판정이 14:19에 잘 표현되어 있다. "그러나 교회에서 네가 남을 가르치기 위하여 깨달은 마음으로 다섯 마디 말을 하는 것이 일만 마디 방언으로 말하는 것보다 나으니라." 물론 방언도 다른 은사와 마찬가지로 성령께로 나온 것임은 의심의 여지가 없다. 그러나 방언이 한 번 주어지면 잘못 사용될 소지가 많다. 고린도 교인들 가운데에 있었던 그러한 방언의 그릇된 사용은 고린도전서 12-14장과 같은 성경의 필요성을 설명할 필요가 있을 만큼 그 정도가 지나치고 있다. 사도행전 2장의 방언의 용도에 비추어 볼 때, 이 은사 역시 하나님께서 확증의 목적으로 사용하기를 기뻐하시는 것들의 영역 안에 놓여 있음이 즉각적으로 명백해진다. 사실상 바울은 그가 후에 방언의 목적이 표적이라는 사실을 언급한 것(고전 14:22)을 볼 때에 방언의 은사를 화증적인 은사로 특별히 범주화 하고 있는 것이다. "표적"이란 말은 주의를 집중시킨 후에 그 말을 써서 나타내려는 영적인 교훈을 한 번쯤 생각해 보도록 하기 위해 쓰여진 말이었다. 다른 말로 하면 방언은 윤리적인 목적을 가진 이적-소위, 하나님의 길을 가리키는 손가락 표(fingerpoat of God)-이다. 사도행전에 언급된 세 경우에 있어서(행 2, 10, 19장) 방언이 그러한 변증적인 면에서 성공적이었음은 두말할 나위가 없다.〉

적인 표적 현상이 없었다. 베드로와 요한이 사도들을 대신하여 사마리아에 와서 성령을 받도록 기도하고 안수했을 때 성령께서 임하셨다. 그러나 방언을 받았다는 기록이 없다. 사도들은 방언을 구해야 한다거나 방언 받아야만 성령세례 받은 증거라고 말하지 않았다.

개핀 교수는 다음과 같이 말했다.

> 사도행전 8장, 10(11)장과 19장에 기록된 사건들은 그 사건들 속에 포함되어 있는 주목할 만한 현상들과 함께(그러나 8장에는 방언에 대한 언급이 전혀 없다는 점을 유의하라.) 무한히 계속될 일련의 사건들 가운데 하나로서, 오순절 성령강림 사건의 재현이 결코 아니다. 그러나 이 사건들은 최초로 교회의 기초를 놓는 복음 전파의 한 요소이고, 이 점에서 유일하고 반복될 수 없는(즉 비전형적이고 비표본적인) 사건들의 복합체를 구성하는 사도행전 2장에 나오는 사건(오순절 성령강림 사건)과 관련을 맺고 있다. … 내가 여기서 강조하고자 하는 것은 이 사건들 가운데 어느 것도 개개의 신자들의 개인적 경험에 초점이나 주안점을 두고 있지 않다는 것이다.[919]

개핀 교수는 사도행전 8장의 사건에서 중요한 것은 "*예루살렘*에 있는 사도들이 *사마리아*도 하나님의 말씀을 받았다"(14절)는 사실에 입각할 때 중요성을 가진다고 말했다. 9장의 고넬료 사건도 같은 관점이다. 예루살렘의 사도들은 이방인들도 하나님을 받았다는 그 사실에 무게를 두었다. 개핀 교수의 의도는 '성경이 무엇에 초점을 두고 있는가?'를 보려는 것이다.

성경은 사마리아 사람들이 '성령을 받기 전에 중생했는가? 안 했는가?' 혹은 '성령을 받은 것이 첫 번째 체험인가? 두 번째 체험인가?'에 초점을 두지 않고 있다. 성경은 '복음이 어떻게 확장되어 가고 있는가?'를 말한다.

박형용 교수는 오순절 운동의 주장에 대한 문제에 대해 네 가지로 말했다.

> 첫째, 본문은 오순절파가 일반적으로 주장하는 것처럼 사마리아 사람들이 성령 받은 증거로 방언을 말했다고 기록하지 않는다. … 둘째, 시몬은 빌립을 통해 나타난 이적을 보았고 또 사마리아 성에 큰 기쁨이 충만함을 보았다(행 8:7-8). … 분명한 것은 사마리아에 나타난 성령

---

919) Richard B. Gaffin Jr., **성령강림**, 김귀탁 역 (서울: 부흥과개혁사, 2013), 36.

의 사역은 외적으로 볼 수 있는 강한 성령의 역사였다. 셋째, 본문은 사마리아 사람들이 "성령 받기"를 위해 사도들이 기도했다고 기록하지(행 8:15), 방언 받기를 위해 기도했다고 기록하지 않는다. 넷째, 베드로는 본문에서 성령을 "하나님의 선물"로 묘사한다. 베드로는 행 2:38에서도 성령을 선물로 묘사한다. … 우리는 성령을 선물로 받은 예루살렘 교회의 특징으로 방언 말하는 것이 포함되어 있지 않음에 주목해야 한다.[920]

사마리아인들은 이미 사도가 와서 기도하고 성령을 받기 전에 중생한 사람들이었다.[921] 그들은 빌립의 복음을 듣고 이미 예수 그리스도를 믿고 중생했다. 사마리아 사람들도 오순절의 제자들과 같이 과도기적인 시대를 살아가던 사람들이었다. 개핀 교수는 8:14-15의 경험은 "사도행전 2장의 경험과 같이 회심 이후의 경험으로 결론짓는 것이 가장 좋다."고 말했다.[922]

신성종 교수는 다음과 같이 말했다.

> 여기서 세 가지를 주목해야 한다. 첫째는 12절에 "믿고"(성령세례)라고 했는데 16절에 "성령이 내리신 일이 없고"란 모순되게 보이는 구절이다. 이에 대해 칼빈은 그것은 성령의 사역이 없었다는 뜻이 아니라 외적으로 나타나는 초자연적 성령의 역사가 없었다는 뜻이라고 해석했다(Calvin, p. 260). W.D. 데이비스는 "여기서 성령이란 방언과 예언을 동반하는 성령의 오순절적 표명"(Peake's Comm., p. 897)이라고 했다. 둘째로, 17절에 "성령을 받은지라"(ἐλάμβανον)가 미완료 과거 즉, 반복을 뜻하므로 그것은 일회적 성격을 가진 성령세례가 아니라 성령충만임을 알 수 있다.[923]

신성종 교수에 의하면, 사마리아는 이미 성령의 사역이 있었기 때문에 그리스도를 믿었고, 이제 초자연적 성령 충만의 역사를 경험했다.

변종길 교수는 다음과 같이 말했다.

> '객관적으로는' 오순절 날에 성령이 강림하심으로 신약 시대가 도래했지만, '개인적으로는' 아직 그들에게 성령이 임하지 않았던 것이다. 그래서 그들은, 비록 빌립의 전도를 받아 예수님을 믿고 세례받기는 했지만, 아직 오순절 날에 탄생한 신약교회에 들어오지 못하고 있었다.[924]

920) 박형용, "성령세례에 대한 오순절파의 견해와 비판(2)," **신학정론** 14(2) (1996): 114-115(458-486).
921) F. F. Bruce, *A Commentary on the Book of Acts* (Grand Rapids: Eerdmans, 1954), 38.
922) Richard B. Gaffin Jr., **성령강림**, 김귀탁 역 (서울: 부흥과개혁사, 2013), 40.
923) 신성종, "신약에 나타난 성령론: 특별히 방언 문제를 중심으로," **신학지남** 48(2) (1981): 32-33(22-38).
924) 변종길, **우리 안에 계신 성령** (서울: 생명의말씀사, 2003), 226-227; "여기서 우리는, 구약시대에서 신약

변종길 교수에 의하면, 사마리아 사건은 과도기적 현상이며 오순절 성령의 강림으로 신약교회가 확장되어 가는 것을 보여주는 사건이다. 교회의 확장은 옛 언약 시대에서 새 언약 시대로 전이되는 점진적 사건이다. 사마리아에 성령께서 임하심으로 유대인들이 사마리아인들에게 가지는 민족적 편견이 무너졌다. 유대인들은 사마리아인들과 상종조차 안 하던 사람들이었다(요 4:9). 이제 성령께서 사마리아인들에게 오심으로 예수 그리스도의 복음이 지역과 민족의 벽을 넘고 있다는 것을 유대인들과 사마리아인들에게 실제로 교육되고 확인되었다. 그로 인해 사마리아도 주의 교회에 가입되는 역사적 사건이었다.

4) 사도행전의 방언 3: 백부장 고넬료의 집

우리는 고넬료 가정의 사건을 살펴보기 전에 바울의 회개(행 9:1-18)를 살펴보아야 한다. 오순절 운동에서는, '선 중생-후 성령세례' 주장에 따라, 바울이 다메섹 도상에서 중생하고 회개했으며 삼 일 후에 성령을 받고 방언을 말했다고 주장한다.

하나님의 성회 총감독인 토마스 짐머만(Thomas Zimmerman)은 "신자들이 회개할 때 성령의 충만이나 세례를 받지 않는다는 것을 가리키는 많은 성경 구절이 있다(요 14:17; 행 2, 8, 19장; 엡 1:3)"고 말했다. 그러나 그 명제를 원천적으로 반증하는 고넬료 가정의 사건을 전혀 언급하지 않았다.925) 그로마키는 고넬료 가정의 방언은 외국어라고 말했다.926)

시대로 넘어갈 때 단번에 넘어가는 것이 아니라 점진적으로 전이되어 가는 것을 볼 수 있다. 지평선 저 너머의 길이 서서히 좁아져 보이는 것처럼 구약시대에서 신약 시대로 넘어가는 데 있어서도 서서히 수렴되어 간다."
925) Thomas F. Zimmerman, "The Pentecostal Position," 3-7; Robert G. Gromacki, **현대방언 연구**, 김효성 역 (서울: 기독교문서선교회, 1983), 119-120에서 재인용.
926) Robert G. Gromacki, **현대방언 연구**, 김효성 역 (서울: 기독교문서선교회, 1983), 83; 〈첫째로, 누가는 앞의 진술에서(2:4, 11) 사용했던 바로 그 단어(랄룬톤 글로싸이스)를 여기에서 그 현상을 설명하기 위해 사용했다. 독자에게 주어지는 자연스러운 인상은, 동일한 현상이 발생했다는 것이다. 그들은 외국어들이나 이방적 사투리들을 했다. 둘째로, 만일 듣는 자들이 고넬료와 그의 가족들의 말을 이해할 수 없었다면, 그들이 하나님을 높이고 있는 것을 어떻게 알 수 있겠는가? 이러한 논거는, 하나님을 높이는 것이 이 방언 내용의 일부 혹은 전부이었음을 자연히 나타낸다. 셋째로, 그 후 베드로는 예루살렘 교회에 보고하면서, 이방인들이 "같은 선물"(11:17)을 받았고, "성령이 저희에게 임하시기를 처음 우리에게 하신 것과 같이 하셨다"(11:15)고 말했다.

바울의 회개와 관련된 본문(행 9:1-18, 22:6-16, 26:12-18)을 살펴 보면, 바울이 그리스도를 믿고 회개한 것은 아나니아의 집에 당도했을 때이다. 아나니아는 회개 후의 성령세례를 말하지 않고 바울이 그리스도를 구주로 영접하는 일에 관해 지연하고 있음을 지적했다.[927] 이것은 오순절의 도식에서 어긋나는 사건이다. 고넬료의 경우는 중생과 성령세례가 동시에 일어났다. 고넬료는 이런 일이 있기 전에 구원받지 못했다.[928]

사도행전에서 명시적으로 기록된 두 번째 방언은 이방인 백부장 고넬료 가정의 사건이다(행 10:44-48). 혹자들은 '선(先) 중생-후(後) 성령세례'로 도식화하나 고넬료 가정의 특수성을 고려하지 않은 것이다. 또한, 오순절 운동에서 말하는 성령세례를 받는 조건이 본문에서는 발견할 수 없다. 고넬료 사건에는 성령 받기 위한 기도, 안수, 집회가 없다. 고넬료는 성령을 받고 방언을 한 후 물세례를 받았다.

성령께서 고넬료 가정에 임하신 사건은 성령께서 오순절에 최초로 강림하신 사건과 사마리아에 임하신 사건과 그 양태가 다르다. 예루살렘에서처럼 가시적인 이적이나 사마리아에서처럼 기도와 안수가 없었다.

44 베드로가 이 말 할 때에 성령이 말씀 듣는 모든 사람에게 내려 오시니 45 베드로와 함께 온 할례 받은 신자들이 이방인들에게도 성령 부어주심을 인하여 놀라니 46 이는 방언을 말하며 하나님 높임을 들음이라 47 이에 베드로가 가로되 이 사람들이 우리와 같이 성령을 받았으니 누가 능히 물로 세례 줌을 금하리요 하고 48 명하여 예수 그리스도의 이름으로 세례를 주라 하니라 저희가 베드로에게 수일 더 유하기를 청하니라(행 10:44-48)

이방인 고넬료는 로마 군대의 장교였다. 고넬료는 하나님을 경외하는 경건한 사람이었으며 구제와 기도로 살았다. 어느 날 고넬료는 환상 가운데 하나님의 천사가 찾아와서 욥바에 묵고 있는 베드로를 청하라고 말

이것은 확실히 오순절의 경험을 가리킨다. 경험상의 이러한 유사성은 단지 성령을 받았다는 사실에만 미치는 것이 아니라 외국어로 말했다는 방언의 성격에도 미친다.〉

927) 이제는 왜 주저하느뇨 일어나 주의 이름을 불러 세례를 받고 너의 죄를 씻으라 하더라(행 22:16)

928) 신성종, "신약에 나타난 성령론: 특별히 방언 문제를 중심으로," 신학지남 48(2) (1981): 33(22-38); 〈혹자는 10:2에 "하나님을 경외하는 자"라 하였으니 44절 이전에 중생하였을 것이라고 볼지 모르나 원문에 φοβο ύμενο ς라는 말은 문(門)의 개종자를 뜻하는 말이므로 그를 중생한 사람으로 볼 수는 없다.〉

했다(행 10:1-6). 고넬료는 두 사람을 피장 시몬의 집에 있는 베드로에게 보냈다. 그때 베드로는 속되고 깨끗하지 않은 것을 잡아먹으라는 환상을 세 번이나 보고, 환상이 무슨 뜻인지 생각하고 있었다. 성령께서는 "의심하지 말고 함께 가라"고 말씀하셨다. 베드로는 그들을 따라 고넬료의 집에 가서 복음을 전했다.

베드로는 예수 그리스도의 죽으심과 부활을 증거 하고 죄사함의 능력이 예수 그리스도께 있다고 말했다(행 10:7-43). 성령께서 임하시고 이 방인들이 방언을 말하고 하나님을 높였다. 베드로 자신도 이 일을 보고 매우 놀랐다. 누가는 오순절에 성령께서 강림하시고 그로 인하여 방언의 역사가 있었다고 기록했다. 사도행전 10:47에서 고넬료와 그 집안사람이 성령을 받았을 때, 베드로는 "이 사람들이 우리와 같이 성령을 받았으니"라고 말하면서 물로 세례를 주었다고 말했다. 누가는 사도행전 2장에서와 동일한 단어($\lambda\alpha\lambda\omega\acute{\nu}\tau\omega\nu\ \gamma\lambda\acute{\omega}\sigma\sigma\alpha\iota$)로 방언현상을 묘사했다. 그로 인해 독자들은 사도행전 2장의 방언 사건과 같은 현상임을 인식하게 했다.[929]

그러나, 김영재 교수는 고넬료 가정과 에베소인들의 방언은 사도들의 방언과 다르다고 말했다.[930] 과연 그러한가? 베드로는 이 사건으로 인해 유대인들로부터 큰 비난을 받았다. 베드로는 이 일을 예루살렘 회의에 보고하면서 다음과 같이 말했다.

> 15 내가 말을 시작할 때에 성령이 저희에게 임하시기를 처음 우리에게 하신 것과 같이 하는지라 16 내가 주의 말씀에 요한은 물로 세례를 주었으나 너희는 성령으로 세례 받으리라 하신 것이 생각났노라 17 그런즉 하나님이 우리가 주 예수 그리스도를 믿을 때에 주신 것과 같은 선물을 저희에게도 주셨으니 내가 누구관대 하나님을 능히 막겠느냐 하더라 18 저희가 이 말을 듣고 잠잠하

929) Robert G. Gromacki, *The Modern Tongues Movement* (Phillipsburg, NJ: Presbyterian and Reformed Publishing Co., 1972), 60.
930) 김영재, "오순절 단회적이냐 반복적이냐?" Accessed Aug.29.2019.
http://aldolnet.blogspot.com/2014/06/blog-post_17.html; "고넬료의 가정과 에베소인들이 한 방언을 사도들의 방언과 같이 알아들을 수 있는 같은 방언으로 생각하기도 하는데, 성경에는 그런 언급이 없다. 설령 알아들을 수 있는 말이었다고 하더라도 그것은 복음을 전한 사도들의 말과는 내용과 의미가 다른 것으로 이해해야 한다. 다시 말하면 이제 전도를 받아 성령의 임하심으로 말하게 된 사람들의 방언은 하나님께 감사하고 찬양함으로써 화답하는 방언이었지 결코 하나님의 메시지를 전하는 사도적인 방언일 수가 없는 것이다." (김영재, "오순절 성령강림과 성령세례에 대한 이해의 새지평", *목회와신학*, 하용조 편 (서울: 두란노서원, 1994. 3)

여 하나님께 영광을 돌려 가로되 그러면 하나님께서 이방인에게도 생명 얻는 회개를 주셨도다 하니라(행 11:15-18)

누가는 사도행전 10장에서 고넬료 가정에서 일어난 성령의 임하심과 방언 사건을 기록했고, 이어서 11장에서 사도 베드로가 고넬료 가정의 사건을 예루살렘 회의에 그대로 보고한 것을 기록했다. 베드로의 보고를 들은 사도들과 성도들은 하나님께서 이방인에게도 생명 얻는 회개를 주셨다고 하나님께 영광을 돌렸다. 베드로의 보고를 수납했다는 사실로 보아, 사도행전 10장의 방언은 사도행전 2장의 방언과 동일하다는 것을 알 수 있다.

고넬료 가정의 사건을 10장과 11장에 걸쳐서 말했다는 것은 그만큼 이 사건의 의미가 매우 중차대하다는 것을 의미한다. 그 의미란 무엇인가? 이제 그리스도의 복음이 이방인들에게 펴져 나가는 교두보가 마련되었다는 뜻이다. 이로써 성령께서 이방인들에게도 임하셨다는 것을 "확증하며(confirming) 시위하는(deomonstrating)" 역할을 했다.[931] 유대인들이 이방인들에게 가진 편견이 고넬료 가정의 사건으로 인해 깨어지고 복음이 이방 세계로 나가는 정당성이 확보되었다. 이로써 예수님께서 사도들에게 주신 사명이 성령의 역사로 세상 모든 민족에게로 펴져나가게 되었다(마 28:18-20; 행 1:8).

그로마키(Gromacki)는 다음과 같이 말했다.

첫째로, 고넬료는 구원을 위해 그리스도를 믿자마자 성령을 받았다. 고넬료는 이 경험 이전에는 구원받지 못했다. 이 경험은 현대 방언 운동의 기본적인 명제, 구원받은 후에 성령으로 침례를 받는다는 것과 반대된다. 둘째로, 고넬료가 성령을 받았을 그 때에 고넬료는 말씀을 듣고 있었고 베드로는 말씀을 선포하고 있었다. 베드로는 그들이 성령 받기 위해 기도하거나 그들에게 안수하지 않았다. 고넬료 자신이 이 경험을 얻기 위해 기도했다는 암시도 없다. 셋째로, 그들이 성령을 받은 증거는 방언이었고, 이 현상은 유대인 그리스도인들을 깜짝 놀라게 했다. 왜냐하면 그들은 하나님께서 이방인들도 구원받기를 원하신다는 것을 알지 못했기 때문이다. 베드로는 예루살렘 교회에게 말하기를 성령께서 처음 우리에게 하신 것과 같이 (11:15) 그들에게 내려오셨다고 했다. 이것은 확실히 오순절 경험에 대한 언급이다.[932]

931) 변종길, 우리 안에 계신 성령 (서울: 생명의말씀사, 2003), 230.
932) Robert G. Gromacki, 현대 방언 운동 연구 (서울: 기독교문서선교회, 1983), 120.

그로마키에 의하면, 우리는 고넬료의 회심과 성령세례는 동시 발생했다고 이해해야 한다. 고넬료 가정의 방언현상은 이방인들을 영원한 언약 백성 안으로 포함시켰다는 것을 "표증"으로 보여주는 사건이다.933)

5) 사도행전의 방언 4: 에베소 교회의 제자들

사도행전에서 세 번째 방언 사건은 에베소 교회의 제자들에게 일어난 것이다(행 19:1-7). 누가는 사도 바울의 3차 선교사역 가운데 에베소에서 일어난 사건을 기록했다. 에베소의 제자들은 예수님을 믿었으나 성령께서 있음도 듣지 못했다. 사도가 "너희가 믿을 때에 성령을 받았느냐?"라고 질문했을 때, 에베소의 제자들은 요한의 세례만 알 뿐이고, "우리는 성령이 있음도 듣지 못하였노라"고 말했다.

에베소의 사건이 중요한 이유는 바울의 사도권이 공개적으로 입증되었기 때문이다. 바울은 예수님께서 지상에 계셨을 때 사도로 부르심을 받은 것이 아니라 예수님의 부활 승천 이후 이방인 전도를 위하여 사도로 세우심을 받았다(행 9:15-16, 22:21; 롬 1:1; 고전 1:1; 갈 2:7-9).

사도 바울은 요한의 세례로부터 시작해서 예수 그리스도에 대해 증거하고 안수했을 때 성령께서 임하셨고 방언과 예언을 했다. 에베소의 제자들이 믿는 사람이었는가? 안 믿는 사람이었는가에 대해서는 여전히 논쟁거리다.934) 박형용 교수는 다음과 같이 말했다.

---

933) 박형용, "성령세례에 대한 오순절파의 견해와 비판(2)," **신학정론** 14(2) (1996): 120(458-486); "고넬료 가정에서의 방언 현상은 방언을 말하는 사람이나, 방언 말함을 듣는 사람이나, 이 사실을 앞으로 듣게 될 사람들에게 하나님께서 성령의 선물을 이방인들에게 주셨다는 표증 역할을 한다. 이 사건은 유대인을 처음으로 접촉하는 중요한 사건이다. 그러므로 이방인들에게 의심의 여지를 남기지 않을 특별한 현상이 필요한 것이다."

934) 그리스도인이라고 주장하는 학자들은 다음과 같다. F. F. Bruce, **사도행전 (하)** (헨드릭슨패턴주석), 이용복·장동민 역 (서울: 아가페출판사, 1988), 166; 누가에게 있어서 '마데테스'는 그리스도인들을 가리키는 용어이므로 그리스도인이 확실하다고 말한다; Joseph A. Fitzmyer, **사도행전 주해**, 1073; 제자라는 단어가 사도행전에서 다른 의미로 사용된 적이 없으므로 그리스도인 제자들을 가리킨다고 말한다; Thomas Whitelaw, **사도행전 (하)** (베이커성경주석), 홍정수 역 (서울: 기독교문사, 1985), 251은 이들을 '기독교 신앙을 지닌 사람들'이라고 표현한다. Ernst Haenchen, **사도행전 II** (국제성서주석), 이선희·박경미 역 (서울: 한국신학연구소, 1987), 227; 누가에게 있어서 '마데테스'는 전적으로 '그리스도인'을 의미한다고 말한다.

그리스도인이 아니라고 주장하는 학자들은 다음과 같다. Grant Osborne, David Rveerman, Bruce B. Barton, Linda K. Taylor, J. Richard Love, Len Woods, **사도행전 LAB주석시리즈** (서울: 한국성서유니온선교회, 2003), 488; "이들은 불완전했고, 믿음을 가지려고 애쓰고 있었다는 점에서만 신자라고 말할 수 있었다";

오순절파는 선 중생-후 성령세례의 도식을 만들기 위해 본문의 "제자들"을 예수 믿은 성도로 생각한다. 즉, 이미 예수 믿은 사람들이 후에 바울의 안수로 성령세례를 받았다고 주장하기 위해서이다. 그러나 본문의 제자들이 몇 가지 이유로 중생하지 못한 사람들임을 알 수 있다. 첫째, 본문은 그들을 "어떤 제자들"이라고 부른다. 둘째, 그들은 성령도 받지 않았다. 셋째, 그들은 세례 요한의 세례만 받았다. 넷째, 바울은 그들에게 믿음의 대상으로 예수님을 전했다. 다섯째, 그들은 주 예수의 이름으로 다시 세례를 받았다.[935]

박형용 교수에 의하면, 에베소의 제자들은 중생하지 못한 제자들이었으며 성령의 세례를 받았다. 변종길 교수는 다음과 같이 말했다.

우리는 제자들의 말을 어떻게 이해해야 할까? 그것은 오순절 날에 강림하셨던 성령, 곧 세례 요한이 예언하고 예수님이 약속하셨던 성령이 오신 줄노 듣지도 못했다는 뜻으로 이해해야 할 것이다. 그들은 요한의 세례를 받고 나서 팔레스틴을 떠나 먼 곳으로 이주하였든지, 오순절 전에 팔레스틴을 떠나 요한의 제자들에 의해 가르침과 세례를 받았든지, 또는 다른 알려지지 않은 이유로 인해 오순절 성령강림에 대해 오랫동안 듣지 못하고 지내왔을 것이다. 이런 맥락에서 화란의 주석가 흐로쉐이드는, 그들이 "성령이 오셨다"는 것을 듣지 못했다고 풀이한다. 그러나 더 정확한 의미는 "오순절에 오신 바와 같은 그런 성령이 있다는 사실도 듣지 못했다"(ἔστιν)는 것이다.[936]

변종길 교수에 의하면, 제자들의 말은 오순절에 오신 그런 성령이 있다는 사실조차도 듣지 못했다는 뜻이다. 에베소 교회 사건에서 또 한 가지 오류는 헬라어 시상의 문제다. 변종길 교수는 다음과 같이 말했다.

어떤 사람들은 '믿을 때에'라는 분사의 시상이 '아오리스트'임을 내세워 '믿음 후에'로 이해한다. 영국의 흠정역도 이렇게 번역한다. 그러나 이러한 주장은 헬라어 동사의 시상을 바로 이

Darrell. L. Bock, **누가신학**, 107; 바울이 이들에게 성령으로 세례를 베풂으로서, '기독교 신앙으로 옮기는 걸 도와준 사건'으로 말한다; Campbell Morgan, **사도행전 강해**, 421-22는 이들이 예수의 이름으로 세례를 받는 그 순간 그리스도인들이 되었다고 말한다; John Robert Walmsley Stott, **사도행전 강해**, 361-62; 이들은 자신들이 신자들이라고 주장했으나, 아직 예수를 믿지 않고 있었는데 바울의 사역을 통해 믿게 되었을 것이라고 예측한다. William H. Willimon, **사도행전**, 219; 누가는 성령 없이 제자가 되는 것을 이해하지 못했을 것이라며 이들은 그리스도인이 아니었을 것이라고 말한다. Ajith Fernando, **사도행전**, 591은 예수의 이름으로 세례를 받기 전까지 그들은 참된 신자가 아니었을 것이라고 추측한다; 박형용, **사도행전 주해**, 221-22; 세례 요한의 세례만 받았기 때문에 그들은 진정한 그리스도인이었다고 볼 수 없다고 말한다.
935) 박형용, "성령세례에 대한 오순절파의 견해와 비판(2)," **신학정론** 14(2) (1996): 122(458-486); cf. Kistemaker, op. cit. 678.
936) 변종길, **우리 안에 계신 성령** (서울: 생명의말씀사, 2003), 236.

해하지 못한 결과이다. 헬라어 동사에서 '아오리스트'는 '단순과거' 세제가 아니다. 따라서 헬라어 분사에서 아오리스트 사상은 영문법에서처럼 하나 앞선 시제를 나타내는 것이 아니다. 헬라어에서 아오리스트의 용법은 많지만 대개 그 동작이 '단회적'이거나 '진입적'임을 나타낼 때, 또는 지속적이냐 완료냐를 따지지 않고 단순히 그 동작을 '전체적으로'(globally) 표현할 때 사용된다. 특히 '믿다'라는 동사와 관련하여 아오리스트가 사용되면 그것은 믿지 않는 자가 처음으로 믿게 되는 동작, 곧 '회심'이나 '영접'이라는 의미가 된다. 따라서 바울이 제자들에게 던진 질문은 "너희가 처음 믿을 때, 곧 회심할 때 성령을 받았느냐?"라는 뜻이며, 그들이 믿고 난 후에 중생과는 구별되는 2차적인 '성령세례'를 받았느냐는 뜻이 아니다. 따라서 이 구절에서 '선 중생-후 성령세례'의 도식을 주장하는 것은 바울의 의도와 상관이 없는 것이다.937)

변종길 교수에 의하면, "너희가 믿을 때에"는 믿고 난 후에 중생과 구별되는 2차적인 성령의 세례를 받았다는 뜻이 아니다. 에베소의 제자들은 자신들이 '회심할 때 성령을 받았느냐?'는 질문을 받았다. 이 질문은 성령의 존재에 대해 전혀 무지했다는 뜻이 아니다. 자신들의 스승인 세례 요한이 메시아께서 오시면 성령으로 세례를 주실 것을 언급했기 때문이다.

그로마키는 요한의 제자들이 성령의 지상 강림에 대해 무지했기 때문에 방언이 성령을 받았다는 확신을 주었다고 말했다.938) 스토트는 사도행전 10:46과 19:6의 방언에 대한 진술이 사도행전 2장과 동일한 단어를 사용하기 때문에 사도행전 2장의 방언 성격과 같으며 외국어라고 결론을 내렸다.939)

반면에, 김동찬 교수는 에베소의 방언을 다음과 같이 말했다.

하지만 이 구절은 방언이 외국어였다고 직접적으로 말하지 않는다. 하지만 전체 구조적인 면

---

937) Ibid., 233-234.
938) Robert G. Gromacki, **현대 방언 운동 연구** (서울: 기독교문서선교회, 1983), 18.
939) John Stott, *The Spirit, the Church, And the World: The Message of Acts*, (Intervarsity Press, 1990), 67; 이재기, "방언의 성격에 대한 신약성서적 고찰," **성침논단** 11(1) (2016): 265(245-291)에서 재인용; "바울의 가르침을 통해 그들이 이 사실을 이해하게 되자 그들은 자기들의 스승인 침례 요한이 그 오심에 대해 예언했던 예수님을 믿게 되었다. 그런 다음 그들은 그리스도 안으로 침례를 받았다. 바울은 그들에게 안수했고 (베드로와 요한이 사마리아에서 그랬던 것처럼 바울은 그들에게 일어난 일에 대한 자신의 사도적 허가를 해 준 것이다.) 성령이 그들에게 임하셨으며 그들은 방언과 예언을 했다. 다른 말로 하자면 그들은 미니 오순절을 경험한 것이다. 더 나은 표현을 하자면 오순절이 그들을 따라잡았다. 그보다 더 나은 표현을 하자면 그들은 오순절 안으로 붙들려갔다. 오순절의 약속된 축복이 그들의 것이 되면서 말이다."(pp. 304-5).

에서 볼 때, 오순절이나 고넬료의 가정에 일어났던 방언과 같은 모습으로 일어났던 것을 알 수 있다.940)

김동찬 교수의 이런 말은 명백하게 방언이었다고 기록되어 있지 않으면 방언이라고 말할 수 없다는 자신의 주장방식과 배치된다. "전체 구조적인 면에서" 에베소의 사건을 본다면, 요엘서 2:28-29도 "전체 구조적인 면에서" 보아야 한다. 김동찬 교수는 사실상 에베소의 방언이 외국어라고 스스로 말한 결과가 되었다. 그로마키는 누가가 방언 현상을 묘사하는데 "처음의 두 경우들에서와 똑같은 기본 단어들을 사용하기 때문에, 동일한 경험이 발생했고 이 방언은 또한 외국어들로 한 것이었다고 추론하는 것은 논리적이다"라고 말했다.941)

사도행전의 방언은 새 언약 시대를 시작하며 복음이 유대를 넘어 사마리아와 이방인들에게 전파되는 과정을 말해준다.942) 박형용 교수는 사도행전의 오순절 이후 성령강림 사건에 초자연적 현상이 발생한 이유는 "교회의 연합을 위해 반드시 필요한 현상이었다"고 말했다.943) 사도행전의 사건마다 소위 성령 받는 유형이나 방언 받는 유형이 일치하지 않는다. 로린(Laurin)은 "우리는 '사도들의 경험을 가르치는' 비참한 영적 오류를 범해서는 안 되고 오직 '사도들의 가르침을 경험해야' 한다."944)

---

940) 김동찬, **방언 바로 알기** (서울: 베다니출판사, 2015), 143.
941) Robert G. Gromacki, **현대방언 연구**, 김효성 역 (서울: 기독교문서선교회, 1983), 83-84.
942) 신성종, "신약에 나타난 성령론: 특별히 방언 문제를 중심으로," **신학지남** 48(2) (1981): 34(22-38); "그러면 왜 방언의 은사가 나타났을까? 그것은 2장의 예루살렘에서는 구속사적 면에서의 그 사건의 독특성 즉, 창세기 11장에서 혼합해진 언어가 하나가 되었다는 것을 증명하기 위해서였으며 복음을 온 세상에 전파하기 위해서였다. 10장의 고넬료의 경우는 유대의 기독교인들에게 이방인들도 구원받을 수 있으며 하나님 앞에서는 유대인들과 동등하다는 것을 증명하는데 의미가 있다. 19장의 에베소에서의 방언은 복음 전달자인 바울의 그의 메시지의 진실성을 증명하는 데 필요했다. 그러나 오늘날에는 살아있는 구약교인들이 없으므로 그와 같은 체험은 반복될 수도 없다."
943) 박형용, "성령세례에 대한 오순절파의 견해와 비판(2)," **신학정론** 14(2) (1996): 110(458-486); "유대인과 사마리아인(행 8장), 유대인과 이방인(행 19장)이 한 주님을 섬기면서 한 교회를 이루기 위해서는 예루살렘에서 나타났던 성령의 사역(행 2:1-4)이 사마리아에서도 그리고 에베소에서도 똑같이 나타나야 한다. 그러므로 하나님은 사마리아에서도 그리고 에베소에서도 또 전형적인 이방인 고넬료에게서도 오순절 날 발생했던 성령의 외적인 역사를 발생하게 하신 것이다. 만약 사마리아나 에베소에서 성령의 외형적인 역사가 없었다면 교회 내에서의 유대인 기독교인의 교만과 이방인 기독교의 좌절이 서로 화합될 수 없었을 것이다. 그러나 하나님은 사마리아에서, 고넬료 가정에서, 그리고 에베소에서 오순절 날 발생했던 성령의 외적인 사역을 나타나게 하심으로 기독교 교회 내에서는 하나의 백성만 있음을 증거 하신 것이다."

6) 고린도 교회의 방언

우리는 앞서 방언은 '방언으로 말하는 것'이며 '방언 기도하는 것'이 아니라는 것을 살펴보았다. 고린도전서 12-14장의 방언의 기록은 고린도 교회의 은사 사용과 무질서를 바로잡기 위한 말씀이다. 고린도전서의 방언은 사도행전의 마지막 방언 사건인 에베소 사건 이후 2년 안에 쓰였다는 점을 생각해야 한다.945) 사도 바울은 당시 이방인들이 황홀경에서 말하는 방언과 다른 성령의 은사로서 방언을 올바르게 교훈했다.

팔머 로버트슨(Palmer Robertson)은 사도행전과 고린도전서가 방언을 "글로싸"로 사용하고 있기 때문에 외국어를 의미한다고 말했다.946) 찰스

---

944) Roy L. Laurin, *Acts: Life in Action* (Findlay, Ohio: Dunham Publishing Company, 1962), 157; Robert G. Gromacki, **현대방언 연구**, 김효성 역 (서울: 기독교문서선교회, 1983), 124에서 재인용.

945) Kenneth Gangle, **메인 아이디어로 푸는 사도행전**, 장미숙 역 (서울: 디모데, 1999), 405, 422; 이재기, "방언의 성격에 대한 신약 성서적 고찰," **성침논단** 11(1) (2016): (245-291)에서 재인용; "바울은 A.D. 50년 가을 이래 고린도에 있었으며 1년 반 동안 머물며 고린도 교회를 목회한 후 52년 봄에 그곳을 떠났다. 에베소에서의 방언 사건은 그가 고린도를 떠난 그다음 해인 53년 여름에 일어난 것으로 보인다."; Stott, *The Spirit, the Church, and the World*, 23-24; 〈누가는 바울이 선교여행을 다닐 때 함께 했던 그의 여행 동료였다. 사도행전을 읽어보면 바울의 여행을 묘사하면서 "우리"라는 표현이 나오는데 그것은 사도행전의 저자인 누가가 바울과 동행함을 나타낸다. 그는 바울이 고린도 교회를 개척했던 2차 선교여행 때 드로아에서 빌립보까지 함께 했으며 (16:10-17) 마지막 선교여행 때도 빌립보에서 예루살렘까지 동행했다(20:5~15; 21:1~18). 또한 예루살렘에서 로마로 항해할 때도 그는 바울의 동행자였다(27:1-28:16). 이 기간 동안 누가는 바울의 가르침과 행적을 직접 목격했을 뿐 아니라 바울의 사역에 대해 듣고 대화를 나눌 충분한 가졌을 것이다. 고린도 교회의 사정과 사역과 방언 문제를 포함한 여러 문제들도 대화의 주제가 되었다고 추정하는 것은 매우 자연스럽다(이재기, 277).〉

946) Palmer Robertson, **오늘날의 예언과 방언, 과연 성격적인가?**, 이심주 역 (서울: 부흥과 개혁사, 2009), 52-53; 이재기, "방언의 성격에 대한 신약 성서적 고찰," **성침논단** 11(1) (2016): 276(245-291)에서 재인용. 〈사람들이 에베소 교회에서 방언을 체험한 것이 바울이 고린도 교회를 방문하고 나서 일어났음은 주목할 만한 사실이다. 에베소 교회에 나타난 방언을 특징짓는 세부적인 설명은 없지만 에베소에서 일어난 현상을 묘사하기 위해 그전에 있었던 사건에서 사용한 것과 똑같은 언어를 사용한 사실은 에베소에서 나타난 '방언'의 성질이 사도행전 전체를 통해 누가가 언급한 '방언'과 부합하다는 사실을 강력하게 암시한다. … 고린도 교회에서 발생한 방언 현상이 지닌 본질은 무엇이었을까? … 사도행전과 고린도전서 모두 똑같은 용어를 사용한다. 사도행전 2장 4절은 "다른 언어"를 말하고 고린도전서 14:21은 비슷하게 "다른 방언"을 언급한다. 두 본문이 사용한 헬라어는 거의 똑같은 것으로서, 각각 '다른 언어'로 번역할 수 있다. 더욱이 고린도전서 14장은 분명하게 외국어를 언급하는 구약 본문을 인용하여 고린도에서 일어난 현상을 설명한다(고전 14:21; 참고, 사 28:11, 12; 신 28:49).〉

O. P. Robertson, *The Final Word: A Biblical Response to the Case for Tongues and Prophecy Today* (Edinburgh: Banner of Truth Trust), 33-37; 손석태, "성령의 은사," **개신논집** 11 (2011): 8(1-21)에서 재인용; 〈Robertson은 "방언"이라는 말로 헬라어 "그로싸"라는 어휘를 오순절 사건이나 고린도 교회의 현상을 기술하는 데 사용하기 때문에 오순절 때의 제자들이 했던 방언이나 고린도 교회 성도들이 했던 방언이나 같고, 특히

핫지는 "사람의 방언은 사람들이 말하는 언어들이다. 이것이 그 표현의 분명한 의미이므로 그것은 방언의 은사가 외국어들을 말하는 은사였다는 것을 입증하는 데 도움을 준다."고 말했다.947)

또한, 고린도전서의 '통역'(ἑρμηνεία)이라는 헬라어에서 의미 있는 통찰력을 받을 수 있다. ἑρμηνεία는 한 언어에서 무엇인가를 취해 다른 언어의 동등한 것으로 바꿔주는 것을 의미한다.948) 웹스터 사전 역시 통역이란 "쓰였거나 말해진 무언가를 한 언어에서 다른 언어로 옮기는 것을 함의한다"고 말한다.949) 제임스 던(James D. G. Dunn) 역시 ἑρμηνεία가 "동종 단어들의 정상적이고 특징적인 의미"라고 인정했다.950) D. A. 카슨(D. A. Carson)은 방언이 통역될 수 있다는 것을 통해 '방언의 본질은 언어적 규칙을 지니는 언어여야 한다'는 것을 인정했다.951) 이도

고린도 성도들의 방언은 통역이 가능했다는 점을 들어 고린도 성도들의 방언도 사람들 가운데 통용되는 일종의 언어였다는 점에서 본질적으로 같다고 주장한다. 바로 이 점에서 현대의 교인들이 하는 방언은 신약성경에서 말하는 방언과는 다르다고 주장한다.〉

947) Charles Hodge, **고린도전서주석**, 김영배·손종국 역 (서울: 아가페출판사, 1985), 372; "방언들을 말하는 사람들은 모든 다른 사람들의 소리를 누리기 위하여 애를 쓰느라고 크고 날카로운 소리를 냈다. 고린도 교인들의 경우가 그랬던 것 같다. 바울은 14:23에서 고린도 교회의 예배 모임들에서 모든 사람들이 다 방언으로 말하면 너무 혼란스러운 나머지 낯선 사람들이 보고 그들이 미쳤다고 생각할 것이라고 말하고 있다."

948) J. G. Davis, "Pentecost and Glossolalia," *Journal of Theological Studies 3* (October 1952): 22-30.

949) David B. Guralnik, ed., *Webster's New World Dictionary of the American Language, 2nd ed.,* (New York: Prentice Hall Press, 1986), 1511.

950) James D. G. Dunn, *Jesus and Spirit: A Study of the Religious and Charismatic Experience of Jesus and the First Christians as Reflected in the New Testament* (Philadelphia: The Westminster Press, 1975), 247; 이재기, "방언의 성격에 대한 신약 성서적 고찰," **성침논단** 11(1) (2016): 278(245-291)에서 재인용; "그러나 그는 통역이 그저 한 언어에서의 어떤 단어들을 다른 언어에서 같은 의미의 단어로 대체하는 문제가 아니고 상당한 정도의 해석을 포함하는 것이라고 주장한다. 따라서 그는 방언의 통역이 사실상 황홀경의 알아들을 수 없는 말을 설명하는 것이라고 결론짓는다(Dunn, *Jesus and Spirit*, 247.). 통역이 해석을 포함한다는 그의 관찰은 틀린 것이 아니라고 할 수 있다. 그러나 그럼에도 불구하고 여전히 통역과 해석은 다르다. 통역은 서로 다른 언어 사이에서 상당한 분량의 단어 대 단어의 일치를 포함한다. 그것은 그저 의미를 설명하는 것이 아니다. 그것은 사실 무아지경의 알아들을 수 없는 말을 설명하는 것은 통역이나 해석이라기보다는 창조라고 보는 것이 맞다. 의미를 만들어낸다는 말이다. 뿐만 아니라 던의 그러한 이해는 성서 헬라어에서 ἑρμηνεία라는 단어의 정상적인 사용법과도 맞지 않는다. 70인역과 신약성서에서 ἑρμηνεία와 그 동종의 단어가 사용된 경우가 21번인데 (고린도전서 12-14장의 7번을 빼고) 그 가운데 한번은 비유적인 표현으로 두 번은 설명을 의미하며 절대 다수인 18번이 통역을 뜻하고 있다(Davis, "Pentecost and Glossolalia", 229.)."

951) D. A. Carson, *Showing the Spirit: A Theological Exposition of 1 Corinthians, 12-14* (Grand Rapids: Baker, 1987), 85-86; 이재기, "방언의 성격에 대한 신약성서적 고찰," **성침논단** 11(1) (2016): 279-280(245-291)에서 재인용; 〈카슨의 "코드 언어"를 옥성호는 이렇게 설명한다. "'Praise the Lord, for his mercy endures forever.'(하나님을 찬양하라 그의 자비는 영원하시기 때문이다.) 위의 의미를 누군가 방언으로

보건대, 방언이 통역된다면 그 방언은 의미 있는 언어라고 보아야 함이 마땅하다.

반면에, 현대 방언은 학습된 사회적 행동이라고 보는 폴 데이비슨 (Paul Davidson)은 "바울에게 있어서, 글로솔라리아는 이해할 수 없는 말이지 듣는 사람이 이해할 수 있는 인간의 언어가 아니다."라고 말했다.[952] 또한, 사도행전의 방언은 외국어나 고린도전서의 방언은 무아경에서 알 수 없는 방언이라는 주장을 하기도 한다. 조지 래드(George E. Ladd)는 다음과 같이 말했다.

> 오순절 때 나타난 방언(glossolalia)의 현상은 그 후 교회들에서 나타난 것과는 달랐다. 우리는 그것을 고린도전서 12장과 14장에서 바울이 영적 은사에 대해 논의하는 것을 통해 알 수 있다. 고린도 교회와 일반적인 크리스천의 경험에서는 방언이 무아경에서 내뱉는 알 수 없는 형태의 말로 여겨진다. 그것은 말하는 자에게 엄청난 영적 고양의 감각을 가져다주지만 듣는 자에게는 알아들을 수 없는 말이다.[953]

래드는 방언을 무아경 상태에서 하는 말로 보았다. '하나님의 성회(the Assemblies of God)' 교단의 로스웰 플로워(J. Roswell Flower)는 래드의 견해에 동의하며, 방언이 "1) 명백한 언어를 말하는 것으로서 화자에

말한다고 가정해보겠습니다. 이 경우 그는 자신도 모르게 방언으로 말을 하는 과정에서 위의 문장에서 모든 모음을 제거합니다. 따라서 남은 자음들은 다음과 같습니다. PRS THLRD FR HS MRC NDRS FRVR 자음만 남은 상태에서 위의 자음을 재배열합니다. 첫 자음부터 시작해서 그 자음으로부터 세 번째에 위치한 자음들을 연속적으로 다시 모으는 것입니다. 그리고 그 순서가 끝나면 두 번째 자음부터 시작해서 또 세 번째에 해당하는 자음들을 다시 모읍니다. 이런 결과가 됩니다. PTRRMNSVRHDHRDFRSLFSC 여기에 '아'(a)의 소리를 붙입니다. 그러면 이렇게 됩니다. PATARA RAMA NASAVARAHA DAHARA DAFARASALA FASA CARARA 파타라 라마나 사바라하 다하라 다파라사파 파사 카라라. 그럴듯한 소리가 되지 않습니까? 카슨은 통역의 은사를 받은 사람은 이런 일정한 코드를 이해하고 위의 '파타라 라마 나 사바라하 다하라 다파라사파 파사 카라라'를 듣고 'Praise the Lord, for his mercy endures forever'라고 말해줄 수 있는 사람이라고 보았습니다. 물론 카슨은 위의 법칙이 실제로 존재한다고 주장하는 것이 아닙니다. 우리 인간이 도저히 이해할 수 없는 어떤 법칙이 분명히 있지 않을까 하는 생각에 이와 같은 하나의 코드를 스스로 만들어 본 것입니다."(옥성호, **방언, 정말 하늘의 언어인가?**, 208-9).〉

952) Paul Davidson, "Biblical Tongues and Modern Glossolalia: From Pentecost to Pentecostalism," Accessed Oct.25.2019. https://isthatinthebible.wordpress.com/2018/08/13/biblical-tongues-and-modern-glossolalia-from-pentecost-to-pentecostalism/

953) George E. Ladd, *Theology of the New Testament* (Grand Rapids: Wm. B. Eerdmans Publishing Co., 1974), 348; 이재기, "방언의 성격에 대한 신약성서적 고찰," **성침논단** 11(1) (2016): 251(245-291)에서 재인용.

게 알려지지 않은 현대적 언어이거나 2) 때론 알 수 없는 말(고전 14:2)
이었다."라고 주장했다.954) 닐스 엥겔슨(Nils Engelsen)과 해리스 빌은
고린도 교회의 방언은 황홀한 활동이라고 말했으나 구체적인 출처가 없
었다.955)

　　윌리엄스(Cyril G. Williams)는, 자신의 이전 글을 인용하면서,956) 사
도행전 2:4의 방언은 제노글로시아(xenoglossia)이며, 고린도전서의 방
언(고전 12:30, 14:5, 6, 18, 23, 27, 40)은 글로솔라리아(glossolalia)라
고 말했다.957) 막스 터너는 "바울의 견해에 있어 방언은 단순히 황홀경
속에서의 외침이나 전(前) 중지적 중얼거림이 아니라 **언어였다**."고 말했
다.958)

---

954) Irwin Winehouse, *The Assemblies of God: A Popular Survey* (New York: Vantage Press, 1959), 89;
이재기, "방언의 성격에 대한 신약 성서적 고찰," **성침논단** 11(1) (2016): 251-252(245-291)에서 재인용.
955) Edward A. Engelbrecht, "'To Speak in a Tongue': The Old Testament and Early Rabbinic
Background of a Pauline Expression," *Concordia Journal* 22(3) (1996): 295(295-302); 〈Nils Engelsen, in
his 1970 doctoral dissertation, "Glossolalia and Other Forms of Inspired Speech according to 1 Corinthians
12-14," pulled together the research current in his day on the topic of "tongues." He supported the general
conclusion that the expression "to speak in a tongue" was being used by Paul in a technical way to
describe ecstatic activity in the Corinthian congregation. This is also the conclusion of Roy Harrisville in
his article interacting with Engelsen's dissertation, "Speaking in Tongues: A Lexicographical Study." Both of
these studies point away from Paul as the first to use $\gamma\lambda\dot{\omega}\sigma\sigma\alpha\ \lambda\alpha\lambda\varepsilon\dot{\iota}\nu$ in this technical way. It is argued
that the expression instead has its derivation in pre-Christian Judaism. The difficulty with this thesis is that
there are no specific sources which use the expression to describe unintelligible, ecstatic speech prior to
Paul, making the conclusions of Engelsen and Harrisville rather tenuous.〉
956) Williams, C. G. 1974. 'Ecstaticism in Hebrew prophecy and Christian glossolalia'. *Sciences
Religieuses/Studies in Religion* 3(4): 320-338; "It is admitted on all hands that what St. luke describes in
Acts 2 is a divinely bestowed power of speaking in foreign languasges; whereas the glossolalia of 1
Corinthians 12-14 seems to have been rapt ecstatic utterance, unintelligible and needing interpretation-but
not necessarily involving the use of foreign languages."
957) Cyril G. Williams, 'Glossolalia as a religious phenomenon: 'Tongues' at Corinth and Pentecost.'
Feb.22.2011. https://doi.org/10.1016/0048-721X(75)90027-5;
958) Max Turner, **성령과 은사**, 김재영, 전남식 역 (서울: 새물결플러스, 2018), 381-382; 〈바울의 견해에 있
어 방언(glōssai)은 단순히 황홀경 속에서의 외침이나 전(前) 인지적 중얼거림이 아니라 언어였다. 이것이 글로
사(glōssai, 방언)의 일반적 의미이다. 벰(Behm)이나 바우어-아른트-깅그리히(Bauer-Arndt-Gingrich)가 제시
한 평행구들 중에서-그 평행구들 속에서 글로사가 나타내고 있는 말이 수수께끼 같고 "불분명"하기 때문에 그
렇게 생각할 여지가 없는 것은 아니지만-글로사가 황홀경 속에서의 비인지적 발설을 의미한다는 것을 보여주는
평행구는 하나도 없다. 티슬턴(Thiselton)에 따르면, 필론에게 있어 합성어인 헤르메뉴에인(hermēneuein)은 "통
역하다" 혹은 "해석하다"를 의미하기보다는 "말로 옮기다"(put into speech)를 의미할 수 있다고 주장한다. 이러
한 관찰에 근거해서, 그는 바울이 헤르메네이아 글로손(hermēneuia glosson, 방언 통역)이라고 말할 때, (추측

김동수 교수는 사도행전의 방언은 외국어이나 고린도전서의 방언은 '상징언어'라고 말하며 다음과 같이 말했다.

> 누가가 말한 방언은 실제 외국어라는 뉘앙스가 있고, 바울이 말하는 방언은 실제 언어가 아니라 상징언어이다. 누가는 성령충만(혹은 성령세례)과 연관시켜 방언을 말한다면, 바울은 성령의 은사의 하나로 방언을 소개한다.[959)]

김동수 교수는 누가의 방언과 바울의 방언이 다른 방언이라고 말했다. 김동수 교수는 누가의 방언은 외국어이고 바울의 방언은 상징언어라고 말했다. 그러면서도 누가가 사도행전에서 기록한 오순절의 방언이 단회적이고 바벨탑의 언어 혼잡이 회복되어 언어소통이 된 일이라는 말을 언급하면서도 그에 대한 반론은 없다.

해석의 일반적 원리는 이미 진술된 글에 근거하여 다음의 진술도 해석하는 것이다. 그런 까닭에 존 스토트는 "사도행전 2장이 방언의 성격을 묘사하고 설명하는 유일한 구절이기 때문에 설명되지 않은 다른 구절들은 설명된 것에 비추어 해석하는 것이 그 반대의 경우보다 더 합당하다."라고 말했다.[960)] 이재기 교수는 그런 원리에 입각하여 바울 서신에서의 방언 기록이 사도행전의 방언과 같다고 말했다.[961)]

컨대) 비인지적 "방언"을 말로 표현하는 것을 의미하는 것이라고 추론한다. 그러나 이것은 설득력이 없다. 물론 우리는 우리의 생각 등을 (인식 가능한) 말로 표현(hermēneuein, 해석하다)할 수 있다. 그렇지만 글로세(이) 랄레인(gloss[i] lalein, 방언을 하다)과 나란히 쓰인 헤르메뉴에인(hermēneuein, 해석하다)은 "통역하다" 또는 보다 광범위하게는 "해석하다"를 의미하는 것이 보다 자연스러울 것이다. 이것은 바울이 글로사이스 랄레인 (glossais lalein)과 이사야 28:11의 헤테로 글로소이(heteroglossi, 외국어; 고전 14:21, 22)를 바로 연이어서 평행시켰다는 사실(단지 사례가 아니라)과 잘 맞아떨어진다. 더욱이 이것은 영적 은사로서 나타나는 현상의 우선순위(고전 12:8-10, 28), 바울이 부드럽게 장려하고 있는 올바른 사용법(고전 14:5), 개인적으로 경험했으며 감사하고 있는 것(고전 14:18)과도 조화를 이루고 있다.)

959) 김동수, **방언은 고귀한 하늘의 언어** (서울: 이레서원, 2015), 66.

960) John Stott, *The Spirit, the Church, And the World: The Message of Acts* (Intervarsity Press, 1990), 68.

961) 이재기, "방언의 성격에 대한 신약 성서적 고찰," **성침논단** 11(1) (2016): 267-268(245-291); 〈사도행전의 저자인 누가와 고린도전서의 저자인 바울은 매우 가까운 동역자였고 오순절 방언의 성격은 외국어였음을 바울이 누구보다 잘 알고 있었음을 고려할 때, 비록 바울이 자신의 서신에서 방언의 성격을 밝히지 않았더라도, 그 둘이 같은 것이라고 추정하는 것이 가장 자연스럽다. 주석가인 렌스키(R. C. H. Lenski)는 사도행전과 고린도전서 사이의 관계에 대해 다음과 같이 명쾌한 설명을 한다. "누가는 바울이 고린도전서에 말한 방언이 무엇인지 당연히 잘 알고 있는 상황에서 사도행전을 썼으며 바울은 오순절 이후 발생한 일련의 사건들 속에 위치한

김동수 교수는 바벨탑과 오순절과의 연관성을 말하면서, "누가가 사도행전에서 방언을 도입한 주목적이 단순히 언어불통에서 언어소통으로의 전복이 일어난 것이라는 주장은 사도행전 내러티브 전체를 읽어보면 약점이 많다."고 말했다.962) 김동수 교수는 다음과 같이 말했다.

우선, 누가가 오순절 사건의 연장으로 이해하는 그 이후의 방언 사건(행 10:46, 19:6)에서는 이렇게 언어가 소통되었다는 보도가 없을 뿐 아니라, 그러한 내용이 아무 중요성을 차지하지도 않는다. 당시 예루살렘에 명절을 지키기 위해 온 사람들은 디아스포라 유대인들이었다. 따라서 비록 그들의 모국어는 달랐을지라도 아람어 혹은 헬라어로 소통이 가능했기 때문에 누가가 기적적으로 제자들이 방언을 말하고, 이것을 사람들이 알아듣는 기사를 기록한 것에 바벨탑 사건을 뒤집으려 하는 모티브를 사건의 주 모티브로 작동시켰다고 보기는 어렵다. 링컨(A. T. Lincoln)이 말한 대로 "누가에게 있어서 오순절은 언어의 혼잡을 해결하려는 것이 아니라 단순히 그것을 사용하는 것이나." 또 언어적인 연관성도 어느 정도 드러나기는 하지만 직접적인 연관성보다는 비슷한 내용의 기사를 쓸 때 칠십인역(LXX)의 언어가 사도행전 기록 당시에도 사용되었다는 것 정도를 확실히 말할 수 있을 뿐이다. 이상을 통해서 볼 때 비록 폭넓은 지지를 받는 견해이기는 하지만 오순절 방언 사건이 바벨탑 사건을 바로잡기 위한 것이라는 주장은 그 설득력이 약하다고 할 수 있다.963)

김동수 교수에 의하면, 오순절의 방언은 디아스포라 유대인들에게 별로 의미도 없으며, 바벨탑 사건과의 연관성도 지극히 적다. 그러나 사도행전은 디아스포라 유대인들이 오순절의 방언을 듣고 "다 놀라며 의혹하"였다고 말했으며, "저희가 새 술이 취하였다"고까지 말했다. 성경이 이렇게 오순절의 방언이 디아스포라 유대인들에게 충격이었다는 것을 말하는 것을 김동수 교수는 "설득력이 약하다"고 말했다. 성경이 설득력이 있는가? 김동수 교수의 주장이 설득력이 있는가?

방언의 본질이 외국어라는 사실을 너무 잘 알고 있는 상황에서 고린도전서를 서술했다."(R. C. H. Lenski, The Interpretation of St. Paul's First and Second Epistle to the Corinthians (Columbus, OH: Wartburg Press, 1957), 505를) 다시 말해 방언에 대해 말한 두 저자는 방언의 성격에 대한 지식과 생각을 공유하고 있었다는 것이다. 만약 사도행전에 기록된 오순절 방언이 고린도 교회의 방언과 서로 다른 성격이었다면 그 두 사람은 어떤 식으로든 그 차이점을 밝혔을 것이다. 그러나 그 둘 중 누구도 그렇게 하지 않았다는 말은 사도행전과 고린도전서에 서술된 방언의 성격이 같고 그 본질은 사도행전 2장에서 분명히 밝힌 것처럼 외국어임을 의미한다. 그럼에도 불구하고 많은 사람들이 고린도전서의 방언은 외국어인 사도행전의 방언과 그 성격이 다르다는 주장을 한다.〉

962) 김동수, "누가의 방언론," **신약논단** 14(3) (2007): 569(563-596).
963) Ibid.

그러나 김동찬 교수는 "많은 학자들도 오순절 날의 방언이 바벨탑에서 일어났던 언어 혼란의 비극, 사람과 하나님과의 불화라는 저주로부터 회복되는 것을 보여주는 분명한 증거로 이해해야 한다는 데 동의한다."고 말했다.964) 같은 방언 옹호론자이면서도 이렇게 극명하게 주장이 다른 것은 방언의 정당성에 매우 심각한 문제를 야기한다. 김동찬 교수는 사도행전의 방언은 외국어라고 말하며, 고린도 교회의 방언은 '영의 언어'라고 말했다.965)

김동수 교수는 멘지스의 주장966)을 따라 방언을 말하면서 다음과 같이 말했다.

> 또 누가는 사도행전 2:17-21에서 이 방언을 요엘이 예언한 말세에 일어난 특별한 종류의 "예언"이라고 말한다. 여기서 누가가 말하는 예언은 바울이 말하는 예언보다 그 의미의 폭이 넓다. 성령의 영감을 받아 말하는 모든 말을 예언으로 본 것이다. 방언은 특별한 종류의 예언이며, 이것을 남녀노소를 가리지 않고 모든 사람이 하는 것을 보면 이들이 곧 말세에 이루어질 하나님의 백성의 무리임을 확인하게 된다.967)

김동수 교수에 의하면, 방언은 성령의 영감을 받아 말하는 예언의 한 종류다. 누가의 방언과 바울의 방언이 다른 방언이라면 방언이 예언으로 성립할 수 있는가? 누가의 외국어 방언이 바울에게 상징언어인 방언으로

---

964) 김동찬, **방언 바로 알기** (서울: 베다니출판사, 2015), 146.
965) Ibid., 33; "한편 사도 바울이 고린도전서에서 말하는 방언은 외국어가 아니고, 누구도 그 뜻을 알 수 없는 영의 언어로서(고전 14:13-14) 하나님께서 들으시는 '영의 기도이며 찬송'(고전 14:15)이다."
966) Robert P. Menzies, "누가-행전에서 방언의 역할." 2012 해외 석학 초청 성령론 심포지엄 (군포: 한세대학교출판부, 2012), 32-33(31-52); 김동수, "누가 신학에서 오순절 신학 정체성 찾기: 멘지스(Robert P. Menzies)의 제안을 따라," **영산신학저널** 26 (2012): 102(91-114)에서 재인용; 〈최근에 멘지스는 오순절주의자들에게 방언이 중요한 이유를 두 가지로 제시하고 있다. 첫째, "방언은 오순절주의자들에게 사도행전을 읽는 독특한 방식을 강조하고 그것에 정당성을 부여한다. 다시 말해 사도행전은 단순히 역사를 기록한 문서가 아니라 현대 교회 생활의 모델을 제공하는 것이다. 그래서 방언은 '그들의 경험'이 '우리의 경험'이 되는 표적으로 기능하며, 또 성령의 모든 은사들 ('표적의 은사들을 포함하여')은 오늘날의 교회에도 유효하다."는 것이다. 둘째, "방언은 교회로 하여금 '교회의 진정한 본질이 무엇인가'를 인식하게 하고 기억하게 한다. 즉 교회는 바로 예수를 증거 하기 위해 부름 받고 능력을 부여받은 마지막 시대의 예언자들의 모임이다."라는 것이다. 그래서 방언은 오순절 운동의 해석학, 즉 "사도행전과 사도적 교회가 오늘날 교회의 모델이다."라는 것과 "그 신학의 중심", 즉 "오순절 은사의 예언적 그리고 선교적 본질"을 상징한다. 다시 말해 "오순절주의자들에게 방언은 사도적 소명과 능력이 현재에도 유효하다는 표적"이라는 것이다.〉
967) Ibid., 103.

바뀌었다는 증거를 어디에서 찾을 것인가?

서철원 교수는 다음과 같이 말했다.

> 고린도 교회의 방언은 통역 없이는 아무도 이해할 수 없었습니다. 사도행전 2장의 방언은 17개 언어 종족들이 직접 듣고 이해하는 실제 언어였고, 그것은 종말에 민족들의 언어가 통일될 것을 예시하는 성격을 갖습니다. 그러나 사도행전 2장의 방언도 히브리어나 아람어가 아니어서 유대인들에게 경고의 성격을 갖는다고 단정할 수 있습니다. 그들이 믿지 않으므로 하나님의 백성 됨이 이방인들에게로 넘어간다는 것을 알리는 표적이었습니다. 따라서 사도행전의 방언들과 고린도 교회의 방언도 믿지 않는 유대인들을 향해서 이루어졌습니다.[968]

서철원 교수에 의하면, 사도행전의 방언과 고린도 교회의 방언은 외국어를 말한다. 반면에, 김동찬 교수는 고린도 교회의 방언은 "영적 언어"라고 말했다.[969] 김동찬 교수는 바울의 방언(고린도전서에서)은 "이해할 수 없는 영어 언어"로, 누가의 방언(사도행전에서)은 "배우지 않은 외국어"라고 주장했다.[970]

로이드 존스는 사도행전과 고린도전서의 방언이 동일한 외국어라고 말했다.[971] 김영재 교수는 "방언이 초대교회에서 흔히 볼 수 있는 보편

---

968) 정이철, "방언(3)-성경이 완성되기 전에 계시를 보조했던 방언," Jul.22.2013. Accessed Sep.16.2019. http://cantoncrc.com/column2/4051; "고린도 교회의 방언은 통역자의 통역을 통해 권면의 말을 전하는 방언이었습니다. 아직 성경이 완성되기 전이었으므로 계시적인 성격을 띠기도 했습니다. 그러나 사도들을 통해서 주신 그리스도의 구속 사역의 해설, 설명 수준이었습니다. 권면의 수준이지요. 그러나 방언으로 자기 과시를 많이 했기 때문에 고린도 교회에 혼란이 많았습니다. 특히 방언하는 사람들이 여자들이었고, 자기에게 방언이 임하면 다른 사람들이 방언을 하고 있는 중에 앞으로 나가 밀쳐내고 자기 방언을 털어놓았습니다. 그래서 예배가 제대로 이루어질 수가 없었습니다. 더구나 그 말들을 이해할 수가 없었으므로 방언을 말함으로 아무런 유익을 얻을 수가 없었습니다. 지금 방언도 무슨 말인지 방언하는 자신도 모르고, 혹 통역한다는 사람이 있을지라도 자기 마음대로 통역하고 있는 실정입니다."

969) 김동찬, **방언 바로 알기** (서울: 베다니출판사, 2015), 149; "결국 방언은 사람의 시각에서 사람의 방법으로 진단할 수 있는 언어가 아닌 하나님의 영적 언어인 것이다."

970) Ibid., 147.

971) David Martyn Lloyd-Jones, **성령 하나님**, 이순태 역 (서울: 기독교문서선교회, 2000), 387; "오순절 날 그때에 예루살렘에는 적어도 15개의 다른 언어를 말하는 사람들이 있었는데, 그런 다른 언어들이 동시 말해졌다면 무엇이 말해지고 있는지를 그들이 명확히 이해했다는 것은 저에게는 믿어지지 않습니다. 그것은 불가능해 보입니다. 그러나 사도들이 어떤 한 종류의 언어로 말했을 때에 성령께서 그것을 들은 사람들이 자신들의 언어로 무엇을 말하고 있는지를 분명하게 이해할 수 있도록 역사하셨던 것입니다. … 따라서 여러분들이 방언을 말하는 사람을 만난다면, 혹은 여러분들이 방언을 하고 있는 모임이나 그로 인해 무질서와 혼동이 있는 곳에 있다면, 그때 여러분들은 성경적 용어들로 그것이 고린도 교회에서 기술되었던 것처럼 방언의 은사가 아니라는 것을 말해야 합니다."(p. 388)

화 된 현상은 아니고 고린도 교회에만 있었던 특수한 현상이었음을 염두에 두어야 한다."고 말했다.972) 티슬턴은 교회사적으로 오리겐(Origen), 크리소스톰(Chrysostom), 데오도르(Theodore), 시릴(Cyril), 아퀴나스(Thomas Aquinas), 포티우스(Photius), 에스티우스(Estius), 칼빈(Calvin) 등이 외국어라고 주장했다고 말했다.973) 현대에 와서는 데이비스(J. G. Davies), 건드리(Robert Gundry), 포브스(Christoper Forbes) 등도 같은 주장을 한다.974)

김동찬 교수는 다음과 같이 말했다.

> 고린도전서에 나오는 방언은 하는 본인이나 듣는 다른 사람이 이해하지 못하는 영적 언어이므로 방언은 실제 언어가 아니며, 단지 무아경에 빠져서 말하는 의미 없는 지껄임일 뿐이라고 보는 사람도 있다. 하지만 고린도전서에 나오는 방언이 비록 듣는 이들에게 이해되지 않을지라도 분명한 실제적 언어이다. 그 이유는 고린도전서에는 방언의 뜻을 알 수 있게 해석해주는 통역의 은사가 있다고 했는데, 이처럼 통역이 된다면 방언은 분명한 의미를 지니고 있는 실제 언어가 분명하기 때문이다. 즉, 만일 방언이 단순히 의미 없는 무아경의 지껄임이었다면 그것은 결코 통역될 수 없는 것이다. 바울은 고린도전서에서 방언은 사람이 자신의 영으로 하나님께 기도하는 영적 언어라고 말하고 있다(고전 14:14-15). 따라서 우리가 이해하지 못하더라도 혹은 우리가 듣기에 기묘한 소리일지라도 방언은 하나님께서 이해하는 영적 언어이다.975)

김동찬 교수는 고린도전서의 방언이 영적인 언어이며 그 이유는 고린도전서 14:14-15에서 영적 언어라고 말했기 때문이고 통역이 있기 때문

---

972) 김영재, "오순절 단회적이냐 반복적이냐?" Accessed Aug.29.2019.
http://aldolnet.blogspot.com/2014/06/blog-post_17.html; "고린도 교회의 방언은 오순절에 사도들이 받은 방언과 다름은 물론이요 고넬료의 가정 혹은 에베소 사람들에게 있었던 방언들과는 다른 것이었다. 위에서 이미 언급한 바와 같이, 사도들이 받은 방언은 복음을 전달하는 수단으로 역할한, 사람들이 이해할 수 있는 외국어였다. 그리고 그것은 하나님의 구원의 진리를 나타내 보이시며, 또한 그 진리를 선포하게 하시는 것임에 반하여, 고린도 교인들이 받은 방언은 자기만이 하나님과 교통할 수 있으며 남이 알아듣지 못하고 자기에게만 다소 유익이 되는 방언(고전 14:1)이라는 점에서 크게 다른 것이었다."
973) Anthony C. Thiselton, *The First Epistle to the Corinthians*, NIGTC (Grand Rapids: Eerdmans Publishing Co, 2000), 974.
974) Ibid.
975) 김동찬, **방언 바로 알기** (서울: 베다니출판사, 2015), 148; "이처럼 방언은 사람의 일반적 언어활동이 아니다. 그러므로 언어학적 측면에서 연구할 수 있는 영역이 아니다. 방언은 영적인 영역이기 때문이다. 그러므로 사람이 언어학적 잣대를 가지고 측정할 수 없다. 그러나 영적 영역임을 입증할 수 있다. 이해할 수 없는 영적 언어인 방언이 통역 될 때 그 안에 있는 비밀한 메시지들이 드러나면서 방언이 결코 의미 없는 중얼거림이 아니라는 것이 분명히 확인되기 때문이다."(p. 149)

이라고 말했다. 이것은 성경의 문맥과 뜻을 살피지 않은 결과다. 김동찬 교수는 성경에 대한 올바른 해석 없이 결론을 내렸기 때문에 고린도전서의 방언이 영적 언어라는 주장은 정당성이 없다(이어지는 14-15절 설명 참고).

앞서 언급했듯이, 노우호 목사는 고린도 교회의 방언이 은사가 아니라고 말했으나,976) 성경의 기록 자체를 문제 삼아서는 안 된다. 사도 바울 자신도 방언을 한다고 말했으며, 사도의 방언과 고린도 교회의 방언이 다른 방언이라고 말하지 않았다. 오늘날 방언 논쟁의 핵심은 고린도 교회의 방언이 외국어가 아니라 소위 영적 방언이라는데 있다.

(1) 고린도전서 12장
고린도전서 12:1

> 형제들아 신령한 것에 대하여는 내가 너희의 알지 못하기를 원치 아니하노니
> Περὶ δὲ τῶν πνευματικῶν, ἀδελφοί, οὐ θέλω ὑμᾶς ἀγνοεῖν.

은사주의자들은 고린도전서 12:1을 근거로 방언 은사를 사모하라는 뜻이라고 주장한다.977) 찰스 핫지는 1절의 의미를 다음과 같이 말했다.

> 나는 너희가 하나님의 권능의 이런 특별한 현현들의 기원과 목적들을 이해하기를 원하며 또한 그 은사들을 소유했다고 주장하는 사람들 중에 어떤 이들이 참된 자들이고 어떤 이들이 거짓된 자들인지를 분별할 수 있기를 바란다.978)

박형용 교수는 "신령한 것"에 대해 "고린도 교인들이 우상의 지배에서

---

976) 노우호, **방언을 검증하자** (산청: 에스라하우스출판부, 2014), 45; "결론적으로 고린도 교회에 나타났던 이상한 소리는 성령께서 주신 방언의 은사도 아니었고 표적으로서의 외국어도 아니었다. 만약 고린도 교회의 방언이 성령의 은사였다면 디도나 바울이나 그 누구라도 성령께서 주신 것을 사람이 금할 수가 없을 뿐만 아니라 그치게 하지도 않았을 것이다. 나중에 확인할 수 있겠지만 고린도의 방언은 거짓 사도들과 궤휼의 역군들이 유포한 거짓 방언이었다. 따라서 정직하게 말하자면 성령이 성도들에게 방언을 은사로 주신 일은 성경적으로는 없었다는 것을 알 수 있다. 왜냐하면 고린도 교회의 방언이 가짜로 판명이 나서 금지한 것을 보아서 그렇게 해석할 수 있다."
977) 형제들아 신령한 것에 대하여는 내가 너희의 알지 못하기를 원치 아니하노니(고전 12:1)
978) Charles Hodge, **고린도전서주석**, 김영배·손종국 역 (서울: 아가페출판사, 1985), 339.

하나님의 영의 지배로 옮기게 된 것이다"라고 말했다.979) 반면에, 김동수 교수는 이렇게 말했다.

> 방언의 은사는 방언에 대한 성경적인 올바른 태도를 가지고 사모함으로 받습니다(고전 12:1, 31, 14:1). 다시 말하면 은사는 선물이기 때문에 우리가 하나님께 적극적으로 매달려 구할 때 경험하게 됩니다. 고린도전서 12:1과 13:1의 "신령한 것을 사모하라"는 신령한 것을 탐내라는 뜻입니다.980)

고린도전서 12:1이나 13:1에는 "신령한 것을 사모하라"는 말씀이 없다. 14:1에는 "신령한 것들을 사모하되"라는 말씀이 있다. 이런 것은 실수라고 치자. 그러나, 김동수 교수는 성경을 읽어보면 명백하게 알 수 있는 것을 왜곡했다. 14:1을 보자.

> 사랑을 따라 구하라 신령한 것을 사모하되 특별히 예언을 하려고 하라(고전 14:1)

박윤선 교수는 은사를 구하는 자는 사랑을 따라 구해야 하며 예언이란 "남들을 영적으로 유익하게 지도하는데 필요한 성령의 지시하는 말씀을 구하라는 뜻이다"라고 말했다.981) 고린도전서 14:1은 '예언의 은사를 사모하라'는 뜻이다.

고린도전서 12:4-7

> 4 은사는 여러 가지나 성령은 같고 5 직임은 여러 가지나 주는 같으며 6 또 역사는 여러 가지나 모든 것을 모든 사람 가운데서 역사하시는 하나님은 같으니 7 각 사람에게 성령의 나타남을 주심은 유익하게 하려 하심이라(고전 12:4-7) Διαιρέσεις δὲ χαρισμάτων εἰσίν, τὸ δὲ αὐτ ὁ πνεῦμα · 5 καὶ διαιρέσεις διακονιῶν εἰσιν, καὶ ὁ αὐτὸς κύριος · 6 καὶ δια ρέσεις ἐνερτημάτων εἰσίν, ὁ δὲ ᾽ αὐτὸς θεός, ὁ ἐνερτῶν τὰ πάντα ἐν πᾶσιν. 7 ἑκάστῳ δὲ δίδοται ἡ φανέρωσις τοῦ πνεύματος πρὸς τὸ συμφέρον.

방언을 알아갈 때 중요한 사실은 방언은 사적인 용도가 아니라 공적인

---

979) 박형용, "성령세례에 대한 오순절파의 견해와 비판(2)," **신학정론** 14(2) (1996): 129(458-486); 〈바울은 "예수를 주"라 시인하는 것이 신령한 일이라고 언급한다(고전 12:1-3).〉

980) 김동수, **방언은 고귀한 하늘의 언어** (서울: 이레서원, 2015), 110.

981) 박윤선, **성경주석 고린도전서** (서울: 영음사, 2003), 208.

유익을 위해 주어졌다는 것이다. 성령의 모든 은사는 주의 교회에 유익을 끼치기 위해 주어졌다. 은사가 개인에게 주어질지라도 주의 교회를 섬기며 덕을 세우기 위해 주어졌다. 바울은 교회를 그리스도를 머리로 하는 지체로 말했다. 몸의 각 지체는 그 직분을 따라 섬기면서 다른 지체에게 도움을 주고 섬긴다. 사도는 고린도전서 14:18-19에서 사적인 방언과 공적인 방언을 대조한 것이 아니다. 사도의 관심사는 "교회의 덕을 세우는 데" 있었다.[982]

고린도전서 12:10

어떤 이에게는 능력 행함을, 어떤 이에게는 예언함을, 어떤 이에게는 영들 분별함을, 다른 이에게는 각종 방언 말함을, 어떤 이에게는 방언들 통역함을 주시나니 ἄλλῳ ἐνεργήματα δυνάμεων, ἄλλῳ προφητεία, ἄλλῳ διακρίσεις πνευμάτων, ἑτέρῳ γένη γλωσσῶν, ἄλλῳ ἑρμηνεία γλωσσῶν.

방언 옹호론자들에게 10절은 매우 매력적이다. "각종 방언 말함을"이라는 말이 직접적으로 나오기 때문이다.[983] 김동수 교수는 "각종 방언"을 '여러 가지 방언'으로 말한다.[984] 그러나 칼빈은 '외국어'로 말했다.[985] 매튜 풀은 "각종 방언함"을 "여러 언어로 사람들과 소통하는 능력이다"라고 말하면서 방언이 외국어임을 말했다.[986]

10절에서 "각종"은 헬라어로 "게노스"이며 '가족, 집단, 인종, 민족' 등

---

982) Palmer Robertson, **오늘날의 은사주의 운동, 과연 성경적인가**, 이심주 역 (서울: 부흥과개혁사, 2009), 58; "사적인 방언은 신약의 방언이 아니다. 방언이 교회를 위한 은사라면, 방언을 반드시 교회의 유익을 위해 공개해야 한다. 방언이 '사적인' 은사라는 관념은 특정한 상황에 적용될 수 없다."(p. 59)
983) 어떤 이에게는 능력 행함을, 어떤 이에게는 예언함을, 어떤 이에게는 영들 분별함을, 다른 이에게는 각종 방언 말함을, 어떤 이에게는 방언들 통역함을 주시나니(고전 12:10)
984) 김동수, **방언은 고귀한 하늘의 언어** (서울: 이레서원, 2015), 62; "대개 방언은 처음 체험한 이후 계속 변한다. 또 일반적으로 한 사람이 한 가지 방언만이 아니라 여러 가지의 방언을 하게 된다. … 방언에는 여러 가지가 있고 신자는 여러 가지 방언을 하게 되는 것인데 …"
985) John Calvin, **신약성서주석 8 고린도전서주석** (서울: 성서교재간행사, 1982), 359; "이 은사는 말에 대한 지식을 가지고 있다는 것과는 다르다. 왜냐하면 후자(後者)의 은사를 가진 사람들은 때로로 그들이 상대하여야 할 사람들의 말을 알지 못하였기 때문이다. 통역자들은 외국어를 자국어로 번역하였다. 그들은 그 당시에는 이 언어를 힘든 노력을 통하여 혹은 그 말을 배움으로써 깨달은 것이 아니라, 성령의 놀라운 계시로 이 은사를 받은 것이다."
986) Matthew Poole, **청교도 성경주석 고린도전후서**, 박문재 역 (파주: 크리스챤다이제스트, 2015), 207.

의 의미다. 그런 까닭에, "각종"은 단순히 여러 종류라는 뜻을 넘어 세상의 다양한 어족을 의미하며, 그 당시의 방언의 은사는 다양한 언어를 말하는 능력을 뜻한다는 것을 알 수 있다.

메어(W. Harold Mare)는 다음과 같이 말했다.

> 사도행전 2장에 처음으로 언급되어 있는 방언이 사도들과 그들의 동역자들이 외국말로 했던 방언이었다는 점을 고려해 볼 때 다음과 같은 결론을 내리는 것이 논리적이다. 사도들은 사도행전 2장 사건 이후에도 계속된 일련의 방언 역사에 함께 했는데(행 10:44-46; 19:1-7; 고전 12-14장) 그때의 방언도 역시 외국말로 행해진 방언이었다고 이해해야 한다.[987]

메어는 사도들이 사도행전 2장의 방언이 외국어였으며 그 사도들이 이후에도 방언 역사에 함께 했기 때문에 고린도전서의 방언이 '외국어'라고 말했다.

고린도전서 12:28

> 하나님이 교회 중에 몇을 세우셨으니 첫째는 사도요 둘째는 선지자요 셋째는 교사요 그 다음은 능력이요 그 다음은 병 고치는 은사와 서로 돕는 것과 다스리는 것과 각종 방언을 하는 것이라 καὶ οὓς μὲν ἔθετο ὁ θεὸς ἐν τῇ ἐκκλησίᾳ πρῶτον ἀποστόλους, δεύτερον προφήτας, τρίτον διδασκάλους, ἔπειτα δυνάμεις, ἔπειτα χαρίσματα ἰαμάτων, ἀντιλήμψεις, κυβερνήσεις, γένη γλωσσῶν.

방언 옹호론자들은 28절의 "각종 방언을 하는 것"에서 여러 종류의 방언에 대한 정당성을 확보하려고 한다.[988] 매튜 풀은 "우리가 앞에서 이미 설명했듯이, 초대교회에서 모든 신자들이 아니라 일부 신자들에게 주어졌던 방언의 은사를 받아 각종 방언을 말하는 것을 가리킨다."라고 말했다.[989] 매튜 풀이 말한 그 설명이란 28절의 각종 방언이 각종 외국어라는 것이다. 그 방언의 은사는 모든 사람에게 주어진 것이 아니라 일부에게만 주어졌다. 무엇보다 방언은 성령께서 "그 뜻대로 각 사람에게

---

987) 엑스포지터스 성경 연구주석 고린도전서 (서울: 기독지혜사, 1985), 370.
988) 하나님이 교회 중에 몇을 세우셨으니 첫째는 사도요 둘째는 선지자요 셋째는 교사요 그다음은 능력이요 그다음은 병 고치는 은사와 서로 돕는 것과 다스리는 것과 각종 방언을 하는 것이라(고전 12:28)
989) Matthew Poole, 청교도 성경주석 고린도전후서, 박문재 역 (파주: 크리스챤다이제스트, 2015), 214.

나눠 주"신다.

그러나 김우현 감독이나 손기철 장로는 방언이 모든 신자에게 주어진다고 주장했다.990) 놀랍게도 박영돈 교수는 손기철 장로에 대해 비판을 가하면서도 극찬했는데, 이것은 자신의 주장에 대한 논리성이 결여된다.991) 사도 바울은 30절에서 "다 방언을 말하는 자이겠느냐"고 말하면서 모두가 방언하는 자가 아니라는 것을 분명하게 말했다. 반면에, 김동수 교수는 다음과 같이 말했다.

이 모든 것을 종합해 볼 때, 여기서 "다 방언을 말하겠는가?"라는 구절은 "공적 [예배] 모임 가운데 모두가 다 방언을 하는 기능을 하겠느냐?"는 뜻이 된다. 그러므로 이 구절은 "나는 너희가 다 방언 말하기를 원한다"(고전 14:5)는 말과 상충되지 않는다.992)

김동수 교수는 자신의 주관적 견해로 성경을 왜곡하고 있다. 인간의 경험과 생각으로 성경이 명백하게 말하는 것을 변개시켜서는 안 된다. 멘지스는 "오순절에 있어서 방언은 오늘날 사도 교회의 부르심과 권세가 신자들에게 유효하다는 표시로 사용된다."고 말했다.993) 이것은 모든 믿

---

990) 김우현, **하늘의 언어** (서울: 규장, 2016), 107.

991) Ibid., 94; "병들고 지친 이들을 돕기 위한 손 장로의 수고와 열정은 참으로 귀하고 칭찬할 만한 일이며 그의 사역을 통해 치유의 역사가 일어난다는 사실 또한 감사해야 할 일이다. … 손 장로의 장점은 대체로 순수하고 부드러운 사람이라는 점이다."

992) 김동수, "바울의 방언관," **신약논단**, 13(1) (2006): 182-183(169-193); "우선 바울은 두 종류(kinds)의 방언을 말한 것이 아니라 서로 다른 영역에서 사용되는 두 용례(usages)를 말한 것이다. 바울은 같은 방언이지만 그것이 예배 가운데 사용될 때와 개인 기도와 찬양 가운데 사용될 때의 용례를 구별하고 있다. 그리고 그것이 이렇게 다른 용례로 사용되었을 때의 각각의 다른 유익에 대해서도 바울은 언급하고 있다. 개인적으로 사용되었을 때 방언은 하나님과 영적인 깊은 교류를 하는 기도와 찬양으로 기능하고(14:2, 15-16) 이것이 공적인 예배 가운데 사용되었을 때는 통역을 통하여 예언과 같은 기능을 하게 된다."

993) Robert P, Menzies, "The role of glossolalia in Luke-Acts," *Asian Journal of Pentecostal Studies*, 15(1) (2012): 72(47-72). 〈These conclusions suggest that Luke presents a challenge to the contemporary church - a church that has all too often lost sight of its apostolic calling and charismatic roots. Glossolalia, in a unique way, symbolizes this challenge. It reminds us of our calling and our need of divine enabling. This was true of Luke's church and it is equally true of ours. Put another way, tongues remind us of our true identify: we are to be a community of prophets, called and empowered to bear bold witness for Jesus and to declare his mighty deeds. It should not surprise us, then, that the gift of tongues serves as an important symbol for modem Pentecostals. Just as this experience connected Luke's church with its apostolic roots; so also tongues serves a similar purpose for Pentecostals today. It symbolizes and validates our approach to the book of Acts: its stories become "our" stories. This in turn encourages us to reconsider our apostolic

는 자가 성령세례를 받으면 방언을 받아야 한다는 뜻이다. 그러나, 웨인 그루뎀은 모든 사람이 방언을 말할 수 있다는 것에 대해, "그와 같은 구분을 본문에서는 찾아볼 수 없고 설득력도 없다"고 말했다.994)

하나님께서 모두에게 모든 은사를 주지 않으시는 이유는 무엇인가? 첫 번째는 성령의 주권이며, 두 번째는, 각 지체의 독특성이 있기 때문이며, 세 번째는, 지체들이 상호의존해야 하기 때문이다.995) 지체마다 각자가 감당해야 하는 분야가 다르다. 지체들은 독립된 존재가 아니라 처음부터 상호의존하도록 만들어졌다.

(2) 고린도전서 13장
고린도전서 13:1

> 내가 사람의 방언과 천사의 말을 할지라도 사랑이 없으면 소리나는 구리와 울리는 꽹과리가 되고
> Ἐὰν ταῖς γλώσσαις τῶν ἀνθρώπων λαλῶ καὶ τῶν ἀγγέλων, ἀγάπην δὲ μὴ ἔχω, γέγονα χαλκὸς ἠχῶν ἢ κύμβαλον ἀλαλάζον.

방언 옹호론자들은 13:1의 "천사의 말"을 방언의 근거라고 주장한다. 13:1은 헬라어로 보면 '가정법'으로 시작한다. NIV 성경으로 보면, 'If'로 시작한다. 이 가정법은 현재의 어떤 주어진 관점에서 일반적으로 혹은 구체적으로 일어날 것으로 예상하는 것을 말한다.996) 1절은 성도가

---

calling and our charismatic heritage. In short, for Pentecostals tongues serve as a sign that the calling and power of the apostolic church is valid for believers today.〉

994) Wayne Grudem, **조직신학(하)**, 노진준 역 (서울: 은성, 2009), 360; "실제로 모든 신자들이 방언을 말할 수 있기를 바라는 마음은(바울은 모두 다 방언을 말하는 것이 아니라고 말하고 있음에도) 아마도 대부분의 경우 성령세례를 회심에 따른 체험으로 보고 방언을 성령의 이 세례를 받은 최초의 표적이라고 보는 교리적 이해에서 비롯된 것이라고 본다. 그러나 이 입장은 심각한 교리적 문제를 안고 있다(39장을 보라). 고린도전서 12:30은 문자 그대로 모든 사람이 방언을 말하는 것은 아니라고 이해하는 것이 가장 바람직할듯하다. 다른 은사들과 마찬가지로 방언의 은사는 그것을 사모하는 모든 사람들에게 성령께서 주시는 것이 아니다. 그는 "그 뜻대로 각 사람에게"(고전 12:11) 나누어 주신다."

995) Charles Hodge, **고린도전서주석**, 김영배·손종국 역 (서울: 아가페출판사, 1985), 367; "하나님은 그가 원하시는대로 그의 은사들을 나누어 주신다. 모든 은사들이 필요하다. 그리고 그 은사들을 받은 자들은 상호의존한다."

996) W. Bauer, *A Greek-English Lexicon of the New Testament and Other Early christian Literature*, tr. & ed., W. F. Arndt and F. W. Gingrich (Chicago: the university of chicago press: 1957), 210; "the subjunctive to denote 'what is expected to occur, under certain circumstances, from a given standpoint in

아무리 놀라운 은사를 받았을지라도 하나님의 사랑으로 나타나야 한다는 뜻이다. 칼빈은 이렇게 말했다.

> 바울은 그 자체로서는 분명히 탁월한 은사이지만, 그것이 사랑과 연합되지 않을 때에는 하나님께서 기뻐하지도 않으시며, 사람에게 아무런 도움을 주지 못한다는 웅변으로 시작한다. … 바울은 '여러분은 모든 사람들의 언어뿐만 아니라, 천사들의 말을 할 수도 있다. 그러나 하나님께서 말하자면, 만일 당신에게 사랑이 없다면, 당신을 악기인 심벌즈 이상으로 더 높게 생각하리라는 생각을 가져서는 안 된다'라고 말하고 있다.997)

칼빈 역시 사랑이 없으면 아무런 의미가 없다고 말했다. 천사들의 말이란 인간이 생각할 수 있는 최고의 말일지라도 사랑이 없으면 아무것도 아니라는 뜻이다. 하나의 가능성으로서의 천사의 말이다. 인간은 한계 내의 존재이기 때문에 인간이 천사의 말을 할 수 없다. 성경에서 천사들이 말을 할 때 인간이 이해 가능한 말을 했다. 바울의 논지는 '아무리 천사 같이 말할지라도 사랑이 없으면 소용이 없다'는 것이다.998)

던은 건드리(Gundry)가 '그 언어를 지상의 언어와 동일시 한 것은 틀렸다'고 했다.999) 그러나 터너는 "성령 안에서 말하는 비밀이 반드시 천상의 방언으로 말해져야 한다고 생각할 필요가 없다"고 말했다.1000) 라

그 the presesnt, either general or specific"

997) John Calvin, **신약성서주석 8 고린도전서주석** (서울: 성서교재간행사, 1982), 374.

998) John MacArthur, *1 Corinthians*, 331; 이재기, "방언의 성격에 대한 신약성서적 고찰," **성침논단** 11(1) (2016): 269-270(245-291)에서 재인용; 〈13:1에서 바울의 기본적인 요지는 가장 위대한 언어학자나 웅변가를 뛰어넘는 위대한 능변과 유창함으로 모든 종류의 언어들을 말할 수 있다는 개념을 전달하는 것이다. 사도 바울이 일반적이고 가정적인 측면에서 말하고 있다는 것은 "천사의 말"이라는 표현에서 분명히 알 수 있다. 독특하거나 특별한 천사의 언어나 방언에 대한 성경적인 가르침은 성경 어디에도 없다. 성경에서 천사들이 인간들에게 말하는 수없이 많은 기록에서 천사들은 언제나 청자의 언어로 말을 했다. 인간들이 배울 수 있는 그들만의 천상적 언어가 있다는 그 어떤 암시도 없다. 바울은 자신이 가장 위대한 사람의 언어적 기술과 유창함으로, 심지어는 천사의 달변으로 말할 수 있는 능력을 가졌다 하더라도 자신에게 사랑이 없다면 그는 울리는 징이나 요란한 꽹과리가 될 따름이라고 말하는 것이다. 가장 위대한 방식으로 가장 위대한 진리가 말해진다 하더라도 사랑 안에서 말해지지 않았다면 그건 부족하다는 것이다. 사랑을 떠나서는 초자연적인 유창함으로 진리를 말하는 자조차도 심한 소음만 내뿜게 될 것이라는 말이다.〉

999) Max Turner, **성령과 은사**, 김재영, 전남식 역 (서울: 새물결플러스, 2018), 382; 〈던은 주장하기를, 첫째, 13:1 "사람의 방언"은 (설교에서 예언에 이르기까지) 자국어로 말하는 영감 받은 연설이며 천사의 방언과 대조를 이룬다고 한다. 둘째, 핵심적인 주제는 "비밀"(mysteries; 13:2)-천국에서만 알고 있는 종말론적 비밀-이며, 그래서 사용된 언어는 천상의 언어였을 것이라고 주장한다. 셋째, 바울이 방언을 인간의 언어가 아니라고 생각한다면, 방언과 실제 외국어(14:10, 11, 16, 19-25)를 말하는 것을 비교할 수밖에 없었을 것이다.〉

이스 박사는 천사의 말이란 "단지 천사가 모든 언어를 알고 있다는 것을 의미한다"고 말했다.1000) 팔머 로벗슨은 "설령 고린도전서에 나타난 그런 '언어들'이 '천사의 말'이었다고 결론을 내린다 해도, 그 방언들은 여전히 인간의 언어로 통역될 수 있는 외국어였다"라고 말했다.1002)

또한, 만일 방언 옹호론자들의 주장대로 '천사의 말'이 직접적인 성령의 은사로서의 방언이라면, 방언은 단 한 가지 종류라야 한다. 그 이유는 사도가 '천사의 말'을 단수로 표현했기 때문이다. 현대의 방언을 천사의 말이라고 강력히 주장하는 방언 옹호론자들이 여러 가지 방언이 있다고 주장하는 것은 잘못되었다는 결론이 된다.

고린도전서 13:8

사랑은 언제까지든지 떨어지지 아니하나 예언도 폐하고 방언도 그치고 지식도 폐하리라
Ἡ ἀγάπη οὐδέποτε πίπτει. εἴτε δὲ προφητεῖαι, καταργηθήσονται · εἴτε γλῶσσαι, παύσονται · εἴτε γνῶσις, καταργηθήσεται.

부르딕(Donald W. Burdick)은 방언은 이전에 배우지 않은 언어이며, 고린도전서 13:8에 나오는 방언은 오늘날의 언어로 식별할 수 없으며, 현대의 방언은 "비정상적인 심리적 발생"이라고 말했다.1003)

1000) Max Turner, **성령과 은사**, 김재영, 전남식 역 (서울: 새물결플러스, 2018), 383; 터너는 건드리의 견해에 반대하며 다음과 같이 말했다. 〈그러나 이러한 주장중 어떤 것도 결정적인 것이 없다. (1) 14:10, 11에서 바울은 그와 같이 언어의 유형을 대비시키지 않고도, 고린도 교인들이 영적 영역에서 보지 못한 세속적 영역에서 나타나는 명백한 결과를 지적할 수 있었다. 그들은 다른 사람들이 이해하지 못하는 자신들의 "방언"을 자랑스러워한다. 바울은 그들이 "영적인 사람들"로 칭송받기보다는 얼마나 그들이 "야만인들"로 조롱받기 십상인지를 지적한다. (2) 성령 안에서 말하는 비밀이 반드시 천상의 방언으로 말해져야 한다고 생각할 필요는 없다. 왜냐하면 바울은 이 서신에서 한 장 이상의 분량에 걸쳐 그리스어로 하늘의 비밀을 선포하고 있으며(고전 15:51, 52), 그의 첫 번째 설교의 핵심은 복음의 "비밀"이었기 때문이다!(2:1, 7; 4:1) (3) 만일 바울이 모든 방언이 천사의 언어라고 생각했다면, 그 방언이 부활 이전의 "어린아이 상태"(고전 13:11)에만 해당되는 것이며, 지나갈 것이라고 주장하지 않았을 것이다(Thieselton, "Interpretation," 32). 그러나 이것을 감안할 때 바울이 어떤 유형의 "방언"(참조, genē glōssōn; 12:10)을 천사의 방언으로 생각했다는 것까지 부정할 필요는 없다(예를 들어, Test, Job 48-50; Apoc, Zeph. 8,)〉
1001) John R. Rice, **현대 오순절 성령운동의 바른 해답**, 이을숙 역 (서울: 헤브론, 1994), 58.
1002) Palmer Robertson, **오늘날의 은사주의 운동, 과연 성경적인가**, 이심주 역 (서울: 부흥과개혁사, 2009), 54.
1003) Donald W. Burdick, *Tongues: To Speak or Not to Speak* (Chicago: Moody Press, 1969);

"폐하고"는 '미래 수동태 직설법 단수형'이며, "방언도 그치고"는 '미래 중간태 직설법 복수형'이다. 중간태 미래형은 자동사적이며 재귀적인 의미의 동사로 어떤 주체가 동작하는 그 동작을 강조하는 용법이다. 그런 까닭에, "방언도 그치고"는 '방언이 반드시 그칠 것이다'라는 뜻이다. 또한, 미래형이기 때문에 바울이 이 말씀을 기록한 시점에서 보면 미래의 어느 시점에 방언이 그친다는 뜻이다. 자동사적으로 보면, 스스로 정지한다는 뜻이 되어 '방언들이 스스로 정지할 것이다'라는 뜻이 된다. 또한 '그치고'의 뜻은 '영원히 그치다'라는 뜻이며 방언이 그치면 다시는 재현되지 않는다는 뜻을 내포하고 있다.[1004]

　문제는 '언제 방언들이 정지되는가?'이다. 그때는 온전한 것이 오는 때이다. 온전한 것을 '그리스도의 재림이냐?', '성경의 완성이냐?'로 논쟁한다. 방언이 표적으로써의 기능이었다면 영구적 은사가 아니라 제한적인 은사가 되고, 표적이 아니라 능력의 은사로 보면 계속적인 은사로 보게 된다. 방언이 지속될 것이라고 보는 사람은 흐로쉐이드(Grosheide), 스탠리(Stanley), 모리스(Morris) 등이 있다. 뱅크스(Banks)는 교회사에서 방언이 계속되었다고 말하면서 현대에도 방언이 계속된다고 주장했다.[1005] 교회사에 나타난 방언이 비성경적이라면 뱅크스의 주장은 일시에 무너진다.

　존 맥아더는 방언을 "옛 언약에서 새 언약으로의 변화의 징표"로 보면서, 과도기가 지났을 때 표적은 더 이상 필요하지 않다고 말했다.[1006] 맥아더의 이 말은 방언의 종결을 보는 관점이 '방언이 표적으로써의 기능

Bookreview by C. Cyrie, *Bibliotheca sacra* 126(504) (1969): 345; His conclusions include these: tongues are foreign languages which had not been previously learned (p. 16) ; their primary purpose is evidential; I Corinthians 13:8 refers to the end of time; present-day tongues are not identifiable as languages; and that the current outbreak is chiefly an abnormal psychological occurrence(p. 75).

1004) John F. MacArthur Jr., 무질서한 은사주의, 이용중 역 (서울: 부흥과개혁사, 2008), 368.

1005) ROBERT BANKS, GEOFFREY MOON, "Speaking in Tongues: A Survey of the New Testament Evidence," *The Churchman* (1966): 287(278-294); "for there is evidence that for quite some time the gifts continued in the post-apostolic Church. There is also further evidence for their re-appearance throughout the history of the Church, whenever the promise of their availability was taken seriously. In any case, there is no hint anywhere else in these chapters that any of the gifts of the Spirit were to depart from the Church, any more than any of the fruits of the Spirit were expected to cease."

1006) John F. MacArthur Jr., 무질서한 은사주의, 이용중 역 (서울: 부흥과개혁사, 2008), 370.

이냐? 아니냐?'에 달려 있다는 것을 알 수 있다.

맥아더는 역사적 증거를 말했다. 첫째로, 방언은 기적적 계시적 은사였다. 신약성경의 최초의 책들에만 방언이 언급되어 있다. 초기서신인 고린도전서와 사도행전 이후에는 방언을 언급하지 않는다. 베드로도 야고보도 유다도 방언에 대해 가르치거나 언급하지 않았다. 둘째로, 방언은 이스라엘 민족에게 표적으로 사용하기 위한 은사였다. 방언은 하나님께서 이방인을 포함하는 새로운 구원 역사를 시작하셨다는 것을 의미하는 표적이었다. 표적으로 사용된 은사는 종결되었다. 셋째로, 역사가 그것을 증명한다.[1007] 크리소스톰이나 어거스틴과 같은 초대교회 교부들이 방언은 사라졌다고 증언했다. 2천 년 교회 역사에 방언이 등장하지 않았다. 방언을 말한 사람들은 몬타누스를 비롯한 이단들이었다.[1008]

그로마키는 다음과 같이 말했다.

> 그러나 「텔레이온」이라는 단어는 신약성경에서 재림이나 천년왕국이나 영원한 상태를 묘사하기 위해 결코 사용되지 않는다. 또한, 「텔레이온」이 "부분적"인 것과 대조되어 있기 때문에, 그것은 한 과정의 절정을 가리켜야 한다. 재림은 한 과정이 아니다. 그것은 순간적인 사건이다.[1009]

그로마키에 의하면, '온전한 것'이라는 단어의 헬라어 뜻을 고려할 때, 방언은 그리스도의 재림 전에 그친다. 사도는 은사들이 그리스도의 재림 때까지 계속될 것이라고 명백하게 말하지 않았다. 또한, 사도 바울은 고린도 교회 성도들의 현재 상태를 말했다. 고린도 교회 성도들은 이미 은

1007) 김동수, **방언은 고귀한 하늘의 언어** (서울: 이레서원, 2015), 147.
1008) John F. MacArthur Jr., **무질서한 은사주의**, 이용중 역 (서울: 부흥과개혁사, 2008), 369-375.
1009) Robert G. Gromacki, **현대방언 연구**, 김효성 역 (서울: 기독교문서선교회, 1983), 160; 〈위이버(Weaver)는 그것이 그리스도의 재림을 가리키지 않는다는 것을 다음과 같이 주장했다: "만일 거룩이 어떤 것에 대한 비유라면, '얼굴과 얼굴을 대하는' 경험도 또한 비유일 것이다. 만일 거울이 불완전한 지식을 나타낸다면, 얼굴과 얼굴을 대하여 보는 것은 지식의 완전한 상태에 대한 비유일 것이다." 이것은 부분적인 것과 온전한 것이라는 문맥에 조화된다. 부분적으로 계시 된 말씀을 들여다봄으로써, 사람은 자신에 대한 부분적인 그림을 가졌다. 그러나 말씀이 완성되었을 때, 사람은 하나님께서 그를 보셨던 것과 똑같이 자신을 볼 수 있었다. 왜 그런가? 그것은 하나님께서 그 말씀(성경) 안에서 사람과 교회의 목적을 완전하게 계시하셨기 때문이다.〉(pp. 166-167)

사를 소유하고 있었고 주님을 기다리고 있었다.1010)

존 맥아더는 방언이 그쳤다고 말했다. 김동수 교수는 맥아더의 방언종결론을 반대하며 다음과 같이 말했다.

한마디로 말해, 존 맥아더의 『무질서한 은사주의』에서 그의 방언에 대한 주장의 근거는 매우 미약하고, 문헌의 인용에서도 균형을 잃었다. 그가 은사주의자들의 오류라고 제시하는 예들은 매우 극단적인 것으로 보편적인 은사주의자들의 주장이나 일상이 아니다.1011)

김동수 교수는 맥아더의 "주장의 근거는 미약하고, 문헌의 인용에서도 균형을 잃었다"고 말하나, 맥아더의 책을 읽은 사람은 맥아더가 얼마나 세세하게 자료를 제시했는지 분명히 알 수 있다. 은사주의자들의 오류를 제시한 것은 그런 자들이 은사주의를 주도하고 있기 때문이다. 보편적인 은사주의자들은 그런 자들의 우산 아래 있다. 김동수 교수는 맥아더가 펄시 콜레(Percy Collett)를 은사주의자에 포함 시킨 것에 대해, "이 범주에 포함시키다니, 정말로 아연실색하지 않을 수 없다"고 말했다.1012) 그러나, 펄시 콜레가 성령의 초자연적 은사들을 받았다고 주장하는 것을 알만한 사람들은 다 아는데, 그것을 아연실색하지 않을 수 없다고 말하면 어쩌란 말인가?

고린도전서 13:10

온전한 것이 올 때에는 부분적으로 하던 것이 폐하리라
νυνὶ δὲ μένει πίστις, ἐλπίς, ἀγάπη · τὰ τρία ταῦτα, μείζων δὲ τούτων ἡ ἀγάπη.

"온전한 것"이 언제인가?1013) 여기에는 두 가지 해석이 있다. 대개 방

1010) Ibid., 159-160: "「텔레이온」이라는 단어는 발전 과정의 끝을 가리킨다. 본 서신에서, 바울은 그 단어를 성숙한 신자들에게 사용했고(2:6), 또 육신적이고 미성숙한 고린도인들에게 장성한 사람이 되라고 권면했다(「텔레이오이」, 14:20). 신체적이고 정신적인 발달에 대한 그의 개인적인 언급(13:11)은 어린아이로부터 어른에 이르기까지의 그리스도인의 성장을 설명할 것이다."
1011) 김동수, **방언은 고귀한 하늘의 언어** (서울: 이레서원, 2015), 150.
1012) Ibid.
1013) 온전한 것이 올 때에는 부분적으로 하던 것이 폐하리라(고전 13:10)

언 중지론자들은 성경이 완성된 시점으로 보며, 방언 옹호론자들은 예수님의 재림 시라고 주장한다. 그리하여 주님께서 재림하시기 전까지는 방언이 지속된다고 말한다. 만일 그렇게 방언이 지속된다면 하나님의 계시도 계속해서 주어지고 있다고 말해야 하는 오류를 낳게 된다. 하나님의 계시가 계속된다면 요한계시록으로 성경이 끝나지 않고 성경이 더 추가되어야 한다. 방언 옹호론자들이 방언을 통해 더 영적인 깊은 세계로 들어간다고 말하거나 하나님의 음성을 듣는다고 말하는 것은 그런 주장의 연속성에 있는 것이다.

방언 중지론자들은, 첫째, 계시의 종료로 성경이 완성되었고 방언의 은사도 종결되었다고 말한다. 둘째, 방언의 은사가 종료된 이유는 예언과 지식이 폐하여졌기 때문이라고 한다(고전 13:8). 이때의 예언과 지식은 하나님의 계시를 말한다. 계시로 주어졌던 예언과 지식이 폐하여졌기 때문에 방언도 역시 폐하여졌다는 것이다. 요한계시록 22:18-19은 성경 기록이 완성되었다고 증거 한다.[1014]

방언 중지를 말하는 자들도 "온전한 것"을 반드시 성경의 종료된 시점이라고 말하지 않는다. 매튜 풀은 다음과 같이 말했다.

> 우리가 천국에 갔을 때에는, 우리는 그 어떤 것도 우리에게 더할 필요가 없는 그러한 상태에 있게 될 것이다. 그때가 되면, 우리의 부분적이고 불완전하였던 지식은 완전하고 온전한 지식에 삼켜지게 될 것이다.[1015]

매튜 풀은 예언과 방언의 종료를 '내세'로 본다. 매튜 풀은 10절의 "온전한 것이 올 때"를 "천국에 갔을 때에는"으로 해석한다. 반면에, 신성종 교수는 다음과 같이 말했다.

> 위버는 다음과 같이 말했다. "논리적으로 τὸ τέλειον이란 ἐκ μέρους에서 언급된 것과 같은 범위에 있어서의 완성을 뜻한다. 그런데 ἐκ μέρους가 계시에 의한 신적 진리의 전달을 언급하

1014) 18 내가 이 책의 예언의 말씀을 듣는 각인에게 증거하노니 만일 누구든지 이것들 외에 더하면 하나님이 이 책에 기록된 재앙들을 그에게 더하실 터이요 19 만일 누구든지 이 책의 예언의 말씀에서 제하여 버리면 하나님이 이 책에 기록된 생명나무와 및 거룩한 성에 참예함을 제하여 버리시리라(계 22:18-19)
1015) Matthew Poole, 청교도 성경주석 18 고린도전후서, 박문재 역 (파주: 크리스챤다이제스트, 2015), 222.

고 있으므로 다른 용어인 τὸ τέλειον은 온전한 신약, 즉 하나님의 완성된 진리의 계시를 언급하고 있음이 틀림없다." 그런데 히브리서 1:1에 보면 계시의 점진성을 말해준다. 그러므로 τὸ τέλειον은 지금까지는 부분적이나 계속 점진적으로 발전하고 있으며 언젠가는 완성될 그 무엇을 말한다. 이 해석은 바울이 말하는 신약의 점진적 계시의 개념과 부합된다. 따라서 계시와 관련된 말씀임을 알 수 있다.[1016]

리차드 개핀 교수도 다음과 같이 말했다.

물론 10절의 "완전한 것"이 올 때와 12절의 신자들이 완전한 지식을 가지게 될 때 "그때"는 그리스도의 재림 때를 가리킨다. "그때"가 신약성경이 완성된 때를 가리킨다는 학설은 해석학상 설 수 없는 것이다. "그때"가 정경완성의 때라는 학설은 예언과 방언이 교회사의 창설기, 정경형성기와 직결된 것이라는 올바른 통찰에 근거한 것이긴 하지만, 그것은 바울의 관점 밖의 것을 본문 속에 집어넣어 읽어 바울의 구절을 곡해한 것이다. 그러나 이 구절이 예언과 방언이 그리스도의 재림 때까지 계속되는 것을 가르친다는 결론도 역시 너무 헤픈 결론으로써 바울을 현대 은사론의 관점에서 읽는 오류를 범하고 있다. 바울이 목회서신에서는 사도 이후 시대의 교회의 장래에 필요한 교훈을 하였지만, 본문(고전 13장)에서 바울은 창설기로서의 사도 시대와 사도 이후 시대를 구분하지 않았다. 오히려 그리스도 재림 때까지의 기간 전체를 염두에 두었다. 그 기간에 무엇이 계속되고 무엇이 폐지되는가 하는 것에는 상관하지 않고, 믿음과 소망과 특히 사랑이 계속될 것이라는 점을 강조한 것이다.[1017]

개핀 교수에 의하면, "그때"를 신약성경의 완성으로 보는 것은 해석상 올바르지 않다. 또한, 주의 재림 때로 보는 것도 너무 어설픈 해석이다. 개핀 교수는 사도가 예언과 방언을 말한 것은 "현재의 지식과 관련된 계시의 방도"로 보았으며, "현재의 지식의 일시성과 단편성에 일차적인 강조점을 둔 것"이라고 말했다.[1018] 개핀 교수는 8절의 초점은 고린도 교회 성도들이 가진 지식의 일시성과 잠정성만이 아니라 성도의 인식방법의 "일시성과 잠정성"을 강조하는 것이라고 말했다.

박영돈 교수는 "온전한 것이 올 때"를 성경의 정경화 작업이 완성된 것을 보는 것에 대해 워필드의 뒤를 이은 개핀 교수도 "이런 해석은 바

1016) 신성종, "신약에 나타난 성령론: 특별히 방언 문제를 중심으로," **신학지남** 48(2) (1981): 37(22–38); ⟨물론 τέλειον이 일반적으로는 신자의 성숙과 관련되는 것이 사실이나 야고보서 1:25에 보면, "온전한 율법"이란 말이 나와서 성경과 관련해서 사용된 것을 볼 수 있다. 따라서 위의 3가지 해석 중 이 해석이 문맥과 일치됨을 알 수 있다.⟩ Gilbert B. Weaver, "Tongues Shall Cease": 1Cor. 13:8 (Grace Thelogical Sem, 1964), p. 12. Unpublished.
1017) Richard B. Gaffin Jr., **성령 은사론**, 권성수 역 (서울: 기독교문서선교회, 2012), 133.
1018) Ibid., 135.

울의 관점을 현저히 곡해한 것이라고 배격했다"라고 말했다.[1019] 그러나 박영돈 교수는 개핀 교수가 이어서 말하는 "예언과 방언이 그리스도의 재림 때까지 계속되는 것을 가르치는 결론도 역시 너무 헤픈 결론으로써 바울을 현대 은사론의 관점에서 읽는 오류를 범하고 있다"는 말을 언급하지 않았다.[1020]

개핀 교수의 글을 인용하는 사람들은 무작정 성경이 종결되었기 때문에 예언과 방언이 폐지되었다고 말하는 것은 잘못되었다고 말한다. 개핀 교수가 성경 기록이 끝났다고 말하는 그 의도를 말하는 사람은 거의 없다. 개핀 교수는 다음과 같이 말했다.

> 그런데 성문화(성경 기록)가 끝났다. 성경 기록이 끝났다면 이 구절에 언급된 예언과 방언 등 계시 방도가 그리스도의 재림 때까지 교회에서 계속 기능을 발휘한다고 보는 것은 지나친 견해이다. 바울은 어느 특수한 계시 방법이 끝날 시기를 구체적으로 보여주려는 의도는 없었다. 그가 주장한 것은 "완전한 것"이 오면 일시적인 계시 방도에 근거한 신자의 현재의 파편적인 지식이 끝난다는 점이다. 그러나 예언과 방언의 중지 시기는 이 구절에서는 알 수 없고 다른 구절에 근거하여 고찰하고 결정해야 할 문제이다.[1021]

개핀 교수에 의하면, 고린도 교회의 성도들이 하나님의 말씀을 인식하는 데 있어서 일시적이고 잠정적이었고, 이 시대의 우리 입장에서 보면,

---

1019) 박영돈, **일그러진 성령의 얼굴** (서울: IVP, 2011), 153.
1020) Richard B. Gaffin Jr., **성령 은사론**, 권성수 역 (서울: 기독교문서선교회, 2012), 133.
1021) Ibid., 135-136; 〈마지막으로 지금까지 고찰해 온 내용과 13절의 결론과의 관계를 간단히 다루고자 한다. 믿음과 소망이 그리스도 재림 이후에도 항상 있을 수 있는가 하는 문제는 많은 사람들이 안고 있는 난제이다. 아마 바울이 말한 것은 믿음과 소망이 그리스도의 재림 이후에도 어떤 방식으로 기능을 발휘한다는 말은 아니었을 것이다. 그렇게 말할 수도 있겠지만 바울이 그것을 말한 것은 아닐 것이다. 바울이 바로 앞 절까지 지식에 초점을 기울여 왔으니까, 그의 요점은 믿음과 소망과 사랑이 신자의 현재의 지식-특히 지식을 "보는 것"이라는 점에서(12절 상반절)-보다 앞서가는 것이라는 점이었을 것이다. 여기서 "앞서 간다"는 말은 믿음과 소망과 사랑이 현재의 지식과 분리된 것이라거나, 현재의 지식과는 달리 비이성적 원리에 의하여 움직이는 것이라는 의미에서가 아니라, 현재의 지식 (신령한 은사들과 함께)과는 다른 방식으로 그리스도의 재림 때에 나타날 완전한 질서를 파악하고 미리 내다본다는 의미에서인 것이다. 현재 신자가 "보는 것"(sight)과 대조적으로 이렇게 종말적으로 "앞서가는 것"이 다른 곳에서도 지적되었다. 믿음에 대해서는 고린도후서 5:7에 "믿음으로 행하고 보는 것으로 하지 아니함이로라"고 했고, 소망에 대해서는 로마서 8:24-25에 "보이는 소망이 소망이 아니니 보는 것을 누가 바라리요"라고 했고, 사랑과 믿음에 대해서는 베드로전서 1:8에 "예수를 너희가 보지 못하였으나 사랑하는도다 이제도 보지 못하나 믿고 말할 수 없는 영광스러운 즐거움으로 기뻐한다"고 하였다. 여기서 또한 사랑과 지식(신자의 현재의 지식)의 대조를 주목하라(지식과 사랑의 관계는 고린도전서 8장 전체의 윤곽을 이루고 있다).〉

성경 기록이 종료되었기 때문에 그 일시성과 잠정성이 완전하게 해결되었기 때문에 파편적으로 주어졌던 예언이나 방언이 더 이상 주어지지 않는다는 것이다. 이것은 결국 성경의 충분성의 문제라는 것을 말해준다. '성경의 충분성을 믿느냐?', '안 믿느냐?'에 따라 '방언의 지속이냐?', '중단이냐?'를 가늠한다.

개핀 교수는 다음과 같이 말했다.

> 그러나 계시를 성경에 기록하는 일은 중지되었다. 따라서 성경을 기록하는 일이 중지되었다면, 이 본문이 방금 언급한 계시 양식 곧 예언과 방언이 그리스도가 재림하실 때까지 교회 안에서 계속 존재한다는 사실을 가르친다고 주장하는 것은 정당성이 없다. 바울은 이 계시 양식이 언제 중단될지 구체적으로 때에 대해 언급하려는 의도는 갖고 있지 않다. 바울이 주장하는 바는 "온전한 것"이 오면, 똑같이 임시직인 계시 양식에 기반을 둔 신자의 현재의 단편적인 지식이 멈추게 된다는 것이다.[1022]

개핀 교수에 의하면, 계시를 성경으로 기록하는 일이 중지되었기 때문에 계시의 방식이었던 예언과 방언도 계속 존재할 수 없다. 계시가 정경으로 완성되었다면 계시의 방편도 종료되었다고 말하는 것이 옳다.

(3) 고린도전서 14장

고린도전서 14장은 예언의 탁월성을 강조한다. 예언과 방언이 대조되어 나오며, 예언이 주요소로 방언은 종속요소로 나타난다.[1023] 이 대조에서 "예언이 더 우위에 있는 요소이고 방언은 하위에 있는 요소다"[1024] 14장에서 바울의 강조점은 교회의 덕을 세우는 것이다(4절). 그런 까닭에, 방언에 대한 해석이 없으면 잠잠해야 했다(33절).

1022) Richard B. Gaffin Jr, **구속사와 오순절 성령강림**, 김귀탁 역 (서울: 부흥과개혁사, 2013), 172.

1023) Richard B. Gaffin Jr., **성령 은사론**, 권성수 역 (서울: 기독교문서선교회, 2012), 68; "14장 전체를 통해 방언은 예언의 상대적 중요성을 보여주고, 반대로 예언은 방언의 상대적 열등성을 보여준다. 여하간 14장의 요점은 방언에 대한 예언의 상대적 우월성을 보여주는 데 있다(1, 39절; 즉 맨 처음과 맨 마지막 절을 주목해 보라).

1024) Richard B. Gaffin Jr, **구속사와 오순절 성령강림**, 김귀탁 역 (서울: 부흥과개혁사, 2013), 89; "바울이 방언보다 예언이 우위에 있다고 강조하고 주장하는 명백한 이유는 고린도 교회의 교인 가운데 일부가 이 우선순위를 바꾸어 방언이 예언보다 우위에 있다고, 아니 사실은, 방언이 예언의 유일하게 적합한 양식이라고 주장했기 때문이다."

고린도전서 14:1

사랑을 따라 구하라 신령한 것을 사모하되 특별히 예언을 하려고 하라(고전 14:1)
Διώκετε τὴν ἀγάπην, ζηλοῦτε δὲ τὰ πνευματικά, μᾶλλον δὲ ἵνα προφητεύη
τε.

성경을 보면, "신령한 것들을 사모하되"라는 말씀 다음에는 "특별히 예언을 하려고 하라"는 말씀이 이어진다.[1025] 여기에 무슨 심오한 주석적 작업이 필요한 것이 아니다. 성경 그대로 읽고 확인하면 된다. 김동수 교수는 "성경적인 올바른 태도를 가지고 사모"하라고 하면서도 그 사모하는 것을 예언이라 하지 않고 방언이라고 말했다. 이것도 김동수 교수의 실수인가?? 칼빈은 다음과 같이 말했다.

다른 말로 표현하면, '어떤 은사라도 무시하지 말라. 나는 예언이 그 가장 중요한 위치를 차지하는 한 다른 모든 은사를 사모하라고 여러분에게 권한다'는 뜻이기도 하다.[1026]

김동수 교수는 옥성호의 『방언, 정말 하늘의 언어인가?』라는 책에 대해 말하면서 다음과 같이 말했다.

필자가 이 책을 읽고 느낀 첫 번째 전반적 평가와 인상은 저자는 여러 전문 서적을 읽고 분석하고 평가하고 나름대로의 논리를 펼치고 있지만, 성경해석에 있어서는 결국 아마추어 (amateur)라는 것이었다. 어느 분야에서건 프로와 아마추어의 차이는 극명하다. 아마추어는 어떤 문제에 흥미롭게는 접근하지만 전문적인 지식을 가지고 접근할 수 없다.[1027]

김동수 교수는 옥성호는 비전문가이고 자신은 전문가라는 인상을 주었다. 그렇다면 김동수 교수는 전문가로서 성경에서 "예언을 사모하라"고 한 것을 '방언을 사모하라'로 말할 수 있는가? 김동수 교수는 방언 은사를 체험하기 위해 "성경적인 올바른 태도", "사모함"을 말했다.[1028]

1025) 사랑을 따라 구하라 신령한 것을 사모하되 특별히 예언을 하려고 하라(고전 14:1)
1026) John Calvin, **신약성서주석 8 고린도전서주석** (서울: 성서교재간행사, 1982), 388.
1027) 김동수, **방언은 고귀한 하늘의 언어** (서울: 이레서원, 2015), 117.
1028) Ibid., 110.

실제로 어떻게 방언 은사를 체험하게 하는가? 김동수 교수는 방언 세미나에서 다음과 같이 말했다.

> 우리 주의 성령이 내게 임하여 내가 방언합니다. 우리 주의 성령이 내게 임하여 내가 방언합니다. 아멘. 방언합니다. 방언합니다. 내가 방언합니다. 방언합니다. 방언합니다. 내가 방언합니다. 이렇게 하겠어요. 이 찬양을 부르면서 처음에는 우리 말로 할텐데요. 그다음에는 입술을 여러분 맡기고, 방언하는 사람은 방언을 하고, 방언 못 하는 사람은 그냥 아무렇게나 말해 보세요. 랄라 로로 떼떼 띠모 아무 데나 부르면 되요. 그러면 여러분 입술은, 그다음에 방언을 오늘 꼭 안 받은 사람, 받고 싶은 사람 앞으로 나오세요.[1029]

이것이 과연 "성경적인 올바른 태도", "사모함"으로 받는 방언 은사인가? 이것이 과연 성령께서 주시는 방언인가? 방언이 "랄라 로로 떼떼 띠모 아무 데나 부르면" 되는 것이라면 그것은 방언이 아니라 인간의 조작이다. 김동수 교수가 "아무 데나 부르면 되요"라고 말한 것은 "습득 과정이나 노력으로 된 것이 아니라 말세에 성령의 역사로 이루어지는 언어 기적이 바로 방언이다."라고 말한 것과 정면으로 배치된다.[1030] 김동수 교수는 "실제 집회에서 가짜 방언은 우려할 만큼 많지 않다고 본다."라고 말한 것은 참으로 놀랍고 기이한 방언이다.[1031]

김동수 교수는 다음과 같이 말했다.

> 방언의 은사를 체험하는 방법은 무엇일까? "할렐루야"를 계속 발음하다 보면 방언이 된다고 가르친다는 이야기도 들려온다. 물론 이 방언은 성경이 말하는 방언이 아니다. 방언은 성령이 우리의 혀를 직접 통제하여 기도하는 은사이다.[1032]

김동수 교수에 의하면, '할렐루야'를 반복해서 나온 방언은 "성경이 말하는 방언이 아니다." 그러나, 김동수 교수 자신은, "랄라 로로 떼떼 띠모 아무 데나 부르면" 된다고 말했다. 다른 사람이 '할렐루야'를 반복해

1029) 김동수 교수 방언, 동영상 1-55초까지. Sep.18.2016. Accessed Aug.24.2910.
http://blog.naver.com/wmsfms/220814947500?rvid=A119698C6061DD553D63F9D37289474B4F81/
1030) 김동수, "누가의 방언론," 신약논단 14(3) (2007): 587(563-596).
1031) 김동수, "방언이 없다고? '성경과 교회사를 보라, 지금도 있다," May.10.2015. Accessed Oct.3.2019.
http://www.penews.co.kr/news/articleView.html?idxno=180
1032) 김동수, 방언은 고귀한 하늘의 언어 (서울: 이레서원, 2015), 79.

서 나온 방언은 "성경이 말하는 방언이 아니다"라고 말하고, 김동수 교수 자신은 "랄라 로로 떼떼 띠모 아무 데나 부르면" 되는 방언은 어느 나라 방언인가? 특정 단어를 자기 의지로 반복하는 것은 성령께서 주도하는 것이 아니라 인간이 자기 열정을 발휘하는 것에 불과하다.

하경택 교수는 김동수 교수의 책을 서평하면서, "하나님께서 예수의 제자들로 하여금 예언적 영감을 받아서 타 문화권에 가서 선교할 수 있도록 주신 것이 성령세례요 방언이라는 것이다."라고 말했다.1033) "랄라 로로 떼떼 띠모"라고 하면 성령세례를 받고 선교할 수 있는 방언이 되는가? 하경택 교수는 예언과 방언 현상이 더는 없다는 주장에 대해 "자신들의 주장을 합리화하기 위한 억지이다"라고 말했다. 하경택 교수는 김동수 교수의 방언 받는 방식이 억지라는 것을 먼저 인정해야 할 것이다.

고린도전서 14:2

> 방언을 말하는 자는 사람에게 하지 아니하고 하나님께 하나니 이는 알아듣는 자가 없고 그 영으로 비밀을 말함이니라(고전 14:2) ὁ γὰρ λαλῶν γλώσσῃ οὐκ ἀνθρώποις λαλεῖ ἀλλὰ θεῷ, οὐδεὶς γὰρ ἀκούει, πνεύματι δὲ λαλεῖ μυστήρια

방언 옹호론자들은 '하나님과 대화하는 방언이 따로 있다'면서 그 근거로 고린도전서 14:2("방언을 말하는 자는 영으로 비밀을 말함이니라")를 말한다.1034) 해이즈는 방언하는 사람은 성령의 감동으로 하나님께 기도하는 것이라고 말했다.1035) 맥도날드(William Graham Mac

---

1033) 하경택, "방언은 고귀한 하늘의 언어," Canon & Culture 3(1) (2009): 303(297-307).
1034) 방언을 말하는 자는 사람에게 하지 아니하고 하나님께 하나니 이는 알아 듣는 자가 없고 그 영으로 비밀을 말함이니라(고전 14:2)
1035) Richard B. Hays, First Corinthians (Louisville: John Knox, 1997), 235; 김동수, "바울의 방언관," 신약논단, 13(1) (2006): 184(169-193)에서 재인용; 〈해이즈(Richards B. Hays)가 적절하게 지적했듯이 이렇게 바울이 희미하게 찬사를 보내면서 실제로는 방언을 금지하려고 했던 것은 오랜 해석전통이기는 하지만 바울의 방언론을 오판한 것이라고 한다. "바울이 희미하게 찬사를 하면서 이 은사를 저주하고 있으며 암시적으로 이것을 근절하려 했다는 것"은 바울이 말하려고 했던 의도와는 다른 것이라고 한다. 해이즈는 이러한 바울 본문 읽기는 "자신이 속한 교회가 바울이 쓰고 있는 편지에서 말하는 은사들을 경험하지 못한 해석자들의 주장"에 의한 것이고 이러한 본문 읽기는 정당하지 않다는 것이다. 고린도전서 14:2에서 "바울은 사실 방언하는 사람은 성령의 감동에 의하여 하나님께 향하여 기도하고 있는 것이라고 말하고 있는데 그것을 어떻게 바울이 금하고 있

MacDonald)는 방언이 하나님께 단일방향이기 때문에, 구어가 될 수 없다고 말했다.1036) 김동수 교수는 "방언이 하나님께 그 영으로 비밀을 이야기하는 기도"라고 말했다.1037) 홍성건 목사는 고린도전서 14:2을 말하면서, 방언은 "아무도 알아들을 수 없는 말로서의 방언"이라고 말했으며, "방언은 성령 안에서 우리의 영으로 하나님께 기도하는 것입니다. 그러므로 알아들을 수 없는 것이 보편적이며 방언으로 기도하는 자기 자신도 알아듣지 못하는 것이 정상입니다"라고 말했다.1038) 이승구 교수는 "방언은 개인기도 시간에 필요할 것"이라고 말했다.1039)

존 프레임(John Frame)은 "바울은 개인적인 경건 생활에서 방언을 사용하는 것을 비난하지 않습니다"라고 말했다.1040) 프레임은 공적 예배에서는 방언을 사용하지 말아야 하나 사적으로는 사용할 수 있다고 말했다.1041) 프레임의 이런 주장은 방언 통역을 예언의 은사로 보는 프레임

다고 판단할 수 있는 것인가?〉

1036) William Graham MacDonald, "Biblical Glossolalia-Thesis 7," *Paraclete* 28(2) (1994):1; Benny C. Aker, "The Gift Of Tongues in 1 Corinthians 14: 1-5," *Paraclete*, 29(1) (1995)에서 재인용; 〈W.G. MacDonald, a proponent of this position, recently summarized his view: "Glossolalia is always directed to God, and only to Him. In form, glossolalia is spoken or sung to Him. In content, biblical glossolalia consists of worship or prayer. It consists of praise or petition, thanksgiving or intercession. Because glossolalia is unidirectional to God, it cannot be an oracular utterance.〉

1037) 김동수, "바울의 방언관," **신약논단**, 13(1) (2006): 177(169-193); "바울은 이것을 모든 사람이 경험할 필요가 있다고 본 것이고, 또 그렇게 되기를 소망하고 있는 것이다."

1038) 홍성건, **성령으로 행하는 사람** (서울: 예수전도단, 2001), 244.

1039) 이승구, "칼빈이 말하는 진정한 기도란 무엇인가?(2)," **뉴스앤조이**, Mar.30.2009.
http://www.newsnjoy.or.kr/news/articleView.html?idxno=27272; 〈참다운 예배 형태를 이룩하게 되면 한 몸 안의 영으로서 은혜가 넘치게 될 것이다. 이승구 교수는 "방언은 개인기도 시간에 필요할 것"이라고도 한다. 나와 하나님과의 대화 속에서 '하늘의 언어'로 말한다면 아름다운 서시가 될 것은 자명하다. 이러한 공적인 기도 혹은 사적인 기도 모두가 마음이 수반되지 않는다면 하나님은 그 기도를 받지 않는다.〉

1040) John M. Frame, **조직신학개론**, 김용준 역 (서울: R&R, 2011), 246; "오늘날에도 하나님이 방언의 은사를 주십니까? 또는 하나님이 교회에서 일시적으로 주셨던 예언의 은사처럼, 완성된 성경을 가지고 있는 오늘날의 교회에 방언은 필요 없는 은사입니까? 앞서 말한 것과 같이 통역된 방언을 예언과 동일하게 보는 논지에 따른다면, 오늘날 해석된 방언은 없다는 것을 의미합니다. 그러므로 고린도전서 14장은 공적 예배에서 우리는 방언을 사용하지 말아야 한다고 말합니다. 그러나 바울은 개인적인 경건 생활에서 방언을 사용하는 것을 비난하지 않습니다."

1041) 존 프레임, **존 프레임의 조직신학**, 김진운 역 (서울: 부흥과개혁사, 2017), 951; "하나님은 오늘날 방언의 은사를 주시는가? 또는 예언처럼 방언도 하나님이 교회에 주셨지만 이제 우리에게 완성된 성경이 있으므로 지금은 필요하지 않은 일시적인 은사인가? 물론 통역된 방언이 예언과 똑같기 때문에, 우리가 전에 했던 주장은 오늘날 어떤 통역된 방언도 없다는 것을 암시한다. 따라서 고린도전서 14장은 우리가 공적 예배에서 방언을 사

자신의 견해와 일치되지 않는다. 프레임은 이어서 "개별적인 방언의 사용이 다른 사람을 더욱 효과적으로 보살피도록 기여할 수도 있습니다"라고 말했다.1042) 이것은 방언이 개인의 경건 생활을 위한 개별적 사용의 범주를 벗어나는 것이다. 프레임은 이 문제에 대한 분명한 확신도 없이 이런 말을 했다. 이 중대한 사안에 대하여 "미결"로 처리하는 것은 매우 부적절하다. 존 프레임은 고린도전서 14장 전체가 예배라는 공적인 상황에서 말한다는 것을 간과했다.

하경택 교수는 은사중지론자들에게 의문을 제기하면서 다음과 같이 말했다.

> 만약 방언이 인간이 쓰는 외국어였다면 고린도전서 14장 2절에서 "방언을 말하는 자는 사람에게 하지 아니하고 하나님께 하나니 이는 알아듣는 자가 없고 영으로 비밀을 말함이라."는 언급에 대한 정면 도전이라는 것이다. 여기에서는 분명 인간이 알아들을 수 없는 신비한 언어를 말하고 있기 때문이다.1043)

우리가 먼저 생각해야 할 것은 고린도전서 14:1-15까지 전체 문맥을 살펴보면 '영으로 말한다'는 표현은 부정적으로 사용되었다.1044) 김신호

용하지 말아야 한다고 우리에게 말할 것이다. 하지만 바울은 사적 예배에서 방언을 사용하는 것을 비난하지 않는다."

1042) Ibid., 247; "왜 하나님이 방언의 개별적 사용은 그대로 유지하시는 반면, 예언과 통역의 은사는 교회로부터 금지하시는지에 대해 생각하는 것은 어렵습니다. 그렇지만 당장은 이 문제에 대해 미결로 두는 것이 최상이라 생각합니다."

1043) 하경택, "방언은 고귀한 하늘의 언어," Canon & Culture 3(1) (2009): 304(297-307); 하경택 교수는 다음과 같이 말했다. "또한 방언이 실제 외국어였다면 방언하는 사람에게 통역하기를 위해 기도하라(고전 14:13)는 바울의 권면이 적절치 않게 여겨진다. 방언이 당대에 사용된 외국어였다면 그 언어를 아는 사람을 데려다가 통역으로 쓰면 되지 굳이 통역의 은사를 구하라고 말할 필요가 없다는 것이다. 그것이 외국어였다면 통역의 은사를 구하라고 하기보다는 그러한 외국어를 배우라고 했을 것이고, 배워서 습득될 수 있는 외국어 능력이라고 한다면 그것을 성령의 은사라고 말할 수 있겠느냐?는 의문을 피하기 어렵다." 이 문제에 대답하는 것은 어렵지 않다. 방언은 성령께서 주권으로 역사하여 복음을 들어야 하는 자들에게 필요한 언어로 말하게 하신다. 예를 들어, 방언하는 사람이 내가 라틴어 방언만 한다고 할 수가 없고, 성령께서 다른 언어로 방언을 주실 수도 있기 때문에 외국어를 배우라고 말할 수 없다. 우리 편에서는 방언이 고정된 외국어였다고 확증할 수가 없다.

1044) 권동우, "현대 방언 은사가 거짓인 이유는 무엇인가?," Sep. 1.2016. Accessed Aug.24.2019. http://www.good-faith.net/news/articleView.html?idxno=618; "위에서 바울은 2절에서 통역 없이 방언을 한다면 알아듣는 자가 없기에 '영으로' 비밀을 말하는 것이고 그것은 허공에다 말하는 것과 같기에 통역하기를 기도하라고 말하고 있다. 바울은 통역을 하지 않고 방언을 말한다면 말하는 자나 듣는 자 모두가 외국인(foreigner)이 된다고 표현하였는데, 이 표현은 고전 14장의 방언이 외국어 방언이라는 것을 직접적으로 나타내

박사는 14:2의 방언이 외국어가 아니라고 말하면서, "만약 방언이 오직 외국어만 있다면, 굳이 방언의 은사를 받거나 방언 통역의 은사를 구할 것이 아니라 외국어 학원에 직접 가서 배우거나 외국어 통역관을 불러서 통역하면 될 것이다"라고 말함으로써 방언 은사의 본질적인 면을 간과했다.1045) 방언이 외국어로 주어지면 그 외국어가 어느 나라 언어인지는 성령님의 말하게 하심을 따라 이루어지는 일이기 때문이다.

방언이 은사로써 외국어라는 것은 인간이 학습한 방언이 아니라는 것이다. 바울의 논점은 방언이 오순절 때와 다르다는 것이 아니라 방언 통역이 없어서 알아듣는 사람이 없다는 것이다. 또한, 14장 전체는 방언을 개인 기도로 말한 것이 아니라 공예배에 이루어지는 것이었다(고전 14:26-27). 사도가 "사람에게 아니 하고 하나님께 하나니"라고 말한 이유는 "알아듣는 자가 없고"를 강조하기 위함이다.

반면에, 김우현 감독은 "우리가 방언을 시작하면 즉시 '신적인 소통'(divine communication)에 들어가기 때문에 사탄이 그 기도를 알 수 없다는 것이다."라고 말했다.1046) 김우현 감독에게 "방언은 사탄을 대적하는 영의 기도"이다.1047) 이어서 김우현 감독은, 방언 옹호론자들이 주장하듯이, "방언을 통해 영으로 비밀(mysteries)을 기도하게 하시는 것이다"라고 말했다. 김우현 감독에게 비밀이란 '방언을 통한 신적인 소통이며 사탄도 알아들을 수 없는 감추어진 전략'이다.

김우현 감독은 방언에 대해 다음과 같이 말했다.

방언은 하나님의 나라를 잉태한 작은 개인들이 그 안에 임하여 계신 성령과 더불어 드리는

주고 있는 것이라 할 수 있다. 따라서 통역없이 방언으로 기도하고 찬양하면 영이 하는 것으로 마음이 열매를 맺지 못하기에 바울은 영으로 또 마음으로 기도하고 찬양할 것이라고 강조하고 있는 것이다."

1045) 김신호, **성령세례 받으면 방언하나요?** (서울: 서로사랑, 2011), 59.

1046) 김우현, **하늘의 언어** (서울: 규장, 2016), 88; "그런데 방언을 통해 영으로 비밀(mysteries)을 기도하게 하시는 것이다. 그 감춘 비밀을, 영의 기도를 사탄도 알아들을 수 없는 것이다. 이 얼마나 놀라운 전략인가! 이것은 연약한 우리를 돕기 위해 하나님이 주신 특별한 능력이다. 바울은 그 본질을 알았기 때문에 그토록 많이 방언으로 기도한 것이다. 하나님 나라와 그리스도의 본질을 누구보다 더 많이 깨달은 바울은 항상 이 '비밀'로 그것을 설명했다. 그런데 방언이 '그 영으로 비밀을 말함'(고전 14:2)이라고 하니 참으로 놀라운 일이 아닐 수 없다."

1047) Ibid., 156.

비밀기도이다. 그것이 깊어지고 활성화되면 각 지체들이 영적으로 강하게 세워진다. 그러면 각자 하나님의 임재 가운데 들어가 거기서 분출되는 능력으로 하나님의 나라를 이룬다. "와 … 내가 생각해도 멋지다!"1048)

김우현 감독에게 방언은 비밀기도이고 하나님의 임재로 들어가게 하는 수단이다. 김우현 감독이 말하는 "분출되는 능력"이란 무엇이며 "하나님의 나라"는 무엇인가?

만일 방언으로 하는 기도하는 것이 맞다면 통역을 해야 하는 당위성이 없다.1049) 왜 그런가? 기도는 하나님께 하는 것인데, 방언으로 하는 기도를 통역한다는 것은 하나님께서 기도를 못 알아들으신다는 황당한 결과를 초래하기 때문이다. 통역이 필요한 이유는 내가 말하는 것을 듣는 사람이 알아듣지 못하거나 이해하지 못하기 때문에 두 언어를 아는 사람이 듣는 사람의 언어로 말해주는 것이다. 그런 까닭에 기도를 통역한다는 것은 하나님을 모욕하는 결과가 된다.

4:13에서 "그러므로 방언을 말하는 자는 통역하기를 기도할지니"는 방언으로 말하는 것에 대한 통역이지 방언 기도한 것에 대한 통역이 아니다. 방언을 통역한 이유는 무엇인가? 방언을 듣는 사람들이나 말하는에게 야만인이 되지 않게 하기 위함이며, 교회의 덕을 세우기 위함이다.1050) 하나님께 하는 기도에 통역을 한다는 것은 존재하지 않는 개념이다. 그러므로 방언 은사가 방언 기도라는 정의는 오류이며 잘못된 정의이다.

노우호 목사는 다음과 같이 번역했다.

왜냐하면 방언을 말하는 자가 말을 사람에게 말하지 아니하고 하나님께 말하기 때문에 아무

1048) Ibid., 75; 〈"과거 특정한 소수의 위대한 능력자, 사역자들의 시대가 아닌, 이제는 모든 평범한 성도들이, 오히려 작은 자들이 그 놀라운 사랑과 역사를 경험하고 열매를 맺는 것이 이 시대를 향한 하나님의 뜻이기에 이 '방언의 코드'를 열어주시는 게 아닌가 생각합니다."〉
1049) 그런즉 형제들아 어찌할꼬 너희가 모일 때에 각각 찬송시도 있으며 가르치는 말씀도 있으며 계시도 있으며 방언도 있으며 통역함도 있나니 모든 것을 덕을 세우기 위하여 하라(고전 14:26)
1050) 11 그러므로 내가 그 소리의 뜻을 알지 못하면 내가 말하는 자에게 야만이 되고 말하는 자도 내게 야만이 되리니 12 그러면 너희도 신령한 것을 사모하는 자인즉 교회의 덕 세우기를 위하여 풍성하기를 구하라(고전 14:11-12)

도 알아듣는 자가 없다. 그럼에도 불구하고($\delta\grave{\epsilon}$=but) 그의 영으로 비밀을 말한다.[1051]

　　노우호 목사는 "알아듣는 자가 없는데도 불구하고 영으로 비밀을 말한다"라는 뜻으로 부정적 의미로 해석했다.[1052] 변종길 교수는 사도행전 2장의 방언은 외국어를 뜻하나, 고린도전서 12장의 방언은 외국어가 아니라 '비밀한 말', '신비한 언어'라고 주장했다. 그 이유는 고린도전서 14:2에서 "이것은 기도 중에 하나님께 신비한 언어로 말하는 것을 뜻한다. 즉 여기의 방언은 세상 사람들이 알아들을 수 없는 말로 기도하는 것을 뜻하며, 그렇기 때문에 다른 사람들은 전혀 이해할 수 없다"고 말했다.[1053]

　　그렇다면, 관건은 '비밀이 무엇인가?' 하는 것이다. "비밀"을 하나님의 구원 혹은 구속사적 계시로 이해하는 사람들이 있다. 앞서 살펴보았듯이, 권기현 목사는 계시와 관련된 것으로 말했다.[1054] 개핀 교수도 바울 서신에서 비밀은 "계시의 핵심에 속하는 것"이라고 말하면서, 고린도전서 13:2의 비밀은 "전에는 숨겨졌으나 이제 비로소 알려진 특수계시를 가리키는 것이다"라고 말했다.[1055]

　　또한, 사람들은 자신이 방언으로 기도하는 것을 '나의 비밀을 하나님

1051) 노우호, **방언을 검증하자** (산청: 에스라하우스출판부, 2014), 114.

1052) Ibid., 115-116; ⟨방언을 말하는 자라면 당연히 사람에게 말을 해야 하는 것인데 이들은 사람에게 말을 하지 아니하고(οὐκ) 이와는 달리 (반대로(ἀλλα) 하나님께 말한다는 것을 지적하고 있다. 즉 방언은 본래 사람에게 말하는 것인데 사람에게는 말을 하지 아니하고 엉뚱하게(반대로) 하나님께 말하고 있다는 것을 지적한 문장이다. … 우리말 성경의 번역에서 결정적인 실수는 "δέ'라는 접속사를 역접(逆接) 접속사로 인식하지 못하고 계속사와 같이 오역을 했다. 그러나 영어 번역에서는 이 단어를 'but' 혹은 'howbeit'으로 번역하여 본문의 의미를 비교적 바르게 역접의 접속사로 번역했다. … 기존의 번역의 결과는 "**영으로 비밀을 말하는 것**"으로 오해하기 쉽게 되어 있다. 그러나 필자가 번역한 대로 읽어보면 "**알아듣는 자가 없는데도 불구하고 영으로 비밀을 말한다.**"는 뜻으로 부정적인 의미를 바로 인식할 수 있다. 이렇게 번역부터 바르게 해 놓고 그 뒤를 읽어 나가게 되면 그리 어렵지 않게 이해할 수 있을 것이다. 만약 어떤 사람이 그의 영으로 하나님께 비밀을 기도한 것이라면 아무리 사도 바울이라도 비밀기도를 통역이라고 해서는 안 된다. 그러나 번역을 바르게 해서 **알아듣는 자가 없다**는 것이 결론이라면 바울이 말하는 대로 모든 회중이 알아듣게 통역을 하라고 다그치는 것이 당연하게 될 것이다.⟩

1053) 변종길, **우리 안에 계신 성령** (서울: 생명의말씀사, 2003), 89.

1054) 권기현, **방언이란 무엇인가** (경산: R&F, 2016), 71.

1055) Richard B. Gaffin Jr., **성령 은사론**, 권성수 역 (서울: 기독교문서선교회, 2012), 75; ⟨바울 서신의 대부분에서 "비밀"은 계시의 핵심에 속하는 것으로서 하나님께서 주권적·일방적으로 펴보이시지 아니하시면 사람에게 숨겨져 있어서 사람이 접근할 수 없는 것을 강조하는 말이다. "비밀"의 내용은 신비하고 진기한 비법이나 진리체계가 아니라 그리스도 안에 계시 된 종말적 구원이다.⟩

께 나의 영으로 (혹은 성령께서 역사하셔서) 방언을 통해 기도'하는 것이라고 생각한다. 방언 옹호론자는 성령께서 나의 영혼의 탄식을 방언으로 하나님께 기도하게 하신다고 주장한다.

칼빈은 다음과 같이 말했다.

> 그것은 외국어를 의미하고 있다. 바울 사도가 '사람에게 하지 아니하고'라고 한 이유는 '아무도 이해할 사람이 없다'는 이유 때문이다. 말하자면 방언을 말하는 본인 자신만이 이해할 수 있기 때문이다. 다른 사도들은 소리만 들을 뿐이며 그가 무엇을 말하는지 깨달을 수 없기 때문이다.1056)

칼빈에 의하면, 비밀이란 아무도 이해할 수 없기 때문에 비밀이다.

찰스 핫지는 다음과 같이 말했다.

> 분명히 본 구절이 의미하는 바는, 이해가 되지 않을지라도 그가 말하는 것은 하나님의 진리를 내포하고 있다는 것이다. 난점은 의미의 결여에 있는 것이 아니라 사용된 언어에 있다. 다시 말해서 발음이 분명치 않은 모호한 소리들이 사용되었다는 사실에 난점이 있다. 그러므로 본 구절은 문제의 방언의 은사의 속성에 대한 일반적으로 받아들이는 견해와 불일치하는 것을 하나도 내포하고 있지 않다. '방언으로 말하는 자는 사람들에게가 아니라 하나님에게 말한다. 왜냐하면 그가 말하는 것에는 최고의 의미로 가득 차 있다고 할지라도 아무도 그를 이해하지 못하기 때문이다.' 본문이 암시하는 바는, 듣는 사람들은 이 방언이 의미하는 바를 전혀 이해하지 못한다는 것이다. 따라서, '알아듣는 자가 없다'라고 언급되고 있는 것이다.1057)

핫지에 의하면, 사도가 말한 '비밀'이란 '다른 사람들이 알아듣지 못한다'는 것이다. '그 사람이 말하는 내용이 무엇인가?'가 아니라, '그 사람이 말하는 방식이 무엇인가?'이다. 2절이 말하는 비밀이란 '방언 통역을 못 하면 사람들이 그 뜻을 알 수 없는 까닭에 비밀이 된다'는 뜻이다.

무엇보다 2절의 뜻을 제대로 알기 위해서는 14장 전체의 맥락에서 보아야 한다. 사도가 14장 전체에서 말하는 의미는 통역자가 없이는 방언하지 말아야 하며, 예언이라도 모든 사람이 알아들을 수 있는 말로 하라는 것이다. 예배 중에 어떤 성도가 방언을 말하면 그 방언은 아무도 알아

1056) John Calvin, **신약성서주석 8 고린도전서주석** (서울: 성서교재간행사, 1982), 388.
1057) Charles Hodge, **고린도전서주석**, 김영배·손종국 역 (서울: 아가페출판사, 1985), 392.

들을 수 없다. 방언을 하는 사람이 "사람에게 하지 아니"(οὐκ ἀνθρώπ
οις λαλεῖ)한다는 것은, 칼빈이 말했듯이, "아무도 이해할 사람이 없
다"는 의미다.[1058] 방언을 말하는 자는 사람을 향해서 방언하는 것이 아
니라 하나님께 방언하는 것이다.

'하나님께 방언을 한다'는 것은 무슨 뜻인가? 매튜 풀은 "하나님께 하
나니"(ἀλλὰ θεῷ)를 "하나님을 상대하는 것"으로 말했다.[1059] 반면에,
"예언하는 자는 사람에게 말하여 덕을 세우며 권면하며 위로하는 것이"
다(고전 14:3). 예언은 사람들이 알아들을 수 있기 때문입니다. 방언을
말하는 자가 하나님을 상대로 말하는 이유는 방언을 알아듣는 자가 없기
때문이다. "그 영으로 비밀을 말함이라"는 말은 '우리의 영이 우리 마음
의 비밀을 말한다'는 것이 아니라, 방언(외국어)으로 말하는 것을 아무도
알아듣지 못한다는 뜻이다. 그런 까닭에, 방언을 말하는 자는 사람을 상
대하는 것이 아니라 하나님을 상대한다. 예배 중에 방언을 하면 하나님
께서 은사를 주신 통역자를 통해 방언을 통역하게 하심으로 방언의 역할
을 하게 하신다.

고린도전서 14:4

방언을 말하는 자는 자기의 덕을 세우고 예언하는 자는 교회의 덕을 세우나니(고전 14:4)
ὁ λαλῶν γλώσσῃ ἑαυτὸν οἰκοδομεῖ · ὁ δὲ προφητεύων ἐκκλησίαν οἰκοδομεῖ.

노우호 목사는 헬라어 δὲ를 역접 접속사로 보고 "방언을 하는 자는
자기를 세운다. 그러나 예언을 하는 자는 교회를 세운다."라고 번역했
다.[1060] 노우호 목사는 한글 성경은 헬라어 원문에 없는 "덕"을 추가했
으며, 사도 바울이 방언은 부정적으로 기록했으며 예언은 긍정했다고 말

1058) John Calvin, **신약성서주석 8 고린도전서주석** (서울: 성서교재간행사, 1982), 392.
1059) Matthew Poole, **청교도 성경주석 18 고린도전후서**, 박문재 역 (파주: 크리스챤다이제스트, 2015), 227;
〈자기가 전하는 말씀을 "알아 듣는 자가 없다"는 것을 알면서 전하는 것이기 때문에, "사람에게 하지 아니하
고," 모든 언어를 창조하신 분으로서 모든 언어를 다 알아들으실 수 있는 "하나님"을 상대하는 것이라고 말한
다.〉
1060) 노우호, **방언을 검증하자** (산청: 에스라하우스출판부, 2014), 117; "바울은 방언하는 사람과 예언하는
사람을 비교하면서 방언을 부정하고 예언을 긍정하려는 마음으로 글을 썼다."

했다. 찰스 핫지는 방언으로 말하는 사람은 다른 사람들이 그 방언을 이해하지 못했기 때문에 교회에 덕을 세우지 못했으며, 자신에게 덕이 되었던 것은 자신이 그 방언을 이해했기 때문이라고 말했다. 핫지는 "방언을 말하는 사람의 지력이 정지 상태에 있지 않았으며, 그가 황홀 상태에 있지 않았음을 입증해 준다."고 말했다.1061)

고린도전서 14:5

> 나는 너희가 다 방언 말하기를 원하나 특별히 예언하기를 원하노라 방언을 말하는 자가 만일 교회의 덕을 세우기 위하여 통역하지 아니하면 예언하는 자만 못하니라(고전 14:5)
> θέλω δὲ πάντας ὑμᾶς λαλεῖν γλώσσαις, μᾶλλον δὲ ἵνα προφητεύητε · μείζων δὲ ὁ προφητεύων ἢ ὁ λαλῶν γλώσσαις, ἐκτὸς εἰ μὴ διερμηνεύη, ἵνα ἡ ἐκκλησία οἰκοδομὴν λάβη.

방언 옹호론자들은 5절 말씀으로 성도는 다 방언을 한다고 주장한다.1062) 김우현 감독은 "방언이 개인의 영을 세우고 그 영적 임재로 들어가는 통로가 되기 때문에 이것을 활성화시키는 것이 아닐까요?"라고 말하면서 다음과 같이 말했다.

> 성령께서 주시는 은사는 누구나 다 받는 것이 아니다. 그러나 유일하게 모두 다 받을 수 있는 은사가 있으니 그것이 '방언'이다.1063)

김우현 감독은 방언은 누구나 다 받을 수 있는 은사라고 말했으며, 5절을 통해 성경이 방언하라고 권고하기 때문이라고 말했다.1064) 반면에, 칼빈은 방언이 그 당시에는 필요했다고 보고 이후로는 불필요하다고 말했다.1065) 칼빈은 방언은 교회 초기에 복음에 대한 확신을 주기 위해 잠

1061) Charles Hodge, **고린도전서주석**, 김영배·손종국 역 (서울: 아가페출판사, 1985), 393.
1062) 나는 너희가 다 방언 말하기를 원하나 특별히 예언하기를 원하노라 방언을 말하는 자가 만일 교회의 덕을 세우기 위하여 통역하지 아니하면 예언하는 자만 못하니라(고전 14:5)
1063) 김우현, **하늘의 언어** (서울: 규장, 2016), 75.
1064) Ibid., 174.
1065) John Calvin, **신약성서주석 8 고린도전서주석** (서울: 성서교재간행사, 1982), 390; "아마 그 당시에 방언의 은사가 필요하였던 것 같다. 그러나 고린도 교회 교인들이 남에게 과시하고 싶어하는 그들의 잘못된 멸망에 빠져 있었다는 것을 감안할 때, 그들은 이 은사를 어느 면에서는 불필요하고 무가치한 것으로 만들었고, 또

정적으로 주어진 표적에 불과하며, 모든 세대의 신자들에게 주신 권능은 아니라고 말했다.[1066] 방언을 중시하는 아케르(Benny C. Aker) 교수도 방언이 모든 사람에게 열려 있으나 모든 사람이 가질 필요는 없다고 말했다.[1067] 치우(José Enrique Aguilar Chiu) 교수는 14:5(나는 너희가 다 방언 말하기를 원하나)는 14:18(내가 너희 모든 사람보다 방언을 더 말하므로 하나님께 감사하노라)에서 바울이 외국어로 말하는 선물을 부여받은 것으로 동일시하면서, 바울은 '글로솔라리아'(glossolalia)에 대해 절대적으로 부정적인 견해였다고 말했다.[1068]

고린도전서 14:10-11

10 세상에 소리의 종류가 이같이 많되 뜻 없는 소리는 없나니 11 그러므로 내가 그 소리의 뜻을 알지 못하면 내가 말하는 자에게 야만이 되고 말하는 자도 내게 야만이 되리니 τοσαῦτα εἰ τύχοι γένη φωνῶν εἰσιν ἐν κόσμῳ, καὶ οὐδὲν ἄφωνον. ἐὰν οὖν μὴ εἰδῶ τὴν δύναμιν τῆς φωνῆς, ἔσομαι τῷ λαλοῦντι βάρβαρος καὶ ὁ λαλῶν ἐν ἐμοὶ βάρβαρος.

다른 면으로는 심지어 유해한 것으로 만들었기 때문에, 바울은 이제 그 잘못을 수정함으로써, 그 방언에 대한 긍정적인 인정을 하고 있는 것이다. 이렇게 하여 여러분은 바울 사도가 방언을 폐하려는 것이 아니었다는 것과, 교회를 위하여 그것을 잘 선용하려고 하였다는 사실을 알게 될 것이다. 오늘 우리 시대에도 방언에 대한 지식을 갖는 것이 필요하다는 부르짖음이 있으며, 또한 역사의 과정에서 하나님이 그의 놀라운 은혜로 그들을 흑암에서 구원하시고, 그들에게 빛을 주실 때, 그런 상황에서 부딪쳐서 큰 소리로 맹렬하게 그들에게 저항하는 위대한 신학자들이 있다. 성령께서 이 구절에서 방언에 불멸의 명예를 주신 것이 틀림없으므로, 어떤 종류의 영(靈)이 그들이 동원할 수 있는 그렇게 심한 모욕적인 말로 언어를 배우는 것을 강력하게 반대하는 그런 비평가들을 움직일 수 있는가를 추론하는 것은 쉬운 일이다. 그러나 그들은 다른 문제를 취급하고 있다. 바울은 모든 나라들 가운데 복음을 선포할 수 있는 그런 강력한 도움을 주는 모든 말들에 대하여 차이를 두지 않고 말하고 있는 것이다. 다른 한편 이런 현대의 비평가들은 성경의 순수한 진리가 원천에서 솟아나오는 것처럼 나오는 그 언어를 정죄하고 있는 것이다. 그러나 그 조건은 아래와 같다. 즉 우리가 방언에 그렇게 많은 시간을 소비하지 말아야 하며, 그것에 더 우월성을 가질 때는, 예언에 충분한 주의를 기울이지 못하게 된다."

1066) Calvin's Commentaries, N.T., Vol. Ⅲ, 254; 신성종, "신약에 나타난 성령론: 특별히 방언 문제를 중심으로," 신학지남 48(2) (1981): 27-28(22-38)에서 재인용; "방언만 해도 예수님 자신이 하지 않았을 뿐만 아니라 루터, 칼빈 같은 사람도 하지 않았다. 또 제자들에게 성령에 관해 언급했을 때에도 마가복음 16:17을 제외하고는 성령세례를 방언과 결부하시지 않았다. 더욱이 제자들이 성령을 받아 예수를 그리스도로 고백했을 때에도 오순절 이전에는 방언을 했다는 기록이 없다. 따라서 방언은 특별한 경우에 신자들에게 나타나는 성령의 사역이지 결코 모든 그리스도인들에게 나타나는 보편적 현상은 아니다."
1067) Benny C. Aker, "The Gift Of Tongues in 1 Corinthians 14: 1-5," Paraclete, 29(1) (1995).
1068) José Enrique Aguilar Chiu, 1 Cor 12-14 Literary Structure and Theology (Roma: Editrice Pontificio Istituto Biblico, 2007), 302.

이 말씀은 방언의 명확성을 말한다. 명확성은 수평성과 직결된다. 14:10에서 먼저 논란이 되는 것은 "소리의 종류"다.[1069] 방언이란 언어를 의미한다. 의미 없이 재잘거리는 말은 성령께서 주시는 것이 아니다. 기독교 신앙은 무아지경의 발화 현상이라고 가르치지 않는다. 로버트 토마스는 다음과 같이 말했다.

> "각종 방언"에 관해서 마지막으로 언급할 것은 "각종"의 의미에 관한 것이다. 고린도전서 14:10의 이에 비슷한 유사구를 볼 때 답을 얻을 수 있다. 14:10에 "각종 언어"(한글판 개역성경에는 "소리의 종류"라고 번역되어 있음-역자주)는 본질적으로 볼 때 "다양한 언어"라는 뜻이다. 이것은 우리가 지금 문제 삼고 있는 "각종 방언"이라는 표현의 의미와 일치하는 것이다. "다양한 방언"(또는 언어 Different tongues (or languages) 고전 12:10)은 "다양한 언어"(고전 14:10)라는 표현과는 구별되는데, 그 차이점은 전자가 초자연적 능력의 결과인 데 반해 후자는 자연스런 배움의 과정의 결과인 데 있다.[1070]

토마스에 의하면, 한글 성경에는 "소리의 종류"라고 번역되어 있으나 "다양한 언어"이다. 사도 바울은 'glōssōn' 대신에 'phōnōn'을 사용했다. 이것은 고린도전서의 방언이 외국어라는 것을 증거 한다.[1071] 해롤드 메어(Harold Mare)는 "이 세상의 말에 대한 바울의 언급과 함께 '외국인'(barbaros)에 대해 그가 말했다는 것은 방언에 대한 그의 논의 가운데 그가 염두에 두었던 것이 방언은 알려진 외국어라는 결론을 입증한다."고 말했다.[1072]

고린도전서 14:10-11은 방언이 외국어임을 분명하게 밝힌다.[1073] 사

1069) 세상에 소리의 종류가 이같이 많되 뜻 없는 소리는 없나니(고전 14:10)

1070) Robert L. Thomas, **성령의 은사들**, 김지찬 역 (서울: 생명의말씀사, 1983), 55.

1071) Ibid., 218-219; "외국의 언어를 묘사하기 위해서 glōssōn 대신 phōnōn을 선택한 바울의 이유가 무엇인가를 설명하고자 하는 견해가 여러 가지 있다. 넓게 받아들여지고 있는 한 견해는, 여기의 문맥에서 glōssai는 알아들을 수 없는 말을 하는 방언의 은사에만 사용되는 말이라고 주장한다. 그렇기 때문에 바울은 10절에서 외국의 언어를 지칭하기 위해 다른 말을 사용할 수밖에 없었던 것이다(Parry. 1916. p. 202). 다른 훌륭한 설명은 두 말이 다 외국의 언어를 가리킨다고 보는데, 이렇게 보면 10-11의 예화가 훨씬 더 적절해지는 것이다(Hodge, 1959. pp. 284-85). 이 견해를 따르면, 이 두 단어는 의미상의 차이가 하나 나타나는데, phōnē는 자연적인 과정으로 습득되는 언어들을 가리키고 glōssa는 특별한 영적인 선물로 주어지는 언어를 가리킨다는 것이다. 이 견해의 또 다른 지지 근거는 12:10의 genē glōssōn과 14:10의 genē phōnōn 사이의 유사성 속에 있다. 이 두 표현의 유사성은 문제가 되고 있는 두 명사의 의미상에 유사성이 있음을 강하게 논증하고 있다."

1072) Mare, *1 Corinthians*, 273; 이재기, "방언의 성격에 대한 신약성서적 고찰," **성침논단** 11(1) (2016): 281(245-291)에서 재인용.

도는 방언을 하되 그 뜻을 알지 못하면 외국인이 된다고 말했다. 무슨 언어로 말을 한다고 할지라도 "그 소리의 뜻을 알지 못하면" 의사가 전달되지 않는다. 방언에 통역이 필요한 이유다. 그런 까닭에 사도는 "외국인이 되리니"라고 말했다.1074) 고린도 교회 성도들은 알지 못하는 소리로 기도를 했다.1075) 개역 개정판에서는 '야만인'을 '외국인'으로 번역했으나 부정적인 의미가 담긴 '야만인'으로 해석하는 것이 옳다. 로마인들은 문화적인 수준이 낮거나 미개하여 정상적인 의사소통과 교류가 어려운 사람들을 '바르바로이'(barbaroi)라고 불렀다. 예를 들어, 사도 바울이 로마서 1:14과 골로새서 3:11에서 야만인이라고 말했을 때는 문명화된 헬라인들이 비문명화 된 사람들을 가리키는 경멸적인 단어였다.

사도 바울은 외국인이라고 할 때 항상 '에쓰노스'를 사용했으나 11절에서 '바르바로스'를 사용하여 외국인 개념이 아니라 헬라어를 사용하지 못하는 민족을 의미하는 야만인이라는 단어를 사용했다. 이것은 방언에 대한 부정적인 의미를 말한다. 무슨 소리인지 알지 못하고 말하는 것은 화자나 청자를 야만인으로 만드는 것이므로 무익하고 불필요하다는 뜻이다. 그런 까닭에, 뜻을 알 수 없는 14:11은 뜻을 알 수 없는 비언어적 형태로 말하는 허위 방언을 부정하는 것이다. 알지 못하는 소리를 사용하면 야만이 되기 때문이다. 고린도 교회 교인들은 방언 기도는 음을 분별하지 못하는 악기 소리(7-8절), 알아듣기 어려우며 허공에 말하는 것이며(9절), 뜻을 알지 못하는 소리(11절)였다. 사도는 이런 고린도 교회의 방언이 열매 없는(무익한) 폐해를 낳는 것이었다.

방언이 믿지 않는 자들에게 표적이 되려면 외국어로 복음을 전하든지 아니면 외국어 방언을 통역하는 자가 있어야만 했다. 방언이 은사로서 표적이 된다는 것은 방언이 방언을 가리키는 실체가 있다는 뜻이다. 실

1073) 10 세상에 소리의 종류가 이같이 많되 뜻 없는 소리는 없나니 11 그러므로 내가 그 소리의 뜻을 알지 못하면 내가 말하는 자에게 야만이 되고 말하는 자도 내게 야만이 되리니(고전 14:10-11)

1074) 김재성, **개혁주의 성령론** (서울: CLC, 2014), 293; "결론적으로, 사도 바울은 방언에 대해서 구약성경에 나오는 예언의 성취라고 설명하고 있으며, 그 복음이 외국어로 선포된다고 약속되어졌음을 상기시킨다. 왜냐하면 방언은 알아듣지 못하는 언어이기에, 통역이 필요했었다."

1075) 그러므로 내가 그 소리의 뜻을 알지 못하면 내가 말하는 자에게 야만이 되고 말하는 자도 내게 야만이 되리니(고전 14:11)

체를 말하는 방언은 존재하나 방언을 위한 방언은 없다.

칼빈은 다음과 같이 말했다.

> 바울은, 어떤 사람이 다른 사람들이 전혀 이해할 수 없는 언어로 말을 하기 때문에 그 사람이 청중들에게 '야만인'이 되어야 한다는 최대의 불합리성에 대하여 아주 정확하게 나타내고 있다. 동시에 그는 고린도 교회 교인들의 어리석은 만용을 잘 놀려대고 있는데, 그 유는 그들이 바로 이렇게 함으로써 사람들의 칭찬을 들으려 하고 또 그들로부터 경이의 예상이 되고 싶어 하기 때문이다. 바울은 그들에게 , '너희들의 고통의 대가로 얻게 되는 모든 상은 너희들이 야만인이 될 것이라는 그것이다.' '야만인'이라는 명칭은, 그것이 꾸며낸 것이든지(스트라보가 생각하듯이) 아니면 어떤 다른 파생어이든지 간에 그것은 어쨌든 나쁜 의미로 사용되고 있다. 그러므로 자기들만이 좋은 말을 쓰고 순화된 언어를 사용하는 유일한 백성으로 생각하는 헬라인들은 다른 모든 민족들을 야만인들이라고 부르는데, 그 이유는 그들이 사용하는 거칠고 야비한 화술(話述) 때문이다.1076)

칼빈에 의하면, 사도가 야만인이라고 말한 것은 다른 사람들이 전혀 알아들을 수 없는 말을 하기 때문이다. 자신들은 남다르다는 교만한 자세를 가지고 있기 때문에 나오는 결과다. 문명화된 헬라인들이 자신들에 비해 문명화되지 않은 사람들을 가리키던 경멸적이고 부정적인 단어였다. '너희들은 수준이 낮아서 상종할 인간이 못 되는 야만인이다'라는 단어.

그런 부정적인 단어를 고린도전서 14:11에서 사도는 사용했다. 그런 까닭에, 고린도전서 14:11은 소리의 뜻을 알지 못하는 것에 대한 부정적인 말씀이며, 뜻을 알지 못하는 소리를 부정하는 의미다. 결론적으로, 사도는 뜻을 알 수 없는 비언어적 형태의 허위 방언을 금지했다. 교회 안에서 알지 못하는 소리를 내어 야만인으로 만들어서는 안 되기 때문이다. 다시 말하자면 소리의 뜻을 알지 못하는 것은 사용자나 청취자 모두를 야만인으로 만드는 것이기에 무익하고 불필요하므로 잠잠할 것을 암시

1076) John Calvin, 신약성서주석 8 고린도전서주석 (서울: 성서교재간행사, 1982), 393-394; "그러나 사실상 아무리 발달 된 언어를 사용할지라도 만일 다른 사람들이 그 말을 이해하지 못할 때에는 그 언어도 역시 '야만스러운 것'으로 부를 수밖에 없지 않겠는가! 바울은 '듣는 사람이 나에게는 야만인이 될 것이며 또한 그 반대의 경우가 될 수도 있다'라고 말하고 있다. 그는 이렇게 말함으로써, 만일 어떤 사람이 다른 사람들에 게 알려지지 않은 언어로 말을 한다면, 그 사람은 교회의 친교에 참여하지 않고 있는 것이며, 오히려 그 친교에서 분리되어 있고 또한 다른 사람들이 그가 무엇보다도 먼저 그들을 조금도 생각하지 않고 있다는 것을 깨달으면서 그렇게 하고 있는 사람들에 대하여 좋지 않은 감정을 갖게 되는 것은 아주 당연한 일이다."

적으로 전달하는 구절이다.

고린도전서 14:13

그러므로 방언을 말하는 자는 통역하기를 기도할지니
Διὸ ὁ λαλῶν γλώσσῃ προσευχέσθω ἵνα διερμηνεύῃ.

12절에서 "교회의 덕"을 세워야 한다는 기초 위에 13-19절이 위치한다.[1077) 방언이 통역되어야 덕이 세워진다(방언의 공공성). 사도는 통역하기를 기도하라고 명령했다. 이것은 방언의 종속성을 말하며, 통역되지 않으면 방언은 중단되어야 한다. 오늘날 유행하는 '랄라라 방언'은 통역이 불가한 것이기 때문에 중단되어야 한다.

문제는 많은 사람이 13절을 '방언 기도가 통역이 가능한 것'으로 생각한다는 것이다. 크레이그 블롬버그(Craig Blomberg)는 자기 영으로 기도한 것과 자기 마음으로 기도한 것은 방언으로 말한 것과 통역한 것의 차이라고 말했다.[1078) 로버트 토마스는 방언으로 하는 기도는 "외국의 언어로 기도하는 것"이라고 말했다.[1079) 성경을 보면, 13절은 '방언 기도'

1077) Robert L. Thomas, 성령의 은사들, 김지찬 역 (서울: 생명의말씀사, 1983), 219; 〈14:13의 dio(그러므로)와 전(前) 문맥과의 관계는 명백히 규정되어야 한다. 그렇지 않으면, 난해한 13-19절에 불필요한 모호성이 더 첨가된다. 한편, 불변화사(dio)의 기초를 1-12절 전체 속에서 찾을 수 있다는 견해가 있다. 즉 '잠석한 자들 중 어느 누구도 이해할 수 없는 방언 기도를 하는 것이 얼마나 무익한가를 보았으니, 방언으로 말하는 자는 누군가가 자신이 말하는 것을 통역하게끔 해달라는 기도를 하도록 하라'는 뜻이라는 것이다'(참조 Hodge, 1959. p. 286). 13-19절이 1-12절의 통역 없는 방언에 대한 비판에 대해서 적극적인 대안을 제시하고 있는 것은 사실이다. 그러나 이런 관계는 6-11절의 요약 적용인 12절에서부터만 dio가 그 결론을 끌어내고 있다고 보는 견해보다 훨씬 덜 직접적이다. 두 번째 가능성은 다음과 같다. "너희가 신령한 은사를 사모할 때 우선적으로 고려해야 할 것이 교회의 덕을 세우는 것임을 보았으니, 방언으로 말하는 자는 누군가가 자신이 말하는 것을 통역하게끔 해달라는 기도를 하도록 하라"는 뜻일 수도 있다는 것이다. 이 견해는 따라야 할 권고에 대한 더욱 명백한 기초를 제공해 주고, 13-19절을 1-12절의 또 다른 요약 작용으로 해석해야 할 필요성을 피하게 해 준다. 12절은 그 자체가 적용이기 때문에 또다시 적용을 반복할 필요가 없다. 그러므로 13-19절은 12절 위에 세워져 있다. 특별히 13-19절은 어떻게 해야 고린도 교회 안에서 덕을 세울 수 있을까를 상세히 규정하고 있는 것이다 (참조, oikodomeitai(덕 세움을 받느니라), 14:17).〉

1078) Blomberg, 1 Corinthians, 270.

1079) Robert L. Thomas, 성령의 은사들, 김지찬 역 (서울: 생명의말씀사, 1983), 219-210; 13절에서 말하는 기도가 고유어로 말해지는 기도가 아니라 방언 기도라는 사실은 여러 가지 점을 고려해 볼 때 확증될 수 있는 것이다. 그 증거 중 하나로서 13절과 14절이 설명 접속사 gar에 의해 연결되어 있을 뿐 아니라, 14절의 이와

동일한 동사인 proseuchomai(내가 기도한다)를 방언 기도라는 특정의 의미로써 사용하고 있다는 것을 들 수 있다(만일 그 본문 변형이 사실로서 받아들여진다면, 어떤 사본 본문에는 gar가 있고 어떤 사본 본문에는 gar가 없음-역자주, Godet, 1886, p. 279; Herring, 1962, pp. 149-60; Meyer, 1881, Ⅱ, p. 131). 만일 바울이 기도하는 자가 완전히 이해할 수 있는 기도를 지칭하기를 원했었다면, 그는 13절에서 aiteo나 deomai를 사용했을 것이다(Godet, 1886, pp. 277-78). 더우기 방언이 14-17에 걸쳐서 기도 속에 포함되어 있는 것이 분명하며, 13절의 ho lalōn(말하는 자)를 한정하는 glōssei(방언으로)는 쉽게 같은 절의 proseuchesthō(기도할지니)로 옮겨지게 되는 것이다. 13절을 이해할 수 있는 기도를 언급하고 있는 것으로 보는 자들은, 방언으로 기도하는 자는 자신의 기도의 목적을 스스로 선택할 수 없는 것이라고 주장한다. 다시 말하면, 13절에 언급된 기도를 방언 기도로 보면 proseucesthō의 뒤를 따르는 hina(that)절을 적절한 의미로 해석할 수 없기 때문에 그 견해는 설득력이 없다는 것이 다(Robertson and Plummer, 1914, p. 311). 그들은 또한 이해할 수 있는 기도가 12절의 의미에 아주 잘 들어맞는다고 주장한다. 왜냐하면 12절은 가능한 한 교회의 덕을 많이 세우기 위해서 통역에 편리하도록 알기 쉽게 기도하라고 하기 때문이다. 이 견해는, 2인칭 복수(13절)에서 1인칭 단수(14절)로 변화된 것을 지적함으로써, 13-14절에 있어서 proseuchomai가 이와 동일한 종류의 기도를 가리킨다고 보지 않을 수 없는 필연성을 제거하려고 애쓰고 있다.

이 견해에 대한 반대 견해는, 바울 서신에 있어서 proseuchmai 뒤의 hina는 기도의 내용을 가리킨다는 아직 확실치 않은 사실을 지적하고 있다. 바울의 이런 습관을 보여준다고 생각되는 병행구들(빌 1:9; 골 1:9; 살후 1:11; Cremer, 1895, p. 720)은 그것들이 14:13과 정확한 상응 관계를 보여주지 못하기 때문에 사실상 의문의 여지가 많은 것이다. 이 상황에 있어서의 이해할 수 있는 기도는 그것이 어떠한 은사(통역을 포함해서)이든지 간에 인간의 요구에 따라 주어지는 것이 아니라 하나님의 주권적인 뜻에 따라서만 주어지는 이미 확고히 밝힌 원리에 모순된다는 점에서 역시 문제가 있는 것이다(참조, 12:11). 이 견해는 또한 문맥을 충족시키지 못한다. 왜냐하면 통역이 뒤따를 것이 확실치 못할 때에 방언을 말하는 것은 어떤 이유에서라도 정당화될 수 없기 때문이다. 통역하기 위해 기도했다는 사실이 통역 없이 방언의 메시지를 말하는 모험을 걸어도 된다는 충분한 보장은 되지 못했다. 그러므로 비록 그것이 항상 황홀경의 기도일 필요는 없지만 13절의 proseuchesthō가 방언으로 기도하는 것을 가리킨다고 봄이 가장 좋은 것이다. 외국의 언어로 기도하는 것을 가리킨다고 보는 것이 가장 좋은 선택이다. 이 견해는 방언 기도 그 자체가 목적이 아니라는 사실을 인지하고 있다. 목표는 오히려 방언으로 말미암는 통역이 다, 통역은 교회에 유익을 끼치는 은사이다(14:12). 사실상 방언은 통역에 의하여 예언이나 가르침으로 바뀐다(Bgerett, 1968, p. 319)-이것은 그리스도인들의 모임에서 방언 기도가 정당화될 수 있는 유일의 길은 방언으로 말미암는 통역이 뒤따르는 것이었음을 의미하는 것이다. 바울은 14-15절과 18-19절에서 이 원리가 그 자신의 사역 속에서 어떻게 적용되고 있는지를 살핌으로써 13절의 이 권고를 날카롭게 앞으로 끌어 나가고 있는 것이다.

hina diermēneuōi(기도할지니)를 이해하는 방법은 두 가지가 있다. 1. 만일 13절의 기도를 방언 기도로 해석한다면, 13절은 그 방언 기도의 목적이 통역된 메시지임을 보여주는 것이다. 이 경우에 말하는 자의 고정된 목적은 한 목적에 도달하려는 수단으로서 방언을 사용하는 것인데, 그 목적이란 방언으로 말미암은 계시나 예언을 이해할 수 있는 내용으로 만드는 것이다(참조, 14:6). 이런 견해는 14장의 나머지 부분과도 일치하는데. 그 부분은 그리스도인들의 모임에서 방언이 정당하게 사용될 수 있는 유일의 길은 통역이 있을 때뿐이라는 것을 강조하고 있다(참조, 14:5, 28). 통역하는 자가 방언을 말하는 자 자신인지 아니면 다른 어떤 사람인지는 분명히 밝혀 있지 않다. 5절로부터 판단해 보면 통역하는 자는 방언을 말하는 자 자신인 듯이 보이지만, 27절을 보면 이것이 결론같이 보이지는 않는다. 28절은 역시 고린도 교회의 방언을 말하는 자가 통역의 은사도 소유하고 있는 것이 드문 일임을 보여주고 있다. 27-28절이 공적 예배를 위한 기준을 더욱 세밀히 밝혀주기 때문에, diermēneuōi의 주어를(어떤 사람)이라고 이해하는 것이 더 좋다(Holing, 1962, pp. 149-50). 요점은 통역하는 자가 누구냐는 데 있는 것이 아니라, 결과로 나타나는 통역된 메시지에 있는 것이다. 2. 만일 13절의 기도를 이해할 수 있는 기도로 해석한다면, hina절은 그 기도의 내용을 보여주고 있는 것이다(참조, 주석 10) 이렇게 보면

가 아니라 "방언으로 말하는"이다. 이것은 14절에서 더 확인할 것이다. 칼빈은 13절을 다음과 같이 말했다.

> 여기서 바울은, "그러면 어떤 사람이 외국어를 안다면, 그의 은사가 무용하게 될 것이라는 것을 의미한단 말인가? 그리고 왜 빛으로 나타날 수 있는 것과 또한 하나님을 영화롭게 하여 드릴 수 있는 것을 왜 어두움 속에 비밀로 감추어 두어야 하는가?"라는 질문이 제기될 것을 쉽게 예상하고, 바울은 여기서 대답을 하고 있다. 바울은 치유책을 제시하고 있다. '하나님께 또한 통역의 은사를 구하도록 하자. 한편 만일 그가 통역의 은사를 갖지 못하였다면, 허식적으로 통역하는 것을 절제하도록 하자.'[1080]

칼빈에 의하면, 13절의 방언은 외국어이며 통역이란 외국어를 알아듣도록 그 뜻을 통하도록 하는 것이다. 이 말은 통역이 가능해야만 참된 방언이고 통역이 안 되면 거짓 방언이라는 뜻이다. 매튜 풀은 다음과 같이 말했다.

> 방언을 말하는 자는 자신이 가진 은사로 인해 자고해져서, 자신의 방언을 굳이 청중들에게 통역해 줄 필요가 없다고 생각했을 수 있기 때문에, 사도가 여기에서 그들은 그 자고해진 마음을 낮추어서 통역을 할 마음이 생겨나도록 하기 위해서 기도할 필요가 있다고 말한 것일 수 있다.[1081]

매튜 풀은 방언을 말하는 자의 교만함 때문에 통역이 필요하다고 보았다. 풀은 방언하는 자의 교만한 마음에 비중을 두었다. 사도가 13절에서 의도하는 것은 방언 자체가 외국어이기 때문에 통역이 가능해야 참된 방언이며 그렇지 않으면 방언을 금지해야 한다는 것이다.

고린도전서 14:2, 14

그 기도란 통역의 능력을 구하는 의식적인 기도를 말한다. hina의 그러한 용법에 대한 증거를 몇 가지 제시할 수도 있으나(참조, 골 4:3; 살후 3:1), 통역의 은사는 만일 그것이 요구의 대상인 목적이라면 hina diemēneuōi 보다는 명사 hermēneia에 의해 더 잘 묘사될 수 있을 것 같다(참조, 12:10; 14:26). 만일 우리가 인간의 공적이나 욕망에는 상관없이 은사들을 나눠주시는 하나님의 특권뿐 아니라 14:27-28의 원리와 정면충돌하는 것을 피하기 원한다면 hina절을 목적절로 보고 방언 기도의 궁극적 목표를 가리키고 있다고 이해하는 것이 더 좋은 선택일 것이다(참조, 12:11).〉

1080) John Calvin, **신약성서주석 8 고린도전서주석** (서울: 성서교재간행사, 1982), 395.
1081) Matthew Poole, **청교도 성경주석 고린도전후서**, 박문재 역 (파주: 크리스챤다이제스트, 2015), 232.

2 방언을 말하는 자는 사람에게 하지 아니하고 하나님께 하나니 이는 알아듣는 자가 없고 그 영으로 비밀을 말함이니라 ὁ γὰρ λαλῶν γλώσσῃ οὐκ ἀνθρώποις λαλεῖ ἀλλὰ θεῷ, οὐδεὶς γὰρ ἀκούει, πνεύματι δὲ λαλεῖ μυστήρια

14 내가 만일 방언으로 기도하면 나의 영이 기도하거니와 나의 마음은 열매를 맺히지 못하리라 ἐὰν γὰρ προσεύχωμαι γλώσσῃ, τὸ πνεῦμά μου προσεύχεται, ὁ δὲ νοῦς μου ἄκαρπός ἐστιν.

많은 사람이 방언 기도의 정당성을 14절에서 찾기 때문에 고린도 교회의 방언에서 '14:2, 14절을 어떻게 이해하느냐?'가 중요하다. 고린도전서 14:2, 14절을 '뜻을 알 수 없는 방언으로 기도해도 영적인 기도이기 때문에 유익하다'는 의미로 오해한다. 다른 모든 구절에서는 '방언으로 말하다'(λαλέω)이며 고린도전서 14:14에서만 "방언으로 기도하면"이라고 기록했다. 전통적으로 방언은 기도의 은사가 아니라 복음 증거의 은사로 말했다.

방언 옹호론자들은 14절을 통해 방언 기도가 있으며 방언 기도가 영의 기도라고 주장한다. 이동원 목사는 "영음방언"이라고 말했다.1082) 김신호 박사는 "방언은 영의 기도이며, 하나님께 드려지는, 하나님만이 아실 수 있는 기도로, 육적인 귀로는 이 언어를 알아듣고 해석할 수 없다"고 말했다.1083) 하경택 교수는 김동수 교수가 옥성호의 14절 해석을 비판한 것을 말하면서 "이 책은 성경해석의 중요성을 깨닫게 한다"고 말했다.1084) 김동수 교수는 "방언은 사람이 알아듣지 못하는 언어로 영으로 하나님께 기도 혹은 찬양하는 은사다(14:1, 14-15)."라고 말했다.1085) 김동수 교수는 웨인 그루뎀의 말을 반복하고 있다.1086) 웨인 그루뎀은

1082) 이동원, "예언과 방언의 은사," Dec.2.2015. Accessed Nov.21.2019. http://blog.daum.net/koinesp/180/
1083) 김신호, **성령세례 받으면 방언하나요?** (서울: 서로사랑, 2011), 59.
1084) 하경택, "방언은 고귀한 하늘의 언어," Canon & Culture 3(1) (2009): 304(297-307).
1085) 김동수, "영산의 방언론," **영산신학저널** 1(1) (2004): 181(172-191); "방언이 영으로 하나님께 기도하는 은사이기 때문에 방언을 하면 방언하는 사람의 영이 열매를 맺어 개인 신앙이 세움을 입는다. 특히 이 은사가 신자에게 유익한 것은 신자가 마땅히 기도해야 할 내용을 알지 못하는 상황에서 성령의 도움으로 받음으로 기도함으로 기도의 내용에 있어 하나님의 뜻대로 구하게 되고 성령의 초자연적인 역사의 도움을 받아 기도를 할 수 있게 된다(참조, 롬 8:26-17)."
1086) Wayne Grudem **성경 핵심교리**, 김광역, 김철근 역 (서울: 기독교문서선교회, 2010), 724; "방언은 명백히 하나님을 향한 기도 또는 찬양이다. 그리고 그것은 말하는 그 사람의 '영'으로부터 나온다."

사도행전 2:6은 "듣는 사람들이 이해할 수 있는 알려진 언어"라고 말하면서도 고린도전서 14:2은 알아들을 수 없는 언어라고 말했다.1087)

과연, 14절은 어떻게 해석해야 올바른 해석인가? 노우호 목사는 헬라어 δὲ를 고려하여, "내가 만일 방언으로 기도하면 나의 영이 기도한다고 하지만(δὲ=but) 나의 마음에는 아무런 열매가 없다."라고 번역했다.1088) 로버트 토마스는 '열매를 맺지 못하는'(akrpos)을 능동적인 의미로 이해하여 의사 소통이 되도록 하는 방언 통역을 의미한다고 보았다.1089) 후크마는 "교회에서는 예배를 드리는 모든 사람들이 이해할 수 있는 마음과 언어로 기도해야 할 것이다"라고 말했으며, "이 모든 문제를 요약하면 방언으로 기도하는 것은 다른 사람에게 덕을 세울 수 없다

1087) Ibid., 725.

1088) 노우호, **방언을 검증하자** (산청: 에스라하우스출판부, 2014), 118.

1089) Robert L. Thomas, **성령의 은사들**, 김지찬 역 (서울: 생명의말씀사, 1983), 224-225; 〈"나의 마음이 열매를 맺지 못하리라"(14:14)의 정확한 의미가 무엇인지를 깨닫는 것은 사고의 진전을 깨닫는 데 매우 핵심적인 요소이다. 그 문장의 의미를 결정하는 결정적인 열쇠는 akarpos(열매를 맺지 못하는)라는 말에 달려 있다. 즉 그 형용사를 그 의미에서 수동적으로 보아, 말하는 자 자신이 어떤 유익도 받지 못하는 것으로 보느냐, 아니면 그 의미에서 능동적으로 보아 그의 nous가 다른 이들에게 아무런 유익도 주지 못하는 것으로 보느냐에 따라서 그 문장의 의미가 달라진다. 그 형용사를 수동적으로 보면, 사도 바울은 그의 마음이 그의 입술이 하는 말을 이해하지 못하기 때문에 자신에게 그 방언이 아무런 유익도 주지 못한다는 뜻이 된다. 이 견해의 타당성은 4-18절에서 방언을 말하는 자 자신이 어떻게 해서든지 그 방언으로 말미암아 유익을 얻어야 된다는 점을 장려하고 있다는 데 주로 근거하고 있다(Parry, 1916, pp. 202-203). 만일 그것이 사실이라면 14절의 위치는 아주 적절한 것이다. 그러나 우리가 지금 다루고 있는 문단의 강조점은 은사를 소유한 사람은 다른 이들과 의사소통을 나눌 의무가 있다는 데 있다(12, 13, 16, 17절). 그런데 14절에서 말하고 있는 경우로 보면 그는 이 의무를 실행하지 못하고 있는 것이다. 그러므로 akarpos를 능동적인 의미로 이해하는 것이 더 좋은 것이다. 방언을 하는 자가 다른 이들 가운데 열매를 맺혀야 한다는 것을 이해하지 못한다면 그것은 비난을 받아 마땅한 것이다. 그의 의무는 그리스도인들의 예배에서 다른 이들과 이해할 수 있도록 서로 의사소통을 나누는 것이다. akarpos의 능동적 의미를 강화해 주는 것은 그 형용사가 다른 곳에서 일률적으로 능동적인 의미로 쓰인다는 사실이다(마 13:22; 엡 5:11; 딛 3:14; 벤후 1:8; Hodge, 1959, p. 288). 이미 ho nous mou에 부과했던 의미로 비추어 볼 때(14절), 14절은 바울이 통역 없이 방언의 은사를 사용해서 기도를 하고 있다는 가설적인 상황을 가리키고 있는 것이다. 통역 없이 방언 기도를 하게 되면 그것은 방언의 은사를 잘못 사용하는 것이기 때문에 그의 통역은사가 다른 이들의 삶 속에서 활동하지 못하게 되는 결과를 낳게 하는 것이다. 바울은 계속해서 말하기를, 그는 결코 통역 없이 방언을 사용하지는 않을 것이라고 한다. akarpos에 "아무것도 생산치 못하며, 과정에 아무런 기여도 못함"(produces nothing, contributes nothing to the process)의 의미를 부과하는 견해는(Barrett, 1968, pp. 319-20) akarpos가 "활동하지 않는"(inactive)을 의미하지는 않기 때문에 설득력이 없는 견해이다. 이 형용사는 결과를 나타내는 말이지 결과를 얻게 되는 과정을 나타내는 말은 아니다. 여기서 논의하고 있는 것은 방언을 말하는 자의 마음의 활동이나 비활동에 중점을 두는 것이 아니라, 오히려 듣는 자들이 얻어낼 수 있는 잠재적 유익에 중점을 두는 것이다.〉

는 것이다(17절). 그러므로 예배를 드리는 자가 마음으로 기도하지 않고 방언으로 기도하는 것이 좋다는 것은 잘못이다."라고 말했다.[1090] 로벗슨은 14절을 "자신의 영혼에서부터 하나님께 기도한다는 것이다"라고 말했다.[1091] 웨인 그루뎀은 "이 은사를 사용함으로써 그의 영으로 하여금 하나님께 기도하게 한다"고 말했다.[1092] 한편, 그루뎀은 "이것은 사람들의 영이 방언으로 말할 때만 하나님과 교제를 나눌 수 있다는 의미는 아니다"라고 말했다.[1093]

박영돈 교수는 다음과 같이 말했다.

> 그렇다면 방언의 유익은 무엇인가? 그것은 우리의 이성적인 인식과 이해의 한계를 초월하여 하나님과 영적인 교통을 누린다는 점이다(고전 14:14-18 참조). 그로 인해 우리의 영이 새로워지고 하나님의 임재를 체험하게 된다. 믿음의 확신이 없는 이들이 방언을 체험함으로 자신 안에 성령이 거하신다는 것을 확신하게 될 수도 있다.[1094]

박영돈 교수에 의하면, 방언은 "우리의 이성적인 인식과 이해의 한계를 초월하여 하나님과 영적인 교통을 누"리는 수단이며 성령의 내주하심을 확신하는 수단이다. 박영돈 교수의 견해는 '방언 체험이 성령의 내주를 확신한다'는 오순절주의자와 다를 것이 없다.

개핀 교수는 다음과 같이 말했다.

> 14-19절에서 "마음"(지성)과 "영" 간의 대조를 인간의 합리적이고 인식적인 국면과 비지성적이고 전(前)-개념적인 구면 간의 대조로 보는 것은 바울 서신 어디서도 전혀 지지하지 않는 사실이기 때문이다. 따라서 사실상 이 대조는 바울 서신만이 아니라 신약성경 전체의 인간에 대한 가르침에 부합하지 않는다.[1095]

1090) Anthony A. Hoekema, **방언연구**, 정정숙 역 (서울: 신망애출판사, 1982), 115.
1091) Palmer Robertson, **오늘날의 은사주의 운동, 과연 성경적인가**, 이심주 역 (서울: 부흥과개혁사, 2009), 48; "'영으로' 이렇게 기도하는 것은 이성적인 깨달음을 완전히 배제하는 것을 말하지 않는다. 바울은 기도하면서 지성적인 깨달음으로 자신의 덕을 세웠다."
1092) Wayne Grudem **조직신학(하)**, 노진준 역 (서울: 은성, 2009), 355; "바울은 이런 종류의 기도를 영적에서 발생하는 활동으로 보는데, 이 기도에 의해서 우리의 영은 자신이 무엇을 기도하는지 이해하지도 못하지만 마음을 무시하고 직접 하나님께 기도를 드린다."
1093) Wayne Grudem **성경 핵심교리**, 김광역, 곽철근 역 (서울: 기독교문서선교회, 2010), 723.
1094) 박영돈, **일그러진 성령의 얼굴** (서울: IVP, 2011), 184.
1095) Richard B. Gaffin Jr, **구속사와 오순절 성령강림**, 김귀탁 역 (서울: 부흥과개혁사, 2013), 116.

개핀 교수에 의하면, 마음과 영은 합리적인 것과 비지성적인 것의 대조가 아니다. 개핀 교수는 로마서 1:9, 에베소서 4:23을 통해 영과 마음은 기본적으로 동의어라고 말했다.[1096] 개핀 교수의 이런 견해는 박영돈 교수의 주장이 비성경적임을 나타내 준다.

칼빈은 다음과 같이 말했다.

> 여기에 대한 나의 대답은, 바울이 실례를 들기 위하여 그는 다음과 같은 순전히 가정적인 상황을 제시하고 있는 것이다. 즉 "만일 방언을 말하는 은사가 그 말하는 사람이 다른 사람들과 마찬가지로 자신도 그 방언을 모르게 하기 위하여 그것을 이해할 수 없게 된다면, 그와 같이 그 방언을 중얼거림으로써 무슨 유익이 있을 것인가?[1097]

칼빈에 의하면, 시도는 14절에서 "순전히 가정적인 상황을 제시"한 것이다. 칼빈은 이해할 수 없는 방언은 단순히 중얼거림에 불과한 것이라고 말했다. 자신도 이해하지 못하는 방언은 아무런 의미가 없기 때문이다. 자신이 이해하지 못하는데도 계속 방언을 한다는 것은 자기 열정으로 밀어붙이는 것이다. 인간은 인격체이기 때문에 자기가 말하는 것을 이해하지 못하고 계속 발언을 하면 인격의 분열이 발생한다.[1098] 그 분열을 인식하지 않고 자기를 정당화하기 위해 종교적 열심으로 위장한다.

14절을 해석하는 첫 번째 중요한 열쇠는 14절이 '평서문(平敍文)'인

1096) Ibid., 117.

1097) John Calvin, **신약성서주석 8 고린도전서주석** (서울: 성서교재간행사, 1982), 396-397; "방언의 은사는 시끄럽게 하기 위한 목적으로 주어진 것이 아니라, 오히려 교통의 목적으로 주어진 것이다. 로마어의 방언이 하나님의 성령으로 인하여 헬라어에 대하여 아무것도 모르는 삶에게 헬라어로 말하도록 지시되었다는 것은 얼마나 우스운 일인가! … 그러나 만일 방언의 은사를 받은 어떤 사람이 지각 있게 또 현명하게 말한다면, 그것은 바울의 '깨닫지 못하는 영의 기도는 헛된 것이다'라는 말에 저촉이 되지 않는다. 왜냐하면 이해한다는 것은 영과 함께 행동하는 것이기 때문이다. … 우리는 만일 이해력이 기도에 따르지 않는다면, 그것은 큰 잘못이라고 바울이 생각하였다는 사실에 주의하여야 한다. 조금도 놀랄 일이 아니다! 기도란 하나님 앞에 우리의 생각과 소원을 아뢰는 일이 아니고 그 무엇이겠는가? 다시 영적 기도는 하나님을 경외하는 방법이라는 사실에 비추어 볼 때, 다만 입술로부터 나오는 것보다는 그 기도의 본질과 조화되는 것이어야 하며, 또한 영혼의 가장 깊은 내면에서 취하는 휴식이 아니고 그 무엇이겠는가? 사람들이 입술을 움직여 기도할 때에, 만일 마귀가 그 기도하는 사람들이 적절하게 기도하고 있다고 믿는 그 생각들을 세상에서 그렇게 많이 빼앗아가지 않았더라면, 모든 사람들이 이 모든 영적 일들에 철저하게 친근하여졌을 것이다."

1098) Ibid., 396: "만일 내가 나도 모르는 말로 기도를 만들어서 한다면, 그리고 성령께서 나에게 말이 유창하게 흐르도록 하여 주신다면, 나의 혀를 지배하시는 그 영(靈) 자체는 참으로 기도를 하고 있는 것이 분명하다. 그러나 나의 이해력은 다른 곳을 방황하고 있을 것이며, 여하튼 나는 그 기도를 이해하지 못할 것이다."

가?', '부정문(否定文)인가?' 하는 것이다.1099) 14절은 평서문이 아니라 부정문이다. 평서문으로 보고 해석하면, 방언 기도를 소개하고 있는 문장이 되고, 부정문으로 보면 고린도 교회의 중대한 방언 오류를 지적하고 있는 문장이다. 사도는 14절에서 마음이 열매를 맺지 못하는 이유를 어떤 오류가 있다고 보고 부정문으로 기록했다. 문제가 있기 때문에 통역도 필요했다. 고린도전서는 '교정서신'(矯情書信)이며, 특히 고린도전서 14:14이 부정문(否定文)이므로 방언 기도를 부정한다.

14절을 평서문으로 해석하면, 나의 마음이 이해를 못 해서 열매가 없어도 나는 영으로 기도하는 까닭에 28절에서 바울이 방언을 금지한 것과

1099) 양해민, "고린도전서 14장을 중심으로한 방언 고찰: 성경 신학적 방언 연구를 통한 현대 방언 비판," (석사논문, 광신대학교, 2012), 15; 〈방언 은사가 '방언으로 하는 기도'라면 통역을 해야 할 이유가 없다(26절). 기도를 통역한다는 것은 개념 성립이 불가능한 것이다. 기도는 통역의 대상이 아니다. 기도의 유일한 대상자는 하나님이시기 때문이다. 기도는 기도의 유일한 수렴자(收斂者)이시자 응답자이신 하나님이 들으시면 충분한 것이다. 기도자의 기도는 사람이 들을 필요가 전혀 없으며, 기도를 통역한다는 개념은 성경에서 시도된 바가 없다. '통역'이라는 것은 의사 전달이 불가능한 상태 즉 청자(聽者)가 화자(話者)의 의사 전달을 청취하지 못하거나 이해하지 못할 때에 필요한 것이다. 청자(聽者)가 화자(話者)의 의사 전달을 충분히 들을 수 있거나 이해할 수 있다면 통역이라는 것은 전혀 필요가 없다. 하나님은 전지(全知)하시고 전능(全能)하신 절대자(絕對者)이시다. 기도는 그런 하나님을 대상으로 올리는 간구이다. 그러므로 기도에는 통역이 필요 없다. 기도라는 행위 자체가 기도의 수렴자(收斂者)가 확실히 듣고, 이해하고 있다는 믿음 또는 인식을 전제로 하는 것이다. 그러므로 기도와 통역은 병립(竝立)이 불가능한 개념이다. 고린도전서 14장 13절 "그러므로 방언을 말하는 자는 통역하기를 기도할지니"는 '방언으로 기도하는 것'이 아닌 '방언으로 말하는 것'에 대한 통역을 할 수 있도록 기도하라고 한 것이다. 왜냐하면 듣는 이들이나 말하는 이 모두 야만인이 되게 하지 않고(11절), 교회를 세우기 위함이다(12절). 하나님께 하는 기도에 통역을 한다는 것은 존재하지 않는 개념이다. 그러므로 방언 은사가 방언 기도라는 정의는 오류이며 잘못된 정의이다. 이에 대해 바르게 이해하기 위해서는 14절을 어떻게 해석하느냐가 매우 중요하다. 14절은 방언 기도를 소개하고 있는 평서문(平敍文)이 아니라 고린도 교회의 중대한 방언 오류를 지적하고 있는 부정문(否定文)이다. 14절에서 지적하고 있는 대로 마음(지성, 사고, 생각)이 열매를 맺지 못하는 문제가 중대한 오류가 아니라면 부정문으로 기록하지 않았을 것이다. 그리고 통역도 필요하지 않게 된다. 고린도전서 14절을 평서문으로 해석했을 때 마음(지성)이 이해하지 못하여 열매가 없을지라도 '영은 기도하는 것'이기 때문에 14장 28절에서 바울이 그것을 금지한 것은 적절하지 않은 것이 된다. 모순에 빠지게 된다는 것이다. 그러므로 14절을 강한 부정문으로 이해하고 해석해야 한다. 14절을 부정문으로 해석하지 않고, 평서문으로 해석할 때는 모순에 빠진다. 평서문으로 해석한다면 "방언 기도는 영이 기도하고, 마음에는 열매가 없다"라는 의미가 된다. 그렇다면 통역이 굳이 필요 없다. 하지만 바울은 통역이 있을 때에만 교회에서 방언으로 말하라고 했다(28절). 방언 은사에는 반드시 통역이 필요한 것이다. 왜냐하면 통역이 없어서 알아들을 수 없으면 열매가 없기 때문이다. 방언 은사가 기도라면 고린도전서 14장 2절을 긍정문으로 해석해야 한다. 그러나 긍정문 혹은 평서문으로 해석한다면 모순에 빠지게 된다. 비밀이라는 것은 문자 그대로 알아낼 수 없는 실체 혹은 감추어져서 다른 이에게 알리지 않을 실체이기 때문이다. 그렇다면 과연 비밀을 통역할 수 있으며, 통역을 시도해야 하는가? 그럴 수 없다. 하나님께 비밀을 말하는 것인데 회중이 그 내용을 알아야 하는가? 그럴 수도 없다. 비밀로 하는 기도를 통역하여 공개한다면 그 자체로 모순이다.〉

모순이 된다.1100) 평서문으로 보면, '나의 영은 방언으로 기도하더라도 나의 마음에는 열매가 없다'는 뜻이 된다. 그 결과로 통역할 필요가 없다. 28절을 보면, 사도는 방언은 통역이 있을 때만 교회에서 방언으로 말하라고 명령했다. 방언을 하면 통역이 있어야 알아들을 수 있고 열매가 있기 때문이다. 통역이 없으면 교회는 무질서하게 되며 체계와 규칙이 없는 단어로 반복하는 소리(만트라)는 믿지 않는 자들을 위한 표적이 될 수 없다.1101)

두 번째 중요한 열쇠는 14절이 가정법(ἐάν)을 사용하고 있는 문장이라는 것이다. 사도행전을 제외한 다른 신약성경에서는 '외국어'가 아닌 다른 형태의 방언을 말한 곳은 없다. 오직 고린도전서 14:14, 단 한 곳에만 '방언 기도'가 언급되어 있다. 사도는 14절에서 방언으로 기도하는 것을 말하면서, '만일'이라는 가정법을 사용했다. 가정법은 '방언 기도'가 일상적이거나 보편적인 것이 아니라 이례적이고 특수한 것이었다는 뜻이다. 방언은 반드시 통역이 필요했기 때문이다.1102) 방언이 기도가 되면 하나님께서도 통역자를 통해 기도를 이해해야 하는 신성모독적인 일이 발생한다. 기도와 통역은 양립 불가하다.

뿐만 아니라 방언 기도는 기도의 특성상 옳지 못하다. 예수님께서는 산상설교에서 사람들이 회당과 큰 거리 어귀에서 공개적으로 기도하는 것을 반대하시고 은밀하게 기도하라고 말씀하셨다(마 6:5-6). 그런 기도는 자기 의를 세우는 것이기 때문이다. 예수님의 이 말씀은 기도가 개인적이고 독립적이어야 한다는 것이므로, 공개적인 자리에서 더구나 방언으로 기도한다는 것은 예수님의 말씀과 어긋난다. 기도는 은밀성을 특성으로 하며 방언은 개방성을 가진다.

14절은 "방언으로 기도하면"이라고 가정법으로 말한다. ἐάν 가정법은 현재의 주어진 관점에서 일반적으로나 구체적으로 발생할 것으로 예

1100) 만일 통역하는 자가 없거든 교회에서는 잠잠하고 자기와 및 하나님께 말할 것이요(고전 14:28)
1101) 그러므로 방언은 믿는 자들을 위하지 않고 믿지 아니하는 자들을 위하는 표적이나 예언은 믿지 아니하는 자들을 위하지 않고 믿는 자들을 위함이니(고전 14:22)
1102) 그런즉 형제들아 어찌할고 너희가 모일 때에 각각 찬송시도 있으며 가르치는 말씀도 있으며 계시도 있으며 방언도 있으며 통역함도 있나니 모든 것을 덕을 세우기 위하여 하라(고전 14:26)

상하는 것을 표시하기 위한 용법이었다.1103) 더 나아가서, 때때로 ἐὰν 가정법은 상상조차 할 수 없는 미래를 표현하기도 했다.1104) 사도 바울이 ἐὰν 가정법을 사용한 것은 방언의 오용을 지적하고 교정하기 위함이었다.

가정법을 사용한 부정문으로 해석하면 의미는 분명하다. '영으로 기도할지라도 마음은 열매를 맺지 못한다." 마음(지성)이 없이 영으로만 기도하는 것은 인격이 온전히 합한 기도가 아니라 불완전한 기도가 된다는 뜻이다. 그런 까닭에 인격에는 열매를 맺지 못한다. 인격이 열매 맺지 못하는 이유는 무엇인가? 인격체는 의사소통이 안 되면 분열이 일어나기 때문이다. 내가 이해하지 못하는 방언은 인격에 분열을 초래한다. 칼빈은 제네바 교리문답 240-247문에서 영과 마음은 함께 하는 기도가 되어야 한다고 말했다.1105) 우리의 기도는 우리의 지성과 의지와 영이 함께

1103) W. Bauer, *A Greek-English Lexicon of the New Testament and Other Early christian Literature*, tr. & ed., W. F. Arndt and F. W. Gingrich (Chicago: the university of chicago press: 1957), 211; "the subjunctive to denote what is expected to occur, under certain circumstance, from a given standpoint in th present, either general or specific."

1104) Thoralf Gilbrand and Tor Inge Gilbrant, *The New Testament Greek-English Dictionary* (Springfiel, Missouri: The Complete Biblical Library, 1990), 197; "At times it even express the unimaginable future.(고전 12:15)"

1105) 240문: 이제는 하나님께 기도드리는 방법에 대해서 말해 봅시다. 기도는 말로 하는 것으로 충분합니까? 아니면 기도할 때 영과 마음이 같이 요구됩니까? 답: 말은 어느 때나 꼭 필요한 것은 아닙니다. 그러나 영과 마음은 언제나 있어야 하는 것입니다.

241문: 어떻게 이것을 증명할 수 있습니까? 답: 하나님은 영이시기 때문에 언제나 마음을 요구하십니다. 하나님과의 교제가 문제되는 기도에 있어서는 특히 더 요구됩니다. 즉 하나님께서는 당신에게 진실하게 기도하는 사람에게만 가까이 하시겠다고 약속하셨습니다. 반면에 하나님께서는 마음의 동반 없이 위선적으로 기도하는 모든 사람들을 저주하십니다(시 145:18, 사 29:13).

242문: 그러므로 입으로만 행해지는 기도들은 모두 무익하다는 말이군요? 답: 무익할 뿐만 아니라 하나님을 불쾌하게 하는 것입니다.

243문: 기도할 때 어떤 마음이 있어야 합니까? 답: 먼저 우리는 각자 자신의 비참과 궁핍을 느껴야만 합니다. 이 감정은 우리 안에 슬픔과 괴로움을 일으킵니다. 그다음 우리는 하나님 앞에서 은혜를 얻으려는 갈급한 마음을 가져야 합니다. 이 마음은 우리의 마음을 불붙게 하며 우리 안에 기도의 열정을 일으켜 줍니다.

244문: 이것은 우리의 본성으로부터 나오는 것입니까? 아니면 하나님의 은혜로부터 나오는 것입니까? 답: 이것은 우리가 너무 어리석기 때문에 하나님께서 역사하셔야만 합니다. 즉 사도 바울이 말한 것과 같이 성령께서는 우리를 인도하시어 말할 수 없는 탄식을 하도록 만드시며 우리의 마음속에 하나님께 간구하고자 하는 마음과 열정을 만들어 주십니다(롬 8:26).

245문: 그러면 우리는 우리 스스로 하나님께 기도하도록 우리 자신을 재촉할 것이 아니라는 것입니까? 답: 아닙니다. 오히려 정반대입니다. 이 말은 우리가 우리 안에 그러한 마음의 감동을 느끼지 못할 때 그렇게 만들어

하는 전인격적인 기도다.

고린도전서 14:15

그러면 어떻게 할꼬 내가 영으로 기도하고 또 마음으로 기도하며 내가 영으로 찬미하고 또 마음으로 찬미하리라(고전 14:15) τί οὖν ἐστιν; προσεύξομαι τῷ πνεύματι, προσεύξομαι δὲ καὶ τῷ νοΐ · ψαλῶ τῷ πνεύματι, ψαλῶ δὲ καὶ τῷ νοΐ.

사도는 14절에서 방언을 아주 강하게 부정하고 난 후에 15절에서 방언 기도에 대한 합당한 대안을 말했다. 사도는 '그렇다면, 기도에는 성령이 필요 없다는 말인가?'라고 항의할지 모르기 때문에 15절을 말했다.[1106] 15절에서 해결해야 할 과제는 '영으로 기도한다' 밀의 뜻이다. 사도는 '영으로 기도하라'고 권하지 않는다.

매튜 풀은 15절의 의미를 다음과 같이 말했다.

나는 내게 임한 하나님의 영의 강력하고 특별한 역사를 통해서 기도하거나, 나의 생각과 마음을 온전히 집중하고 나의 모든 것을 다 바쳐 일편단심으로 열렬하게 내 영혼을 다하여 기도할 것이지만, 거기에서 그치는 것이 아니라, 내가 기도하는 내용을 내 자신과 남들이 알아듣고 이해할 수 있는 방식으로 기도하고, 내 자신이나 남들이 알아들을 수도 없고 이해할 수도 없는 방식으로 결코 기도하지 않을 것이다.[1107]

매튜 풀은 성령의 역사로 기도할지라도 기도하는 자신이나 다른 사람도 이해할 수 있도록 기도한다고 말했다. 칼빈은 "마음이 없이 방언을

주시도록 주님께 간구해야 한다는 것입니다. 즉 주님께서 우리로 당신께 올바른 기도를 드리기에 적합하도록 만들어주시기를 간구한다는 것입니다(빌 1:19).

246문: 그러면 당신은 혀가 기도에 있어서 전적으로 무익하다고는 생각지 않으시는 것이군요? 답: 그렇습니다. 어떤 경우에 혀는 영을 도와주고 또 영을 붙들어 굳게 해 주어서 하나님에게서 쉽게 벗어나는 일이 없도록 하고 있기 때문입니다. 그 밖에도 혀는 다른 모든 지체들 보다 뛰어나게 하나님께 영광을 돌리기 위해 창조되었으므로 모든 방법을 다하여 이 목적을 위하여 쓰이는 것은 참으로 합당한 것입니다. 또한 마음의 열정은 그 뜨거움과 격렬함으로 말미암아 종종 혀를 제어하여 본의 아니게 말하도록 만들기도 합니다.

247문: 그렇다면 방언으로(알지 못하는 말) 기도하는 것에 대해서는 어떻게 생각하십니까? 답: "그러나 교회에서 네가 남을 가르치기 위하여 깨달은 마음으로 다섯 마디 말을 하는 것이 일만 마디 방언으로 말하는 것보다 나으니라."(고전 14:19)

1106) John Calvin, **신약성서주석 8 고린도전서주석** (서울: 성서교재간행사, 1982), 397.
1107) Matthew Poole, **청교도 성경주석 고린도전후서**, 박문재 역 (파주: 크리스챤다이제스트, 2015), 233.

사용하는 것은 하나님을 심히 불쾌하게 만드는 것임을 명심해야 한다."고 말했다.1108) 로버트 토마스는 기도하는 자가 다 전달할 수 없어도 다른 사람이 이해하고 있었다고 보았다.1109) 사도는 방언 기도에 대한 대안으로 성령 안에서 정상적인 기도의 대안을 말했다.

사도가 영으로 기도하고 마음으로 기도한다고 말한 것은 '남들이 이해할 수 있는 방식으로'라는 뜻이다. 흠정역(King James Version)은 "마음으로"를 "understanding"으로 번역했다. 찰스 핫지는 "이해될 생각으로"(with a view to be understood)를 의미한다고 말했다.1110) 16절에서 "영으로 축복할 때"는 '방언으로 축복한다'는 것이 아니라 성령의 인도 아래서 축복한다는 뜻이다.

김우현은 방언 기도의 유익을 말하면서 로마서 8:28을 말하고 방언은 '성령이 말하게 하심을 따라'(행 2:4) 하는 기도이며, "내가 방언으로 기

1108) John Calvin, **기독교강요(중)**, 원광연 역 (고양: 크리스챤다이제스트, 2003), 477.
1109) Robert L. Thomas, **성령의 은사들**, 김지찬 역 (서울: 생명의말씀사, 1983), 225; 〈방언을 말하는 자가 어느 정도 자신이 말하고 있는 것의 본성이나 의미를 이해하고 있었는지의 문제는 지금도 논의되고 있다. 첫 번째 견해는 방언을 말하는 자는 그가 말한 것의 의미를 전혀 이해할 수 없었다는 견해로서, 그렇기 때문에 그는 통역의 은사가 없으면 다른 이들에게 그가 말한 것의 의미를 전달할 수 없다고 말한다. 이 설명은 tōi noi(마음으로)를 순전한 인간의 지성적 이해로 격하시킨다. 그러나 우리가 이미 보았듯이, nous(마음)는 말하는 자 자신이 아니라 다른 이들에게 그 의미를 전달할 수 없는 그의 무능력과의 관계하에서 이해될 수 있고 아마도 그렇게 이해되어져야만 하는 것이다. 방언을 말할 때의 황홀경의 본성과 정도가 어떤 것이냐보다 더 중요한 문제가 또한 여기서 나타난다. 방언을 말하는 자의 의식이 완전히 중지되는가 아니면 그렇지 않은가? 만일 그가 그의 말한 것을 결코 이해할 수 없었다면, 아마도 그 대답은 "네"일 것이다. 그러나 두 번째 견해는, 방언을 말하는 자는 어느 정도 그의 말한 것을 이해할 수 있었으나 그의 이해할 수 있는 범위가 한정되었기 때문에 그것을 다른 이들에게 전달할 수 없었다고 말한다(Hodge, 1959, pp. 281, 287, 291, 292). 이 견해를 이해하기 위해서는 15절의 기도와 찬미 사이의 구분과 16절의 축복과 감사 사이의 구분을 중요시해야 한다. 만일 방언을 말하는 자가 그가 말하고 있는 것의 종류가 무엇인지, 모른다면 그것의 본성, 예를 들면 그것이 기도인지 찬미인지를 어떻게 알 수 있겠는가?(Hodge, 1959, pp. 287, 291). 사실상 감사는 적어도 그가 말한 것에 대한 일반적인 지식이 없이는 진정한 감사가 될 수 없다(Hodge, 1959, p. 291). 만일 방언을 말하는 자가 그가 무엇을 말하고 있는지에 대해 조금이라도 알지 못한다면, 어떤 경우라도 그 은사는 그에게 유익을 끼칠 수 없을 것이다. 그러나 4절과 18절은 방언을 말하는 자도 유익을 얻었음을 지적하고 있다(Hodge, 1959, pp. 281, 292).
둘째 견해가 더 설득력이 있다. 만일 방언을 말하는 자가 자신의 덕을 세울 수 있었다면(14:4), 이것은 결코 순수한 감정의 체험일 수 없다. 덕을 세우는 것이 이성(지성)을 배제한 경로를 통해서도 나타날 수 있는지는 논의의 여지가 있는 문제이다(Edwards, 1885, p. 358에 반대됨). 만일 듣는 자들이 자신들의 덕을 세우기 위해서 이해할 필요가 있었다면 말하는 자도 또한 그럴 필요가 있었던 것이다(Hodge, 1959, p. 291). 비록 말하는 자의 이해가 다른 이들에게 전달할 수 있을 만큼 정화한 것은 아니었다 할지라도 그는 그가 말하고 있는 것을 이해하고 있었던 것이다(Godet, 1886, p. 268).
1110) Charles Hodge, **고린도전서주석**, 김영배·손종국 역 (서울: 아가페출판사, 1985), 403.

도할 때, 마땅히 기도할 바를 알지 못하는 나의 영과 성령이 깊은 탄식으로 그들을 위해 중보해 주시는 것이다"라고 말했다.1111)

김동수 교수는 15절을 "성령으로 기도하는 것뿐만 아니라 성령으로 찬양하는 것도 포함합니다"라고 말했으며,1112) 다음과 같이 말했다.

> 바울은 자신이 이성으로 기도할 뿐만 아니라 방언으로도 기도한다고 말하면서 양자 모두가 필요하다고 말한다. 바울은 방언으로 기도하면 우리의 영이 열매를 맺고, 이성으로 기도하면 우리의 이성이 열매를 맺기 때문에 우리의 이성과 영이 동시에 열매를 맺으려면 이성으로만 하는 기도와 아울러 성령으로 기도하는 방언 기도가 필요하다고 말한다.1113)

김동수 교수에 의하면, 이성의 기도와 방언 기도가 있고 이성의 열매가 있고 영의 열매가 있다. 과연 성경이 그렇게 가르칠까? 앞서, 14절 해석에서 말했듯이, 15절의 의미는 '영으로 기도하라'는 것이 아니라 "남들이 이해할 수 있는 방식"으로 기도하라는 뜻이다. 후크마는 "교회에서는 예배를 드리는 모든 사람들이 이해할 수 있는 마음과 언어로 기도해야 할 것이다"로 해석했다.1114) 방언 은사가 방언으로 기도하는 것이라면 바울은 방언 기도에 대한 대안으로 추가적인 진술이 필요 없었을 것이다. 전능하신 하나님께서는 어떤 방언도 통역할 필요가 없으시다.

노우호 목사는 다음과 같이 말했다.

> 바울이 기도와 찬미를 할 때 그렇게 하고 있다는 말을 한 것이 아니라 굳이 방언으로 기도하고 방언으로 찬미를 하게 될 경우에는 그 방언을 통역하여 알아듣게 할 것임을 강조한 말이다. 자기가 방언이나 영으로 무슨 기도나 찬미를 할 때에 아무도 알아듣지 못하는 그런 기도나 찬미를 해서는 알아듣고 아멘 하는 사람이 없을 것이니 결국은 이중으로 번거롭게 될 것이라고 지적하는 말씀을 하고 있는 대목이다.1115)

1111) 김우현, **하늘의 언어** (서울: 규장, 2016), 80.

1112) 김동수, **방언은 고귀한 하늘의 언어** (서울: 이레서원, 2015), 107.

1113) Ibid., 55.

1114) Anthony A. Hoekema, "고린도전서 12장-14장에 나타난 방언연구," 정정숙 역 **신학지남** 37(2) (1970): 59(51-66).

1115) 노우호, **방언을 검증하자** (산청: 에스라하우스출판부, 2014), 120; "바울이 이 말을 하는 진정한 의도는 기꺼이 이렇게 하겠다는 말씀이 아니라 방언을 했다면 반드시 통역을 해야 할 것이라는 것을 강조하는 마음으로 이렇게까지 번거롭게 될 것임을 말하고 있는 것이다."

노우호 목사는 예배시간에 방언을 하더라도 통역을 통해 알아듣게 해야 한다는 것을 강조한다고 보았다. 반면에, 김동수 교수는 로마서 8:26을 근거로 "신자의 연약함 때문에 방언이 필요한 것이다"라고 말했다.1116) 김동수 교수는 '신자가 연약함을 느낄 때 성령의 직접적인 도움의 역사가 나타난다'고 말하면서, 그 증거 구절로 로마서 8:27과 에베소서 6:18, 그리고 갈라디아서 5:16을 말했다.1117) 또한, 고린도전서 14:2를 말하면서 다음과 같이 말했다.

> 고린도전서 14:2에서 방언 기도가 신자가 성령 안에서 신비를 말하여 아무도 알아듣지 못하는 기도임을 볼 때 이것도 인간의 말로 표현되지 않는 방언 기도를 지칭한다고 볼 수 있다. 바울은 고린도전서 14:15에서 방언으로 기도하는 기도를 영으로 기도하는 것이라고 말하는데, 성령의 탄식의 기도가 우리 영 안에서 이루어지고 있는 것이다.1118)

과연 김동수 교수의 말대로 로마서 8:27이 방언 기도를 말하는 것인가? 성령의 기도를 방언이라고 주장하는 견해는 "말할 수 없는 탄식"을 성령께서 성도를 돕기 위해 하나님 외에는 알아들을 수 없는 기도를 하게 하시며 그것이 방언이라고 주장한다.1119)

1116) 김동수, **방언은 고귀한 하늘의 언어** (서울: 이레서원, 2015), 56.
1117) 마음을 감찰하시는 이가 성령의 생각을 아시나니 이는 성령이 하나님의 뜻대로 성도를 위하여 간구하심이니라(롬 8:27) 모든 기도와 간구로 하되 무시로 성령 안에서 기도하고 이를 위하여 깨어 구하기를 항상 힘쓰며 여러 성도를 위하여 구하고(엡 6:18) 내가 이르노니 너희는 성령을 좇아 행하라 그리하면 육체의 욕심을 이루지 아니하리라(갈 5:16)
1118) 김동수, **방언은 고귀한 하늘의 언어** (서울: 이레서원, 2015), 57-58; 〈바울이 방언을 정의한 "그 영으로 비밀을 말하는 것"(고전 14:2)과 "성령이 말할 수 없는 탄식"으로 기도하는 것의 공통점을 정리하면 다음과 같다. 첫째, 신자의 영 안에서 성령이 직접적인 개입으로 하는 기도다. 둘째, 발성되지만 아무도 알아들을 수 없다. 셋째, 그 효과는 하나님과 직접적인 교통이 이루어져 하나님의 뜻대로 기도하게 된다. 넷째, 기도하는 사람의 이성(혹은 마음)은 열매 맺지 못하지만 그 영이 열매를 맺음으로 신앙이 성장한다.〉
1119) Ibid., 58; 〈바울이 방언을 정의한 "그 영으로 비밀을 말하는 것"(고전 14:2)과 "성령이 말할 수 없는 탄식"으로 기도하는 것의 공통점을 정리하면 다음과 같다. 첫째, 신자의 영 안에서 성령이 직접적인 개입으로 하는 기도다. 둘째, 발성되지만 아무도 알아들을 수 없다. 셋째, 그 효과는 하나님과 직접적인 교통이 이루어져 하나님의 뜻대로 기도하게 된다. 넷째, 기도하는 사람의 이성(혹은 마음)은 열매 맺지 못하지만 그 영이 열매를 맺음으로 신앙이 성장한다. 신자의 연약함을 돕기 위해 성령의 직접적인 도움으로 기도하는, 알아들을 수 없는 말의 탄식이 방언 기도라고 생각하면 방언 기도를 할 때의 태도는 어떠해야 할까? 무엇보다도 영성의 최고봉에 이른 승리주의자적 태도를 취하지 않을 것이다. 사람이 기도한다는 것, 특히 방언으로 기도한다는 것은 그 사람의 연약함의 표출이다. 영성이 깊은 경지에 이르렀음을 보여주는 표시가 아니다. 또, 이성만으로 기도하는 사람

토마스 슈라이너는 이렇게 말했다.

방언에 대한 언급으로 생각하는 것은 매력이 있긴 하지만, 이 해석을 거부하는 결정적인 이유들이 있다. (1) '알랄레토스'라는 단어는 말로 발설될 수 없는 것을 의미할 수도 있지만, 오히려 이것은 '무언의', 즉 어떤 발성도 전혀 하지 않는 것을 의미한다. (2) '스테나그모스'라는 단어가 반드시 문자적인 것을 의미하는 것은 아니다. 즉, 탄식하는 것을 못 들을 수도 있다. 탄식이 은유적인 것일 수 있다는 것은 22절에서 피조물의 탄식에 대한 언급에서 분명히 드러난다. 실제로 26절에서 있는 탄식은 신자들의 탄식을 통해 표현된다고 대답할 수도 있다 (참조, 롬 8:15-16; 고전 14:14-15). 이것이 사실일 수도 있지만 그 경우에도 반드시 탄식을 들을 수 있는 것은 아니다. 요점은 신자들의 열망이 매우 깊기 때문에 이를 표현할 수 없다는 것이다. (3) 방언을 말하고 있다는 것에 대한 가장 심각한 반론은 로마서 8장 26-27절이 모든 그리스도인을 가리키는 반면, 방언을 말하는 것은 오직 소수에게만 해당된다는 것이다. 26-27절에서는 어떤 신자도 여기서 묘사하는 성령의 도우심으로부터 배제된다는 그 어떤 증거도 없다. 실제로 어떤 신자가 바울이 말하는 내용의 울타리 밖에 있다면 8장 전체 논증은 무너질 것이다.[1120]

슈라이너에 의하면, 탄식이 발성이 아닌 무언을 의미하며 탄식은 들을 수 있는 것이 아니다. 로마서 8:26-27에서 탄식은 모든 성도의 탄식이나 방언은 소수에게만 해당되었다. 그런 까닭에, 탄식은 방언 기도가 아니다.

고린도전서 14:16

그렇지 아니하면 네가 영으로 축복할 때에 무식한 처지에 있는 자가 네가 무슨 말을 하는지 알지 못하고 네 감사에 어찌 아멘 하리요 ἐπεὶ ἐὰν εὐλογῇς πνεύματι, ὁ ἀναπληρῶν τὸν τόπον τοῦ ἰδιώτου πῶς ἐρεῖ τὸ Ἀμήν ἐπὶ τῇ σῇ εὐχαριστίᾳ; ἐπειδὴ τί λέγεις οὐ

들은 자신들의 탄식(롬 8:23)을 기도로 표출할 수 있는 도움이 필요하다는 것을 절실히 느껴야 한다. 자신의 이성만으로는 자신의 탄식을 다 표출할 수 없다는 무력감에 성령의 도움을 호소하면서 기도해야 한다.〉
1120) Thomas R. Schreiner, 로마서, 배용덕 역 (서울: 부흥과개혁사, 2012), 533-434; "만일 본문이 방언을 언급하는 것이 아니라면, 바울은 무엇을 염두에 두고 있는가? … 나로서는 탄식이 진정 성령으로부터 비롯되는 신자들의 탄식일 가능성이 더 큰 것 같다. 이 탄식들은 들을 수 있는 것이 아니다. 이들은 하나님의 뜻을 알고 행하기 위해 모든 신자의 마음속에서 일어나는 표현할 수 없는 열망이다. 이 탄식이 신자들의 마음속에서 일어난다는 것은 '마음을 살피시는 이'를 말하는 27절에서 암시된다. 이것은 신자들의 마음을 가리키는 것으로 이해하는 것이 가장 자연스럽다. 하나님은 신자들의 마음을 살피시며 또한 자신들의 삶을 하나님의 뜻에 맞추고자 하는 말할 수 없는 열망을 보신다. 성령이 이런 탄식을 하셔서 신자들은 하나님 앞에 어떤 분명한 형식으로 드러내신다. 신자들이 하나님의 뜻을 충분히 알지 못하기 때문에 신자들이 하나님에 대해 자신들의 요구를 적절하게 말씀드리지 못한다 해도 성령이 이런 탄식을 이해하여 하나님의 뜻에 맞도록 하신다."

κ οἶδεν.

사도가 "영으로만 축복할 때"라고 말한 것으로 보아, 고린도 교회는
예배에서 방언으로 성도들을 축복했다는 것을 알 수 있다.1121) 문제는
그렇게 뜻도 모르는 소리로 축복하고 감사하면 성도들에게는 아무런 유
익이 없다는 것이다. 로버트 토마스는 "무식한"을 예배로 모이는 물리적
공간이 아니라 예배의 과정을 이해하지 못함으로 오는 것으로 듣는 말의
본질 때문에 발생하는 것이라고 보았다.1122)

1121) 그렇지 아니하면 네가 영으로 축복할 때에 무식한 처지에 있는 자가 네가 무슨 말을 하는지 알지 못하고
네 감사에 어찌 아멘 하리요(고전 14:16)

1122) Robert L. Thomas, 성령의 은사들, 김지찬 역 (서울: 생명의말씀사, 1983), 225-226; 〈14:16의 tou
idiōtou(무식한)의 번역의 문제는 매우 어려운 문제 중의 하나이다. 어떤 사람들은 이 사람은 그리스도인-아마
도 지도자급 그리스도인일는지도 모르나-이나 방언이 예배를 주도할 때에는 그 방언의 메시지를 이해할 수 있
는 은사의 결여로 말미암아 예배에서 제외되는 사람을 가리킨다고 본다(Edwards, 1885, p. 376; Meyer, 1881,
Ⅱ, p. 22). 이 사람을 그리스도인이라고 볼 수 있게 하는 가장 주요한 근거는 16절의 문맥과 23-24절에서 나온
다. 16절을 그리스도인이 매우 분명하게 나타난다(참조, 16절의 "아멘"). 23-24절을 보면 이 사람은 믿지 아니
하는 자(참조, apistos(믿지 아니하는 자)와 구별되어 있다. 그러나 다른 관점에서 보면 14:23의 idiōtai는 방문
객으로 그려짐으로써 그리스도인들의 공동체와는 구별되고 있다. 이와 동일한 부류의 사람들은 24-25절에서는
덕을 세울 필요가 있는 사람들이 아니라 개종할 필요가 있는 사람들로 모사되고 있는데, 이것은 결국 그들이 그
리스도인들이라는 견해를 배제하고 있는 것이다.
두 번째 견해 14:16의 tu idiōtou는 비그리스도인이나 그리스도인의 예배 모임에 정기적으로 참석할 정도로 기
독교에 관심을 기울였던 자를 가리키고 있다고 본다(Parry, 1916, pp. 203, 207). 그는 아직 그가 비그리스도인
이기 때문에 "풋나기"(uninitiated)였으나 동시에 그가 그 그리스도인들의 모임에 자주 참석함으로써 완전히 믿
지 아니하는 자들(apistoi, 14:23)과는 구별되는 것이다. 이 견해는, 그렇게 불리우는 사람은 아직도 개종의 체
험을 할 필요가 없는 사람이라는 사실을 용인하고 있으며(14:24-25), 회당의 한 부분은 비유대인 "경배
자"(worshipers)들을 위해 항상 남겨주었던 유대교의 관습과 상응하는 것이다. 이 견해의 난점은 이런 사람이
어떻게 그리스도인의 감사에 "아멘"할 수 있는가라는 데에 있다(16절). 더구나 만일 그 사람이 정기적인 참석자
요 전에도 방언이 지배하는 고린도 교회의 예배를 본 적이 있는 사람이었다면, "너희는 미쳤다"(23절)고 말한다
는 것은 있을 수 없는 일이다(Barrett, 1968, p. 324). 그러한 "반(半) 그리스도인"(half- Christians)이 apistoi와
pistoi 사이에 놓여 있다고 보는 결론은 14장에서 끌어낼 수 있는 지지 근거보다 더 나은 지지 근거를 필요로
한다(Schlier in TDNT, 1965, Ⅲ, p. 217).
세 번째 견해는 아래와 같다. 23-24절뿐 아니라 16절의 idiōtēs는 비그리스도인들을 가리키는 데, 이들은 물론
방언이나 통역의 은사를 소유하지 못한 자들이며 본질적으로 볼 때에 14:23의 apistos로 지칭된 사람과 구별되
지 않는 자들을 가리킨다(Hodge, 1969, PP. 397-98). 그 사람이 개종할 필요가 있는 사람임은 이미 언급했다
(14:24-25). 그리스도인의 모임에서 그가 문외한이었다는 사실은(14:23-25) 이 견해가 옳음을 강하게 지지하
고 있다. 여기서의 큰 난점은 어떻게 믿지 아니하는 자가 그리스도인의 감사에 "아멘" 할 수 있는가라는 점에
있다(14:16). 사실상 14:12-19의 전 문맥은 16절의 믿지 아니하는 자가 어울릴 수 없는 그리스도인들의 모임
을 눈 앞에 그리고 있다.
14:16의 tou idiōtou의 문제가 14:23-24의 이와 동일한 말의 용도를 충족시키면서 해결할 수 있는 유일한 방법

고린도전서 14:18

내가 너희 모든 사람보다 방언을 더 말하므로 하나님께 감사하노라

εὐχαριστῶ τῷ θεῷ, πάντων ὑμῶν μᾶλλον γλώσσαις λαλῶ.

방언 옹호론자들은 사도 바울이 고린도 교회 성도들보다 더 방언을 많이 사용했다고 주장한다.1123) 보에(Barbara Bowe)는 방언을 성령의 선물로 보며, 고린도전서 14:18-19의 방언을 황홀경의 발언이라고 말했다.1124) 사도가 14절에서 "내가 만일 방언으로 기도하면"이라고 말한 것과 18절에서 "내가 너희 모든 사람보다 방언을 더 말하므로"라고 말한 것을 대조하면, 사도는 자신이 결코 방언 기도를 한 일이 없다는 것을 알

은 그가 그리스도인이든 비그리스도인이든지 간에 방언에 사용되는 언어를 알지 못하는 자로 보는 것이다. 이렇게 되면 그 단어는 방언, 통역 그리고 예언이 관련된 이상 단순히 "은사를 소유하진 못한" 사람을 의미하고 있는 것이다(Barrett, 1968, pp. 324-25). 14:16과 14:23-25 사이의 문맥상의 차이들은 이런 넓은 정의를 보증하기에 충분한 것이다(Cremer, 1895, p. 838). 이것은 한 사람이 동시에 idiōtes요 apistos일 수도 있음을 의미하는 데, 전자는 사용된 언어와의 관련하에서 붙여진 명칭, 즉 객관적 명칭이요, 후자는 좀 더 넓게 기독교와의 관련하에서 붙여진 명칭, 즉 주관적 명칭이다. 23-24절과 접속사 ē이 이 두 용어를 연결하고 있는데, 이 견해를 따르면 그것이 이 두 용어를 상호 배제적으로 만들지는 않는다. 상관접속사에 있어서는 이것이 정당한 것이다(참조, 14:37; Arndt and Gingrich, 1957, p. 342). 이와같이 14:16의 tou idiōtou는 그리스도인이 그가 이해한 어떤 것에 대해 "아멘"을 덧붙이는 것으로 볼 수 있는 반면에, 23-25절의 이와 동일한 명사는 은사를 소유하고 있지 않고 개종할 필요가 있는 비그리스도인을 가리키고 있는 것으로 볼 수 있다. 비록 이 견해의 지지자들이 한 단어에 두 가지 다른 의미-한 의미는 36절에 적용됐고 다른 의미는 23-25절에 적용되는데-를 적용하며 접속사 ē를 부자연스런 의미로 해석한다는 공격을 받지만, 이것들은 다른 견해들이 부딪히는 난점보다는 훨씬 작은 난점이다. idiōtou에 관한 이런 결론은 필연적으로 14:16의 ton topon(처지)을 그리스도의 예배 모임이 행해지는 방안의 물리적 공간의 의미에서가 아니라 은유적인 의미로 해석하지 않을 수 없게 한다. 그리스도인이든 비그리스도인이든 간에 그러한 사람들은 그들이 예배의 과정을 이해할 수 없기 때문에 별개의 범주 안에 놓이게 된다. 다시 말하면, 그들은 그들이 듣는 말의 본질 때문에 idiōtēs의 역할을 하게끔 되는 것이다(Godet, 1886, pp. 282-83). 이와 비슷한 표면에서의 topos가 추상적으로보다는 구체적으로 더욱 자주 사용되고 있다 하더라도(Meyer, 1881, II, p. 15), 특별히 지리적인 위치가 지금 논의되고 있는 것의 관심사가 아니라는 이유를 비롯해서 그것을 여기서 은유적으로 해석하는 것을 지지하는 많은 선례들이 있는 것이다(Cremer, 1895, p. 838).

1123) 김동수, "영산의 방언론," **영산신학저널** 1(1) (2004): 182(172-191); "방언의 은사가 개인 신앙 성장에 매우 유익한 은사이기 때문에 바울은 개인적으로 기도할 때 이 은사를 계속해서 사용했으며 그 유익을 맛보았기 때문에(14:18), 모든 신자가 방언의 은사를 경험하기를 원한다고 했다(14:5)."

1124) Mary Smalara Collins, "I may speak in the tongues of angels," *U.S. Catholic* 59 (1994): 26(25-26); According to Bowe, "I would put tongue speaking in context, as Paul does, in relationship with all the other gifts of the Spirit." ⋯ If that Spirit leads us to praise God in ecstatic language, that is good."

수 있다. 왜 그런가? 14절의 방언 기도가 정당한 것이라면 사도가 18절에서 방언은 거짓이 되기 때문이다. 사도는 방언 기도를 한 것이 아니라 방언으로 말했기 때문이다. 역으로 18절의 방언이 맞다면 14절의 방언 기도는 거짓 방언이 된다.

문제는 이 방언을 '현대의 옹알거리는 방언으로 보느냐?' 아니면 '외국어로 보느냐?'이다. 로버트 토마스는 방언이 외국어라는 견해를 무너뜨리는 충분한 논증이 되지 못한다고 말했다.[1125] 찰스 핫지는 외국어로

1125) Robert L. Thomas, **성령의 은사들**, 김지찬 역 (서울: 생명의말씀사, 1983), 227-229; ⟨14:18의 부사 mallon은 바울이 방언의 은사를 더 많이 소유하고, 더 자주 사용하고 있었음을 보여준다. 어떤 이들은 이 기초 위에서 방언은 외국의 언어들이 아니라 알아들을 수 없는 소리로 구성되어 있었다고 주장한다. 그들은 방언이 무엇이 말하여지고 있는가(외국의 언어들)가 아니라 말하는 양상(알아들을 수 없는)을 가리키고 있는 것이라고 말한다(Godet, 1886, p. 285). 바울은 아마도 그의 모국어뿐 아니라 아람어, 라틴어, 수리아어를 말할 수 있는 훌륭한 교육을 받았기 때문에 방언의 은사가 아니라 외국어 언어들을 그렇게 많이 알고 있는 것이라고 주장할 수도 있었을 것이다. 그러나 만일 방언이 외국의 언어들로 구성되어 있었다면, 어찌하여 바울이 자신을 본보기로 들면서 방언에 대한 자신의 위치를 방어하려고 했을까(Robertson and Plummer, 1914, p. 314)

그러나 바울이 "너희 모든 사람보다 외국의 언어들을 더 말함으로"(more foreign language than you all)라고 썼을 수도 있다는 것에 기초해서 추론하는 것은, 방언이 외국의 언어들이라는 견해를 무너뜨리기에 충분한 논증이 되지 못한다. 바울의 은사가 다른 이들보다 우월하다는 것은 외국의 언어들이나 알아들을 수 없는 소리에 동등하게 적용할 수 있다. 바울 자신과 그 독자들 사이의 질적인 차이와 마찬가지로 양적인 차이도 있음을 함축할 수 있는 것이다(Barrett, 1968, p. 321). 사실상, 방언의 본성이 무엇이든지 간에 양적인 차이가 여기에 더 깊이 관여되어 있는 것같이 보인다. 바울은 그의 독자들보다 더 자주 방언으로 말하였다. 외국의 언어들은 알아들을 수 없는 소리와 같이 쉽게 이 기준을 충족시키는 것이다. 어떤 이들은 마치 hoti가 두 동사 사이에 놓여 있는 것처럼 18절을 이해하고 있다. 이렇게 되면 18절은 "나는 너희 모든 사람보다 방언을 더 많이 말한다는 사실 때문에 하나님께 감사한다"(I give thanks to God for the fact that I speak with tongues more than all of you)의 뜻이 된다(Godet, 1886, pp. 284-85). 문법적으로 보면, 이것은 간접 화법에서 hoti를 생략할 수 있는 고전 헬라어의 관습이나 성경 외의 다른 헬라어 출처의 관습과 일치하는 것이다(Edwards, 1885, p. 370; Blass and Debrunrter, 1961, p. 247). 우리는 바울 자신도 이런 습관이 있었음을 알 수 있다(고전 4:16; 빌 4:3; 참조, 눅 14:18; 행 21:39). 그러나 우리는 고린도전서 14:18과 다른 신약성경의 예 사이에 상이성이 있음을 주장할 수 있다. 왜냐하면, 고린도전서 14:18 외의 다른 곳에서는 도입 동사가 권고나 청원을 나타내는 동사이며 뒤에 나오는 동사는 항상 명령법인데, 18절에는 이 둘 중 그 어떤 것도 해당하지 않기 때문이다. 18절의 상반절과 하반절을 이런 식으로 연결하는 것을 맹렬히 반대하는 이론은 논의가 연속되어 있다는 사실을 반대하는 데 주력하고 있다. 이렇게 되면 18-19절은 그 앞이나 뒤의 절들과의 적합한 연결점이 없는, 그 자체가 동떨어진 하나의 섬이 된다. 사실상, 첫 번째 세 단어들, eucharistō tōi Theōi(내가 … 하나님께 감사하노라)는 떼어내도 본질상 두 절들의 의미에 영향을 주지 않는다. 그러나 eucharistō(내가 감사하노라, 18절)를 eucharistiai(16절)와 eucharistis(17절)와 연결지음으로써 12-17절과의 매우 자연스런 연결점을 찾을 수 있는 가능성은 있다. 16-17절이 방언으로 말하는 것을 이야기하고 있음이 분명하기 때문에 18절의 감사도 방언으로 말하는 감사인 것이 분명하다(Edwrards, 1885, p. 370). 만일 이런 관계가 옳다면 18절은 생략법으로 보인다. "나는 하나님께 감사한다(즉, 방언으로 말하는 형태로)-너희 모든 사람보다 내가 방언을 더 말한다(즉, 감사가 아니라 다른 종류의 말의 형태로)." 진술의 후주는 전자를 명백하게 하고 있다. 방언 말하는 것을 감사에만 한정시키는 대신에

본다.1126) 사도행전을 기록한 누가는 바울과 선교사역에 동행한 사람이며, 바울이 사도행전 2장의 외국어 방언을 알고 있는 까닭에 고린도의 방언이 현대의 옹알거림이 아니라 외국어였다는 것은 분명하다. 이것은 방언의 수평성을 증거 한다. 방언은 하나님과의 소통을 위한 것(수직성)이 아니라 믿지 않는 자들에게 표적이 되는 은사다. 방언의 수평성은 방언의 이타성과 맞물린다. 방언은 일차적으로 나의 유익을 위한 것이 아니기 때문이다.

노우호 목사는 "바울이 여러 외국어를 구사할 수 있었다"고 말하면서 바울이 자라난 길리기아 방언을 비롯해서 히브리어, 아람어, 헬라어, 라틴어까지 섭렵한 사람이라고 말했다. 노우호 목사가 18절의 방언을 단지 학습된 언어로 말한 것은 방언 논쟁에 있어서 적절지 않다.

김우현 감독은 18절을 인용하면서 다음과 같이 말했다.

> 방언을 하면 하나님이 나를 위해 심어놓으신 그 영적 축복의 DNA를 … 성령께서 자라게 하시고 물을 주시고 키워주시는 것이다. … 그는 방언을 통해 하나님의 비밀과 축복인 그리스도에 대하여, 그 안에 숨겨진 놀라운 능력을 삶에 구현하는 일을 알게 더 잘 알게 된 것이다. 그렇지 않다면 오직 그리스도만을 자랑하던 그가 방언을 많이 한다고 자랑할 이유가 없다.1127)

김우현 감독의 말은 18절의 뜻을 무시한 자의적 해석이다. 방언이 만능열쇠가 된다면, '왜 지나간 역사나 지금이나 모든 사람에게 방언의 은

바울은 모든 종류의 방언으로 하는 의사소통을 포함하는 좀 더 일반적인 진술로 대치하고 있다. 비록 18절의 이런 의미가, 전반부와 후반부를 있는 상승적 kai(심지어)와 같은 접속사와 자연스런 조화를 이루고, 또한 18절 전반부의 대명사 ego(나)와 17절의 su(너)가 날카로운 대조를 이룬다는 사실과 잘 어울린다는 사실을 인정한다 하더라도, 그보다는 13-17절의 배경을 더욱 이해하기 쉽게 해석한다는 데 이 견해의 장점이 있는 것이다. 바울이 이런 식으로 자신과 고린도 교인들을_비교하는 것은 그에게 어울리지 않는 것만은 아니다(Meyer, 1881, Ⅱ, p. 17에 반대됨). 왜냐하면 그가 사적인 기도를 언급하고 있는 것이 아니기 때문이다. 바울이 "방언을 말함으로"(I speak with tongues)라고 이야기할 때, 그 말을 단순히 기도에만 제한하는 것은 아니다. 바울은 오히려 그의 전도 여행 중에 만났던 다양한 언어적 배경을 지닌 사람들에 대한 그의 공적인 사역을 가리키고 있는 것이다. 이런 방언의 광범위한 사용은 여러 곳에서 바울의 사역을 조사한 사람이면 누구나 그것을 확증할 수 있다.〉
1126) Charles Hodge, **고린도전서주석**, 김영배·손종국 역 (서울: 아가페출판사, 1985), 405; "바울은 방언의 은사를 아주 풍성히 수여 받았음을 하나님에게 감사드려야 했을 것이다. 만일 방언의 은사가 그 자신이 이해하지 못하는 언어를 말하는 능력이나 그것의 사용에 있었다고 한다면 말이다."
1127) 김우현, **하늘의 언어** (서울: 규장, 2016), 130.

사를 주지 않으셨는가?'에 대한 해결책이 없다. 김우현 감독처럼 학습 방언으로 하는 방언은 성경이 말하는 방언이 아니다.[1128] 은사는 "성령으로 말미암아"(고전 12:8), "성령이 행하사 그 뜻대로 각 사람에게 나눠주시느니라"(고전 12:11)고 성경이 말하기 때문이다.

고린도전서 14:19

그러나 교회에서 네가 남을 가르치기 위하여 깨달은 마음으로 다섯 마디 말을 하는 것이 일만 마디 방언으로 말하는 것보다 나으니라 ἀλλὰ ἐν ἐκκλησίᾳ θέλω πέντε λόγους τῷ νοΐ μου λαλῆσαι, ἵνα καὶ ἄλλους κατηχήσω, ἢ μυρίους λόγους ἐν γλώσσῃ.

19절은 방언의 '이타성'을 말한다. 아무리 방언을 해도 깨닫지 못하면 무용지물이다. 그런 까닭에, 사도는 성도들이 이해할 수 있는 말로 가르치는 것이 방언하는 것보다 더 나으며 교회에 유익을 준다고 강조했다.[1129] 은사는 자신의 덕을 위한 것이 아니라 교회의 덕을 세우는 것이다. 19절과 26절에서 방언의 은사도 덕이 되어야 한다고 말했다. 사도는 방언을 할 수 있었으나 사역의 목적이 방언하는 것이 아니라 하나님께 속한 지식을 전해주는 것이었기 때문에 방언을 말하는 것보다 알아들을 수 있는 말로 가르치는 것에 집중했다.[1130]

고린도전서 14:21-23

1128) Ibid., 233; "기독교 출판사인 규장과 자매회사인 갓피플 닷컴의 직원 70여 명이 근무 중 한꺼번에 방언을 받는 큰 사건이 일어났다. 이 상상치도 못한 놀라운 일은 2007년 4월 6일 오후 4시에 일어났다. 이들은 3시간이나 업무를 중단하고 방언 기도에 전념했다. 갓피플 닷컴의 조한상 사장은 내가 하는 방언을 그냥 따라 하는 순간, 방언을 받았다. 은지라는 자매도 손기철 장로의 사역팀을 통해 '할렐루야'라는 말로 방언을 했다. 집회를 인도하면서 많은 사람을 상대해야 할 때 '방언을 말하다'의 헬라어인 '랄레오 글로사' 중 '랄레오'라는 단어만으로 기도한 적도 있다. 예수원 출신의 한 형제는 '아버지'란 말을 간절히 반복적으로 구했는데, 방언이 터졌다고 한다. 방언은 성령께서 영으로 비밀을 기도하게 하시는 것이므로 사탄도 알아들을 수 없다. 방언을 통해 우리가 나아가야 할 것은 아버지 사랑이며 그 영광의 보좌이다. 방언은 그 사랑의 비밀을 하나님께 고하고 나누는 밀어이다. 사탄의 방해 없이 아버지의 심장으로 곧바로 가는 길이다. 방언은 성령님의 역사에서 가장 기초이며 놀라운 능력이다."
1129) 그러나 교회에서 네가 남을 가르치기 위하여 깨달은 마음으로 다섯 마디 말을 하는 것이 일만 마디 방언으로 말하는 것보다 나으니라(고전 14:19)
1130) Matthew Poole, 청교도 성경주석 고린도전후서, 박문재 역 (파주: 크리스챤다이제스트, 2015), 235.

21 율법에 기록된 바 주께서 가라사대 내가 다른 방언하는 자와 다른 입술로 이 백성에게 말할지라도 저희가 오히려 듣지 아니하리라 하였으니 22 그러므로 방언은 믿는 자들을 위하지 않고 믿지 아니하는 자들을 위하는 표적이나 예언은 믿지 아니하는 자들을 위하지 않고 믿는 자들을 위함이니 23 그러므로 온 교회가 함께 모여 다 방언으로 말하면 무식한 자들이나 믿지 아니하는 자들이 들어와서 너희를 미쳤다 하지 아니하겠느냐 ἐν τῷ νόμῳ τέτραπται ὅτι Ἐν ἑτερογλώσσοις καὶ ἐν χείλεσιν ἑτέρων λαλήσω τῷ λαῷ τούτῳ, καὶ οὐδ᾽ οὕτως εἰσακούσονταί μου, λέτει κύριος. 22 ὥστε αἱ τλῶσσαι εἰς σημεῖόν εἰσιν οὐ τοῖς πιστεύουσιν ἀλλὰ τοῖς ἀπίστοις, ἡ δὲ προφητεία οὐ τοῖς ἀπίστοις ἀλλὰ τοῖς πιστεύουσιν. 23 ἐὰν οὖν συνέλθῃ ἡ ἐκκλησία ὅλη ἐπὶ τὸ αὐτὸ καὶ πάντες λαλῶσιν τλώσσαις, εἰσέλθωσιν δὲ ἰδιῶται ἢ ἄπιστοι, οὐκ ἐροῦσιν ὅτι μαίνεσθε;

바울의 은사론을 논할 때, 가장 중요한 본문은 고린도전서 12장과 14장이며, 그중에서도 '해석의 난제' 혹은 '해석의 십자가'로 불리는 것은 14:22–25이며, 22절이 그 핵심이다.

그로마키는 21절에 외국어들이 명확히 언급되어 있기 때문에(헤테로 글로싸이스), 22절의 "방언들"(하이 글로싸이)도 외국어라고 말했다.[1131] 팔머 로벗슨은 고린도전서 14:21은 "분명하게 외국어를 언급하는 구약 본문을 인용하여 고린도 교회에서 일어난 현상을 설명한다"면서 방언은 외국어라고 말했다.[1132]

엥겔브레흐트(Edward A. Engelbrecht)는 구약성경과 사해사본과 미쉬나(Mishnah)와 탈굼(Targums)에 언급된 사례를 통해 셈족 문학에서 방언을 말한다는 것은 황홀한 말이 아니라 외국어로 말하는 것이라고 말했다.[1133] 치우는 스미트(J. Smit)와 존슨(B.C. Johanson)의 견해를 언급

1131) Robert G. Gromacki, **현대방언 연구**, 김효성 역 (서울: 기독교문서선교회, 1983), 88; 〈이것은 또 앞의 것을 가리키는 정관사(하이)의 용법과 "그러므로"(Wherefore, 호스테)라는 추론적 접속사의 역할에 의해 확증된다. 만일 바울이 방언을 알 수 없는 말로 간주했다면, 그는 이 두 절에서 그 동일한 말을 두 번 사용하지 않았을 것이다. 특히 「글로싸」의 의미가 처음의 용법에서 분명히 확고해졌기 때문이다.〉

1132) Palmer Robertson, **오늘날의 은사주의 운동, 과연 성경적인가**, 이심주 역 (서울: 부흥과개혁사, 2009), 53–54.

1133) Edward A. Engelbrecht, "'To Speak in a Tongue': The Old Testament and Early Rabbinic Background of a Pauline Expression," *Concordia Journal* 22(3) (1996): 295, 302(295–302); 〈Since "to speak in a tongue" occurs a number of times in the Old Testament, the Dead Sea Scrolls, and Rabbinic literature, it is necessary to consider these writings to determine the origin and meaning of Paul's expression. This article proposes that "to speak in a tongue" was a common Semitic idiom adapted by Paul. It was suggested to him by the prophecy of Isaiah 28:11, which he used to address the difficulties

하면서, 14:21의 인용을 통해 외국어는 사람들이 알아들을 수 없는 것처럼 방언은 믿는 사람들이 알아들을 수 없고 예언은 사람들이 이해할 수 있는 것이라고 보았다.1134)

사도는 방언과 예언을 말하면서 방언이 믿지 않는 자들을 위한 표적이며, 예언은 믿는 자들을 위한 표적이라고 말했다. 문제는 22절이 23-25절과 상충한다는 것이다. 23절은 방언을 말하면 무식한 자들이나 불신자들이 듣고 '미쳤다'고 말한다는 것이다. 표적이라 해 놓고 부정적으로 말했으니 앞뒤가 안 맞아 보인다. 22절에서는 예언은 믿는 자를 위한 것이

---

at Corinth. The expression's application in Semitic literature is not to ecstatic speech but to speaking in a foreign language.〉〈It needs to be stated once again that the expression "to speak in a tongue" is unknown in pre-Christian Greek literature apart from a few examples in the translation of the Old Testament. In contrast, the Hebrew Bible, the Thanksgiving Hymns of Qumran, the Mishnah, and the Aramaic of the Targums provide numerous examples of the expression. In light of this evidence it is not difficult to conclude that "to speak in a tongue" is a Semitic idiom and that earlier studies which concentrated on finding its origin and meaning in Greek literature were misguided. It should also be noted that "to speak in a tongue" is never used in the sense of "ecstatic utterance" and (apart from two polemical passages in the Thanksgiving Hymns) consistently refers to the speaking of a foreign language or the holy language, Hebrew. The expression used by Paul in 1 Corinthians 14 as well as other passages of the New Testament initially meant "to speak a foreign language." Whether Paul understood the expression in this sense cuts to the very heart of the interpretation of the passage. It could easily be argued that Paul has reworked this expression to mean "ecstatic utterance." The fact that it meant "to speak a foreign language" almost everywhere else does not necessarily establish that meaning for Paul in 1 Corinthians. However, there may be a simpler way of looking at the passage. It is possible that Paul saw speaking in tongues, whatever it actually was, as genuine language (like those described in Acts 2 rather than mantic, ecstatic babbling. Then his halakic interpretation of Isaiah 28 would have suggested both the use of the expression and its basis for warning against abuses of God's gifts.〉

1134) José Enrique Aguilar Chiu, *1 Cor 12-14 Literary Structure and Theology* (Roma: Editrice Pontificio Istituto Biblico, 2007), 303; Johanson's proposal is interesting. However, Smit rejects Johanson's interpretation, arguing that the particle οὖν, at the beginning of verse 14:23 is inferential of 14:22, and cannot introduce a refutation, That is, 14:23-25 "should be taken as illustrations, elaborating and supporting the preceding assertions". Perhaps the simplest thing would be to take what is said in 14:22 as and argument by analogy, deriving from the citation made in 14:21: just as foreign languages are incomprehensible for the people (the Israelite in the case of Isa 28), just so are tongues incomprehensible for believers (cf. 14:9-11). Prophecy, on the other hand, unlike foreign languages, is *understandable* to the people (the Israelites in Isa 28, although they have not wished to accept what is said by the prophet). What is said in 14:23-25 is a consecuence (οὖν) of 14:22: when a non-initiate (ἰδιῶται) or nonbeliever (ἄπιστοι) enters the assembly, speaking in tongues will be incomprehensible(14:23). But prophecy, being undetstandable, will be able to be heard and understood by the non-initiate or nonbeliever(14:24-25).

라 해 놓고, 24-25절에서 사도는 불신자들이 들으면 회개하고 하나님을 경배할 것이라 했으니 이것도 모순되어 보인다. 이 문제를 해결하기 위한 열쇠는 '22절의 표적을 어떻게 해석하는가?'에 달려 있다. 참고로, 방언 옹호론자들은 22절을 말하면서 하나님께서 인정해 주셔서 방언을 받은 것이라고 주장한다.

모펫(James Moffatt)은 표적을 부정적으로 해석하여 방언은 불신자들에게 심판의 표적이라고 주장했다(1938년).1135) 로벗슨과 플리머(A. Robertson and A. Plummer) 역시 표적을 구원의 표적이 아니라 심판의 표적이라는 부정적인 관점으로 해석했다.1136) 고든 피(G. D. Fee),1137) 벤 위더링턴(Ben Witherington), 데이비드 라니어(David E. Lanier)도 같은 입장이다.1138) 웨인 그루뎀도 방언을 심판의 표적으로 보았다.1139)

1135) James Moffatt, *The First Epistle of Paul to Corinthians, The Moffatt New Testament Commentary* (New York: Harper and Brothers, 1938), 223.

1136) Archibald Robertson and Alfred Plummer, *A Critical and Exegetical Commentary on the First Epistle of St. Paul to the Corinthians, 2nd ed. International Critical Commentary on the Holy Scriptures of the Old and New Testaments* (Edinburgh: T&T Clark, 1971), 317; 스위트(Sweet)도 로버슨과 플러머의 의견에 동의하여, 22절과 23-25절의 어색함을 해결하려 했다. J. P. M. Sweet, "A Sign for Unbelievers: Paul's Attitude to Glossolalia," New Testament Studies 13/3(1967), 242; "바울은 어떤 표적인지를 언급하지 않지만, 문맥으로 보아서 이것은 구원을 위한 표적이라기보다는 심판을 위한 표적이다." 이승호, "고린도 공동체의 방언과 예언고전 14:22-25을 중심으로," 신학논단 70 (2012): 169(165-191)에서 재인용; O. P. Robertson, "Tongues: Sign of Covenantal Curse and Blessing," *WTJ* 38 (1975): 52; 김동수, "방언은 불신앙의 표식인가? 고린도전서 14:20-25를 중심으로," **한국기독교논총** 61(1) (2009): 154(153-169)에서 재인용; 로벗슨은 사도가 방언을 표적으로 말하고 예언은 표적으로 말하지 않았다고 말하면서 "방언은 하나님의 강력한 역사에 대해서 관심을 불러일으키는 것이라면, 예언은 그 하나님의 강력한 역사에 반응하여 회개를 불러일으키는 것이다"라고 말했다.

1137) Gordon D. Fee, *The First Epistle to the Corinthians, The New International Commentary on the New Testament* (Grand Rapids, Mich.: W. B. Eerdmans Pub. Co., 1987), 682.

1138) Ben Witherington, *Conflict and Community in Corinth: A Socio-Rhetorical Commentary on 1 and 2 Corinthians* (Grand Rapids, Mich.: W. B. Eerdmans; The Paternoster Press, 1995), 285; David E. Lanier, "With stammering lips and another tongue: 1 Cor 14:20-22 and Isa 28:11-12," Criswell **Theological Review** 5/2 (1991): 259-285.

1139) Wayne Grudem **조직신학(하),** 노진준 역 (서울: 은성, 2009), 357; "이사야 38장의 문맥에서 하나님은 악한 이스라엘 백성들이 다음에 듣게 될 이해할 수 없는 이방인들의 말이라고 경고하신다-앗수르의 군대가 하나님의 심판의 대행자로 그들에게 임한다. 이제 바울은 이것을 일반적인 원칙으로 취한다. 즉 하나님께서 백성들에게 이해할 수 없는 언어로 말씀하시는 것은 하나님의 심판의 표적이라는 것이다."

이승호, "고린도 공동체의 방언과 예언고전 14:22-25을 중심으로," 신학논단 70 (2012): 171(165-191); "심판의 표적 가설은 몇 가지 약점이 있다. 첫째, 바울은 표적이라는 단어를 항상 긍정적으로 사용하고 있다. 둘째, 방언은 불신자들만 못 알아듣는 것이 아니라, 신자들도 못 알아듣는다. 따라서 방언을 못 알아듣는 현상이 심판사도는 방언이 "믿지 아니하는 자들을 위하는 표적"이라고 말했다. 그러나 사도는 방언을 말하되 심판을 위한 표적, 곧 부정적으로 말하지는 않았다.

팔머 로벗슨도 심판으로 말했다. 사도 바울이 이사야의 방언을 인용한 것은 이스라엘에 대한 하나님의 심판이 임박했음을 나타내는 것이며, "회개하지 않은 백성은 외국어를 사용하는 사람들이 그들의 땅을 침략할 때 하나의 징조로서 하나님이 이방인의 군대를 통해 그들을 심판하심을 인식해야 한다"고 말했다.[1140]

그러면서도, 팔머 로벗슨은 표적은 신호이며 신호는 지표로 주목할 가치가 있는 다른 것을 가리킨다면서, "방언은 구속사 가운데 하나의 신호로 작용하여 하나님이 행하신 변화를 나타낸다"고 말했다. 그 변화란 옛 언약에서는 한 민족에게 한 언어로 말했으나 오순절 방언의 은사를 통해 많은 민족에게 다양한 언어로 말씀하시는 것이며, "하나님께서는 세상 모든 민족에게 존재하는 모든 언어로 말씀하신다"고 말했다.[1141] 시니피앙(signifiant, 기표)은 방언이고 시니피에(signifié, 기의)는 하나님께서 지상의 모든 언어로 모든 민족에게 말씀하신다는 것이다. 시니피에가 구체적으로 드러난 이상 시니피앙은 더 이상 필요 없다. 정경은 예수 그리스도를 믿어 영생을 얻는다는 사실을 수행함에서 완벽하기 때문이다.

스미트(Joop F. M. Smit)는 수사학적인 방법으로 문제해결을 시도하며 다음과 같이 말했다.

> 논의를 형성하고 있는 처음 두 부분(21, 22)은 구약성서 인용과 두 개의 정의들(two definitions)로 구성되어 있다. 이 두 부분에서는 바울의 진정한 메시지를 발견하기 어렵다.

의 표적이 될 수 없다. 셋째, 방언이 불신자들의 심판의 표적이라면, 예언은 신자들의 구원의 표적이 되어야 하는데, 23-25절은 불신자들의 구원 표적이 되고 있다. 그러므로 방언을 알아듣지 못하는 현상이 불신자들에 대한 심판의 표적이라고 해석하는 것은 설득력이 부족하다."

1140) Palmer Robertson, **오늘날의 은사주의 운동, 과연 성경적인가**, 이심주 역 (서울: 부흥과개혁사, 2009), 66; "하나님의 백성을 심판하는 징조가 외국어라는 사실을 말한 선지자는 기원전 8세기에 살던 이사야가 처음은 아니었다. 훨씬 거슬러 올라가 모세가 살던 시대를 보면, 외국어는 하나님의 심판이 임한 사실을 나타낸다(신 28:49). … 예레미아는 자신이 살던 시대에 반드시 임할 신판에 대해 예언한다(렘 5:15). 여기서 방언은 불순종한 국가에 내려질 언약적 심판에 대한 징후로서 똑같은 역할을 한다."

1141) Ibid., 68.

바울의 진정한 메시지는 세 번째 부분(23-25)에서 바울이 제시하는 두 가지 예를 통해서 분명해진다. 바울의 전략적 관점에서 보면, 인용구와 정의들은 진정한 메시지를 담고 있는 예제를 위한 서언 기능을 한다.1142)

스미트에 의하면, 사도는 22절에서 상반된 두 가지 정의를 제시하고 23-25절에서 예화를 통해 자기주장을 했다는 것이다.1143) 그러나, 22절을 상반된 두 가지 주장(A: 방언은 불신자를 위한 것이다. B: 예언은 신자들을 위한 것이다)이라고 할 수가 없다. 사도는 방언과 예언을 하나의 정의로 말했기 때문이다. 참고로, 스미트는 이사야 28장과 고린도전서의 문맥과는 무관하고 헬라의 이방 종교와 관련된다고 보았다.1144)

콘첼만(H. Conzelmann)은 방언과 예언의 이중적인 역할을 수상하며 다음과 같이 말했다.

자연적으로, 방언으로 말하는 것은 신자들에게 또한 표적이 된다. 물론, 신자들도 이해할 수 없는 말이지만 신자들에게 방언은 일종의 과정으로 이해되었다. 비록 이해할 수 없는 말이지만, 신자들은 방언이 성령의 역사임을 알고 있었다. 예언 역시 불신자들에게 표적이 된다. 이것은 24절에 분명하게 나타나 있다.1145)

1142) Joop F. M. Smit, "Tongues and Prophecy: Deciphering 1 Cor 14:22," *Biblia* 75 (1994): 188(165-191); 이승호, "고린도 공동체의 방언과 예언고전 14:22-25을 중심으로," **신학논단** 70 (2012): 172(165-191)에서 재인용.

1143) Ibid., 175-190; 김동수, "방언은 불신앙의 표식인가? 고린도전서 14:20-25를 중심으로," **한국기독교논총** 61(1) (2009): 154(153-169)에서 재인용; 〈스미트는 여기서 가장 문제가 되는 22절의 σημειον을 인식 표징으로, 그리고 "εισιν 역격"은 "…에 속한"으로 해석해야 한다고 한다. 그래서 전체적으로 바울은 여기서 방언을 불신앙에 속한(관계된) 인식 표징으로, 예언을 신앙에 관련된 것이라고 주장하고 있다는 것이다.〉

1144) Wendy Mayer, Bronwen Neil, *Religious Conflict from Early Christianity to the Rise of Islam* (Berlin/Boston: De Gruyter, 2016), 55; 〈Joop Smit also maintains that the importance of the original context of Isa 28:11-12 is "entirely irrelevant." He prefers to envision the quote as referring exclusively to the ecstatic speaking of the pagans at Corinth, perhaps the Cybele-Attis cult, followers of Dionysus or the devotees of Apollo. In this view, tongues are a sign of the Hellenistic frenzies that were commonplace in Paul's day, and are not a suitable indicator of Christian practice. However, such and approach ignores the positive value that Paul places on tongues in 1 Cor 14:18, and as such is not viable within the broader scope of chapter 14.〉

1145) Hans Conzelmann, 1 Corinthians: *A Commentary on the First Epistle to the Corinthians, Hermeneia* (Philadelphia: Fortress Press, 1975), 242.; 이승호, "고린도 공동체의 방언과 예언고전 14:22-25을 중심으로," **신학논단** 70 (2012): 173(165-191)에서 재인용.

콘첼만에 의하면, 예언과 방언 모두가 신자들과 불신자들에게 표적이 된다. 샌드네스(K. Sandnes)도 방언은 불신자만을 위한 표적이 아니며, 예언도 신자만의 표적이 아니라고 말했다.1146) 그러나 두 사람의 주장은 본문 22절이 '방언은 불신자들의 표적이며, 예언은 신자들의 표적이다' 라고 말하지 않고, "방언은 믿는 자들을 위하지 않고 믿지 않는 자들을 위한 표적"이라고 말했기 때문에 성경 본문에서 지지를 얻지 못한다.

체스터(Stephen J. Chester)는 $\mu\alpha\iota\nu o\mu\alpha\iota$를 '미쳤다'로 해석하지 않고 '영감을 받았다'라고 해석해야 한다고 주장했다.1147) 체스터의 주장대로 23절을 해석하면, "그러므로 온 교회가 함께 모여 다 방언을 말하면 무식한 자들이나 불신자들이 들어와서 '당신들은 영감을 받았군요'라고 하지 않겠느냐"가 된다. 체스터는 1세기 고린도 사회에 다양한 종교가 있었고 그 종교에 방언 현상이 많이 발견되었기 때문에 고린도 시민들이 교회에 왔을 때 방언하는 모습을 보고 '영감이 넘친다'라고 생각했을 것이라고 주장했다. 결국, 체스터는, '$\mu\alpha\iota\nu\varepsilon\sigma\theta\varepsilon$'를 긍정적인 반응으로 보면서, 방언이 불신자들을 위한 표적의 기능을 했다는 것이다.1148)

1146) Karl Olav Sandnes, "Prophecy-a Sign for Believers (1 Cor 14, 20-25)," *Biblica* 771 (1996), 12; "22절은 방언이 신자들의 표적이 아니라는 의미가 아니며, 예언 역시 외부인들(outsiders)만의 표적이라는 의미도 아니다."

1147) 1 Stephen J. Chester, "Divine Madness? Speaking in Tongues in 1 Corinthians 14.23," *Journal for the Study of the New Testament* 27/4 (2005): 445; 이승호, "고린도 공동체의 방언과 예언고전 14:22-25을 중심으로," **신학논단** 70 (2012): 175-176(165-191)에서 재인용.

1148) Stephen J. Chester, "Divine madness?: speaking in tongues in 1 Corinthians 14:23," *Journal for the Study of the New Testament* 27(4) (2005): 444-446(417-446); "Paul's examples would indeed contradict the principles stated. For the view that tongues are a sign of judgment indicating God's negative attitude towards unbelievers depends upon applying Isa. 28:11-12 to the outsider. Once the quotation is applied instead to the Corinthians that connection is severed and the interpretation is no longer viable. Thus, both of the above interpretations of v. 21 hold the same exegetical implication. Whether one thinks that Paul quotes out of context and applies Isa. 28:11-12 to the outsider or that, as I believe, the context is significant and he applies it to the Corinthians, the force of the quotation supports the view that $\mu\alpha\iota\nu\varepsilon\sigma\theta\varepsilon$ is a positive response from the perspective of the outsider. Tongues are perceived as an indication of divine activity. Conclusion: We have reviewed the evidence for divine madness in Graeco-Roman religion and have found significant parallels to speaking in tongues. While these do not suggest the presence of phenomena that could appropriately be labelled as 'the same thing' as speaking in tongues, they do offer instances of behaviour that could be placed by an observer in the same social category. Many interpreters would concede this, but most nevertheless continue to understand tongues as a negative sign that alienates

그러나, 체스터의 이런 해석은 22a절과 23절의 문제는 해소할 수 있어도, 22b와 24-25절의 문제를 해결하지 못한다. 사도가 예언은 성도들을 위한 것이라 했는데, 불신자들이 예언을 듣고 하나님을 경배하는 이유에 관해 설명이 안 되기 때문이다.[1149]

글래드스톤(Robert J. Gladstone)은 22절에서 "불신자들에게/신자들에게"(여격)라는 어구가 '현재의 신자들/불신자들'이 아니라 '미래의 신자들/불신자들'을 가리킨다고 주장했다. 글래드스톤은 "신자들이 되게 하는/불신자들이 되게 하는"으로 번역해야 방언이 신자가 되게 하는 표적이 아니며, 예언만이 신자가 되게 하는 표적이 되므로 모순 없이 해석된다고 말했다.[1150]

머피 오코너(Merphy-O'Connor)는 22절의 불신자들이 고린도 교인들이라고 주장했다. 21절의 구약 인용구에서 말씀을 듣지 않는 사람들이 "이스라엘"이기 때문에, 22절에 등장하는 불신자들 역시 고린도 교인일 것이라고 주장했다.[1151] 오코너의 주장은 23절의 '무식한 자'(훈련받지

---

or repulses outsiders, indicating that they are under divine judgment. Yet, when vital exegetical issues are examined this is not convincing. In relation to the different evaluations of tongues made by Paul, the Corinthians and the Outsider, and to Paul 's wider argument, and to his use of Isa. 28:11-12, my alternative proposal makes better sense. The exclamation μαίνεσθε(14:23) is therefore best translated, 'You are inspired', and can plausibly be understood as a positive response from the outsider, who recognizes tongues as a manifestation of the divine. In this sense, tongues serve as a sign for unbelievers, but from Paul's perspective they do not signify enough. Tongues do not communicate the gospel, and the ability of prophecy to do this, accomplishing the conversion of the outsider, (vv. 24-25), is another indication that it is the greater gift."

1149) 이승호, "고린도 공동체의 방언과 예언고전 14:22-25을 중심으로," **신학논단** 70 (2012): 176(165-191); 〈더욱이 체스터의 주장처럼 방언과 같은 현상이 고린도 사회에 너무도 흔한 것이었다면, 과연 방언을 듣는 사람들이 그 방언 현상을 보면서 감탄을 할 수 있는가? 방언과 같은 현상에 너무도 많이 노출된 사람들에게 방언 현상은 전혀 새롭거나 놀라운 것이 될 수 없기 때문에 방언 현상을 보면서, "영감이 넘친다"라는 감탄을 할 이유가 부족하다는 말이다. 따라서 μαίνομαι를 "미쳤다"가 아니라 "영감을 받았다"고 해석하는 것은 매우 독특한 시도이기는 하나, 고린도전서 14장 22-25절 전체의 문제를 해결하기에는 부족한 가설이라고 하겠다.〉

1150) Robert J. Gladstone, "Sign Language in the Assembly: How Are Tongues a Sign to the Unbelievers in 1 Cor 14:10-25," Asian Journal of Pentecostal Studies 2/2 (1999), 177-193; 김동수, "방언은 불신앙의 표식인가? 고린도전서 14:20-25를 중심으로," **한국기독교논총** 61(1) (2009): 154(153-169)에서 재인용.

1151) J. Murphy-O'Connor, 1 Corinthians, 1st U.S. ed., Doubleday Bible Commentary (New York: Doubleday, 1998), 130; 〈이것(21절에서 믿지 않는 이스라엘)은 22절에 언급된 불신자들이 곧 고린도 교인들이라는 것을 이해할 수 있도록 해 준다. 22절의 불신자들은 엄격한 의미에서 "불신자들"이 아니다. "믿지 않는

못한 자)가 누구를 의미하는지 설명이 안 된다. 이것은 오코너가 본문을 충분히 인식하지 못한 결과다. 일반적으로 불신자는 외부인들이며, 무식한 자는 아직 방언 은사에 익숙하지 않은 자들을 가리킨다고 본다.

김동수 교수는 옥성호가 고린도전서 14:22이 "방언이 정의된 유일한 구절로, 바울의 방언관과 누가의 방언관이 하나로 꿰어져 보인다"고 주장한 것에 이의를 제기했다. 김동수 교수는 고린도전서 14:2는 사적인 기도로 사용되는 방언이며, 14:26은 공적으로 사용하는 방언으로 구별했다. 김동수 교수는 사도 바울이 20-21절에서 이사야 28:11을 들어 예증한 것은 그루뎀의 주장을 따라 이사야 28:11의 '다른 방언'을 별로 보았다.[1152]

이재기 교수는 로벗슨의 견해를 따라 다음과 같이 말했다.

> 고린도전서 14:22에서 바울은 "방언은 믿는 자들을 위하지 아니하고 믿지 아니하는 자들을 위하는 표적"이라는 말로 방언의 목적에 대해 밝힌다. 그런데 여기서 그는 이사야서 28:11-12을 인용해서 "내가 다른 방언(ἑτεροτλώσσοις)을 말하는 자와 다른 입술로 이 백성에게 말할지라도"라고 말한다. 여기서 ἑτεροτλώσσοις, 즉 "다른 방언"이라고 표현된 용어는 진짜 인간의 언어인 앗시리아 말이라고 가리킨다. 바울은 앗시리아 말이라는 분명한 외국어를 언급하는 구약의 본문을 사용하여 고린도 교회에 일어난 방언 현상을 설명하는 것이다. 이는 고린도 교회의 방언이 외국어일 가능성을 강하게 시사한다. 팔머가 지적한 것처럼 바울이 "다른 방언"이라는 말로 앗시리아어를 지칭하고 있는 이사야서 본문을 신약 방언의 은사에 대한 논의에 바로 적용하여 사용한 것은 "바울이 엄격하게 적합하지 않은 구약 본문을 적용하고 있거나 아니면 고린도전서 14장의 방언이 바울이 인용한 구약 본문이 예견한 외국어이거나, 둘 중 하나라는 결론을 내릴 수 있다(Robertson, 오늘날의 예언과 방언, 과연 성경적인가, 53.)." 뿐만 아니라 이 구절에서 ἑτεροτλώσσοις라는 단어와 거의 같은 ἑτέραις τλώσσαις라는 단어가 사도행전 2:4에서 사용되었는데 사도행전의 그 구절에서 "다른 언어"로 번역된 그 단어는 앞에서 이미 설명한 것처럼 제자들이 오순절에 외국어로 말한 방언을 의미하는 것이었다. 또한 ἑτεροτλώσσοις는 같은 장에서 방언의 은사를 일컫는 τλώσσαι와 동의어인데 이것이 14:21에서 외국어를 지칭하고 있는 것이다. 따라서 이 모든 것을 종합해 볼 때 고린도전서 14장의 방언이 외국어라고 추정하는 것은 매우 타당하고 논리적인 결론이라고 말할 수 있다.[1153]

이스라엘"과 평행을 이루고 있기 때문이다.〉 이승호, "고린도 공동체의 방언과 예언고전 14:22-25을 중심으로," **신학논단** 70 (2012): 174(165-191)에서 재인용.

1152) W. Grudem, "1 Corinthians 14:20-25: Prophecy and Tongues ans Signs of God's Attitude," *WTJ* 41 (1979): 386; 김동수, "방언은 불신앙의 표식인가? 고린도전서 14:20-25를 중심으로," **한국기독교논총** 61(1) (2009): 157(153-169)에서 재인용.

1153) 이재기, "방언의 성격에 대한 신약성서적 고찰," **성침논단** 11(1) (2016): 281(245-291).

이재기 교수에 의하면, 이사야 28:11-12를 인용한 다른 방언은 앗시리아어라는 외국어를 가리키며, 사도행전 2:4과 매우 유사하게 사용된 '다른 언어'도 역시 외국어라는 사실에 근거하여 고린도전서 14장의 방언이 외국어라고 말했다. 만일 고린도 교회의 방언이 무아경의 알아들을 수 없는 방언이라면 기독교 방언의 독특성이 사라진다. 기독교의 방언이 이방 종교의 방언과 동일하면 똑같은 종교적 도약으로 일어난 접신의 결과가 되기 때문이다.

웨인 그루뎀은 14:20-25를 분석한 결론으로 "통역되지 않은 방언은 불신자들에 대한 하나님의 노여움과 임박한 심판의 표적이다(21-22a절)"라고 말했다.1154) 터너는 요한슨(Johanson)이 22절을 "바울이 반대하는 고린도 열광주의자들의 견해를 요약한 수사학적 질문"이라고 주장한 것을 반대하면서, 방언이 "하나님의 언약 백성에 대한 하나님의 축복의 '표적'이면서 불신자들에 대한 심판의 '표적'을 나타낼 수 있다는 그루뎀의 주장이 보다 개연성이 있다"고 말했다.1155)

김동수 교수는 "바울이 본문에서 반박하고 있는 것은 바울이 공적 예배에서 오용된 것에 대한 것이지 개인 기도로서의 방언까지 포함하는 것은 아니다."라고 말했다. 김동수 교수는 그루뎀의 해석에 기초해서 논지를 펼쳐가기 때문에 근본적인 오류를 가지고 있다.

김동수 교수는 다음과 같이 말했다.

> 대부분의 학자들이 생각하듯이 바울의 방언에 대한 태도를 해결하는 것은 그리 간단하거나 단순하지 않다. 특히 고린도전서 14:22은 번역, 뜻, 구약 인용, 문맥, 정황, 바울의 신학 등을 종합적으로 분석해야 나름대로의 답을 얻을 수 있는데 저자는 이 모든 것을 해 보지도 않고 단순한 문제로 여긴다. 특히 이 절은 단어 하나의 번역, 구문법 등을 주도면밀하게 분석해야만 본뜻을 알 수 있는 이른바 난해 구절이다. 본 절은 번역부터 여러 가능성이 있고, 표적의 의미에 대해서도 여러 각도의 분석이 필요하다. 그런데 저자는 이 구절을 단순하게 이해하고 단순한 해석에 근거해서 전개한다.1156)

1154) Wayne A. Grudem, "고린도전서 14:20-25 : 하나님의 태도에 대한 표적으로서의 방언과 예언," 김동수 역, 오순절신학 논단 6 (2008): 298(279-298).
1155) Max Turner, 성령과 은사, 김재영, 전남식 역 (서울: 새물결플러스, 2018), 386.
1156) 김동수, 방언은 고귀한 하늘의 언어 (서울: 이레서원, 2015), 119.

고린도전서 14:22 전후의 문맥을 살피는 것은 당연하다. 그 문맥이란 무엇인가? 지혜에 장성한 사람이 되어 하나님께서 예언을 통해 말씀을 주실 때 말씀을 전하고 만일 통역자가 없으면 교회에서 방언을 하지 말아야 한다는 것이다. 그런 까닭에, 22절 말씀은 방언은 믿지 않는 자들에게 복음을 전하는 수단이기 때문에 반드시 통역이 필요했다.

김동수 교수는 글래드스톤의 견해를 따라 '신자들/불신자들'이 아니라 '잠재적 신자들/ 불신자들'로 해석해야 한다고 주장했다.1157) 그러나 성경은 '잠재적'이라고 말하지 않는다. 본문 해석이 본문 해체로 가서는 안 된다. 글래드스톤이나 김동수 교수의 주장은 방언이 불신자들을 위한 표적이라는 관점을 벗어나 있기 때문에 일어난다.

칼빈은 다음과 같이 말했다.

> 방언은 여러 면으로 유익한 것이다. 복음 전도자들이 언어의 상이성 때문에 온 세계에 복음을 전파하는 일에 지장을 받지 않기 위하여 방언은 실제로 필요하며 그러므로 또한 그들이 다른 민족 간의 의사 전달에 불편이 없게 되는 것이다. 방언은 또한 불신자들이 이적을 보고 놀라움과 감동을 받게 하는 데도 필요하다.1158)

칼빈에 의하면, 방언은 복음 전파를 위해 필요한 외국어이며, 불신자들에게 놀라움과 감동을 받게 했다. 잠재적 불신자가 아니라 지금 현재의 불신자에게 복음을 전하기 위해 방언이 주어졌기 때문에 통역이 필요했다.

로버트 토마스는 이사야서 28:11-12의 인용에 대해 깊이 다루면서 다음과 같이 말했다.

1157) 김동수, "방언은 불신앙의 표식인가? 고린도전서 14:20-25를 중심으로," **한국기독교논총** 61(1) (2009): 160-161(153-169)

1158) John Calvin, **신약성서주석 8 고린도전서주석** (서울: 성서교재간행사, 1982), 403; "다른 것과 마찬가지로 이 이적은 그리스도를 지금까지 몰랐던 사람들이 그리스도에게 순종하도록 준비를 갖추게 하는 목적이 있다. 이미 그리스도의 교훈에 헌신하는 믿는 사람들은 그와 같은 준비를 갖출 필요가 없다. 그러므로 고린도 교회 교인들은 예언에는 관심을 두지 않고 무시한 채, 방언의 은사에 지나친 강조점을 둔 것은 잘못된 일이었다. 물론 예언은 특별히 믿는 자들에게 주어진 것이며, 그런 이유 때문에 믿는 사람들은 이 예언과 친숙하여야 한다. 방언에 관계되는 한 모든 고린도 교회 교인들은 그들의 기적적인 요소에 관계되고 있다."

방언과 예언이 어떤 곳에 적합한가를 식별하기 위해서는 각 은사의 목적을 분명히 이해해야 한다. 바울은 특별히 이 두 은사의 목적과 영역을 언급함으로써 이사야 28:11-12의 인용문을 절정에 달하게 한다. 바울은 무엇보다도 방언의 목적을 지적함으로써 이사야서 인용문의 마지막 줄로부터(21절) 그의 결론을 끌어내면서, "방언은 표적이다"라고 말한다(22절). 이것은 방언이 이스라엘 역사에서 실패했던 것과 같이, 방언이 실패할 것이라는 사실 위에서 바울이 고심하여 내린 결론이 아니라, 방언의 구성적 목적을 제시하기 위해 내린 결론이다. 초자연적으로 언급되는 외국 언어는 하나님의 임재와 활동의 증거로서, 하나님과 사이가 벌어진 사람들의 이목을 집중시키는 데 큰 역할을 담당하도록 의도된 것이다. 이사야 시대의 앗수르 방언도 이와 마찬가지였으며 바울 당시의 방언의 은사도 이와 같은 것이었다.1159)

토마스는 방언이 심판으로 주어진 것이 아니라 방언의 구성적 목적을 제시하기 위한 것으로 보면서, 방언은 하나님과 사람들 사이에 간격이 벌어진 것을 집중시키기 위한 역할이라고 주장했다. 로버트 토마스는 이사야 28:11-12과 고린도전서 14:21-23의 연관성을 말하면서 '놀라움'을 나타내는 것으로 둘 다 외국어로 보았다.1160)

1159) Robert L. Thomas, 성령의 은사들, 김지찬 역 (서울: 생명의말씀사, 1983), 191; 〈"표적"은 헬라어 sēmeion을 번역한 말이다. 신약성경을 통틀어서 sēmeion의 주된 용도는 윤리적 목적을 지닌 이적을 지칭하는 것이었다. 말하자면 sēmeion은 "하나님의 길을 가리키는 손가락 도표" 즉 확증적인(롬 4:11, 살후 3:17) 그리고 대부분의 경우에서 이적적인(행 !:19, 22, 14:3; 롬 15:19; 고전 1:12; 고후 12:12) 시침(示針)이었다. 대부분의 경우에 있어서 그 용어는 하나님을 가리켰고, 단지 몇 경우에 있어서만 하나님의 적을 가리켰다(살후 2:9). 다른 표적적인 은사들과 마찬가지로, 방언은 변증적 가치를 가지고 있었다(참조, 고전 12:9-10). 역사 속에는 하나님의 계획의 중대한 몇 국면에 특별한 증거가 필요한 시대가 있었다. 그리스도와 그의 사도의 시대로 대표되는 과도기적 국면은 그러한 시대 중의 한 시대였음이 분명하다. 유대주의 안에 그들의 생명을 건 사람들은 예수 그리스도에 의해 시작된 새 운동이 하나님께로 나온 참된 것임을 보여주는 확실한 증거를 필요로 했다.〉
1160) Ibid., 230-235; 〈이사야 28:11-12과 고린도전서 14:21 사이에서 발견되는 유사성의 종류는 두 가지 방법으로 정의된다. 1. 이 둘의 관계는 느슨하며 비유적이다. 이사야서의 앗수르인들의 외국어는 알아들을 수 없는 방언의 은사의 본질을 넓게 윤곽만을 그리고 있다. 이사야서 28장에 외국 언어가 나타난다는 바로 그 이유 때문에 그것이 고린도전서 14장의 외국어라고 생각할 필요는 없다. 왜냐하면 랍비들이 자주 사용하는 주석 방법은 문법적이고 역사적인 의미와는 다른 의미로 본문을 해석하였기 때문이다(Behm in TDNT, 1964, I, p. 727; Edwards, 1985, p. 374). "신적인 힘으로 이상한 말을 하는 이상한 현상"(the extraordinary phenomenon of strange divine speaking) 안에서 모형과 반(反) 모형 사이에 적절한 공동 기반을 찾는 것만으로 우리는 만족해야 한다(Meyer, 1881, II, p. 18). 여기서 유사성이 끝난다. 즉 듣는 자들이 각각의 경우에서 똑같이 알아들을 수 없는 말을 들었다는 데서 유사성은 끝나는 것이다.
2. 이 두 구절 사이의 유사성은 너무나 긴밀하기 때문에 외국의 언어로서 동일하다고까지 말할 수 있다. 이사야서의 경우에 있어서 외국의 언어는 정상적인 과정을 통해서 획득한 언어였지만, 고린도전서 14장의 언어는 이적적인 것이었다. 이 견해가 21절을 이해하는 가장 자연스런 방법임이 분명하다(Evans, 1990, III, p. 348). 만일 이사야서 안에 한 메시지가 전달된 것이 사실이었고 eisakousonai(저희가 들을 것이다, 고전 14:21)가 그런 사실을 가리키는 것이라면, 비록 그 메시지가 방언으로 전달된 것이 아니라 하더라도 바울이 그것을 인용한 것은

부적절한 것이다. 메시지가 들려지기 위해서는 오직 인간 언어의 형태로 나타날 수밖에 없다. 만일 이사야서나 고린도전서 모두 외국의 언어가 개입된 것이 사실이라면, 이사야서의 상황이 고린도전서의 상황보다 더 적절한 것은 너무나 분명하다. 방언의 은사를 외국의 언어와 비교한 것은 등장한지가 얼마 안 되기 때문에(14:10-11) 적절한 해석이 되려면 여기 21절에서도 그 비교가 연관되어 있는 것으로 보아야만 한다.

바울이 이사야 28:11-12을 인용한 특별할 이유와 21-23절이 바울의 사고의 연속을 나타내고 있는 특별한 이유는 광범위한 논의가 있어야 분명해질 것이다.

1. 첫째 견해는, 바울은 하나님께서 그 백성 가운데서 외국 방언을 사용하신 것이 하나님의 불만의 표시였다는 것을 보여주기 위해서 그랬다는 것이다. 이 외국 언어들은 그의 백성을 저주하고 벌주려는 하나님의 결심을 보여주는 상징이다. 인용문에서의 강조점은 eisakousontai mou(저희가 오히려 듣지 〈않을〉 것이다)에 놓여 있다는 것이다. 즉 그들은 그들이 듣고 순종하기를 거부하였기 때문에 더 이상 어쩔 수 없다는 것이다.

21절에서 강조점이 있다는 사실을 받아들일 때 22절의 결론은 이스라엘의 역사적인 견고함 위에 기초하고 있다는 것이다. 하나님의 백성 가운데의 외국 방언은 하나님이 불만 표시요 하나님의 백성 위에 나타날 하나님의 심판의 표시로 받아들여져야 하는 것이다. 22절의 믿지 아니하는 자는 단지 믿음이 부족해서 믿지 못한 자가 아니라, 미래에 구원받을 가능성마저 없을 정도로 그들의 마음을 완고하게 한 자인 것이다. 그러한 진리의 배반자요 고집장이에게 방언은 필연적인 하나님의 심판의 표적(sēmeion, 22절)이 됐다. 이 해석을 따르게 되면, 듣는 자들이 이해할 수 없는 말로 말하는 것은 무익하고 바람직하지 못한 것이라는 일반적인 결론(23절)을 내리지 않을 수 없다(Geodet, 1886. pp. 289-91; Edwards, 1885, pp. 372-74; Evans, 1900, Ⅲ, p. 349-51; Hodge, 1959, pp. 294-96; Robertson and Plummer, 1914, pp. 317-21; Barrett, 1968, pp. 323-27).

위의 설명은 28절의 역사적인 문맥에 크게 의존하고 있다. 28절의 역사적인 문맥을 보면 앗수르인이 와서 이스라엘 백성에게 말할 때에 그들의 언어를 이용한 것은 하나님께서 이스라엘 백성의 반항 때문에 그들에게 등을 돌리셨다는 것을 가리키고 있는 것이다. 하나님의 불만의 표시가 방언의 은사라면, 고린도 교인들의 어린아이와 같은 허영심은 이와 마찬가지로 심판을 받았던 것이다(Edwards, 1885, p. 372). 고린도 교인들이 모일 때에 방언을 사용한 것은 옛 이스라엘의 속성인 불신앙을 가리키고 있는 것이라는 것이다(Godet, 1886, p. 291). 이 두 종류의 사람들에게 있어서 방언은 하나님의 심판이 가까웠다는 표적이었다(Edwards, 1885, p. 373).

그러나 이 해석을 정당화하려는 노력은 상세한 부분에서 고린도전서와 이사야서 사이에 일치하는 점이 없다는 사실을 간과하는 결과를 빚고 말았다. 앗수르의 경우에 있어서, 방언을 사용하는 자들은 자신의 백성을 벌하시려고 하나님이 택하신 도구였으나, 고린도 시의 경우에 있어서는 상황이 다른 것이다. 고린도 교인들은, 옛 이스라엘의 경우에서처럼 방언을 말하는 자의 상대자가 아니라 방언을 말하는 자이다. 사도행전에서 방언의 사용은, 방언을 심판의 상징으로서가 아니라 신앙을 북돋아 주는 은사로서 사용된 것임을 우리는 명백히 알 수가 있다. 또한 고린도전서에서도 방언이 하나님의 심판의 상징이라는 암시는 어디서도 찾아볼 수가 없다. 이 견해의 또 다른 난점은 apistos(믿지 아니하는 자, 22절)를 부당한 의미로 억지로 해석한다는 데 있다. 14:23-25의 apistos는 장차 복음을 받아들일 수 있는 기회가 있을 때에도 복음을 받아들이지 않는 사람을 함축할 수 없음은 명백한 것이다. 더우기 신약성경 안에서 sēmeion(표적)에 관한 견해 1의 의미는 그 유래를 찾아볼 수가 없다. 이 설명은, 22절은 방언이 믿지 아니하는 자들에게 어떤 유익도 주지 못한다는 사실을 지적하고 있으며 23절은 믿는 자들 가운데서 방언을 사용하지 말 것을 가리키고 있는 것이라고 본다. 이 설명은 방언이 이렇게 참되고 유익하게 사용될 수 있음을 부정하고 있다. 따라서 이 사실로 미루어 볼 때 이 설명이 부당하다는 것을 더 확실히 알 수가 있다. 그러나 이것은 다른 곳에서 알려지고 있는 것 같은 신령한 은사의 속성은 아니다.

2. 둘째 견해는, 이사야서 28장을 인용한 이유는 방언이 방언을 듣는 자들의 불신앙을 가리키는 상징임을 보여주기 위해서였다는 것이다. 방언은 심판의 상징(참조, 견해 1)이 아니라 거절의 표적이다. 즉, 믿지 아니하는 자들은 방언으로 말미암아 그들의 불신앙을 깨닫게 된다는 것이다. 하나님의 심판의 의미는 방언에 함축되어 있지 않다(Meyer, 1881, Ⅱ, p. 20). 이 이론은 방언을 하나님의 심판의 상징으로 보지 않는다는 점에서 견해 1의 난점을 제거하고 있는 것이다. 사실상 방언을 사용한다고 해서 그것으로부터 어떤 결과가 나타나는 것은 아니다.

방언은 단순히 불신앙을 상징하고 있는 것 뿐이다(Meyer, 1881, Ⅱ, p. 20). 이와 같은 의미, 즉 방언을 듣는 대상이 믿지 아니하는 자라는 의미가 22절의 의미이다(Godet, 1886, p. 292). 이 설명은 tois pisteuousin(믿는 자들, 참조, 고전 6:6, 7:12-15, 10:27)과 대조적으로 22절의 apistois를 해석한다는 점에서 훨씬 더 만족스런 설명이라 할 수 있다(Meyer, 1881, Ⅱ, p. 20). 방언은 믿지 아니하는 자들의 불신앙을 지적한다는 점에서만 유용하기 때문에, 그리스도인들의 모임에서 방언을 사용해서는 안 된다(23절). 그러나 이 견해가 매우 만족한 설명은 아니다. 이사야서 28장의 역사적 문맥을 강조하려고 한다면, 이스라엘의 상황은 단순한 불신보다는 훨씬 더 심각한 것이었다는 사실을 지적해야 한다.

이스라엘은 적극적으로 반항하였고 심지어는 무감각한 상태로까지 나아가게 되다. 사실상 고린도전서 14:21이 인용하고 있는 성경 구절은, 외국 방언이 불신자들의 불신앙을 알아보는 수단의 역할을 한다는 것에 대해서는 아무것도 말하지 않는다. 역시 sēmeion(22절)의 의미에 주의를 기울이는 것도 여기서는 부적당하다. 그 용어는 단지 인지(認知)의 수단보다 더욱 깊은 의미를 함축하고 있다. 만일 sēmeion을 인지의 수단이라는 의미로 해석한다면, sēmeion 다음에 나오는 tois apistois는 아마도 여격이라기보다는 속격이 될 것이다. "믿지 아니하는 자들을 가리키는 표적"(a sign pointing to unbelievers)이라는 뜻이 여기에서는 부자연스럽다(Hodge, 1959, pp. 294-95). 23절이 관련된 한에 있어서 이 설명은 정반대의 결론을 내리게 하고 있는 것처럼 보인다. 만일 방언이 불신앙을 가리키는 표적이었다면 방언을 사용하는 것이 믿지 아니하는 자들이 모이는 모임에서- 예를 들면, 고린도시의 경우에서와 같은 모임에서-적절하지 못할 이유가 없지 않은가?

3. 세 번째 견해는, 이사야서의 인용에서 끌어낼 수 있는 가장 중요한 교훈은, 아직 확신이 없는 자들을 확신시키는 데 있어서 방언은 효력을 발휘하지 못한다는 것이라고 말한다(Parry, 1916, p. 206; Barrett, 1968, p. 321). 바울의 눈에 띈 표현은 "다른 방언을 말하는 자들"(men of strange tongues)이었다. 따라서 바울이 이사야서를 인용한 것은 이사야 28장의 역사적 배경이 아니라 바로 이것이었다. 두 경우의 공통점은 믿지 아니하는 자들 안에 방언이 아무런 반응도 일으키지 못한다는 데 있다. 방언이란 방법을 가지고는 믿지 아니하는 자들을 순종하게끔 만들 수 없으며(22절), 이미 확신하고 있는 그리스도인들 가운데서도 어떤 유익을 낳게 하지는 못할 것이다(23절, Hodge, 1959, p. 294). 방언은 앞의 경우, 즉 히브리인들의 불순종의 경우에 있어서 유익을 끼치지 못했다(21절). 두 번째의 경우에 있어서는 예언이 훨씬 열매를 많이 맺게 한다(Hodge, 1969, p. 296). 이 관점에서 보면, "믿지 아니하는 자"(22절)는 무감각한 자(견해 1)가 아니라 단순히 믿음을 행사하지 않는 자(견해 2)를 가리키는 것으로 보아야 한다. 22절의 '표적'(sign)은 믿지 아니하는 자들의 인지(認知)의 수단이다. 그러면 23-25절의 의미는, 그리스도인들은 이미 확신하고 있는 자들이라는 것을 당연히 하고 있는 것이다. 왜 그들에게 방언을 함으로써 그것을 헛되이 하는가? 이 견해의 요지(要旨)는, 방언은 다른 사람이 아니라 방언을 사용하는 자에게만 효력이 있는 은사라는 것이다.

이 견해의 분명한 약점은, 사도행전 2장에서 방언이 믿지 아니하는 자들로부터 반응을 얻었다는 명백한 사실에 있다. 이 견해는 또한 신령한 은사의 기본적인 본성을 부정하고 있다. 만일 방언이 방언하는 자 자신을 넘어서 그리스도의 몸을 세우는 데 어떤 기능도 담당하지 못한다면, 사도 바울은 14장에서 바로 자기 자신을 공격하는 결과가 된다. 22절은 방언의 실패가 아니라 적극적인 목적을 달성하는 방언의 성공에 대해 언급하고 있다. sēmeion의 부대적(附帶的) 의미 때문에, "믿지 아니하는 자들에게 표적"(22절)이라는 말은 믿지 아니하는 자들에게 신령한 유익을 끼치는 것으로 이해하지 않을 수 없는 것이다. 알기 쉬운 말과 광범위한 문맥을 고려해 볼 때, 방언은 말하는 자 자신 외에 다른 이들의 삶 속에도 어떤 목적을 가지고 있음을 알 수가 있다.

4. 바울이 이사야 28:11-12을 인용한 것에 대한 좀 더 만족스런 설명은 마지막 절의 급작스런 변화를 주의 깊게 살피는 데서 나온다. 바울은 houtos(이같이)를 덧붙여서 이사야 28:12의 ouk(70인경)를 oud(심지어 … 아니다)라고 바꾸어 표현했다. "오히려 … 아니하리라"(not even thus)는 외국 방언으로 하나님을 대신해서 말하는 그런 놀라운 표적에 대한 극한 놀라움을 표현하고 있다. 여기에 특이한 성격이 있는 것이다. 이상한 말을 할 수 있는 능력은 그것을 말하는 자가 하나님의 공식적인 대표자임을 확증하고 있는 것이다. 이것은 사람의 이목을 집중시키기 위한 특별한 수단, 즉 확증이나 권위의 표적이요 하나님의 임재와 활동의 증거이다. 그러나 이스라

결론적으로, 우리는 사도 바울의 이사야 방언 인용에 대해 토마스가 주장하는 대로, "사람의 이목을 집중시키기 위한 특별한 수단, 즉 확증이나 권위의 표적이요 하나님의 임재와 활동의 증거"로 함께 보는 것이 더욱 타당하다고 생각한다.1161)

고린도전서 14:28

엘 백성들은 "오히려 듣지 아니했던 것이다"(not even thus).

비록 이 견해가 구약성경 이사야서의 역사적 의미와는 다르지만, 바울이 구약성경을 자신의 목적에 맞게 인용하는 것은 드문 일이 아니다. 여기서 바울은 이스라엘에 대한 심판의 법 규정이 아니라 표적의 자극적 특성을 생각하고 있는 것이다. 이 견해는 22절의 sēmeion의 의미와 그 단어의 강조적 위치와 잘 조화되는 것이다. 이 견해는 또한 고린도전서 12-14장이 암시하고 있는 바와 같이 모든 신령한 은사가 긍정적인 목적을 갖고 있다는 사실과도 조화되는 것이다(참조, pros ton sumpheron〈유익하게 하기 위하여〉 고전 12:7). 그리스도의 몸은 믿지 아니하는 자들이 이 놀라운 표적을 믿는 마음으로 긍정적으로 반응할 때에 세워지는 것이다. 24-25절이 지적하고 있듯이, 믿지 아니하는 자는 누구나 그리스도의 몸에 첨가될 가능성을 소유하고 있는 것이다.

더우기 견해 4는 sēmeion을 매우 만족게 해석하고 있는데, 그것을 윤리적 목적을 가진 이적 혹은 "하나님의 길을 가리키는 손가락 표"(finger-post of God)로 이해하고 있다(Trench, 1953, p. 343). 바울이 sēmeion을 사용하는 용법은 특별히 교훈적이다. 바울은 sēmeion을 이적적으로 확증하는 시침(示針)(롬16:19; 고전 1:22; 고후 12:12; 살후 2:9)의 뜻으로 쓰거나 확증하는 표적(롬 4 :11; 살후 3:17)의 뜻으로 쓴다. 신약 전체를 통해서 나타나는 이 용어의 용법은 이것을 실증하고 있다(참조, 행 2:22, 14:3).

이 견해는 또한 apisto를 22-24절에서 일관적으로 해석하는 장점이 있다. 23-25절은 주로 믿는 자들로 구성된 모임에서 방언의 부적합성을 지적하고 있다. 방언은 안 믿는 자들이 대다수인 모임에서는 완전히 유효한 목적을 가지고 있었다(22절). 그러나 예언은 그리스도인들 사이에서는 더욱 유익하다(23-25절에서는 그 모임이 그리스도인들의 모임이라고 보는 것을 주목하라). 이 견해는 22절을 23-25절과 조화시키는 하나의 합당한 설명이다. 듣는 자들이 어떤 자들인가를 고려해야만 한다. 그리스도인들의 모임을 방문한 국외자(局外者)들은 비(非) 그리스도인들 모임에서의 청중과 같이 방언과 표적적인 가치의 대상이 아니라 "직임들의 가치를 평가하는 척도"(yardsticks for estimating the value of ministries)가 되었던 것이다(Schweizer, E. Church Order in the New Testament, Barrett, 1968, p. 325에서 재인용). 그 척도들은 그리스도인들만이 모인 자리에서 사용되는 방언이 어리석음을 증거 하고 있으며, 방언은 믿는 자들이 그들 가운데서 사용하기에 합당한 은사가 아니라는 22절의 판결과도 일치하는 것이다.

사도행전의 방언의 세 본보기(2, 10 그리고 19장)에서는 믿지 아니하는 자들, 즉 전에 예수 그리스도를 믿는 믿음으로 개종치 아니했던 자들이 관여되어 있다. 그러므로 때로는 복음 전도자가 방언을 했고(행 2장) 때로는 복음을 받아들인 자들이 방언을 했으나(행 10장, 19장), 이 세 경우에서의 방언은 apistoi와의 관련하에서 변증적 가치를 가지고 있었다(Burdick, 1969, pp. 29-31). 첫 번째 경우에서는 방언의 메시지가 실제적인 개종보다 선행했고 그 길을 예비하는 역할을 했다. 나머지 두 경우에 있어서 방언은 개종 뒤에 나타났고 일어났던 일을 확증하는 일을 도왔다. 그러나 어찌되었든 간에, 방언은 복음에 열심이 있는 각 사람에게는 수단에 불과했다. 사도행전 2장과 같은 상황은 바울이 이사야 28장에서 성경 구절을 인용할 때에 기본적으로 마음에 그리고 있던 상황이다. 그러나 믿지 아니하는 자들이 믿는 자들보다 적을 경우에 예언은 복음적인 면에서 볼 때 방언보다 더 효과 있는 수단이다.〉

1161) Robert L. Thomas, **성령의 은사들**, 김지찬 역 (서울: 생명의말씀사, 1983), 235.

만일 통역하는 자가 없거든 교회에서는 잠잠하고 자기와 및 하나님께 말할 것이요 ἐὰν δὲ μὴ ᾖ διερμηνευτής, σιγάτω ἐν ἐκκλησίᾳ, ἑαυτῷ δὲ λαλείτω καὶ τῷ θεῷ.

　　방언 옹호론자들은 28절을 근거로 방언 은사를 '개인 기도화' 시키는 근거로 오해한다. 28절 말씀은,[1162] 통역이 없으면 교회에서 방언을 중단해야 한다는 뜻이다. 그렇다고 통역이 없으니 개인적으로 기도하라는 뜻이 결코 아니다. 통역 없이 방언하면 교회에 유익이 되지 못한다는 의미다.

　　28절에서 하반절의 '데'(de)를 어떤 접속사로 보느냐에 따라 공적인 것인지 사적인 것인지로 말하게 된다.[1163] 뱅크스는 성령의 은사가 공적인 사역을 위해 주어지나, 개인적으로 하나님과 교제할 때 은사를 개인적으로 경험하게 될 가능성을 열어놓았다고 보았다.[1164] 터너는 에드가

1162) 만일 통역하는 자가 없거든 교회에서는 잠잠하고 자기와 및 하나님께 말할 것이요.(고전 14:28)

1163) Robert L. Thomas, **성령의 은사들**, 김지찬 역 (서울: 생명의말씀사, 1983), 236; 〈14:28 하반절의 de가 반의(反意) 접속사(NEB)냐, 아니면 설명 접속사냐의 문제는 매우 중요하다. 전자의 견해를 취한다면 그 접속사는 공적인 것이 되며, 후자의 견해를 취한다면 방언을 말하는 자가 교회 안에서 어떻게 잠잠할 것인가를 설명하는 문장을 도입하는 역할을 맡고 있는 것이 된다. de를 반의 접속사로 생각한다면 28하반절은 공적인 모임과는 다른 배경, 즉 방언을 사적으로 사용하는 상황을 도입하고 있는 것이 된다. "교회 안에서는 잠잠하라. 그러나 자신과 및 하나님에게(사적으로는) 말하라". 이 견해를 지지하는 근거는 14장을 통틀어서 들을 수 없는 말보다는 들을 수 있는 말을 가리키는 laleō(말하라)의 용도이다(Meyer, 1881, Ⅱ, p. 27). 또한 14장에는 de를 가끔 반의 접속사로 사용하고 있다(14:4, 5, 22). 그러나 이 견해는 또 다른 기회가 있을 때까지 성령의 감동을 억눌러야 한다는 의미를 내포하고 있으며 또한 이것은 방언을 말하는 자가 자기 마음대로 하지 않을 수도 있는 그런 성질의 것은 아니었다. 왜냐하면 그 자신도 또 다른 그런 감동이 다시 오리라는 확신을 할 수가 없었기 때문이다(Godet, 1886, p. 302). 바울이 방언의 공적인 사용 대신에 사적인 사용을 옹호했다는 주장은, 방언의 적절한 기능이 다른 지체들의 유익을 끼치는 것이라는 12-14장 전체의 요지에 비추어 볼 때 부적합한 것이다(참조, 26, 31절).

28하반절에 대한 또 다른 설명은 Jefeif3가 들을 수 없는 소리를 가리킨다고 주장한다. "교회에서는 잠잠하라 자신과 및 하나님께만 말하라(수단으로 방언을 하도록 하라)." 이 견해의 가능성을 높여 주는 증거로서는 en ekklēsiai(교회에서)의 의미가 28상반절에서부터 하반절까지 계속해서 내려오고 있다는 사실을 들 수 있다. 침묵이 있는 장소는 어디나 자신과 및 하나님께 말하는 장소와 동일할 것이다. 28하반절은 명상을 표현하는 속담적(잘 알려진) 표현 수법인데, (Edwards, 1885, p. 379) 영어의 개념으로 표현하자면, "혼잣말을 한다"(talking to oneself)이다. de는 자주 설명을 덧붙이고자 할 때 사용하는 접속사이다(참조, 고전 14:2, 15(두 번), 24(두 번째-나오는 것), 40). 11:2-14:40의 문맥이 공적인 모임이고, 사적인 활동을 언급하는 분명한 표현이 없기 때문에 de를 설명 접속사로 이해하는 견해가 더 좋은 것이다.〉

1164) Robert Banks, Gdoffrey Moon, "Speaking in Tongues: A Survey of the New Testament Evidence," *The Churchman* (1966): 287(278-294); 〈This is borne out by a closer inspection of 12 : 8-10. There, for

(Edgar)의 견해를 거부하며 개인적인 방언으로 기도하는 것을 사용될 수 있다고 주장했다.1165) 그러나 터너는 에드가의 반명제가 틀렸다고 말하

---

ministry to the congregation, only to "one" is given the utterance of wisdom, of knowledge, faith, prophecy, tongues, etc. But at home these are precisely the gifts which God gives to each individual for his or her own edification. In private communion with God they would have experienced the gift of wisdom (there is no need for utterance of it here for none else is present), or of knowledge, or prophecy to their own situation, or faith for a particular problem, and-need we doubt ?-the gift of tongues as well. This is not an attempt to prove from these verses that this was so, but the passage leaves the possibility fully open that all these gifts were experienced in private in this way as God gave them.〉

1165) Max Turner, 성령과 은사, 김재영, 전남식 역 (서울: 새물결플러스, 2018), 389-393; 〈(3)개인 경건에 도움을 주는 방언? 오순절주의자들 및 은사주의자들과 대다수 신약학자들이 이 문제에 대해 제시하는 이러한 일반적인 설명(방언이 개인 경건에 도움을 준다는 견해-옮긴이)은 에드가에 의해 완강하게 거부되어왔다. 그는 다음과 같이 주장한다. (i) 그러한 견해는 고린도전서 14:22, 마가복음 16:15-17에서 진술되었고, 사도행전 2:1-13에서 암시된 "표적"으로서의 목적과 상충된다. (ii) 개인의 은사는 교회의 덕을 위한 것이 아니며 그 자체로 고유한 가치가 있는 것이다. (iii) 그러한 은사는 자기중심적일 수도 있다. (iv) 만일 방언의 은사가 덕을 세우기 위한 것이었다면 모든 사람에게 주어졌을 것이다. (v) 만일 (방언의) 목적이 하나님을 향한 개인적인 헌신이라면, 왜 통역의 은사가 있어야만 하는가? (vi) 어쨌든 바울은 방언이 믿는 자의 덕을 세우는 것이 아니라고 말한다. 그들의 마음에는 아무런 영향이 없다. (vii) 고린도전서 14:2에서 "하나님께만" 말하기 위해 은사를 사용하는 것은 "허공에다 말하는 것"(14:9)과 동일하다고 말한다. 이것은 바울에게 있어 실행되어서는 안 될 부정적 개념이다. (viii) 14:14-16에서 바울은 영으로만 기도하는 것을 반대하며(이것은 어찌 되었든 방언이 아니다), 마음으로도 기도할 것을 촉구하고 있다. 계속해서 이러한 점에 대해 살펴보도록 하자.

(1) 만일 방언이 한 가지 기능(즉 믿지 않는 자들이 수긍할 정도로 기적적인 "표적"을 제공하기 위해서)만을 가지고 있다고 독단적으로 주장하지만 않는다면, 방언이 경건에 도움이 된다는 견해와 고린도전서 14:22, 마가복음 16:15, 사도행전 2:1-13에서 말하고 있는 방언 사이에는 모순이 존재하지 않는다. 에드가가 바로 이것을 주장하지만, 그가 사도행전 10:46과 19이 복음 전도 취지의 "표적" 은사를 의미하지 않는다는 것을 인정할 수밖에 없기 때문에 일관성을 잃고 만다. 에드가가 마가복음의 긴 결론 부분에서 진술되었고 사도행전 2장에서 내포되어 있는 방언의 기능에 독보적인 위치 또는 심지어 일차적 비중을 부여한 것은 잘못이다. 이 때문에 그가 바울을 오독하고 있는 것이 거의 분명하다. (2) 통역과 함께 교회에서 실행될 때 이 은사는 교회의 덕을 세운다. 그리고 만일 개인의 덕을 세우기 위해 개인적으로 사용된다 하더라도 (비록 간접적일지라도) 교회의 덕을 세우는 것이다. 그러나 어떠한 은사도 (그가 섬기는 교회보다는) 수신자/사용자의 유익을 위해 주어질 수 없다는 개념은 아주 독단적(참조. 롬 8:26, 27)이며, 다른 모든 은사들 또한 (배타적으로는 아닐지라도 은사를 받은 사람의 덕을 세운다는 사실을 간과하는 것이다. (3) 이 은사를 통해서 하나님께 찬양하거나 기도할 때, 이 은사는 "자기중심적"이라기보다는 "하나님 중심적인" 것으로 설명하는 것이 더 바람직하다는 것은 충분히 생각할 수 있는 것이다. (4) 만일 방언이 사람의 덕을 세우기 위해 주어지는 많은 은사들 중 한 가지에 불과하다 하더라도, 이 은사를 받지 못한 사람이 그것 때문에 반드시 피폐해지는 것은 아니다. (5) 에드가는 통역의 은사가 필요한 경우는 이례적인 경우일 뿐이라고 생각한다. 그러나 앞에서 살펴본 견해에 따르면, 방언과 통역의 은사를 가진 사람은 교회의 덕을 세울 뿐만 아니라 자신의 덕도 세우게 된다(대개 방언을 말하는 그 사람이 통역해야 한다고 바울이 추정하는 것은 주목할 만하다; 5, 13절). (6) 에드가의 반명제는 틀렸다. 바울은 실행하는 사람이 인식하지 못하는 영적 활동도 개인의 덕을 세울 수 있음을 인정하고 있다(참조. 롬 8:26). (7) 확실히 바울은 회중이 모였을 때 (통역되지 않았다면) 방언현상을 금하고 있다. 그러나 바울은 이것도 순수하게 하나님께 말하는 것임을 충분히 인식하고 있다(14:2, 28). 집회 시에 문제가 되는 것은 만일 방언이 통역되지 않는다면 그것은 "오직

면서 제시한 로마서 8:26은 방언과 무관하다고 말했다.[1166] 또한, 자기가 이해할 수 없는 말로 방언을 하는 것을 금지하는 바울의 말을 생각하면 터너의 말은 적절치 못하다. 터너는 현대의 방언은 비황홀경적이고 "바울에게 있어 방언은 예언에 준하는 '황홀경' 그 이상도 그 이하도 아니었다"고 말했다.[1167] 그렇다면 그렇게 황홀경적이고 예언에 준하는 것을 개인적인 기도로 사용할 수 있다는 말인가?

칼빈은 다음과 같이 말했다.

> 바울은 '그의 은사를 자신만이 마음속으로 즐기도록 하고, 하나님께 감사하도록 하자'라고 말하고 있는 것이다. 나는 '자기와 및 하나님께 말할 것이요'라는 말씀을 자비로우시게도 자기에게 주신 은사로 생각하면서 하나님께 조용히 감사를 드리고 그것을 공적으로 사용할 기회가 없을 때는 그것을 자신의 사유물인 것처럼 혼자 즐기라는 것이다. 바울은 이 은밀한 밀을 교회에서 공적으로 이루어지는 것과 대조시키고 있으며, 후자를 그는 금하고 있는 것이다.[1168]

칼빈에 의하면, 어떤 사람이 통역 없이 외국어로 방언을 말하면 아무도 알아듣지 못하기 때문에 방언을 말하는 사람은 교회 앞에서는 침묵을 지켜야 한다.[1169]

하나님께만" 드려지는 것이라는 사실이다. 바울이 여기서 개인적으로 경건에 유익한 방언을 적극적으로 지지하고 있지 않다는 에드가의 말은 옳다. 하지만 그럼에도 불구하고 바울의 말은 그가 방언을 사용하는 것이 정당하다고 여겼다는 사실도 포함하고 있다. 그러나 나중에 고린도전서 14:28에서 바울은 만일 방언이 해석되지 않는 경우라면, 방언하는 자는 교회에서 잠잠해야 한다고 명령하고 있다. "그 사람과 하나님"은 따로 대화하는 것이 낫다. 바울이 다른 사람이 사역하고 있을 때 교회에서 방언의 개인적 사용을 권면하고 있다는 것은 있을 법하지 않기 때문에, 이것은 개인적 사용에 대한 적극적 금지 명령처럼 보인다. (8) 성령으로 기도하고 노래하는 것은 거의 확실하게 방언을 가리키는 것인데(또는 최소한 화자가 이해할 수 있는 연설의 형태는 아니다), 이것을 "마음으로"(tō[i] noi, 토(이) 노이) 드리는 기도와 대비시키는 것은 문맥상 의미가 잘 통하지 않는다. 이것은 19절의 엔 글로세(이)/토(이) 노이 랄레인(en glōssē[i] / tō(i) noi lalein, 방언으로 말하는 것/마음으로 말하는 것)의 대조에 의해서도 확인된다. 바울이 "또 마음으로" 기도하라고 권면하고 있다는 에드가의 말에 우리가 아무리 동의한다 할지라도, 바울은 마음으로가 아니라 단지 "방언으로"(glōssē[i], 14:14) 드리는 형태의 기도가 유효한 것임을 확실히 인식하고 있다. 우리는 바울이 방언으로 말미암아 회중에게 송영적인 동시에 계시적인 역할(통역이 수반될 때)을 포함하여 다양한 기능이 성취되는 것을 보고 있지만, 바울은 방언의 주요 역할이 개인적 차원을 위한 것으로 보고 있다고 결론 내릴 수 있다.〉

1166) 이와 같이 성령도 우리 연약함을 도우시나니 우리가 마땅히 빌 바를 알지 못하나 오직 성령이 말할 수 없는 탄식으로 우리를 위하여 친히 간구하시느니라(롬 8:26)
1167) Max Turner, **성령과 은사**, 김재영·전남식 역 (서울: 새물결플러스, 2018), 66.
1168) John Calvin, **신약성서주석 8 고린도전서주석** (서울: 성서교재간행사, 1982), 408-409.
1169) Charles Hodge, **고린도전서주석**, 김영배·손종국 역 (서울: 아가페출판사, 1985), 417.

개핀 교수는 다음과 같이 말했다.

> 방언이 개인적인 용도로 사용되는 것은, 원래 계시적 기능이 방언의 일차적인 목적이기 때문
> 에, 방언(통역되어야 할)을 받은 자에게는 부차적이고 종속적인 유익을 주는 것에 불과하다.
> 방언을 개인적인 용도로 사용하는 경우는 대개 기도를 통한 방언과 찬송을 통한 방언의 경우
> 인데(14-15절), 이 경우에도 바울은 반복해서 통역을 명하고 있다는 점을 유의하라(13절,
> 참조, 5절). 통역과 함께 방언이 주어진 목적은 교회 안에서 공적으로 행사하도록 하기 위해
> 서가 아니라 신자의 개인기도 생활을 위해서라는 견해는 단지 고린도전서 14장에 나타나 있
> 는 바울의 견해를 완전히 뒤집어엎는 것이다.[1170)

개핀 교수는 방언을 개인적인 용도로 사용하는 것은 부차적인 용도이
며 방언의 지엽적인 국면이라고 보았다. 개핀 교수는 방언이 계시적인
기능을 하는 은사이기 때문에 방언을 받는 자에게는 부차적이고 종속적
인 유익을 주지만, 방언의 주목적은 교회 안에서 공식적으로 행사하도록
주어진 은사라고 말했다. 그런 까닭에, 우리가 방언 은사의 본래적 목적
을 생각하면, 방언은 개인적인 용도가 아니라 공식적인 용도로 주어진
은사라는 것을 확인할 수 있다.

결론적으로 27-28절에서 사도가 말한 방언은 1) 두세 사람이 하며,
2) 통역이 가능해야 하며, 3) 교회에서 회중에게 공적으로 해야 한다는
의미다. 만일 28절이 개인기도라고 주장하면 이 세 가지 항목에 위배된
다. 사도의 말은 집에 가서 개인적으로 방언 기도를 하라는 것이 아니라
통역이 없으면 방언을 하지 말라는 뜻이다.

고린도전서 14:39

그런즉 내 형제들아 예언하기를 사모하며 방언 말하기를 금하지 말라 ὥστε, ἀδελφοί μου,
ζηλοῦτε τὸ προφητεύειν, καὶ τὸ λαλεῖν μὴ κωλύετε γλώσσαις ʼ.

방언 옹호론자들은 사도 바울의 "방언 말하기를 금하지 말라"는 말씀
으로 방언의 근거 구절로 삼는다.[1171) 사도는 앞서 말한 모든 것을 요약
하고 마무리했다. 사도는 예언의 은사가 더 유익하다고 말하면서도 "방

1170) Richard B. Gaffin Jr, 구속사와 오순절 성령강림, 김귀탁 역 (서울: 부흥과개혁사, 2013), 130.
1171) 그런즉 내 형제들아 예언하기를 사모하며 방언 말하기를 금하지 말라(고전 14:39)

언의 은사도 하나님께서 주신 은사이기 때문에 적절한 때에 적절한 방식과 질서를 따라 사용하는 것을 금해서는 안 된다"고 말했다.[1172] 39절의 방언도 현대의 옹알거리는 랄라라 방언이 아니라 외국어를 말한다.

이때는 아직 성경이 완성된 시기가 아니며 초대교회는 과도기적 시기였기 때문에 방언을 통해 복음의 계시가 보충적으로 주어지고 있었다. 그러나 지금은 성경이 완성되었고 전 세계인들이 자신들의 언어로 복음을 듣고 전하는 시대이다. 더 이상 외국어 방언으로 복음을 전하고 다른 사람이 통역해야 하는 시기가 아니다. 물론 낯선 나라에 파송된 외국인 선교사는 현지인의 통역을 통해 복음을 전하나 그렇다고 방언의 은사로서 사역하는 것은 아니다.

7) 요한계시록의 방언
요한계시록에는 방언에 대하여 다음과 같이 말한다.

> 새 노래를 노래하여 가로되 책을 가지시고 그 인봉을 떼기에 합당하시도다 일찍 죽임을 당하사 각 족속과 방언과 백성과 나라 가운데서 사람들을 피로 사서 하나님께 드리시고(계 5:9)
> 이 일 후에 내가 보니 각 나라와 족속과 백성과 방언에서 아무라도 능히 셀 수 없는 큰 무리가 흰 옷을 입고 손에 종려 가지를 들고 보좌 앞과 어린 양 앞에 서서(계 7:9)
> 저가 내게 말하기를 네가 많은 백성과 나라와 방언과 임금에게 다시 예언하여야 하리라 하더라(계 10:11) 또 권세를 받아 성도들과 싸워 이기게 되고 각 족속과 백성과 방언과 나라를 다스리는 권세를 받으니(계 13:7) 또 보니 다른 천사가 공중에 날아가는데 땅에 거하는 자들 곧 여러 나라와 족속과 방언과 백성에게 전할 영원한 복음을 가졌더라(계 14:6) 또 천사가 내게 말하되 네가 본 바 음녀의 앉은 물은 백성과 무리와 열국과 방언들이니라(계 17:15)

사도 요한은 '방언'을 단독으로 사용하지 않고, '백성', '족속', '나라', '무리', '열국', '임금'과 함께 사용했다. 이런 표현은 '온 세상'을 의미한다. 이필찬 교수는 "민족적 한계를 제거하여" 모여든 자들이라고 말했다.[1173] 권성수 교수는 "모든 시대의 신자들"이라고 말했다.[1174] 사도가 방언을 온 세상을 의미하는 단어와 함께 사용했다는 것은 방언이 각 민족과 지역에서 실제로 사용하는 언어였다는 것을 증거 한다.

1172) Matthew Poole, 청교도 성경주석 18 고린도전후서, 박문재 역 (파주: 크리스챤다이제스트, 2015), 245.
1173) 이필찬, 내가 속히 오리라 (서울: 이레서원, 2008), 369.
1174) 권성수, 요한계시록 (서울: 횃불,1999), 203.

8) 성령의 강림과 방언은 동시적인가?

그렇다면, 성령 하나님께서는 방언의 은사를 동시적으로 주시는가? 신약성경은 성령을 받았다고 해서 반드시 방언의 은사가 주어졌다고 말하지 않는다. 누가는 다음과 같이 말했다.

바울이 그들에게 안수하매 성령이 그들에게 임하시므로 방언도 하고 예언도 하니(행 19:6)

사도 바울이 에베소의 새로운 성도들에게 세례를 베풀고 안수했을 때 성령께서 임하셨다. 성도들은 방언도 하고 예언도 했다. 물론 우리는 그 현상이 사도행전 2장과 10장의 사건과 한 치의 차이도 없이 정확히 일치하는지는 모른다. 그러나 성령께서 임하시자 방언이 주어졌다. 고넬료의 가정을 다시 보자.

베드로가 이 말 할 때에 성령이 말씀 듣는 모든 사람에게 내려오시니(행 10:44)

사도 베드로가 전하는 말씀을 듣고 있을 때, 성령께서 사람들에게 강림하셨다. 성령을 받은 사람들은 방언을 하고 하나님을 높였다.

그럼에도 불구하고, 성령의 강림과 방언이 동반된다고 말하지 않는 증거 구절들이 있다. 사도 바울은 로마서 6:1-11과 골로새서 2:11에서 성령의 세례를 말하나 방언에 대해서는 전혀 말하지 않았다. 방언을 말하는 것이 핵심이 아니라 거듭나는 것이 핵심이다. 방언을 말하는 것으로 거듭남의 증거라고 말할 수 없다. 참으로 거듭난 자는 성령의 세례를 받는다. 그렇다고 다 방언을 말하는 것은 아니다. 사도들은 방언하는 것이 필수적인 요소로 여기지 않았다(고전 14:5, 23).

4. 유대교 내의 방언

학자들의 방언에 대한 연구는 이방 종교보다 유대교의 자료에서 더 사례를 찾을 수 있다고 여긴다. 유대의 위경과 외경을 통해 방언의 사례를 찾는 것은 보다 더 신뢰성을 줄 수 있기 때문이다.

1) 에녹서

유대 위경 중에서 가장 분량이 많은 『에녹서』는 천사를 연구할 때 중요하게 참고하는 책이다. 에녹서 1:3은 "이것은 천사들이 나에게 보여 준 것이며 또 나는 그들로부터 이것저것 모든 것을 들었으므로 내가 본 것을 쉽게 이해할 수 있었다"고 말한다.[1175] 에녹은 천사들의 탐욕으로 타락이 일어나고 그 후에 미가엘, 가브리엘, 우리엘, 라파엘이 말하는 소리를 듣고 기록했다. 에녹은 그 천사들과 대화하고 하나님과도 대화했다.

학자들은 에녹서에서 하나님과 천사들의 대화가 하늘나라의 방언이라고 추측한다. 김동찬 교수는 "하지만 방언이 천사의 말인지 아닌지를 확증해 줄 수 있는 결정적인 자료와 근거를 발견할 수 없으므로 추측만 가능할 뿐, 방언이 곧 천사의 말이라고 결론지을 수는 없다"고 말했다.[1176] 에녹서 자체가 위경으로 분류되는 책이므로 에녹서에서 방언의 진위를 가린다는 것 자체가 의미가 없다.

2) 욥기 위경

『욥기 위경』은 초대교회 당시의 유대인들의 생각을 이해할 수 있는 자료이며 초대교회 성도들의 방언에 대한 관점을 엿볼 수 있다. 욥은 말년에 아들들과 딸들을 불러 모으고 유산을 나누어 주었다. 세 딸은 여러 색깔로 이루어진 끈 장식물을 받았다. 그 장식을 가슴에 달자 곧바로 영적 감동에 빠졌고 천사의 말을 하기 시작했다(48:3).

이 말은 '하늘 집정관의 언어'(49:2), '높이 계신 자의 언어'(50:1), '세루빔의 언어'(50:2), '독특한 언어'(52:7) 등의 말로 표현되었다. 김동찬

1175) 최정희, **외경위경전서(상)**, (서울: 기독교문사, 1993), 1101.
1176) 김동찬, **방언 바로 알기** (서울: 베다니출판사, 2015), 125.

교수는 욥기에 나오는 이런 언어들이 천상의 언어일지라도 "천사들의 언어가 방언이라고 주장할 수 있는 분명한 근거가 없다"고 말하면서 "천사의 말을 방언이라고 주장하는 것은 무리다"라고 말했다.

3) 시내산의 율법 선포

『미드라쉬 잠언』에는 방언에 관련된 자료가 있다.

> 와서 하나님의 음성이 어떻게 이스라엘에게 나타났는가를 보라. 사람들은 각각 그들의 능력에 따라 들을 수 있게 되었다. 나이든 노인은 그들의 능력에 맞추어서, 젊은 사람들도 그들의 능력에 따라, 그리고 심지어 모세조차도 그 자신의 능력에 따라 들을 수가 있었다.[1177]

"그들의 능력"이란 "자신의 능력에 따라" 하나님의 말씀을 알아들었다는 뜻이다. 하나님께서 이스라엘에게 율법을 선포하실 때 하나님의 말씀을 듣는 사람들은 한 가지 언어만 사용하는 사람들이 아니었다. 출애굽할 때 이스라엘과 다른 민족들이 같이 나왔기 때문에 여러 민족이 섞여 있었다. 하나님께서는 그들의 언어로 알아들을 수 있도록 역사하셨다.

브래드 영(Brad H. Young)은 유대인들의 독특한 이해방식을 말했다. 하나님께서 말씀하실 때 사람들이 다 자기 언어와 능력에 맞추어서 이해한다는 것은 마치 망치로 쇳덩이를 내리치면 모루(Anvil)에서 불꽃이 튀는 것과 같다고 보았다. 불꽃이 사방으로 퍼져나가듯이 하나님의 말씀이 각자에게 퍼져나가 하나님의 음성으로 들려진다는 것이다.

김동찬 교수는 『미드라쉬 잠언』과 오순절 방언의 역사는 다르다고 주장했다. 오순절에는 제자들이 각 나라 언어로 말했으나 『미드라쉬 잠언』에서는 하나님께서 한 가지 언어로 말씀하시고 각자의 능력에 따라 알아들었기 때문이다. 요점은 방언으로 알아들었다는 것이다. 각 나라말을 하는 것이나 각 나라말로 알아듣는 것은 물론 그 방식에서는 차이가 있으나 각 나라의 방언으로 들었다는 점에서는 문제 될 것이 없다.

1177) Ibid., 128.

5. 이방 종교에 나타난 방언

학자들에 따라 기독교의 방언이 이방 종교에도 나타난다고 하는 사람들이 있고 기독교의 방언과 이방종교의 방언은 다르다고 하는 사람들이 있다. 김동찬 교수는 후자의 입장이다. 방언의 역사적 연구의 기본자료는 그로마키의 『현대방언 연구』(The Modern Tongues Movement, 1972)에 기초하고 있다.

1) 웬아몬의 보고서(Report of WenAmon)

기독교 외부에서 열광적인 종교적 방언에 관한 최초의 가장 오래된 자료는 『웬아몬의 보고서』이며, B.C. 1100년에 수리아-팔레스틴 해안의 비블로스(Byblos)에서 기록된 고대문서다. 이 문서에는 기독교의 방언과 같다고 주장하는 가장 오래된 것이다.

방언 현상이 일어난 비블로스는 오늘날 레바논의 수도인 베이루트에서 북쪽 방향으로 대략 40km 지점이다. 웬아몬은 카르낙(karnak) 이집트의 주신(主神)인 아몬(Amon)의 제사장이었다. 웬아몬은 아문숭배형상을 수송하기 위한 새로운 배를 건조하기 위한 나무를 구하기 위해 비블로스의 페니키아 도시에 보내졌다.

타니스에 있는 스멘데스를 방문한 후에, 웬아몬은 티제커 왕자 베더가 통치하는 도르 항구에 들렀다. 웬아몬은 도르에서 강도를 당했다. 그 후에 비블로스에 도착하자, 웬아몬은 그곳에서 받은 적대적 환영에 충격을 받았다. 그리고 그곳의 통치자인 자카르 바알 왕에 의해 억류되었다. 그러던 어느 날 그 왕이 신에게 제사를 드리던 중에 그의 왕자 하나에게 신들림이 임했고 그 왕자는 무아지경에 빠졌다. 그 왕자는 그 무아경 속에서 신의 메시지를 전했다.

이제, 그가 그의 신들에게 희생 제사를 드렸을 때 … 그 신은 귀족 출신의 젊은이들 중 한 사람을 사로잡았고 그로 하여금 열광적이게 만들었다. 그래서 그 젊은이는 이렇게 말했다: '그 신을 모셔오라. 그 신을 섬기는 메신저인 그 종을 데려오라. 아몬의 사자(使者)를 데려오라. 그를 보내라. 그를 가게 하라.' 이 열광적 상태는 그 밤 내내 계속되었다. 여기에서 몇 가지 관찰할 것이 있다. 첫째로, 그 사람은, 다른 언어이었는지 아닌지는 모르나 열광적인 언어로 말하였다. 둘째로, 이것은 종교적 현상이었다. 왜냐하면 그 사람은 신에게 경배를 드리고 있었기 때문이다. 셋째로, 그의 신은 그를 보호하고 존중할 가치가 있는 자로 생각하였다. 마지막으로, 그의 열광적인 언어는 그가 신을 소유하고 지배한, 혹은 신에 의해 사로잡히고 지배된 직접적인 결과이었다.[1178]

김동찬 교수는 "이 사건을 방언으로 받아들이기에는 근거가 너무나 약하다"고 말하면서 다음과 같이 말했다.

왕자가 영적 무아경에 빠졌었다는 것과 신이 준 메시지를 받아 전하였다는 사실만으로는 그가 방언을 했다고 보기가 힘들기 때문이다. 물론 이 사건이 영적 현상이었던 것은 분명하지만, 방언의 특징은 발견되지 않고 있다. 왕자가 겪은 일은 방언이라고 하기보다는 오히려 많은 종교에서 흔히 발견되는 신들림 현상(Possession)에 가깝다. 왕자가 전한 신의 메시지를 방언으로 인정하려면 분명한 방언의 특징들이 발견되어야 한다. 하지만 이 이야기에는 왕자가 배우지 않은 외국어를 말했다는 기록이나 이해되지 않는 언어를 말했다는 기록이 전혀 발견되지 않는다. 사실 왕자는 단지 영적인 무아경 속에서 '공수'를 전한 것뿐이다.[1179]

김동찬 교수는 웬아몬이 무아지경에서 공수를 전한 것이라고 말했고, 신들린 그 왕자는 외국어로 말한 것도 아니고 이해되지 않는 언어로 말한 것도 아니라고 말했다. 반면에서, 노르베르헌(Rene Noorbergen)은 방언(Glossolalia)이라고 말했다.[1180] 김동찬 교수가 "기록이 전혀 발견

1178) George A. Barton. *Archaeology and the Bible* (Philadelphia: American Sunday School Union, 1916), 353; Robert G. Gromacki, 현대방언 연구, 김효성 역 (서울: 기독교문서선교회, 1983), 12-13에서 재인용.

1179) 김동찬, **방언 바로 알기** (서울: 베다니출판사, 2015), 114; 공수: 무당이 신들린 상태에서 죽은 자나 신의 말을 전하는 것을 일컫는 말.

1180) Rene Noorbergen, "Tongues in History," Accessed Aug.13.2019.

http://gospel-herald.com/noorbergen/glossolalia_book_1/g1_ch2_1.htm; 〈Throughout recorded history there have been many occasions where religious people have spoken in unknown tongues—glossolalia. Most of the known accounts predating the Pentecostal experience are of non-Christian origin. Therefore most Christians would hardly take the position that every occurrence of glossolalia must be an expression of the will of God. Yet there are glossolalists who subscribe to this view. As a rule, the charismatics allude to Pentecost as the supreme example of supernatural tongues; however, the recorded cases of glossolalia go back as far as 1100 B.C. At that time a young Amen worshiper made ancient headlines and attracted historical notoriety when he suddenly became possessed by a god and began to emit sounds in a strange ecstatic "tongue." In the "Report of Wenamon," a text giving the oldest account of glossolalia known to man (originating in Byblos, a temple city in historical Lebanon), we find the scanty details: "Now, when he sacrificed to his gods, the gods seized one of his noble youths, making him frenzied, so that he said, 'Bring the god hither! Bring the messenger of Amen who hath him. Send him and let him go.'"—George A. Barton, Archaeology and the Bible (Philadelphia: American Sunday School Union, 1916), page 353.〉

되지 않는다"고 말한 것과 반대되는 주장이다.

2) 플라톤의 무아경과 방언

어떤 학자들은 플라톤(Plato, B.C. 427-347)의 글에도 방언 현상이 발견된다고 주장한다. 김동찬 교수는 두 가지 글을 말했다. 첫 번째는, 플라톤의 『대화』(Dialogue)에는 다음과 같은 글이 있다.

> 우리는 하늘로부터 임하는 무아경으로 인한 엄청난 축복을 받고 있다. 모두가 아는 바와 같이, 델피(Delphi)의 여사제나 도드나(Nodna)의 여사제는 신(新)이 주는 무아경을 통해서 그리스도의 여러 도시에서 사람들에게 위대하고 영광스러운 봉사를 하고 있다. 이것은 평소 그들 자신이 지닌 보통의 정신(Sober)을 가지고서는 해낼 수 없는 정말 놀라운 능력이다. 이러한 소중한 계시들은 이들 사제들로부터 오는 것이 아니나. 비록 말은 그들이 하고 있지만, 그들은 자기들의 정신으로 말하고 있지 않기 때문이다. 이때 이들을 통해 말하시는 분은 신 그 자신이다.[1181]

이 글에서 무녀들은 신적 무아경에 빠져서 계시를 받았다. 그 계시는 무녀들로부터 나올 수 있는 것이 아니라 신으로부터 나온 것이었다.

두 번째는, 플라톤의 『파이드로스』(Phaedrus)에 나오며, 그 당시의 종교에서 사람들이 무아경에 빠져서 말하는 영적 언어들을 구체적으로 분류하고 설명했다.

> 어느 날 소크라테스는 패드러스와 대화하면서 하늘의 신들이 사람에게 주는 여러 가지 놀라운 선물 가운데 하나인 영적 무아경(Divine Madness)에 대해 설명하였다. 그 설명에 따르면, 신들이 주는 이러한 영적 무아경들은 정신병자들에게서 일어나는 광기와는 분명히 구별되는 것으로써 크게 4가지로 나눌 수 있다. 첫째는, 태양신이며 음악과 시의 신이기도 한 아폴로가 일으키는 예언적 무아경이고, 둘째는 술의 신 디오니소스가 일으키는 제의적 무아경이며, 셋째는, 음악과 시의 신인 뮤즈가 일으키는 시적인 무아경이고, 넷째는, 사랑과 미의 신인 아프로디테와 에로스가 일으키는 연애적 무아경이다.[1182]

김동찬 교수는 영적 무아경에서 사람들이 말하는 것에 대하여 다음과

1181) Lane Cooper (trans.), *Plato* (New York: Oxford University Press, 1948), 83-84; 김동찬, **방언 바로 알기** (서울: 베다니출판사, 2015), 115에서 재인용.
1182) 김동찬, **방언 바로 알기** (서울: 베다니출판사, 2015), 116.

같이 말했다.

> 소크라테스가 설명한 이들 네 가지 영적 무아경들은 사람이 신과 하나가 될 때 사람 자신이 가진 지식과 지혜를 넘어서는 초월적인 말들을 할 수 있게 된다는 점에서는 방언과 일부 비슷한 면이 있는 것처럼 보인다. 하지만 내용을 좀 더 자세히 살펴보면, 이것은 성경의 방언과는 뚜렷한 차이점을 가지고 있다. 즉, 소크라테스가 말한 영적 무아경들은 신적인 지혜와 지식은 가져다주지만, 방언과는 달리 배우지 않은 외국어를 말하게 되거나 이해되지 않는 언어를 말하는 일은 일어나지 않고 있다.1183)

김동찬 교수의 말이 사실일까? 노르베르헌은 앞의 글에서 플라톤의 파이드로스 편을 말하면서 "누구도 이해하거나 해석할 수 없는 신적 영감으로 말하거나 환상을 보았다"고 말했다.1184) 노르베르헌의 이런 말 역시 김동찬 교수의 말과는 매우 배치된다. 김동찬 교수는 자신의 주장을 정당화하기 위해 '잠자는 예언자'라 불렸던 에드가 케이시(Edgar Cayce, 1877-1945)의 경우와 짐 데이비드슨의 글을 인용했다. 김동찬 교수는 두 사람의 글을 통해 성경의 방언은 영적 엑스타시에 빠져서 말하는 것과 다르다고 주장했다.

소크라테스는 『파이드로스』에서 델피 신탁에 대해 "가장 큰 축복은 광기를 통해서, 하늘이 내린 진정한 광기를 통해서 온다"고 말했다.1185)

1183) Ibid., 117.
1184) Rene Noorbergen, "Tongues in History," Accessed Aug.13.2019.
http://gospel-herald.com/noorbergen/glossolalia_book_1/g1_ch2_1.htm; 〈Seven hundred years later, the Greek philosopher Plato also made mention of the "gift" in his time. In his Phaedrus, he demonstrated that he was well acquainted with the phenomenon, for he referred to several families who, according to him, practiced ecstatic speech, praying, and utterings while possessed. Continuing further, he pointed out that these practices even brought physical healing to those who engaged in them. Plato, together with most of his contemporaries, asserted that these occurrences were caused by divine inspiration. To support this view, he suggested (in Timaeus) that God takes possession of the mind while man sleeps or is possessed, and that during this state, God inspires him with utterances and/or visions which he can neither understand nor interpret.〉
1185) 조현, "델피신전의 무녀, 황홀경의 비밀은," Jul.4.2012. Accessed Sep.5.2019.
http://well.hani.co.kr/100142; 〈"광기란 하늘이 내린 특별한 재능이며, 인간 세상에서 가장 소망되는 재능일세. 왜냐하면 예언 능력도 일종의 광기이며, 델포이 신전의 무녀는 광기에 젖어 있을 때는 공사를 가리지 않고 그리스에 커다란 도움을 주었지만, 그들이 정상적인 상태일 때는 거의 도움을 주지 못하기 때문일세. 아니 전혀 도움을 주지 않았기 때문일세. 광기가 그 고귀함과 완전함에 있어 정상적 상태의 정신보다 월등하다는 것을 고대인은 입증하고 있네. 정상적 상태의 정신은 단지 인간의 능력일 뿐이지만, 광기는 신이 내린 능력이기 때문일세."

그로마키는 『아이온』(Ion)에서 시인들은 영감에 사로잡혀서 시를 짓고, 점쟁이들과 예언자들이 무의식 상태에서 말했으며, 『티마이우스』(Timaeus)에서 사람이 영감 된 말을 할 때 지능이 수면 상태가 되거나 정신 착란의 상태가 된다고 말했다.1186)

논쟁의 핵심은 '엑스타시에 빠졌느냐? 안 빠졌느냐?'가 아니라, '방언을 말했느냐? 아니냐?'이다. 김동찬 교수는 엑스타시를 강조함으로써 논쟁의 핵심을 흐리게 했다. 헤로도투스가 인용한 무녀 파티아의 글을 보면 해석자가 필요한 모호한 말이었으나 분명히 알아들을 수 있는 말을 했다는 것을 알 수 있다.1187)

3) 버질의 이니드

학자들은 델로스 섬의 시빌의 여자 제사장 버질(Virgil, 70-79 B.C.)의 고대 서사시 「이니드」(The Aeneid)에 방언 현상이 있다고 말했다. 그리스의 여사제 시빌(Sibyl)은 아폴로 신에 의해 무아경에 빠지고 예언을 하고 시를 써서 예언했다.

김동찬 교수는 시빌의 예언 역시 이교의 영적 무아경이라고 말하면서 다음과 같이 말했다.

시빌의 예언을 방언이라고 할 수 없는 확실한 이유는 이 무녀가 배우지 않은 외국어를 말했다거나 또는 이해되지 않는 영적 언어로 말했다는 기록을 전혀 찾아볼 수 없기 때문이다. 결

1186) Robert G. Gromacki, 현대방언 연구, 김효성 역 (서울: 기독교문서선교회, 1983), 14.
1187) 조현, "델피신전의 무녀, 황홀경의 비밀은," Jul.4.2012. Accessed Sep.5.2019.
http://well.hani.co.kr/100142; 〈헤로도투스가 인용한 피타아의 답변은 이렇다. "나는 해변의 모래알을 세어 바다를 측량한다. 나는 벙어리의 말을 이해하며 벙어리의 말을 듣는다. 솥과 뚜껑이 모두 청동으로 만들어진 냄비 속에서 등딱지가 단단한 거북이가 양의 살코기와 함께 부글부글 거품을 일으키며 끓고 있는 냄새가 난다." 크로이소스왕이 택일한 날 양고기와 거북이의 찜 요리를 하고 있었다는 것은 전혀 왕답지 않다. 그러나 왕은 바로 그날, 정확히 피타아가 묘사한 대로 그 일을 하고 있었다고 한다. 왕은 감격한 나머지 금괴 117개, 금으로 만들어진 사자상, 거대한 금과 은 그릇, 황금조각상, 은으로 만들어진 통들, 정한수를 뿌리는 금과 은으로 만들어진 장치, 왕비의 목걸이 등 많은 선물을 델피에 보냈다고 전한다. 선물을 보낸 뒤 크로이소스왕은 '페르시아를 공격해야 하는가'라고 물었다. 파티아는 가장 유명한 답을 했다. "그가 만약 페르시아로 진격한다면 강력한 제국 하나를 멸망시킬 것이다." 그러나 왕은 페르시아를 공격하고 철저히 패배해 불행한 최후를 맞는다. 이 예언에 대해 헤로두투스는 "파티아는 '왕이 페르시아를 진격할 경우 자신의 제국을 멸망시킬 것'이라고 한 말을 잘못 해석한 것"이라고 파티아를 옹호했다.〉

국 시빌의 예언은 방언과는 달리 이방 종교에서 의식을 잃은 채 예언을 하는 무아경 속 신탁의 사례 중 하나라고 볼 수 있다.1188)

김동찬 교수는 무녀가 외국어로 말한 것도 아니고 이해되지 않은 영적 언어로 말했다는 기록은 전혀 찾아볼 수 없다고 단언했다. 그러나 노르베르헌은 무녀가 황홀한 방언(ecstatic tongues)을 했다고 말했다.1189) 그로마키는 다음과 같이 말했다.

그 여자는 바람 소리가 무시무시한 음악을 이루는 음침한 동굴 속에서 무아경적인 상태와 말에 도달했다. 그가 아폴로 신과 영적으로 하나가 되었을 때 그는 때로는 이해가 되었고 때로는 앞뒤가 맞지 않는 방언으로 말하기 시작했다.1190)

그로마키에 의하면, 버질이 때로는 이해가 되는 말을 했기 때문에 김동찬 교수의 주장은 여지없이 무너진다.

4) 델피의 피도니스

교부 크리소스톰(John Chrysostom, 349-407)은 "여자인 피도니스 (Pythoness)는 때때로 아폴로 제단에 걸터앉았다고 한다. 그리고 아래로부터 올라온 그 여자의 육체의 하부에 들어가는 악령은 그녀를 광기로 가득 채운다. 그리고 그 여자는 머리를 헝클어뜨린 채 야단법석을 떨고 입에 거품을 뿜으며 이렇게 광란 속에서 미친 말들을 지껄이기 시작한다"고 말했다.1191)

1188) 김동찬, **방언 바로 알기** (서울: 베다니출판사, 2015), 121.

1189) Rene Noorbergen, "Tongues in History," Accessed Aug.13.2019.

http://gospel-herald.com/noorbergen/glossolalia_book_1/g1_ch2_1.htm; "Virgil, too, during the last century before Christ, described in Aeneid the activities of the Sybilline priestess on the Island of Delos. He attributed her ecstatic tongues to the result of her being unified with the god Apollo, a state that enveloped her while she meditated in a haunted cave amidst the eerie sounds of the wind playing strange music through the narrow crevices in the rocks."

1190) Robert G. Gromacki, **현대방언 연구**, 김효성 역 (서울: 기독교문서선교회, 1983), 14-15.

1191) Chrysostom, "Homilies on First Corinthians," trans, T.W. Chambers, Vol. XⅡ of *The Nicene and Post-Nicene Fathers*, ed. Philip Schaff (First SEries; New York: The Christian Literature Company, 1889), Hom. 29.2.

피도니스는 신적 영감과 사로잡힘 아래서 무아경적인 말들을 했기 때문에 사람들의 숭배를 받았으며, 그녀에게 찾아와 조언과 예언의 말을 들었다. 마틴(Martin)은 다음과 같이 말했다.

제사장들은 그 여자의 모든 말을 이해하기 위하여, 그리고 그의 외침들과 중얼거림들이 앞뒤가 맞지 않을 때마다 그것들을 해석하기 위하여 참석해 있는 것 같았다.[1192]

마틴의 말을 살펴보면, 피도니스의 말이 앞뒤가 맞지 않았으나 제사장들은 그 말을 듣고 해석했다. 그로마키는 이방 세계에서 일어나는 방언을 말한 다음에 이렇게 말했다.

비기독교인들 가운데서의 방언 사건들이 이방 저작가들 뿐만 아니라 또한 기독교 저작가들에 의해 보도되어 왔다. 이러한 사례들이 성경의 방언과 비슷한 점들이 있음은 아주 분명하다. 방언하는 사람은 종교적 예배를 하고 있었다. 그는 신적인 존재에 의해 지배를 받았다. 그는 그의 정신적 기능의 지배를 잃어버렸다. 그는 다른 언어로 말했고 거기에는 해석의 필요가 있었다. 그러나, 우리가 이방의 방언이 기독교로 발전했다거나, 기독교의 방언은 이방 방언이 세련된 것이라고 추론해서는 안 된다. 그 근원들은 정반대이다. 즉 하나는 하나님이고, 다른 하나는 사단이나 자아이다. 그러나 사단이 이러한 현상을 일으킬 수 있다는 사실은 인정해야 한다. 사단은 과거에 그것을 행했다. 그는 오늘날도 그것을 행하고 있을지도 모른다.[1193]

그로마키에 의하면, 방언은 이미 이방 종교에 있었다. 그로마키는 파사의 모하멧교 탁발성의 방언, 그린랜드 에스키모인들의 방언, 티벳과 중국에서의 방언에 대해 자료를 제시했다. 그로마키가 제시한 이런 증거들은 김동수 교수를 비롯한 현대 방언 옹호론자들의 주장에 근본적인 철퇴를 가하는 치명적인 발언이다. 이방 종교에서 현대 방언과 같은 방언이 있었다고 말하면 현대 방언의 정당성이 부여받지 못하고 뿌리부터 흔들리기 때문이다.

1192) Ira J. Martin, 3rd, *Glossolalia in the Apostlic Church* (Berea, Ky.: Berea College Press, 1960), 80.
1193) Robert G. Gromacki, 현대방언 연구, 김효성 역 (서울: 기독교문서선교회, 1983), 18;

6. 교회사에 나타난 방언

교회사(약 150-1800년 말)의 증거들을 살펴봄으로써 성경에 나타난 방언이 나타나지 않았다는 것을 알 수 있다.

1) 초대교회로부터 중세이전까지

영국의 오순절 저작가 도널드 지(Donal Gee, 1891-1966)는 "이레네우스와 터툴리안과 크리소스톰과 어거스틴은 모두 이러한 은사들이 그들 자신의 시대에 여전히 존재하고 있다고 언급한다"고 말했다.1194) 반면에 클레온 로저스(Cleon Rogers)는 "그 [방언]의 은사가 사도 시대의 교부에게서 결코 언급되거나 암시되거나 발견되지 않는다는 사실은 중대하다"고 말했다.1195)

① 순교자 저스틴

순교자 저스틴(Justin Martyr, 110-165)은 2세기의 가장 탁월한 변증가였다. 저스틴은 기독교와 이방 철학(특히 플라톤주의) 간에 가교를 놓기 위해 시도한 최초의 기독교 저술가였다. 저스틴은 최초의 기독교 철학자, 최초의 철학적 신학자라고 불린다. 저스틴은 자신의 유대인 친구 트리포(Trypho)를 기독교 신앙으로 인도하려고 노력했다. 저스틴은 『트리포와의 대화』(Dialogue with Trypho)에서 다음과 같이 말했다.

> 예언의 은사가 심지어 현재까지도 우리와 함께 있습니다. 그렇기 때문에 당신은 이전에 당신 나라에 있었던 그 은사가 우리에게 전달되었다는 것을 이해해야 합니다.1196)

저스틴은 이어서, "이제, 우리 가운데서 하나님의 성령의 은사를 소유하고 있는 남녀들을 볼 수 있습니다."라고 고백했다(Dialogue, Sec.88, p. 243). 그로마키는 저스틴의 이런 말에 대해 다음과 같이 말했다.

1194) Donald Gee, *Concerning Spiritual Gifts* (Springfield, Mo.: The Gospel Publishing House, 1972), 10.
1195) Cleon L. Rogers, Jr., "The Gift of Tongues in the Post Apostolic Church," *Bibliotheca Sacra*, CXXⅡ (April-June, 1965), 134.
1196) Junstin Martyr, "Dialogue with Trypho," Vol. Ⅰ of *The Ante-Nicene Fathers*, eds. Alexander Roberts and James Donaldson (Grand Rapids: Wm. B. Eerdman's Publishing Co., 1950), Sec.82, p. 240.

얼른 보기에, 이것은 방언의 은사를 포함한 영적 은사들이 저스틴 시대에 존재하고 있었다는 것을 보여줄 것이다. 그러나, 그때 현존했던 은사들은 이스라엘 이전에 가지고 있었던 은사들이었고, 구약성경에는 방언이 이스라엘 백성의 정상적인 혹은 심지어 희귀한 행위이었다고 진술한 곳이 아무 데도 없는 것이다. 저스틴 자신은 그 당시에 존재했던 은사들의 성격을 정의했다. 그는 예언의 은사들을 솔로몬(지혜의 영)과 다니엘(총명과 모사의 영)과 모세(능력과 경건의 영)와 엘리야(두려움의 영)와 이사야(지식의 영)와 관계시켰다(Dialogue, Sec. 87, p. 242). 이러한 은사들이 고린도전서 12장의 영적 은사들과 동일시 될 수는 없다.[1197]

그로마키에 의하면, 저스틴이 유대인 트리포에게 유대인들이 가졌던 그 은사들이 저스틴 시대에 존재했다고 말함으로써 기독교를 변증하려고 했다. 그로마키는 저스틴이 친구를 개종시키려고 그런 유대의 은사들이 기독교 안에 있다고 함으로써 기독교의 우월성과 정당성을 말했을지라도, 그 은사들이 고린도전서 12장의 영적 은사들과는 같은 것으로 여겨서는 안 된다고 말했다.

② 터툴리안과 몬타누스

몬타니즘은 2세기 후반에 성행하다가 그 후로 약 2세기나 더 지속된 분파주의 운동이다. 소아시아 프리기아(Phrygia)에서 몬타누스(Montanus)에 의해 시작되었기 때문에 '몬타누스주의'(Montanism) 혹은 '프리기아 사람들'(Phrygian)이라 불렸다. 유세비우스(Eusebius of Caesarea, 260-340)는 A. D. 172년에 몬타누스(Montanus, 126-180)가 예언과 방언을 강조했으며,[1198] 이것은 새로운 시대를 증거 하고 그

1197) Robert G. Gromacki, **현대방언 연구**, 김효성 역 (서울: 기독교문서선교회, 1983), 21-22.

1198) Eusebius, "Church History," trans. A.C. McGiffert, Vol. Ⅰ. of *The Nicene and Post-Nicene Fathers*, eds. Philip Schaff and Hery Wace (second series; Grand Rapids: Wm. B. Eerdmans Publishing Co. 1961), V.16, p. 231; Robert G. Gromacki, **현대방언 연구**, 김효성 역 (서울: 기독교문서선교회, 1983), 23에서 재인용; 〈유세비우스는 그를 이렇게 특징지었다: "… 몬타너스라 이름하는 최근의 한 개종자는 지도자가 되려는 끊임없는 욕망으로 인해 적에게 자기를 대적할 기회를 주었다. 그리고 그는 정신을 잃고 갑자기 일종의 광란과 황홀경 속에 빠져 소리를 지르고 이상한 것들을 중얼거리고 말하기 시작했고 처음부터 전승되어 온 교회의 일정한 관습과 반대되는 방식으로 예언하였다. 그대에 그의 그럴듯한 말들을 들었던 사람들 중에 어떤 이들은 화가 났고 그래서 그들은 그를, 무언가에 사로잡힌 자, 귀신의 지배 아래 있는 자, 거짓 영의 인도를 받는 자, 무리들을 미혹하고 있는 자라고 비난하였다 … 그리고 그는 그밖에 두 명의 여자들을 충동하였고 그들을 거짓 영으로

리스도의 계시가 성령의 계시에 의해 대치된 것을 증거 한다고 말했다.1199) 소위 '영적인 사람들'(Pneumatics), '영적인 교회'라고 부르며 가톨릭교회는 육체적이라 했다. 해롤드 헌터(Harold D. Hunter)는 유세비우스의 글에서, 황홀경에 빠져 말하기 "시작했다"(lalein)는 것이 어려운 말이나 이해하기 어려운 말로 사용될 수 있기 때문에 방언을 언급할 가능성이 있으며, 용어 자체로는 방언을 나타내는 결정적인 지표라고 말했다.1200)

몬타누스는 원래 시벨레의 사제였다가 기독교로 개종했다.1201) 소아시아는 열광적인 제의를 행하는 시벨레(Cybele) 밀교가 성행하던 곳이었다. 시벨레 밀교는 대모신(The Great Mother of gods)을 숭배했으며, 사제들은 스스로 거세했고 그 의식은 정열적이고 비밀스러웠으며 피세례를 받았다. 몬타누스는 개종 이후에 세례를 받을 때 방언과 예언을 하기 시작했으며,1202) 156년경에는 그리스도께서 약속하신 보혜사 성령께

충만케 하였다. 그래서 그 여자들은 이미 언급된 그 사람과 같이 거칠고 분별없고 이상하게 말하였다.">
1199) Eusebius, *The Ecclesiastical History* (Grand Rapids: Baker, 1977), 194.
1200) Harold D. Hunter, "Tongues-speech: a patristic analysis," *Journal of the Evangelical Theological Society* 23(2) (1980): 129(125-137); 〈Eusebius passes on an anonymous description of Montanus: "He began to be ecstatic and to speak (lalein) and to talk strangely (xenophein), prophesying contrary to the custom which belongs to the tradition and succession of the church from the beginning."〉(Eusebius Hist. eccl. 5.16.7 LCL 153:474-475. Some, including F. D. Bruner (Theology of the Holy Spirit, 36), parallel Montanism to classical pentecostalism because they view both as sectarian, if not heretical, deviations from the orthodox Church. Others, including H. Evans ("Pentecostalism in Early Church History," Paraclete 4/3, 21-28), have said that both groups recaptured the original gospel for an ailing Church. In view of the findings of this article that prophecy and tongues existed in the mainline Church until the third century, I cannot view Montanism as recalling the Church of its day to its beginning. I rather believe that the Montanists had excesses in both the style of their worship and in the content of their teaching. Most modern writings pay attention to Tertulliano denial of Praxeas' patripassianism, when in fact part of his point {Against Praxeas, ANF 3:597) is that the bishop of Rome had acknowledged the prophetic gifts of Montanus, Prisca and Maximilla before being brought to a different conclusion through the false accusations of Praxeas.)
1201) 황은연, "몬타누스주의의 교회사적 고찰: 그 정죄의 배경과 의의," 純福音神學大學 1(1990): 445(443-457); 〈몬타니즘의 최대의 반대자였던 아폴로니우스(Appolonius, 150-220)는 그의 「몬타니스트들에 대항하여」(Against the Montanists)에서 몬타누스를 이렇게 소개하고 있다. "프리기아 지역인 아르다바우(Ardabau)라고 불리우는 미시아(Mysia) 근처에 한 마음이 있었다. 그라투스가 시리아의 총독으로, 있을 때, 몬타누스라고 불리우는 최근에 개종한 사람이 최고가 되고 싶은 욕망에 사로잡혀 고행을 하던 중, 영적인 흥분으로 가득 차 갑자기 이상한 황홀경에 빠졌다.">
1202) Ewin, 오순절 은사 운동 바로 알기, 정동수 역 (서울: 그리스도예수안에, 2014), 29; 〈역사학자 콸벤

서 자기를 통해 말씀하신다고 선언했다. 몬타누스는 성령과 자신을 동일시했다.1203) 성자의 탄생과 함께 성부의 시대가 끝나고 성자의 시대가 되었고 이제는 자신과 함께 성령의 시대가 되었다고 말했다.1204) 하나님 세대 → 아들 세대 → 성령세대로 대치되었다고 가르쳤다.1205)

몬타누스의 추종자 중에는 프리스킬라(Priscilla)와 막시밀라(Maximilla)가 특히 유명했다. 이 두 여자는 몬타누스와 함께 종교적 황홀경에서 방언을 하고 예언을 했으며 추종자들은 그것이 성령에 의한 것이라고 믿었다.1206) 이들은 자신들의 시대에 예수님께서 재림할 것이며

(Lars P. Qualben)은 『기독교회의 역사』에서 다음과 같이 말했다. "그들은 새로운 형태의 예언을 도입했다. 유세비우스는 그것이 전통적으로 지속되어 왔던 교회의 규례들과 상치되며, 황홀경 속의 이상이나 시벨레(Cybele) 제사장들의 광적인 행태들과 비슷하다고 말한다. 예언자들은 하나님이 자신들을 완선히 사로잡아 자신들을 통해 말하게 될 때 무아지경에 빠져 들어가 의식이 사라지고 마음은 완전히 피동적이된다고 주장했다. 유세비우스는 이 같은 황홀경 속에 어떤 몬타니스트 예언자들이 '중얼중얼거리며 이상한 소리들을 내기 시작했다'고 말한다. 사실 이런 것들은 19세기의 어빙주의자들과 그 뒤 유사한 형태의 회중들이 행하던 '쌀라쌀라 …' 혹은 '랄라라라…'와 비슷했다."

1203) 김영재, "성령론에 대한 역사적 고찰," 신학정론 15(1) (1997): 79(76-103); 〈2세기의 몬타누스는 황홀경에서 보헤사에 관하여 1인칭으로 "나는 파레클레토스이다"라고 말했다. 4세기 후반에 활동한 에피파니우스에 따르면, 몬타누스는 "나는 인간 안에 내려온 전능한 주 하나님이니라" 그리고 이어서 "오신 이는 천사도 장로도 아니요, 나 주 하나님이니라"고 말했다는 것이다. 알렉산드리아의 맹인 신학자 디디무스(Didymus)는 몬타누스에게 내린 다른 신탁을 즉, "나는 성부와 성자와 보헤사이다" 하는 말을 들었다고 전한다.〉

1204) 황은연, "몬타누스주의의 교회사적 고찰: 그 정죄의 배경과 의의," 論文集 1 (1990): 445-446(443-457); 〈곧 이 운동에 두 명의 여선지자 프리스가(Priscilla 혹은 Prisca)와 막시밀라(Maximilla)가 가담하였는데, 이 여인들은 몬타누스의 용인을 얻어 자신들의 남편들을 버리고 떠났다. 이 세 사람은 성령께서 자기들에게 세상의 조속한 종말을 계시하셨으며 새 예루살렘이 "하나님께로부터 하늘에서 내려와" 프리기아에 수립된 것을 계시하셨다고 하면서 추종자들을 모으기 시작했다. 그들은 몬타누스를 「보혜사」(the paraclete)라고 불렀고, 두 여선지자들을 자랑스럽게 여기면서, 이 새로운 운동은 감수성 많은 프리기아 사람들 사이에 매우 급속히 퍼져나가게 되었으므로 이 지방의 교회에서는 매우 놀라게 되었다. 소아시아 감독들은 이 사람들을 이단으로 규정하고 160년 교회회의에서 이 파의 사람들을 파문하였고 성찬에도 참여하지 못하게 하였고, 얼마 안 되어 고울(Gaul)고 로마교회에서도 처단되었지만, 이후로도 오랫동안 소아시아와 아프리카는 오히려 이 몬타누스 운동의 중심지가 되었다.〉

1205) John William Charles Wand, *A History of the Early Church to A.D. 500* (London: Methuan and Co. Ltd. 1963), 57.

1206) Henry Bettenson, ed., *Documents of the Christian Church* (London: Oxford, 193), 77; John F. MacArthur Jr., 무질서한 은사주의, 이용중 역 (서울: 부흥과개혁사, 2008), 108-109에서 재인용; 〈히폴리투스(Hippolytus)는 몬타누스주의자들에 대해 이렇게 말했다. '그들은 프리스킬라와 막시밀라라는 두 여자에게 속아서 이 두 여자를 여선지자라고 믿고 보혜사 성령이 두 여자에게 들어갔다고 주장했다. … 그들은 이 두 여자를 사도들과 모든 은혜의 선물보다 더 찬미했다. 그들 가운데 일부는 이 두 여자에게는 그리스도보다 더 탁월한 것이 있다는 말까지 할 정도였다. … 그들은 금식과 성찬, 금욕과 채식의 형태로 새로운 교리를 도입하면서 이 두 여자를 자신들의 권위로 삼았다.' … 에우세비우스는 이 운동의 탄생과 초기 성장과정을 이렇게 묘사했다. "몬

하늘의 새예루살렘이 브루기아의 페푸자와 티미온 마을의 들판에 내려올 것이라고 믿으면서 신봉자들은 엄중한 금욕과 고행 생활을 했으나 그대로 실현되지 않았다. 결국, 소아시아 감독들은 160년 교회회의에서 몬타누스와 그의 추종자들을 이단으로 규정하고 정죄했다. 이어서 고울(Gaul)과 381년 콘스탄티노플 회의에서도 정죄 되었으나 오랫동안 소아시아와 아프리카는 몬타누스 운동의 중심지가 되었다.

북아프리카의 교부이자 라틴 신학의 아버지라 불리는 터툴리안(Terullian, 160-220)은 중년에 개종한 이후 몬타누스파에 가담했다. 터툴리안은 칼타고에서 몬타누스파의 장로와 저작가로 활동했다. 터툴리안은 "왜냐하면, 우리가 영적 은사들(카리스마타)을 인정함으로, 우리도 예언의 은사를 받을 만하였기 때문이다 …"라고 말했을 때는 몬타누스자였다.1207) 터툴리안이 방언을 포함한 영적 은사들을 신봉했으나 자신이 방언을 했다고는 말하지 않았다.1208) 어거스틴은 터툴리안이 후에 몬타누스파를 떠나 새로운 파를 형성했으며 나중에 그 파는 가톨릭교회와 화해했다고 말했다.1209) 그로마키는 어거스틴의 말이 사실이라면, 터툴리안이 몬타누스의 잘못으로부터 벗어났다고 본다.

타누스는 처음에 지도자가 되려는 끝없는 욕망 때문에 반대자들의 공격을 받았다고 한다. 그는 회심한 지 얼마 안 된 신자였는데 어떤 영에 사로잡혀서 갑자기 일종의 무아지경 상태에서 미친듯이 소리지르고 알아들을 수 없는 말을 지껄이며 고대부터 전통으로 내려온 교회의 관습과 반대되는 방식으로 예언을 했다. … 몬타누스의 거짓 방언을 들었던 이들 가운데 일부는 거짓 선지자를 분별할 수 있도록 깨어 있으라는 주님의 경고를 기억하고 … 몬타누스를 마귀에 사로잡힌 사람이라고 꾸짖었다. 그러나 어떤 이들은 황홀경을 체험하고 적잖이 우쭐해져서 스스로 성령과 예언의 은사에 사로잡혔다고 생각했다.">

1207) Tertullian, "A Treatise on the Soul," trans. Peter Holmes, Vol. Ⅲ of *The Ante-Nicene Fathers*, eds. Alexander Roberts and James Donaldson (Grand Rapids: Wm. B. Eerdman's Publishing Co., 1950), Sec. 9. p. 188.

1208) Ibid., "Against Marcion," V.8, p. 477; Robert G. Gromacki, **현대방언 연구**, 김효성 역 (서울: 기독교문서선교회, 1983), 24-25에서 재인용; 〈터툴리안은 마르시온(Marcion)을 비판한 책에서 다음과 같이 말했다. "그러면 마르시온으로 하여금, 그의 신의 은사들으로서, 인간의 감각으로가 아니고 하나님의 영으로 말하며 장차 올 일들을 예언할 뿐만 아니라 마음의 비밀들을 드러내었던 예언자들을 보이도록 하라. 그로 하여금 시(詩)와 환상과 기도를 낳게 하되, 오직 그것이, 방언들의 해석이 그에게 떠오를 때마다, 성령에 의해 황홀경 속에서 그렇게 되게 하라 … 이제 이 모든 (영적 은사들의) 표시들은 아무런 어려움 없이 나의 편에는 준비되어 있고 그것들은 또한 창조주의 법칙들과 경륜들과 조화된다. 그러므로 의심할 것 없이 그리스도와 성령과 사도는 각각 나의 하나님께 속한다."〉

1209) Philip Schaff, *History of the Christian Church* (Grand Rapids: Wm. B. Eerdmans Publishing Co., 1952), Ⅱ, 420-21.

돈 바샴(Don Wilson Basham, 1926-1991)은 몬타누스에 대해 다음과 같이 말했다.

> 예를 들면, 2세기에 아르다바우의 몬타누스(Montanus of Ardabau)가 이끈 교회의 부흥이 교회 내 영적인 불꽃이 너무도 쇠퇴하고 있다고 느낀 수많은 그리스도인들의 관심을 사로잡았다. 몬타누스의 부흥이 절정에 달해 있을 때 방언을 포함, 모든 카리스마적인 은사들이 나타났다. 유명한 교부 터툴리안(Tertullian)과 이레나이우스(Iraneus) 두 사람은 그 운동에 호의적인 면들이 많다고 보았지만, 로마의 교회 당국자들은 그 부흥이 그들의 권위에 위협이 된다고 생각하여 몬타누스 운동을 이단으로 선언했다.[1210]

바샴은 터툴리안이 무엇 때문에 몬타누스주의에 호의적이었는지 구체적으로 말하지 않았다. 라은성 교수는 다음과 같이 말했다.

> 약 200년경 기독교인 여성과 결혼한 테르툴리아누스가 장로가 되었습니다. 당시 황제 세베루스(193-211년)의 핍박이 있었을 때에 그는 교회를 떠났습니다. 로마교회가 몬타누스주의를 정죄했기 때문이었습니다. 몬타누스파는 종말론 사상과 엄격한 금욕주의를 주장했습니다. 특히 재혼을 금했습니다. 자신도 재혼을 반대했는데, 당시 로마 감독이 재혼을 허락하자 차라리 경건하게 사는 몬타누스파가 낫다고 생각하고 옮기게 되었습니다. 정말 안타까운 일이었습니다. 217년에서 222년 사이에 『겸양에 관하여』를 쓴 후 그는 이단적 사상을 따르는 인물이 되어버렸습니다.[1211]

라은성 교수에 의하면, 몬타누스파는 그릇된 종말론과 엄격한 금욕주의를 주장했다. 터툴리안이 몬타누스파에 빠진 결정적인 이유는 로마 감독이 재혼을 허락했기 때문이다.[1212]

1210) Don Wilson Basham, 『성령세례 방언 핸드북』, 오태용 역 (서울: 베다니출판사, 2017), 15.
1211) 라은성, 『이것이 교회사다: 진리의 보고』 (서울: PTL, 2012), 206.
1212) 황은연 "몬타누스주의의 교회사적 고찰: 그 정죄의 배경과 의의," 純福音神學大學 1(1990): 447(443-457); "터툴리안은 사실 개종 전에 방종했던 사람으로서 개종 이후 10년도 못 되어 엄격한 계율을 가진 몬타누스 파에 가담하여 죽기 전까지 거의 모든 신자의 때를 마치 젊었을 때의 방종한 생활을 갚으려는 이 청교도적인 생활로 채웠는데, 그는 이런 윤리적 요구를 감당해 낸 기독교 신자들만 「신령한 그리스도인」이라고 하며, 오직 그들만 참된 신자로서 성도의 모임을 이룩한다고 주장하였다. 그의 주장에 의하면 신령한 그리스도인으로 구성된 교회만 참된 영적교회이고, 이런 교회만이 진정 죄를 용서하게 될 것이다. 수많은 감독들로 이루어진 조직적 교회는 이 사면을 행할 수 없다고 기성 교회를 공격하였다. 그들이 강조한 또 하나의 교리는 신구약 성서와 그로부터 발전된 교회의 교리들을 통하여서도 계시가 주어졌음을 전적으로 인정하면서도, 자신에게 나타난 보혜사 성령께서 자기를 통하여 특별한 형식의 예언을 말씀하신다고 하였다. 그의 예언의 가치는 신약 성서를 이룩한 사도들의 계시와 다를 바 없는 것으로, 성령께서 자기들을 통하여 계시를 점진적으로 나타냄으로 자신들의 예언을 반드시 지켜야 한다고 하였다. 특히 그들은 성령이 자기들을 도구로 예언한다고 하여 제1

그로마키는 다음과 같이 말했다.

몬타누스로부터 무엇을 알 수 있는가? 첫째로, 그는 이단적이며 귀신에 사로잡혔다고 간주되었다. 그가 그렇지 않았을지도 모르지만, 이것은 그 당시의 그리스도인들의 평가이었다. 둘째로, 그의 예언과 방언은 그 당시의 알려진 상태와는 반대되었다. 셋째로, 자기가 성령의 유일한 대변자라는 그의 주장과 그의 육체적 행위들은 성경의 표준에 거의 부합하지 않는다.[1213]

그러나, 김동찬 교수는 터툴리안이 몬타누스 이단에 빠진 것을 한 마디도 말하지 않았다. 방언으로 박사학위를 받으신 분께서 이 사실을 언급하지 않은 것을 실수라 할 수는 없다. 김동수 교수는 몬타누스의 방언이 "이것이 방언의 형태를 띠었다는 어떤 증거도 없다. 이 예언은 분명히 쉬운 헬라어로 수행되었다"고 말했다.[1214]

③ 이레니우스의 증언

사도 요한의 제자였던 폴리갑을 통하여 사도들의 신앙을 접했던 초대 교회의 대표적인 지도자 이레니우스(Irenaeus, 135-202)가 남긴 글에서 성경의 방언에 대한 언급이 나타난다. 그 내용은 이레니우스 자신에게서 성경의 방언의 은사가 나타났다거나 그의 교회에서 방언의 은사가 풍성하게 나타났다는 내용이 아니다.

이레니우스는 『이단에 대항하여』(Against Heresis)에서 다음과 같이 말했다.

사도는 이러한 이유로 인하여 '우리는 하나님의 명을 받은 온전한 사람들 중에서 지혜를 말한다'고 말하고 있다. 하나님의 영을 받은 사람들은 또한 하나님의 영을 통하여 모든 방언을 자기 자신이 사용하는 모든 방언으로 말한다. 이와같이 우리는 또한 교회 안에 있는 많은 형제들 - 즉 예언적인 은사를 가지고 있는 형제들과 성령을 통하여 모든 종류의 방언으로 말하는 형제들과 인간에게는 숨겨진 일들을 깨닫게 해주는 형제들 - 로부터 하나님의 비밀을 말하는 것을 듣는다. 그 사도는 그들이 성령과 함께 하기 때문에 그들을 신령한 존재라고 부른다. 그들이 육신을 가지고 살기는 하지만 성령이 그들과 함께 하시기 때문에 그들은 순수한 영적 존재가 되었다는 것이다.[1215]

인칭 예언을 하였으므로 교회의 반대를 크게 받았다."
1213) Robert G. Gromacki, **현대방언 연구**, 김효성 역 (서울: 기독교문서선교회, 1983), 24.
1214) 김동수, "방언의 기원: 신약 시대 이전에 방언이 있었는가?" **신약논단** 18(4) (2011): 1267(1259-1285).

이레니우스는 방언을 말하고 예언하는 것에 대해서 들은 적이 있다고 언급하였다. 이레니우스가 자신의 책에서 방언에 대해 언급한 내용을 통해 그가 살았던 시대의 교회 속에서 성경의 방언이 완전히 끊겨졌었는지, 여전히 나타나고 있었는지에 대해 자세하고 정확한 정보를 많이 얻을 수는 없다. 개핀 교수는 이레니우스의 증거는 "너무 동떨어지고 모호한 것이어서 결정적인 증거가 될 수 없다"고 말했다.[1216]

그로마키는 다음과 같이 말했다.

> 이 인용문에 대해 몇 가지 사실을 주목해야 한다. 첫째로, 그는 자기가 방언으로 말했다고 하지 않는다. 둘째로, "우리는 … 듣는다"는 표현은 그 현상에 대한 목격자의 발언이라기보다 전해들은 간접적인 지식임을 나타낸다. 셋째로, 예언의 은사들과 방언을 가지고 있는 사람들에 대한 그의 묘사를 보면, 그는 아마 그 당시에 그 영향력이 컸던 몬타너스파들(the Montanists)을 가리키고 있는 것일 것이다.[1217]

그로마키에 의하면, 적어도 이레니우스 자신에게서 성경의 방언의 은사가 나타나지 않았고, 또한 그 당시의 교회에서 성경의 방언이 사도들의 시대와 같이 흔하게 나타나지 않았다는 것만은 분명한 사실이다. 왜냐하면, 이레니우스가 전혀 배운 적이 없는 언어를 구사하는 성경의 방언 은사에 대해서 들은 적이 있다고 언급하기 때문이다.

후크마는 이레니우스가 그의 논문 2권 32장 4절에 기록했는데, (1) 그 당시에도 방언하는 은사가 있었다면 그 목록에 예언과 병 고치는 은사와 함께 방언 은사도 기록했을 것이며, (2) 이레니우스의 논문 5권 6장 1절에서도 이레니우스의 요점은 당시 교회 안에 존재하는 은사들을 토론함이 아니라 온전하다는 용어와 신령하다는 용어를 설명하는 데 있으며, (3) 편집자가 인용문 첫 문장에서 고린도전서 2:6을 읽으라고 각주에서 삽입한 것을 보아, 이레니우스는 그 당시에 일어난 현상이 아니라 신약

1215) *The Ante-Nicene Fathers*, eds. Alexander Roberts and James Donaldson (Grand Rapids: Eerdmans, 1956), 531; Anthony A. Hoekema, **방언연구**, 정정숙 역 (서울: 신망애출판사, 1982), 25에서 재인용.
1216) Richard B. Gaffin Jr., **성령 은사론**, 권성수 역 (서울: 기독교문서선교회, 2012), 124.
1217) Robert G. Gromacki, **현대방언 연구**, 김효성 역 (서울: 기독교문서선교회, 1983), 22-23.

시대에 일어났던 고린도 교회 사람들이라고 말하는 것이 확실하다고 말했다.1218)

_이 사실을 통해 짐작할 수 있는 사실은 성경의 방언의 은사가 사도들에 의해 성경 저술이 실질적으로 완료되고, 예수 그리스도의 복음 안에서 이방인과 유대인 사이의 구별이 철폐되었다는 사실이 명백하게 드러난 이후 실질적으로 교회에서 보기 힘들어졌다는 역사적인 사실이다.1219)

1218) Anthony A. Hoekema, **방언연구**, 정정숙 역 (서울: 신망애출판사, 1982), 27-28; ,그러나 교회사가인 유세비우스는 이레나우스가 묘사한 것이 주후 제2세기에 일어났던 사건이라고 이해했다. 그 인용문의 처음에 나오는 다음과 같은 말들은 독자에게 감명을 주는 것처럼 보인다. 즉 "이와같이 우리는 또한 … 성령을 통하여 모든 종류의 방언을 말하고 … 교회 안에 있는 많은 형제들로부터 듣는다. …". "이와같이"라는 말과 "방언"이라는 말을 반복하여 사용한 것은 이레나우스가 그 당시에 일어났던 어떤 일을 설명하는 것이라고 생각된다. 만일 이것이 사실이라면 우리는 제2세기에도 방언하는 은사가 계속되었다는 증거를 갖게 되는 것이다. 그렇지만 우리는 이렇게 방언하는 사람들이 몬타너스주의자들이었는지 정규적인 교회의 회원들이었는지는 모른다. 그리고 "사도가 또한 '신령하다'고 부른다"는 말들이 의미하는 사람들이 누구인지 모른다.〉

1219) 참고로, 해롤드 헌터(Harold D. Hunter)는 아타나시우스와 갑바도키아의 교부들이 방언에 대해 말했다고 진술하는 부분에 대해 아직 제대로 된 연구가 없다. 헌터는 대다수의 기독교 공동체에서 방언 현상은 크게 감소되고 쓸모가 없어졌다고 말했다; Harold D. Hunter, "Tongues-speech: a patristic analysis," *Journal of the Evangelical Theological Society* 23(2) (1980): 133(125-137); 〈In the east Athanasius, friend of Pachomius and biographer of Antony, talks (Letter 9:9; To the Bishop of Egypt 1:4) about miraculous phenomena and about the gift of discerning of spirits. The Apostolic Constitutions contain a section (8:1:1) dealing with spiritual gifts, wherein the author seems to suggest that on a limited scale his contemporaries manifested various gifts. The Constitutions 8:2:3 reiterate the author's concern for prophecy and similar phenomena but show that his greatest interest is ecclesiastical institutionalization. Cyril, a monk before becoming bishop of Jerusalem, suggests that he may have known first hand of tongues-speech because after speaking favorably of prophecy he added: "It is called Catholic then because .. . it universally treats and heals the whole class of sins, which are committed by soul or body, and possesses in every form of virtue which is named, both in deed and words, and in every kind of spiritual gift."(5Cyril, "Lectures" 18:23 NPNF 2:7:139-140. See "Lectures' 17:37; 13:23; 5:11; 12:12 NPNF 2:7:133, 88, 31, 119 respectively. Stephanou, "Charismata," 13, says that the word for gift is charismata.) The Cappadocian fathers, all of whom had been monks, uniformly spoke of the contemporary exercise of charismata and perhaps also tongues-speech. In his Shorter Rules 278, answering the question of how a man's spirit prays while his understanding remains without fruit, Basil states that "this was said concerning those that utter their prayers in a tongue unknown to the hearers."(As quoted in Floris, "Charismata," 11, and Stephanou, "Charismata," 13. See Basil, "Rules" 58:2 FC 9:142; "Concerning Baptism" 2 FC 9:381; "Concerning Faith," FC 9:66, where the cessation is said to be futuristic. Some relevant charismata references are: "On the Spirit" 16:37 NPNF 2:8:23; "The Hexaemon" 6:11 NPNF 2:8:89; "Letter" 2:10:6 NPNF 2:8:249; "Rule" 60, 56:7 FC 9:144-145; 140. Cf. "On the Holy Spirit" 9:22-23; "Against Eunomis" 3:4.).〉

④ 오리겐

오리겐(Origen, A.D. 185-254)은 박식한 플라톤주의자였으며 니케아 이전의 모든 교부 중에서 가장 재능있고 가장 열심이 있고 가장 교양이 있었으며 알렉산드리아의 문답학교 교장이 되었다. 셀수스(Celsus)는 '기독교는 이교 중의 하나에 불과하다'고 기독교를 신랄하게 공격하자, 오리겐은 『셀수스에 대항하여』라는 변증서를 냈다. 셀수스는 기독교인들의 방언(glossolalia)은 이해할 수 없고 앞뒤가 맞지 않는 말이라고 비난했다.[1220]

김동찬 교수는 오리겐의 글을 통해,[1221] 오리겐 당시에도 교회에서 방언이 사용되었으며, 적어도 3세기 중반까지 교회 안에서 여전히 사용되었다고 말했다. 그러나, 그로마키는 다음과 같이 말했다.

켈수스의 다음과 같은 말들은 그 당시에 방언이 존재했음을 보여주는 것으로 흔히 사용되고 있다. "이성적인 사람이 그 의미를 알 수 없는 이상하고 열광적이고 아주 이해하기 어려운 말들이 이러한 약속들에 첨가되어 있다. 왜냐하면 그것들은 너무 모호해서 전혀 아무런 의미도 가지고 있지 않기 때문이다 ⋯" 그러나 이러한 "이해하기 어려운 말들"은 황홀경적인 방언을 가리키지 않고 구약성경에 나오는 어려운 예언들을 가리킨다. 그의 말을 반박하면서, 오리겐은 기록하기를, "⋯ 그러나 우리는 이사야와 에스겔과 열 두 선지서의 어떤 것들에 대한 우리의 주석에서 우리의 재능에 따라 그가 '이 열광적이고 전혀 이해하기 어려운 구절들'이라고 부르는 구절들을 한 자 한 자씩, 그리고 상세하게 설명하였다"고 하였다. 다른 곳에서 그는 어떤 신약적 표시들의 계속성에 대해 다음과 같이 기록하였다. "그뿐만 아니라, 성령께서는 그리스도의 사역 초기에 그의 임재의 표시들을 주셨고, 그리스도의 승천 후에 그는 한층 더

Gregory Nazianzen talked (Oration 32; PCC 36:185; Oration on Pentecost 41:12; On the Holy Spirit 5:12:30) about the charismata and perhaps tongues-speech as still present in his day. Likewise Gregory of Nyssa spoke frequently of the charismata(Gregorri Nysseni in Cantorum (Leiden: 1960) 6:268, 209, 210; Two Rediscovered Works of Ancient Christian Literature: Gregory of Nyssa and Macarius (Leiden: Brill, 1965) 50; "On Pilgrimate" NPNF 2:5:383; "On the Christian Mode of Life" FC 58:141.).〉

1220) Dale B. Martin, (1995), *The Corinthian Body* (New Haven, Connecticut: Yale University Press, 1995), 90; "Having brandished these threats they then go on to add incomprehensible, incoherent, and utterly obscure utterances, the meaning of which no intelligent person could discover: for they are meaningless and nonsensical, and give a chance for any fool or sorcerer to take the words in whatever sense he likes."

1221) 김동찬, **방언 바로 알기** (서울: 베다니출판사, 2015), 174; "셀수스는 말하기를, '이러한 약속들에는 이상하고 광신적이며, 전혀 그 뜻을 이해할 수 없는 말들, 즉 이성적인 사람으로서는 어떤 의미도 발견할 수 없는 그런 말들이 행하여지고 있다."

많은 표시들을 주셨다. 그러나 그때 이후 비록 그들의 영혼이 복음으로 말미암아 깨끗하게 되고 그들의 행위들이 복음의 감화력에 의해 정돈된 소수의 사람들 안에 성령의 임재의 자취가 여전히 있지만, 이러한 표시들은 감소되었다." 이러한 표시들은 방언을 포함할 수 없을 것이다. 왜냐하면 그리스도께서 땅 위에 계셨을 때 그리스도나 그의 사도들은 방언을 하지 않았기 때문이다.1222)

그로마키는 "그리스도께서 땅 위에 계셨을 때 그리스도나 그의 사도들은 방언을 하지 않았기 때문"에 오리겐이 말하는 "어떤 신약적 표시들의 계속성"이란 방언이 포함되지 않는다고 보았다.

⑤ 노바티안
로마의 감독인 노바티안(Novatian, 200-257)은 『삼위일체론』(De Trinitate)에서 그 당시에 방언이 있었다고 말했으며, 성령의 일하심에 대해 다음과 같이 말했다.

실로, 하나님께서는 교회에 예언자들을 보내시고, 교사들을 가르치시며, 방언의 은사들을 부어주시며, 치유 능력과 기적들을 나타내시고, 그밖에도 놀라운 이적들과 영 분별하는 힘을 주시고, 조직하는 능력을 주시고, 어떤 결정들이 반드시 이루어져야 할지를 알려 주시고, 주신 은사들에 질서와 조화를 주신다. 그러므로 하나님은 주님의 교회를 여러 면에서 또한 세심한 부분에 이르기까지 온전하고 완벽하게 만들어 주신다.1223)

김동찬 교수는 노바티안의 글을 통해 3세기 중반에도 방언의 은사가 있었다고 말하면서 은사중지론자들의 주장이 잘못되었다고 말했다.

⑥ 힐러리 감독
힐러리(Hilary of Poitiers, 300-367)는 '서방의 아타나시우스'라는 별명을 얻었으며, 그리스도의 신성을 부인한 아리우스주의에 맞서 서방교회를 지켜낸 인물이다. 힐러리는 자신의 책 『삼위일체』(The Trinity)에서 은사와 방언에 대해 다음과 같이 말했다.

1222) Robert G. Gromacki, **현대방언 연구**, 김효성 역 (서울: 기독교문서선교회, 1983), 25-26.
1223) 김동찬, **방언 바로 알기** (서울: 베다니출판사, 2015), 175.

성령께서는 어떤 이에게 지혜의 말씀을 주신다. 그리고 어떤 이에게는 같은 성령께서 지식의 말씀을 주시고, 어떤 이에게는 믿음을, 어떤 이에게는 병 고침의 은사를, 어떤 이에게는 기적의 역사를, 어떤 이에게는 예언을, 어떤 이에게는 분별함을, 어떤 이에게는 여러 가지 방언 말함을, 어떤 이에게는 방언을 통역함을 주신다. 이 모든 것들은 같은 한 분의 성령께서 하시는 일이다. 그러므로 우리는 이 풍성한 영적 은사들을 사용하도록 하여야 한다. … 여러 방언을 말하는 은사와 그것을 통역하는 것은 예수 그리스도의 몸된 교회가 행할 마땅한 일이며 사역으로써 하나님께서는 이러한 일들을 만드셨다.[1224]

힐러리는 방언과 함께 영적 은사들을 사용해야 한다고 말했다. 4세기 중반에도 교회에서 방언과 은사에 대해 언급했으나 뒤에 나오는 어거스틴의 입장을 보면 그 당시의 교회 전체가 동일한 입장이 아니었다는 것을 알 수 있다.

⑦ 암브로스

암브로스(Ambrose, 333-397)는 이탈리아 북부의 중심도시인 밀라노의 감독이었다. 잘 알려진 바대로 어거스틴에게 가장 크게 영향을 준 인물이다. 암브로스는 『성령』(The Holy Spirit)에서 방언에 대해, '방언은 성삼위 하나님과 연합하여 일어난 사역으로 볼 수 있는 증거로써 일반 기독교인들도 신앙생활 가운데서 사용할 수 있다'고 주장했다.[1225] 그러나 김동찬 교수가 제시한 암브로스의 책의 섹션(2, 13, 150, 152)에

___

1224) Ibid., 176-177.
1225) 김동찬, **방언 바로 알기** (서울: 베다니출판사, 2015), 177; 김동찬 교수가 암브로스의 『The Holy Spirit』라는 책을 가리킨 섹션은 2, 13, 150, 152이다. 섹션을 보면 다음과 같다. 섹션 2와 13은 방언과 관련성이 없다. 섹션 150, 152를 보면 다음과 같다. 〈150. See, God set apostles, and set prophets and teachers, gave the gift of beatings, which you find above to be given by the Holy Spirit; gave divers kinds of tongues. But yet all are not apostles, all are not prophets, all are not teachers. Not all, says he, have the gift of healings, nor do all, says he, speak with tongues. For the whole of the divine gifts cannot exist in each several man; each, according to his capacity, receives that which he either desires or deserves. But the power of the Trinity, which Is lavish of all graces, is not like this weakness. 152. In like manner we have heard also above concerning the Holy Spirit, that He too grants the same kinds of graces. For It Is said: "To one Is given through the Spirit the gift of healings, to another divers kinds of tongues, to another prophecy." So, then, the Spirit gives the same gifts as the Father, and the Son also gives them. Let us now learn more expressly what we have touched upon above, that the Holy Spirit entrusts the same of office as the Father and the Son, and appoints the same persons; since Paul said: "Take heed to yourselves, and to all the flock in the which the Holy Spirit has made you overseers to rule the Church of God."〉 그러나 이 두 섹션으로 기독교인의 생활에 방언을 사용할 수 있다고 말할 수 있는 근거가 없다.

서는 기독교인의 신앙생활에 방언을 사용할 수 있다는 근거가 없다. 암브로스는 고린도전서 12:10을 인용했을 뿐이다.

⑧ 크리소스톰

콘스탄티노플 교회의 대주교였던 크리소스톰(John Chrysostom, 349-407)은 고린도전서를 해석하면서 이방인들의 실제 언어였던 성경의 방언은 이미 사라졌고 더 이상 나타나지 않는다고 말했다. 크리소스톰은 방언에 대해 부정적이었다.[1226] 크리소스톰은 초대교회 당시에는 하나님께서 세례를 받는 사람들에게 이적으로 방언을 주셨으니 그 이후에는 그쳤다고 말했다.[1227]

크리소스톰은 초대교회에는 많은 사람이 우상을 섬기는 문화권이었고 성경에 대한 지식과 훈련이 없었던 사람들이 세례를 받았기 때문에 이방인들에게 영적인 증거를 주기 위해 방언이 주어졌다고 보았다. 또 한 가지 중요한 것은 크리소스톰이 방언을 말할 때 랄라라 방언이 아니라 외국어를 말하는 방언이었다는 것이다.

여기에 대해 김동찬 교수는 별다른 자기주장이나 견해를 말하지 않았다. 방언이 있다고 주장하는 교부에 대해서는 방언의 유효성을 강조하지만 방언이 없다고 말하는 교부에 대해서는 진술만 하고 지나갔다. 김동찬 교수는 방언의 계속성을 말하는 자신의 주장과 반대되는 주장이 나오면 더 이상의 언급이 없다. 터툴리안이 몬타누스에 빠진 것은 아예 언급

1226) Chrysostom, "Homilies on First Corinthians," trans, T.W. Chambers, Vol. XⅡ of *The Nicene and Post-Nicene Fathers*, ed. Philip Schaff (First SEries; New York: The Christian Literature Company, 1889), Hom. 29.1; Robert G. Gromacki, **현대방언 연구**, 김효성 역 (서울: 기독교문서선교회, 1983), 27에서 재인용; 〈영적 은사들(고전 12:1-2)에 대한 그의 주석서에서, 그는 다음과 같이 말했다: "이 모든 부분은 매우 불명확하다. 그러나 그 불명확함은 언급된 그 사실들에 대한 우리의 무지와 영적 은사들이 중지되므로 생긴 것이다. 영적 은사들이 당시에는 일어나곤 했지만 이제는 더 이상 일어나지 않기 때문이다."〉

1227) *Homilies on the First Epistle of Paul to the Corinthians*, XXⅨ, 1, in Nicene and Post-Nicene Fathers, First Series, Vol. 12; Anthony A. Hoekema, **방언연구**, 정정숙 역 (서울: 신망애출판사, 1982), 29-30에서 재인용; 〈그는 고린도전서 12장과 14장에 기록된 방언에 관한 바울의 주장을 다음과 같이 주석했다. 즉 "방언에 관한 이 모든 말씀은 대단히 난해한 것이다. 그러나 이러한 해석상의 어려움은 우리가 여기에 기록된 이 사실을 모르기 때문에 오는 것이며 방언은 바울이 고린도 교회에 이 편지를 썼을 때는 존재했겠지만 지금은 이 은사가 중지하고 없기 때문에 오는 어려움이다. 따라서 지금은 이러한 은사가 더 이상 존재하지 않기 때문에 고린도전서 12장과 14장을 해석하기는 어렵다"고 말했다.〉

도 안 하고 크리소스톰이 방언 중지를 말하는 것에 대해서도 단순히 진술만 할 뿐이다. 이것은 김동찬 교수의 방언 계속론을 정당화하는 일에 치명적이다.

⑨ 사막교부 파코미우스

파코미우스(Pachomius, 292-348)는 어거스틴보다 앞선 사막의 성자로 불렸던 사람이다. 파코미우스는 여러 수도사가 함께 생활하는 대규모 수도원인 공주(共住) 수도원을 북이집트 나일강 타벤나에(Tabennae) 섬에서 최초로 시작했다. 파코미우스는 개종 이후 결코 배부르게 먹지 않았으며, 돌 위에 앉아서 15년 동안 잠을 잤다. 수사들은 언제나 침묵 상태에서 음식을 먹고 손짓으로 자신들이 원하는 것을 표현했다.

『파코미우스 수도원: 그 역사와 규칙』에는 다음과 같은 예화가 있다. 많은 사람이 파코미우스의 소문을 듣고 수도원에 찾아 왔는데, 어느 날 그리스어와 라틴어를 말하는 서방 사람들이 찾아왔다. 파코미우스는 이집트인이었기 때문에 그 사람들과 대화가 불가능했다. 파코미우스는 3시간 동안 기도했는데, 기적이 일어나서 자신이 배우지 않은 그리스어와 라틴어로 말할 수 있게 되어 복음을 전했다는 것이다.[1228] 김동찬 교수는 파코미우스에 대해 이렇게 말했다.

> 파코미우스의 방언 사례를 보면, 복음이 완전히 전해진 지역으로 분류된 곳의 언어인 라틴어와 그리스어가 방언 은사를 통해 주어져 복음을 전하고 있다. 그러므로 어거스틴이 주장하는 것처럼, 방언은 복음이 세계 모든 나라에 전해진 후 더 이상 그 나라의 언어로 전할 필요가 없을 때 그 사명과 목적을 다하고 그쳤다는 어거스틴의 주장은 무리가 있음을 알 수 있다. 아무튼 파코미우스의 방언 사례는 4세기 중반에도 배우지 않은 외국어 방언이 멈추지 않고 지속되고 있음을 분명히 보여주고 있다.[1229]

1228) 김동찬, **방언 바로 알기** (서울: 베다니출판사, 2015), 182; 〈하나님의 은총을 받은 파코미우스는 그들을 떠나서 홀로 기도했다. "전능하신 하나님, 만일 제가 주님께서 땅끝으로 보내신 그 사람들의 언어를 알지 못하여 도움을 줄 수 없다면 그들이 여기에까지 올 필요가 어디 있었겠습니까? 오, 나의 주님, 만일 주님께서 저를 통하여 그들을 구원하시기 원하신다면 제게 은총을 내려주셔서 그들의 언어를 깨달아 그들의 영혼을 바로잡게 하여 주시옵소서." 파코미우스는 이 일을 놓고 세기 간 동안 간절히 기도했다. 이때 갑자기 파피루스 종이에 쓰인 편지 같은 것이 하늘로부터 내려와 그의 오른손에 주어졌다. 그리고 그것을 읽자 파코미우스는 모든 언어들을 깨달아 알게 되었다. 하나님 아버지와 아들, 그리고 성령께 찬양을 돌린 파코미우스는 큰 기쁨으로 그 형제들에게 돌아와서 부족함이 없는 그리스어와 라틴어로 대화를 나누기 시작했다.〉

김동찬 교수가 인용한 파코미우스의 글에는 파코미우스가 기도한 후에 "모든 언어들을 깨달아 알게 되었다"고 기록되어 있다. 이 기록은 파코미우스의 방언 사례가 과장되어 있음을 증거 해준다. 증거 자료는 신빙성이 있어야 한다. 누가 봐도 과장되어 보이는 글을 통해 방언이 지속되고 있었다고 주장하면 오히려 더 자신의 논지가 무너질 뿐이다. 김동찬 교수는 다음과 같이 말했다.

> 필립 쉐프(Philip Schaff)는 『교회의 역사』에서 "여러 기록들은 파코미우스가 많은 기적을 행했고, 나아가 각종 방언과 자연을 다스리는 능력을 행사했다고 적고 있다"고 기록하고 있다. 영국의 가톨릭 사제이며 유명한 역사가인 앨반 버틀러(Alban Butler, 1710-1773)도 "파코미우스는 오랜 기도 끝에 하나님의 능력을 입어 배우지 않은 언어를 말할 수 있게 되었다"고 적고 있다. 이처럼 많은 기독교 역사가들은 파코미우스의 시대에도 여전히 방언이 사용되고 있었음을 인정하고 있다. 이상의 기록들은 방언이 4세기 중반에도 여전히 기독교 공동체 내에서 계속적으로 사용되고 있었음을 보여주고 있다.1230)

김동찬 교수가 인용한 파코미우스의 방언 기록은 과연 신빙성이 있을까? 그로마키가 인용한 샤프의 글을 제대로 보면, "전통에 의하면 그는 온갖 종류의 기적들을 행했고 심지어 방언의 은사와 자연을 완전히 지배하는 은사를 가지고 있었다. 그래서 그는 뱀들과 전갈들을 밟았고 악어들의 등을 타고 나일강을 건넜다."고 말했다.1231) 이런 일들은 성경의 기적들과 상반된다.

⑩ 어거스틴

성경의 방언에 대하여 가장 많은 가르침을 남긴 사도 바울의 신학을 계승하여 루터와 칼빈의 종교개혁의 발판이 된 스승이라고 평가되는 어거스틴(Augustine, 354-430)은 고린도전서 강해에서 실제 외국어였던

1229) Ibid., 183.
1230) 김동찬, **방언 바로 알기** (서울: 베다니출판사, 2015), 184.
1231) Philip Schaff, *History of the Christian Church* (Grand Rapids: Wm. B. Eerdmans Publishing Co., 1952), Ⅲ, 197; Robert G. Gromacki, **현대방언 연구**, 김효성 역 (서울: 기독교문서선교회, 1983), 27에서 재인용.

성경의 방언이 사라졌고, 그 당시에는 더 나타나지 않고 있다고 말했다. 어거스틴은 방언에 대해 다음과 같이 말했다.

최초의 교회 시대에는 "성령이 믿는 자들에게 임했고 그들은 방언으로 말했다." 그것은 그들이 배운 적이 없는 말이었다. "성령이 그들에게 할 말을 주셨기 때문이다." 이 은사는 그 시대에 맞춰진 표적이었다. 하나님의 복음이 장차 모든 언어를 통해 온 땅에 퍼질 것이라는 사실을 보여 주기 위해서는 모든 언어로 성령의 전조가 나타나야 했기 때문이다. 그러한 현상은 하나의 전조로 성취된 이후 사라졌다. 오늘날 우리는 사람들이 성령을 받도록 그들에게 안수할 때 그들이 방언으로 말하기를 기대하는가? [이 수사적 질문에 대해 아우구스티누스는 분명히 부정적인 대답을 기대했다.] … 오늘날 성령의 임재에 대한 증거가 이런 기적들을 통해 주어지는 것이 아니라면, 그 증거는 무엇을 통해 주어지며 사람은 무엇을 통해 자신이 성령을 받았음을 알게 되는가? 그 사람에게 자신의 마음을 잘 살펴보게 하라. 만일 그가 형제를 사랑하면 성령이 그 안에 거하시는 것이다.1232) 형제들이여, 그렇다면 그리스도 안에서 세례받고 그리스도를 믿는 사람이 오늘날 모든 민족의 언어로 말하지 않는다고 해서 이렇기 우리가 그 사람도 성령을 받았다고 믿지 않을 수 있겠는가? 교회 자체가 이제 모든 민족의 언어로 말하기 때문이다. 전에는 교회가 한 민족 안에 있어서 그 속에서 모든 사람의 언어로 말했다. 그때는 교회가 모든 사람의 언어로 말함으로써 앞으로 일어날 일, 즉 교회가 열방 가운데서 성장함으로써 모든 사람의 언어로 말하게 될 것이라는 사실을 상징했다.1233)

1232) Augustine, "Ten Hmoilies on the First Epistle of John," Philip Schaff, ed., *The Nicene and Post-Nicene Fathers of the Christian Church*, Vol. 7 (Grand Rapids: Eerdmans, 1956), 497; John F. MacArthur Jr., 무질서한 은사주의, 이용중 역 (서울: 부흥과개혁사, 2008), 372-373에서 재인용.

1233) Ibid., 195; John F. MacArthur Jr., 무질서한 은사주의, 이용중 역 (서울: 부흥과개혁사, 2008), 373에서 재인용; Harold D. Hunter, "Tongues-speech: a patristic analysis," *Journal of the Evangelical Theological Society* 23(2) (1980): 134(125-137) ⟨Augustine, "Homilies on 1 Jn" 6:10 *NPNF* 1:7:497. See "Sermon" 21:19 (17:19) NPNF 1:6:324-325; "On Baptism, Against the Donatists" 3:16:21 *NPNF* 1:4:443; "Homilies on 1 Jn" *NPNF* 1:7:334; "Christian Instruction," *FC* 4:21-22. Augustine also denied the continuance of the apostolic form of healing and advocated a practice known to medieval Catholicism. See "The Retractions" 1:12:7 *FC* 60:55; A. J. Mason, The Relation of Confirmation to Baptism (London: Longmans, Green, 1891) 99-100. C. J. E. Kingston, C. Brumback and G. Jeffreys, who may be independent sources, uniformly quote Augustine as affirming the existence of tongues-speech in his day. See Kingston, *Fulness of Power* (London: Victory, 1939) 168; Brumback, *What Meaneth This?* (Springfield: Gospel, 1947) 91; Jeffreys, *Pentecostal Rays* (London: Walker, 1954) 122. They offer no documentation, and in view of the explicit denials of Augustine the saying should be considered apocryphal. It may be that their quotation is based on a faulty translation of either Augustine's "Homily on 1 Jn" 6:10 or his "On Baptism, Against the Donatists" 3:12:51. The latter quotation, however, is given correctly by R. C. Dalton, *Tongues Like As of Fire* (Springfield: Gospel, 1945) 122, who Brumback has listed in his bibliography. Also to be rejected is the contrived "jubilation" argument given by E. Ensley, Sounds of Wonder (New York: Paulist, 1977) 7-8.⟩

어거스틴은 이제는 모든 민족의 언어로 말하기 때문에 방언은 중지되었다고 말했다. 반면에, 김동찬 교수는 조지 제프리스(George Jeffreys)의 글을 인용하면서 어거스틴 시대에도 방언이 존재했다고 말했다. 어느 시대인들 방언이 존재했다고 말하는 사람이 있을 수 있다. 그러나, 어거스틴의 말에서 볼 수 있듯이, 예수 그리스도를 믿고 세례를 받았으면 그 사람이 성령을 받은 사람이기 때문에 더 이상 방언의 증거가 필요 없다. 믿고 세례를 받은 것 외에 별다른 증거를 구하는 사람들이 방언의 은사를 구했다. 그로마키는 "어거스틴은 방언을 사도 시대에 국한된 일시적 현상으로 명확히 간주하였다. 방언은 그의 시대에 존재하지 않았고 그는 방언의 발생을 기대하지도 않았다."고 말했다.[1234]

이로 보건대, 사도 시대 이후로 3세기 동안에는 방언이 없었다. 방언을 말한 사람은 몬타누스와 터툴리안이다. 속사도 시대에는 참된 방언이 없었다. 방언은 중지되었다. 순교자 저스틴으로부터 어거스틴에 이르기까지 방언은 중단되었다는 것을 확증한다.[1235]

⑪ 패트릭

5세기의 아일랜드의 패트릭(387-493)은 『성 패트릭의 고백』에서 꿈속에서 성령이 기도하는 이상한 언어를 듣는 것을 기록했다.[1236]

1234) Robert G. Gromacki, **현대방언 연구**, 김효성 역 (서울: 기독교문서선교회, 1983), 29.
1235) Cleon L. Rogers, "The Gift of Tongues in the Post-Apostolic Church," *Bibliotheca Sacra* CXXII (Apri-June, 1965), 134-36; Robert G. Gromacki, **현대방언 연구**, 김효성 역 (서울: 기독교문서선교회, 1983), 29에서 재인용; "로저스(Rogerts)는 방언 문제에 대한 사도시대 교부들의 침묵으로부터 몇 가지의 중대한 결론들을 이끌어 내었다. 첫째로, 어떤 교부들은 신약성경 시대에 방언의 은사가 나타났던 교회들로부터, 혹은 교회들에게 글을 썼지만, 그들의 시대에 방언이 존재하고 있다는 언급은 아무 곳에도 없다. 로마의 클레멘트(Clement of Rome)가 고린도 교회에 보낸 편지에도 그리고 익나시우스(Ignatius)가 에베소 교회에 보낸 편지에도 아무런 언급이 없다. 둘째로, 교부들은 로마 제국의 모든 중요한 지역의 도시들에 살고 있었고 또 존재하고 있었다면, 그것이 어떤 방법으로라도 암시되거나 언급되었을 것이다. 셋째로, 교부들은 모든 중요한 신약의 교리들에 관해 글을 썼지만, 방언에 대해서는 언급하지 않았다. 넷째로, 그들의 글들의 많은 부분들에서, 교부들은 기독교의 우월성이나 기독교의 정상적 성격을 보여주려고 했다. 하지만, 방언을 예로 들고 있지는 않다. 사도시대 교부들의 이 침묵은 아주 중요하게 생각해야 한다."
1236) Saint Patrick. *Confessio*, sections 24 and 25; ⟨And another night – God knows, I do not, whether within me or beside me – most words which I heard and could not understand, except at the end of the speech it was represented thus: 'He who gave his life for you, he it is who speaks within you.' And thus I awoke, joyful.⟩ ⟨And on a second occasion I saw Him praying within me, and I was as it were, inside

2) 중세교회로부터 현대까지

① 힐데가르드

힐데가르드(Hildegard Von Bingen, 1098-1179)는 베네딕트 수도회의 수녀원 원장이었으며 예지의 능력을 가진 자로 유명했다. 그녀는 '라인강의 시빌(Sibyl)'이라 불렸다. 그녀는 평생토록 건강이 좋지 못하였으며, 그 아픈 기간에 많은 환상을 체험하고 기적과 방언을 행했다고 전한다. 힐데가르드의 방언에 대한 증거는 "링구아 이그노타"(Lingua Ignota)라는 글에서 볼 수 있다.

> 어떤 알려져 있지 않은 언어로 된, 내부분 명사이고 난지 몇 개만이 형용사인 900단어의 목록과 피트라(Pitra)에서 쓰여진 알려져 있지 않은 23자의 알파벳을 라틴어로, 그리고 몇 개의 경우에서는 독일어로 설명하는 열 한 장의 원고 …1237)

김동찬 교수는 다음과 같이 말했다.

> 힐데가르드는 종종 이해되지 않는 언어를 사용하여 노래를 불렀다. 이 노래를 들은 사람들은 이것을 '성령의 음악'이라고 불렀다. 하지만 노래 가사들이 이해되지 않은 말들로 이루어졌기에 힐데가르드가 귀신들렸다고 비난하는 사람들도 있었다. 그녀의 말년에 이르러 고위 성직자들로부터 수녀들이 그녀의 노래를 따라 부르는 것을 금지 당하자 힐데가르드는 거센 항의를 했고, 결국은 그녀가 세상을 떠나기 직전인 1179년 그 금지가 풀렸다.1238)

김동찬 교수는 힐데가르드가 방언으로 노래를 만들어 불렀다는 것으로 12세기에도 방언이 계속해서 일어난 증거라고 말했다.

---

my own body, and I heard Him above me - that is, above my inner self. He was praying powerfully with sighs. And in the course of this I was astonished and wondering, and I pondered who it could be who was praying within me. But at the end of the prayer it was revealed to me that it was the Spirit. And so I awoke and remembered the Apostle's words: "Likewise the Spirit helps us in our weakness; for we know not how to pray as we ought. But the Spirit Himself intercedes for us with sighs too deep for utterance [Romans 8:26]." And again: "The Lord our advocate intercedes for us [Romans 8:27]."⟩

1237) Hildegard, *The Catholic Enclopedia* (New York: The Encyclopedia Press, Inc., 1913), VII. 352; Robert G. Gromacki, **현대방언 연구**, 김효성 역 (서울: 기독교문서선교회, 1983), 30에서 재인용.

1238) 김동찬, **방언 바로 알기** (서울: 베다니출판사, 2015), 185.

② 도미니크

김동찬 교수는 다음과 같이 말했다.

> 스페인 출신의 성인(聖人)이며 수도원 창설자였던 성 도미니크도 배우지 않은 외국어 방언을 경험했다. 그는 프랑스 남부지역을 여행하던 중 이단인 카타리파(Cathars, 일명 알바파)에 대항하여 도미니크 수도원을 세웠다. 그의 모국어는 스페인어였는데, 어느 날 기도를 마친 후 독일어로 말할 수 있었고, 그를 추종하던 사람들은 이러한 기적이 일어난 것을 보고 매우 놀라워했다.[1239]

도미니크(Dominic, 1170-1221)가 외국어 방언을 했다는 자료는 매우 적다. 도미니크의 자료는 『성인열전』(Acta Sanctorum)에 기초한다. 이 책은 17세기 중엽 로마 가톨릭 학자 집단인 볼랑회(Bollandists)와 모르회(Maurists)가 개신교에 맞서 편찬한 것이다.

③ 안젤로스 클라레너스

프란체스코 교단의 수도사였던 클라레너스는 기도 후에 자신이 배우지 않은 그리스어와 이탈리아어를 말할 수 있었다고 한다.

④ 클레어

어거스틴 수녀원의 원장이었던 클레어(Clare of Montefalco, 1268-1308)는 세 가지 기적을 행하는 것으로 유명했다. 클레어는 성령이 충만할 때 배우지 않은 프랑스어로 말할 수 있었다고 한다.

⑤ 안토니

포르투갈의 가톨릭 사제이며 프란시스코 수도회의 탁발승이었던 안토니(Anthony of Padua, 1195-1231)는 기적과 설교로 유명했으며, 그 기적 중 하나가 방언이었다. 안토니가 설교할 때 청중들은 자신들의 모국어로 알아들을 수 있었다고 한다.[1240] 중세의 사제에 대한 칭송은 그 진위를 확인할 수 없다.

1239) Ibid., 186.
1240) Ibid., 187.

⑥ 빈센트 페레르

도미니크 교단의 탁발승이었던 빈센트 페레르(Vincent Ferrer, 1350-1419)는 선교사와 논리학자로 유명했다. 페레르는 도미닉과 프란시스를 거느린 그리스도의 환영을 보았다고 알려져 있다. 페레르는 서부 유럽에서 기적을 행하고 설교를 했다. 가톨릭 백과사전은 다음과 같이 말한다.

> 그가 오직 발렌시아(Valencia) 말인 리무신(Limousin)만을 말할 수 있었기 때문에 그가 전도한 많은 민족주의자들에게 어떻게 자신을 이해시킬 수 있었는지 이해하기 어려울 것이다. 그의 전기 작가들 중의 많은 이들은 그가 방언의 은사를 받았다고 생각하는데, 그것은 그가 설교하는 것을 들었던 빠리 대학교의 박사인 니콜라스 클레망지스(Nicholas Clemangis)에 의해 지지를 받는 견해이다.[1241]

김동찬 교수는 페레르에 대해 다음과 같이 말했다.

> 빈센트 페레르에게 방언의 기적들이 일어났다. 그는 스페인과 프랑스, 스위스, 이탈리아 등지를 여행하며 라틴어로 설교했는데, 그 설교는 종종 그리스어, 독일어, 사르디니아어, 헝가리어와 그밖의 다른 나라 말로도 들려 청중들은 마치 그가 자신들의 모국어로 직접 설교하는 줄로 착각할 정도였다.[1242]

페레르의 방언 자료는 'Acta Sanctorum'(acts of the saints)에 근거한 것으로 소위 성자(saints)에 대한 과도한 칭송이 가미된 자료이다. 샘 스톰스(Sam Storms)가 언급하는 기적들의 인물들에 포함된 사람들 역시 기적의 진위를 다 믿을 수 없는 사람들이다.[1243]

김동찬 교수는 다음과 같이 말했다.

1241) "Vincent Ferrer," *The Catholic Encyclopedia* (New York: The Enchchopedia Press, Inc., 1913), ⅩⅤ, 438; Robert G. Gromacki, **현대방언 연구**, 김효성 역 (서울: 기독교문서선교회, 1983), 31에서 재인용.
1242) 김동찬, **방언 바로 알기** (서울: 베다니출판사, 2015), 187.
1243) Sam Storms, *The Language of Heaven: Crucial Questions about Speaking in Tongues* (Charisma House, 2019), 224; "Due to limitation of space I will only be able to list the names of those in whose ministries are numerous documented instances of the revelatory gifts of prophecy, healing, discerning of spirits, miracles, tongues, together with vivid accounts of dreams and visions."

이러한 여러 교회사적 기록들을 살펴볼 때, 방언은 중세기에도 배우지 않은 외국어 형태 또는 이해되지 않는 영적 언어의 형태로 계속해서 일어났던 것을 확인할 수가 있다. 여러 신뢰할 수 있는 영적 선배들의 삶속에 방언이 나타났음을 분명히 확인할 수 있으므로 방언 및 영적 은사들이 그쳤다고 하는 은사중지론자들의 주장은 호소력이 없다.1244)

김동찬 교수는 "여러 신뢰할 수 있는 영적 선배들"이라고 말했다. 페레르는 반종교개혁(Contrareformatio)를 외치는 예수회 선교사였다. 김동찬 교수는 중세의 로마 가톨릭 사제나 수도승이 기독교회의 영적 선배들로 여기고 있는가? 방언이 타종교에서 나타난다고 해서 그들이 성령충만하다고 말할 수 없다.1245) 김동찬 교수는 로마 가톨릭도 방언을 했다고 말함으로써 같은 성령의 역사라고 말하는 것인가?

⑦ 토마스 아퀴나스
김동찬 교수는 토마스의 방언에 대한 견해를 다음과 같이 말했다.

스콜라 철학의 왕이라고 불렸던 중세기 신학자 토마스 아퀴나스는 방언에 대해 '예언이 구약성경 시대에 적당했던 것처럼, 방언은 신약성경 시대에 적합하다'고 말했다. 아퀴나스는 그의 저서 『질문』(Question 178)에서 하나님의 은혜와 기적 행함에 대하여 말하기를, 그 당시의 시대에도 병 고침을 포함한 여러 가지의 다양한 영적 은사들이 교회와 성도들에게 계속해서 주어지고 있다고 했다. 이처럼 아퀴나스는 자신의 시대에 방언과 성령의 다른 은사들이 일어날 수 있음을 믿었다.1246)

김동찬 교수는 토마스가 "'예언이 구약성경 시대에 적당했던 것처럼, 방언은 신약성경 시대에 적합하다'고 말했다"라고 했으나, 토마스는 구약의 예언이 신약에서 이루어졌다고 말했다. 또한, 토마스는 예언이 방언보다 더 훨씬 더 우수하다고 말했다. 토마스는 예언을 "더 완벽한 선

1244) Ibid., 187-188.
1245) Donald Macleod, **성령세례와 개혁주의 성령론**, 지상우 역 (서울: 여수룬, 2004), 66; "오늘날의 방언을, 이슬람교와 같은 이방 종교의 사회에서 발견할 수 있다면, 방언을 탁월한 영성의 증거라고 말하기가 어려울 것이다. 그와 똑같은 문제는 로마교 신자들에게서도 나타난다. 우리는 로마교의 많은 신자들이 독실하다는 사실을 부인하지는 않는다. 그러나 아무리 독실한 신앙생활을 나타내 보인다고 하더라도 루터가 주장하는 이신칭의 교리에 대한 이해가 부족하고, 마리아와 다른 성도를 숭배한다면, 그 사람이 성령 충만한 생활을 한다고 생각하기는 어렵다."
1246) 김동찬, **방언 바로 알기** (서울: 베다니출판사, 2015), 188.

물"이라고 말했다.1247)

무엇보다도 토마스는 어거스틴의 말을 인용하면서,1248) "지금도 성령을 받으나, 모든 국가의 언어(방언)로 말하는 사람은 없다. 왜냐하면, 교회 자신은 이미 모든 나라의 언어를 말하기 때문이다."라고 말했다.1249) 토마스는 김동찬 교수가 말하는 것처럼 그런 방언예찬론자는 아니다.

⑧ 마틴 루터

하나님의 성회 총감독인 토마스 짐머만은 루터도 방언을 했다고 주장했다. 짐머만은 에릭 사우어(Eric Sauer)의 『기독 교회사』(History of the Christian Church)에서 "마르틴 루터 박사는 한 인격이지만 성령의 모든 은사들을 받은 선지자, 전도자, 방언하는 자, 그리고 통역하는 자이었다."라고 인용했다.1250) 그로마키가 지적하듯이, 루터 자신의 글들에 있는 어떤 진술이 사우어의 이런 글을 입증하는 증거로 인용되지 않는다. 그대신 그로마키는 사우어가 독일어, 라틴어, 헬라어 그리고 히브리어를 읽고 말할 수 있는 루터의 능력을 말한다고 보았다. 심지어 방언 옹호자인 브럼백(Brumback) 역시 "우리는 방언들의 성격에 대한 저자의 개념을 확정할 수 없으므로 이 인용문을 결정적인 증거로 내미는 데 주저할 것이다."라고 말했다.1251) 그로마키는 "마르틴 루터에 대한 언급은

1247) Thomas Aquinas, *Summa Theologiae Secunda Secundae*, 92–189; 〈Reply Obj. 1: As stated above (Q. 174, A. 3, ad 1), it belongs to the excellence of prophecy that a man is not only enlightened by an intelligible light, but also that he should perceive an imaginary vision: and so again it belongs to the perfection of the Holy Ghost's operation, not only to fill the mind with the prophetic light, and the imagination with the imaginary vision, as happened in the Old Testament, but also to endow the tongue with external erudition, in the utterance of various signs of speech. All this is done in the New Testament, according to 1 Cor. 14:26, "Every one of you hath a psalm, hath a doctrine, hath a tongue, hath a revelation," i.e. a prophetic revelation.〉

1248) Thomas Aquinas, *Summa Theologica*, Question 176.

1249) Reply Obj. 3: Christ in His own person purposed preaching to only one nation, namely the Jews. Consequently, although without any doubt He possessed most perfectly the knowledge of all languages, there was no need for Him to speak in every tongue. And therefore, as Augustine says (Tract. xxxii in Joan.), "whereas even now the Holy Ghost is received, yet no one speaks in the tongues of all nations, because the Church herself already speaks the languages of all nations: since whoever is not in the Church, receives not the Holy Ghost."

1250) Thomas F. Zimmerman, "Plea for the Pentecostalists," *Christianity Today*, VII (January 4, 1963), 12.

사실이 아니다"라고 말했다.1252)

김동찬 교수는 루터의 방언관에 대해 다음과 같이 말했다.

> 종교개혁의 아이콘인 마틴 루터는 마가복음 16:17-18에 기록된 이적들 곧 귀신을 쫓아내고, 병을 고치며, 방언을 말하는 이적들은 복음의 진실성에 대한 분명한 증거를 유대인들에게 보여주기 위해서 필요했었다고 말했다.1253)

김동찬 교수가 루터의 마가복음 16:17-18의 견해를 인용하는 것은 논리적으로 매우 부적절하다. 김동찬 교수는 마가복음 16:9-20이 후대에 추가되었다고 보고 "이 구절을 성경적 방언의 증거로는 다루지 않는 것이 좋겠다는 의견이 많다", "이 구절에 대한 주석은 유보하는 편이 낫다고 생각된다"고 말했기 때문이다.1254) 김동찬 교수는 자신의 논증에 모순되도록 진술한 것이다.

김동찬 교수는 루터가 기적에 대해 말했다고 몇 가지 말을 인용함으로써 방언을 그 기적에 포함시키려는 의도가 강하다. 또한, 김동찬 교수가 루터의 방언을 옹호하기 위해 몰턴 켈시의 말을 인용했다. 켈시가 말하는 "루터가 수도원에서 최종 서원을 하기 전 두어 해 동안 일어난 경험"은 종교개혁가 이전의 모습이다. 무엇보다도 켈시는 칼 융으로부터 지대한 영향을 받은 사람이다. 밀러(Elliot Miller)는 칼 융이 은사주의 운동의 기원이라고 말한다.1255) 물론 그 부분에 대해서는 리차드 놀(Richard

---

1251) Carl Brumback, *What Meaneth This?* (Springfield, Mo.: The Gospel Publishing House, 1947), 92; Robert G. Gromacki, **현대방언 연구**, 김효성 역 (서울: 기독교문서선교회, 1983), 31에서 재인용.
1252) Robert G. Gromacki, **현대방언 연구**, 김효성 역 (서울: 기독교문서선교회, 1983), 44.
1253) 김동찬, **방언 바로 알기** (서울: 베다니출판사, 2015), 188.
1254) Ibid., 152.
1255) Elliot Miller, "The Jung Cult: Origions of a charismatic Movement," Accessed Aut.15.2019. Jun.10.2009. https://www.equip.org/article/the-jung-cult-origins-of-a-charismatic-movement/
"Although Freud's importance in the history of psychology has been much greater than Jung's, in recent decades the former's influence has declined while the latter's has grown. Jung's increasing influence is most noticeable in the broader culture. Best-selling authors who promote Jungian ideas include the late Joseph Campbell (The Power of Myth), Thomas Moore (The Care of the Soul), and Clarissa Pinkola Estés (Women Who Run with the Wolves). In my judgment, no single individual has done more to shape the contemporary New Age movement than Jung. And Jung has also won acceptance from many professing orthodox Christians, some of whom are popularizers of his ideas (e.g., J. Gordon Melton, Morton Kelsey, and John Sanford). His profound influence on the inner healing movement is documented in Don

Noll)의 『The Jung Cult』에서 더 잘 말하고 있다.

놀랍게도 김동찬 교수는 "그러나 루터 자신이 직접 방언을 했었는지 여부는 확실치가 않다"고 말했다. 이것 역시 김동찬 교수가 책에 방언을 하지 않은 사람이 방언에 대해 말하는 것을 질타한 어조에 반대된다.

⑨ 프란시스 자비에르

자비에르(Francis Xavier, 1506-1552)는 종교개혁자는 아니지만, 종교개혁 시대에 중요한 인물이었다. 자비에르는 로마 가톨릭 신부다. 종교개혁이 일어난 이후 1535년에 설립된 예수회(Jesuit)는 교황과 로마 가톨릭에 절대적 충성을 최고의 이상으로 삼았다. 로욜라와 함께 예수회 창립을 주도한 6명 중에 한 사람이 자비에르였다. 자비에르는 1541년 4월 7일에 인도 선교사로 파송되었다.

자비에르는 1548년 자신이 개종시킨 사람들을 방문하기 위해 인도로 돌아가는 길에 기독교인이 되고자 하는 안지로(Anjiro)라는 일본인을 만났다. 일본과 일본의 기독교 상황을 듣고 가고시마로 선교를 떠났다.

자비에르가 기적들을 행하고 방언을 말했다고 말하나, 그로마키는 "동양에 온 로마 가톨릭 선교사인 그는 그 첫해를 전부 일본어를 배우는 데 바쳤다. 그가 자기를 표현할 수 있었을 때, 비로소 설교하기 시작했다"고 말했다.1256) 컷텐(Cutten)은 자비에르 자신의 증언과 역사가 아코스타(Joseph Acosta)의 분명한 설명 사이에는 모순이 있다고 계속 지적했다. 아코스타는 자비에르가 일본어를 배우느라 매우 고생했으며 다른 언어들도 공부했다고 설명했다.1257) 대영백과사전에는 자비에르가 선교사들

Matzat's Inner Healing: Deliverance or Deception? (Harvest House, 1987). Because of Jung's extreme importance today, the publication of Richard Noll's The Jung Cult was a major literary event. It won a prize as the best book of 1994 on psychology from the Association of American Publishers. Noll, 36, is a clinical psychologist who recently completed a postdoctoral fellowship in the history of science at Harvard University. The book's central thesis is that the movement that Jung initiated is much closer in nature to a neopagan (Aryan) cult than the scientific psychiatric discipline that it has always claimed to be. It is not just religiousbut a religion."

1256) Robert G. Gromacki, 현대방언 연구, 김효성 역 (서울: 기독교문서선교회, 1983), 32.
1257) George Barton Cutten. Speaking with Tongues (New Haven: Yale University Press, 1927),

에게서 그들의 모국어를 배우는 것을 즐겼다고 기록했다.[1258]

김동찬 교수는 다음과 같이 말했다.

> 프랜시스 자비에르는 사도 바울 이후 가장 위대한 선교사로 일컬음을 받는 인물이다. 그는 인도와 실론, 말레이 반도를 거쳐 일본에까지 이르러 복음을 전파했는데, 선교지에서 배우지 않은 타밀어와 인도네시아 방언으로 말할 수 있었다고 한다. 여러 기록들을 보면, 자비에르가 방언을 받아 배우지 않은 외국어를 말했으며, 그 밖에도 예언과 신유, 나아가 죽은 자를 살리는 기적까지 일으켰다고 말한다. 교황 그레고리 8세는 그의 시복식에서 자비에르의 방언이 복음을 전하는데 크게 공헌했고, 많은 사람들을 기독교인으로 개종하는데 큰 역할을 했다고 말했다.[1259]

김동찬 교수의 글을 읽으면, 마치 자비에르가 바울 다음으로 위대한 선교사로 이해된다. 그러나 자비에르는 반종교개혁을 주도한 예수회의 공동창설자였다. 자비에르는 일본 무사 베르나르도를 일본 교회의 지도자로 만들기 위해 예수회에 가입시켰으며, 로마에 보내 신학공부도 하게 했다. 김동찬 교수의 주장과는 달리 설리반(Charles A. Sullivan)은 자비에르의 편지를 통해 자비에르가 방언을 했다는 증거가 없으며, 심지어 예수회의 브로드릭(James Brodrick)은 자비에르의 방언이 전설의 하나였다고 말했다.[1260] 이런 신빙성 있는 자료는 김동찬 교수가 제시하는

1258) *Encyclopedia Britannica*, 1964 ed., XXIII, 836.
1259) 김동찬, **방언 바로 알기** (서울: 베다니출판사, 2015), 193-194.
1260) Charles A. Sullivan, "The Legend of Francis Xavier speaking in tongues," Accessed Aug.15.2019.
Feb.7.2019. https://charlesasullivan.com/7057/francis-xavier-speaking-in-tongues/
⟨Did he exercise the miraculous gift of tongues? According to Xavier's own letters and modern historians revisiting the data, the answer is a clear no. The first evidence is from Francis Xavier himself. There is a comprehensive work available with the letters of Francis Xavier and others relating to his enterprise, called Monumenta Xaveriana, ex autographis vel ex antiquioribus exemplis collecta6 The following letters, witnesses, and the Papal bull are drawn from this book.
Francis Xavier's letter: The most prominent and controversial evidence is from a November 5th, 1549 letter written by Xavier while living in Japan. A writing which showed his particular frustration with the Japanese language: "God grant that we may acquire such a thing first as the Japanese language in order to explain the divine doctrine. Then finally we will do with zeal the certain work of the matters of Christianity. We indeed move about now among them something like mute statues. For these people are all talking and occupied about us, in fact we are silent, unaccustomed to their native speech. In the present time, we have become a child again in the process of learning the elements of this language. If only we could imitate the simplicity and candor of children. We are certainly following the likeness of infants while

로마 가톨릭의 사제나 수도승이 방언을 했다는 언급이 매우 불확실한 자료이며, 김동찬 교수는 하나의 전설에 불과한 것을 방언의 정당성을 확보하기 위한 자료로 제시한 것이다.

이런 방언 사건들에 대해서 무엇이라고 말해야 하는가? 샤프는 다음과 같이 말했다.

성 버나드와 성 빈센트 페레르와 성 프란시스 자비에르가 썼던 말은 기적적인 다른 방언이 아니고 열렬한, 불타는 능변(能辯)이다. 그래서 그들이 라틴어나 스페인어로 말했을 때에만 그 나라 사람들은 자기들이 그들의 모국어로 말하는 것을 들었다고 상상했다. … 이러한 성자들 중 어느 누구도 자기들이 방언의 은사나 다른 기적의 능력들을 가지고 있다고 주장하지 않았다. 단지 그들의 제자들이나 후대의 작가들이 그런 주장을 했을 뿐이다.[1261]

또한, 그로마키도 다음과 같이 말했다.

성자들을 높이고 공경하는 로마 가톨릭의 경향은 기적들에 대한-그것들이 병고침이든지 방언이든지 간에-평가로부터 근거했음을 항상 참작해야 한다. 이런 이유로 인해, 가톨릭 자료들에 근거한 방언에 대한 모든 주장은 의심스러운 것으로 생각해도 틀림없을 것이다.[1262]

---

in the process of acquiring the native tongue, but also for sure in the children's rudimentary task of practising."

Just from this letter alone, it appears that Xavier did not have the gift of tongues. Neither does Xavier refer to his having the gift of tongues in any of his other letters. The Canonization investigation on his speaking in tongues: If Xavier personally struggled with learning a foreign language, then why all the fuss? This is the fundamental question that has to be looked at from many perspectives. His name symbolized the cause of Catholicism, the Jesuits, Portugal, exploration, expansion, and discovery of new worlds. These all combined to put his name into consideration for sainthood — a process that requires the validation of a miraculous life. In Francis Xavier's case, his own letters did not advance this cause and so further investigation was required from third parties. Almost seventy-years after St. Francis' death, high-level meetings were held for his canonization and testimonies of a miraculous life were front and center. The gift of tongues being one of the examples. … Fellow Jesuit James Brodrick believed that Xavier's gift of tongues was a thing of legend, but was open to the possibility that Xavier marginally had this gift in his 1952 publication, Saint Francis, (1506-1552). If it did exist he thought it a hypothesis of telepathy.19 In fact, Brodrick believed that Xavier was never a great linguist.〉

1261) Philip Schaff, *History of the Christian Church* (Grand Rapids: Wm. B. Eerdmans Publishing Co., 1952), 240-241; Robert G. Gromacki, 현대방언 연구, 김효성 역 (서울: 기독교문서선교회, 1983), 32에서 재인용.

1262) Robert G. Gromacki, 현대방언 연구, 김효성 역 (서울: 기독교문서선교회, 1983), 32.

그로마키에 의하면, 중세의 인물에 대한 평가는 사실 그대로가 아니다. 기적이나 다른 것들에 대한 평가만이 아니라 방언에 관한 주장도 의심스러운 것이다.

⑩ 칼빈

중세시대에나 종교개혁 시대에도 성경이 외국어로 말하는 형태의 방언은 나타나지 않았다. 종교개혁자들의 방언에 관한 견해는 정통신학의 범주에서 결코 벗어나지 않았다.

첫 번째로, 칼빈(1509-1564)의 방언에 대한 견해는 칼빈 주석이다. 칼빈은 사도행전 주석에서 다음과 같이 말했다.

> 누가는 그들에게 내린 성령의 은사의 내용과 그것의 용법을 동시에 기록하고 있다. 다시 말해서 그들이 여러 '방언'의 은사를 받은 것은 여러 나라 말로 하나님을 찬양하기 위해서였다. 그와 동시에 우리는 방언이 허용된 것은 복음이 서로 다른 나라 말로 외국인들에게 전파되어야 했던 필요를 채우기 위해서만 아니라 복음 자체의 장식과 영예를 위한 것이었다는 점을 이 구절에서 알 수 있다. 그러나 후에 하늘의 지혜의 위대성을 증명하도록 받은 것을 야심에 이끌린 나머지 자기 과시와 허영에 그릇 사용한 사람들이 많아졌다. 일례로 바울은 이 문제로 고린도인들을 호되게 책망하고 있다. 그러므로 얼마 안 있어서 하나님께서 그가 과거에 허용하셨던 것을 빼앗아 가시며 더 이상 그것이 남용 되지 못하게 하시는 것은 전혀 이상한 노릇이 아니다.[1263]

김동찬 교수는 칼빈 주석을 인용했으나, 칼빈이 핵심적으로 말하는 방언의 본질적인 목적이 빠져 있다. 방언은 복음을 외국어로 전파하기 위함이고 복음의 장식과 영예를 위한 것이었다. 칼빈은 44절 주석에서, "확실히 방언과 기타 이와 비슷한 은사가 교회에서 중지된지 오래"되었다고 말했다.[1264] 김동찬 교수는 방언이 종료되었다고 말하는 칼빈의 말을 독자들에게 제시해 주었어야 했다. 김동찬 교수는 칼빈의 방언에 대한 견해를 그 분량 면에서도 한 페이지도 할애하지 않았다. 가장 비중 있게 말해야 할 인물을 사도행전 주석 하나로 너무나 의미 없게 말했다.

두 번째로는, 칼빈의 방언에 대한 견해는 제네바 교회의 신앙문답서에

1263) John Calvin, 신약성경주석5 사도행전1 (서울: 성서교재간행사, 1982), 421-422.
1264) Ibid., 420.

서 살펴볼 수 있다.

제246문: 그렇지만 기도하는 데 목소리가 필요 없다는 의미는 아니겠지요?
대답: 네, 결코 필요 없다는 뜻이 아닙니다. 왜냐하면 목소리는 종종 마음을 들어 올려주고 안내함으로써 하나님으로부터 벗어나지 않도록 도움을 주기 때문입니다. 게다가 혀는 우리 신체의 그 어느 부분보다도 하나님의 영광을 찬양하도록 창조되었기에 이러한 찬양을 위해 혀의 모든 능력을 다 사용하는 것은 당연한 일입니다. 또한 때때로 헌신에 대한 열정으로 인해 혀는 우리의 의도와 상관없이 소리를 내기도 합니다.
제247문: 그렇다면 기도할 때 우리가 이해하지 못한 채 알지도 못하는 언어를 사용한다면 어떤 유익이 있습니까?
대답: 그렇게 하는 것은 하나님을 조롱하는 것밖에 되지 않습니다. 그러므로 그런 위선은 그리스도인들에게 있어서는 안 될 일입니다. That is nothing else, than trifling with God: therefore such hypocrisy should be removed from Christians.[1265]

칼빈은 알아들을 수 없는 방언으로 기도하는 것은 "하나님을 조롱하는 것에 불과"하다고 말했다. '조롱한다'는 것은 '하나님을 속인다'(trifling with God)는 것이다. 칼빈은 그리스도인이 방언으로 기도하는 것은 "위선"이며, 그리스도인이 해서는 안 되는 일이라고 분명하게 말했다. 칼빈에 의하면, 그런 위선은 그리스도인에게서 제거되어야 한다.

칼빈은 제245문에서 정적주의(Quietism)에 대해 먼저 말했다.

제245문: 이 가르침은 기도하기 위해 우리 자신을 자극할 필요가 없고 단지 앉아서 조용히 성령의 활동만을 기다리면 된다는 뜻인가?
답: 결코 그렇지 않습니다. 오히려 이런 의도입니다. 즉, 기도가 냉랭해지고 느긋해지고 게다가 기도할 마음이 내키지 않음을 느낄 때 우리는 하나님께로 행해야 하고 예리한 가시와 같이 찌르는 성령의 일깨우심을 간구함으로써 기도하기에 적합한 마음이 되도록 하는 것입니다.[1266]

이 가르침이란 제243문에서 말하는 것으로, "우리가 가난하고 비참하다고 느껴야"하며, "하나님의 은혜를 얻고자 하는 격렬하고도 절실한 열망으로" 활기를 띠어야 한다는 것이다. 제246문은 그런 불붙는 기도를 하는 일에 혀(말)를 사용하는 기도가 유용하다고 말했다. 제247문에서는

1265) John Calvin, **제네바교회 요리문답**, 김세민 역 (서울: 한솜미디어, 2015), 192.
1266) Ibid., 191.

방언으로 기도하는 것은 하나님을 조롱하는 것에 불과하다고 말했다.

세 번째로, 칼빈의 방언에 대한 견해는 칼빈의 성경주석을 통해 알 수 있다. 이승구 교수는, 고린도전서 12:10, 28에서 말하는 "각종 방언"에 대해, 칼빈은 외국어라고 말하며,1267) 방언들을 통역함은 외국어를 통역해 주는 것이라고 말했다.1268)

이승구 교수는 다음과 같이 말했다.

우리나라에서 방언에 대한 오해가 특히 많기 때문에 여기서 칼빈의 방언 이해를 조금 더 정리할 필요가 있을 것이다. 칼빈은 성경이 말하는 방언들은(tongues) "외국어들"(foreign languages)이라고 단언한다. 137) 그래서 칼빈은 모든 언어가 다 "차별 없이 중요하고", "복음을 모든 민족들에게 선포할 때에 매우 중요하게 사용되는" 것이라고 한다(Comm. I Cor. 14:5 [287]). 이렇게 방언을 외국어로 보는 칼빈은 "방언으로 말하는 자는 사람들에게가 아니라 하나님께 말한다"(고전 14:2)는 구절의 뜻은 결국 그 외국어를 모르는 사람들이 전혀 알아듣지 못한다는 뜻이므로 이는 (당시의 관용어적 표현으로 하자면) "자신에게 그리고 벽에 대고 설교하는 것과 같다"는 뜻이라고 해석한다(Comm. I Cor. 14:2 [286]). 따라서 "영으로 말한다"는 것도 칼빈은 나쁜 의미로 해석하여 제시하면서 "알 수 없게, 아무 효과도 내지 못하는, 수수께끼 같은 말들을 한다"는 뜻이라고 한다(Comm. I Cor. 14:2 [286]).1269)

이성호는 "영으로"를 "알아들을 수 없는 (그러나 통역되면 알아들을 수 있는) 언어로 하나님께서 계시한 비밀을 공적으로 말하는 것"이라고 말했다.1270)

네 번째로, 칼빈의 방언에 대한 견해는 기독교 강요를 통해 알 수 있다. 기독교 강요에서 방언이라는 단어가 나오는 곳은 2권 8장 23항,1271)

1267) Calvin, Comm. I Cor. 12:10 (263), Comm. I Cor. 12:28 (272); Comm. I Cor. 14:2 (286); Comm. I Cor. 14:5 (287); Comm. I Cor. 14:13 (291); Comm. I Cor. 14:16 (293); Comm. I Cor. 14:20 (296).
1268) Calvin, Comm. I Cor. 12:10 [263], Comm. I Cor. 12:28 [272].
1269) 이승구, "이단 문제에 대한 칼빈 신학의 의의(3): 성령의 역사하심에 대한 칼빈의 이해," Dec.18.2009. Accessed Aug.1.2019. http://www.amennews.com/news/articleView.html?idxno=9938
1270) 이성호, "성경이 말하는 방언," Nov.2.2016. Accessed Aug.1.2019. http://reformedjr.com/board02/4487; 〈"영으로"라는 말은 14장에서 시종일관 "마음으로"(더 정확하게 말하면 지성으로)와 대조를 이루고 있는데 핵심적인 뜻은 "알아들을 수 없는 방식으로"이다. 또한 비밀은 알 수 없는 신비적 내용을 의미하지 않고 그리스도를 통해 계시 된 구원의 도리를 의미한다.〉
1271) John Calvin, 기독교강요(상), 원광연 역 (고양: 크리스챤다이제스트, 2003), 477; 〈예를 들어서, 이사야가 앗수르 사람들과 애굽 사람들을 이스라엘과의 언약 관계 속으로 불러 모으는 일에 관하여 예언할 때에, 그는

3권 2장 9항,1272) 3권 18장 8항,1273) 3권 20장 33항이다. 이 중에서 우리가 관심을 가져야 할 곳은 3권 20장 33항이다.

33. 기도는 사람들이 이해할 수 있도록 모국어로 드려야 함: 여기서 또한 뚜렷하게 드러나는 사실은, 지금까지 행해지던 관례처럼 공적인 기도가 라틴 사람들 사이에서 헬라어로 행해지거나, 프랑스인이나 영국인들 사이에서 라틴어로 행해져서는 안 되고, 사람들이 일상적으로 사용하는 모국어로 행해져서 모든 사람들이 전반적으로 이해할 수 있도록 해야 한다는 것이다. 공적인 기도는 온 교회에 덕을 세우기 위하여 시행되어야 마땅한데, 이해하지도 못하는 소리에서 무슨 유익을 얻을 수가 있겠는가? 사랑이나 친절 따위에 아랑곳하지 않는 사람들일지라도 최소한 바울의 권위에는 조금이라도 영향을 받았어야 옳았을 것이다.

그는 다음과 같이 너무도 분명하게 말씀하고 있다: "내가 영으로 축복할 때에 알지 못하는 처지에 있는 자가 네가 무슨 말을 하는지 알지 못하고 네 감사에 어찌 '아멘' 하리요? 너는 감사를 잘하였으나 그러나 다른 사람은 덕세움을 받지 못하리라"(고전 14:16-17), 이렇게 사도께서 분명하게 외치고 있는데도 불구하고 자기들이 한 마디도 알지 못하는 외국어로 장황한 기도를 늘어놓으면서 다른 사람이 그것을 이해하기를 바라지도 않는 교황주의자들의 그 무분별한 방자한 짓들이라니, 도대체 이것을 보고 놀라지 않을 사람이 어디 있겠는가?

그러나 바울은 우리가 행하여야 할 바에 대해서 이런 것과는 전연 달리 가르치고 있다: "그러면 어떻게 할까? 내가 영으로 기도하고 또 마음으로 기도하며 내가 영으로 찬송하고 또 마음으로 찬송하리라"(고전 14:15). 여기서 "영"이라는 단어는 방언의 은사를 일컫는 것이다. 어떤 이들이 이 은사를 받고 그것을 마음과 단절시킨 상태로 사용하여 - 즉 이해하지 못하는 상태로 사용하여 - 그 은사를 악하고 있었던 것이다. 그러나, 우리는 공적인 기도나 사적인 기도나 간에, 마음이 없이 방언을 사용하는 것은 하나님을 심히 불쾌하게 만드는 것임을 명심

<hr>

이렇게 말씀하고 있다: "그 날에 애굽 땅에 가나안 방언을 말하며 만 군의 여호와를 가리켜 맹세하는 다섯 성읍이 있을 것이며"(사 19:15). 즉, 여호와의 이름으로 맹세함으로써 그들이 자기들의 신앙을 표명할 것이라는 뜻이다.〉

1272) John Calvin, 기독교강요(중), 원광연 역 (고양: 크리스챤다이제스트, 2003), 29; 〈사도 바울은 앞 장에서 성령의 여러 가지 은사들에 대해서 - 방언과 능력과 예언 등을 포함하여(고전 12:4-10) - 말한 후에, 교회의 몸 전체에 더 큰 유익을 끼칠 수 있도록 "더욱 큰 은사를 사모하라"고 권면하였고, 이어서 "가장 좋은 길"을 보여 주겠노라고 덧붙이고 있다(고전 12:31). …그는 "능력"과 "믿음"이라는 용어들을 똑같은 것을 - 즉, 이적을 행하는 능력을 - 지칭하는 뜻으로 사용하고 있다. 그러므로 이런 능력 혹은 믿음은 하나님의 특별하신 은사로서, 불경한 사람이라 할지라도 끌어다가 악하게 사용할 수가 있는 것이다. 방언이나 예언 등 다른 은사들의 경우처럼 말이다.〉

1273) Ibid., 389; 〈그러나 만일 여기서 어떤 사람이 끼어들어서 그렇게 짧은 본문 속에서 바울이 사용한 "믿음"이라는 용어를 어떻게 그렇게 다양한 뜻으로 이해할 수가 있느냐고 묻는다면, 이에 대해서 아주 합당하고도 건전한 이유를 제시할 수가 있다. 바울이 열거하고 있는 이 은사들이 어떤 의미에서 믿음과 소망 아래 뭉뚱그려지기 때문에 - 그것들이 하나님을 아는 지식과 관련되어 있기 때문이다 - 그는 그 모든 것을 포괄하여 "믿음"과 "소망"이라는 말로써 다시 정리하고 있는 것이다. 말하자면 바울의 말은 이런 뜻이다: "예언과 방언과 방언해석과 지식은 모두 하나님을 아는 지식으로 인도하는 목적을 갖고 있다. 그러나 이생에서는 오직 소망과 믿음을 통해서만 하나님을 안다. 그러므로 내가 믿음과 소망을 말할 때에는 동시에 이 모든 것을 다 포괄하여 말하는 것이다."〉

해야 한다. 더 나아가서, 마음이 일깨움을 받아서 방언이 입의 말로써 표현하는 모든 내용을 능가할 정도로 열렬한 생각이 일어나야 마땅한 것이다.

마지막으로, 방언은 심지어 사적인 기도를 위해서도 불필요하다는 것을 알아야 한다. 다만, 내적인 감정의 힘이 부족하여 마음이 스스로는 일어나지 않거나 혹은 감정이 너무도 격렬하게 발동하여 방언 행위가 저절로 함께 이루어지는 경우는 예외라 할 수 있을 것이다. 가장 훌륭한 기도들이 때로는 말로 발설되지 않는 경우도 더러 있기는 하지만, 실제로는 마음의 감정이 일깨워지면 허세를 부리려는 의도가 없이도 방언이 저절로 말로 발설되어 나오고, 몸의 다른 지체들이 동작을 하게 되는 일이 자주 일어나는 것이다. 한나가 혼자서 중얼거린 것도 여기서 비롯된 것이 분명하다(삼상 1:13), 그리고 모든 성도들도 간헐적으로 말이 터져나오는 등 이와 비슷한 현상을 계속해서 체험하고 있는 것이다. 그리고, 기도할 때 무릎을 꿇는다든지, 머리에 쓴 것을 벗는다든지 하는 습관적인 몸의 자세들은 하나님을 더 높이 받들고자 하여 행하는 것이다.[1274)

칼빈은 기도는 반드시 모국어로 해야 한다고 말함으로써 방언에 대해 철저하게 부정적이었다. 칼빈은 "마음 없는 방언"이라고 말함으로써 소위 방언으로 기도하는 것은 자신이 무엇을 기도하는지도 모르는 것이고, 그것은 "하나님을 심히 불쾌하게 만드는 것임을 명심해야 한다"고 말했다. 왜 하나님을 불쾌하게 하는가? 자신이 이해할 수 없는 것으로 기도하는 것은 인격적인 하나님을 비인격적으로 대접하기 때문이다.

칼빈은 한나처럼 기도를 하다가 저절로 발설되어 나오는 현상이 있다는 것을 언급하면서도 방언 기도를 불필요하다고 말했다. 그 이유는 기도하는 사람의 마음이 단절된 상태로 기도하는 것은 하나님을 심히 불쾌하게 만든 것이기 때문이다. 그런 까닭에 칼빈은 제네바 교회 요리문답에서도 우리가 이해하지 못하는 기도를 하는 것은 하나님을 속이는 것이기 때문에 제거되어야 한다고 강력하게 말했다.[1275) 칼빈의 견해를 종합해 볼 때, 칼빈은 방언을 금지했다.

⑪ 루이스 버틀랜드

버틀랜드(Louis Bertland, 1526-1581)는 도미니크 수도회의 수도사로 남아메리카에서 사역했다. 버틀랜드는 로마 가톨릭의 성자로 추앙되는

1274) Ibid., 476-477.
1275) John Calvin, 제네바교회 요리문답, 김세민 역 (서울: 한솔미디어, 2015), 192.

사람이며 '아메리카 대륙의 사도'라 불렸다. 김동찬 교수는 다음과 같이 말했다.

> 16세기 이후 많은 가톨릭교도들은 반동종교개혁과 세계선교 열풍을 타고서 이방세계에 복음을 전하기 위한 선교사로 헌신했다. 이들 선교사들이 선교하면서 방언을 했다는 기록들을 많이 찾아볼 수 있다. 그중 한 예로, 도미니카 수도사인 루이스 버틀랜드는 본래 스페인어만 할 수 있었지만, 방언의 은사를 받고 난 후 선교지인 인디언 언어와 무어인의 말로 설교했다. 이것을 교황 클레멘트 10세가 확인했다.[1276]

김동찬 교수의 이런 진술은 '기독교와 방언에 대한 범위가 어디까지인가?'를 의심케 한다. 김동찬 교수는 로마 가톨릭도 기독교라고 인정하는 것인가? "반동종교개혁"이라는 말이 얼마나 반기독교인지 김동찬 교수는 그 의미를 모르지 않을 것이다. 또한, 김동찬 교수는 기독교의 방언과 타 종교의 방언은 유사하지 않다고 지론을 펼치는데 이렇게 로마 가톨릭의 사람들을 인용하면서까지 방언의 계속성을 옹호하는 이유가 무엇일까? 방언만 하면 로마 가톨릭도 같은 범주 안에 포함할 수 있다는 것인가?

⑫ 세베놀의 예언자
1598년 낭트 칙령으로 기독교 신앙의 자유와 시민의 권리를 보장받게 되자 위그노들은 종교적 자유 속에서 경제적 풍요를 누렸다. 로마 가톨릭은 이를 우려하여 위그노를 경계했다.
김동찬 교수는 다음과 같이 말했다.

> 그들은 박해기간 동안 여러 기적들과 성령의 은사들을 경험했다고 알려졌는데, 특히 그들이 받은 방언과 예언은 유명해서 심지어 그들을 박해했었던 자들도 그러한 이적들이 발생했음을 인정했다.[1277]

1572년 성 바돌로매 축일에 수만 명의 위그노들을 학살했다. 1685년 루이 14세가 칙령을 철회하자 60만 명 이상이 프랑스를 탈출했다. 17세

1276) 김동찬, **방언 바로 알기** (서울: 베다니출판사, 2015), 193.
1277) Ibid., 194.

기 후반과 18세기 초반에 프랑스 남동부의 위그노파는 큰 핍박을 당했다.

기독교 내에 방언 운동이 발생한 때는 17세기 말이었다. 세벤트의 위그노는 '카미자르'(Camisards)라 불렸다.[1278] 세벤(Cenennes) 지방에서 전투를 하던 위그노의 한 무리가 무덤에서 밤새워 집회를 하던 중 어린이들이 예언을 하고 환상을 체험하며 방언을 했다.[1279] 그들이 예언을 했으나 그대로 이루어지지 않자 사라졌다. 이들을 세베놀의 예언자들(Cevenal Prophets)이라 하며, 영적인 면에서보다 정치적 군사적 활동으로 유명하다. 로마 가톨릭에 광적으로 적대적이었고 무력으로 저항했기 때문에 많은 사람이 죽었다.

⑬ 얀세니즘

얀세니즘(Jansenism)은 로마 가톨릭 신학자인 코넬리우스 오토 얀세니우스(Cornelius Otto Jansenius, 1585-1638)에 의해 비롯되었다. 얀센파는 17세기 로마 가톨릭 교회 내부의 개혁자들이었다. 얀세니우스는 예

1278) 박경수, "광야박물관에서 카미자르를 만나다," **교회와현장** 2 (2017); "그들을 카미자르라고 부르게 된 데에는 몇 가지 이유가 있다. 첫째로, 쎄벤느 위그노가 무기를 숨길 수도 있는 긴 소매의 흰색 셔츠 '카미자'(camisa)를 입었다고 하여 붙여진 것이다. 둘째로, 카미자르는 '우상을 불태우는 자'라는 뜻을 지니고 있는데 위그노들이 성상에 대해 부정적이고 파괴적이라는 점에서 의미상 통한다. 셋째로, 카미자르라는 이름은 '밤에 발생하는 기습공격'(camisade)에서 비롯되었는데 이들이 주로 왕의 군대 및 로마 가톨릭 요새를 한밤중에 습격한 데서 붙여졌다. 따라서 카미자르는 흰색 셔츠인 카미자를 입고 로마교회의 성상을 파괴하거나 게릴라전술로 기습적으로 공격하는 쎄벤느의 위그노를 의미하는 것이다. 광야박물관은 일명 롤랑(Rolland)이라 불리던 카미자르의 지도자 피에르 라포르트(Pierre Laporte)의 집을 '프랑스 프로테스탄트역사협회'가 매입하여 1911년에 설립한 위그노박물관이다. 따라서 광야박물관은 카미자르의 본거지였던 셈이다."
1279) Robert G. Gromacki, **현대방언 연구**, 김효성 역 (서울: 기독교문서선교회, 1983), 33; "첫 번째의 방언 사건은 10살 된 이사베어 빈센트(Isabeau Vincent)의 예언적인 말에서 생겼는데, 그는 아버지의 학대를 피하여 도망했고 왕의 군인들이 교회에 모여 예배하는 여인들과 아이들을 학살하는 것을 보았던 소녀였다. 무아지경 속에서 그 소녀는 회개했다. … 즉시 시빈즈 전체의 어린아이들이 영에 사로잡혔고 예언하였다. 세 살 밖에 안 된 어린아이들이 종교적 이야기들로 사람들을 권면했다고 한다. 어른들도 역시 영에 사로잡혔고 자기들이 이해하지 못하는 프랑스 말을 자신들이 하고 있음을 깨달았다."(Morton T. Kelsey, *Tongue Speaking* (New York Garden City: Doubleday and Company, Inc., 1964), 52-53.) 그들의 육체적 몸짓들은 너무 지나쳤다(Robert Chandler Dalton, Tongues Lie as of Fire (Springfield Mo.: The Gospel Publishing House, 1945), 19.). 그들은 디로 엎드려려 땅에 몸을 완전히 쭉 뻗었다. 그들은 가슴을 들어올리고 배를 불룩이며 몸을 심히 뒤흔든다. 그들의 육체적 몸짓들이 끝났을 때, 그들은 사람들에게 회개를 권면하고 로마 가톨릭 교리를 비난하면서 예언하기 시작했다.〉

수회 회원들을 세속에 야합한 타락한 집단이라고 비난했다. 얀세니우스는 미셸 바유스와의 신학 논쟁으로 어거스틴의 신학 사상에 관심을 가지게 되었고, 그로 인해 로마 가톨릭의 신학을 정면으로 부정하는 결과를 초래했다. 이성이 아니라 경험을 자신들의 안내자라고 말했으며, 이신칭의를 반대했다. 얀센파는 하나님과 사람과의 관계는 오직 로마 가톨릭 교회 안에서만 가능하다고 말했다.

그 추종자들인 얀세주의자들(Jansenists)도 자기들이 방언을 할 수 있다고 주장했다. 김동찬 교수는 다음과 같이 말했다.

> 이 얀세니즘 공동체 안에서 1730년경부터 방언이 일어났는데, 그들은 영적인 감동 상태에 들어갔을 때 이해되지 않는 언어를 말하는 등 방언은 그들 가운데서 빈번하게 사용되었다.[1280]

로마 가톨릭은 얀센파가 현대 오순절의 최초단체라고 말했다.[1281] 그러나 그로마키는 "이 단체는 방언을 했다고 전해지는데 후에 로마 교회에 의해 정죄되었다."고 말했다.[1282]

⑭ 퀘이커 교도

조지 폭스(George Fox, 1624-1691)의 의해 설립된 퀘이커교는 형제회(Society of Friends)라 불렸다. 퀘이커의 목적은 초대 기독교의 회복을 촉진하는 것이었다. 문제는 인간 안에 '내적인 빛'이 있다고 말하는 것이다. 퀘이커파는 안수받은 목사직이 필요 없다. 그들은 예배시간에 하나님께서 어떤 사람에게 직접 계시해 주실 때까지 집단명상을 했기 때문이다. 퀘이커파는 성경을 하나님의 계시로 믿으나 성령과 '내적인 빛'에 종속하는 이차적인 규칙에 불과하다고 여겼다.

김동찬 교수는 "많은 초기 퀘이커 교도들은 그 그룹의 모임을 통해 성령세례를 경험했고 방언도 받았다"라고 말했다.[1283] 김동찬 교수는 퀘이

1280) 김동찬, **방언 바로 알기** (서울: 베다니출판사, 2015), 195.
1281) Klaude Kendrich, *The Promise Fulfilled* (Gospel Publishing House, 1960), 20; 조영엽, **성령론** (서울: 기독교문서선교회, 2013), 296에서 재인용.
1282) Robert G. Gromacki, **현대방언 연구**, 김효성 역 (서울: 기독교문서선교회, 1983), 34.

커 교도들이 말하는 성령세례와 방언에 대해 아무런 비판적인 언급이 없다.

⑮ 모라비아 형제단

모라비아 형제단은 체코 동부의 모라비아(Moravia)와 서부의 보헤미아(Bohemia) 지방에서 활동한 요한 후스(Johannes Huss, 1369-1415)의 영향을 받아 생겨났다. 후수는 교황의 면죄부 판매와 성직자들의 부패를 비판했으며, 교회의 머리는 교황이 아니라 예수 그리스도이며 오직 예수 그리스도를 믿음으로만 구원에 이를 수 있다고 말했다.

모라비아 형제단은 로마 가톨릭으로부터 어려움을 당했으나 진젠도르프 백작의 도움으로 새롭게 일어섰다. 진젠도르프는 자신의 땅에 정착하도록 해주었고 물질적 지원도 해주었다. 모라비아 형제단은 '헤른후트'(Herrnhut) 공동체를 결성하여 흩어진 모라비안들의 정신적 지주가 되었다. 김동찬 교수는 다음과 같이 말했다.

> 이들 모라비안 형제단은 18세기 무렵, 그들을 반대하는 자들로부터 종종 방언하는 자들이라는 비난을 받았다. 이들을 비난하는 자들은 모라비아 교도들이 사용하는 방언을 두고 비난할 정도였다. 이처럼 방언은 마치 모라비아 교도들의 특징 가운데 하나인 것처럼 사용되었다.[1284]

모라비안의 방언 현상에 대해 존 그린필드(John Greenfield)는 1727년 8월 13일에 성령의 역사가 있었다고 말했다.[1285] 젊은 지도자는 진젠

1283) 김동찬, **방언 바로 알기** (서울: 베다니출판사, 2015), 196.

1284) Ibid., 198.

1285) "A Moravian historian wrote that Church history abounds in records of special outpourings of the Holy Ghost, and verily the thirteenth of August 1727, was a day of the outpouring of the Holy Spirit. We saw the hand of God and His wonders, and we were all under the cloud of our fathers baptized with their Spirit. The Holy Ghost came upon us and in those days great signs and wonders took place in our midst. From that time scarcely a day passed but what we beheld His almighty workings amongst us. A great hunger after the Word of God took possession of us so that we had to have three services every day, viz. 5.0 and 7.30 a.m. and 9.0 p.m. Every one desired above everything else that the Holy Spirit might have full control. Self-love and self-will, as well as all disobedience disappeared and an overwhelming flood of grace swept us all out into the great ocean of Divine Love. No one present could tell exactly what happened on that Wednesday morning, 13 August 1727 at the specially called Communion service. They

도르프(Nicholas Ludwig von Zinzendorf, 1700-1760)였다. 사람들은 진젠도르프가 그 말기에 신비주의로 치우쳤다고 말하나 모라비안이 경건주의 운동에서 파생되었고, 진젠도르프 역시 젊은 시절부터 경건주의에 심취했었다. 진젠도르프의 부친은 경건주의의 아버지라 불리는 슈페너와 가깝게 지낸 친구였다. 진젠도르프는 슈페너의 경건주의 이상을 실천하려고 했으며, 그 실천을 위해 보헤미아 형제단의 남은 자들과 관련을 맺었다.1286)

⑯ 요한 웨슬리

요한 웨슬리(John Wesley, 1703-1791)는 오순절 신학자들이 '근대 오순절 운동의 아버지'라고 부른다.1287) 웨슬리는 진젠도르프로부터 크게 영향을 받았다. 웨슬리는 방언을 비롯한 성령의 은사가 초대교회 이후에도 지속된다고 말했다. 당시의 은사중지론자인 미들턴(Dr. Middleton)이 사도 시대 이후로 방언은 사라졌으며, 그 이후로 기독교 역사에서 어떤 방언 사례도 찾을 수 없다고 말하자, 웨슬리는 다음과 같이 말했다.

> 의심할 여지도 없이 그동안에도 방언이 일어났다는 소식들은 계속해서 들려왔습니다. 그리고 이렇게 방언이 일어난 곳은 영국에서 그리 먼 곳도 아니고 또 아주 먼 옛날의 일도 아닌 바로 최근입니다. 다피니 계곡(위그노들이 있었던 곳)에서 여러 차례 방언이 일어난 사실에 대해서 우리 모두가 잘 알고 있지 않나요? 이들 계곡에 살던 개신교 거주자들이 방언 은사와 다른 기적적인 능력들을 행한다는 소식이 크게 알려져 프랑스 파리에 큰 소동이 일어난 것은

---

hardly knew if they had been on earth or in heaven. Count Nicholas Zinzendorf, the young leader of that community, gave this account many years later."
1286) 라은성, **이것이 교회사다: 가공된 진리** (서울: PTL, 2018), 299-300; 〈그(슈페너)가 강조하는 것은 ① 하나님을 느끼는 내적 깊이와 하나 됨이었는데 이것은 경건주의의 핵심이 되었습니다. ② 만인 제사장 교리입니다. ③ 실천적이고 청결한 삶과 사랑입니다. ④ 경건주의의 본질은 "진리는 인간의 내면에 거한다"는 아우구스티누스의 글에서 찾아볼 수 있습니다. 내면에 있는 진리는 실천적 삶에서 능동적으로 명시되어야 한다는 의미입니다.〉(p. 291). 라은성 교수가 "이런 좋은 면을 가진 경건주의"라고 말한 것은 경건주의의 위험성을 간과한 것이다.
1287) Williams and Waldvogel, "A History of Speaking in Tongues and Related Gifts," in *The Charismatic Movement*, 77. Also see Kingston, 129; 김동찬, **방언 바로 알기** (서울: 베다니출판사, 2015), 198에서 재인용.

불과 50년이 채 되지 않았습니다.[1288]

웨슬리는 방언에 대한 확신을 위그노의 방언을 근거로 말했다. 웨슬리의 동역자 중 한 사람인 토마스 웰쉬(thomas Walsh)는 방언에 대한 자신의 경험을 다음과 같이 말했다.

오늘 아침 주님께서는 내가 알지 못하는 언어를 주시어 나의 영혼이 그분을 향하여 놀랍도록 고양되며 힘차게 일어서게 하셨다.[1289]

웨슬리와 그 이후 감리교 안에서는 방언을 하는 일이 종종 있었으며, 신앙생활의 일부로 여겼다.

⑰ 쉐이커 교도

쉐이커 교도(Shakers)는 18세기 중엽 미국의 퀘이커(Quaker)의 한 분파이며, 그 창시자는 앤 리 스탠리(Ann Lee Stanley, 1736-1784)로 그녀는 자신을 여자 예수 그리스도라 했다. 그녀는 자신이 일흔두 가지 언어로 말할 수 있다고 주장했으며, 무아지경의 상태에서 춤추고 노래하면서 방언을 했다. 미국 뉴욕주 트로이(Troy)에 '쉐이커 공동체'를 만들고 하나님의 계시를 받는다고 하면서 성생활도 부패한 것이므로 금지시켰다. 이들은 성적 유혹을 이기는 법을 배운다는 명목으로 남녀가 알몸으로 함께 춤을 추며 방언을 하면서 집단의식을 했다.

알렉산더 매키(Alxendaer Mackie)는 다음과 같이 말했다.

어느 날 세상의 권력은 그녀를 법정에 세웠다. 그녀는 성령과 하나님의 능력을 힘입어 법정의 많은 사람들 앞에서 12가지의 서로 다른 언어들을 말하며 사람들을 놀라게 했다. 특히 그녀가 프랑스어, 히브리어, 그리스도와 라틴어로 말할 때 이 언어들을 이미 알고 있던 사람들은 더욱 놀라움을 금치 못했다. 또한 그 밖의 다른 언어들을 알고 있는 사람들도 그러했다.[1290]

김동찬 교수는 다음과 같이 말했다.

1288) 김동찬, **방언 바로 알기** (서울: 베다니출판사, 2015), 200-201.
1289) Ibid., 203.
1290) Ibid., 204.

이들 쉐이커 교도의 모임에서 이해되지 않는 언어를 포함하여 라틴어, 프랑스어, 인디안어 등 여러 외국어들이 초자연적인 능력들과 함께 나타났다는 기록을 찾아볼 수 있다.[1291]

김동찬 교수는 방언의 지속성을 말하기 위해 로마 가톨릭뿐만 아니라 비성경적인 퀘이커 교도와 쉐이커 교도까지 말했다. 쉐이커 교도의 부패성을 외면하고 방언을 옹호하기 위해 그 모임에서 방언이 있다고 말하면 방언의 정당성이 확보되는 것인가?

⑱ 몰몬교

1830년대 몰몬교의 예배에는 방언이 일반적인 양상이었다.[1292] 몰몬교는 자신들의 방언이 19세기 복음주의자들과 분명한 구별이 없다는 점에서 정당성을 주장했다.[1293] 김동찬 교수는 몰몬교의 방언이 학습된 방언이라고 비판했다. 몰몬교의 창시자인 조셉 스미스(Joseph Smith, 1805-1844)와 그 후계자인 브리검 영(Brigham Young, 1801-1877)은 방언을 받았다고 주장했다. 이후에 몰몬교 안에는 방언을 연습시키는 일이 있었고, 인위적인 방언과 가짜 통역을 폭로하는 일이 발생했다. 어떤 사람들은 위스키에 만취한 상태로 방언과 예언을 했다.[1294] 그로마키는

1291) Ibid., 205.

1292) J. Farkas, "Speaking in Tongues and the Mormon Church,"

http://www.frontiernet.net/~bcmmin/tonguel.htm; (accessed June 25,2011); "Almost everyone who was baptized received the Holy Ghost in power, some prophesying, some speaking in tongues, the heavens were opened to some and all the signs which Christ promised should follow the believers were with us abundantly."

1293) Neil Ferguson, "Separating speaking in tongues from glossolalia using a sacramental view," *Colloquium* 43(1) (2011): 46(39-58); 〈The practice was discouraged under the leadership of Brigham Young in the 1860s and now only appears occasionally in Mormon fringe groups. The important conclusion is that the manifestation of glossolalia among early Mormons was "evidently indistinguishable from the practice of some nineteenth-century evangelicals."(Vogel and Dunn, "'The Tongue of Angels': Glossolalia among Mormonisms Founders," 34). A Mormon could argue that these manifestations give legitimacy to their view of the Spirit. This may be effective within Mormonism itself, but for a Christian who recognises the different understanding of the Holy Spirit in Mormonism it only serves to highlight the unsuitability of glossolalia as an exclusive sign of the Holy Spirit baptism.〉

1294) 김동찬, **방언 바로 알기** (서울: 베다니출판사, 2015), 208; "또 다른 사건은 이러한 방언에 의심을 품은 한 청년이 『줄이어스 시이저의 갈릴 전쟁 첫 번째 책』의 일부분을 라틴어로 외워 마치 방언을 하는 것처럼

몰몬교 신앙 일곱 번째 조항에서 그들이 "방언, 예언, 계시, 환상, 병고침, 방언통역 등의 은사를 믿는다"고 말했다.[1295]

김동찬 교수는 현대에도 인위적인 방언이 있고 학습된 방언이 있다고 말했다. 김동수 교수도 "랄라 로로 떼떼 띠모 아무 데나 부르면 되요."라고 인간의 훈련으로 할 수 있는 방언을 가르쳤다.[1296] 인간이 조장한 방언을 성령의 은사라고 말하는 것은 심각한 잘못이다. 오늘날 교회 안에서 일어나는 방언현상에는 인위적 방언과 학습된 방언이 있다는 사실에 대해서 누구도 부인할 수 없다.

⑲ 무디

1873년 영국의 선더랜드 집회에 참석한 로버트 보이트는 다음과 같이 말했다.

> 나는 집회에 불이 붙은 것을 보았다. 젊은이들은 방언을 했고, 또 예언을 했다. 왜 갑자기 이런 일이 일어난 것일까? 무디가 오후 내내 그들에게 설교를 했다는 것 말고 다른 이유가 없는 것 같다.[1297]

1875년 런던의 빅토리아 홀에 있는 YMCA 모임에서 무디가 설교할 때 몇몇 젊은이들이 방언을 했다고 하며, 그 외에의 다른 집회에서도 방언이 일어났다고 말한다. 무디와 피니가 성령세례를 받을 때 방언을 했다고 주장하나 오순절 작가인 브럼백조차도 그런 주장들의 증거적 가치를 부인한다.[1298] 그로마키는 "피니나 무디가 방언을 했다는 기록은 없

가장했던 일이 있었다. 그때 항상 자신이 방언통역자라고 주장해왔던 장로 던(Dunn)이 나서며 거짓으로 통역했다."

1295) George W. Dollar, "Church History and the Tongues Movement," *Bibliotheca Sacra*, CXX (October-December, 1963), 320; Robert G. Gromacki, **현대방언 연구**, 김효성 역 (서울: 기독교문서선교회, 1983), 36에서 재인용.

1296) 김동수 교수 방언, 1-55초까지. Sep.18.2016. Accessed Aug.24.2910.
http://blog.naver.com/wmsfms/220814947500?rvid=A119698C6061DD553D63F9D37289474B4F81/

1297) John Sherrill, **성령을 찾아서**, 배응준 역 (서울: 규장, 2007), 135; 김동찬, **방언 바로 알기** (서울: 베다니출판사, 2015), 209에서 재인용.

1298) C. Brumback, *What Meaneth This?* (Springfield, MO: Gospel Publishing House, 1947), 92.

다. 방언 집회들은 그들의 찬성이나 허락 없이 그 집회의 성과로 시작되었을 것이지만, 이것은 그들이 방언 현상을 적극적으로 장려했다는 것을 의미하지는 않는다."고 말했다.[1299]

종교개혁 이후 시대의 방언에 대해 그로마키는 다음과 같이 말했다.

> 종교개혁 이후 시대는 혼란의 시대이었다. 방언은 단지 아주 이상한 곳들에서만 나타났다. 세 살 밖에 안 된 어린 아이들이 방언을 했다고 전해진다. 육체적 경련은 자기 억제의 성경적 표준과 거의 조화되지 않는다. 방언은 전통적 신앙들과 전혀 관계가 없었다. 로마 가톨릭교와 몰몬교와 잘못된 종파들(퀘이커파, 어빙파, 쉐이커파)은 모두 방언을 그들의 교회 상태의 한 부분으로 말하였다. 역시, 이러한 사례들은 성경적 방언의 부활이었다고 증명하기는 어려울 것이다. 거기에는 너무나 많은 불일치가 있다.[1300]

그로마키에 의하면, 방언은 아주 이상한 곳들에서만 나타났으며, 방언을 했다는 종파들의 사례는 성경적 방언이라고 증명할 수 없다. 이로 보건대, 교회사에서는 외국어로 말한 성경적인 방언은 없었다는 것을 확인할 수 있다.

1299) Robert G. Gromacki, **현대방언 연구**, 김효성 역 (서울: 기독교문서선교회, 1983), 36-37.
1300) Ibid., 37.

7. 현대 오순절 방언 운동

지나간 역사, 곧 3세기 중반부터 17세기까지 교회사에서 방언이 나타났다는 증거는 거의 전무했다. 성경에서 방언은 초대교회에서 특별하게 나타난 것을 제외하고는 교회 역사에는 방언이 나타나지 않았다. 여기에 두 가지 주장이 있다.

방언 옹호론자들은 초대교회 이후로 기독교가 이성적인 종교로 변질되었기 때문이고, 세상 철학의 영향으로 지식 중심의 종교, 이성적인 논리와 사유를 중시하는 종교로 변질되었기 때문이라고 주장한다.

반면에, 방언 중지론자들은 하나님의 말씀인 성경이 완성되었기 때문에 계시의 보조수단으로 주었던 방언과 예언이 종결되었다고 주장한다. 방언 중지론자들은 성경을 통한 계시의 종결성과 충족성으로 인해 방언이 종결되었다고 말한다.

① 에드워드 어빙

추가적인 성령 체험과 현대 방언의 원조로 여겨지는 사람은 에드워드 어빙(Edward Irving, 1792-1834)이다. 어빙은 종말론에 큰 관심을 가졌던 스코틀랜드의 장로 교인이었다. 까미자르파(Camisards)에 속했던 어빙 목사는 영국 런던의 장로 교회에서 목회했으며, 1822년에 '새로운 오순절'의 필요성에 대해 설교하자 주목을 받기 시작했다. 1828년에 어빙은 스코트에 매료되었다. 스코트는 "초대교회의 카리스마타가 모든 시대의 교회들에 의해서 누려질 수 있고, 또 마땅히 누려야 한다"고 주장한 사람이었다.[1301]

1833년에는 카리스마적 은사들에 대해 강조하면서 방언을 말하기 시작했다. 어빙파는 오순절의 외국어 방언과 고린도 교회의 황홀적이고 알아들을 수 없는 언어의 방언으로 보았으며, 후자의 방언을 했다. 샤프는 이 방언 현상을 뉴욕의 어빙파 집회에서 보았는데, 그 말들은 알아들을

1301) 벤자민 B. 워필드, **기독교기적론**(*Counterfeit miracles*), 이길상 역 (서울: 나침반사, 1989), 230; "어빙 자신도 시대의 영적 은사들이 예외적이거나 임시적인 것이 아니었다는 확신을 갖게 된 시기를 1828년-즉, 스코트와 사귀게 된 해-으로 잡는다."

수 없었고 말하는 자들은 무의식적이고 혀를 통제하지 않았다.[1302]

어빙은 그리스도의 몸은 죄 있는 실체라고 이단적 사상을 가지고 있었다. 어빙은 인간의 타락을 부정하고, 방언이 '마지막 날의 표적'이라고 강조했으며, 주님의 재림이 임박했다고 주장했다. 어빙의 노력으로 1832년 '범 사도교회'가 시작되었다. 어빙은 1833년에 스코틀랜드 교회에서 면직되었다. 어빙이 『열려진 성육신 교리』(1828)라는 책에서 그리스도의 인성을 훼손하고 그리스도의 무죄성을 부인했기 때문이다. 어빙은 자신이 오해를 받았다고 항변했으며, 런던 노회에서 면직과 함께 출교 되었다. 1835년에 '범 사도교회'는 12 사도를 임명했다. 그들은 마지막 사도가 재림 전까지 살아 있을 것으로 기대했으나 마지막 사도가 죽자 1901년 이후로 영향력이 쇠퇴했다.[1303]

어빙은 기존의 만인제사장설이 잘못되었다고 말하면서, "자신의 능력과 은사에 따라서 사도, 복음을 전하는 자, 교사, 목사(혹은 사제), 집사의 구별이 다시 엄격하게 정해져야 하며, 천주교와 같은 성직제도가 다시 실시 되어야 한다고까지 주장"했다.[1304] 어빙은 그리스도께서 1864년에 재림할 것이라고 예언했으나 이루어지지 않았다. 어빙파는 성경과 대치되는 계시를 말했으며 그들이 받았다는 예언은 이루어지지 않았다. 방언을 하며 병을 치유한다고 했으나 죽기도 했다. 1831년에 어빙 교회에 가입했던 로버트 백스터는 "우리는 주님의 영으로 방언을 해 온 것이 아니라 거짓 영으로 방언을 해 왔다."고 말했으며 어빙파의 은사들은 잘못된 것이라는 책을 출판했다.[1305]

1302) Philip Schaff, *History of the Christian Church* (Grand Rapids: Wm. B. Eerdmans Publishing Co., 1952), 237; Robert G. Gromacki, **현대방언 연구**, 김효성 역 (서울: 기독교문서선교회, 1983), 35에서 재인용.
1303) 박형용, "성령세례에 대한 오순절파의 견해와 비판(1)," **신학정론** 14(2) (1996): 462(458-486).
1304) https://namu.wiki/w/새사도교회; accessed Aug.1.2019; "어빙은 1846년 스코틀랜드 국민장로회에서 면직되고 말았다. 이후 어빙은 자신을 따르고 도와주던 사람들과 함께 '가톨릭 사도교회'(Catholic Apostolic Church) 운동을 시작하면서 가톨릭과 개신교, 자신의 독자적인 교리가 어중간하게 섞여 들어간 교단을 만들게 되었다. 이때만 해도 이름에서 알 수 있듯 전례복이라던가 감실이 달린 제대가 있는 등, 가톨릭에 가까운 외형을 갖추면서 성상은 없는 형태였다. 이 교단은 12사도를 임명하여 재림예언과 치유 의식 등을 행한 것으로 알려져 있으며, 1901년 마지막 사도가 죽으면서 공식적으로 교단이 소멸했다. 다만 현대에도 독일과 네덜란드에서 어빙파의 후예를 자처하며 당시의 교리와 의식들을 재현하는 교회들이 극소수 남아 있다."
1305) *Natrative of Facts Characterizing the Supernatural Manifestations in Member of Mr. Irving's Congregation* (London, 1833); Anthony A. Hoekema, **방언연구**, 정정숙 역 (서울: 신망애출판사, 1982), 36에

② 폭스 파햄

초기 오순절 교단 역사에 가장 많은 영향을 미친 사람은 다우이(John Alexander Dowie, 1847-1907)이다. 또한, 우드워스-에터(Maria Beulah Woodworth-Etter, 1884-1924)가 있다. 다우이는 의사, 약, 마귀를 허용하지 않았다. 하루는 다우이의 딸이 알콜 램프에 넘어서 화상을 입었는데, 진통을 없애려고 바세린을 발라주려고 하자 저지시키고 치료받는 것도 거부하다가 결국 화상으로 죽었다. 치유를 받으려고 온 사람들도 약을 쓰지 못하고 죽었다. 다우이가 고쳤다는 사람들의 목발 수십 개를 벽에 걸어놓고 사진을 찍기도 했으나 실제로 나은 사람은 한 사람도 없었다. 자기를 마지막 사도라고 주장했으나 말년에 성적 비행으로 고소를 당했으며 중풍에 걸렸고 자신이 세운 '시온의 도시'라는 센터가 부도나서 망했다.

테네시주 먼로우 코커크리크(Cokercreek) 촌락 부근의 침례교에서 안수받은 리차드 스펄링(Richard G. Spurling) 목사는 기성교회에 대한 불만을 가지고, 1886년에 자신의 단체를 만들었다. 스펄링은 북 캐롤라이나주 체로키에서 방언을 특징으로 하는 부흥집회를 인도했다(1896년) 스펄링의 사상과 부흥집회는 톰림슨 가족이 이끌었던 하나님의 교회 설립을 도왔다.[1306]

미국 최초 방언파의 창시자는 찰스 폭스 파햄(Charles Fox Farham, 1873-1929)이다. 파햄은 「사도의 믿음의 설계자」(the Projector of Apostolic Faith)라는 책에서 자신을 새로운 성령의 시대를 개막시키는 세례 요한이라고 말했다. 파햄은 신학을 정식으로 공부하지 않았으며, 건전한 신학에서 벗어나 방언을 추구한 부흥사였다. 파햄은 그리스도인이 구원을 받은 후에 두 번째 체험을 통해 완전성화(이 세상에서 죄가 없는 완전함에 이른 영적 상태)에 이를 수 있다는 성결 운동(Holiness movement)에 참여했던 사람이었고, 그 성결 운동의 한 부분이 되었

서 재인용.
1306) Robert G. Gromacki, 현대방언 연구, 김효성 역 (서울: 기독교문서선교회, 1983), 39.

다.1307)

파햄은 선교사들이 현지 언어를 배우지 않아도 방언을 통해 선교할 수 있다고 주장했으나 실패했다. 파햄은 중생과 성화 이후에 주어지는 성령세례의 증거에 몰두했으며, 벧엘 성경학교 학생들과 성경을 연구한 결과로 "성령 침례의 최초의 증거는 방언을 말하는 것"이라고 주장했다.1308) 파햄은 성령세례의 증거로 주장한 경험들을 "성령의 내주하시는 기름 부으심"이라는 새로운 범주를 만들어 넣었다.1309) 파햄은 성령세례와 방언을 결합했다.1310) 이것이 방언 옹호론자들이 성령세례의 증거로 방언을 말하는 시초다.

파햄은 불신자의 사후 소멸을 주장했으며 불신자의 영원 형벌을 부인했다. 앵글로 색슨족이 이스라엘이며 인류 창소를 새창조실로 주징했다. 아담과 이브는 다른 인종이며 처음 창조된 인종은 혼이 없으며, 혼이 없는 사람들은 홍수 때 다 죽었다고 주장했다.

방언을 받는 자들만 그리스도의 신부이며, 방언하는 자들이 재림 때에 권세를 받으며 방언을 하는 자들만이 휴거 된다고 주장했다. 또한, 성도가 육신의 병 고침을 받는 것은 성도의 타고난 권리이며 약이나 의사는 필요 없다고 말했다. 그러나 그의 아들 중 하나는 16세에 죽었으며 다른 아들은 37세에 죽었다. 파햄은 육체의 질병을 고치는 것이 예수 그리스

1307) John F. MacArthur Jr., **무질서한 은사주의** (서울: 부흥과개혁사, 2008), 41.

1308) John Thomas Nichol, *Pentecostalism* (New York, NY: Harper & Row, 1966), 27-28.

1309) Charles F. Parham, *A Voice Crying in The Wilderness* (Joplin, Missouri: Joplin Printing Company, 1902), 27-28; 이창승, "오순절주의의 정체성: 성령침례에 결합된 방언과 그 의미," **오순절신학논단** (8) (2010): 248-249(241-285)에서 재인용; "이 약속이 그런 명백한 증거(unmistakable evidence)가 따르며 성취되면, 아무도 그것을 받았다는 것을 의심할 수 없습니다. 수천의 기독교인들이 이 인침뿐만 아니라 성령침례를 고백합니다. 그러나 그 성경적 증거(the Bible evidence)가 그들의 삶에 결여되어 있습니다. 우리는 큰 확신, 기쁨의 홍수, 기름 부으심들(unctions or anointings)을 성령침례(the Baptism)라고 부르는 것은 비성경적이라고 말씀드리고 싶습니다. 성령침례라고 부를 수 있는 것은 오직 한 가지뿐입니다. 지금 모든 그리스도인들이 성령 받아야 한다고 믿고 있지만 그분의 명백한 나타나심들에 관한 해석은 제각각입니다. 어떤 사람들은 외치기 (shouting), 껑충껑충 뛰기(leaping), 뛰어오르기(jumping), 그리고 쓰러지기(falling in trance)를 주장합니다. 다른 사람들은 영감(inspiration), 기름 부으심(unction)과 계시(divine revelation)를 강조합니다. 아마도 가장 큰 오해는 제자들이 그리스도께서 다락방에서 그들에게 불어넣어 주셨을 때 받았던(요 20:22) '내주하시는 기름 부으심'(the anointing that abideth)을 '진정한 성령침례'(real Baptism of the Holy Spirit)로 생각하는 것일 것입니다."

1310) J. Roswell Flower,"Birth of the Pentecostal Movement," *Pentecostal Evangel* 38 (1950): 3.

도의 구원 속죄의 일부라고 주장했으나 자신은 여러 차례나 아파서 설교도 하지 못했다.1311)

파햄은 베이커(David Baker)라는 퀘이커 교도로부터 몇 가지 교리를 취하고 베이커의 손녀 사라와 결혼했다. 파햄의 집안이 열정적인 집회소와 같았던 이유가 퀘이커의 영향이 컸다.1312) 그 영향으로 악한 자들의 영원한 형벌을 부인하고, 믿지 않는 자들은 지옥에서 완전히 소멸된다고 말했다.

1900년 파햄은 신유집회의 아버지라 불리는 다우이(Alexander Dowie)를 시카고에서 만났다. 「사도의 믿음」(Apostolic Faith, 1899년 9월 13일) 잡지에서, 파햄은 "성경이 약의 사용을 금지하는가?"라는 질문에 "우리는 '그렇다!'라고 대답한다. 다시 한번 말하지만, 대답은 '그렇다!'이다."라고 말했다.1313)

1900년 중반 샌포드(Fank Weston Sandford, 1862-1948)를 방문했다. 파햄에게 가장 크게 영향을 준 사람이 비밀 계시를 추종하는 자들을 인도하던 샌포드였다.1314) 샌포드는 침례교 신학교를 중퇴했으며, 성령의 직접 계시와 병 고침을 가장 중시했다. 샌포드는 하나님께서는 그리스도께 속한 자와 적그리스도에게 속한 자로 나누기 위해 표적과 이적을

1311) 현대교회의 방언과 예언은 성경적인가? Jun.3.2017. Accessed Aug.24.2019.
https://m.blog.naver.com/imillera/221021005144
1312) 정이철, "옹알거림이 외국어이고 영의 언어?" Accessed Aug.15.2019.
http://www.newspower.co.kr/24947; "펄햄은 퀘이커 교도인 데이비드 베이커(David Baker)와 친밀한 교제를 나누었고, 1896년 12월 그의 손녀와 결혼하였다. 그래서 펄햄도 퀘이커 교회의 이단 사상을 수용하여 하나님을 거역하는 악한 자들에게 임하는 영원한 심판을 부정하였고, 이단 '여호와 증인', '안식일 교회'에서 주장하는 것처럼 불신자들은 지옥에서 영원히 고통당하지 않고 소멸된다고 가르쳤다."
1313) Ewin, **오순절 은사 운동 바로 알기**, 정동수 역 (서울: 그리스도예수안에, 2014), 104.
1314) 정이철, "옹알거림이 외국어이고 영의 언어?" Accessed Aug.15.2019.
http://www.newspower.co.kr/24947; "당시 샌포드가 주장했던 내용은 피터 와그너가 주장한 제 3의 물결의 선두주자 존 윔버가 일으킨 빈야드 운동의 '능력전도'(Power Evangelism) 사상과 거의 유사하였다. 샌포드는 초대교회 당시의 사도들의 삶과 능력을 재현시킬 수 있다는 위험한 생각을 가진 인물이었다. 그래서 샌포드의 영향을 받은 사람들에게서 사도행전 2장의 방언을 사모하는 경향이 함께 나타났다. 초대교회의 사도들의 신앙능력의 회복되기 위해 사도행전 2장의 외국어 방언들이 다시 나타나면서 종말의 대부흥이 시작된다는 그릇된 사상이 형성되었기 때문이었다. 샌포드 자신도 1901년까지 방언을 회복시킬 수 있다고 믿었다. 펄햄이 옹알거리는 소리 현상을 외국어라고 믿고 사도들의 신앙이 재현되는 종말의 부흥 시대가 도래했다고 주장하게 된 것은 바로 이와 같은 이단에게서 영향을 받았기 때문이다."

행한다는 '늦은 비' 신학을 강조했고, 사도들의 생애와 능력으로 돌아가고자 노력했다.1315) 샌포드는 자신을 엘리야나 다윗 같은 선지자라고 주장했으며 자신에게 절대적인 충성을 요구했다.1316)

샌포드를 방문한 이후, 파햄은 토페카(Topeka)의 어느 버려진 집에서 자신이 세운 벧엘 성경 대학이라는 작은 성경학교를 중심으로 "사도적 능력의 비밀을 시험하고 발견하기 위해 철저히 성경 연구에 몰두"했다.1317) 벧엘 성경 대학에서 사용한 성경 연구 방법은 '관주 따라가기'라는 독특한 방법이었다. 주요 주제들이 성경에 나타나면 그 주제와 관련된 성경 본문을 연속적으로 추적해 가는 방식이었다. 주제에 대한 용어 색인을 사용해서 핵심 용어를 추적했다. 그런 방식은 성경의 문맥을 배제하고 올바른 의미를 찾을 수 없다.

파햄은 성령세례에 관심을 가졌다.1318) 파햄은 그해 12월에 학생들에게 성구 색인 사전을 동원하여 사도행전에서 성령 받은 사건을 연구하고 인과관계를 찾아보라고 과제를 내주었다. 학생들이 각자 연구하고 사도행전의 성령 받은 기사에는 방언의 은사가 나타났다고 결론을 내렸다.1319) 이것을 바탕으로 파햄과 그 학생들은 방언의 은사와 함께 성령

1315) Ewin, **오순절 은사 운동 바로 알기**, 정동수 역 (서울: 그리스도예수안에, 2014), 105; 〈파르함은 샌포드로부터 '앵글로-이스라엘주의' 즉 앵글로-색슨 족이야말로 이스라엘의 잃어버린 10지파의 후손이라는 주장을 취했다. 샌포드와 그의 뒤를 이은 파르함은 교회와 이스라엘을 혼동했으며 영국과 미국이 이스라엘에게 주신 약속을 상속하게 되었다고 믿었다. 1899년 3월 22일 처음 발간된 「사도의 믿음」 잡지에서 파르함은 자기의 믿음을 다음과 같이 고백했다. "믿음에 의한 구원; 믿음과 안수와 기도에 의한 신유; 믿음에 의한 성화; 그리스도의 전천년 재림; 신부를 봉인하고 은사를 수여하는 성령과 불침례"〉

1316) 김재성, **개혁주의 성령론** (서울: CLC, 2014), 227.

1317) Don Wilson Basham, **성령세례 방언 핸드북**, 오태용 역 (서울: 베다니출판사, 2017), 16.

1318) Vinson Synan, "The Touch Felt Around the World" Charisma (Jan. 1991), 82; John MacArthur, **무질서한 은사주의** (서울: 부흥과개혁사, 2008), 42–43에서 재인용; 〈은사주의 역사가 빈슨 시넌(Vinson Synan)은 이렇게 기록했다. "몇 년간 파렴은 성령세례를 받는 문제에 대한 다양한 견해에 특히 관심을 가졌다. 1890년대에 이르러서는 대부분의 성결 운동 참여자가 성령세례를 성령 체험과 동일시 하고 있었다. 그들은 성령의 불이 마음에서 선천적인 죄를 깨끗이 제거하고 신자로 하여금 타인에게 복음을 증거 하며 승리하는 삶을 살 수 있게 해 준다고 가르쳤다. 그러나 두 번째 축복을 처음으로 강조한 존 웨슬리의 시대부터는 그런 축복을 받았다는, 일반적으로 인정되는 증거가 전혀 없었다. 파렴은 학생들에게 이 문제를 제기하면서 성결 운동 참여자들이 성령세례를 받았다는 증거에 대한 가르침에 있어서 서로 견해가 다르다고 설명했다. 예컨대 그는 이렇게 지적했다. '어떤 이들은 소리를 지르거나 펄쩍 뛰는 일과 같은 현상도 축복 내지 증거라고 주장한다.' 동시에 파렴은 몇 년 동안 방언이 외국어 구사 능력의 형태로 회복되어 선교사들이 더 이상 통상적인 언어 공부에 시간을 들이지 않아도 될 가능성에 큰 관심을 가졌다."〉

세례를 받으려고 기도했다.

1901년 1월 1일, 파햄은 자신의 학교에서 가르치던 여학생인 아그네스 오즈먼(Agnes Ozman)에게 안수하자 사도행전에 나오는 방언을 했다고 말했다.

> 그러다가 그 날 늦은 시각에 아그네스 오즈먼이라는 어느 서른 살 먹은 여학생이 파렴에게 찾아와 방언의 표적과 함께 성령을 받을 수 있도록 안수 기도를 요청했다. 그녀는 이렇게 증언했다. "파렴이 기도하며 내 머리에 손을 얹자 나는 하나님께 영광을 돌리며 방언을 말하기 시작했다. 나는 몇 개의 언어를 말했다. 방언이 나올 때 그러한 사실이 명백히 드러났다. 하나님께 영광을!"1320)

1월 3일에는 파햄과 다른 많은 학생이 성령세례를 받고 방언을 말했다. 파햄은 자신의 제자들이 방언으로 21개국 언어로 말했다고 주장했다. 파햄 자신은 "그때 나의 혀가 뒤틀리며 스웨덴어로 하나님을 예배하기 시작했다"(I began to worship in the Sweedish tongue)고 말했다.1321) 오즈먼이 중국어를 전혀 공부한 적이 없는데도 중국어로 글을 썼으며 행크 헤너그라프는 중국 방언을 사흘 동안 말했다고 주장했으나 중국어와 유사한 소리현상이라고 밝혀졌다.1322) 오즈먼이 1906년 로스

1319) Vinson Synan, "The Touch Felt Around the World" *Charisma* (Jan. 1991), 83; John MacArthur, **무질서한 은사주의** (서울: 부흥과개혁사, 2008), 43에서 재인용; 〈1900년 12월 말에, … 파렴은 학생들에게 특이한 숙제를 내주었다. 그는 주말에 캔자스시티의 한 교회에서 설교하기로 예정되어 있었기 때문에 학생들에게 이렇게 가르쳤다. "은사는 성령 안에 있고 성령세례와 함께 은사도 은혜와 더불어 나타나야 한다. 자, 이제 학생들은 내가 없는 동안 성령세례와 관련해서 이 주제에 대해 어떤 의심의 여지도 없을 만큼 확실한 증거는 없는지 살펴보기 바란다." 파렴은 12월 30일에 돌아와서 학생들이 이 문제에 대해 의견일치를 이루었다는 것을 알게 되었다. 학생들은 이렇게 결론을 내렸다. "오순절의 축복이 임했을 때 다양한 일이 일어났지만 … 매번 나타난 명백한 증거는 사람들이 다른 방언으로 말을 했다는 것이다." 이러한 결론을 바탕으로 학교 전체가 오순절의 능력 회복을 방언의 증거와 더불어 구하기로 동의했다.〉

1320) Vinson Synan, "The Touch Felt Around the World" Charisma (Jan. 1991), 83; John MacArthur, **무질서한 은사주의** (서울: 부흥과개혁사, 2008), 44에서 재인용.

1321)) Charles F. Parham, "The Latter Rain: The Story of the Origin of the Original Apostolic Or Pentecostal Movements," Sarah E. Parham ed. and wrote, *The Life of Charles F. P arham* (Baxter Springs, KS, Apostolic Faith College, 1930), 54.

1322) 행크 헤네그라프, **빈야드와 신사도의 가짜 부흥운동**, 이선숙 역 (서울: 부흥과개혁사, 2009), 240; "캔자스 주 토피카 출신인 27세의 찰스 파햄은 자신의 어린 제자인 아그네스 오즈만의 머리에 손을 얹고 기도했다. 갑자기 아그네스의 머리와 얼굴 주위로 후광이 비치는 듯했다. 그러더니 아그네스는 중국말을 하기 시작했다. 꼬박 3일 내내 영어는 단 한마디도 할 수 없었다. 더 믿을 수 없는 것은 글씨를 쓸 때마다 중국 글자만 나타났

앤젤레스에서 그것을 증언하던 집회에서 다시 방언을 했다고 파햄은 주장했다. 파햄은 외국어 방언을 동반하는 사도행전 2장의 성령세례가 재현되었다고 주장했다. 가르는 인도 방언을 받았다고 인도 선교사로 갔으나 완전히 실패했다. 파햄은 방언이 성령세례와 동반되며 방언을 성령세례의 유일한 증거라고 주장했는데,1323) 방언이 가짜라면 성령세례도 가짜라는 의미인가? 파햄은 방언이 하나님께서 주시는 "한 가지 명확한 표준"(a definite standard)이였는데,1324) 방언이 엉터리면 그 표준은 말할 여지도 없다.

이 당시는 중국 선교에 대한 열망이 대단했던 시기였다. 중국 방언을 받았다는 사람들이 중국에 갔으나 한 사람도 중국 사람들과 대화하거나 강의를 알아듣지 못했다. 중국 방언이 거짓이었다는 것이 천하에 탄로났다. 김동찬 교수는 이 일에 대하여 언급하지 않았다. 파햄이나 그 학생들이 방언을 받았다는 말만 했으며 그들이 말하는 그 외국어 방언이 가짜였다는 사실은 말하지 않았다.

파햄은 기존의 교회 권위와 교단체제를 거부하는 평신도 설교자였다. 파햄은 병 고침과 방언 체험을 강조하고 사모했다. 결국, 파햄은 자신이

<hr />

다는 것이다."

1323) Charles F. Parham, "The Bride," *A Voice Crying in The Wilderness*, 86; 이창승, "사적으로, 공적으로 방언 말하기: 오순절 운동의 아버지 찰스 F. 파햄의 방언론," **오순절신학논단** 13 (2015): 86(31-104)에서 재인용; 〈파햄은 방언을 성령 침례의 유일한 성경적 증거라고 주장했다. 그는 "방언이라는 성경적 증거를 동반하는 (the baptism of the Holy Spirit with the Bible evidence of speaking with tongues) 성령 침례"라는 어구를 사용했다(Charles F. Parham, "Water Baptism," *A Voice Crying in The Wilderness*, 21). 파햄은 "Bible evidence"라는 단수 명사 앞에 그 명사를 한정하는 정관사 "the"를 붙임으로써 "유일한"이라는 의미를 부각시켰다. 파햄에게 방언은 성령 침례의 "그 유일한" 증거였다. 또한 그는 현대의 방언은 사도 시대와 동일한 증거라고 보았다. 약속의 성령의 인침을 약속하셨던 예수님께서는 사도 시대의 증거와 동일한 증거(same evidence), 즉 방언으로 말하기(speaking with tongues)를 지금까지 그들에게 주시고 계시다는 것이다. 파햄은 사도행전 2장의 예루살렘 오순절 성령강림, 사도행전 10장의 고넬료 가정의 성령강림, 사도행전 19장의 에베소의 성령강림을 근거로 방언이 성령 침례의 성경적인 증거라는 주장을 펼쳤다(Charles F. Parham, "Baptism of the Holy Ghost," *A Voice Crying in the Wilderness*, 36-38.). 파햄은 방언을 하나님의 증거라고도 말했다. 그에게 성령이 말하라고 주시는 것으로서 방언을 말함은 성령 침례에 대한 "하나님의 증거"(God's witness to the Baptism)이기도 했다(Charles F. Parham, "The Baptism of the Holy Spirit," *The Everlasting Gospel*, 68.) 파햄에게 방언은 내적인 성령 침례의 외적 증거였으며, 이 점은 그의 방언론에의 웨슬리의 영향을 보여준다. 그는 방언을 "이 침례의 결과로 나타난 증거"(the manifest evidence resulting from this Baptism)라고 말했다(Charles F. Parham, "Baptism of the Holy Ghost," A Voice Crying in The Wilderness, 36.).〉

1324)) Charles F. Parham, "The Baptism of the Holy Spirit," *The Everlasting Gospel*, 65.

속한 감리교회로부터 탈퇴했으며, 논쟁에 휩싸였다. 파햄은 성령의 직접적인 음성을 듣기 위해 명상을 즐겼다.

파햄을 말하면서 한 가지 짚고 넘어가야 할 것이 있다. 방언 옹호론자들은 방언을 상징언어라고 말하지만, 정작 자신들의 선조로 추앙하는 파햄은 방언을 외국어로 말했다는 사실이다. 파햄은 방언을 성령세례의 "성경적 증거"라고 말했다.1325) 세이무어도 방언을 성령세례의 증거라고 말했다.1326) 파햄은 선교적 언어라고 주장했다가 후에는 비언어적 방언도 인정했다.

자신들이 받았다는 방언이 성령세례의 증거가 되려면 오순절의 외국어 방언이 되어야 했으나, 그 방언이 가짜로 드러나자 비언어적 방언도 인정하게 된 것이라 여겨진다. 현대 방언이 상징언어라고 말하는 근거도 이런 어처구니없는 가짜 방언에 기초한다고 생각한다. 배덕만 교수는 오순절 신학을 평하면서, "방언에 대한 이해도 선교를 위한 '외국어'란 입장에서 개인적 신앙성숙을 위한 '알 수 없는 언어'라는 입장으로 변했다."고 말했다.1327) 오순절 그대로 재현되고 반복된다는 것은 허상이라는 의미다. 오순절주의자들은 '사도적 기독교로 되돌아간다'고 주장하는데,1328) 사도들과 다른 방언을 하면 사도적 기독교가 아니라 유사 기독교가 되는 것이다.

파햄의 전성기로부터 60년이 지난 후, 방언과 같은 성령의 세례를 받아야 한다는 오순절주의자들이 등장했다. 캘리포니아주 밴 나이스(Van Nuys)의 성 마가 감독교회 목사인 데니스 베넷의 체험과 더불어 현대 은사주의 운동이 시작되었다.1329) 파햄의 영향이 1906년 캘리포니아로

1325) Charles F. Parham,"Water Baptism," *A Voice Crying in The Wilderness*, 21.
1326) "A Chicago Evangelist's Pentecost," *The Apostolic Faith (Los Angeles)* 6 (February, 1907): 4; "Later I heard someone preach that the speaking in tongues was the Bible evidence that we had received the baptism in the Holy Ghost."
1327) 배덕만, "오순절 신학의 성령 이해," **오순절신학논단** (8) (2010): 44(43-65).
1328) 김용식, 박문욱, 김진환, "오순절 운동의 신학적 특징," **오순절신학논단** (1) (1998): 131(128-184).
1329) 조영엽, **성령론** (서울: 기독교문서선교회, 2013), 301; "현대방언 운동은 1906년대까지는 비교적 오순절 계통 안에서마나 확산되었다. 그러나 1960년 4월 3일에 이르러서는 캘리포니아주 반나이스에 있는 한 큰 성공회의 신부 데니스 베넷(Dennis Bennett)이 그의 교인들에게 자기는 방언을 했다고 공언함으로써 그때부터 전국 교회로 방언이 확산되기 시작했다. 이것이 방언파 은사운동의 부흥의 시작이라고 일컬어진다. 그 이후로 침례

번졌으며, 로스앤젤레스의 아주사(Azusa) 거리 부흥에 불을 지폈다.[1330]

웨슬리파 성결 운동에서 사도적 은사를 사모하는 방언 운동이 나왔다. 성결 운동은 종말관에 기초한 것으로 사람들에게 큰 영향을 주었으며 파햄에게도 영향을 끼쳤다. 성결 운동은 찰스 피니, 마한, 파햄의 부흥 운동으로부터 영향을 입고 마지막 시대에 '늦은 비' 사상을 퍼뜨리면서 성령체험을 강조했다.[1331] 그러나 파햄은 방언을 강조하면서 성결 운동가들과 결별했다. 성결 운동 지도자들이 파햄의 오순절 운동을 수용하지 않았기 때문이다. 또한, 자신과 같이 전도하던 아프리카계 아메리카인 흑인 제인 세이무어 목사와도 결별했다. 집회에서 성령의 역사를 사모하는 것이 너무 감정주의에 빠진다는 비판에 대립했기 때문이다.

③ 웨일즈 부흥 운동과 이반 로버츠

1904년에 일어났던 웨일즈 부흥(Welsh Revival)은 근대에 일어난 가장 중요한 성령 운동 중 하나로 말한다. 이 웨일즈 부흥의 중심인물은 이반 로버츠(Evan Roberts, 1878-1951)라는 청년 목회자 지망생이었다.

웨일즈 부흥의 배경으로 박용규 교수는 1) 케직 사경회, 2) 젊은이들의 기도, 3) 플로리 에반스 소녀의 간증, 4) 몇몇 영적지도자들의 헌신적인 노력이라고 말했다.[1332] 그중에서도 케직 사경회를 통해 웨일즈 부흥이 일어났다. 그 당시 로버츠는 모리아 칼빈주의 감리교회에 출석하며 광부이자 대장공이었다. 로버츠는 직장을 그만두고 신학수업을 탈가쓰(Talgath)의 트레베가(Trafecca) 칼리지에서 시작했다.

로버츠는 사람들에게 성령에게 굴복하라면서 성령의 능력을 체험하기 위해 간절히 기도했다. 그때 방언과 비성경적인 성령세례 현상이 나타났

교, 성공회, 루터교, 장로회같은 주요 교파들 가운데서도 교역자들과 평신도들 중에 현대방언하는 사람들이 급속도로 확산되기 시작하였다."

1330) Don Wilson Basham, **성령세례 방언 핸드북**, 오태용 역 (서울: 베다니출판사, 2017), 17.

1331) 김재성, **개혁주의 성령론** (서울: CLC, 2014), 229; "일리노이 주 시온 치유 센터의 도위(John Alexander Dowie), 시카고의 무디(D. L. Moody) 성경학교, 뉴욕 주 나약에서 심슨 목사(A. B. Simpon, 크리스천 미숀 엔 얼라이언스 교단 창설자), 보스톤에서는 고든(A. J. Gordon, 오늘날 고든신학교의 창설자), 메인 주에서는 샌드포드, 토레이(R. A. Torrey, 1856-1928) 등이 많은 영향을 주고 있었다. 이들은 주로 성령의 세례는 회심 이후에 주어지는 증거와 봉사를 위한 성령의 권능이라고 가르쳤다."

1332) 박용규, "웨일즈 대 부흥운동," **교회사학** 6(1) (2007): (87-92)83-138.

다. 김동찬 교수는 다음과 같이 말했다.

> 1904년 10월의 마지막 날 이반 로버츠에 의해 시작된 이 부흥운동은 불과 2개월 내에 3만
> 2천 명이 예수를 영접하고 5개월 내에 10만 명의 웨일즈 주민들이 회심했으며, 나아가 영국
> 을 포함하여 유럽, 아프리카, 호주, 아시아 등지에 영향을 끼쳐서 수백만 명의 사람들이 예수
> 를 영접하는 등 놀라운 부흥을 가져왔다. 방언은 이 웨일즈 부흥운동에서도 일어났다. 1904
> 년 12월 17일자 요크셔 신문(Yorkshire Post)는 이반 로버츠가 인도한 부흥회에서 젊은 남
> 자들과 여성들이 한 번도 배운 적이 없는 언어들을 말하기 시작했다고 보도했다. 그리고 이
> 부흥운동에 참여했던 한 네덜란드 목사는 심지어 설교 전체를 한 번도 배운 적이 없는 영어
> 로 설교하기도 했다.[1333]

김동찬 교수는 사이넌(H. Vinson Synan)의 책을 인용했다.[1334] 사이
넌의 책은 자신의 박사 학위 논문에 로마 가톨릭 오순절 운동을 포함시
킨 것이다. 논문의 핵심은 오순절 주의가 19세기 후반의 성결 운동에 뿌
리를 두고 있다는 것이었다. 오늘날에는 이런 말이 일반화되어 있으나
그 당시에는 매우 신선한 개념이었다. 놀랍게도 로마 가톨릭에서 이 책
을 많이 구입했다. 그 결과로 사이넌은 로마 가톨릭 은사주의 행사에 자
주 강사가 되었고, 로마 가톨릭과 오순절과의 대화에 초청되기도 했
다.[1335]

이 웨일즈의 부흥 후에 미국에서는 오순절 운동이 시작되었다. 로버츠
의 사역에 대해 회중교회 목회자인 피터 프라이스(Peter Price)는 「더
웨스턴 메일」(The Western Mail)의 서신 칼럼에서 로버츠를 신랄하게
비판했다.[1336]

박용규 교수는 다음과 같이 말했다.

1333) 김동찬, **방언 바로 알기** (서울: 베다니출판사, 2015), 215.
1334) Synan, The Holiness-Pentecostal Movement in the United States, 84-85.
1335) https://en.wikipedia.org/wiki/H._Vinson_Synan
1336) 박용규, "웨일즈 대 부흥운동," **교회사학** 6(1) (2007): 124(83-138); 〈그의 비판의 핵심은 영광스럽고
진실 된 부흥은 하나님께 속한 것이고 그 영감은 하늘로부터 오는 것인데 반해 에반 로버츠의 부흥은 인위적이
고 육체적인 "거짓된 부흥운동"라는 것이다. 성령의 직접적이고 지속적인 통제 아래 있다는 로버츠의 주장은 기
독교에서 수용할 수 없었던 잘못된 가르침과 주장이라고 평가하고, 그 점에서 볼 때 로버츠의 부흥이 "순전한
속임수"며 "참된 부흥 운동의 모방이며 하나님을 훼방하는 왜곡된 부흥"이라고 결론을 내렸다. 프라이스에 따르
면 도우라이스(Dowlais)에 있는 자신의 교회에서 일어난 부흥 운동은 참된 부흥 운동인 반면 로버츠의 부흥운
동은 "부끄럽고 … 가짜이며, 참된 부흥운동의 신성모독적인 졸렬한 모조품"이었다. 그 결과 비록 로버츠 자신
은 참여하지 않았지만 길고 뜨거운 공개적인 논쟁이 일어났다.〉

프라이스의 비판이 전혀 근거가 없는 것은 아니다. 로버츠는 리버풀의 도널드슨 스트리트 교회에서 열린 집회 때 자신이 하나님으로부터 직접 계시를 받았다며 이렇게 말한 적이 있다. "하나님이 오래전에 제게 이 계시를 주셨지만 오늘 밤에서야 밝히게 되는군요. 그 계시는 웨일즈 독립교회와 관련된 것입니다. … 이것은 하나님께 직접 받은 것입니다. '교회의 기초가 반석 위에 있지 않다. 교회의 기초가 반석 위에 있지 않다.'" 에반 로버츠는 주관적인 계시를 주저하지 않고 피력한 것이다. 이와 같은 일은 로버츠의 집회에서 자주 등장하는 현상이다. 에이비온 에반스가 지적한 것처럼 에반 로버츠의 사역은 말씀 사역보다는 은사 사역에 더 초점을 두고 진행되었던 것이 사실이다. … 로버츠의 일생을 놓고 평가할 때도 그의 사역은 말씀의 사역이라기보다 은사의 사역이었다. 그의 부흥에는 건실한 설교가 부재했다. 회심 후 사람들의 신앙을 성경적인 가르침으로 교육하고 세울 수 있는 기회가 주어지지 못해 다시 세상으로 돌아가는 현상이 나타났다. 비록 교회로 영입한 후 5-6년내에 20%가 교회를 떠났다는 것은 적은 수치가 아니다. 로버츠의 모토, "교회를 굴복시키고 세상을 구원하라"는 표어 자체가 신학적이기보다 다분히 체험적인 측면이 강하다.[1337]

로버츠의 집회는 3/4이 찬양이었다. 자연히 말씀보다 찬양과 주관적 체험이 강조되었다. 특히, 로버츠는 환상에 있어서 남달랐다.[1338]

1337) Eifion Evans, *The Welsh Revival of 1904*, 131-132; 박용규, "웨일즈 대 부흥운동," **교회사학** 6(1) (2007): 124-125(83-138)에서 재인용. "아쉽게도 로버츠가 영적 은사의 사용을 적절히 규제하기 위해 성경적 안전장치를 항상 준수한 것은 아니었다. 종종 말씀 사역을 소홀히 한 결과, 로버츠는 회중에게 믿음을 바르게 이해하고 그 안에서 바르게 성장하는 데 필수적인 근본 가르침을 베풀지 못했다. 이것은 다소 과도한 감상주의를 초래했으며, 회심한 사람의 체험이 개인적 특성과 당시 심리학적 유행에 따라 평가 받게 만들었다. 이후에 나타난 반발은 훨씬 더 심각했는데 그것은 많은 성도의 영적 통찰력과 열정을 급속히 감퇴시켜 지적 토대가 부실한 그들의 사랑이 비참할 만큼 냉담한 상태로 빠지게 만들었다."(Evans, 163-164) … "에이비온 에반스는 1859년 웨일즈부흥과 1904년 웨일즈 부흥을 비교하면서 이런 평가를 내렸다. 1904년 부흥 운동은 기도와 간증과 찬송에 표현된 인간 감정이 더욱 두드러지게 나타났다. 두말할 나위 없이 이것은 각 세대의 신학적 경향에 따른 것이지만 1904년 부흥 운동의 특징은 교회의 신앙고백이나 기독교의 성격을 공고히 하는 방향으로 이끌지 못했다. 1859년 부흥은 1904년 부흥 운동보다 성도의 체험을 평가하는 일에 더 신중했다. 1904년 부흥 운동의 경우 신앙고백을 타당하다고 인정한 기준은 엄중하지 못했고, 다소 피상적이었으며 전적으로 주관적이었다. 한 개인의 기독교 신앙에 대한 이해와 지식이라든지 기독교 소망에 대한 인식이나 진리와 오류를 어떻게 식별하고 있는지 거의 살펴보지 않았다. 뉘우침, 죄의 고백, 회심의 외적 체험, 용서의 기쁨 그리고 구원의 확신을 경험적으로 고찰하는 것을 더 중요하게 생각했다. 이런 현상의 출처에 대한 신빙성이나 성도의 견인에 나타난 특성 그리고 성화의 가치를 평가하기 위한 성경적 근거의 필요성에 주목하는 사람은 거의 없었다. 이처럼 성경적 기준이 심각히 결여된 현상에 대한 비난은 분명히 건전한 교리와 성경에 기초한 설교 사역을 등한시했기 때문이다. 당시 웨일즈에서 하나님의 임재를 위해 절실히 요청된 것은 말씀을 선포하도록 하나님이 정하신 대리자의 사역이었다. 시간이 지나면서 부흥의 열기가 식을 수밖에 없었던 화근은 유감스럽게도 부흥 운동이 한창인 시기에 싹텄다. 영적 결실을 채 거두기도 전에 성도의 수가 감소하고 교회에 사람들의 발길이 뜸해지고 사회가 세속화되고 복음이 변질된 것은 참으로 씁쓸한 일이다. 하나님의 모든 사역에서 말씀이 가지는 절대적 권위는 하나님께서 정하신 원리다. 그것은 여느 때보다 부흥이라는 은혜의 시기에 더 큰 타당성과 중요성을 지닌다."(Evans, 176-177)

박용규 교수는 다음과 같이 말했다.

자연히 웨일즈 부흥에서는 지나친 주관주의적 경향이 나타났다. 1904년 웨일즈 부흥운동이 이전의 웨일즈 부흥운동과 달리 감정적이고 신비주의적 요소가 두드러지게 등장하기 시작했다. 비록 로버츠 개인의 체험에 의한 것이지만 웨일즈 부흥운동에서는 이전에 없었던 환상에 대한 체험이 두드러지게 나타났다. … 그것은 부흥을 주도한 로버츠나 다른 이들의 신학적 훈련 부족과 깊은 연계성을 지니고 있다고 할 수 있다. 로버츠는 장로교나 칼빈주의 감리교 전통에 서 있으면서도 성령의 이해에 있어서 전통적인 가르침과는 달랐다. 이것은 신학적 부족이 낳은 결과라고 평가할 수 있다. 이 경우는 정도의 차이는 있지만 찰스 피니에게서도 공통적으로 발견할 수 있는 현상이다.[1339]

박용규 교수는 로버츠가 이전과 달리 "감정적이고 신비주의적 요소가 두드러지게 등장"했으며, 로버츠 개인의 "환상에 대한 체험이 두드러지게 나타났다"고 말했다. 이것은 신학적 훈련 부족이었으며, 그 중심에는 "성령의 이해에 있어서 전통적인 가르침과 달랐"기 때문이다.

1338) 정이철, "옹알거림이 외국어이고 영의 언어?" Accessed Aug.15.2019. http://www.newspower.co.kr/24947; 〈다음은 신사도 운동을 옹호하는데 크게 기여한 신사도 운동 신학자 예영수 목사가 발행한 「카리스월드」에 소개되었던 웨일즈 부흥의 대표 이반 로버츠에 대한 내용이다. "1904년 봄 어느 금요일 밤, 로버츠는 침대 옆에서 기도하다가 잠이 들었다. 새벽 1시경 갑자기 잠에서 깨어났는데 하나님의 임재하심 가운데 시간과 공간이 없는 위대한 '거대함'으로 들려져 갔다. '나는 하나님의 임재하심 가운데 말로 표현할 수 없는 기쁨과 경이로움에 쌓여있는 나 자신을 발견했습니다. 4시간 동안 마치 친구와 대면하여 말을 나누듯이 하나님과 말을 나누었습니다. 5시경 나는 다시 지구로 돌아온 것 같았습니다.' 그는 5시부터 9시까지 잠을 잤는데 또다시 9시부터 12시나 오후 1시까지 같은 체험을 했다. 그는 이 체험이 하나님과의 만남이란 것 외에는 어떤 것인지 말로 표현할 수 없다고 했다. 그 이후 3-4개월 동안 매일 아침 이런 대화가 계속됐다. 그 결과 로버츠의 성격이 변화되었으며, 사물을 보는 눈이 달라졌다. 그는 하나님께서 웨일스에서 뿐 아니라 전 세계적으로 역사하실 것을 알았다고 말했다."로버츠는 새벽 1시마다 깨어나서 4시간 동안 하나님과 영적 교제를 나누었다. 그 4시간 동안 그는 분명히 많은 환상을 체험했음에 틀림이 없었다. 그 환상 중의 하나는 달이 어느 때보다 환하게 빛나는 것을 보았는데, 그 달이 환하게 밝아지는 것은 하나님의 임재하심을 반영하는 것 같았다. 그리고 세상을 향해 펼친 팔과 손은 종이 한 장을 들고 있었는데 그 종이에는 '100,000'이라고 적혀 있었다. 이 환상은 수많은 사람들이 그리스도에게로 오는 것으로 해석됐다. 그는 부흥운동이 웨일스에서 일어난다는 것을 느꼈다. 그는 몇몇 친구들에게 하나님께서 웨일스에 부흥 운동을 일으키신다는 것을 말하고 사역 팀을 구성했다."10월이 지나자 로버츠는 환상 가운데 자신이 고향 로우골에 있는 교회에서 특별히 젊은 사람들과 옛 동료들 앞에서 말씀을 전하고 있는 것을 보았다. 이 환상을 펼쳐 버리려고 애를 써도 계속 그 환상이 나타났다. 마침내 10월 30(일) 저녁예배 때 주님은 그에게 고향으로 가라고 하셨다. 그는 더 이상 저항할 수가 없었다. 그는 '알았어요! 주님 당신의 뜻이라면 가겠어요.'라고 했더니 환상이 즉시 사라졌다. 그 순간 그는 찬란한 빛을 경험했다. '온 교회가 찬란한 빛으로 가득 차서 단 위에 계시는 목사님이 희미하게 보였어요. 목사님과 나 사이에 태양 빛과 같은 하늘나라의 영광이 가득 차 있었습니다.' 그 이후 갑자기 부흥운동이 불붙기 시작하여 지칠 줄 모르게 지속됐다."〉
1339) 박용규, "웨일즈 대 부흥운동," 교회사학 6(1) (2007): 137(83-138)

④ 아주사 부흥

현대 오순절 운동의 자양분을 제공한 사람은 미국의 2차 각성 운동을 이끌었던 찰스 피니(Charles G. Finney, 1792-1875)다. 피니는 아담의 원죄와 원죄의 전가, 그리스도의 대속적 죽음과 의의 전가와 같은 기독교 핵심교리를 부정했다.[1340] 피니에게 있어서 죄는 "빗나간 선택이요 잘못된 행동"이었다.[1341] 로이드 존스는 "피니는 입술로는 성령을 이야기하지만, 실질적으로 성령을 모욕하고 추방하는 사람이었다"라고 말했다.[1342]

아주사 부흥의 대표자는 윌리엄 세이무어(William Seymour, 1870-1922)다. 아수사의 부흥이 있기 전에 방언 현상은 1900년대 초 미국에서 시작될 때는 그 추종자가 매우 적었다. 방언과 더불어서 '쓰러짐', '무아지경', '영서', '성령춤'(홀리댄스) 등 여러 현상이 함께 나타났다. 참고로, 아주사 거리 집회를 유명하게 만든 사람은 바틀맨(Frank Bartlman, 1871-1935)이었다. 바틀맨은 자신의 일기와 신문기사를 바탕으로 『오순절이 로스앤젤레스에 임하게 된 경위-처음에는 그 일이 어떠했는가?』라는 책을 내고, 자신의 자서전 『쟁기에서 강단으로』에서 "성경은 '늦은 비' 부흥을 위해 우리를 로스앤젤레스로 인도했다"고 말했다.[1343]

세이무어(W. J. Seymour)는 파햄이 텍사스 휴스턴에 세운 성경학교 (Houston Bible School)의 학생이었다. 파햄에게 설득된 사람 중 한 사

1340) Iain H. Murray, Revival&Revivalism (Carlisle, PA: The Banner of Truth Trust, 2009), 255ff; http://www.good-faith.net/news/articleView.html?idxno=894에서 재인용.

1341) 양낙흥, "현대 복음전도 방식의 원조 찰스 피니의 신학 재고," **개혁논총** 25 (2013): 157(149-182). 그에 의하면 죄의 본질은 이기심이다. 도덕법, 혹은 하나님의 법에 대한 불순종의 본질은 "하나님과 우주의 최상의 복지(well-being)" 대신 "자기만족(self-gratification; Finney, Lectures on Revival, ification)"을 궁극적 목적으로 선택하는 것이며 그것이 "죄요 죄의 전부"였다. … 피니는 칼빈주의의 핵심적 교리들 중 하나인 인간 본성의 부패를 부정한다. 그가 보기에, 인간의 도덕적 부패는 의지가 자기만족에 "자발적으로" 헌신한 상태였다. 그것은 하나님과 우주의 최고의 복지에 전 존재를 헌신하기를 거부하는 것이다. 도덕적 부패는"인간 영혼의 실체 (substance)"가 그 자체로서 죄악되다는 의미에서의 "죄 된 본성"(sinful nature)을 포함하지 않는다)

1342) D. M. Lloyd - Johnes, *The Puritans: Their Origins and Successors* (Carlisle, PA: The Banner of Truth Trust, 2016), 18; http://www.good-faith.net/news/articleView.html?idxno=894에서 재인용.

1343) Ewin, **오순절 은사 운동 바로 알기**, 정동수 역 (서울: 그리스도예수안에, 2014), 106.

람이 세이무어였다. 세이무어가 설교자로 초청받아 LA의 한 교회에 부임했을 때, 그 교회는 세이무어의 심각한 이단 사상으로 한 번의 설교로 끝나고 말았다. 그 이후 세이무어는 그 교회 성도인 은행 청소부 에드워드 리의 집에 초대받아 머물렀으며, 자신에게 관심을 갖는 성도들과 함께 청소부 리처드 에즈베리의 집에서 계속 기도 모임을 했다. 그 모임이 '아주사 스트리트 선교회'(Azusa Street Mission)다. 그 집회는 밤낮으로 3년 동안 계속되었다.

1906년 4월 9일 밤에 오늘날 방언의 전조가 시작되었다. 예배 중에 모든 성도가 성령의 강한 체험을 했고 세이무어와 일곱 성도는 바닥에 쓰러졌으며, 일부는 방언을 했다.[1344] 세이무어는 방언이 시작되었을 때 오순절 역사라고 규정하고 사도행전의 역사처럼 선교현장에서 복음전도가 가능한 언어로 이해했다. 세이무어는 성령세례의 증거로 방언이 언제나 뒤따른다고 말했다.[1345] 실제로 그렇게 되지 않는다는 것을 확인하는 것은 그리 오래가지 않았다.[1346]

세이무어는 '하나님의 부흥운동'(Church of God Reformation Movement)을 이끌었던 마틴 냅(Martin Knapps)으로부터 큰 영향을 받았다. 냅은 '이미 성령을 받아 중생한 사람에게 추가적인 성령의 임재가 있으며, 성도는 마땅히 사모해야 한다'고 주장했다. 냅은 자신이 역사의

1344) 김동찬, **방언 바로 알기** (서울: 베다니출판사, 2015), 218; "그들 가운데 시모어를 자신의 집으로 초대할 때까지만 해도 그 가르침을 믿지 않았던 에드워드 리가 제일 먼저 방언을 경험했다. 그리고 성령세례를 받은 3일 후인 1906년 4월 12일에는 시모어도 방언을 하기 시작했다."

1345) "A Chicago Evangelist's Pentecost," *The Apostolic Faith* (Los Angeles) 6 (February, 1907): 4. "And I would advise all my friends to seek the baptism in the Holy Ghost, till they get the evidence in tongues, for it always follows; I know of no exception."

1346) 정이철, "이단이 시작한 옹알거림이 외국어로 영의 언어로 변천," Jun.14.2014. Accessed Aug.16.2019. http://www.newsm.com/news/articleView.html?idxno=3930; 〈1906년 윌리엄 세이무어가 미국의 아주사에서 옹알거리는 현상을 본격적으로 이끌어내기 시작할 당시에는 아무도 모르는 '영의 언어'라는 개념은 일체 없었다. 세이모어는 세상의 다른 나라들의 외국어라고 하였다. 훗날 외국 여행이 많아지면서 중국, 인도 등지에서 실험해 본 결과 현지인들의 언어와는 아무 연관이 없는 무의미한 소리 현상임이 드러나자, 그때부터 "사도행전의 방언은 외국어였고, 고린도 교회의 방언은 영의 언어였다!"라고 둘러대는 이론이 등장했다. 다음의 아주사 부흥 당시 세이모어가 실제로 했던 설교의 일부이다. "우리가 거룩한 삶을 살 때 성령과 불로 세례를 받습니다. 우리는 그리스도를 우리 마음의 보좌의 왕으로 모셔야 합니다. 그분의 충만하심으로 그리스도를 세상에 높이 올려드립시다. 모든 죄에서의 구원뿐만 아니라 세상의 모든 언어를 말할 수 있도록 해 주신 그분의 능력을 높여드립시다."〉

종말 시대에 살고 있고, 휴거 전에 하나님께서 성령을 부어주시는 큰 성령의 은혜가 나타날 것이라고 주장했다.

세이무어는 냅이 운영하는 신학교 '하나님의 성경학교'(God's Bible School)에 입학하여 공부했으며, "어둠 속에서 빛나는 성도들"(Evening Light Saints)이라는 단체에 가입하여 열심히 활동했다. 중생한 성도에게 성령의 두 번째 은총이 임하여 다시 죄를 범하지 않을 정도로 완전하게 성화될 수 있다는 사상을 학습했다. 또한, 세이무어는 1905년 휴스턴에서 파햄이 두 번째로 운영하였던 신학교의 학생이 되었으며, 파햄으로부터 '방언-성령세례' 사상을 배웠다.

세이무어는 아주사 부흥에서 일어난 일들을 보여주기 위해 자기 스승 파햄을 조정했다. 파햄은 자기 눈앞에서 일어나는 현상들을 보고 '영적인 매춘행위'를 중지해야 한다고 신랄하게 비판했다. 그로 인해 두 사람은 결별하였고 죽을 때까지 만나거나 화해하지도 않았다. 자신의 스승이 자신의 사역현장을 보고 '영적인 매춘행위'라고 했으니 그 충격은 말로 다 할 수 없었을 것이다.

⑤ 바렛 목사

바렛(Thomas Ball Barratt, 1862-1940)은 노르웨이와 유럽에 부흥 운동을 일으킨 목사다. 김동찬 교수는 다음과 같이 말했다.

> 선교 기금마련을 위해 미국을 방문하였는데 때마침 아주사 부흥운동의 소식을 듣게 되어 1906년 10월 7일, 이 집회에 참석하였고 그곳에서 성령 충만함을 경험하였다. 그리고 1906년 11월 15일에는 방언을 받았다. 이처럼 우연한 계기에 성령 사역을 통하여 큰 감동을 받은 바렛 목사는 노르웨이로 돌아가 많은 부흥회들을 인도하였으며 이를 통해 유럽에 오순절 운동을 전하는 핵심적인 사역자가 되었다. 그리고 오슬로(Oslo)에 위치한 그의 선교단체는 유럽 오순절 운동의 모체가 되었다.[1347]

바렛은 자신의 아일랜드 친구인 브라운(Brown) 목사와 함께 기도할 때 방언으로 말하고 노래했다. 노르웨이 오슬로에 돌아온 바렛은 오순절

1347) 김동찬, "가이드포스트 기자 존 쉐릴의 '성령을 찾아서'," Aug.10.2015. Accessed Aug.16.2019.
http://www.amennews.com/news/articleView.html?idxno=13840

메시지를 전하기 시작했고, 모임에서 어떤 목사는 자신이 모르는 네 가지 다른 언어로 말했으며 예언도 했다.1348)

⑥ 알프레드 갈과 릴리안 갈

미국 선교사 알프레드 갈(Alfred Goodrich Garr)과 릴리안 갈(Lillian Garr) 부부는 "불붙은 떨기나무 선교회"에서 목회했으며, 1906년 아주사 부흥 운동에 참석하여 성령의 임재와 능력을 경험했다. 김동찬 교수는 다음과 같이 말했다.

> 이때 갈 목사는 성령의 임재를 통해 한 번도 배운 적이 없는 방글라데시 말을 하게 되었다. 갈 목사 부부는 이러한 신비한 체험으로 인해 자신들이 인도 지역으로 부르심을 받았다는 강한 소명감을 느끼게 되었다. 갈 목사 부부는 선교를 위해 인도로 가던 중 우연히 만나나 크리스천들에게 자신들이 경험한 영적 체험들을 나누었는데, 그들도 자신들처럼 방언을 받는 것을 보게 되었다. 이에 더욱 용기를 얻은 이들 부부는 인도에 가서 선교활동을 했는데, 1907년 이들이 인도의 캘커타에서 오순절 운동의 메시지를 전할 때 큰 부흥이 일어났다.1349)

캐나다의 언어학자이자 역사가인 설리반(Charles A. Sullivan)은 갈이 벵골어 방언을 받았다고 했으나 현지에 도착하자마자 작동하지 않았다고 말했다. 또한, 중국에서도 통역자를 통해 말했다.1350) 갈 선교사는 오순절 운동에서 "지능적으로 대화할 수 있도록, 또는 이해와 함께 설교할 수 있도록 언어를 받은 사람이 아무도 없다는 것을 안다"고 말했다.1351)

1348) T.B. Barratt (1862–1940) Accessed Aug.16.2019. http://www.pentecostalpioneers.org/Barratt.html; "He went to America in 1906 to raise funds for their Mission work in Oslo. He went to A.B. Simpson's missionary home and while their had a mighty 'touch' of the anointing of God. He at first called this the baptism in the Holy Ghost."
1349) 김동찬, **방언 바로 알기** (서울: 베다니출판사, 2015), 221.
1350) Charles A. Sullivan, "Garr's Missionary Crisis on Speaking in Tongues," Jan.23.2017. Accessed Aug.16.2019. https://charlesasullivan.com/8601/garrs-missionary-crisis-speaking-tongues; "Alfred Garr, a pioneer missionary of the Azusa Street Revival in the early 1900s explains why his conferred supernatural gift of the Bengali language did not work upon arrival. … So far I have not seen any one who is able to preach to the natives in their own tongues with the languages given with the Holy Ghost. Here in Hong Kong, we preached the word to the Chinese through an interpreter, and God has saved some, and there are about twenty-five or thirty that were baptised with the Spirit of God and spoke in other tongues, seen visions, and received interpretations, etc."
1351) Charles A. Sullivan, "Early Pentecostal Tongues: Notes and Quotes," Jan.18.2017. Accessed

이것은 김동찬 교수가 자신 있게 말하는 오순절 운동가들이나 은사주의자들이 외국어 방언을 한다는 말에 대한 신빙성이 없다는 것을 실감하게 한다.

⑦ 남아메리카 부흥운동
아주사의 부흥은 남아메리카에도 영향을 미쳤다. 김동찬 교수는 다음과 같이 말했다.

> 미국 목사 프란슨(F. Fransen)은 1908년 2월경, 시카고를 떠나 남아메리카 칠레에 있는 후버 박사(Dr. Hoover)의 교회를 방문하던 중 그곳에서 방언을 받았다. 한편 후버 박사의 부인은 오랜 옛 친구로부터 최근에 일어난 방언에 대한 편지를 받았다. 이러한 일련의 영적인 경험들을 통해 그 교회는 영적 부흥을 사모하게 되었고, 마침내 이 교회는 한 달 동안의 계속된 기도회를 통해 방언을 포함한 여러 성령의 은사들을 받았으며, 큰 부흥을 경험하게 되었다. 그런가 하면 미국 뉴욕 주 니약(Nyack)에 위치한 선교사 연합훈련학교의 학생인 벤더(G. F. Bender)씨와 그 교회의 성도들은 5년간 부흥을 간절히 사모하며 기도했다. 그러던 어느 날 벤더 씨는 베네수엘라에 가서 복음을 전하라는 하나님의 부르심을 받았으며, 그 성도들도 성령의 임재하심 가운데 방언을 포함한 성령의 다양한 은사들을 받았다.[1352]

김동찬 교수가 언급한 프란스 목사와 벤더 학생은 철저하게 아주사 부흥의 영향 아래 있었던 사람들이었다. 아주사의 시작과 흐름을 안다면, 방언을 말한다고 해서 그 방언은 정당성을 확보할 수 없다.

⑧ 오순절 운동, 은사 운동, 신사도, 제3의 물결
이동성 교수는 오순절주의의 신학적 뿌리로 보는 4가지 흐름을 말했다. 첫째, 멘지스의 견해로, 그 뿌리를 프린스턴 신학과 미국의 부흥주의

Aug.16.2019. https://charlesasullivan.com/8264/early-pentecostal-tongues-notes-quotes/
〈Special Supplement to the "Confidence," May, 1908; Tongues in the Foreign Field. Interesting Letters. Pg. 1 A. G. Garr, a pentecostal missionary who went directly to India after a powerful experience at Azusa Street, replied to a letter from the Confidence on whether his tongues experience gave him the ability to speak in Bengali upon arrival and if he saw other pentecostal missionaries endued with the same power: "As to whether I know of any who have received a language, I know of no one having received a language so as to be able to converse intelligently, or to preach in the same with the understanding, in the Pentecostal movement."〉
1352) 김동찬, 방언 바로 알기 (서울: 베다니출판사, 2015), 222.

신학에 세대주의 흐름이 가미된 신학 사상이 근본주의로 한 축을 이루고, 웨슬레와 비웨슬레의 신학 사상에 오벌린(Overlin) 신학이 가미된 성결운동이 한 축이다. 멘지스는 이 두 가지 축이 합쳐서 오순절주의가 형성되었다고 보았다.[1353]

둘째는, 로마 가톨릭과 일치를 추구한 오순절 운동가인 사이넌의 견해로,[1354] 그 뿌리는 19세기 복음주의적, 감리교적, 완전주의 운동이라고 말했다. 20세기 초에 시작된 미국의 오순절주의는 영국의 부흥주의 운동과 케직 집회를 중심으로 하는 '보다 높은 삶'(Higher Life)를 지향하는 운동과 전천년휴거설을 강조하는 예언운동의 결과로 보았다.[1355]

셋째는, 브룬너(F.d. Bruner)의 견해로, 오순절 운동에 비판적 시각으로 보는 것이다. 브룬너는 광적인 고린도 교인들로부터 시작하여 영지주의자들, 몬타누스주의를 지나 19세기 후반의 성결 운동이 20세기의 오순절 운동이 되었다고 말했다.[1356] 요하네스 벰, 에멜 롬바르트, 모리스 바넷트, 조지 윌리엄스는 방언이 기독교 이단인 영지주의자들에 의해 행사되었다고 말했다.[1357] 넷째는, 앤더슨(R.M. Anderson)의 견해로, 오순

1353) William W. Menzies, "The Pentecostal Movement: Its Historical and Theological Roots," 한세대학교에서 실시 된 특강(Apr. 19. 1990).

1354) Ewin, **오순절 은사 운동 바로 알기**, 정동수 역 (서울: 그리스도예수안에, 2014), 94; ⟨사이넌의 최근 저서들 중 하나의 제목은 『마지막 날들에』(In The Latter Days)이다. 그는 야고보서에 있는 '이른 비와 늦은 비'(약 5:7)라는 표현을 사용하여 자신의 주제를 펴나간다. 사이넌은 오순절 운동이 어떻게 큰 강을 형성하고 있는가를 보여준다. 그것은 세 개의 주류들이 함께 모이는 것으로 묘사되었다. 그 주류들 중 하나가 로마 가톨릭교회이고 그 책의 많은 부분은 어떻게 로마 가톨릭교회가 그 안에 들어갈 수 있게 되었는가를 보여준다. 그 책은 '늦은 비의 미래'라는 제목의 장으로 끝을 맺고 있는데 다음은 그 중 맨 마지막 구절을 그대로 옮겨 놓은 것이다. "아프리카와 남아메리카에 있었던 최근의 교회 성장은 21세기의 크리스천 사역들이 은사 운동의 부흥에 의해 소생된 로마 가톨릭교회와 제3세계의 오순절 교회들의 손안에 들어 있음을 보여 준다(pp. 145-146)."⟩

1355) Vinson Synan, *Pentecostalism*, 32.

1356) Frederick Dale Brunner, *A Theology of the Holy Spirit: A Pentecostal Experience and the New Testament Witness* (Grand Rapids, Michigan: William B. Eerdmans Publisher, 1991), 35; 이동성, "오순절 신학에 대한 이해와 신학적 쟁점," **오순절신학논단** (1) (1998): 187-188(185-202)에서 재인용; ⟨고린도교인들 → 영지주의자 및 몬타누스주의자 → 신령주의자들(중세 및 종교개혁 이전) → 급진 좌파 또는 재세례파 및 신비주의자들(종교개혁시대) → 퀘이커교도 → (종교개혁후) → 경건주의자, 웨슬레주의자 및 부흥주의자 운동 (17-18세기의 독일, 영국 및 미국) → 영국의 에드워드 어빙, 미국의 찰스 피니(19세기 전반) → "보다 높은 삶"과 성결운동(19세기 후반) → 오순절 운동(20세기)⟩

1357) Harold D. Hunter, "Tongues-speech: a patristic analysis," *Journal of the Evangelical Theological Society* 23(2) (1980): 128(125-137); ⟨Johannes Behm, Emile Lombard, Maurice Barnett and George H. Williams suggest that tongues-speech was exercised by the Christian heretics known as gnostics: "Among

절 운동의 뿌리는 19세기의 성결 운동과 근본주의라고 보았다.1358) 이 동성 교수는 이런 자료들을 근거로 "오순절주의의 뿌리가 근본주의와 성결 운동의 흐름에서 나왔다"고 말했다.1359) 그로마키는 오순절 운동의 원인을 다섯 가지로 말하면서 "영적, 도덕적 그리고 경제적 몰락에 대한 반동으로 성결 운동이 일어났다"고 말했다.1360) 학자들이 말하는 오순절 운동의 원인 중에 성결 운동이 가장 중심적으로 차지하고 있다는 것을 알 수 있다.

파햄으로부터 시작된 방언과 은사 운동의 세력이 늘어나자 '오순절 운동'(Pantecostal Movement)이라는 명칭이 부여되었다. 1914년에는 이 오순절 운동을 적극적으로 펼치기 위해 미국 성결교회로부터 이탈한 '오순절 성결교회', 테네시 주 클리브랜드 시의 '하나님의 교회', '그리스도

Gnostic groups, glossolalia of the type requiring interpretation was common, and there exist several transcribed Gnostic prayers in the Coptic tongues in which are included several lines of ejaculated glossolalie syllables or single vowels and consonants."(5Williams and Waldvogel, "Tongues," 63. See Lombard, Glossolalie, 105; J. Behm, "Glossa," TDNT 1, 723; M. Barnett, The Living Flame (London: Epworth, 1953) 102.)

Irenaeus (Ag. Her. 1:13) tells of the gift of prophecy exercised by the gnostic Marcus, and later Origen preserves the Platonist Celsus' description of prophecy to which is added a phenomenon that may have been tongues-speech: "To these promises are added strange (agnösta), fanatical (paroistra), and quite unintelligible (panta adela) words of which no rational person can find the meaning; for so dark are they, as to have no meaning at all; but they give occasion to every fool or impostor to apply them to suit his own purposes(Celsus quoted in Origen's Contra Celsus 7:9 ANF 4:614. The Greek is taken from Origene—ContreCelse, Borret (Paris: Derf, 1959) 4:36. So also Barnett, Flame, 102; Cutten, Tongues, 36; Hinson, "Brief History of Glossolalia," 50-51; Green, Holy Spirit, 201; Williams and Waldvogel, "Tongues," 62; Hinson, "Significance of Glossolalia,").")

1358) Robert M. Anderson, Vision of the Disinherited: The Making of American Pentecostalism (Peabody, Mass: Hendrickson Publishers, 1992), 28.

1359) 이동성, "오순절 신학에 대한 이해와 신학적 쟁점," 오순절신학논단 (1) (1998): 188(185-202).

1360) Robert G. Gromacki, 현대방언 연구, 김효성 역 (서울: 기독교문서선교회, 1983), 37-38; "방언의 출현과 그에 따른 오순절 교회들의 설립 원인들은 무엇이었는가? 여러 가지 대답들이 나왔다. 첫째로, 남북전쟁 이후 확고한 정통 신앙의 몰락이 있었다. 그 결과, 진화론과 호레이 부쉬넬(Horace Bushnell)의 「기독교 교육」(Christian Nurture)의 철학이 기성 교회들 속에 침투하여 교회를 정복하였다. 둘째로, 산업혁명은 도덕적 부패와 노동관리의 문제들을 낳게 하였다. 셋째로, 이러한 영적, 도덕적 그리고 경제적 몰락에 대한 반동으로 '성결 운동'이 일어났다. 감리교와 야외 집회들은 그리스도인의 성결과 완전(두 번째 복)을 강조했다. 이러한 교리들은 미국의 시골들과 개척 지역들에서 큰 환영을 받았다. 넷째로, 중요한 오순절파 지도자들(스펄링 Spurling, 톰린슨 Tomlinson, 팔함 Parham)은 그들의 독특한 입장을 적극적으로 증진하기 시작하였다. 다섯째로, 오순절 운동에 대한 동정적이고 관용적인 태도가 미국의 정통 신앙 지도자들 가운데서 발전되었다."

하나님의 교회' 등이 아칸사스 주의 핫 스프링스에서 대회를 가졌는데, 이것이 가장 큰 오순절파 교단인 '하나님의 성회'(Assembly of God, 1914년 4월 2일)가 되었다. 그 이후로 오순절 운동은 급격히 확산되었다. 1930년대에는 오순절 교단의 수가 약 30여 개로 확대되었다. 1930년대 경제공황으로 오순절 교회 운동이 침체상태에 들어갔다. 제2차 세계대전이 끝나자 미국의 교회들은 빌리 그래함 목사의 부흥 집회로 활기를 얻었고, 오순절 교회도 활기를 찾았다. 오럴 로버츠(Oral Roberts)가 1947년부터 천막집회를 열었고 성공을 거두었다.

이 오순절 운동이 성공회에 파급되었고, 골든 마이어, 토레이(Reuben Archer Torrey, 1856-1928) 등을 중심으로 더 확산되었다. 토레이는 시카고 무디성경학교의 교장을 지냈으며, '성령의 제2의 축복'을 가르쳤다. 지금의 예수원은 '두나미스 프로젝트'를 보급하고 있으며, 그 핵심에는 토레이의 성령론과 칼 융의 심리학과 영성이 자리 잡고 있다.

1940년대 말기에는 치유와 기적을 추구하는 신비주의 운동이 확산되었다. 브래넘을 추종하는 자들은 더 확산되었고 1970년대에는 텔레비전 스타 목사들이 배출되었다. 오순절 은사 운동이 전 세계로 확산된 것은 매스컴의 영향이 컸다. 50년대 이후로 미국에 일어난 오순절 성령 운동을 신오순절 운동이라 부르는 것은 에큐메니칼적 성향이 강했기 때문이다.[1361] 브래넘이 교통사고로 사망하자 구시대의 오순절 성령 운동은 종지부를 찍었다. 그 이후로 새로운 바람을 일으킨 사람이 오럴 로버츠(Oral Roberts)다. 캐나다 토론토의 한 의사가 로버츠에게 치유받았다는 사람 30명을 조사했으나 한결같이 심리적 요인이거나 히스테리에 의한 것이라고 밝혔다.

50년대에 오순절 분위기가 약화되는 듯했으나, 60년대에 '은사 운동'(Charismatic Movement)이라는 이름으로 새롭게 위세를 떨쳤다. 1953년에 미국 캘리포니아주의 낙농가 사카리언(Demos Shakarian)은 오순절 운동에 찬동하는 부유한 남자 평신도 조직인 국제 Full Gospel

---

1361) 홍치모, "미국 오순절 성령운동의 역사적 개관," 신학지남 60(2) (1993): 90(86-103).

실업가 친교회(FGBMFI)를 조직했다.1362) 이들은 일류 호텔에서 조찬 기도회를 가졌으며 1972년에는 「Full Gospel 실업인의 소리」를 월평균 70만 부를 발행했다(이 실업인 협회가 로마 가톨릭 오순절과 결합하고 함께 집회를 열었다).1363) 독자의 80%는 오순절 교회에 출석하지 않은 사람이었으며 오순절 운동에 사람들을 동참시키는데 크게 기여했다.

데니스 베넷에 의해 신오순절주의(Neo-Pentecostalism)가 시작되었다. 신오순절주의의 원인으로 교회의 '영적 죽음'으로 본다.1364) 영적으로 무기력에 빠진 성도들에게 신오순절주의는 새로운 바람을 일으켰다. 1960년대에 로스앤젤레스 근교의 성공회 베넷(Dennis Bennet) 목사는

1362) Robert G. Gromacki, **현대방언 연구**, 김효성 역 (서울: 기독교문서선교회, 1983), 45-46; 사카리언은 어빈 해리슨(Irvine J. Harrison)과 오랄 로버츠(Oral Roberts)의 사상적 감화를 받은 자이다.

1363) Ewin, **오순절 은사 운동 바로 알기**, 정동수 역 (서울: 그리스도예수안에, 2014), 54; 〈오순절/로마 카톨릭 결합에서 가장 두드러진 집단은 미국 순복음 기독교 실업인들의 국제적인 친선모임인 '순복음 실업인 협회'(The Full Gospel Business Men Fellowship International)이다. 그들의 간행물인 「로고스」 (Logos)는 다음과 같이 말한다. "1950년 이후 카리스마 운동에서 일어난 것들은 이렇게 저렇게 순복음 실업인 협회의 활동으로 추적될 수 있다. 예를 들어 로고스 인터내셔널 펠로우십은 댄 말라쿡이 순복음실업인들과 함께 활동하던 시기에 생겨났다. 오늘날 유명한 많은 기독교 지도자들은 -그 중에는 팻 로버트슨, 헤럴드 브레데슨, 짐 베이커, 폴 크로치 그리고 오랄 로버츠,렉스 험바드, 존 세릴 등 - 순복음 실업인 협회의 지부 회의나 연회에서 일찍이 연설을 맡았었다. 또한 이 조직은 카톨릭 카리스마 운동을 불러일으키는 데에도 관여했다(1981.3. 14)." 지난 30년간 순복음 실업인 협회는 오순절/로마 카톨릭 카리스마 친교와 일치를 위해 일했다. 실제로 지금 일어나고 있는 모든 지역 모임과 대중 집회는 오순절/로카톨릭 카리스마 일치를 환호하는 장면을 보여준다. 이 모든 집회들 중 절정은 이것은 6월 30일부터 7월 4일까지 필라델피아의 시민 센터에서 열린 모임이었다. 그곳에는 2만 명 이상의 오순절 운동가들과 카톨릭 카리스마적 지도자들이 제2세계 집회에 참석하려고 모여들었다. 이 집회의 슬로건은 '장벽이 아니라 다리'였다. 순복음 실업인 협회의 공식 간행」 「보이스」 (Voice) 9월호에 제시된 대로 분명히 그 집회의 목적은 카톨릭 교회 일치를 수립하는 것이었다. 「보이스」는 다음과 같이 말했다. "실업인 협회와 로마 가톨릭 신자들 사이의 길고 의미심장한 관계는 필라델피아의 대주교이자 추기경이 보낸 대표의 인사 속에서, 브라운 사제의 주요 연사로서의 역할 속에서 그리고 필라델피아 지역 가톨릭 평신도들이 인상적으로 많이 참석했다는 점에서 매우 새롭게 표현되었다. 브라운 사제가 카톨릭/프로테스탄트의 분열의 껍질을 벗고 서로 화해하자는 내용의 '짓이긴 감자'에 관해 연설하자 박수갈채가 터져 나왔다." 그 뒤 순복음 실업인 협회의 월간지인 「보이스」의 1981년 11월호가 나왔다. 이 잡지는 '놀라운 교황 요한 바오로 23세」(Amazing John XXⅢ)라는 책에 대광고로 가득 찼다. 이 잡지는 교황 요한을 하나님의 참 아들로 묘사하며 저자의 말을 빌려 "틀림없이 요한은 성도 즉 예수 그리스도 안에서 성화된 하나님의 성도이다."라고 말한다(p. 9). 교황을 참으로 예수 그리스도의 신자라고 보는 사상이 그 글 전체를 통해 흐르고 있다. 한 곳에는 이렇게 적혀 있다. "영원한 영광에 들어갈 준비를 하고 있는 그는 땅에서의 마지막 순간을 자기가 늘 살아온 방식대로 하나님의 아들의 자유 안에서 살았다(p.108)." 순복음 실업인 협회도 이런 확신을 가졌으며 이 기구는 온 세상의 모든 신자들이 교황에 대해 그와 같은 태도를 갖기를 바라고 있다.〉

1364) Frederick Dale Bruner, *A Theology of the Holy Spirit* (Grand Rapids: Eerdmans, 1980), 54.

자신이 방언 체험을 했다고 고백하자 일부 교인들이 반발했다. 베넷은 교회를 스스로 사임하고 전 미국에 센세이션을 일으켰으며, 시애틀의 성 누가 교회에 부임하여 오순절 성령 운동을 일으켰다. 이때부터 신오순절 파 운동, 곧 은사 운동이 에피스코팔 교회, 감리교회, 장로교회, 침례교 회, 루터교회, 그리고 로마 가톨릭에까지 확산되었다. 대부분의 신오순절 주의자는 성도가 방언을 할 수 없으면 성령세례를 받지 못한 것이라고 믿는다.

70년대에는 미국 장로교단(United Presbyterian)을 시작으로, 1971년 에 감독교회, 1973년에 미국 루터교회, 1974년에 미국 루터 교단 등이 방언에 대한 고삐를 풀고 본격적으로 참여하기 시작했다. 은사 운동은 개신교만이 아니라 1967년부터 로마 가톨릭 안에 깊숙이 파급되었다.

1980년대에는 존 윔버의 '제3의 물결'이라는 빈야드 운동이 등장했다. 마이크 비클은 예언 기도에 특히 집착함으로써 은사 운동의 극단을 나타 냈다. 빈야드 운동은 '신사도 운동'(New Apostolic Reformation)으로 전 세계 교회에 영향을 미쳤다. 특히 신사도 운동은 제3세계 국가의 교회에 많은 영향을 주었다.

2000년대에는 신사도 운동으로 새로운 사도, 새로운 계시와 예언을 주장했다. 비평가들은 사람들이 이런 극단적인 체험을 추종하는 원인을 자연재해와 제1, 2차 세계대전 이후와 세계 대공황이라는 비참한 상황에 서 종교적 위안을 찾았기 때문이라고 본다.

박영돈 교수는 피터 와그너를 비판하면서 다음과 같이 말했다.

> 피터 와그너 같은 이들이 신학적인 분별력 없이 오늘날에도 사도들이 존재한다고 가르쳐 신 사도 운동과 같은 현상이 확산되고 있다. 순수하게 사도적인 신앙과 가르침을 회복하려는 의 도에 그치는 것이 아니라 사도들과 같은 권위와 임무를 주장하는 것이 이런 운동이 가진 문 제점이다. 만약 오늘날에도 사도들이 존재한다면 사도라고 불릴 수 있는 사람이란 누구란 말 인가? … 문제는 여기서 끝나지 않는다. 오늘날 어떤 이를 사도라고 부를 때 훨씬 더 심각한 문제들이 야기될 수 있다. … 그렇다면 왜 구태여 사도라는 명칭을 고집함으로써 많은 혼란을 자초하려고 하는가? 존 스토트가 지혜롭게 조언했듯이 '사도적'(apostolic)이라는 형용사를 붙이는 것으로 만족할 수는 없을까? 사도적인 신앙과 사도적인 교회의 모습을 회복한다는 의 미에서 그런 식의 표현을 사용할 수 있을 것이다.[1365]

박영돈 교수는 피터 와그너와 같은 사람들이 사도라 불리는 것을 못마 땅해하면서도 '사도적'이라는 말은 타당하다고 보았다. 그 근거는 "사도 적인 신앙과 사도적인 교회의 모습을 회복한다"는 의미라고 말했다. 박 영돈 교수는 피터 와그너와 같은 신사도 운동가들이 펼치는 것들이 "사 도적인 신앙과 사도적인 교회의 모습을 회복한다"고 생각하고 있다는 말 인가?

⑨ 은사주의자들과 로마 가톨릭

놀랍게도 이런 은사주의자들이 로마 가톨릭과 같은 기반을 가진다고 주장한다는 사실이다. 오순절 운동이 로마 가톨릭에 침투한 것은 1966년 에 시작되었다. 윌커슨의 『십자가와 갈날이 튀어나오는 나이프』(The Cross and the Switchblade), 쉐릴 『그들은 다른 방언으로 말한다』는 전 세계 로마 가톨릭 그룹에 엄청난 영향을 주었으며, 천주교인들이 오 순절 경험을 구하기 시작했다. 로마 가톨릭 은사주의자인 론 리안(Ron Ryan)은 방언으로 기도하는 것은 성찬 예식의 한 부분으로 포함되었다 고 말했다.1366) 로마 가톨릭에서 방언은 공예배의 한 요소가 되었다. 유 니언 가톨릭 신학교의 보에 교수는 방언을 성령의 증거라고 주장했으며, 그 방언은 황홀경의 발언이라고 보았다.1367)

1365) 박영돈, **일그러진 성령의 얼굴** (서울: IVP, 2011), 112.

1366) Mary Smalara Collins, "I may speak in the tongues of angels," *U.S. Catholic* 59 (1994): 25(25-26); "In the early centuries of the church praying and singing in tongues was a regular part of public worship, says Ron Ryan, pastoral administrator of Western Washington Catholic Charismatic Renewal and editor of the national newsletter *Chariscenter USA*. According to Ryan, "Praying in tongues, called jubilation and glossolalia, was often incorporated as part of the eucharistic liturgy.

1367) Ibid., 26; 〈The value of tongues and the other charismatic gifts is "the extent to which these experiences impel us to become part of the community and render us more actively Christian," says Sister Barbar Bowe, R.S.C.J., and associate professor of biblical studies at Catholic Theological Union in Chicago. "But they shouldn't mas us step our of this world into a spiritual realm that has no relationship with the ordinary," she caution. Why would Paul want us to seek and receive the gift of tongues today? Bowe says, "It's sign of the Spirit. Paul would want tongues to be present because he would want the Spirit to be alive and powerful and dynamic in our midst. But when individuals or groups see tongues as the only demonstration of the Spirit, then they blind themselves to all the other ways in which the Spirit manifests itself in the community."

유인(Ewin)은 다음과 같이 말했다.

처음에 천주교인들은 자신들 스스로 오순절 운동의 그 영(靈)을 받아 보려고 했지만 모두 실패했다. 여러 달을 기다린 후에 마침내 그들은 단 하나의 대안으로 남은 것을 선택했다. 경험을 갈구하던 신실한 천주교인들은 마침내 천주교회 밖에서 도움을 구하기로 결심을 했다. 그 도움은 결국 전통적 오순절주의자들로부터 나오게 되었고 오코너 신부는 『오순절 운동』이라는 책에서 그 이야기를 다음과 같이 말해준다.

"어떤 사람이 은사 경험이 많은 레이 불라드(Ray Bullard)라는 이름의 남자를 알게 되었다. 그는 곧 그에게 전화를 했고, 그다음 주에 그 그룹은 불라드의 집에서 열리는 기도회에 참석해도 좋다는 허가를 받았다. 그 당시 불라드는 순복음 실업인 협회의 사우스 밴드 지부 회장이었다. 그는 또한 사우스 밴드에 있는 하나님의 성회에 속한 갈보리 회막 교회의 집사였고 거기에서 큰 활동을 하고 있었다. … 불라드는 자신의 집 지하실에서 주중 기도회를 인도해 오고 있었다. … 이 기도회는 196년 3월 13일 월요일 저녁, 신기한 눈초리로 그의 집에 갔던 9명의 천주교인들에게 놀랄 만한 일을 성취하도록 해 주었다. 불라드 자신도 대학교에 다니는 지성인들을 그런 자리에서 만난다는 사실로 인해 어느 정도 어리둥절하고 있었다. 그들이 일으킬지도 모를 반대를 해결하기 위해 그는 몇몇 유명한 오순절 목사들을 초청했다. 목사들 중 한 명이 성령의 은사들에 대해 말하고 다른 이가 몇몇 질문들에 대해 답변을 했다. 그 뒤 그곳에 있었던 20여 명의 오순절 교도들은 노트르담 그룹 주위로 모여들었고 그들을 위해 기도하기 시작했다. 물론 그들은 방언으로 기도했고 순식간에 하나, 둘, 셋, … 일곱, 여덟, 노트르담 그룹 사람들도 방언으로 기도를 시작했다.[1368]

1368) Ewin, **오순절 은사 운동 바로 알기**, 정동수 역 (서울: 그리스도예수안에, 2014), 36-37: "오순절주의가 카톨릭 교회에 침투해 들어왔을 때 바티칸의 에큐메니컬 사역(종교통합 운동)의 비서로 일했으며 예수회의 회원인 비(Bea) 추기경은 큰 흥미를 갖고 은사운동의 자취를 연구해 보았다. 그는 곧 오순절주의가 종교를 통합하려는 바티칸의 시도에 새로운 에너지를 불어 넣어 줄 수 있음을 간파했다. 그 뒤 순복음 실업인협회가 오순절 체험이라는 단 하나의 이유로 인해 철저한 천주교도들을 그리스도 안에 있는 형제로 받아들임에 따라 그의 만족도는 더욱 증가하기 시작했다. 대규모 스타디움들은 일치를 외치는 소리로 울렁거리게 되었고 1986년과 1987년에 루이지애나 주 뉴올리언스에서 대규모 집회를 열려는 계획들이 틀을 잡아갔다. 한편, 에큐메니컬 일치를 부르짖는 책들이 전 세계의 여러 교파에 속한, 열의에 찬 오순절주의자들의 손에 계속해서 쏟아 부어지고 있다. 지난 몇 년 동안 바티칸 실권자들과 오순절주의 지도자들 사이에 여러 차례 모임이 진행되었다. 이 같은 모임에 늘 참석했던 수에넨스 추기경은 1977년 캔자스시티에서 열렸던 회의에서 연설을 했다. 그와 짐머맨(하나님의 성회), 패터슨(그리스도 안의 하나님의 교회), 버넷 주교(성공회)는 수많은 대중 앞에 함께 서서 유례 없는 일치 쇼를 보여 주었다. (「위력적인 강과 같이」, Like a Mighty River) 1985년 11월 오순절 운동의 지도자들은 매릴랜드 주 게이서스버그에서 사흘간의 집회를 가졌으며 오순절 성결교회의 부감리사였던 사이넌 박사가 그 만찬 집회의 연사로 초빙되었다. 그 모임의 의장은 캘리포니아 주 애나하임에 있는 멜로디랜드 학교의 총장을 지냈고 지금은 크리스천방송네트워크(CBN) 대학의 교수로 재직하는 월리엄스 박사였다. 그 모임에서 천주교의 호켄 신부는 오순절 연구 협회의 회장으로 지명되었다. 카톨릭 수도승인 레클럭 신부와 마틴 신부가 그 모임에서 연설을 했다.

이렇게 시작된 천주교인들의 오순절 운동은 수백만의 오순절주의자들이 생겨났다. 제2바티칸 공회의 4명의 중재자 중 한 사람인 수에넨스 추기경은 이 운동을 '새로운 오순절'이라고 불렀다. 놀랍게도 로마 가톨릭의 오순절주의자들은 오럴 로버츠나 캐써린 쿨만 등과 같은 오순절주의자들보다 능력이 더 능가한다는 것이다. 또한, 개신교와 로마 가톨릭의 엄청난 교리적 차이가 있으나 초교파적으로 연대하며 공유한다. 순복음실업인 협회가 로마 가톨릭 사제를 강사로 초청한 이유는 그 사제들이 오순절 경험을 가지고 있었기 때문이었다. 1981년 순복음실업인 협회에서 의장인 사카리안과 브라운 신부가 함께 회동을 했으며, 이 모임에서 브라운 신부는 '전적인 일치를 위해 감자를 으깨자'라는 기조연설을 했으며 큰 박수갈채를 받았다.

개신교 은사잡지 '카리스마'(Chrisma)에는 로마 가톨릭의 엔젤리카 수녀가 표지에 실렸으며, 로마 가톨릭 은사 잡지인 '뉴커버넌트'에는 오순절주의자이면서 로마 가톨릭과 종교통합을 추진한 듀 플레시스(David Du Plessis, 1905-1987)의 사진이 표지에 실렸다.[1369] 유인(Ewin)은 다음과 같이 말했다.

> 예수회 회원인 비는 오순절주의와 가톨릭 사이의 일치가 진행됨을 보고하였다. 위 오른쪽에서(사진) 순복음 실업인 협회는 다음과 같은 교리들을 주장한다. 연옥, 성인들에 대한 기도, 성사를 통한 은혜, 선한 행위에 의한 구원, 면죄부, 대죄(즉 구원을 잃어버리는 큰 죄) 등." 우리의 공동사역: 사이년 박사는 오순절주의자들과 가톨릭 은사주의자들 그리고 프로테스탄트 은사주의자들이 함께 일하도록 부름을 받았다고 믿는다.

유인(Ewin)에 의하면, 미국 오순절 운동을 일으키는데 크게 영향을 끼친 순복음실업인 협회는 로마 가톨릭의 교리들을 주장했으며, 사이년(Synan) 박사는 가톨릭 은사주의자들과 일치를 위해 노력했다. 유인(Ewin)은 다음과 같이 말했다.

1369) Ewin, 오순절 은사 운동 바로 알기, 정동수 역 (서울: 그리스도예수안에, 2014), 41-42.

1985년 11월 오순절 연구회 모임에서 사이넌 박사는 오순절주의자들과 로마 가톨릭 은사주의자들 간의 연합에 대한 개요를 설명했다. 사이넌 박사는 1986년 뉴올리언스 회의의 의장직을 맡았다. 가톨릭 교도인 라나간 박사는 그 위원회의 위원이다. 베르톨루에시 신부와 포레스트 신부는 오랄 로버츠 등과 함께 그 모임의 연사로 초빙되었다. 호켄 신부는 매리랜드 주의 게이서스버그에 있는 '하나님의 어머니 공동체'에서 왔으며 1986년에 오순절 연구회의 회장으로 선임되었다. 윌이엄스는 크리스천방송네트워크(CBN) 대학의 교수이다. (사진 설명) 중세수도승 문화의 신비주의에 대해 정통한 레클럭 신부가 '영성 체험'이라는 제목하에 오순절 연구회에서 강연하고 있다. 마틴 신부가 오순절 연구회에서 강연을 하고 있다.[1370]

1370) Ewin, **오순절 은사 운동 바로 알기**, 정동수 역 (서울: 그리스도예수안에, 2014), 45; 〈"이번 회의의 장소로 로마를 택했다는 사실은 여러분이 교황청에 중심을 두며 믿음과 사랑의 카톨릭 연합 안에 뿌리를 둔다는 것의 중요성을 이해하고 있다는 특별한 표시입니다." 교황 요한 바오로 2세는 제4차 은사 운동 지도자들의 국제회의에서 위와 같이 언급했다. 1981년 5월 4일부터 9일 사이에 로마에서 개최된 이 모임에는 전 세계 은사부흥운동의 대표자 523명이 참석했다. 그 목적은 무엇이었을까? 다름 아닌 일치 및 통합을 위한 명분과 정의를 얻기 위함이었다. 위의 연설은 바티칸 정원과 소위 루르드 지방의 '복 받은 동정녀'의 유물들이 있는 곳에서 행해졌다. 거기에서 교황은 은사 부흥을 위하여 다음의 방법들을 제시했다. "이 원칙 중의 첫째는 권위 있는 믿음에 관한 교리에 충성을 다하는 것입니다. 이 교리와 모순되는 것은 무엇이든 성령에게서 나온 것이 아닙니다. 둘째로 여러분은 참된 교리라는 빵을 뗌으로써 영적 양분을 위한 단단한 음식물을 제공하는 데 관심을 가져야 합니다. 셋째, 부흥의 지도자로서 여러분은 주교들과 신뢰와 협력의 띠를 매는 일에 솔선수범해야 합니다. 끝으로 여러분이 우리의 분리된 형제자매(기독교인들)도 함께 나누고 있는 성령의 많은 은사를 체험했으므로, 성령이 우리를 이끌고 가는 통합에 대한 욕망 안에서 그리고 에큐메니즘이라는 중대한 과제를 수행하는 과정에서 여러분이 성장하고 있다는 것이 여러분을 위한 특별한 기쁨이 될 것을 나는 확신합니다." 국제 가톨릭 은사 부흥 운동 기구의 미국 협회 회원인 랄프 마틴은 전체 회원을 대표하여 교황의 말에 응답하며 다음과 같이 말했다. "우리 마음에서 가장 중요한 것은 당신과 하나님에 대한 사랑 그리고 하나님이 교회사 속에서 이 시대에 우리를 인도하시기 위해 당신을 보내셨다는 사실에 대한 감사라고 나는 생각합니다. 당신이 우리에게 하신 말씀은 하나님의 말씀이며 그 말씀은 우리에게 생명과 힘을 가져다줄 것입니다. … 거룩하신 아버지여(교황에게), 쉬울 때나 어려울 때나 우리에게 하나님의 말씀을 해 주신 당신께 감사드립니다. 우리는 당신이 우리에게 해 주신 말씀이 하나님의 말씀이므로, 그것을 모두 받아들이겠습니다. 여기 모인 모든 사람들과 세계 방방곡곡으로부터 온 부흥사들을 대신해서 나는 당신에 대한 우리의 충성과 사랑을 맹세하기 원하오며 또한 우리 교구 및 교회 내의 기도 집단들과 단체들이 당신을 섬기고 있음을 알아주실 것을 부탁드립니다."
지난 10년간 카톨릭과 비카톨릭 오순절 운동가들은 수차의 회합을 통해 서로 연합되었다. 이런 움직임들은 집에서 혹은 지역 운동장과 강당에서의 작은 모임에서부터 시작되었다. 그 뒤 노트르담에서 있었던 '프뉴마 72'와 같은 대중 집회가 시작되었다. 이런 경향은 로마 카톨릭 교회 성직자들인 프랜시스 맥너트, 짐 페리, 존 베르톨루에시, 존 랜돌 등이 비카톨릭계 연사들인 언 백스터, 포트 로더데일에 있는 교회 성장 사역의 밥 멈포드, 데이비드 두 플레시스, 토마스 트위첼, 루스 카터 스테이플튼 여사등과 함께 팀을 이뤄 애틀랜틱시티에서 개최한 큰 집회 같은 것으로 변하게 되었다. 그 뒤 은사 운동의 제1차 국제 집회가 캔자스시티에서 열렸다. 이 집회에 대해 「크리스천인콰이어러」(Christian Inquirer)는 다음과 같이 보도했다. "약 50,000명의 은사주의자들 – 로마 카톨릭, 루터교, 침례교와 성공회와 메노나이트 그리고 장로교와 감리교 또 교파가 없는 기독교인들 – 이 '주 예수의 주되심 안에서의 일치'라는 주제 하에 1977년 9월에 모임을 가졌다. 준비위원회의 위원장은 로마 카톨릭 교회의 케빈 라나간이었고 핵심 연사는 라온 수에넨스 추기경이었다. 남침례교의 룬스 카터 스테이플튼은 '이 운동에서 가장 중요한 것 가운데 하나는 모두가 교파의 장벽을 헐어버리고 있다는 점이다.'라고 말했다(Cherry Hill Courier-Post, 1977년 7월 23일). 그 이후에도 일치 운동의 추진력은 계속해서 증가하고 있으며, 1980년 9월 28일에는 30만 명의 카리스마 운동가들이 워싱턴의 '예수 대회'(Jesus Rally)에 참석하기 위해 모여들었다.

오순절주의자들과 로마 가톨릭 은사주의자들과의 이런 행보들은 에큐메니컬 운동에 박차를 가했다. 프란시스 맥너트(Francis Macnutt)는 한국에도 『치유하는 기도』, 『치유의 목회』, 『거의 완벽한 범죄』, 『성령의 권능이 임할 때』, 『치유의 영성』, 『악한 영으로부터 자유』라는 책이 번역되었다. 맥너트는 목사가 아니라 미국 천주교의 도미니칸 파 사제다. 천주교 사제의 책을 개신교 신학교의 대학원장이 번역하고 이름난 교계의 지도자들이 추천서를 써 주었다.

짐머멘 목사는 제14회 오순절 세계대회 주강사였다. 1977년에 짐머멘은 수에넨스 추기경과 함께 연합과 일치를 나타내기 위해 캔자스시티 대회에서 50,000명의 오순절주의자들 앞에 섰다. 사이넌(Synan)은 오순절주의가 기독교의 세 가지 유형이 하나가 되었다면서 남인도의 레슬리 뉴비긴(Leslie Newbegin) 감독을 예로 들었다. 뉴비긴은 기독교의 세 가지 주된 유형 중에 하나로 가톨릭 전통을 말했다.[1371] 교황 프란체스코는 로마에서 열린 '오순절 2017'에서 대표자들을 만나서 설교했는데, 거기

그것은 비가톨릭 오순절 운동가들과 가톨릭 카리스마 운동가들의 협력이 낳은 걸작이었다. 팻 로버트슨, 기독교 방송네트워크의 랙스 힘바드, 내일의 대성당의 로버트 슬러 박사와 PTL의 제임스 로빈슨과 짐 베이커 등과 같은 '전파교회'(TV교회)의 빛나는 별들은 로마 가톨릭 교회의 사제들인 존 베르눌루에시와 존 랜돌, 마이클 스캔론 등과 함께 연설을 했다. 이 거대한 집회의 공동대표에는 국영 종교 방송국의 최고 책임자인 벤 암스트롱 박사, 연예인 팻 분, 연합 감리교 아워의 니키 크루즈, 쇼프로 진행자인 허버트 보우도인 박사, 미스터 펜테코스트인 데이비드 두 플레시스, 나사렛교회의 비서실장인 에드거 존슨 박사, 로고스 저널 발행인인 돈 말라록, 미국순복음 실업인 협회의 의장인 데모스 샤카리안, 하나님의 성회 최고 감독인 토마스 짐머멘 박사 그리고 다른 많은 사람들이 포함되어 있었다. 마침내 1981년이 지나갔고 그해에는 세계 곳곳에서 '81 예수 대회'가 계획되었으며 각 집회는 로마 가톨릭과 비가톨릭 은사 일치의 모델이 되었다. 이러한 사실은 같은 해 6월 5일부터 7일 사이에 독일의 베를린에서 열린 '예수 대회'에서 잘 드러났다. 미국의 뉴욕 주 및 뉴저지 주 지역의 '예수 81 대회' 의장은 천주교 사제인 제임스 페리였다. 펜실베이니아 주 집회에서는 로마 카톨릭 연사인 래리 톰크착과 교부 밥 맥도갈 사제가 나왔다. 그리고 집회 시에는 매일 미사를 드렸으며 31명의 비가톨릭 카리스마주의자들이 연설하고 자신들의 달란트를 나누었다.〉(p. 49)

1371) 배본철, "세계 오순절 성결운동의 역사," 크리스천투데이, Jun.10.2004. Accessed Aug.31.2019. http://www.christiantoday.co.kr/news/126792; "Synan은 20세기 수십 년 동안 교회 지도자들이 오순절주의가 기독교의 세 가지 유형의 하나가 되었음을 인정해 왔다고 역설했다. 특히 남인도의 Leslie Newbegin 감독의 예를 드는데, Newbegin은 기독교의 세 가지 주된 유형을 관찰하였고, 각각 그리스도의 몸을 구성하는 데 있어 확실한 공헌을 하고 있음을 알았다. 그에 의하면, 하나는 가톨릭 전통으로서, 이는 연속성, 정통성, 그리고 교회 생활에 있어 성례의 중요성을 강조했다. 한편 개신교 전통은 성경 중심성과 선포된 하나님의 말씀의 중요성을 강조했다. 그리고 오순절주의자들은 이와 같은 처음의 두 가지 역사적인 신앙의 표현들에다가 성령의 은사를 통해 교회 내에서 성령의 현재적인 활동에 대한 강조를 덧붙였다. 즉 교회는 현대 세계에서 강력한 세력이 되기 위해 이 세 가지 강조점을 모두 필요로 했다는 것이다."

에는 로마 가톨릭만이 아니라 오순절 교회도 포함되어 있었다.[1372]

그러나, 이동성 교수는 가톨릭의 은사 운동이 "오순절 신학이나 문화적인 영향을 거의 받지 않고 독자적인 형식과 구조를 가지고 발전하였다."고 말했다.[1373] 이동성 교수의 이런 발언은 오순절과 로마 가톨릭의 긴밀한 협력 관계를 고려할 때 매우 부적절한 것이다.

김명용 교수는 로마 가톨릭의 성장을 말하면서 "한국의 가톨릭교회는 한국 사회 속에서 정의를 수립하고자 하는 성령의 활동을 행하는 교회였던 것이다. 성령의 일을 바르게 행하는 바른 교회가 성장하고 생명력 있는 교회가 된다는 점을 유념해야 한다"고 말했다. 오늘날 한국 가톨릭교회가 말하는 정의가 과연 성경이 말하는 정의인지는 살펴야 하겠지만, 무엇보다도 로마 가톨릭이 말하는 "성령의 활동"을 기독교의 성령의 활동과 일치한다고 보는 관점은 매우 주의가 필요하다. 또한, 김명용 교수는 오순절 교회의 성령론의 첫째 문제점은 성령의 세례에 대한 오해라고 말했다.[1374] 김명용 교수의 이런 발언은 성령이라는 이름으로 로마 가톨릭이나 기독교를 같이 보려는 의도가 엿보인다.

돈 바샴은 세계교회협의회(WCC: World Council of Churches) 의장을 지냈으며 영국 성공회 주교인 레슬리 뉴비긴(Lessile Newbegin)의 책 『하나님의 집』(The Household of God)에서 다음과 같은 글을 인용했다.

> 가톨릭과 정통 개신교는 서로 다른 점이 아무리 깊다고 해도, 주어진 그리고 변경할 수 없는 기독교 신앙에 있어서 … 가톨릭은 일차적인 강조점을 주어진 구조에다 두었고, 개신교는 주

1372) "Zungenreden ist unchristlicher Vulgärspiritismus, der Gottesgeist spricht verständlich," Accessed Oct.25.2019. https://www.theologe.de/zungenreden_vulgaerspiritismus_nicht_christlich.htm; ⟨Ein Beispiel für die vielen Konfessionen ist die so genannte Pfingstbewegung, die weltweit - geschätzt - mehrere hundert Millionen Anhänger hat. Die Meisten verstehen sich als so genannte evangelische Freikirchen. Einige sind jedoch gleichzeitig Mitglieder der römisch-katholischen Kirche, und eine Richtung nennt sich "Charismatische Erneuerung in der Katholischen Kirche". An Pfingsten 2017 hatte sich Papst Franziskus in Rom mit deren Vertretern getroffen und bei ihnen gepredigt. Anlass war das 50jährige Jubiläum dieser kirchlichen Gruppierung, die also sowohl pfingstkirchlich als auch römisch-katholisch ist. Mehr zu diesem Thema in dieser Ausgaben des Theologen.⟩

1373) 이동성, "오순절 신학에 대한 이해와 신학적 쟁점," 오순절신학논단 (1) (1998): 190(185-202).

1374) 김명용, "개혁교회의 성령론과 오순절 교회의 성령론," 장신논단 25 (1999): 241-242(223-248).

어진 메시지에 두었다는 점을 양쪽 다 하나같이 굉장히 강조해왔다. … 그러나 기독교 전통에 … 그 자체의 독특한 성격을 가진 세 번째 흐름이 있다는 점을 인정할 필요가 있다. … 그것의 중심 요소는 그리스도인의 신앙생활이란 오늘날 성령의 체험된 능력과 임재의 문제라는 확신이다. … 만일 우리가 "교회는 어디에 있는가?"라는 질문에 대답을 하려고 한다면, "성령이 알아볼 수 있게 능력으로 현존하는 곳은 어디인가?"라고 물어야 한다. … 더 좋은 단어가 없기 때문에 이런 종류의 기독교 신앙과 생활을 나는 오순절주의자라고 부르고 싶다.[1375]

바샴에 의하면, 정통 개신교나 로마 가톨릭은 "성령의 체험된 능력과 임재의 문제"에 있어서는 동일한 요소를 가지고 있다. 바샴은 이어서 뉴욕 유니온 신학교 총장을 지낸 헨리 피트니 판 듀센(Henry Pitney Van Dusen)의 글 「기독교의 제3의 강력한 팔」(「Life」, 1958년 6월 6일)에서 성령 운동가들이 "그리스도 안에 계신 살아계신 하나님을 체험하는 즉각적인 삶의 변화를 약속하는 게 보통이다"라고 인용했다.

1948년 8월 네덜란드의 암스테르담에서 세계교회협의회(W.C.C.) 제1차 회의가 열렸다. 회의의 표어는 "하나의 세상, 하나의 교회"였다. 이때 46개국에서 152개의 교파가 참석했다. 1961년 11월 인도의 뉴델리에서 열렸다.[1376] 이 회의에서 '세계 기독교 평화회의' 의장인 소련 KGB 요원인 니코딤과 공산당원 16명이 회원으로 가입했다. 1975년 12월 6일 니코딤은 W.C.C. 회장으로 선출되었다. W.C.C.는 1978년 8월 10일 로지디아 공산 게릴라에게 85,000달러의 자금을 지원했으며, 9년 동안 36개국의 공산당과 반정부운동을 하는 게릴라들에게 자금을 지원했는데, 그 액수가 3백만 불 이상이나 되었다. 1973년 W.C.C. 방콕회의는 불교도가 회의를 주관했다. 1975년 나이로비 회의는 이슬람교, 로마 카톨릭, 불교, 힌두교, 유대교, 무신론자 등 각종 이방 종교의 대표자들이 대거 참석했다. 2013년 12월 30일에 열린 W.C.C. 부산총회에는 개신교를 비

1375) Don Wilson Basham, **성령세례 방언 핸드북**, 오태용 역 (서울: 베다니출판사, 2017), 19.
1376) WCC(세계교회협의회)의 정체, Apr.20.2012. Accessed Oct.15.2019.
  http://www.christiantoday.us/19968; 〈이때 나온 것이 "우주적 그리스도"(Cosmic Christ)란 개념이다. 그 개념에 의하면 "우주적 그리스도"는 다른 모든 종교에서도 보편적으로 감지될 수 있는 창조의 중보자이다. 그러므로 사람들이 자유를 추구할 때 그리스도는 그들의 이데올로기에 관계없이 그들에게 임하신다는 것이다(David Wells). 그러므로 "우주적 그리스도"(Cosmic Christ)는 불교, 힌두교, 이슬람교에도 임재 하시는 데, 다만 그들이 잘못 알고 힌두교에서는 그리스도 대신에 크리슈나(Krishna)를 구세주로 믿으며, 불교에서는 부처(Buddha), 모슬렘에서는 마디(Imam Mahdi)를 구주로 믿는 것이다.〉

롯하여 로마 가톨릭, 그리스 정교회, 루터교, 불교, 천도교, 무속종교 등이 참석했으며, 추기경이 만찬을 베풀고 연설을 했다. 부산총회 기간 중 원불교 교당, 향교, 교회, 이슬람 성원, 범어사, 경주 불국사 등을 방문했다. 6.25 전쟁 때 죽은 사람들의 위령제를 치렀으며, 초혼제를 했다.

알베르토 리베라에 의하면, 로마 가톨릭은 교회 일치 운동을 위해 제2차 바티칸 공회를 열었으며, 비(Bea) 추기경이 W.C.C.를 방문한 이래로 계속 W.C.C.를 지원하고 있다. 1981년 5월 4-9일, 바티칸에서 전 세계 카리스마 성령 운동가 523명이 제4차 회의를 개최했으며, 교황 바오로 2세가 축하연설을 했으며 국제 가톨릭 미국 회원인 랄프 마틴은 교황에게 충성을 맹세했다.1377)

현대 방언 운동의 중심지도자 중 한 사람인 해롤드 베르드슨(Harold Bredesen)은 "오늘날 이 살아계신 제어할 수 없는 영께서는 로마 가톨릭 교회에서와 개신교회들 중에서, 자유주의적 교회에서 뿐만 아니라 보수주의적 교회에서도 주권적으로 활동하고 계신다."고 말했다.1378) 방언하는 루터파 목사는 "성령께서는 로마 가톨릭 교회 안에서 활동하고 계신다. 은사주의적 부흥운동의 근본적인 의미는 교회들의 재연합이라고 나는 확신한다."고 말했다.1379)

듀 플레시스(David Du Plessis, 1905-1987)는 현대 오순절 운동의 지도자였으며 "Mr. Pentecost"로 불려졌다. 듀 플레시스는 "1964년 제2 가톨릭 바티칸 회의 제3회기에 초청받은 유일한 오순절파 사람"이었으며, "1977-82년까지 국제 로마 가톨릭과 오순절 교회와의 대화 위원회 공동 회장"이었다.1380)

1377) Alberto Rivera, **숨겨진 대학살 8**, 서달석 역 (서울: 생명의서신, 1990), 18.
1378) Horold Bredesen, "Return to the Charismata," *Trinity II* (Whitesuntide, 1962), 22; Robert G. Gromacki, **현대방언 연구**, 김효성 역 (서울: 기독교문서선교회, 1983), 184에서 재인용.
1379) Erwin Prange, "A New Ministry," *Full Gospel Business Men's Voice*, VIII (April, 1965), 7에서 재인용.
1380) 조영업, **성령론** (서울: 기독교문서선교회, 2013), 300; "남아프리카 태생인 그는 남아프리카 사도적 신앙선교교회의 목사이며 그 교단의 총무였고 1947년도에 개최되었던 세계오순절대회의 준비위원장이었다. 그 이후로 세계 오순절 대회는 정기적으로 개최되고 있다. 데이빗 듀 플레시스는 1949년 미국에 와서는 하나님의 성회에 가입하였다. 그는 열성파 연합운동자였다. 그는 1954년 세계교회협의회(W.C.C.) 제2차 총회 때부터 세상을 떠날 때까지 W.C.C. 대회를 계속 참석하였다."

로마 가톨릭의 현대 영성 운동은 미국 트라피스트(Trappist)인 토마스 머튼(Thomas Merton, 1916-1968)에 의해 시작되었다. 머튼은 수도원적 관상기도를 생활화하려고 노력했으며 거기에 동양철학을 접목했다. 무엇보다 중요한 것은 머튼의 영성 경험에 심리학적 지주가 된 사람은 바로 칼 융이었다는 사실이다.[1381] 머튼이 융의 분석심리학에 관심을 가지는 이유는 자기(self)라는 원형이 존재의 전일성으로 개성화를 이루려고 하기 때문이다. 그 개성화는 존재의 신성화를 말한다. 또한, 머튼은 선불교를 체험하고 『신비가와 선의 대가들』(Mystics and Zen Masters)이라는 책을 썼다.[1382] 머튼의 영성운동을 지배하는 두 가지 핵심적인 요소는 칼 융의 분석심리학과 선불교라는 것을 알 수 있다. 다른 것들은 비계(飛階, scaffold)에 불과하다.

1381) Kenneth Bragan, *The Rising Importance of Thomas Merton's Spiritual Legacy* (Strategic Book Publishing & Rights Agency, 2016), 9; "Carl Jung can give psychological support to Merton's spiritual experience, particularly as it relates to his sense of being called. In Jungian theory the archetypal Self(biologically given) underpins and directs the process of individuation that carries the urges to wholeness of being, which is where God is found according to Bishop Spong."

1382) 류기종, "기독교와 불교의 만남 (6)-토마스 머턴," Jun.16.2010. Accessed Aug.1.2019 http://www.dangdangnews.com/news/articleView.html?idxno=15084; 〈스즈키와의 교제 이후, 머턴은 1965년에 『장자의 도』란 책을 출간했으며, 1967년에는 자신의 선불교 연구서로 볼 수 있는 앞에서 언급한 〈(기독교)신비가와 선의 대가들〉이란 책을 저술하게 되었다. 머턴은 장자를 통해서, 언어와 개념을 넘어선 "실재"에 대한 체험적 인식의 중요성을 깨달았다. 머턴은 기독교의 문제점은 언제나 개념화와 교리화에 집착하는 약점이 있음을 깨달았다. 머턴의 동양종교에의 깊은 관심은 1968년 태국 방콕(Bangkok)에 열린 종교회의에의 참석으로 절정에 달했다. 그는 이 기회를 불교뿐 아니라, 아시아 전체의 종교성과의 접촉의 기회로 삼으려 했다. 머턴은 이를 계기로 인도, 태국, 스리랑카를 방문하려 했고, 다라이 라마와의 만남과 일본의 선승들과도 만날 계획을 세웠다. 그러나 머턴은 회의 도중 갑작스런 사망으로 그 뜻을 다 실현하지 못했다. 머턴과 깊은 교제를 나눴던 틱낫한(Thich Naht Hahn)은 머턴에 대해 평하기를 대부분의 서구 신학자나 영성가들이 이원론적 사고의 형식에서 벗어나지 못한데 반해서 머턴은 그런 틀에서 벗어나 있다는 사실이라고 평했다. 데이비드 스타인들 라스트(D. S. Rast)가 머턴에게 묻기를, 불교와의 접촉 없이 기독교의 가르침들 을 잘 설명할 수 있겠느냐는 질문에, 머턴이 한참 생각하다가 대답하기를, "나는 불교의 빛으로 조명하지 않고는 기독교를 제대로 이해할 수 없었을 것이라고 대답했다고 전해지고 있다. 머턴의 이 말은 불교의 진리들은 기독교의 깊은 영적인 진리들을 이해하는데 큰 도움이 된다는 것을 의미하는 것으로 보인다. 머턴은 〈신비가와 선의 대가들〉의 서문에서 "선은 추상적인 형이상학도 아니며, 신학도 아니며, 이론적인 명제도 아니고, 의식과 앎의 굴레(속박)에서 탈피하고자 하는 행위로서, "구체적인 살아있는 존재론"이라고 정의 내렸다. 머턴은 이 책에서 기독교 전통에 얽매이지 않으면서, 교부시대, 초기 수도원 제도(사막의 수도자들), 영국의 신비주의, 17세기 신비주의, 러시아 동방정교회 영성 그리고 개신교 수도원 공동체 등도 소개하고 있다. 요약해서 말하자면, 머턴은 선불교 즉 불교의 선(Zen)의 방법에 매혹된 기독교 명상수도자로서, 영성주의 혹은 신비주의의 측면에서, 기독교와 불교와의 깊은 대화의 길을 모색한 사람이란 사실은 부인할 수 없겠다.〉

은사주의자들이 로마 가톨릭과 한배를 타고 어깨춤을 추는 것은 결국 기독교를 빙자한 영성에 불과하다. 윔버 역시 로마 가톨릭의 방식을 도입하고 로마 가톨릭과 하나가 될 것을 권장했다. 윔버는 빈야드 목사 집회에서 프로테스탄트들을 대신하여 로마 가톨릭 교회에게 사과를 했으며, "거듭난 복음 전도자로서 오순절 은사 운동에 지대한 관심을 보이는 로마의 교황은 세상의 어느 누구보다도 복음을 확실하게 전하고 있다."고 말했다.1383)

1977년 7월 20-24일, 미국 켄사스 시티에서 '카리스마 성령운동 제1차 국제집회'가 열렸는데, 로마 가톨릭, 루터교, 침례교, 감리교가 참석했으며, 로마 가톨릭의 케빈 레나간이 준비위원장이었다. 1980년 9월 28일, 개신교와 로마 가톨릭과의 합동 집회에 30만 명이 참석했다. 이때 팻 로벗슨, 렉스 함바드, 로버트 슐러, 스칼론 신부가 있었다.1384)

존 맥아더는 다음과 같이 말했다.

> 윔버는 복음주의에 불편함을 못 느끼는 만큼이나 로마 가톨릭 교리에도 아무 불편함을 못 느낀다. … 윔버는 성물을 통한 치유를 주장하는 가톨릭의 입장을 옹호한다. 그는 개신교와 가톨릭의 재결합을 옹호한다. 이전에 그와 동역했던 한 사람은 이렇게 증언한다. "빈야드 목회자 세미나에서 윔버는 모든 개신교인을 대신해서 가톨릭 교회에 '사과'하기까지 했다." 교회 성장 세미나에서도 윔버는 이렇게 말했다. "교황은 … 은사주의 운동에 상당히 우호적이고 그 자신이 거듭난 복음주의자다. 구원에 대한 그의 어떤 글을 읽어 봐도 그는 오늘날 누구 못지않게 분명히 복음을 전하고 있음을 알게 될 것이다."1385)

1383) Ewin, **오순절 은사 운동 바로 알기**, 정동수 역 (서울: 그리스도예수안에, 2014), 158: 〈열렬한 교황 찬미자 윔버: 윔버가 과격한 에큐메니즘 추종자임을 보여 주는 다음의 증언은 한때 빈야드 참여했던 굿윈 목사(Pastor John Goodwin)가 말한 것이다. "성경 이외의 것에 손을 대면서 윔버는 교회가 수 세기 동안 비성경적인 것이기에 거부해 온 관행들 예를 들어 죽은 사람의 뼈나 그들이 만겼던 물품을 사용하는 것 등을 받아들이기 시작했다. 그는 교회 양육 세미나에서 이렇게 말했다. '1200년이 넘도록 가톨릭 교회 내에서는 죽은 성인들의 유품을 만진 결과 많은 사람들이 병 고침을 받았다. 사실 우리 프로테스탄트들은 그런 관행에 대해 주저하지만 병 고치는 사람들은 전혀 주저할 필요가 없다. 왜냐하면 그런 관행은 신학적으로 전혀 틀린 것이 아니기 때문이다." 윔버는 로마 카톨릭 교리를 받아들이고 있으며 프로테스탄트 교회와 로마 가톨릭 교회가 하나가 될 것을 강력히 권장한다.〉
1384) Alberto Rivera, **숨겨진 대학살 8**, 서달석 역 (서울: 생명의서신, 1990), 156: 〈이 대회의 연사 중 한 명은 "이 운동의 가장 중요한 것 가운데 하나는 모든 교파의 장벽을 허무는 것이다"라고 말했다.〉
1385) John Wimber, *A Brief Sketch of Signs andp Wonders Through the Church Age* (Placentia, Calif.: The Vineyard, 1984), 41-46; John MacArthur, **무질서한 은사주의**, 이용중 역 (서울: 부흥과개혁사, 2008),

놀랍게도, 빈야드는 관상기도의 영성을 가지고 있다. "mkayla.wordpress.com"에는 빈야드가 관상기도 영성과 밀접하게 관련되어 있는 자료들을 잘 말하고 있다. 그 내용을 대략적으로 살펴보면 다음과 같다.1386) 켈시는 "기독교의 깊이에서 대부분의 뉴에이지 관행을 찾을 수 있다."고 말했다. 켈시는 빈야드의 주요 인사 중 하나이며 관상기도를 옹호한다. 빈야드 애너하임의 포스트는 머튼이 "불교와 기독교 사이에 모순이 없다 … 나는 가능한 한 불교도가 되고 싶다"("I see no contradiction between Buddhism and Christianity … I intend to become as good a Buddhist as I can")는 말도 올렸다.

빈야드 애너하임(Vineyard Anaheim)은 퀘이커 교도이자 토마스 머튼의 제자인 리차드 포스터(Richard Foster)의 레노바레(Renovare) 훈련을 선택했다. 빈야드의 영성형성을 위해 록 우드(Craig Lockwoo)는 달라스 윌라드, 잰 존슨, 래리 크랩, 마담 귀용, 리차드 포스터, 게리 토마스, 몰톤 켈시, 아넬 칼훈을 권장도서 목록에 포함했다. 빈야드 애너하임(Vineyard Anaheim)의 'Pastoral Staff Recommends'에는 모럴랜드(J.P.

230-231에서 재인용.

1386) Daryl Hilbert, "CHRISTIAN MYSTICISM," Accessed Aug.20.2019. http://gracebiblegillette.org/Mysticism-Christian.htm; 〈When it comes to Christian Mysticism, we are not talking about a slight offshoot of Christianity. Rather, Christian Mysticism is more closely aligned with Pagan and New Age religions. Perhaps that sounds like a harsh statement, but it is a truth that the proponents of Christian Mysticism readily admit. Here are numerous quotes from Christian Mystics themselves (Many of which are quoted by Richard Foster in his book, "Celebration of Disciplines." a) Thomas Merton: I think I couldn't understand Christian teaching the way I do if it were not in the light of Buddhism. b) Henri Nouwen wrote that his solitude and the solitude of his Buddhist friends, would, greet each other and support each other. c) Basil Pennington: We should not hesitate to take the fruit of the age old wisdom of the East and 'capture' it for Christ. Indeed, those of us who are in ministry should make the necessary effort to acquaint ourselves with as many of these Eastern techniques as possible. d) Morton Kelsey: You can find most of the New Age practices in the depth of Christianity. e) Tilden Edwards: This mystical stream [contemplative prayer] is the Western bridge to Far Eastern spirituality. f) Alice Bailey (famous occult prophetess who coined the term New Age): It is, of course, easy to find many passages which link the way of the Christian Knower [mystic] with that of his brother in the East. They bear witness to the same efficacy of method.〉

Moreland)의 명상적 견해를 말했다.1387) 모럴랜드는 기도에 있어 "하나님의 아들 예수여"를 만트라로 사용하는 사람이다. 그것을 길게 하면 "주 예수님 나를 긍휼히 여기소서"이다.1388) 우리나라에서는 이동원 목사가 비움과 채움의 영성을 말하면서, 예수 기도(Jesus Prayer)라고 소개했다.1389)

1387) Ray Yungen, *A Time of Departing* (Eureka, MT: Lighthouse Trails Publishing, 2nd ed, 2006), 76-77, quoting Richard Foster at a seminar Yungen attended.; Lighthouse Trails Editors, "The Vineyard Movement Grabs Hold of Contemplative Spirituality," Aug.19.2011. Accessed Aug.20.2019. https://www.lighthousetrailsresearch.com/blog/?p=7137/에서 재인용
1388) John E. McKinley, "The Jesus Prayer" as Training for Prayer. Accessed Aug.21.2019. https://www.biblestudytools.com/blogs/the-good-book-blog/the-jesus-prayer-as-training-for-prayer.html; ⟨I was first introduced to the so-called Jesus Prayer by J.P. Moreland in a class at Talbot several years ago. At his suggestion, I read the little Eastern Orthodox book, The Way of the Pilgrim. This nineteenth century book is a story of a Russian Christian practicing the training device of the Jesus prayer as he travelled through many regions gaining wisdom along the way. ⋯ Proponents of the Jesus prayer agree that the long and short forms of the device do not matter. I think it is a bit of a misnomer to call it a prayer, since most use of it is as a training device, a mantra. Obviously, the use of mantras is deep within Hindu and Buddhist practice, but so is eating rice. The appearance of a devotional exercise in other religions does not automatically disqualify a similar practice for Christians. The similarity may be due to general revelation anyway, by which Buddhists and Hindus have hit upon the biblical prescription for meditation (and the conjunct of memorizing Scripture) that is so common in the Psalms. The long form: Lord Jesus Christ, Son of God, have mercy on me, a sinner. The short form: Lord Jesus Christ have mercy on me. The biblical citation for this mantra-training device for prayer is the cry to "Jesus, Son of David" for mercy in Matthew 9:27; 20:30 (Mark 10:47; Luke 17:13; 18:38). The basic practice is to say the mantra again and again, out loud, and internally, in hundreds of repetitions. My first experiment was about 300 repetitions while watching the waves roll in at the beach. Breathing matches to saying the phrases, I became aware of my heartbeat, and I found myself focusing alternately on different aspects of the mantra. This is a biblical-theological meditation even though it resembles a mantra(I don't have a problem with calling it a mantra, but some Christians might be troubled by that.).
1389) 이종철, 이동원 목사 "비움과 채움의 영성," 제6차 미국장로교 전국한인목회자 컨퍼런스 특강 전문. Oct.13.2014. http://m.newspower.co.kr/a.html?uid=25767; ⟨예수 기도(Jesus Prayer) = 예수 기도는 개신교하고는 좀 거리가 먼 관계인 동방교회 전통으로 최근에 와서는 이 부분에 대한 것이 많이 알려졌다. 특히 헨리 나우엔이 자기 평생을 통해 가장 도움이 되었던 것이 '예수 기도'이라고 하며, 그것이 얼마나 자기 생애에 크게 도움이 되었는지를 강조한다. 예수 기도하니 무슨 예수님이 하신 기도처럼 오해할 수 있는데 그것이 아니라 거꾸로 사람들이 예수님에게 했던 기도가 예수 기도이다. 사실 예수 기도의 원천은 사막교부 시대부터 있었다. 그때부터 많은 기도가 뿔뿔이 흩어져서 적용해 오다가 11세기에 와서 하나의 기도문으로 정형화되는 것을 볼 수 있다. 개신교인들에게 가장 익숙한 기도문이 주기도문이라면 동방정교 교인들에게 가장 익숙한 기도문은 바로 예수 기도문이다. "주 예수 그리스도 하나님의 아들이시여, 죄인 된 저를 불쌍히 여기소서."⟩

리차드 포스터는 토마스 머튼이 "하나님의 백성들을 깨우려고 노력했고,1390) 기도의 삶을 널리 알리고 이해하도록 20세기의 다른 어떤 인물보다도 더 많은 일을 했을 것이다"라고 말했다.1391) 몰톤 켈시는 "기독교의 깊이에서 대부분의 뉴에이지 관행을 찾을 수 있다. … 나는 성령이 모든 영혼에 산다고 믿는다"라고 말했다.1392) 『메시지』의 저자인 유진 피터슨(Eugene Peterson)은 리차드 포스터가 영적인 훈련을 찾았다고 했는데, 포스터는 그 훈련을 기도로 종합했다. 그 기도에는 만트라와 명상이 포함되어 있었다.1393)

놀랍게도 윔버는 켈시가 예수님의 사역을 샤머니즘과 동일시하고, 융 심리학을 기반으로 하고 있었다는 것을 알았다는 것이다.1394) 뉴질랜드 빈야드 디렉터는 『Buried Seed: Spiritual Direction and the Vineyard Movement』에서 로마 가톨릭 사도이며 범신론자인 키팅(Keating)도 소개했다. 뉴에이저 구루라 불리는 켄 블랜차드(Ken Blanchard)는 명상을 예수님처럼 되기 위한 핵심요소라고 말했다.

모럴랜드는 달라스 윌라드의 여러 책들과 헨리 나우웬의 『침묵』(The Way of the Hear)을 추천했는데, 그 책에서 나우웬은 "한 단어를 조용히 반복하면 마음으로 마음속으로 내려가는 데 도움이 될 수 있습니다 … 이 간단한 기도 방법 … 하나님의 현존에 우리를 열어줍니다."라

1390) Richard Foster and Emilie Griffin, *Spiritual Classics* (San Francisco, CA: Harper, 2000), 17; Aug.20.2019. https://mkayla.wordpress.com/tag/spiritual-formation//에서 재인용
1391) David Steindl-Rast, "Recollection of Thomas Merton's Last Days in the West" (Monastic Studies, 7:10, 1969); Accessed Aug.20.2019. https://mkayla.wordpress.com/tag/spiritual-formation/에서 재인용
1392) Morton Kelsey cited in Charles H. Simpkinson, "In the Spirit of the Early Christians."; Accessed Aug.21.2019. https://mkayla.wordpress.com/tag/spiritual-formation/에서 재인용
1393) Fostering a new Spiritual Discipline pt.2 Inward and onward - The promoters common origin http://www.letusreason.org/Popteach79.htm; ⟨Eugene Peterson, author of The Message Bible says, "Richard J. Foster has 'found' the spiritual disciplines that the modern world stored away and forgot, and has excitedly called us to celebrate them. For they are, as he shows us, the instruments of joy, the way into mature Christian spirituality and abundant life." In other words he admits he is a participant. What did Foster find exactly? He recovered what the Desert Fathers that lived in the Middle East region and Egypt practiced. Who were influenced by other religious systems and synthesized these practices into their prayers, which also included mantras and meditation. What exactly has Foster recovered? Nothing from Scripture, what he has brought back should have been left buried in the desert sands.⟩
1394) Kevin Reeves, *The Other Side of the River* (Eureka, MT: Lighthouse Trails Publishing, 2007), 169.

고 말했는데,1395) 이것이 만트라 명상이다. 나우웬은 "오늘 저는 개인적으로 예수께서 하나님의 집으로 가는 문을 여셨지만 모든 인류는 예수에 대해 알든 모르든 그 문을 통과할 수 있다고 개인적으로 믿고 있다. 오늘 나는 그것이 모든 사람이 자신의 길을 하나님께로 인도하는 것을 돕는 나의 부르심으로 본다."고 말했다.1396)

　리버스(Reeves)는 윔버가 아그네스 샌포드와 켈시의 책에 끌렸다고 말했다. 융 심리학과 로마 가톨릭 영성의 결정체가 아그네스 샌포드의 내적치유다.1397) 윔버는 샤머니즘적인 치유사역을 행하는 아그네스 샌포드의 영향을 입은 사람이다. 존 윔버는 "어떤 사람들은 자연적인 치유자들이다."라고 말했는데, 이 "자연적 치유자들"이라는 것은 심리적 치유방법론이며, 샤먼과 마법사와 신비주의자들이 행하는 것이다. 그들이 하는 치유는 인위적인 '훈련'에 의한 것이지 성령 하나님의 주도하에 주어지는 것이 결코 아니다. 윔버의 치유 방법 역시 그런 훈련에 의해서 만들어지는 치유다.1398)

1395) Henri Nouwen, *The Way of the Heart* (San Francisco, CA: Harper, 1991), 81; Accessed Aug.21.2019. https://mkayla.wordpress.com/tag/spiritual-formation/에서 재인용.
1396) Henri Nouwen, *Sabbatical Journey* (New York, NY: Crossroad Publishing, 1998), 51;
1397) http://www.wayoflife.org/files/316792f23d7a7101cb047f0ae4a95b02-148.html/ 〈Agnes White Sanford(1897-1982) was an Episcopalian faith healer who has had a great influence within the charismatic movement, the contemplative prayer movement, and the recovered memory movement. For example, Richard Foster recommends Sanford, saying, "I have discovered her to be an extremely wise and skillful counselor in these matters. Her book The Healing Gifts of the Spirit is an excellent resource"(Celebration of Discipline, 1978, footnote 1, p. 136). Foster includes an entire chapter by Sanford in his book Prayer: Finding the Heart's True Home. Her widely read books were published in the following order: The Healing Light(1947), Behold Your God(1959), Healing Gifts of the Spirit(1966), Lost Shepherd(1971), Sealed Orders(1972), Healing Power of the Bible(1976), The Healing Touch of God(1983).〉
1398) http://www.seekgod.ca/quakers.htm; 〈Quoting from Wimber's writings on healing, Mr. Albert Dager observes the inner healings are based on the teaching of Agnes Sanford. Sanford, besides the shamanistic practices, was a pantheist with beliefs similar to Carl Jung. "··· Wimber states that, 'Some people are natural healers ···' That is not a biblical observation, but one based on a psychic healing methodology. 'Natural healers' are what shamans, witches and mystics claim to be. These peoples are trained in their practice; they are not gifted by the Holy Spirit. Wimber's belief that men can be trained to do signs and wonders, and his faulty understanding of how God's power works are what have contributed to the error of the Vineyards methodologies." "Two words characterize Wimber's methodology: experience and experimentation ··· Wimber encouraged his disciples to experiment through trial and error ···" Mr. Dager also expands on the various psychic practices identical to Sanford, including

윔버는 능력의 은사들을 체험할 수 있는 방법으로 '기름부음, 초탈, 믿음의 말씀, 꿈과 환상, 인상(자신의 영혼에 대한 깊은 통찰)'을 말했다.[1399] 여기에서 '꿈과 환상'이 은사 체험의 방법으로 소개되는 것은 칼 융의 영향 때문이다. 융은 꿈을 무의식의 자기 계시의 전달 수단으로 본다. 또한, 존 윔버가 그런 방법들을 말하는 것은 퀘이커의 '내적인 빛'을 체험하는 것을 원리로 삼기 때문이다.[1400] 존 윔버는 설교를 하거나 전도할 때, 사람들을 만날 때마다 '내적인 빛'의 지도를 받는다고 말했다.[1401]

리버스는 케빈 리버스(Kevin Reeves)라는 책에서 윔버의 정신적 관점을 다루었다. 윔버는 서양 교회는 초자연적인 것에 대한 저항 때문에 주요한 패러다임의 변화를 겪을 필요가 있다고 말했다. 리버스는 윔비의 아이디어를 다음과 같이 설명했다.

> 옛 연구 및 학습 방법(딤전 4:13-16, 딤후 3:14-17)은 더 이상 적절하지 않다. 사실, 윔버와 제3의 물결 선생님들의 홍수에 따르면, 그런 적은 없었다. 경험이 중요한 것이고, 우리가 지금까지 쌓아온 모든 머리 지식은 시간 낭비라고 그들은 말한다. 이 가르침은 하나님과 그의 힘과 기적을 진정으로 알기 위해서는 우리는 그 죽은 편지들을 모두 털어 버리고 삶 속으로 들어가야 한다고 명시하고 있다.[1402]

이 글에 의하면 윔버는 성경을 죽은 편지들로 여기고 성경을 버리며, 자신의 경험을 성경보다 더 높은 권위로 여긴다. 빈야드 애너하임의 추천 독서목록에서 랜스 피트럭(Lance Pittluck) 목사는 롭 벨(Rob Bel)과 함께 관상적이고 이머징 인물(emerging figures)에 해당하는 누웬, 사이더, 매닝, 밀러, 보이드 등을 추천했다. 윔버는 치유세미나에서 성경 밖에

Wimber's methodology of aura healing and so on. He brings to the readers attention that Sanford, "espoused the belief in the cosmic consciousness which is identical to that of psychic healers" 54 and which we previously discussed regarding the practices of George Fox and Jacob Boehme.〉

1399) John Wimber, Kevin Springer, 능력치유, 이재범 역 (서울: 나단출판사, 2008), 323.
1400) 김성봉, 오덕교, 이광희, 빈야드운동 무엇이 문제인가 (서울: 월간 교회와 신앙 한국개혁주의신학연구소), 1996), 52.
1401) John Wimber, 능력전도, 이재범 역 (서울: 나단출판사, 2006), 88.
1402) The Vineyard - Emergent Connection, Aug.23.2011. Accessed Aug.21.2019.
https://mkayla.wordpress.com/tag/spiritual-formation/

진리의 출처가 있으며, 빈야드 세미나에 참석하여 경험한 것들은 성경에 의해 검증될 필요가 없다고 말했다.[1403]

이런 자료들에서 방언의 의미를 아는 것은 어렵지 않다. 윔버에게 방언은 만트라다. 방언은 무의식의 세계로 들어가기 전에 행하는 만트라다. 윔버는 다음과 같이 말했다.

> 어떤 증세에 대한 원인을 분명하게 알고 있을 때라 할지라도, 나는 구체적으로 어떻게 기도하여야 할지 확신을 갖지 못하는 경우가 때때로 있다. 이런 경우 나는 마음 속으로 이렇게 기도하곤 한다. "주님, 저는 주님께서 이 사람을 치유해 주시리라고 믿고 있습니다. 부디 그를 위하여 어떻게 기도해야 할지 가르쳐 주시기를 바랍니다." 그리고 나서 조용히 방언으로 기도드리는데, 그 도중에 하나님께서는 그 사람을 위해 내가 어떻게 기도해야 하는가를 가르쳐 주실 때가 많다. 그러면 나는 왜 방언으로 기도하는가? 나에게 있어 방언으로 기도하는 일은 마치 영적인 안테나를 세우는 것과도 같다. 그렇게 함으로써 영적인 민감성과 수용성이 커지기 때문이다.[1404]

윔버는 치유의 확신과 영적인 민감성을 위해 방언을 했다. 우리는 윔버가 이런 말을 하는 이유를 일반적인 기독교인이 기도하는 것처럼 생각하면 안 된다. 앞서 말했듯이, 윔버는 아그네스 샌포드로부터 치유를 배웠고 그 치유는 샤먼들이 행하는 방식이었다. 방언은 영적 세계로 들어가기 위한 일종의 만트라 역할을 하는 것이다.

영적인 세계에 있어서 만트라는 무념무상의 세계로 들어가는 기초작업이다. 만트라를 반복하면 의식을 초월하여 무념무상의 세계로 진입한다. 그 이후에는 어떤 일이 생기는가? 접신이 일어난다. 접신이란 영적인 안내자인 귀신과 만남이 일어난다. 그것이 바로 칼 융의 적극적 심상법(active imagination)이다. 융도 그 사실을 알고 마성에 사로잡힐 수 있다고 말했다.

방언은 주로 한 두 개의 단어를 반복하는데, 그렇게 한 두 개의 단어를 계속해서 반복하면 정신을 초월하여 무념무상의 세계로 들어간다. 예수님께서 중언부언하지 말라고 말씀하신 것은 공허한 기도를 하지 말라

1403) John Wimber, Healing Seminar Series Tapes I, II, III (unedited, 1981); John Goodwin, "Testing The Fruit Of The Vineyard," Accessed Aug.21.2019. http://www.deceptioninthechurch.com/KJCVINEY.HTM
1404) John Wimber, Kevin Springer, 능력치유, 이재범 역 (서울: 나단출판사, 2008), 342.

는 뜻이다. 또한, 중언부언하게 되면 만트라 작용을 하게 된다. 그런 까닭에, 방언을 한다는 것은 매우 위험한 결과를 초래하게 된다.

존 맥아더는 다음과 같이 말했다.

> 이 모든 방언현상은 이단적이거나 광신적이거나 그렇지 않으면 비정통적인 집단들과 동일시되었다. 그들과 같은 시대에 살았던 성경적으로 정통적인 신자들은 그 모든 집단을 정상에서 벗어난 사람들이라고 판단했다. 진리에 관심이 있는 그리스도인이라면 누구나 분명히 그렇게 판단해야 마땅하다. 따라서 우리는 사도 시대가 끝날 때부터 20세기 초까지 신약적인 방언 은사가 진짜로 나타난 적은 한 번도 없었다고 결론지을 수 있다. 성령께서 말씀하신 것처럼 방언은 끝났다(고전 13:8).[1405]

김동찬 교수는 미국 오순절 교단의 랄프 해리스(Ralph. W. Harris) 목사가 60건의 사례를 모아 『성령께서 말하게 하심을 따라』(Spoken by the Spirit), 돈 바샴(Don Basham) 목사의 『방언의 기적』(The Miracles of Tongus)라는 책,[1406] 그리고 선교사 존 홀(John Hall), 데이브 로버슨(Dave Roberson) 목사 등의 사례들을 말하면서 외국어 방언이 실제로 나타난다고 말했다.[1407] 또한, 영적 언어로 하는 방언의 경우로 문봉주 목사와 케네스 헤긴의 사례를 들어 말했다.

또한, 김동찬 교수는 크리스챤 탐사 전문기자이며 「가이드 포스트」에서 오랫동안 활동한 존 쉐릴(John Sherrill)의 책에서 외국어 방언이 일어났다고 말했다.[1408] 김동찬 교수는 외국어 방언이 일어났다고 언급

1405) John MacArthur, **무질서한 은사주의**, 이용중 역 (서울: 부흥과개혁사, 2008), 375.
1406) 김동찬, **방언 바로 알기** (서울: 베다니출판사, 2015), 34-40.
1407) Ibid., 91-101.
1408) 김동찬, "가이드포스트 기자 존 쉐릴의 '성령을 찾아서'," Aug.10.2015. Accessed Aug.16.2019.
http://www.amennews.com/news/articleView.html?idxno=13840; 〈존 쉐릴은 본래 방언기도에 대해 매우 회의적인 사람이었다. 그런 사람이기에 그의 자료에 더욱 신빙성이 있다. 그는 방언에 대한 치밀한 탐사를 한 후 방언에 대한 책을 저술하였다. 이 분의 책, 〈성령을 찾아서〉에는 뉴욕 마운트 버넌에 있는 제일개혁교회를 섬기는 해럴드 브레드슨 목사가 폴란드어와 고대 아랍어를 방언으로 말하였고 그것이 각각 폴란드 출신 노인과 고대 이집트를 연구하는 여성에 의해 확인되었다는 내용이 나온다. 존 쉐릴이 그 목사를 만나 직접 인터뷰한 내용이니 그 신뢰성을 확실하다고 할 수 있을 것이다. 그리고 이 책에는 신뢰할 만한 출처를 통해 입수한 아주사 부흥운동(1906, 미국 LA)에서 일어난 외국어 방언 현상도 기록되어 있다. 존 쉐릴의 글을 인용해 본다. 나는 아주 어렵게 조사를 하는 동안 아주사 거리 부흥의 목격자 한 사람과 연락이 닿았다. 미주리 주의 스프링필드에 거주하는 하비 맥알리스(Harvey McAlister)라는 노인이었는데 그는 아주사 거리를 수없이 방문했다고 한다. 그는 특별히 흥미로운 사건이 있다고 하면서 편지에 썼다. 그가 보낸 편지를 소개하겠다. "이 이야기는 지금은 고인

했으나, 외국어 방언이 실제 한다면 수천 번 수만 번을 넘어서 모든 성도에게 일어나야 한다.

사이넌(H. Vinson Synan)는 자신의 일곱 번째 책 『마지막 날: 21세기의 성령의 부으심』(In the Latter Days: The Outpouring of the Holy Spirit in the Twentieth Century)에서 세 가지 오순절 운동이 하나의 '강'(river)으로 통합될 것이라고 말했으며, 다음과 같이 말했다.

> 후일에는 성령이 부어 지지만, '고전적 오순절주의', 개신교 '신 오순절주의', '가톨릭 카리스마적 갱신'. 결국 그것은 전세계 기독교에 중대한 영향을 미쳤던 하나의 위대한 역사적 현상을 더한다.1409)

이 된 제 친동생 로버트 맥할리스터에게 들은 것입니다. 이 사건이 일어났을 때 동생은 로스앤젤레스에 있었습니다. 이 이야기에 등장하는 캐틀린 스콧이라는 소녀는 저도 개인적으로 잘 아는 사람입니다. 그러니까 이 이야기는 '아주사 거리 선교회'라고 불리는 그 건물에서 일어났습니다. 그곳에서 무슨 일이 일어나고 있는지 직접 보려고 전 세계 모든 지역에서 정말 많은 사람들이 찾아왔습니다. 그 건물 2층에는 '다락방'이라 불리는 넓은 강당이 있었습니다. (중략) 어느 날, 이처럼 예배시간이 되어 종을 칠 시간이 되었을 때 열한 살의 캐틀린은 다락방에 있었습니다. 그리고 그때 한 남자가 선교회 건물로 들어왔습니다. 그는 아직 예배가 시작되지 않은 것을 보고 2층 다락방으로 올라가려 했습니다. 그런데 그 사람이 계단에 발을 올려놓는 순간 캐틀린이 성령의 감동을 받아 벌떡 일어나더니 그 사람을 가리키며 영어가 아닌 다른 언어로 크게 몇 분 동안 이야기를 했습니다. 그 소리에 종을 치는 일이 조금 지체되었고 모든 사람들이 일어나 계단으로 갔습니다. 캐틀린이 그 낯선 남자에게 가까이 접근하자 그 사람이 캐틀린의 손을 잡고 아래층 강당으로 내려가 강단 위로 올라갔습니다. 당연히 사람들도 그를 따라 아래층 강당으로 내려갔습니다. 그 사람은 웅성웅성하는 실내가 조용해지기를 기다렸다가 이렇게 말했습니다. 여러분, 저는 유대인입니다. 저는 방언에 대해 조사하려고 이곳에 왔습니다. 이 도시에서 제 성이나 이름을 아는 사람은 아무도 없습니다. 제가 가명을 사용했기 때문입니다. 제 직업이나 제가 여기 온 목적을 아는 사람은 아무도 없습니다. 저는 이곳 설교자들의 설교를 낱낱이 분석하고 해부하여 기독교 신앙에 반대하는 강의에 사용하려고 이곳에 온 사람입니다. 그런데 제가 이 건물에 들어오는 순간, 이 소녀가 히브리어로 말하기 시작했습니다. 이 소녀는 제 성과 이름을 알고 있었을 뿐 아니라 제가 이곳에 온 목적과 제 직업까지 알고 있었습니다. 그리고 이 소녀는 제게 회개를 촉구했습니다. 이 소녀가 여기 사람이라면 도저히 알 수 없는 제 사생활까지도 잘 알고 있었습니다." 하비 맥알리스터는 그 유대인이 무릎을 꿇고 울부짖으며 마치 심장이 터질듯한 음성으로 회개했다고 하면서 편지를 끝맺었다.〉

1409) https://en.wikipedia.org/wiki/H._Vinson_Synan/ Accessed Aug.16.2019. 〈The history of the Catholic Charismatic Renewal and the Jesus People was described as "Rain Fall" and "Cloudburst." The book closed with the three streams of Renewal coming together into one "River". He gives this opening statement in the book: "There is only one outpouring of the Holy Spirit in the latter days, although the streams flow through channels known as 'classical Pentecostalism', Protestant 'neo-Pentecostalism', and the 'Catholic charismatic renewal'. In the end it adds up to one great historical phenomenon which has had a profound effect on Christianity around the world." According to Synan, In the Latter Days has been published in more languages than any of his other books.〉

사이넌은 오럴 로버츠 대학의 성령 연구소 센터 소장이었으며 오순절과 은사주의 역사 교수로서 로마 가톨릭 은사주의와 하나가 된다고 주장한 것은 매우 심각한 일이 아닐 수 없다.

김동찬 교수는 로마 가톨릭의 은사 운동을 말하면서 "성령세례가 임했고, 동시에 방언과 영분별, 예언, 지혜 등 여러 영적 은사들이 일어났다"고 말했으며,1410) 심지어 다음과 같이 말했다.

> 이처럼 세계적으로 퍼져나가던 가톨릭 은사주의 운동은 마침내 로마에까지 이르렀다. 1975년 로마의 성 베드로 광장에 25,000명의 성령 충만한 가톨릭 신자들이 모였다. 교황 바오로 6세가 인도하는 이 집회에서 "성령 안에서 노래하자"는 찬양을 부르며 예배를 드렸다. 이러한 가톨릭의 은사부흥 운동은 결국 다른 교단에도 영향을 끼쳐 결국 많은 교단에서 오순절 성령 부흥운동을 받아들이게 되는 중요한 계기가 되었다.1411)

김동찬 교수에게는 성령과 방언이라는 공통분모만 있으면 로마 가톨릭이나 오순절 은사주의나 아무런 경계가 없는 것인가? 김동찬 교수가 방언의 계속성을 옹호하기 위해 로마 가톨릭을 언급하면 종교의 관용성을 낳을 우려가 있다.

⑩ 현대 방언은 무엇인가?

오늘날 수많은 사람이 행하는 방언은 어떻게 설명할 수 있는가? 방언 옹호론자들은 방언이 신적 기원을 가지고 있다고 말한다. 그로마키는 방언 현상은 사단적으로, 심리적으로, 그리고 인위적으로 산출될 수 있으며, "이 세 가지에 의해 설명될 수 있다고 믿는다"고 말했다.1412) 캘리포니아 대학교의 아프리카어 교수 윌리엄 웸즈(William Welmes)는 현대의 방언 현상은 "언어적 사기행위요, 괴물"이라고 불렀다.1413) 퍼거슨은 생물학적 신경학적인 측면으로 방언 현상에 대한 연구가 증가하고 있다고 말했다.1414) 또한, 퍼거슨은 정신분열증(schizophasia)으로 인한 방언 현

1410) 김동찬, **방언 바로 알기** (서울: 베다니출판사, 2015), 223.
1411) Ibid., 224.
1412) Robert G. Gromacki, **현대방언 연구**, 김효성 역 (서울: 기독교문서선교회, 1983), 70.
1413) William Welmes, Letter to the Editor, *Christianity Today*, Ⅶ (November 8, 1963), 19-20.
1414) Neil Ferguson, "Separating speaking in tongues from glossolalia using a sacramental view,"

521　Ⅸ. 방언 6. 교회사에 나타난 방언 ⑩ 현대 방언은 무엇인가?

상도 언급했다.1415)

존 맥아더는 세 가지로 말한다. 첫째, 방언은 사탄이나 귀신이 일으키는 현상일 수 있다. 성령의 은사라고 말하지만, 맥아더는 이런 현상들의 배후는 사탄과 귀신이라고 본다. 한때 방언을 했던 밴 버드는 자신의 비상한 능력 중에 일부가 "심령적이고 아마도 사탄적인 능력"이었다고 말했다. 엘리아데는 샤만이 황홀경 속에서 방언을 한다고 말했다.1416) 노우호 목사의 『방언을 검증하자』, '19장 악령의 방언을 체험하다'에 귀신의 거짓 방언에 속았다는 13명의 간증이 있다.1417) 코흐(Kurt E.

Colloquium 43(1) (2011): 42-43(39-58); ⟨There is growing research on the biological and neurological aspects of glossolalia. New technologies such as single photon emission computed tomography (SPECT) have enabled neurologists to examine brain activity in live patients while they are engaged in the practice, something not previously possible. Preliminary findings indicate that glossolalia and normal language production involve different areas of the brain. Language production is usually centred in the left hemisphere of the brain(C.J. Hall, An Introduction to Language and Linguistics : *Breaking the Language Spell.* Open Linguistics Series (London/New York: Continuum, 2005), 276). During glossolalia there is a decrease of activity in the left hemisphere with a corresponding increase of activity in the right hemisphere of the brain, but when subjects read aloud, the opposite effect was observed(R. Philipchalk and D. Mueller, "Glossolalia and Temperature Change in the Right and Left Cerebral Hemispheres," *The International Journal for the Psychology of Religion* 10 (2000): 1). This may explain the simpler semantic nature ofglossolalia: if language resides in the left hemisphere, but the right side is dominant in the glossolalia event, it might be expected that the structure would be of a simpler nature(A.B. Newberg et al., "The Measurement of Regional Cerebral Blood Flow During Glossolalia: A Preliminary Spect Study"' *Psychiatry Research: Neuroimaging* 148 (2006): 70. Philipchalk and Mueller, "Glossolalia and Temperature Change in the Right and Left Cerebral Hemispheres."). Further, there is both a decrease in the activity of the prefrontal cortex during glossolalia and a corresponding decrease in the blood flow to the area(Newberg et al., "The Measurement of Regional Cerebral Blood Flow During Glossolalia: A Preliminary Spect Study," 70).

1415) Ibid., 44; ⟨A second phenomenon, glossomanic schizophasia, is found in schizophrenic patients. It is characterised by requiring "only minimal participation from the interlocutor," and "comprises occasional word-like but neologistic entities."(P. Thomas and I. Leudar, "Syntactic Processing and Communication Disorder in First-Onset Schizophrenia," in *Speech and Language Disorders in Psychiatry*). It is beyond the control of the patient - they do not decide when it starts and when it stops. This is in contrast to the aphasia patient who has control over when they speak but they have no control over its intelligibility.

1416) Mircea Eliade, *Shamanism : Archaic Techniques of Ecstasy* (Princeton: Princeton University Press, 1964), 4-5; 권용근, "방언현상에 대한 심층 심리적 이해," **신학과목회** 44 (2015):141(129-154)에서 재인용; "비질은 고대 여사제가 방언을 하는 모습을 자세하게 기술하고 있다. 그는 신으로부터 영감을 받아 신과 제관이 가까워져 갈 때에 그녀의 피부색이 변화되고 머리는 헝클어지고 가슴은 벌떡거리며 키는 점점 커가는 것을 생동감 있게 그리고 있다. 그때에 그녀는 인간의 음성을 잃어버린다."

1417) 노우호, **방언을 검증하자** (산청: 에스라하우스출판부, 2014), 343-434; "아래 소개하는 간증문을 보내오

Koch) 박사는 21명의 거짓 방언에 관련된 사례를 말하고 있다.[1418]

방언 기도라고 생각했던 어떤 성도는 점쟁이를 만났을 때, 그 점쟁이는 다음과 같이 말했다고 간증했다.

> "따라갔는데, 들어가는 순간, 웅성거리는 소리가 들리길래, 저는 속으로 방언 기도를 하면서 들어갔거든요, 방언 기도를 하면서 들어가서 자리에 앉으려고 하는데, 점쟁이 아주머니가 앉아서 저랑 친구를 번갈아 보시더니, 저를 보고 웃으시는 거에요. 반갑게 웃으셨어요. 정말. 해맑게 웃으시더니, 이제 그만하라고, 충분히 와 있다고 무슨 말인지 몰라가지고 멍하게 보고 있는데, 그 점쟁이 아줌마가 중얼중얼 말씀을 하시는 거에요, 아바 사바, 뭐, 제가 하는 방언 소리였어요. 그 소리 하시면서, 이거 네가 아까부터 말하고 있었던 것 맞지! 지금 엄청 몰려왔으니까 그만하라고, 이거 귀신들을 부르는 소리라고 … 그때 너무 놀랐어요. 방언이라고 하는 은사를 받은 줄 알았는데, 그게 귀신들 불러 모으는 주문이래요. 그래서, 웅성거리는 소리가 났던 이유도 제가 마음속으로 그 방언을 계속 읊조리고 있었기 때문에 귀신들이 모여 있던 거라고 하고, …"[1419]

점쟁이의 이 말에 놀란 이 사람은 방언을 그만두게 되었다.

그로마키는 다음과 같이 말했다.

> 성결 운동으로부터 구출되었던 해리 아이언사이트(Harry Ironside)는 그 당시의 방언 운동을 가리켜, "그에 따른 온갖 망상들과 미친 행위들"을 가지고 있는 "구역질나는 것"이라고 불렀다. 그는 다음과 같이 결론하였다: "새롭게 짜릿한 종교적 감동에 대한 지나친 갈망과, 대단히 흥분시키는 감정적 집회들은 이러한 것들을 잘 설명한다."[1420]

스티걸(Stegall)은 방언하는 사람들의 행위의 원천과 강신술적 수단들 간에 명확한 연관이 있다고 믿었다.[1421] 에드만은 "성령의 어떤 특정한 은사 갖기를 고집하고 성령의 주권을 무시하는 무지한 그리스도인에게

신 13명은 자신이 받았던 악령의 방언이 얼마나 위험한 것이었는지 알게 된 후에는 자신들과 같이 수많은 사람들이 귀신의 방언에 속아서 평생 거짓 방언으로 헛소리 기도를 하다가 마침내 그 영혼이 버림받게 된다는 것을 생각하여 친필로 간증문을 보내오신 분들이다."

1418) 윤명길, 표적 방언의 실체 (수원: 로고스서원, 2005), 122-160.
1419) 귀신 부르는 방언, Dec.9.2019. Accessed Dec.11.2019.
https://www.youtube.com/watch?v=Zkkhvggtbtg&feature=emb_logo/
1420) H. A. Ironside, Holiness, the False and the True (New York: Loizeaux Brothers, 1947), 38; Robert G. Gromacki, 현대방언 연구, 김효성 역 (서울: 기독교문서선교회, 1983), 62-63.
1421) Carroll Stegall, Jr., The Modern Tongues and Healing Movement (Atlanta, Ga.: By the author, n.d.), 48-49.

는, 마귀의 권세에 의한 무서운 방언의 은사가 있을 수 있다. 나는 나의 경험으로 그와 같은 것을 알았다."고 말했다.1422) 이로 보건대, 현대 방언의 원천에는 마귀의 역사가 분명히 있다.

둘째, 방언은 학습된 행동일 가능성이 있다. 은사주의자들이 방언의 은사를 받는 법이나 방언을 하는 법을 가르쳐 준다는 것은 공공연한 사실이다.1423) 심지어 할렐루야를 반복하게 하거나 감정적인 흥분을 유도하기도 한다. 오타와의 칼튼 대학에서 이루어진 연구는 교육과 시범만으로 방언하는 법을 배울 수 있다는 사실을 보여주었다.1424) 해롤드 브레드슨은 예일대학교에서 방언을 구하는 자들에게 '바-바-바'나 그 비슷한 소리를 내게 함으로써 방언을 하게 했다.1425) 윌리엄 새머린(William Samarin)과 존 킬달(John Kildahl)은 지도자의 인도하에 방언을 따라 한다고 말했다.1426) 킬달은 글로솔랄리아 현상에 대한 임상 연구를 실시하

1422) Robert G. Gromacki, **현대방언 연구**, 김효성 역 (서울: 기독교문서선교회, 1983), 67.

1423) Marlies Medema, "Zoektocht, Kan ik leren spreken in tongen?" Accessed Oct.26.2019. https://visie.eo.nl/2015/05/zoektocht-kan-ik-leren-spreken-in-tongen; "Ik richt opnieuw mijn hart op God en begin lukraak te praten. Het voelt een beetje als een schilder die niet nadenkt bij wat hij doet, maar in plaats daarvan in het wilde weg met de kwast zwaait."

1424) John MacArthur, **무질서한 은사주의**, 이용중 역 (서울: 부흥과개혁사, 2008), 384; "한 번도 방언으로 말해 본 적 없고 다른 사람이 방언하는 소리를 들어본 적도 없는 60명의 피실험자가 실험에 참여했다. 연구자들은 방언을 담은 오디오 테이프와 비디오 테이프를 보여주며 두 차례 짧게 방언 훈련을 시킨 뒤에 모든 피실험자에게 30초 동안 방언을 말해 볼 것을 요청했다. 그러자 실험에 참여한 모든 피실험자가 테스트 시간 30초 내내 무난히 방언을 했고 그 중에서 70퍼센트는 방언을 유창하게 할 수 있었다."

1425) Stanley D. Walters, "Speaking in Tongues," *Youth in Action* (May, 1946): 11; Robert G. Gromacki, **현대방언 연구**, 김효성 역 (서울: 기독교문서선교회, 1983), 60에서 재인용; 〈해롤드 브레드슨은 예일 대학교에서 방언을 구하는 자들에게 다음과 같은 지시를 했다. (1) 추상적으로 생각하지 말고 시각적으로 그리고 구체적으로 생각할 것, 예를 들어, 예수님을 마음 속에 그리도록 애쓸 것. (2) 의식적으로 자기들의 목소리와 언어 기관을 성령께 굴복시킬 것. (3) 그가 그들에게 말한 어떤 초보적인 소리들, 예를 들어 "바-바-바"나 혹은 그와 비슷한 소리들을 반복할 것. 그런 다음, 그는 방언을 구하는 각 사람의 머리에 안수했고 그를 위해 기도했는데, 그들은 각기 실제로 방언을 했다.〉

1426) Neil Ferguson, "Separating speaking in tongues from glossolalia using a sacramental view," *Colloquium* 43(1) (2011): 40(39-58); 〈William Samarin observed speakers sometimes appearing to "imitate another persons glossolalia in the use of favourite sounds or sequences of sounds"(Samarin, *Tongues of Men and Angels: The Religious Language of Pentecostalism*, 98-99, 101) with certain sounds seeming to be common to certain areas. Further, speakers in the same community often show similarities. Samarin further observed an individuals first experiences with glossolalia, for example, may be guided by the suggestion of the leader. The individual may be told to "speak whatever comes to you" or to "make sounds" or even, "just begin to praise God in sounds and syllables that [are] not English, as you might

여 그의 연구 결과를 『The Psychology of Speaking in Tongues』 (1972)라는 책으로 출판했다. 킬달은 '방언은 아마도 적절한 의미에서 언어가 아니라 특정 형태의 실어증이나 잠꼬대 등에서 약한 유사성을 발견하는 언어활동일 것이다.'라고 말했다.[1427]

김우현 감독은 다음과 같이 말했다.

> 갓피플 닷컴의 ***사장은 내가 하는 방언을 그냥 따라 하는 순간, 방언을 받았다. 그때는 어찌해야 할지 몰라 그냥 그렇게 한 것이다. … 나는 집회를 인도하면서 많은 사람들을 상대해야 할 때, '방언을 말하다', 헬라어로 '랄레오 글롯사'란 헬라어 중, '랄레오'라는 단어만으로 기도한 적도 있다. 진정으로 회개가 깊어지고 간절히 성령을 구하게 되면 '랄레오'라고 한마디 하자 곧바로 방언으로 들어 가는 경우도 있었다. 지나치게 극적인 사로잡힘만 중요시하면 오히려 성령 역사의 다양성을 제한하고 방언을 하는 데 어려움이 있을 수 있다. '할렐루야'나 '랄레오' 같은 단어 자체가 중요한 것도 아니고, 쓰지 말아야 할 이유도 없다.[1428]

김우현 감독은 그렇게 많은 사람이 방언 받는 것을 "방언파티"라 했는데,[1429] 그 방언이 학습된 결과임을 여실히 드러냈다. 김우현 감독은 방언이 능력의 근원이고 영으로 기도하는 것이라 했다.[1430] 그러나 그 방언은 인간의 학습으로 조작된 방언이다. 조작된 방언이 능력의 근원이고

make loving sounds to a baby."(Samarin, *Tongues of Men and Angels: The Religious Language of Pentecostalism*). A similar account is given by Heather Kavan from investigations in New Zealand. She found that people were guided with singing and encouragements from the pastor, as well as exhortations to "practice it, practice it, and then practise some more."(Kavan, *We Don't Know What We're Saying, but It's Profound*, 73). Richard Hutch describing the work of another early researcher, John Kildahl, illustrates it well: At the start, the charismatic leader "lays hands" on Bill and says to him, "Say after me what I say, and then go on speaking in the tongue that the Lord will give you" … Bill proceeds to follow the instructions in a deliberate, self-conscious manner, imitating the leaders utterances until, as Kildahl puts it, "he simply uttered the strange sounds as they came to him without knowing how they came" R. Hutch, "The Personal Ritual of Glossolalia," *Journal for the Scientific Study of Religion* 19 (1980): 257.)〉

1427) KIRKUS REVIEW, Accessed Oct.28.2019. https://www.kirkusreviews.com/book-reviews /john-p-kildahl/the-psychology-of-speaking-in-tongues; "The tongues, therefore, are probably not language, in a proper sense, but a verbal activity to which one finds weak parallels in certain forms of aphasia, in sleep-talking, etc. A quite fascinating work, easily intelligible to the layman, and of value to counselors in the religious field."

1428) 김우현, 하늘의 언어 (서울: 규장, 2016), 233.

1429) Ibid., 179.

1430) Ibid., 108-109.

영으로 기도하는 것이라면 비기독교 세계에서 일어나는 것과 다를 것이 없다.

코흐 박사는 일본 가루이지와에서 개최된 선교 회의를 할 때 미국의 루터파 목사의 동료들이 몰려와 강연할 기회를 요구했으나 거절했다. 자신들의 뜻대로 되지 않자 그 목사는 사람들을 불러 집회를 시작했다. 그때 40여 명의 선교사가 집회에 갔는데, 그중에 한 선교사가 용기를 내어 어떻게 하면 그런 은사를 받을 수 있는지 물었다. 그 목사의 대답은 이런 것이었다.

> 당신은 예컨대 '주여 도우소서'와 같은 짧막한 기도문을 생각해 그것을 500회 내지 800회 가량 반복해야 합니다. 그러면 당신의 혀와 의식은 이 기도문에 친숙해지게 되고, 자연히 방언으로 말할 수 있게 될 것입니다.[1431]

오늘날 방언을 한다는 사람들의 많은 경우는 어떤 특정한 단어를 반복한 결과로 일어난 것이다. 토론토대 언어학 교수 윌리엄 새머린은 수년 동안 여러 나라 은사주의자들을 찾아다니며 연구한 후에 다음과 같이 결론지었다.

> 방언은 신비롭지 않다. 테이프에 녹음된 샘플을 구해 분석하는 일은 그리 어렵지 않다. 방언은 항상 똑같다. 그것은 화자가 알고 있는 말에서 따온 일련의 음절을 되는 대로 조합해 만든 것이다. 실제 언어와 같은 운율과 가락을 갖추고 있기 때문에 단어나 문장을 말하는 것처럼 들릴 뿐이다. 방언은 어떻게 보면 마치 언어 같다. 왜냐하면 화자가 무의식적으로 그것을 언어처럼 말하기를 원하기 때문이다. 그러나 방언은 그런 피상적인 유사성에도 불구하고 근본적으로는 언어가 아니다. 지금까지 조사한 방언들 가운데 의사 전달 체계의 특성을 갖춘 것은 단 하나도 없었다. 방언은 자연적인 현상이 아니다. 사실, 아무런 제약을 받지 않는 상태에서 그 "기술"만 파악한다면 누구라도 방언을 말할 수 있다.[1432]

반면에, 김동수 교수는 사탄과 악령이 내는 현상과 그 본질과 출처가 완전히 다르다면서 "교회 안에서 성령으로부터 주어지는 방언을 강신술과 동일하다고 보는 것은 성경과 교회에 대한 모욕이다"라고 말했

1431) 윤명길, 표적 방언의 실체 (수원: 로고스서원, 2005), 129-130.
1432) John MacArthur. 다른 불, 조계광 역 (서울: 생명의말씀사, 2014).

다.[1433] 학습에 의한 방언을 조장하는 이런 김동수 교수의 발언은 모욕이 무엇인지 모르는 것이다. 김동수 교수는 다음과 같이 말했다.

> 방언 체험 사모하기
> 은사는 하나님이 주시는데, 그렇다면 인간이 할 수 있는 일은 없는가? 우리는 가만히 앉아서 하나님이 주시면 받고 안 주시면 포기해야 할까? 바울은 성령의 은사를 사모하라(고전 12:1, 31; 14:1, 12)고 가르친다. 하나님이 각 신자에게 주시기를 원하시는 방언을 체험하기를 사모하라는 것이다.[1434]

김동수 교수에 의하면, 하나님께서 은사를 주신다고 해서 가만히 앉아 있을 것이 아니라 성령의 은사를 사모해야 한다. 성령의 은사를 사모해야 한다고 말하면서, 학습으로 방언을 유도하는 것은 성령의 은사를 사모하는 것이 아니라 인간의 주체적 정열로 밀어붙이는 것이다.

그로마키는 어떤 단어를 반복하라는 자들과 성경의 기록의 차이점을 다음과 같이 말했다.

> 첫째로, 성경의 진술들에는 사람들이 그 경험을 촉진하기 위하여 어떤 소리를 반복하라는 것을 미리 알았거나 지시를 받았다는 암시가 없다. 어떤 방언 선생들이나 환상들이 그들에게 말을 하게 한 것이 아니고, 성령께서 그들에게 말을 하게 하셨다(행 2:4). 둘째로, 적어도 두 경우에서는(행 2, 10장), 방언을 할 때 안수가 없었다. 셋째로, 세 군데의 성경의 진술들 모두에서(행 2, 10, 19장) 한 사람이 다른 한 사람의 방언하기를 기도했다는 증거가 없다.[1435]

성경 어디에도 단어를 반복하는 말씀이 없다. 방언을 위한 안수도 없으며 방언을 받도록 기도한 적도 없다. 김동수 교수처럼 반복된 말을 하면서 방언을 하도록 하는 것이야말로 "성경과 교회에 대한 모욕이다."

중국 선교사인 레이몬드 프레임(Raymond Frame)은 현대 방언의 유입이 사단에 의하여 이루어졌던 경험을 다음과 같이 말했다.

1433) 김동수, 방언은 고귀한 하늘의 언어 (서울: 이레서원, 2015), 28-29.
1434) Ibid., 101.
1435) Robert G. Gromacki, 현대방언 연구, 김효성 역 (서울: 기독교문서선교회, 1983), 60-61.

악한 영들은 신자의 정서 생활에 영향을 줄 기회를 쉽게 발견할 수 있다. 특히 신자가 모든 지성적 활동을 중지하고 그의 의지를 어떤 불가시적인 지성적인 존재(물론 그 그리스도인은 그를 성령 자신이라고 생각하도록 꾀임받고 있다.)에게 내어 맡기도록 설득되었을 때 그러하다. 이런 이유 때문에 모든 은사들 중 가장 작은 것인 방언에 몰두한 하나님의 자녀는 마귀의 억압이나 강박 관념이나 실제적인 사로잡힘의 관계에서 매우 상처 받기 쉬운 위치에 있다.

셋째, 심리적으로 유도될 수 있다. 심리적 이상 현상으로 인해 방언을 할 수 있다는 것이다. 적절한 상황이 조성되면 자기의 의식으로 통제가 안 되는 상황에 빠지거나, 강단에서 조금만 자신의 심리적 상태에 공감이 되거나 위로가 되는 말을 하면 쉽게 아멘하면서 빠져드는 사람들에게 일어날 수 있다. 그런 심리적 이상 현상이 일어나면 강사의 유도에 의하여 방언을 말할 수 있다.

베레아 대학의 성경 교수인 마틴(Martin)은 현대방언이 성령의 역사가 아니라 "'기뻐서 흐느낌'이나 슬픔 중에서 신경과민적인 웃음과 같은 극단적인 형태의 노출증이다. 그것은 단지 기쁨의 감정적이고 선입견적인 폭발이다."라고 생각했으며, '부분적으로 발전된 강직증, 신경과민, 최면상태, 황홀경, 그리고 마음의 정화로 보았다.'1436) 아만츠는 방언은 스트레스에 의한 것이며 불안에 대처하는 메커니즘이며 방언은 치유의 한 형태라고 말했다.1437)

1436) Ibid., 68.

1437) James N. Amanze, "Glossolalia: Divine Speech or man-made language? A psychological analysis of the gift of speaking in tongues in the Pentecostal Churches in Botswana," *Studia Hist. Ecc.* 41(1) Pretoria (2015); 〈It should be noted that modern researchers are taking a slightly different approach from the above by insisting that a distinction should be made between glossolalic behaviour and other superficial clinical parallels. The majority of clinical psychological and psychiatric professionals are inclined towards explanations that stress deviance(B. Spilka, R.W. Hood, B. Hunsberger and R. Gorsuch, *The psychology of religion: An empirical approach.* (New York: Guilford Press, 2003), 513). In this regard, they are willing to see glossolalia as a lesser neurotic symptom and as a mild psychopathological disorder. Be that as it may, psychologists seem to be in agreement that there is evidence that speaking in tongues usually follows a period of crisis and works to resolve the resulting anxiety(B. Spilka, R.W. Hood, B. Hunsberger and R. Gorsuch, p, 513). This view is in line with Kildahl's (1972) contention that tongue-speaking does not take place in a vacuum. There are certain factors that lead people to speak in tongues such as anxiety caused by things such as marital difficulties, financial concerns, ill health and general depression(J.P. Kildahl, *The psychology of speaking in tongues.* New York: Harper & Row. 1972), 57). This explanation of glossolalia has led a number of scholars such as Preus (quoted in Spilka et al. 2003) to conclude that since speaking

어떤 방언 옹호론자들은 방언을 하면 무의식(잠재의식)에서 치유의 역사가 일어난다고 말하기도 한다. 혹은 무의식에 있는 감정의 폭발로 보기도 한다.[1438] 그런 접근들은 칼 융의 적극적 심상법(active imagination)에서 영적인 안내자를 만나는 방식이다. 권용근은 "심층심리학에서는 모든 신경증이나 정신병의 증상들에서부터 우리 삶에서 발견되는 실수 같은 것들은 모두 무의식의 작용으로부터 온 것으로 본다"고 말하면서,[1439] 칼 융의 집단 무의식과 오토(Rudolf Otto)의 누미노제 경험을 방언과 연결했다.[1440]

---

in tongues is a kind of 'release from tension' glossolalia should be described as an 'answer to personal stress and trauma' and that it can be accomplished by any person who wants to speak in tongues(B. Spilka, R.W. Hood, B. Hunsberger and R. Gorsuch, p, 513). What this basically means is that speaking in tongues is due to stress and it is a mechanism to cope with anxiety. In some research it has been found that more than 85 per cent of tongue speakers have experienced a clearly defined anxiety crisis preceding their speaking in tongues. Speaking in tongues has been found constructive and anxiety reducing(B. Spilka, R.W. Hood, B. Hunsberger and R. Gorsuch, p, 514). Glossolalia as therapy is associated with increased well-being, social sensitivity, resolution of neurotic conflicts and reduction of anxiety and tension. In this context glossolalia is a form of healing(B. Spilka, R.W. Hood, B. Hunsberger and R. Gorsuch, pp, 526-7).⟩

1438) 변상규, "방언의 정신분석," May.2.2016. Accessed Aug.27.2019.
https://m.blog.naver.com/jesusbyun/220699225565; "다시 말하지만 원래 방언은 정확한 외국어였다. 그러나, 사도 바울은 고린도전서에서 이미 고린도 교회 안에 요즘과 같은 외국어가 아닌 이상한 언어를 토해내는 방언이 있다는 것을 알고 서신을 쓰게 된다. 바울의 결론은 병 고침의 은사이든 방언의 은사이든 예언을 할 수 있는 은사이든 모든 은사보다 더 큰 은사는 바로 사랑의 은사이기에 사랑을 구하기를 힘쓰라고 권고하고 있다. 자, 그럼 정신분석적으로 방언을 어떻게 이해할 수 있을까. 정신분석에서는 사람의 마음을 의식과 무의식(잠재의식이라 부르기도 한다)으로 나눈다. 의식은 우리가 살아가고 느끼는 정신의 현실을 의미한다. 그리고 무의식은 현실에서 용납될 수 없는 혹은 고통스러운 경험이나 기억, 관계들의 저장소로 보면 된다. 그런데 방언을 받은 사람들을 관찰해 보면 한결같이 그들이 받은 방언이 신앙체험이 강렬해지는 분위기에서 시작되었다는 것이다. 다시 말해 의식에서는 억압과 불안과 좌절이 증폭되면 될수록 그런 사람들의 내면에는 해방과 평안과 성취를 갈구하게 마련이다. 그러나, 평소에는 그런 갈망들이 드러나지 않는다. 그러다 같이 모여 뜨겁게 기도하거나, 신앙적 감정이 몰입이 될 경우에 의식은 잠시 긴장을 풀게 된다. 의식에서 풀려진 감정은 당연히 무의식의 문을 두드린다. 그 때 억압된 감정들이 솟구쳐 나올 수 있다. 즉 한 맺힌 것이 잠시 풀어지는 순간 언어는 감정을 담아야 하지만 언어가 담을 수 없는 감정의 폭발이 일어난다. 그 순간 우리의 의식은 언어의 세계(라캉이 상징계라 부른)를 잠시 닫는다. 그리고 언어를 토해내는 의식의 기능과 그것을 말해내는 혀의 기능에 잠시 부조화가 발생한다."
1439) 권용근, "방언현상에 대한 심층 심리적 이해," **신학과목회** 44 (2015): 146(129-154).
1440) Ibid., 146(129-154); "방언을 받을 때 체험되는 누미노제적 황홀 경험은 거룩하신 하나님을 체험할 때 일어나는 신비적 경험을 말한다"

기독교와 칼 융의 심리학이 혼합되면 기독교가 아니다. 권용근은 융의 집단 무의식을 "틸리히(Paul Tillich)가 말하는 지반(ground)이나 터전(foundation)과 대비해서 생각해 볼 수 있다. 틸리히는 하나님이라는 표현을 철학적 개념으로 표현하듯이 융은 정신분석적 표현으로 나타낸 것으로 이해할 수 있다"고 말했다. 권용근의 융과 틸리히에 대한 이해는 융과 틸리히에 대한 실체를 말해주지 못한다. 권용근이 말하는 융의 원형론으로 말하면 기독교인이 믿는 하나님은 원형의 이미지 중 하나에 불과하기 때문이다.

1970년대부터 방언에 대한 심리학적 연구가 활발히 진행되었다. 김동수 교수는 사마린(William Samarin)과 킬달(John Kildahl)과 굿맨(Felicitas Goodman)을 들었다.[1441]

웨인 오츠(Wayne Oates)는 오랫동안 눌렸던 종교적 감정이 사회적으로 용납되는 일종의 돌파구로 나타난 것이 방언이라고 주장했다.[1442] 오맨(Oman)은 억압된 감정이 폭발할 때 미숙한 언어 형태로 나타나서 퇴행적 언어 행위(regressive speech)로 나타나는데 사람들은 그것을 방언현상으로 여긴다고 보았다.[1443] 랩슬리는 무의식의 자동현상이라고 말했다.[1444] 커튼(George B. Cutten)은 히스테리, 강박 증세, 심리적 황홀경과 유사한 것으로 설명했다.[1445] 권용근은 "방언은 의식의 세계에서 나오는 것이 아니다. 오히려 방언은 알 수 없는 세계의 충동으로 나오는

1441) 김동수, "최근 방언 신학 연구 동향," 영산신학저널 (2014): 24-25(7-40); "마린은 방언을 언어학적으로 연구했는데 연구 결과 방언은 지상에 존재하는 어떤 언어도 아니며, 종교적 예배 상황 등에서 학습될 수 있다고 주장한다. 킬달은 방언을 최면술과 연관된 것으로 보려하며, 다른 종교에도 방언과 비슷한 것이 있기 때문에 방언이 성령의 은사일 수 없다고 주장한다. 굿맨은 방언을 황홀경 혹은 정신분열과 연관시키려 한다."
1442) Wayne E. Oates,, *The Psychology of Religion* (Waco. TX: Word Books, 1973), 59.
1443) John B. Oman, "On Speeching in Tongues: A Psychological Analysis" *Pastoral Psychology*, Vol. 14, No. 139 (1963): 45-47; 권용근, "방언현상에 대한 심층 심리적 이해," 신학과목회 44 (2015): 140(129-154);
"이는 마치 어린 시절 문제를 해결할 수 없을 때 울음과 응석을 통해 문제를 해결할 수 있었던 경험이 기억에 남아 있으므로 응석과 같은 과거의 경험으로 귀속하여 말하는 것이 방언이라는 것이다."
1444) James Lapsley N. & John H. Simpson, "Speaking in Tongues Taken of Group Acceptance and Divine Approval," *Part I & II, Pastoral Psychology* (May 1964, September 1964), 52.
1445) George B. Cutten, *Speaking with Tongues: Historically and Psychologically Considered* (New Heaven: Yale University Press, 1927), 181.

알 수 없는 언어의 출현으로 의식과 무의식의 분열의 현상으로 이해하는 것이다"라고 말했다.1446)

심리적 현상이라고 해서 결코 가벼이 생각해서는 안 된다. 오히려 더 소름 돋게 한다. 방언에 대한 심리학적 비평은 매로니(H. Newton Malony)와 러브킨(A. A. Lovekin)과 티센(Gerd Theissen)의 연구가 있다. 그중에서도 티센은 프로이트와 칼 융과 인지심리학적 차원에서 방언을 연구했다. 문제는 티센이 칼 융의 꿈에 대한 이론이 성경적 관점과 가장 잘 양립할 수 있는 것이라고 본 것이다.1447) 융은 꿈이 집단 무의식이라는 심연(depth dimension)의 표현으로 보았다. 융이 말하는 집단 무의식은 신성한 원형의 집합체를 말한다. 융의 관점에서 성경을 조사한 사람이 바로 몰톤 켈시다. 이런 일련의 연결점을 보면 방언을 말하는 사람들이 무의식으로 파고드는 이유를 알게 된다.

존 맥아더가 말한 이 세 가지 외에 한 가지를 더 말해야 한다. 네 번째로, '옹알거림'(babbling)이다. 이 옹알거림은 기도하는 중에 일어난 체험이다. 현대 방언에서 옹알거림이 차지하는 비중은 매우 높다. 방언을 체험한 사람은 자신이 성령의 역사로 방언을 하는 것으로 생각하지만, 기도에 집중하면서 일어나는 발화 현상이다. 이 발화 현상은 혀가 말리거나 꼬이면서 일어난다. 칼빈이 제네바 교회 요리문답에서, "때때로 헌신에 대한 열정으로 인해 혀는 우리의 의도와 상관없이 소리를 내기도 합니다."라고 말한 것과 같은 현상이다.1448) 그런 까닭에, 옹알거림은 어느

1446) 권용근, "방언현상에 대한 심층 심리적 이해," **신학과목회** 44 (2015): 140(129-154); "방언을 심리학적으로 이해하려는 사람들 중에 아주 심하게 비판하는 이들은 방언을 초기 정신분열증(schizophrenia)으로 보는 이들도 있다. 이들은 주로 프로이드 학파에 속한 사람들로 방언은 무의식적 충동으로 나오는데 무의식적 충동을 의식으로 통제하지 못하는 것이 그 이유가 된다. 우리가 사용하는 일상의 정제된 모든 언어는 의식의 흐름을 따라 구사되고 서로가 소통을 한다. 그러나 방언은 의식의 세계에서 나오는 것이 아니다. 오히려 방언은 알 수 없는 세계의 충동으로 나오는 알 수 없는 언어의 출현으로 의식과 무의식의 분열의 현상으로 이해하는 것이다. 그러나 방언을 하는 모든 사람들은 무의식적 충동을 느끼긴 하지만 의식으로 조절이 되며 이성적 인식이 가능하다. 그리고 방언을 하는 대부분의 사람들이 하나님을 높이고 예수 그리스도를 하나같이 찬양하는 것에는 설명을 하지 못하고 있다."

1447) Wayne G. Rollins, *Soul and Psyche: The Bible in Psychological Perspective* (Minneapolis, MN, : Fortress Press, 1999), 132-133; "H. Newton Malony and A. A. Lovekin's *Glossolalia: Behavioral Science Perspectives on Speaking in Tongues*(1985). and Gerd Theissen's *Psychological Aspects of Pauline Theology*(1987)"

종교에서라도 일어날 수 있다.

문제는 혀의 말림과 꼬임을 방언으로 연결하려는 것이다. 그런 현상에 대해 소위 방언 선배들이, '방언의 시초'라고 말하면서 '계속 그렇게 말하면 방언이 자리를 잡는다'고 말한다. 옹알거림이 방언의 시작이라고 말하기 때문에 자신은 더 열심을 낸다.

방언은 옹알거림이 아니라 외국어다. 외국어가 아닌 방언은 방언이 아니다. 옹알거림을 통역하라고 하면 누구나 아는 통역(?)이거나 누구나 다른 통역(?)이다. 말이 통역이지 옹알거림을 듣고 자기 생각으로 말하는 것이다. 방언을 통역하는 사람마다 통역하는 것이 다르거나 천편일률적인 통역은 통역이 아니다.[1449] 그런 통역은 누구나 할 수 있다.

옹알거림은 매우 비인격적이다. 우리가 하나님께 기도한다면서, '랄라라'로 오랜 시간 말하는 것은 하나님을 인격적으로 존중하지 않는 것이다. 말은 소통이 가능해야 한다. 알아들을 수 없는 말을 하면 소통이 일어나지 않는다. 내 앞에 있는 인격체에게 알아들을 수 없는 말을 장시간 동안 떠들어놓고서, '내 말이 무슨 말인지 알겠지요?'라고 말하면, 그 말을 들은 사람은 아무것도 이해하지 못했기 때문에 소통이 일어나지 않는다. '하나님께서는 그런 말도 다 알아들으시고 응답해 주신다'고 말하는 것은 억지를 부리는 것이다. 칼빈이 이해하지 못한 채 알지도 못하는 언어로 기도하는 것은 "하나님을 조롱하는 것밖에 되지 않습니다"라고 말한 이유가 거기에 있다.[1450] 칼빈의 말대로 그것은 "위선"이다.

⑪ 한국의 방언 운동
- 1930년대 전후: 방언에 대한 몰이해

1448) John Calvin, **제네바교회 요리문답**, 김세민 역 (서울: 한솜미디어, 2015), 192.
1449) 예를 들어, '회개해라. 회개하면 하나님께서 복을 주실 것이다', '온전한 헌금을 해라', '딸아, 내가 너를 사랑한다', '아들아, 내가 너를 축복한다', '하나님께서 너를 들어 크게 사용하실 것이다.'와 같은 말은 통역이라 할 수 없다.
1450) John Calvin, **제네바교회 요리문답**, 김세민 역 (서울: 한솜미디어, 2015), 192.

한국교회에는 1900년대 이전에는 방언 현상에 대한 언급을 찾아볼 수 없다. 1903년 이후에 부흥 운동을 주도했던 선교사들의 관찰로 어느 정도 묘사되었지만, 대부분의 선교사는 방언에 대해 직접적으로 언급하지 않았기 때문에 방언은 꺼려졌다. 1903년 이후로 개성과 원산 등지의 부흥 운동으로 성령론에 대한 관심이 급증했다. 평양 장로회 신학교에는 마땅한 성령론 교재가 없었는데, 중국인 교수 가옥명(賈玉銘)의 『성령론』이 널리 읽혔다.[1451]

한국에서 방언 운동이 일어난 배경은 1905년에서 1907년 사이에 일어난 평양 대부흥이 있다. 1907년에 조선 장로교 독노회가 설립되었으나 평양 대부흥 운동으로 인해 장로교의 헌법과 신앙고백의 의미가 일순간에 잠식되어 버렸다. 특히 김재준을 필두로 하는 자유주의 신학자들과 조선신학교(현 한신대학교)는 신사참배를 용인하고 동조하면서 신학과 신앙생활의 혼란을 가져왔다.

한국교회사에서 성령세례와 방언을 직접적으로 연결시키는 경향은 1930년대의 이른바 '방언파'에서 나타났다. 방언파는 1928-1931년까지 내한하여 선교한 미국과 영국의 오순절 선교사들을 중심으로 방언을 강조한 무리를 지칭한 것이다. 이것은 한국교회에 방언을 심어준 사람들은 오순절 선교사라는 것을 알게 해준다. 이 선교사들의 활동은 황국주, 유명화, 백남주 등이 거짓 계시와 방언, 예언을 동반했기 때문에 크게 비판을 받았다.

이때 1930년대에 미국 웨스트민스터에서 유학을 마치고 돌아온 박윤선 박사는 원래 워필드의 주장에 따라 은사중지론의 입장이었으나 한국의 목회적 상황을 보고 방언과 신유 등의 은사적 현상을 외면할 수 없었다.[1452]

1451) 배본철, "한국교회사 속의 방언 문제," 한세-성결 신학 논단 1 (2004): 37(31-50); "문맥이나 어법상으로 볼 때, 그가 방언을 절대로 부정한 것은 아니라고 볼 수 있으나, 그 강조점은 성령의 열매와 함께 '봉사의 능력'(power for service)에 두고 있음을 확인할 수 있다."
1452) 김길성, "우리 시대를 위한 개혁주의 구원론," 개혁주의성경연구소 편, 성령과 교회 (서울: 도서출판 하나, 1996), 104-5.

- 1960년대 이후: 방언이 성령론의 주요 논제로 떠오름

1960년대 한국교회에 방언이 부각 된 것은 순복음 중앙교회의 급성장과 조용기 목사의 성령론이었다. 조용기 목사가 중생과 성령세례가 동시에 일어날 수도 있으며, 별개의 체험으로 나타나기도 한다고 주장했기 때문이다. 조용기 목사는 성령세례를 받을 때 명확한 체험이 있어야 한다고 말했으며, 그 대표적인 외적 표적이 방언이라고 말했다.[1453] 이때까지 한국 신학계에서는 오순절 성령강림을 단회적으로 말해왔다. 아브라함 카이퍼, 워필드, 개핀, 후크마 등의 신학 사상에 지배적인 영향을 받고 있었다. 성결교는 1960년대에 성결교신학교 교수단이 '방언에 대한 해명서'가 발표하였으며, 성령의 결정적 요소가 방언을 비롯한 은사 체험이 아니라 인간의 삶의 변화를 말했다. 알베르토 리베라(Alberto Rivera)는 자신의 설교 테이프 1-10번에서, 조용기 목사가 예수회의 7단계 영성 계발과 불교도의 5단계 영성훈련에서 4차원 세계 사상을 도입하여 카리스마 성령 운동에 이용했으며, 조용기가 예수회로부터 도입했다고 말했다.[1454] 예수회의 7단계는 예수회의 로욜라가 바벨론 태양신 신비주의에서 배운 것이며, 은사주의로 기독교에 퍼뜨렸다고 자백했다.[1455]

- 1980년대 이후: 범 교단적으로 보편화되다

1970년대에 박형룡의 성령세례론이 『신학지남』에 계속 연재되었다. 1980년대 말부터 빈야드 운동을 중심으로 하는 '제3의 물결'의 영성이 한국교회를 강타했다. 신학교와 교회들은 피터 와그너와 존 윔버를 말하기에 여념이 없었다.

1980년대에 신성종, 김해연은 은사중지론에 서서 정통 개혁주의 성령론의 입장에서 방언을 비판했다.[1456] 차영배와 안영복은 근대 개혁파 성

1453) 조용기, 5중 복음과 삼박자 축복 (서울: 서울서적, 1983). 117-8.
1454) Alberto Rivera, 숨겨진 대학살 8, 서달석 역 (서울: 생명의서신, 1990), 15.
Wilson Ewin, *The Pied Piper of the Pentecostal Movement: The Spiritual Power of the New World Order* (Nashua, NH: Bible Baptist Church, 1986), 34.
1455) 10개 종교별 방언기도 모습 - 현대방언기도 출처와 실체, 2분 26초 Sep.30.2015. Accessed Oct.17.2019. https://www.youtube.com/watch?v=Za81F6RoyVc/

령 운동의 노선에서 오순절주의와 다른 성령론의 입장이었다.

8.15광복 이후로 6.25 전쟁을 지나면서 '민족 복음화', '백만 구령 운동'이라는 미명하에 성령 운동이 한국교회를 주름잡게 되었다. 그때 순복음교회의 은사주의 성령 운동은 지대한 영향을 미쳤다. 또한, 그 무엇보다도 예수원의 대천덕 신부의 성령론은 한국교회에 지대한 영향을 미쳤다.

한국교회 성도들은 방언을 받는 것이 자기 신앙의 증거로 여겨지는 분위기를 실감했다. 오늘날 한국 기독교는 방언 운동이 너무나 당연시되고 있다. 오늘날 방언을 가르치는 사람 중에는 특정 단어를 반복하게 함으로써 방언을 조장하는 일이 비일비재하다. 그러면서도 성령의 역사라고 말하고 있다. 인간의 노력과 열심으로 방언을 추구하고 행하는 것은 종교적 도약이다.

장대선 목사는 다음과 같이 말했다.

그와 같은 방언과 관련한 배경과 그 이론적 근거와 관련하여 간단하면서도 분명하게 다룬 종교학자 하비 콕스(Harvey Cox, 1929-)에 따르면, 초기의 성령 운동 가운데서의 방언은 주로 늦은 비 운동(Latter Rain revival)과 관련하여 추구되었으며, 그러한 운동 가운데서 방언을 추구했던 자들은 "방언 기도를 통해서 결코 배운 적이 없는 중국어나 러시아어, 아랍어 등을 말할 수 있는 기적의 능력을 부여받았다고 생각"했다. 이는 그들이 "마지막 때가 다 가왔다는 급박한 소식을 만방에 알리라는 그들에 대한 하나님의 중대한 소명이 방언에 담겨 있다고 생각"했기 때문이었다. 그러나 그러한 방언에 대한 설명 방식은 불과 10년을 못 버티고 롬 8장 26절의 "이와 같이 성령도 우리의 연약함을 도우시나니 우리가 마땅히 빌 바를 알지 못하나 오직 성령이 말할 수 없는 탄식으로 우리를 위하여 친히 간구하시느니라"는 말씀을 바탕으로 "자비로운 성령께서 제공하는 소리를 통해, 주저하며 더듬는 영혼이 힘을 얻어 하나님과 대화하는 것"으로서 이해하고 설명하기 시작했다. 즉 종말론적 바탕에서 세계선교를 위한 도구로써 외국어 방언의 필요가 아닌 "마음은 간절하나 자신의 힘으로 기도가 잘 안 되는 사람들에게 언어의 문법적 고리를 벗어나 초자아적 경지에서 하나님과 대화하게 만드는 하나님의 은총으로" 이해되고 설명되기에 이른 것이다.[1457]

1456) 신성종, "신약에 나타난 성령론: 특별히 방언 문제를 중심으로," 신학지남 48(2) (1981): 23; 김해연, "성령론(4): 성령세례와 충만에 관한 고찰," 현대종교 (1984.9): 163.

1457) 장대선, "자연종교 현상으로서 '방언'에 대한 비평적 소고," Oct.18.2016. Accessed Aug.15.2019. http://repress.kr/4628; 〈성령운동 그룹의 방언 기도가 갖는 종교적 특성을 가장 잘 함축하여 설명한 것은 소설가이자 문학비평가이기도 했던 수잔 손탁(Susan Sontag, 1933-2004)이다. 그녀에 따르면 "언어가 어떤 실재의 참된 의미와 중요성을 전달하는 데 있어서 근본적인 한계를 보일 때, 인간은 신비주의 종교의 극단적인 형태 속에서 새로운 표현의 탈출구를 찾는다"고 하면서 "이 같은 언어에 대한 신비주의적 회의(懷疑)와 새로운 표

장대선 목사는, "방언 기도는 결코 역사적인 기독교 정통에서의 풍토가 아니라는 사실을 확인할 수 있으며 이것은 어디까지나 주관적 체험에 근거하고 있다고 결론지을 수 있다."고 말했다. 방언이 이제는 초자아적 경지에서 하나님과 대화하는 것으로 이해되고 있다는 것은 성경이 말하는 방언에서 벗어나 있다는 것을 의미한다.

　　한국교회는 초기 오순절 선교사의 영향으로 방언이 파급되어 지금에까지 이르렀다. 지금이라도 한국교회는 방언에 대해 재고해야 한다. 삶의 의미와 통일성은 방언을 체험함으로 받는 것이 아니라 예수 그리스도의 구원과 언약 안에서 공급받는다. 성도의 사명은 언약의 현재화다. 하나님께서 맡겨 주신 자리에서 언약에 충성하는 자가 되어야 한다.

현 방법의 제시가 모든 다양한 종교 속에 존재"하는데, "회교의 수피즘, 힌두교, 도교, 불교, 유대교 그리고 기독교 내의 신비주의" 등을 그 예로 언급하고 있다. 사실 종교학에서는 정통(正統, orthodox)적인 기독교가 아니라 비정통적인 기독교에 주로 관심을 두어 연구하곤 하는데, 그럴 수밖에 없는 것이 모든 종교들의 공통분모인 자연종교의 성격이 비정통적인 기독교, 그 가운데서도 신비주의를 바탕으로 하는 성령운동과 같은 그룹들에 뚜렷하게 나타나기 때문이다.〉

X. 결 론

우리는 기적의 개연성을 말할 수 있으며 또 말해야 한다. 하나님께서는 인과율을 초월하여 역사하시는 하나님이시다. 하나님의 능력을 인간이 제한할 수 없으며 제한해서도 안 된다. 하나님께서는 인과율을 넘어서 일하시며 우리는 열린 세계관 속에 살아가는 성도다. 하나님께서 자기 백성을 구원하시기 위해 무엇이든 못하시랴!!!

그러나 현대 방언들은 그 시작부터 잘못되었다. 파햄으로부터 존 윔버와 피터 와그너의 세력하에 만들어진 현대 방언은 참으로 비성경적이다. 그 사람들로부터 오염된 한국 기독교의 방언은 중지되어야 마땅하다. 팔머 로벗슨의 말대로, "1세기 당시 방언은 외국어였기 때문에, 외국어로 보이지 않는 이상, 오늘날 방언은 신약성경이 보증하지 않는 **현상**으로 간주해야 한다"는 말에 나는 적극적으로 동의한다.[1458]

서철원 교수는 다음과 같이 말했다.

> 지금 성령을 받는 것과 방언은 아무 상관이 없습니다. 방언을 말함이 성령 받았다는 증거가 아니고 하나님을 아버지라고 불러 기도하는 것이 성령 받았다는 가장 확실하고 분명한 증거입니다(갈 4:6; 롬 8:15). 그러나 지금 일어나는 방언들 중에 성령에 의한 방언이 전혀 없다고 일방적으로 단정할 수는 없습니다. 아직 그런 경우들을 만나지 못하였을 뿐이라고 할 것입니다.[1459]

서철원 교수는 '성령을 받는 것과 방언은 아무 상관이 없다'고 말했다. 우리가 성령을 받은 증거는 하나님을 아버지라 부르며 기도하는 것이다. 서철원 교수의 말대로, "지금 일어나는 방언들 중에 성령에 의한 방언이 전혀 없다고 일방적으로 단정할 수는 없"다. 그러나 서철원 교수가 "아직 그런 경우들을 만나지 못하였을 뿐"이라고 말하는 것은 우리가 아무리 살펴봐도 성령께서 주시는 방언이라고 할 만한 그런 방언이 없다는 뜻이다.

[1458] Palmer Robertson, **오늘날의 은사주의 운동, 과연 성경적인가**, 이심주 역 (서울: 부흥과개혁사, 2009), 56.

[1459] 정이철, "방언(3)-성경이 완성되기 전에 계시를 보조했던 방언," Jul.22.2018. Accessed Sep.16.2019. http://cantoncrc.com/column2/4051/

우리가 힘써야 할 일은 성령의 충만함 가운데 언약의 현재화를 이루는 것이다. 하나님께서는 예수 그리스도 안에서 생명과 경건에 속한 모든 것을 우리에게 주셨다(벧후 1:3). 하나님의 사람으로 훈련받도록 성경을 주셨고 그 성경으로 충분하다(딤후 3:16-17). 그로마키는 방언에 대해 이렇게 말했다. "그것은 그쳤다."1460)

1460) Robert G. Gromacki, **현대방언 연구**, 김효성 역 (서울: 기독교문서선교회, 1983), 186.

방 언

지은이 정태홍
발행일 2020년 1월 12일
펴낸곳 RPTMINISTRIES
주소 경남 거창군 가조면 마상3길 22
전화 Tel. 010-4934-0675
등록번호 제547-2018-000002호
홈페이지 http://www.esesang91.com
ISBN 979-11-89889-14-2(03230) ₩33, 000
CIP 2019046925